개정 3판

다양한 예제로 쉽게 배우는

오라클 SQL과 PL/SQL

서진수 · 김균도 지음

생능출판

다양한 예제로 쉽게 배우는

오라클 SQL과 PL/SQL

초판 발행 2012년 10월 26일
제3판 6쇄 2021년 9월 9일

지은이 | 서진수, 김균도
펴낸이 | 김승기
펴낸곳 | (주)생능출판사
등 록 | 제406-2005-000002호(2005년 1월 21일)
주 소 | 10881 경기도 파주시 광인사길 143
전 화 | (031)955-0761
팩 스 | (031)955-0768
홈페이지 | http://www.booksr.co.kr

책임편집 | 유제훈
편 집 | 신성민, 양둥글, 권소정
디자인 | 유준범
마케팅 | 최복락, 심수경, 차종필, 백수정, 최태웅, 명하나
인 쇄 | 성광인쇄(주)
제 본 | 은정문화사

ISBN 978-89-7050-928-0 93000
값 32,000원

- 이 책의 국립중앙도서관 출판예정도서목록(CIP)은 서지정보유통지원시스템 홈페이지(http://seoji.nl.go.kr)와 국가자료공동 목록시스템 (http://www.nl.go.kr/kolisnet)에서 이용하실 수 있습니다.(CIP제어번호: CIP2017021959)

머리말

안녕하세요 독자 여러분. 이 책의 저자 데이터쟁이 서진수입니다.

먼저 이 책을 선택해 주셔서 진심으로 감사의 말씀을 드립니다.

제가 이 책을 쓰게 된 계기부터 말씀드리겠습니다.

저는 2001년부터 현재까지 15여 년의 시간 동안 오라클과 네트워크, OS 등과 빅데이터 분석 관련된 업무를 하고 있습니다. 그동안 거쳐온 회사들의 업종을 보면 여러 종류의 제조, 의료, 금융과 교육 분야까지 다양합니다. 그리고 지금 현재도 전문 교육기관에서 오라클 및 빅데이터 관련 강의를 하면서 수시로 실무(현장)에 가서 일을 하고 있습니다.

현재 현업에서 제가 주로 하는 일은 SQL 작성/튜닝 및 각종 장애 처리 등 다양한 오라클 관련 일들과 데이터 분석 관련 일들입니다. 그런 일들을 하면서 다양한 사람들을 만나고 다양한 경우를 접하게 되는데, 만나는 사람들이나 만나는 장애 상황 중 안타까운 부분이 많습니다.

그중 대표적인 몇 가지 예를 들어 보겠습니다.

예 1 SQL 쿼리를 만들어 놓았는데, 자신이 작성한 쿼리가 어떻게 작동하고 어떤 문제가 있을지 전혀 이해하지 못하고 있는 경우

예 2 사용하지 않아도 되는 함수나 힌트를 많이 써서 SQL의 수행 속도를 느리게 만들어 놓고 왜 느린지 모르는 경우

예 3 장애가 발생했을 때 원인 파악도 안하고 인터넷 검색으로 나온 결과를 그대로 복사해서 실행해서 DB를 완전히 복구 불능으로 만들어 놓는 경우 등

위 예 말고도 다양한 경우를 많이 보았고 그런 원인이 무엇일까 고민을 많이 했습니다.

그 고민의 끝에 내린 결론은 두 가지였습니다.

첫째, SQL 작성이나 장애 처리에서 정말 중요한 원리를 제대로 이해하지 못하고 있다.

둘째, 원리를 모르니까 응용도 잘 하지 못하고 있다.

이런 결론은 아마도 저뿐만 아니라 많은 분들이 공감하고 있는 부분일 것이라고 생각합니다.

저도 오래전 오라클 공부를 시작할 때 SQL 책부터 열심히 탐독을 했던 기억들이 있습니다. 제가 오라클의 원리를 모를 때 했던 생각들과 현재 오라클 관련된 일을 하면서 현장에서 일어나는 일들을 보면서 신입이나 입문자들이 확실한 기초를 잡을 수 있는 SQL 책이 필요하다는 것을 절실하게 느꼈습니다. 바로 이런 부분을 조금이라도 해결하고 싶어서 제가 감히 이 책을 쓰게 되었습니다.

이 책의 집필 방향은 다음과 같습니다.

1. 다양한 예제를 사용하여 활용법을 익히게 하자!

그냥 단순히 문법만 배우고 넘어가는 것이 아니라 다양한 예제들을 풀어봄으로써 독자 스스로가 해당 함수나 문법들을 응용할 수 있도록 도와주고 있습니다.

"숟가락은 밥을 떠 먹는 도구이다"라는 단순한 사실만 전하는 것이 아니라 숟가락을 활용해서 땅을 팔 수도 있다 라는 활용법을 전하고 싶어서 최대한 많은 예제를 넣으려고 노력했습니다.

그 때문에 분량이 상당히 많지만 그렇다고 다양한 활용 방법을 뺄 수가 없었습니다.

2. 자세한 원리를 설명하여 SQL 튜닝까지 바라보자!

"무조건 이렇게 쓰세요!"가 아니라 원리를 설명함으로써 독자가 고민해서 더 좋은 SQL을 작성할 수 있고 튜닝 원리까지 익혀서 더 수준 높은 공부를 스스로 학습할 수 있도록 도와주고 있습니다. 다만, 전체적으로 최대한 자세한 설명을 담으려고 노력했지만 SQL 튜닝이나 오라클 구조 등의 보다 어려운 지식이 필요한 부분도 많아서 일부 내용은 다소 설명이 부족하게 느껴질 수도 있음을 미리 양해드립니다.

3. 다양한 오라클 버전의 최신 함수들이나 특징들을 최대한 반영하자!

다른 SQL 책에서 거의 볼 수 없는 아주 유용한 SQL 내의 정규식 활용하기 등과 같이 다양한 오라클 버전의 주요 신기능들이나 함수들을 최대한 반영하고 여러 가지 다양한 예제를 통하여 학습할 수 있도록 배려하고 있습니다. 그리고 새로 생긴 기능들은 해당 설명에 New Feature라는 설명으로 표시해 두었으며 주의사항까지 함께 언급했습니다.

4. 관계형 데이터베이스가 아닌 빅데이터 분석 분야도 소개하자!

오라클 데이터베이스에 저장되어 사용되는 관계형 데이터도 아주 중요하지만 우리가 살아가면서 주변에서 수시로 만나는 비관계형 데이터도 소중하고 중요한 의미들을 담고 있습니다. 특히, 앞으로 IoT(사물인터넷), U-Health 등과 같은 분야가 아주 급속하게 발전할 것으로 예상되는데, 이때를 대비해서 비관계형 데이터에 대해서도 꼭 알고 있어야 합니다.

그래서 지금 데이터 분야로 입문하시는 분들께 꼭 오라클과 같은 관계형 데이터만 볼 게 아니라 비관계형 데이터의 분석도 아주 유망하고 중요하다는 것을 알려주고 싶어서 관련 내용 중 일부 내용을 실었습니다. 지면관계상 빅데이터 분석을 많이 넣을 수는 없었지만 개념은 충분히 잡을 수 있도록 소개하고 있습니다.

지금 이 책을 보고 계시는 독자님께 꼭 당부드릴 부분이 있습니다.

SQL은 여러분들의 생각을 컴퓨터에게 전하는 말입니다. SQL 과목은 독자님의 생각과 의도를 컴퓨터에게 전달하는 말을 배우는 과목입니다.

만약 여러분 주변에 어린아이가 있다면 그 아이가 말을 배우는 과정을 유심히 살펴보세요. 처음에는 옹알이만 하던 애들이 순식간에 다양한 말을 구사하는 것을 보시게 될 겁니다. 저는 아이들이 말을 배우기 위해서 많은 시행착오와 노력을 한다는 것을 강조하고 싶습니다. 알고 계시겠지만 말이라는 것은 하루 아침에 완성되는 것이 아니라는 의미입니다.

이 책에서 언급하는 SQL은 컴퓨터와 여러분들을 연결해주는 말을 담고 있습니다. SQL을 잘 작성하려면, 즉 컴퓨터와 이야기를 잘 하려면 많이 연습해야 합니다. 생각도 많이 하고 그냥 남들이 하는 말을 그대로 흉내 내는 것도 필요하지만 그 말을 기초로 다른 말로 많이 응용을 해 보아야 말이 늘어갑니다.

이 책에서는 최대한 다양한 예제를 많이 담으려고 노력했지만 저 역시 아주 많이 부족한 실력이라서 모든 예제들을 담을 수 없음을 죄송하게 생각합니다. 그래서 이 책의 예제들 외에도 다양한 방법으로 학습할 수 있는 부분이 많으므로 이 책의 예제로 끝내지 말고 꼭 다양한 시도나 연습으로 해당 과정을 연습하시길 정말 간곡하게 부탁드립니다.

그리고 눈으로만 보지 마시고 꼭 실습을 해 보시길 당부드립니다. 책에 있는 내용이 내 머릿속에 들어오기 전까지는 내 지식이 되지 않는 것 아시지요? (이 책에 필요한 자료는 출판사 홈페이지에 오시면 모두 다운로드 받을 수 있습니다)

또한 이 책은 SQL 책이지만 SQL을 잘 작성하기 위해서는 오라클 구조나 운영 관련 내용과 튜닝과 관련된 내용까지 알아야 하기에 관련된 내용을 일부 언급했습니다. 그런데 간혹 SQL 책에 이런 내용을 왜 넣느냐는 항의성 글부터 내용이 일관성이 없다는 지적도 있었습니다. 여러 가지 다양한 의견에 진심으로 감사드리고 있습니다.

그리고 저 역시 이런 부분을 누구보다 잘 알고 오랫동안 고민에 고민을 했습니다. 하지만 오랜 고민 끝에 SQL을 잘 하려면 꼭 오라클 구조와 SQL 튜닝을 공부해야 하니까 한 번이라도 더 보는 것이 독자들의 실력을 더 키우는 방법이 될 것 같아서 약간 어렵더라도 일부 내용을 언급했습니다. 그 부분은 양해 부탁드립니다.

그리고 이 책에서 자세히 언급하지 못했지만 오라클 관련 일을 할 때 반드시 필요한 지식인 오라클 구조와 운영 관련 내용 및 Linux와 Shell Script, Oracle 네트워크 등에 대한 내용을 보다 자세하게 공부할 분들은 이 책보다 먼저 출간되어 실무자들에게 검증되고 인정받고 있는 최고의 입문서이자 운영 가이드북인 《**오라클 관리 실무**》(서진수 저)와 오라클 백업 및 장애 처리와 관련된 자세한 내용은 오라클 장애 처리의 바이블로 평가받고 있는 《All About Oracle Backup and Recovery》(서진수 저)를 권해 드립니다.

《All About Oracle Backup and Recovery》는 오라클 백업과 복구 분야에서 한국 최초로 영어로 번역되어 2014년 12월부터 amazon(www.amazon.com)과 Apple, google을 통해서 전 세계로 판매되기 시작했습니다.

그리고 저는 요즘 데이터 분석에 아주 많은 관심을 가지고 공부를 하고 있습니다. 저처럼 데이터 분석에 관심 있으신 분들은 저자가 집필한 《R라뷰》라는 책들을 보시면 데이터 분석과 활용에 대해서 쉽고 빠르게 배우실 수 있을 것입니다. 그리고 파이썬 언어에 관한 내용을 배우고 싶은 분께는 저자의 《**왕초보 파이썬 배워 크롤러 DIY 하다!**》라는 책을 추천합니다.

제가 쓴 책과 관련한 내용이나 빅데이터 분석(R) 등에 관한 의견, 문의사항, 오라클이나 빅데이터 분석(R) 관련 강의 요청 등은 언제든지 출판사나 저자의 메일(seojinsu@gmail.com)로 연락을 주시면 최대한 빠르게 답장을 드리도록 하겠습니다.

정말 감사드립니다

이 책을 쓰는 데 1년이라는 시간이 걸렸습니다.

이 책을 쓰면서 감사드릴 분들이 너무 많지만 이 지면을 빌어서 인사를 드리겠습니다. 먼저 이 책의 공동 저자인 SQL 튜닝 천재인 김균도님에게 진심으로 감사의 마음을 전합니다. 김균도님이 없었다면 이 책은 출간되지 못했을 것입니다.

현업에서 함께 혹은 다른 곳에서 일하면서 실시간으로 저에게 질문해 주고 함께 해결방법을 고민했었던 여러분들에게도 감사의 말씀을 드립니다. 박동주 님, 박원범 님, 박상수 님, 홍정우 님, 정연권 님, 허우 님 등 너무 많으셔서 일일이 다 열거할 수 없지만 모든 분들께 정말 많이 감사해 하고 있다는 점 꼭 전해드리고 싶습니다.

제가 운영하고 있는 데이터쟁이 카페(http://www.ar-eum.com)와 네이버 prodba 카페(http://cafe.naver.com/prodba)의 산타님과 수진아빠님을 비롯한 여러 회원님들과 다음 ocp 카페 (http://cafe.daum.net/ocp)의 여러 회원님들께도 감사드립니다.

또한 저의 롤 모델이자 정신적인 기둥이 되시는 장재헌 장로님께도 진심으로 감사드립니다. 고향에서 오늘도 저를 위해 기도하시는 친어머니 이남순 여사님과 형을 대신해서 고향에서 어머니를 지키고 있는 동생 서재수에게 사랑과 감사의 마음을 함께 전하고 싶습니다.

그리고 수고한다고 늘 걱정하며 챙겨주시는 또 한 분의 어머니이신 장모님 한경희 여사님과 김인식 장인어른, 그리고 부족함밖에 없는 제 곁에서 저를 믿고 힘이 되어 주고 있는 소중한 아내 김희연과 늘 웃음을 주고 있는 딸 서채원, 아들 서주원에게도 진심으로 감사와 사랑을 전합니다.

무엇보다도 부족한 저에게 펜을 들게 해서 이 책을 쓰게 하신 **하나님**께 모든 감사와 영광을 올립니다.

2017년 8월에

서진수 드림

직업 소개
정말 좋은 직업 분야인 데이터 분야를 소개합니다

현재 취업이나 이직을 고려 중이신 분들은 이 글을 그냥 넘기지 말고 끝까지 읽어보세요. 아래 내용은 제가 이직과 취업 관련해서 많은 분들과 상담했던 내용을 기반으로 현재 취직이나 이직을 고민하시는 분들께 도움이 되고 싶어서 정리한 내용들입니다.

저는 지난 수년간 많은 분들을 만나면서 취직과 이직에 대해서 함께 많은 고민을 했습니다. 그 중에는 스펙(Spec) 좋은 분들도 많았고 여러 가지 사연들을 가진 분들도 많았지만 공통된 고민은 **"어떤 일을 직업으로 해야 현재도 잘 살고 앞으로도 잘 살 수 있을 것인가?"**였습니다.

많은 사람들과 직업과 미래에 대해서 상담하면서 저는 그분들에게 미래를 위해서 **데이터를 관리하고 활용하는 분야**가 전망도 아주 좋고 보람 있고 또 현실적인 돈도 많이 벌 수 있는 분야라고 자신 있게 권하고 있습니다(특히, 데이터베이스 관련 직업과 빅데이터 분석 분야를 추천합니다). 어떤 부분이 좋은지 구체적으로 살펴보겠습니다.

장점 1. 고생한 만큼 보람이 있다!

데이터베이스 분야의 연봉이 어지간한 직장인들보다 많이 높고 장래성도 좋다는 객관적 자료도 많이 나와 있습니다. 잡코리아(www.jobkorea.co.kr)나 사람인(www.saramin.co.kr) 등의 구인 구직 관련 사이트에서 DBA나 DB 엔지니어로 검색하면 연봉이 높은 것을 알게 되실 거예요.

미국에서는 예전부터 데이터 관리 분야와 빅데이터 분야에 대해 기업들의 관심이 많았습니다. 그래서 IT 전문가들의 연봉도 지속적으로 꾸준하게 상승하고 있습니다. 미국의 IT 전문 채용기업인 **로버트 하프 테크놀로지**는 IT 직업의 연봉과 하는 일을 조사해서 자사의 2014 연봉 가이드에 실었습니다. 그 조사 결과 중에서 1~6위를 아래의 표로 정리했습니다.

순위	직업명	평균 연봉
1	데이터웨어하우스 관리자(Data Warehouse Manager)	11만 5,250~15만 4,250달러
2	데이터 아키텍트(Data Architect)	11만 1,750~15만 3,750달러
3	데이터베이스 관리자(Database Manager)	10만 7,750~14만 9,000달러
4	비즈니스 인텔리전스 분석가(Business Intelligence analyst)	10만 1,250~14만 2,250달러
5	데이터웨어 하우스 분석가(Data warehouse analyst)	9만 9,000~13만 3,750달러
6	데이터 모델러(Data Modeler)	9만 7,250~13만 4,250달러

연봉이 엄청나죠? 사실 현실은 더 많이 받는다고 하는데, 편차가 있는 것 같아서 평균값을 사용한 것 같습니다. 미국의 이야기지만 한국도 비슷하게 따라가고 있고 앞으로는 데이터에 대한 비중이 훨씬 더 심해질 것입니다. 한국에서도 데이터 관련 직업 연봉이 타 직업에 비해서 많이 받습니다. 돈이 직업을 정하는 기준이 되면 안 되지만 적어도 고생하고 노력한 만큼 가치는 인정받아야 한다고 생각합니다. 모든 IT 분야가 고생을 많이 하지만 가치를 인정받는 분야는 드물거든요.

장점 2. 은퇴 걱정을 안 해도 된다!

보통의 직종들은(대기업조차도) 어느 정도 나이가 들면(약 40대 중후반) 은퇴를 해야 하고 미래를 걱정해야 하지만(그래서 대부분 프랜차이즈를 알아보기도 합니다) 대부분의 데이터 관련 분야는 프리랜서로 좋아하는 일을 원하는 시점까지 쭉 할 수 있습니다.

데이터 관련 직업은 보통 5~6년 정도 직장 생활을 한 후 본인이 원할 경우에는 프리랜서를 할 수 있고 많은 분들이 이 길을 선택합니다. 이 분야는 프리랜서로 일을 할 경우 자신의 능력에 따라 연봉이 1억 원을 넘는 분들도 아주 많습니다.

장점 3. 비전이 아주 좋다!

이 분야가 과연 미래에 비전이 있는 직업인가?라는 부분도 아주 중요한 포인트입니다.

데이터베이스 관리자나 데이터 분석가 라는 직업은 오히려 미래로 갈수록 더 장래성이 좋습니다. 상식적으로 시간이 지날수록 데이터는 더 많아지겠지요? 특히, IoT(사물인터넷) 같은 기술이 상용화되면 지금과는 비교도 안 될 만큼 많은 데이터가 만들어질 것입니다. 기업에게는 그 데이터들을 어떻게 관리하고 활용하느냐가 아주 중요한 이슈가 될 것은 누구나 예상할 수 있겠지요?

2013년 말 국내 카드 3사의 고객 정보 약 1억 400만 건이 유출되는 큰 사고가 났습니다. 원인이야 여러 가지겠지만 중요한 것은 고객의 데이터가 유출되어 회사에 천문학적인 손해를 끼쳤고 금액을 떠나서 기업 이미지에 치명적인 타격을 입었다는 것입니다. 회사의 입장에서 데이터는 생명과 같은 존재이고 그 데이터를 관리할 데이터베이스 관리자는 아주 막중한 책임을 가지고 있는 것입니다. 회사 입장에서는 데이터를 목숨같이 지켜야 하므로 데이터베이스 관리자가 꼭 필요하지요. 그리고 점점 쌓여가는 데이터들을 어떻게 분석하고 활용해서 가치 있는 자료로 만드는가도 아주 중요한 부분으로 부각되고 있습니다.

그래서 외국의 경우에는 특정 회사에서 사장은 여러 번 바뀌어도 데이터베이스 관리자는 함부로 바꾸지 못한다는 말이 있을 정도로 회사에서 중요한 역할을 하는 직업입니다.

다양한 IT 분야 중에 프로그램 개발자도 좋고 네트워크 / 서버 관리자도 아주 중요한 분야입니다.

저의 경우도 현업에서 약 15년 전부터 서버관리자, 네트워크 관리자, 개발 PM을 두루 거치고 현재 DB 관련 일과 빅데이터 분석 분야 일을 계속 하고 있습니다. 그런데 다양한 IT 분야의 일을 하다 보니까 결국에는 데이터가 가장 중요하다는 것을 절실하게 느끼게 되더라고요.

옛말에 어떤 일이든 열심히 하면 성공한다라는 말이 있습니다만 저는 이 말이 요즘 사회에서는 약간 틀린 말이라고 생각합니다. 열심히 하면 성공한다가 아니라 방향을 잘 잡은 후 열심히 해야 한다로 바뀌어야 한다고 생각합니다. 방향을 잘못 잡게 되면 아무리 열심히 해봐야 답이 없는 사회가 요즘 시대인 것 같습니다.

지금 이 책을 보시는 독자님은 분명 IT 관련 분야에 있을 거라 생각이 드는데, 다른 분야보다 데이터를 관리하고 활용하는 분야를 꼭 알아보시고 진지하게 고민해 보세요. 미래는 데이터를 정복하는 사람이 성공하는 시대가 반드시 올 테니까요.

꼭 멋진 미래를 만들어 가시길 진심으로 응원합니다!

차 례

2장 SQL 단일행 함수를 배웁니다

3장 SQL 복수행 함수(그룹 함수)를 배웁니다

4장 JOIN을 배웁니다

5장 DDL 명령과 딕셔너리를 배웁니다

6장 DML로 데이터를 관리하는 방법을 배웁니다

7장 Constraint(제약조건)를 배웁니다

8장 INDEX(인덱스)를 배웁니다

9장 VIEW(뷰)를 배웁니다

10장 Sub Query(서브 쿼리)를 배웁니다

11장 SEQUENCE(시퀀스)와 SYNONYM(동의어)를 배웁니다

12장 계층형 쿼리(Hierarchical Query)를 배웁니다

13장 오라클 계정 관리 방법을 배웁니다

14장 12c SQL부터 추가된 기능

15장 Oracle PL/SQL에 입문합니다

0장 공부를 시작하기 전에 미리 알아두세요

이번 장에서 배울 내용

1 데이터베이스의 의미와 오라클의 원리를 살펴봅니다.

2 오라클에 연습용 계정으로 로그인해 봅니다.

3 오라클 서버가 꺼져 있을 때 켠 후 로그인해 봅니다.

4 사용자 계정 모양으로 프롬프트를 바꿔봅니다.

0장 공부를 시작하기 전에 미리 알아두세요

먼저 오라클의 세계에 오신 것을 환영합니다.

저는 앞으로 이 책이 끝날 때까지 독자 여러분에게 SQL 개인 과외를 해 줄 데이터쟁이 서진수입니다. 이 책을 통해 마치 눈앞에서 SQL 사용법 개인 과외를 받는 것처럼 자세하게 알려드릴 테니까 열심히 잘 배워서 꼭 원하는 목표를 이루길 바랍니다. 이 책의 특징상 대화체 말투를 많이 사용하게 되는 점 미리 양해 부탁드립니다.

1. 미리 알아야 할 몇 가지 중요한 원리

먼저 본격적으로 SQL을 배우기 전에 우선 반드시 알아야 하는 몇 가지 중요한 개념부터 설명해 드리겠습니다.

먼저 데이터베이스의 의미부터 알아볼까요?

우리는 데이터베이스라는 말을 참 많이 쓰고 듣습니다. 데이터베이스란 과연 무엇일까요? 사람마다 다르게 정의할 수 있지만, 일반적으로 데이터베이스란 데이터를 저장해 놓은 곳을 의미합니다. 저장되어 있는 데이터가 많이 있으면 대용량 데이터베이스 또는 요즘 매체에 많이 언급되는 말로 빅데이터라고 부르기도 합니다.

그런데 중요한 것은 그 용어가 아니라 '많은 데이터들을 어떻게 관리하고 어떻게 활용하는가'라는 점입니다. 컴퓨터 하드 디스크에 저장되어 있는 데이터를 사람이 직접 넣거나 지우고 바꾸는 작업을 하는 것은 불가능합니다. 어디에 있는지 알아야 바꿀 텐데 그것조차 모르죠?

그래서 사람이 할 수 없는 데이터 관리를 해 주는 다양한 전문적인 프로그램들이 있는데, 이런 프로그램 부류를 DBMS(DataBase Management Software)라고 통칭해서 언급하지요.

그 프로그램들 중에서 가장 유명하고 기준이 되는 프로그램이 지금 이 책에서 언급하는 오라클(Oracle)이고 오라클 외에도 많이 사용되는 프로그램이 마이크로소프트(Microsoft) 사의 SQL SERVER 시리즈나 오라클 사의 MySQL, IBM 사의 DB2와 같은 프로그램 등입니다. 사람들이 워드 작업을 하기 위해서 워드 프로세서 프로그램을 사용하는 것처럼 많은 데이터를 잘 관리하고 활용하기 위해서 DBMS용 프로그램을 사용하는 것입니다.

위에서 말한 대로 DBMS 프로그램들이 데이터를 관리해 줍니다. 그럼 사람의 역할은 무엇일까요? 바로 DBMS 프로그램에게 어떻게 동작하라고 시키는 것입니다. 당연한 말이겠지만 좋은 워드 프로그램이 있다고 좋은 소설이나 작품이 나오는 것이 아니겠지요? 워드 프로그램은 좋은 작품을 쓰기 위한 하나의 도구일 뿐이고 그 도구를 잘 사용해서 실제 결과물을 만드는 것은 사람의 역할입니다.

DBMS 프로그램도 마찬가지입니다. 다양한 DBMS 프로그램을 얼마나 잘 활용해서 좋은 결과를 만들어 내는가가 실력의 기준이 되며, 이 DBMS 프로그램에 여러분들의 의도를 전달할 때 사용하는 것이 이 책에서 말하는 SQL이라는 언어입니다. 아래 그림을 잘 보세요.

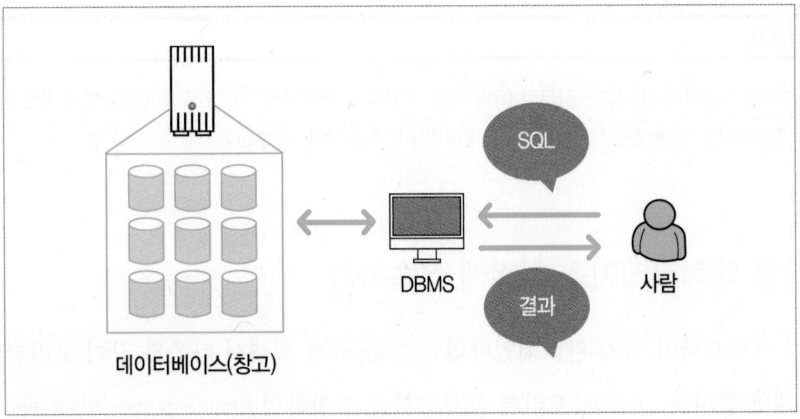

위 그림에서 알 수 있듯이 SQL이란 사람이 원하는 바를 DBMS 프로그램에 알려주는 언어입니다. 단어의 뜻을 보겠습니다. 'Structured Query Language'의 약자로 직역하자면 '구조화된 쿼리 언어'라는 뜻이고 의역을 하자면 '규칙이 있는 말' 정도로 번역이 될 듯

합니다. 즉, 여러분들이 원하는 것을 DBMS에게 알릴 때 사용하는 말이 SQL인데, 그 말에는 규칙이 있어서 그 규칙대로 사용해야 한다는 것입니다.

이 말(SQL)을 잘 사용하면 DBMS를 잘 활용해 좋은 결과를 만들어 낼 수 있을 것이고 만약 SQL을 잘 사용하지 못한다면 결과는 안 봐도 뻔한 실패입니다. 이 말을 하는 이유는 SQL이 정말 중요하다는 것을 강조하기 위해서입니다. 그리고 하나 덧붙이자면, DBMS에게 말하는 것이므로 말을 듣는 DBMS가 알아듣기 쉽게 말을 해야 하는 것이 중요합니다.

이 책에서는 아주 쉽고 다양한 여러 가지 방법들을 소개해서 여러분과 DBMS가 서로 의사소통을 잘할 수 있게 도와주고 있습니다. 이 책에 있는 많은 예제들과 활용법들을 많이 연습해서 꼭 자신의 것으로 만들라고 권하고 싶습니다.

참고로, 요즘 아주 중요한 이슈로 많이 언급되고 있는 빅데이터도 다양한 종류의 데이터를 모아 둔 것을 의미합니다. 이런 다양한 빅데이터를 조회하고 활용하는 언어로 가장 많이 사용되고 있는 것은 R 언어이며 그 다음으로 파이썬 언어와 SQL을 많이 사용합니다. SQL 언어는 현재뿐만 아니라 미래에도 아주 중요한 역할을 한다는 것을 알겠죠?

★★★ 참고

R 언어의 사용법과 활용법은 저자의 《R라뷰》를 참고하고 파이썬 언어는 저자의 《왕초보 파이썬 배워 크롤러 DIY하다》나 생능출판사의 《두근두근 파이썬》 도서를 권해 드립니다.

2. 오라클 데이터베이스 서버에 접속하기

오라클 프로그램이 설치 완료되었다면 실습을 하기 위해서 다음과 같이 오라클에 접속부터 해야 합니다. 참고로 오라클 프로그램을 설치하면 Oracle Server 안에 관리자용 계정인 SYS, SYSTEM 계정과 연습할 때 사용하는 연습용 계정인 SCOTT와 HR이라는 계정이 생성됩니다. 이 책에서는 연습용 계정인 SCOTT 계정을 사용하여 접속해 연습하도록 하겠습니다. 만약 다른 계정을 사용할 경우에는 별도로 언급할 예정입니다.

그리고 이 책의 대부분의 예제들은 리눅스용 오라클 11g 버전과 윈도용 오라클 19c 버전을 기준으로 설명하고 있습니다. 별도의 언급이 없으면 버전과 상관없이 동일한 내용이라고 생각하고 책을 보면서 연습하면 됩니다. 구분이 필요한 부분들은 책의 예제에서 별도로 구분해서 표시하고 있으니 참고하세요.

• DB가 시작되어 있는 경우 연습용 계정인 scott 계정으로 접속합니다

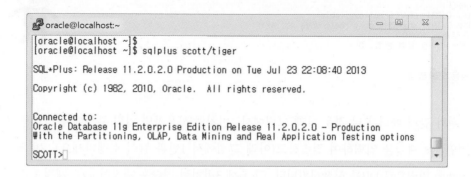

```
oracle@localhost:~
[oracle@localhost ~]$
[oracle@localhost ~]$ sqlplus scott/tiger

SQL*Plus: Release 11.2.0.2.0 Production on Tue Jul 23 22:08:40 2013

Copyright (c) 1982, 2010, Oracle.  All rights reserved.


Connected to:
Oracle Database 11g Enterprise Edition Release 11.2.0.2.0 - Production
With the Partitioning, OLAP, Data Mining and Real Application Testing options

SCOTT>
```

위 화면은 리눅스용 오라클 11g 버전에서 접속한 화면입니다.

```
관리자: 명령 프롬프트 - sqlplus scott/tiger
C:\WINDOWS\system32>
C:\WINDOWS\system32>sqlplus scott/tiger

SQL*Plus: Release 19.0.0.0.0 - Production on 금 8월 27 21:38:53 2021
Version 19.3.0.0.0

Copyright (c) 1982, 2019, Oracle.  All rights reserved.

마지막 성공한 로그인 시간: 금 8월  27 2021 21:04:56 +09:00

다음에 접속됨:
Oracle Database 19c Enterprise Edition Release 19.0.0.0.0 - Production
Version 19.3.0.0.0

SQL>
```

위 화면은 윈도용 오라클 19c 버전에서 접속한 화면입니다. 위와 같이 접속이 되면 정상적으로 실습할 수 있습니다. 그런데 만약 데이터베이스가 시작이 안 되어 있을 경우에는 다음 그림과 같은 에러 메시지를 보게 될 거예요. 그때는 다음과 같이 조치하면 됩니다.

• **데이터베이스가 종료되어 있어서 연습용 계정으로 접속이 안 되고 에러가 나는 경우**

```
관리자: 명령 프롬프트 - sqlplus scott/tiger
C:WWINDOWSWsystem32>
C:WWINDOWSWsystem32>sqlplus scott/tiger

SQL*Plus: Release 19.0.0.0.0 - Production on 금 8월 27 21:44:18 2021
Version 19.3.0.0.0

Copyright (c) 1982, 2019, Oracle.  All rights reserved.

ERROR:
ORA-01034: ORACLE not available
ORA-27101: shared memory realm does not exist
프로세스 ID: 0
세션 ID: 0 일련 번호: 0


사용자명 입력:
```

위와 같이 에러가 날 경우 아래 그림에서 1번처럼 사용자명 입력 부분에 관리자용 계정인 sys 계정을 입력하여 접속하고(아래 그림에서 1번과 같이 실행하세요), 2번처럼 startup 명령으로 DB를 시작시킵니다. 그 후에 3번처럼 연습용 계정인 scott 계정으로 접속해서 실습합니다.

```
관리자: 명령 프롬프트 - sqlplus scot/tiger

사용자명 입력: sys/oracle as sysdba    1
휴지 인스턴스에 접속되었습니다.

SQL> startup    2
ORACLE 인스턴스가 시작되었습니다.

Total System Global Area 4496291200 bytes
Fixed Size                  9037184 bytes
Variable Size             838860800 bytes
Database Buffers         3640655872 bytes
Redo Buffers                7737344 bytes
데이터베이스가 마운트되었습니다.
데이터베이스가 열렸습니다.
SQL>
SQL> conn scott/tiger    3
연결되었습니다.
SQL> _
```

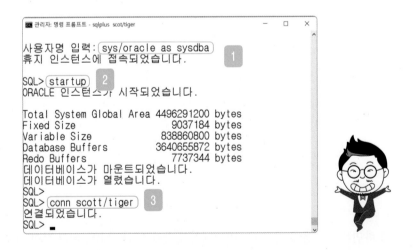

만약 현재 접속해 있는 계정을 확인하고 싶다면 다음과 같이 show user 명령을 수행하면 됩니다. 그런데 매번 이 명령어를 사용해서 확인하기 귀찮겠죠? 그럴 땐 다음과 같이 **SET sqlprompt "_USER〉"**라는 명령어를 치면 프롬프트의 모양이 현재 접속해 있는 계

정 이름으로 변경이 되어 아주 편리하게 만들어 줍니다.

```
관리자: 명령 프롬프트 - sqlplus scott/tiger
SQL>
SQL> show user
USER은 "SCOTT"입니다
SQL>
SQL> set sqlprompt "_USER>"
SCOTT>
SCOTT>
```

그리고 만약 OS상에서 연습용 계정으로 접속할 때 **ORA-28000: the account is locked** 라는 메시지가 나오는 경우가 있습니다. 그 이유는 오라클을 처음 설치할 경우 보안 문제로 연습용 계정인 scott 계정을 사용 못하도록 막아두기 때문입니다. 이럴 경우 아래와 같이 관리자 계정으로 접속하여 적절한 조치를 한 후 다시 연습용 계정으로 접속하세요.

```
oracle@localhost:~
[oracle@localhost ~]$
[oracle@localhost ~]$ sqlplus scott/tiger

SQL*Plus: Release 11.2.0.2.0 Production on Tue Jul 23 21:57:34 2013

Copyright (c) 1982, 2010, Oracle.  All rights reserved.

ERROR:
ORA-28000: the account is locked


Enter user-name:
```

```
oracle@localhost:~

Enter user-name: sys/oracle as sysdba

Connected to:
Oracle Database 11g Enterprise Edition Release 11.2.0.2.0 - Production
With the Partitioning, OLAP, Data Mining and Real Application Testing optio
ns

SYS>ALTER USER scott
  2  IDENTIFIED BY tiger
  3  ACCOUNT UNLOCK ;

User altered.

SYS>CONN  scott/tiger
Connected.
SCOTT>
```

위 화면의 첫 번째 줄에 사용자명 입력 부분에 sys/oracle as sysdba라는 부분에서 sys

는 오라클 나라에서 왕과 같은 권한을 가진 막강한 계정이고 / 뒤의 'oracle'은 sys 계정의 암호로 제가 오라클을 설치할 때 sys 계정의 암호를 'oracle'로 지정한 것입니다. 만약 독자 여러분이 오라클을 설치할 때 다른 암호를 사용했다면 'oracle' 대신 그 암호를 입력하세요.

그리고 만약 scott 계정이 없다고 나오거나 연습용 데이터인 샘플 스키마가 설치되어 있지 않다면 이 책의 마지막 부록에 있는 샘플 스키마 수동 생성하기를 참고해서 샘플 스키마를 먼저 설치한 후 아래 작업을 이어서 하기 바랍니다.

그리고 **이 책에 있는 다양한 실습을 하려면 저자의 제공 자료 중에서 test_data_eng.sql 스크립트가 scott 계정으로 로그인한 후에 수행되어 있어야 합니다.** 이 과정은 별도로 제공하는 오라클 설치 매뉴얼 마지막에 자세히 설명되어 있습니다. 여기까지 하면 이 책을 실습할 수 있는 준비는 전부 끝났습니다. 본격적인 진도를 나가기 전에 환경설정을 하고 접속하는 방법을 살펴보았습니다. 접속을 못한다면 아무런 의미가 없겠지요?

다음은 이번 장에서 꼭 알아야 할 내용 정리입니다.

첫째, 오라클에 연습용 계정으로 로그인하기
둘째, 오라클 서버가 꺼져 있을 때 켠 후 로그인하기
셋째, 사용자 계정 모양으로 프롬프트 바꾸기

위 세 가지를 보지 않고 할 수 있어야 다음 과정으로 넘어갈 수 있습니다.

1장 SELECT 명령을 이용하여 데이터를 조회합니다

이번 장에서 배울 내용

1 SELECT 명령을 사용하여 데이터를 조회하는 방법을 배웁니다.
2 SELECT 명령에서 사용하는 다양한 연산자의 활용 방법을 배웁니다.
3 WHERE 절을 사용하여 다양한 조건을 주고 검색하는 방법을 배웁니다.
4 다양한 집합 연산자를 사용하는 방법을 배웁니다.
5 출력 결과를 정렬하는 방법을 배웁니다.

1장 SELECT 명령을 이용하여 데이터를 조회합니다

앞의 그림에서 살펴보았듯이 사람이 원하는 바를 오라클에게 말할 때 사용하는 언어를 SQL이라고 합니다. 사람에게 많은 단어나 말이 있는 것처럼 오라클 SQL도 많은 말들이 있는데, 그중에서 저장된 데이터를 가져오라는 명령어가 SELECT입니다. 아주 많이 사용하는 가장 기본적인 명령이므로 이번 장에서는 SELECT의 기본적인 사용법부터 마스터하는 것을 목표로 공부해 보겠습니다.

SELECT 명령어는 오라클에게 데이터베이스에 저장되어 있는 데이터를 꺼내 와서 화면으로 보여달라는 뜻입니다. 아주 많이 사용하는 명령이겠지요?

문법 SELECT [컬럼명 또는 표현식] FROM [테이블명, 뷰 명]

연습용 테이블인 emp 테이블에서 데이터를 조회하겠습니다. SELECT 명령을 수행하면 오라클이 데이터베이스에 저장된 데이터를 가져와서 아래처럼 화면에 보여 줍니다.

1. 모든 컬럼 조회하기

```
oracle@localhost:~
SCOTT>SELECT  *  FROM  emp ;

     EMPNO ENAME      JOB              MGR HIREDATE            SAL       COMM
 DEPTNO
---------- ---------- --------- ---------- ------------ ---------- ---------- --
--------
      7369 SMITH      CLERK           7902 17-DEC-80           800
     20
      7499 ALLEN      SALESMAN        7698 20-FEB-81          1600        300
     30
      7521 WARD       SALESMAN        7698 22-FEB-81          1250        500
     30
      7566 JONES      MANAGER    지면 관계상 아래 내용은 생략하겠습니다.
     20
      7654 MARTIN     SALESMAN        7698 28-SEP-81          1250       1400
     30
```

앞의 그림과 같이 SQL 문장을 한 줄에 써도 되고 아래 그림과 같이 여러 줄에 써도 됩니다. SELECT 뒤에는 원래 컬럼 이름이 오는 곳이지만 모든 컬럼을 다 조회하고 싶은 경우에는 위와 같이 컬럼명 대신에 *을 사용해도 됩니다.

```
oracle@localhost:~
SCOTT>
SCOTT>SELECT  *
  2  FROM emp ;

     EMPNO ENAME      JOB              MGR HIREDATE            SAL       COMM
 DEPTNO
---------- ---------- --------- ---------- ------------ ---------- ---------- --
--------
      7369 SMITH      CLERK           7902 17-DEC-80           800
    20
      7499 ALLEN      SALESMAN        7698 20-FEB-81          1600        300
    30
      7521 WARD       SALESMAN        7698 22-FEB-81          1250        500
    30
      7566 JONES      MANAGER
    20
      7654 MARTIN     SALESMAN        7698 28-SEP-81          1250       1400
```

지면 관계상 아래 내용은 생략하겠습니다.

SQL 명령어는 한 줄에 써도 되고 여러 줄에 나눠서 써도 되지만 키워드인 SELECT, FROM과 테이블 이름 및 컬럼 이름 등을 줄 바꾸어 입력하면 아래 화면처럼 에러가 발생합니다.

```
oracle@localhost:~
SCOTT>
SCOTT>SELECT *
  2  FR
  3  OM emp ;
FR
*
ERROR at line 2:
ORA-00923: FROM keyword not found where expected


SCOTT>SELECT *
  2  FROM em
  3  p;
FROM em
     *
ERROR at line 2:
ORA-00942: table or view does not exist


SCOTT>SELECT em
  2  pno
  3  FROM emp ;
SELECT em
       *
ERROR at line 1:
ORA-00904: "EM": invalid identifier


SCOTT>
```

FROM 키워드 줄을 바꿔서 에러 남!

테이블 이름 줄을 바꿔서 에러 남!

컬럼 이름 줄을 바꿔서 에러 남!

"할아버지 가죽을 잡수신다."

이 말이 무슨 뜻인지 알겠나요? 사람도 말을 하거나 글을 쓸 때 띄어쓰기를 잘못하면 이상한 말이 되어 버리죠? 오라클에서도 마찬가지입니다. 이 주의사항을 잘 기억하세요.

그리고 SQL문은 대소문자 구분을 하지 않고 입력해도 수행은 되지만 사실 내부적으로는 대문자와 소문자는 서로 다른 SQL로 구분이 됩니다. 튜닝 부분에서 아주 강조되는 부분 중 한 가지가 SQL 문장을 작성할 때 대소문자 구분을 꼭 하라는 것입니다.

그래서 이 책에서도 키워드 부분은 대문자로 하고 다른 컬럼 이름이나 조건 등은 소문자로 입력하겠습니다. 그리고 명령을 다 입력한 후 실행하라는 의미로 문장의 마지막 부분에는 반드시 ; (세미콜론)을 입력해 주어야 합니다.

★★★ 참고

앞의 SELECT 예제에서 해당 테이블에서 어떤 컬럼을 조회하라고 했는데, 먼저 그 테이블에 어떤 컬럼이 있는지를 확인한 후 조회하는 경우가 많습니다. 테이블에 어떤 컬럼이 있는지를 조회하는 명령어가 DESC 명령입니다. DESC 명령어는 DESCribe의 약자이며 아래와 같이 사용합니다.

```
C:\Windows\system32\cmd.exe - sqlplus  scott/tiger
SCOTT>
SCOTT>DESC dept ;
 이름                                        널?      유형
 ------------------------------------------ -------- ----------------------------

 DEPTNO                                     NOT NULL NUMBER(2)
 DNAME                                               VARCHAR2(14)
 LOC                                                 VARCHAR2(13)

SCOTT>
```

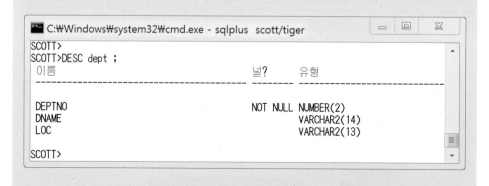

위 결과에서 이름 부분의 값이 테이블에 있는 컬럼 이름이고 유형 부분이 나중에 배울 해당 컬럼에 들어갈 데이터 유형입니다. 위 결과를 테이블로 만들면 다음과 같습니다.

DEPTNO	DNAME	LOC

대부분의 DBMS에서는 데이터를 표와 같은 공간에 저장하게 됩니다. 이 표를 DBMS에서는 테이블이라고 부릅니다.

앞의 명령어로 컬럼 내역을 조회한 후 원하는 데이터를 SELECT하면 됩니다. 참고로 해당 사용자가 만든 모든 테이블을 조회하고 싶을 경우는 아래와 같이 하면 됩니다.

```
oracle@localhost:~
SCOTT>
SCOTT>SELECT * FROM tab ;

TNAME                          TABTYPE  CLUSTERID
------------------------------ ------- ----------
AAA                            TABLE
BONUS                          TABLE
CAL                            TABLE
CUSTORMER                      TABLE
DEPARTMENT                     TABLE
DEPT                           TABLE
```

지면 관계상 이하 내용은 생략합니다.

2. 원하는 컬럼만 조회하기

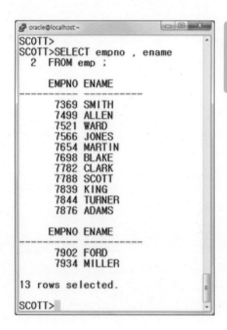

```
oracle@localhost:~
SCOTT>
SCOTT>SELECT empno , ename
  2  FROM emp ;

     EMPNO ENAME
---------- ----------
      7369 SMITH
      7499 ALLEN
      7521 WARD
      7566 JONES
      7654 MARTIN
      7698 BLAKE
      7782 CLARK
      7788 SCOTT
      7839 KING
      7844 TURNER
      7876 ADAMS

     EMPNO ENAME
---------- ----------
      7902 FORD
      7934 MILLER

13 rows selected.

SCOTT>
```

왼쪽 예처럼 SELECT 뒤에 원하는 컬럼 이름만 넣고 조회하면 됩니다. 조회하기를 원하는 컬럼이 여러 개일 경우 ,(콤마)로 구분하고 이름을 여러 개 적어 주면 됩니다.

위 화면은 리눅스용 오라클에서 조회한 화면입니다.

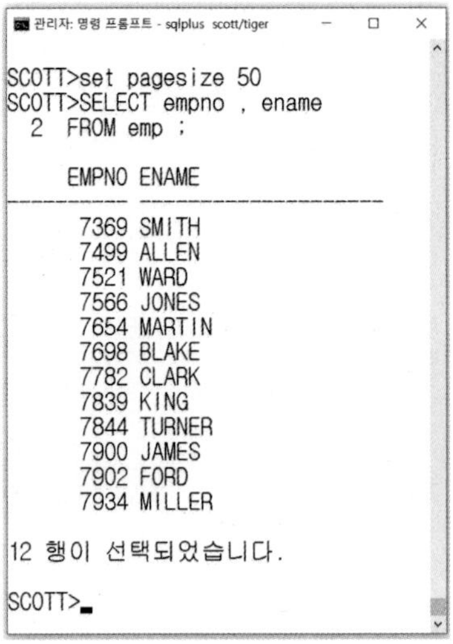

위 화면은 19c 윈도용 오라클에서 조회한 화면입니다.

★★★ 참고

앞의 실습을 하다 보니까 답답한 부분이 없었나요? 컬럼 길이가 길면 한 화면에 보이지 않고 출력 내용이 많으니 중간에 컬럼 이름이 다시 나와서 보기가 불편하죠? 그래서 아래의 방법으로 컬럼의 길이를 조절해서 보면 편합니다.

데이터가 숫자일 경우

문법: COL empno FOR 9999

의미: empno라는 컬럼의 길이를 숫자 4자리까지 들어가게 설정하세요.

데이터가 문자일 경우

문법: COL ename FOR a8

의미: ename이란 컬럼의 길이를 8바이트까지 들어가게 설정하세요.

한 화면에 출력 가능한 줄 길이 설정(가로 길이 설정)

문법: SET LINE 200

의미: 한 화면을 가로로 200바이트까지 출력되게 하세요.

한 페이지에 출력 가능한 줄 수 설정(세로 길이 설정)

문법: SET PAGES 50

의미: 한 페이지에 50줄까지 출력하세요.

▶▶▶ 사용 예

oracle@localhost:~

```
SCOTT>SET LINE 200
SCOTT>SET PAGESIZE 50
SCOTT>COL deptno FOR 999
SCOTT>COL dname FOR a15
SCOTT>
SCOTT>SELECT * FROM dept ;

DEPTNO DNAME           LOC
------ --------------- -------------
    10 ACCOUNTING      NEW YORK
    20 RESEARCH        DALLAS
    30 SALES           CHICAGO
    40 OPERATIONS      BOSTON

SCOTT>
```

깔끔하게 잘 보이죠? 이제 방법을 알았으니 답답하게 보지 말고 적극 활용하세요.

3. SELECT 명령에 표현식을 사용하여 출력하기

표현식(Expression)이란 컬럼 이름 이외에 출력하기를 원하는 내용을 의미하며 SELECT 구문 뒤에 ' '(작은따옴표)로 묶어서 사용하면 됩니다. 아래의 예를 보겠습니다.

위 SELECT 절에서 'good morning~~!' 부분을 **'표현식'**이라고도 하고 **'리터럴(literal) 상수(문자)'**라고 부르기도 하는데, 보통 리터럴이라는 용어를 많이 씁니다. 실무에서 아주 많이 사용되는 방법이므로 꼭 기억하세요. 그리고 만약 표현식 안에 작은따옴표가 들어갈 경우는 조금 조심해야 합니다. 아래 그림을 보세요.

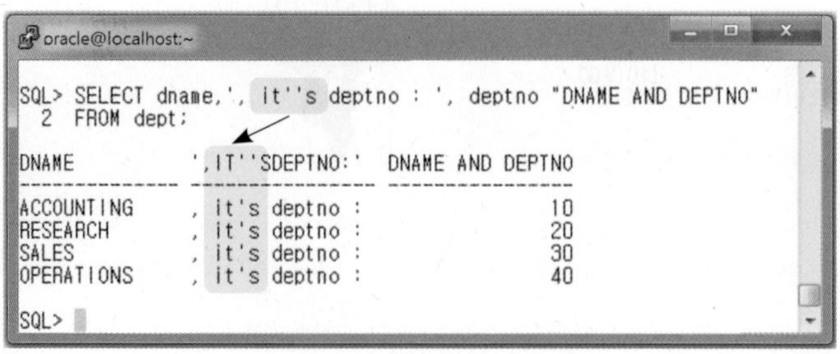

리터럴 안에 작은따옴표가 있을 경우 **작은따옴표 1개를 출력하기 위해서 2개를 사용해야 한다**는 점도 꼭 기억하세요. 앞의 예에서는 작은따옴표 2개를 사용하였지만 오라클 공인 교재에서는 아래와 같이 q와 대괄호를 이용하는 방법을 소개하고 있습니다.

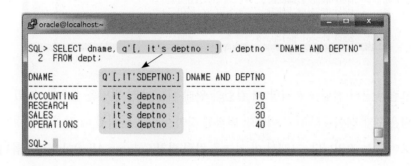

```
oracle@localhost:~
SQL> SELECT dname, q'[, it's deptno : ]' ,deptno  "DNAME AND DEPTNO"
  2  FROM dept;

DNAME          Q'[,IT'SDEPTNO:] DNAME AND DEPTNO
-------------- ---------------- ----------------
ACCOUNTING     , it's deptno :                10
RESEARCH       , it's deptno :                20
SALES          , it's deptno :                30
OPERATIONS     , it's deptno :                40

SQL>
```

두 가지 방법 중에 독자 여러분이 각자 편한 방법을 사용하면 됩니다.

4. 컬럼 별칭 사용하여 출력하기

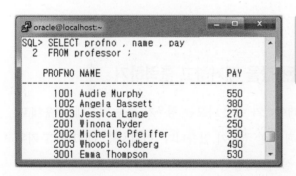

```
oracle@localhost:~
SQL> SELECT profno , name , pay
  2  FROM professor ;

    PROFNO NAME                        PAY
---------- -------------------- ----------
      1001 Audie Murphy                550
      1002 Angela Bassett              380
      1003 Jessica Lange               270
      2001 Winona Ryder                250
      2002 Michelle Pfeiffer           350
      2003 Whoopi Goldberg             490
      3001 Emma Thompson               530
```

이 예제는 컬럼 별칭을 사용하기 전 화면입니다. 모두 자동으로 대문자로 출력되는 것이 확인되죠?
지면 관계상 이하 내용은 생략합니다.

위 그림을 보면 왼쪽 그림에서 SELECT 뒤에 적은 name 컬럼 이름이 소문자인데, 출력 화면에서는 대문자로 바뀌어서 출력되는 것을 볼 수 있습니다. 다음 그림을 보세요.

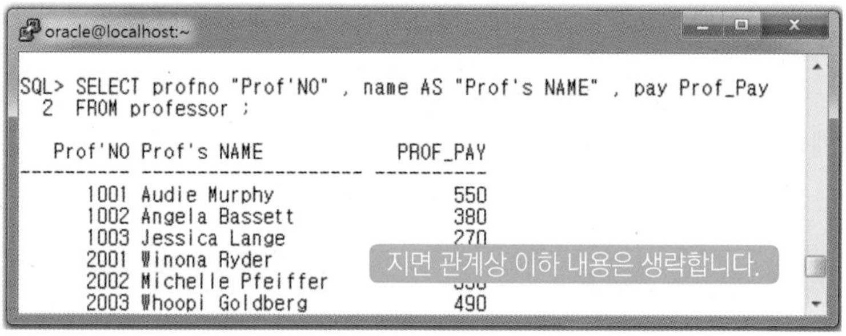

위 그림과 같이 컬럼을 출력할 때 컬럼의 원래 이름 대신 별명을 사용할 수 있습니다. 위 그림은 원래 테이블의 컬럼 이름이 변경된 것이 아니라 출력될 때 임시로 저렇게 바꾸어서 보여 주는 것입니다. 그래서 이 기능을 **컬럼 별칭**(Column Alias)이라고 부릅니다.

이 기능을 쓰는 방법은 두 가지인데, 한 가지는 컬럼 이름 뒤에 공백을 주고 별명을 쓰는 것과 또 한 가지는 컬럼 이름 뒤에 AS라는 키워드를 사용한 후 별명을 주는 것입니다. 기능상 차이는 없으므로 편한 것으로 사용하면 됩니다.

또한 별명을 만들 때 반드시 " "(큰따옴표)로 감싸주어야 하는 경우도 있는데, 이것은 별명에 공백이나 특수문자, 대소문자 구분이 필요할 경우에는 반드시 별명 부분을 **"별명"**과 같은 형태로 써야 합니다.

5. DISTINCT 명령어 – 중복된 값을 제거하고 출력하기

데이터를 조회하다 보면 중복된 데이터가 여럿 나오는 경우가 종종 있는데, 경우에 따라서는 중복된 데이터를 빼고 출력해야 할 경우가 있습니다. 이럴 때는 DISTINCT 키워드를 사용하면 됩니다. 다음의 예로 살펴보겠습니다.

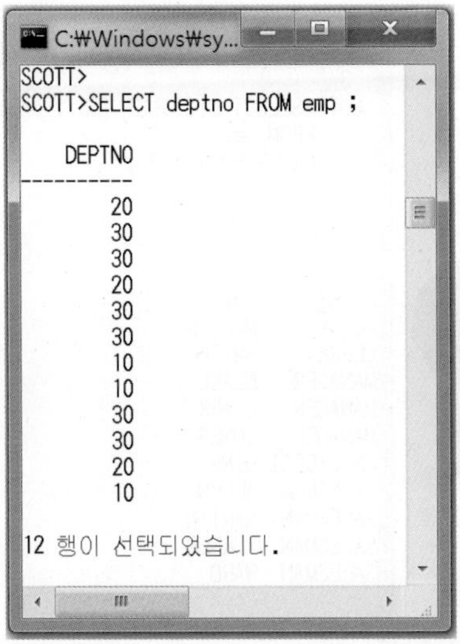

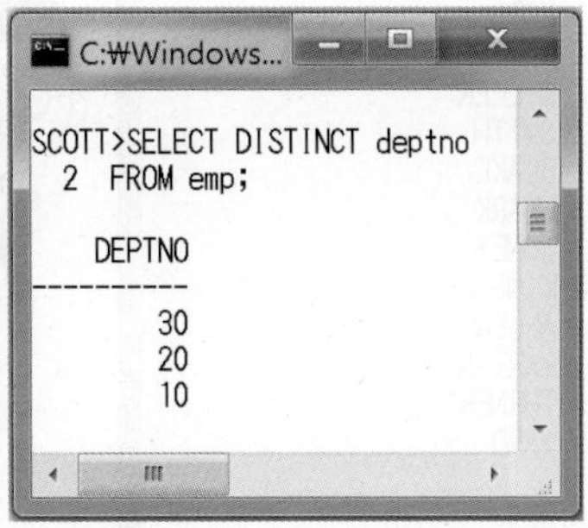

DISTINCT 키워드를 사용하지 않았던 왼쪽 화면은 12건의 데이터가 조회되지만 DISTINCT 키워드를 사용한 오른쪽 화면에서는 중복된 데이터를 모두 제거하고 3건의 데이터만 조회되는 것을 알 수 있습니다.

그리고 출력 결과를 보면 정렬이 안 된 것이 확인이 되지요? 오라클 9i 버전까지는 DISTINCT 키워드를 만나면 정렬을 수행해서 심각한 속도 저하가 발생했으나 오라클 10g R2 버전부터는 HASH 알고리즘을 사용하는 방식으로 변경되면서 정렬을 안하게 되어 성능이 많이 향상되었습니다. HASH 알고리즘이라는 말이 좀 어렵지만 중요한 건 10g R2 버전부터는 DISTINCT 명령은 정렬이 안 되기 때문에 만약 정렬이 필요할 경우 별도의 정렬 작업을 해야 한다는 것만 기억하세요.

DISTINCT 키워드는 아주 주의해서 사용해야 합니다. 다음의 예제로 DISTINCT의 위험한 부분을 살펴보겠습니다.

```
SCOTT>SELECT job , ename
  2  FROM emp
  3  ORDER BY 1 , 2 ;

JOB       ENAME
--------- ----------
ANALYST   FORD
CLERK     JAMES
CLERK     MILLER
CLERK     SMITH
MANAGER   BLAKE
MANAGER   CLARK
MANAGER   JONES
PRESIDENT KING
SALESMAN  ALLEN
SALESMAN  MARTIN
SALESMAN  TURNER
SALESMAN  WARD

12 행이 선택되었습니다.
```

```
  3
SCOTT>SELECT DISTINCT job , ename
  2  FROM emp
  3  ORDER BY 1 , 2 ;

JOB       ENAME
--------- ----------
ANALYST   FORD
CLERK     JAMES
CLERK     MILLER
CLERK     SMITH
MANAGER   BLAKE
MANAGER   CLARK
MANAGER   JONES
PRESIDENT KING
SALESMAN  ALLEN
SALESMAN  MARTIN
SALESMAN  TURNER
SALESMAN  WARD

12 행이 선택되었습니다.
```

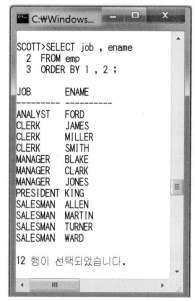

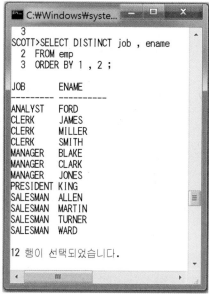

왼쪽 그림을 자세히 보면 같은 부서 번호 중에 같은 직업별로 정렬되어 있는 것이 보이지요? ORDER BY라는 명령 때문인데, 뒷부분에서 배웁니다.

주의해야 할 사항은 오른쪽 그림에 있는데, job 컬럼과 ename 컬럼을 조회하는 데 job 컬럼 앞에만 DISTINCT 키워드가 있습니다. 그러나 결과를 보면 ename 컬럼까지 DISTINCT 키워드가 적용된 것을 알 수 있습니다. 만약 job 컬럼에만 DISTINCT가 적용되었다면 중복되는 job은 안 나왔겠죠? 즉, DISTINCT 키워드는 1개의 컬럼에만 적어 주어도 모든 컬럼에 적용된다는 것을 알 수 있으며 이로 인해 뜻하지 않게 성능 저하가 발생할 수 있으므로 주의해서 사용하기 바랍니다.

DISTINCT 키워드는 반드시 SELECT 키워드 다음에 와야 하며 그렇지 않을 경우 다음과 같이 에러가 발생합니다.

```
SCOTT>SELECT job , DISTINCT ename
  2  FROM emp
  3  ORDER BY 1 , 2 ;
SELECT job , DISTINCT ename
             *
1행에 오류:
ORA-00936: 누락된 표현식
```

참고로 제가 외부에 SQL 튜닝 작업을 나가서 속도가 느린 쿼리를 찾을 때 맨 처음 보는 몇 가지 사항 중 한 가지가 DISTINCT입니다. 잘 모르고 쓰면 속도가 느려지고 욕먹으니까 잘 고민해보고 반드시 써야 하는 쿼리에만 써야 한다는 점 꼭 기억하세요.

6. 연결 연산자로 컬럼을 붙여서 출력하기

데이터를 조회하다 보면 서로 다른 컬럼을 마치 하나의 컬럼인 것처럼 연결해서 출력해야 할 경우가 종종 있습니다. 예를 들어, 회원 가입을 받을 때 성과 이름을 다른 컬럼으로 입력받았지만 출력할 때는 한꺼번에 출력하는 경우 등입니다. 이때 아주 유용하게 사용할 수 있는 연산자가 지금부터 살펴볼 연결(합성) 연산자(Concatenation)입니다. 연결 연산자는 바 기호를 두 번 사용하면 됩니다(||).

```
SCOTT>SELECT ename , job FROM emp ;

ENAME      JOB
---------- ---------
SMITH      CLERK
ALLEN      SALESMAN
WARD       SALESMAN
JONES      MANAGER
MARTIN     SALESMAN
BLAKE      MANAGER
CLARK      MANAGER
KING       PRESIDENT
TURNER     SALESMAN
JAMES      CLERK
FORD       ANALYST
MILLER     CLERK

12 행이 선택되었습니다.
```

```
SCOTT>SELECT ename || job FROM emp ;

ENAME||JOB
-------------------
SMITHCLERK
ALLENSALESMAN
WARDSALESMAN
JONESMANAGER
MARTINSALESMAN
BLAKEMANAGER
CLARKMANAGER
KINGPRESIDENT
TURNERSALESMAN
JAMESCLERK
FORDANALYST
MILLERCLERK

12 행이 선택되었습니다.
```

위 그림에서 왼쪽은 연결 연산자를 사용하기 전이고 오른쪽은 연결 연산자를 사용한 결과입니다. 그런데 오른쪽의 결과를 보니까 무슨 말인지 잘 모르겠죠? 그래서 연결 연산자 중간에 앞에서 배웠던 리터럴 문자를 넣고 사용하는 경우가 많습니다. 그리고 연결 연산자로 연결한 컬럼은 오라클에서는 1개 컬럼으로 인식한다는 것도 꼭 기억해야 합니다. 아래의 결과를 보세요.

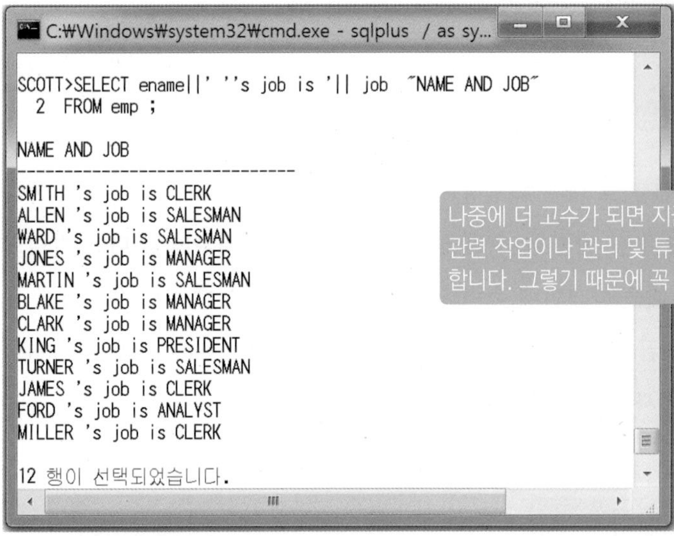

나중에 더 고수가 되면 지금 배운 이 방법을 백업/복구 관련 작업이나 관리 및 튜닝 작업할 때 아주 많이 사용합니다. 그렇기 때문에 꼭 이해하고 넘어가야 해요.

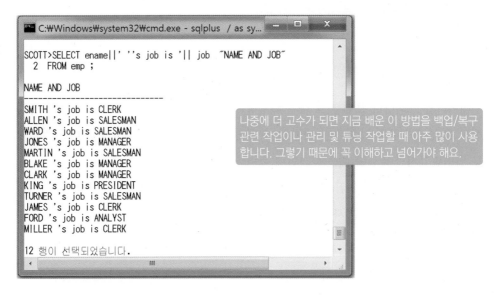

연결 연산자는 백업과 복구 작업이나 데이터베이스 운영 관련 작업, 튜닝 작업 등에 아주 많이 사용되는 것이므로 반드시 완벽하게 익혀두어야 합니다.

연습문제 1

Student 테이블에서 모든 학생의 이름과 ID, 체중을 아래 화면과 같이 출력하세요. 컬럼 이름은 "ID AND WEIGHT"로 나오게 하세요.

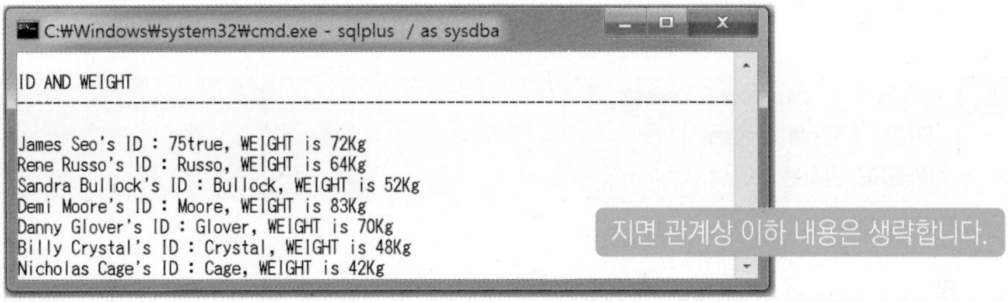

연습문제 2

emp 테이블을 조회하여 모든 사람의 이름과 직업을 아래와 같이 출력하세요.

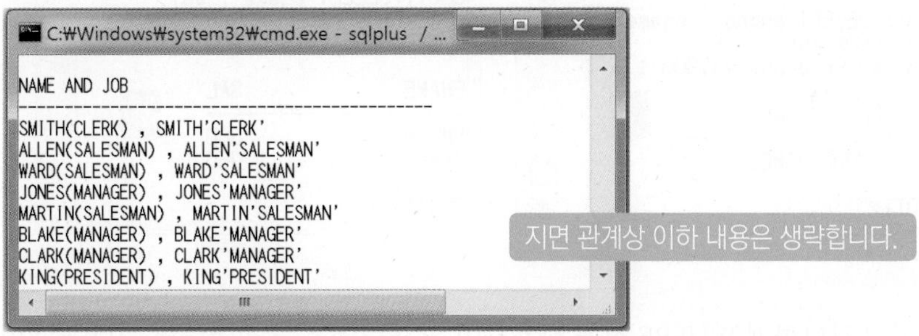

연습문제 3

emp 테이블을 조회하여 모든 사원의 이름과 급여를 아래와 같은 형태로 출력하세요.

7. 원하는 조건만 골라내기 – WHERE 절 사용

데이터를 조회할 때 원하는 데이터만 골라서 조회하는 경우가 아주 많이 있습니다. 그때는 아래와 같이 WHERE라는 키워드를 사용하여 원하는 조건을 알려주면 됩니다.

문법

```
SELECT [ Column or Expression ]
FROM [ Table or View ]
WHERE 원하는 조건 ;
```

위 문법에서 보듯이 WHERE 절은 반드시 FROM 절 아래에 와야만 합니다. 다음의 여러 가지 예제를 통해서 WHERE 절의 사용 방법을 익히도록 하겠습니다.

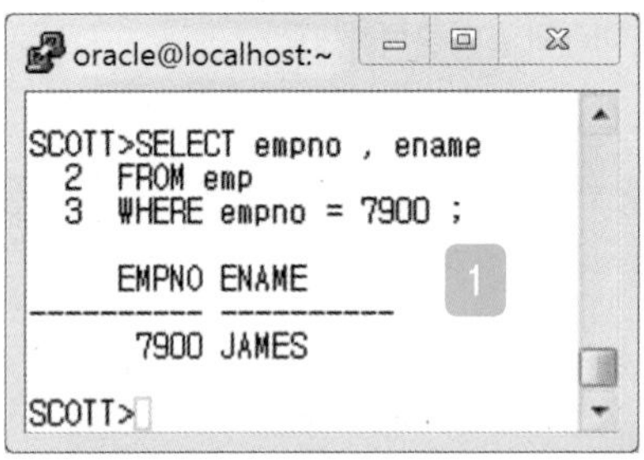

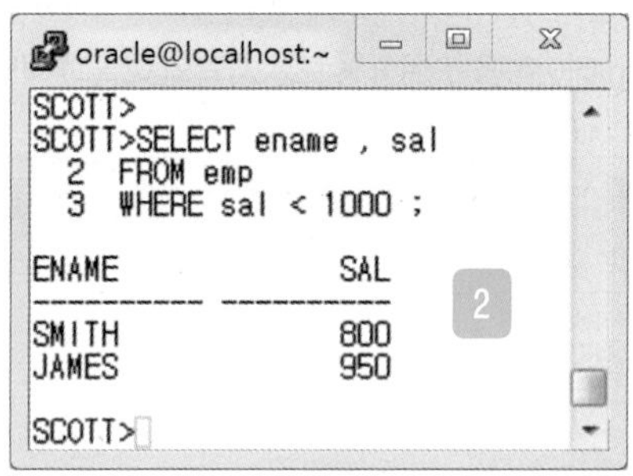

위 그림처럼 간단하게 WHERE 절을 사용하여 원하는 조건을 적어주면 됩니다. 일반적인 산수에서 사용하는 조건은 다 사용 가능합니다.

그런데 WHERE 절을 사용할 때 주의사항이 한 가지 있습니다. 바로 문자와 날짜를 조회하는 경우입니다. 위 화면에서 숫자를 조회할 때는 WHERE 절에 숫자를 그대로 쓰면 되지만 **문자와 날짜를 조회하고 싶은 경우에는 반드시 해당 문자나 날짜에 작은따옴표를 붙여야 한다는 점!**

다음 그림으로 비교해 보겠습니다.

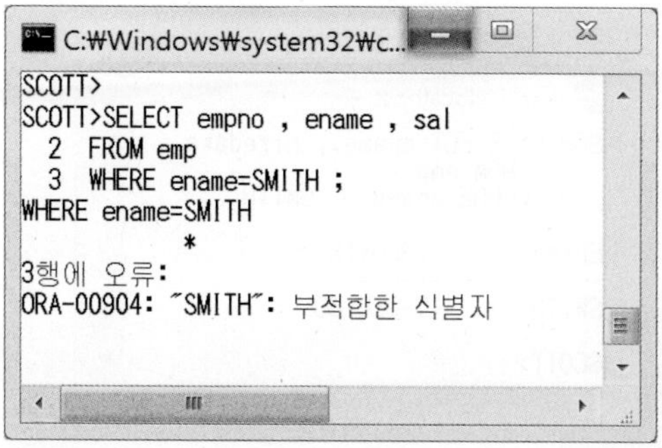

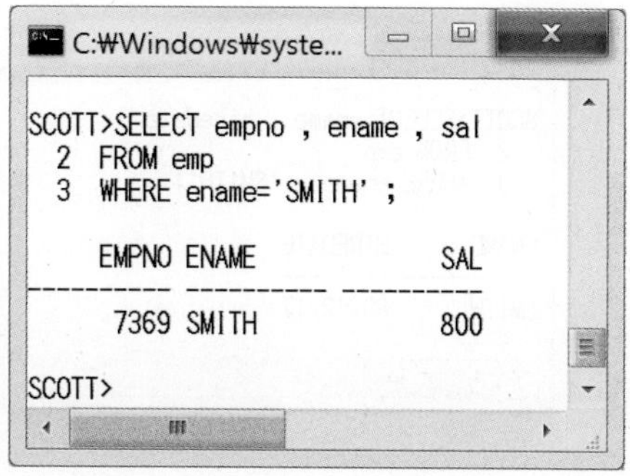

위 그림에서 왼쪽은 WHERE 절에 문자를 조회하면서 작은따옴표를 사용하지 않아서 발생하는 에러입니다. 그래서 오른쪽처럼 WHERE 절의 이름에 작은따옴표를 붙이니까 잘 해결되지요? 그런데 그게 끝이 아니라 문자의 경우 대소문자도 꼭 구분을 해서 정확하게 적어야 합니다. 아래 그림에서 조회가 안 되는 이유는 작은따옴표를 썼지만 이름이 소문자이기 때문입니다.

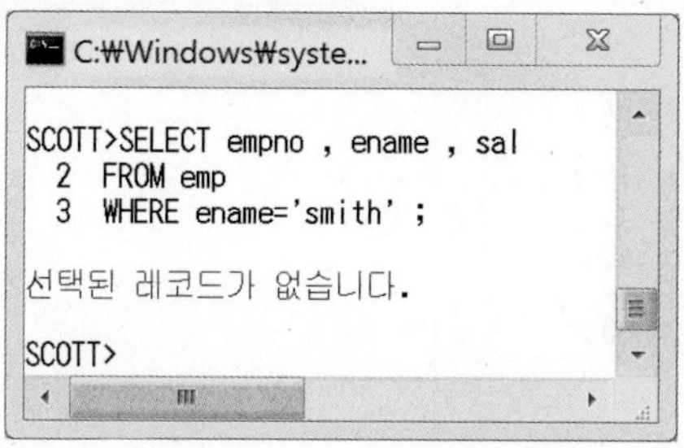

문자 조회할 때는 작은따옴표와 대소문자를 구분하자. 꼭 기억할 것!

날짜의 경우도 작은따옴표를 써야 한다는 것은 동일하지만 대소문자는 구분하지 않습니다. 오라클에서 날짜의 경우는 조심해야 할 사항이 몇 가지 있습니다. 첫째는 윈도용 오라클과 유닉스 계열(리눅스 포함)용 오라클은 날짜를 표시하는 형태가 서로 다릅니다. 다음을 보세요.

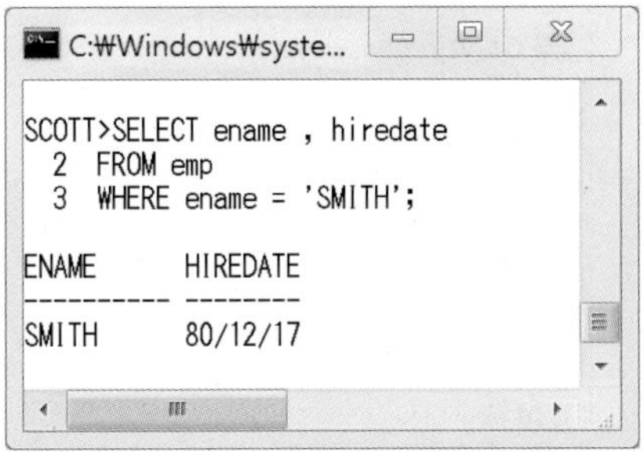

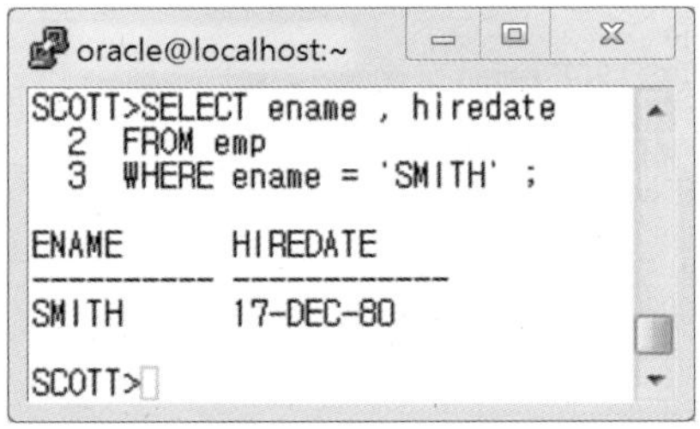

위 그림에서 왼쪽 그림은 윈도에서 날짜를 조회한 것인데, 형태가 "연도 2자리/월/일"입니다. 그런데 오른쪽 그림은 리눅스에서 날짜를 조회한 것으로 형태가 "일–MON–연도 2자리"죠? 이렇게 날짜 형태가 달라서 윈도와 유닉스 계열 사이에 데이터를 옮기는 작업을 할 때 에러가 나는 경우가 많으므로 주의해야 합니다. 그리고 날짜를 조회할 때는 반드시 작은따옴표를 사용해야 합니다.

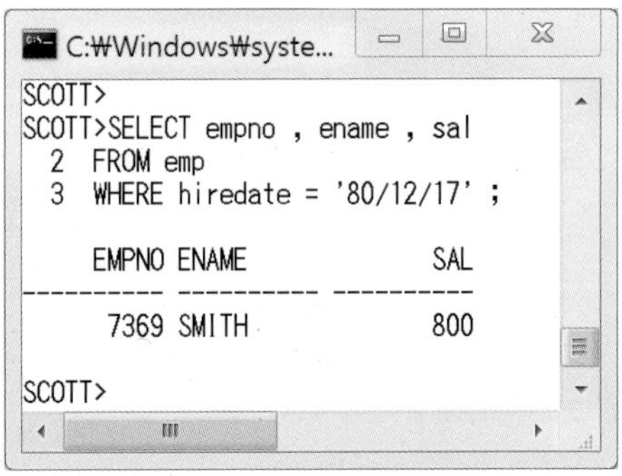

윈도용 오라클에서 날짜를 조회한 화면입니다.

위 그림은 윈도에서 날짜를 조회할 때 작은따옴표를 사용한 정상적인 화면입니다. 그러나 다음 그림은 작은따옴표를 사용하지 않아서 에러가 발생한 화면입니다. 즉, 날짜를 조회할 경우에도 날짜 부분에 작은따옴표를 반드시 사용해야 합니다.

```
C:\Windows\system32\cmd.exe - sqlplus scott/tiger

SCOTT>SELECT empno , ename , sal
  2  FROM emp
  3  WHERE hiredate = 80/12/17 ;
WHERE hiredate = 80/12/17
                 *
3행에 오류:
ORA-00932: 일관성 없는 데이터 유형: DATE이(가) 필요하지만 NUMBER임
```

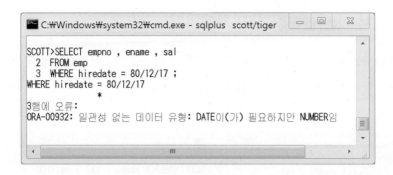

그리고 다음은 리눅스에서 날짜를 조회한 화면입니다. 리눅스는 날짜에 영문자가 포함되어 있지만 대소문자 구분은 하지 않아도 됩니다. 다음 그림을 보세요.

```
oracle@localhost:~

SCOTT>SELECT ename , hiredate
  2  FROM emp
  3  WHERE hiredate = '17-DEC-80' ;

ENAME      HIREDATE
---------- ------------
SMITH      17-DEC-80

SCOTT>
```

```
oracle@localhost:~

SCOTT>SELECT ename , hiredate
  2  FROM emp
  3  WHERE hiredate = '17-dec-80' ;

ENAME      HIREDATE
---------- ------------
SMITH      17-DEC-80

SCOTT>
```

위 그림에서 날짜 부분에는 대소문자 구분을 하지 않는 것이 보이죠?

검색 조건을 쓸 때

- 숫자 외에는 꼭 작은따옴표를 사용하자!

- 문자는 대소문자 구분을 하고 날짜는 대소문자 구분이 없다!

꼭 기억하세요.

8. SQL에서 기본 산술 연산자 사용하기

산술 연산자는 우리가 알고 있는 +, −, ×, /를 의미하며 SQL에서도 해당 연산자를 사용하여 조회할 수 있습니다. 산수할 줄 알죠?

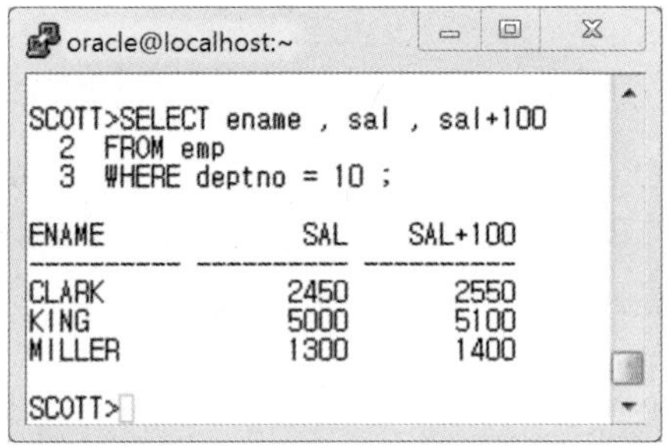

위 그림에서 보듯이 일반적으로 사용되는 산수 계산도 오라클에서 잘 됩니다.

그런데 이미 알고 있겠지만 산수에서처럼 덧셈, 곱셈, 나눗셈이 동시에 나올 경우는 우선순위를 정말 조심해야 합니다. 산술 연산자는 다른 건 다 쉬운데, 우선순위에서 본인도 모르게 실수를 많이 하니까 꼭 주의하세요.

9. 다양한 연산자를 활용하는 방법

앞에서는 많이 사용되는 산술 연산자를 살펴봤는데, 그 외에도 다양한 연산자들을 지원하고 있습니다. 그중에서 많이 사용되는 연산자들을 예와 함께 자세히 살펴보겠습니다.

연산자 종류	설명
=	비교 대상에서 같은 조건을 검색
! =, 〈 〉	비교 대상에서 같지 않은 조건을 검색
〉	비교 대상에서 큰 조건을 검색
〉=	비교 대상에서 크거나 같은 조건을 검색
〈	비교 대상에서 작은 조건을 검색
〈=	비교 대상에서 작거나 같은 조건을 검색
BETWEEN a AND b	A와 B 사이에 있는 범위 값을 모두 검색
IN(a,b,c)	A이거나 B이거나 C인 조건을 검색
LIKE	특정 패턴을 가지고 있는 조건을 검색
IS NULL/ IS NOT NULL	Null 값을 검색 / Null이 아닌 값을 검색
A AND B	A 조건과 B 조건을 모두 만족하는 값만 검색
A OR B	A 조건이나 B 조건 중 한 가지라도 만족하는 값을 검색
NOT A	A가 아닌 모든 조건을 검색

위에서 나온 연산자들을 어떻게 활용하느냐가 아주 중요합니다. 아래의 여러 가지 예제들을 통해서 연산자를 활용하는 방법들을 배워 보겠습니다.

• 비교 연산자 사용하기

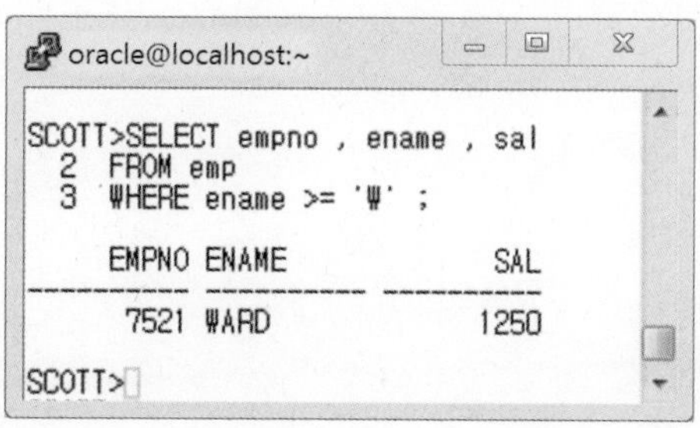

앞의 그림에서 왼쪽 그림은 3번 줄에서 sal이 4000보다 크거나 같은 사람을 출력하라는 뜻입니다. 그리고 오른쪽 그림은 문자 'W'보다 크거나 같은 ename을 찾아서 출력하는 것이죠? 여기서 알 수 있듯이 비교 연산자는 숫자나 문자에 다 사용할 수 있습니다.

그럼 날짜는 어떨까요? 당연히 되겠죠? 아래 그림을 보세요.

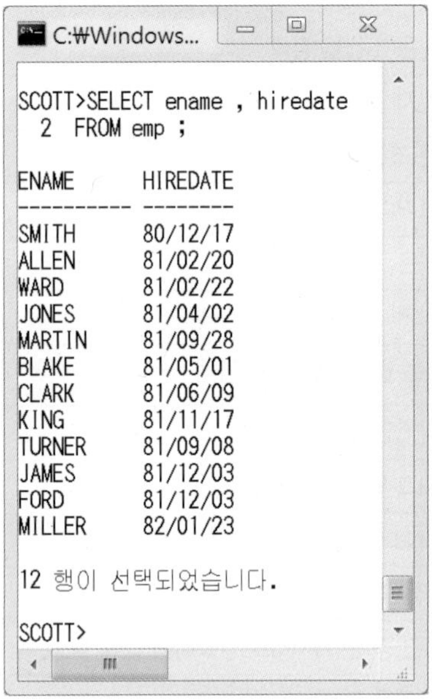

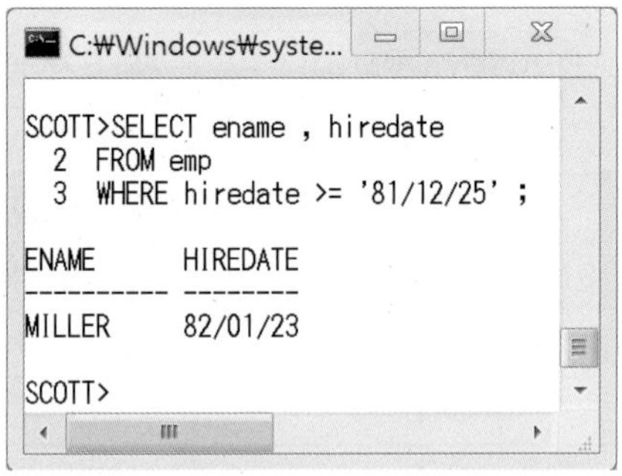

왼쪽 그림과 오른쪽 그림을 비교해 보면 오른쪽 그림에서 입사일을 '81/12/25'보다 크거나 같은 사람을 출력하라고 했는데, MILLER 1명만 출력하네요. 날짜가 크다는 의미는 최신 날짜라는 의미인 것을 알겠죠?

위 화면은 윈도용 오라클에서 조회한 화면이고 다음 화면은 리눅스용에서 조회한 화면입니다. 출력되는 날짜 형태가 다르다는 것을 주의해서 보세요.

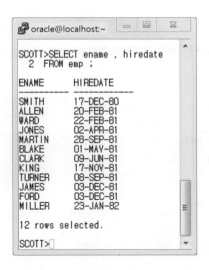

```
SCOTT>SELECT ename , hiredate
  2  FROM emp ;

ENAME      HIREDATE
---------- ------------
SMITH      17-DEC-80
ALLEN      20-FEB-81
WARD       22-FEB-81
JONES      02-APR-81
MARTIN     28-SEP-81
BLAKE      01-MAY-81
CLARK      09-JUN-81
KING       17-NOV-81
TURNER     08-SEP-81
JAMES      03-DEC-81
FORD       03-DEC-81
MILLER     23-JAN-82

12 rows selected.

SCOTT>
```

날짜는 최근 날짜가 큰 날짜고 이전 날짜일수록 더 작은 날짜라는 것을 알겠죠? 별로 어렵진 않지만 주의사항은 "〉="에서 "〉"과 "="사이에 공백이 들어가면 안 된다는 것과 "〉"과 "="의 순서가 바뀌어도 안 된다는 것입니다.

• **BETWEEN 연산자로 구간 데이터 조회하기**

emp 테이블에서 sal이 2000과 3000 사이인 사람들의 empno, ename, sal을 출력하세요

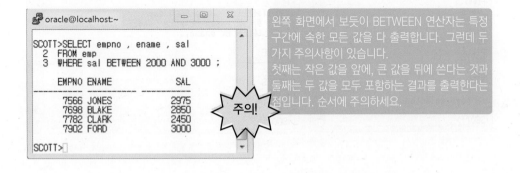

```
SCOTT>SELECT empno , ename , sal
  2  FROM emp
  3  WHERE sal BETWEEN 2000 AND 3000 ;

     EMPNO ENAME             SAL
---------- ---------- ----------
      7566 JONES            2975
      7698 BLAKE            2850
      7782 CLARK            2450
      7902 FORD             3000

SCOTT>
```

주의!

왼쪽 화면에서 보듯이 BETWEEN 연산자는 특정 구간에 속한 모든 값을 다 출력합니다. 그런데 두 가지 주의사항이 있습니다.
첫째는 작은 값을 앞에, 큰 값을 뒤에 쓴다는 것과 둘째는 두 값을 모두 포함하는 결과를 출력한다는 점입니다. 순서에 주의하세요.

그런데 위와 같이 특정 구간의 값을 검색할 때 가급적 BETWEEN 연산자를 쓰지 말고 아래와 같이 비교 연산자를 쓰는 것을 권장합니다. 아래의 예도 동일한 결과를 출력합니다.

```
oracle@localhost:~

SCOTT>SELECT empno , ename , sal
  2  FROM emp
  3  WHERE sal >= 2000
  4  AND sal <= 3000 ;

     EMPNO ENAME             SAL
---------- ---------- ----------
      7566 JONES            2975
      7698 BLAKE            2850
      7782 CLARK            2450
      7902 FORD             3000
```

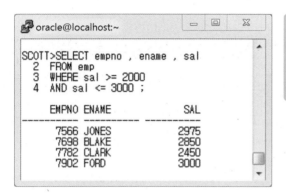

출력 결과는 BETWEEN과 동일하지만 속도 면에서는 이 방법이 BETWEEN보다 더 빠릅니다. 데이터가 많을수록 속도 차이가 더 많이 나므로 꼭 BETWEEN 대신 이 방법을 쓰세요!

위에서는 숫자를 조건으로 검색했지만 아래 화면처럼 당연히 글자나 날짜도 가능합니다.

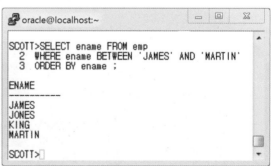

```
oracle@localhost:~

SCOTT>SELECT ename FROM emp
  2  ORDER BY ename ;

ENAME
----------
ALLEN
BLAKE
CLARK
FORD
JAMES
JONES
KING
MARTIN
MILLER
SMITH
TURNER
WARD

12 rows selected.

SCOTT>
```

```
oracle@localhost:~

SCOTT>SELECT ename FROM emp
  2  WHERE ename BETWEEN 'JAMES' AND 'MARTIN'
  3  ORDER BY ename ;

ENAME
----------
JAMES
JONES
KING
MARTIN

SCOTT>
```

- IN 연산자로 여러 조건을 간편하게 검색하기

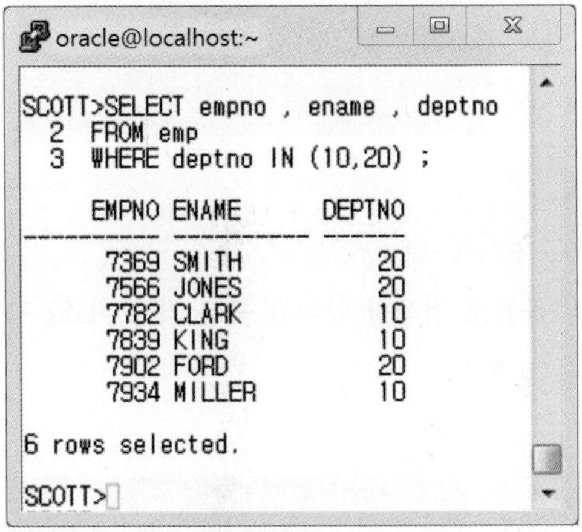

```
SCOTT>SELECT empno , ename , deptno
  2  FROM emp
  3  WHERE deptno IN (10,20) ;

     EMPNO ENAME          DEPTNO
---------- ---------- ----------
      7369 SMITH              20
      7566 JONES              20
      7782 CLARK              10
      7839 KING               10
      7902 FORD               20
      7934 MILLER             10

6 rows selected.

SCOTT>
```

왼쪽 화면은 emp 테이블에서 10번 부서와 20번 부서에 근무하는 사원들의 empno, ename, deptno를 출력한 것입니다. 3번 줄의 WHERE 부분에 IN으로 조건을 준 것을 잘 확인하세요. 이 연산자가 속도가 빨라서 아주 많이 사용되고 있습니다.
조건에는 숫자뿐만 아니라 문자나 날짜도 당연히 올 수 있습니다.

- LIKE 연산자로 비슷한 것들 모두 찾기

LIKE와 함께 사용되는 기호에는 '%'와 '_' 두 가지가 있으며 의미는 아래와 같습니다.

– %: 글자 수에 제한이 없고(0개 포함) 어떤 글자가 와도 상관없습니다.

– _(**Underscore**): 글자 수는 한 글자만 올 수 있고 어떤 글자가 와도 상관없습니다.

아래의 그림을 보세요.

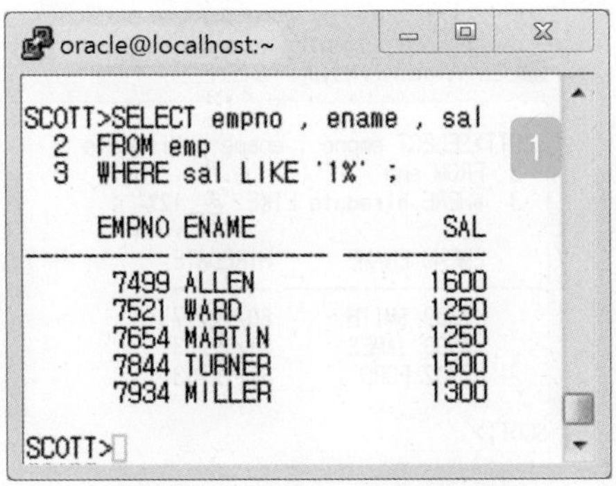

```
SCOTT>SELECT empno , ename , sal
  2  FROM emp
  3  WHERE sal LIKE '1%' ;

     EMPNO ENAME             SAL
---------- ---------- ----------
      7499 ALLEN            1600
      7521 WARD             1250
      7654 MARTIN           1250
      7844 TURNER           1500
      7934 MILLER           1300

SCOTT>
```

```
SCOTT>SELECT empno , ename , sal
  2  FROM emp
  3  WHERE ename LIKE 'A%' ;

     EMPNO ENAME             SAL
---------- ---------- ----------
      7499 ALLEN            1600

SCOTT>
```

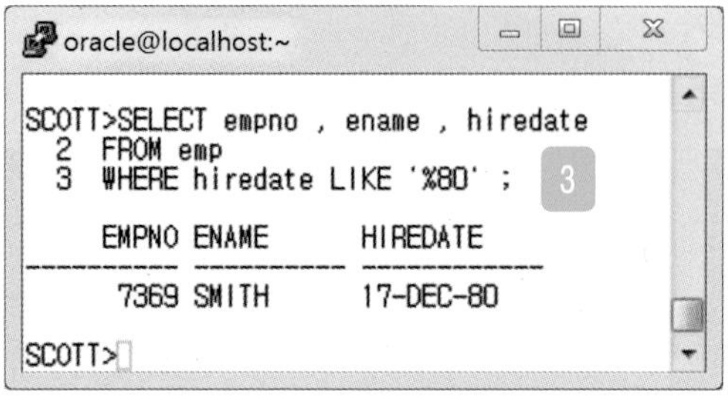

1번 그림은 숫자를 조회했고,
2번 그림은 문자를 조회했고,
3번 그림은 날짜를 조회했습니다.
모두 다 사용할 수 있다는 점!
단, 3번 그림 같은 경우는 성능에 아주 나쁜 영향을 주기 때문에 위험합니다!

위 예제에서 모두 LIKE 연산자 뒤에 작은따옴표로 검색할 단어를 묶은 거 보이죠? 저렇게 하지 않으면 에러가 납니다. 다음 그림을 보세요.

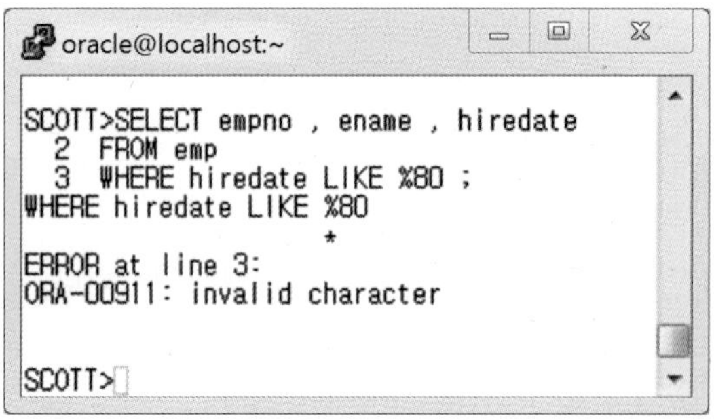

오라클에서는 문자나 날짜를 처리할 때 작은따옴표를 쓴다는 것을 배웠죠? 여기서도 마찬가지입니다. 숫자든 문자든 날짜든 모두 문자로 처리해서 LIKE 연산자를 사용하는 것입니다.

만약 입사일이 12월인 사람을 모두 출력하고 싶은 경우는 어떻게 할까요? 아래 그림을 보세요.

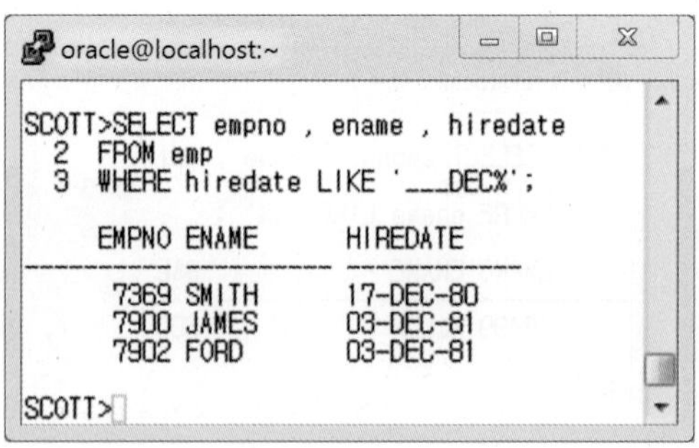

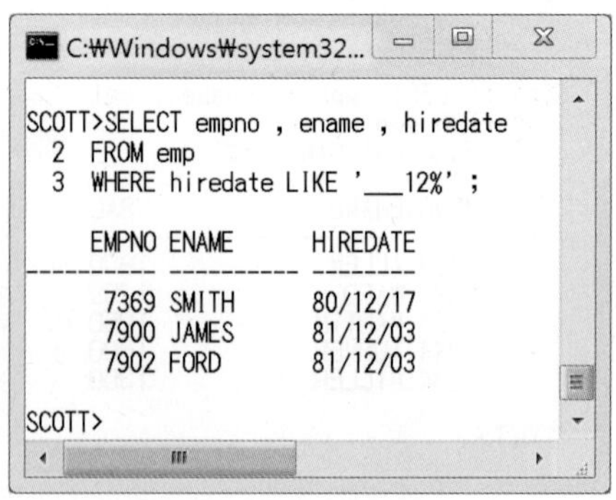

왼쪽 그림은 리눅스용 오라클에서 조회한 화면이고 오른쪽 그림은 윈도용 오라클에서 조회한 화면입니다. LIKE를 사용하여 12월 입사한 사람을 찾는 조건이 이제 이해되지요?

참고로 LIKE 연산자 뒤에 오는 '%'나 '_'의 위치가 아주 중요합니다. 이 내용은 인덱스를 배우고 SQL 튜닝시간에 많이 언급되는 내용이라 조금 어렵지만 간단히 결론만 이야기를 한다면 %나 _가 LIKE 뒤의 조건 부분에서 가장 먼저 나올 경우 SQL의 성능은 대부분 최악으로 늦어질 경우가 많습니다. 예를 들어, WHERE name LIKE '%김%'으로 조회할 경우나 WHERE name LIKE '_김%' 등으로 조회하는 것을 말합니다. 이럴 경우 %나 _를 조건에 먼저 쓸 경우에는 아주 느리게 되지만 %나 _를 먼저 안 쓰면 속도가 아주 빠르게 검색이 됩니다. 이유는 인덱스 때문입니다.

보다 자세한 내용은 인덱스 편에서 알려드리겠습니다. 이번 장에서는 "**절대로 %나 _를 가장 먼저 쓰면 안 된다!**"라는 것만 기억하면 됩니다.

• 값이 무엇인지 모를 경우 – IS NULL / IS NOT NULL 연산자 활용하기

많은 사람들이 무서워하는 값이 바로 Null이란 값입니다. 이 값은 오라클의 데이터 종류 중 한 가지로 어떤 값인지 모른다는 의미입니다. 예를 들어, A라는 사람의 급여가 300만 원이고 B의 급여는 얼마인지 모를 경우 'B의 급여는 Null이다'라고 말하는 것입니다.

이런 특징 때문에 Null에는 어떤 작업을 해도 결괏값은 늘 Null이 나오게 됩니다. 앞에서 예를 든 경우처럼 B의 급여가 얼마인지 모르는데, 100만 원을 인상해 준다고 합시다. 과연 B의 인상 후 최종 급여는 얼마일까요? 이제 확실히 이해가 되지요?

산술 연산뿐만 아니라 비교 연산도 마찬가지로 결과는 "모른다"로 출력됩니다. 위의 예에서 A와 B 중에 누가 더 급여가 많을까요? 모르지요? NULL이겠지요? 이런 특징 때문에 Null 값은 '='연산을 사용할 수 없습니다.

```
oracle@localhost:~

SCOTT>SELECT empno , ename , comm
  2  FROM emp
  3  WHERE deptno IN (20,30) ;

     EMPNO ENAME            COMM
---------- ---------- ----------
      7369 SMITH
      7499 ALLEN             300
      7521 WARD              500
      7566 JONES
      7654 MARTIN           1400
      7698 BLAKE
      7844 TURNER              0
      7900 JAMES
      7902 FORD

9 rows selected.

SCOTT>
```

왼쪽 COMM 컬럼의 결과에서 값이 없는 부분이 NULL입니다.

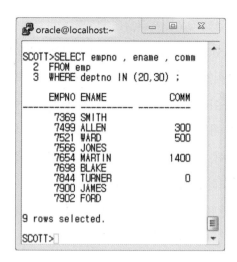

Null 값을 '='조건을 주고 검색하면 no rows selected라고 나오면서 값을 조회하지 못합니다. 아래 그림을 보세요.

```
oracle@localhost:~

SCOTT>SELECT empno , ename , comm
  2  FROM emp
  3  WHERE comm = NULL ;

no rows selected

SCOTT>
```

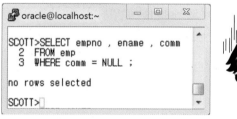

이렇게 나오는 이유가 중요한데, 이유는 다음과 같습니다.

예를 들어, COMM이 100인 사람을 검색하고 싶으면 COMM = 100이라고 합니다. 이 말은 COMM의 값이 100과 같다는 뜻이니까 조금 표현을 바꾸면 100 = 100과 같은 조건을 만족하는 데이터를 모두 조회하라는 뜻이 됩니다.

그렇다면 COMM이 NULL인 사람을 조회하기 위해 COMM = NULL이라고 쓴다면 이 말은 NULL = NULL이라는 의미이며 이 조건을 만족하는 데이터를 전부 조회하라는 뜻이 됩니다. 언뜻 보면 맞는 표현 같지만 A의 상여금이 얼마인지 모르고(Null) B의 상여금도 얼마인지 모를 때(Null) A와 B가 상여금이 같은지는 알 수 없는 것이지요. 그래서 Null 값을 가진 데이터가 있다 하더라고 검색을 할 수 없게 됩니다.

이런 이유 때문에 Null 값을 찾고 싶을 때 '='연산자를 사용할 수 없어서 별도의 연산자가 만들어졌습니다. Null 값을 찾고 싶을 땐 **IS NULL**, Null 값이 아닌 모든 값을 찾고 싶을 땐 **IS NOT NULL**을 사용하게 됩니다. 아래 그림을 보세요.

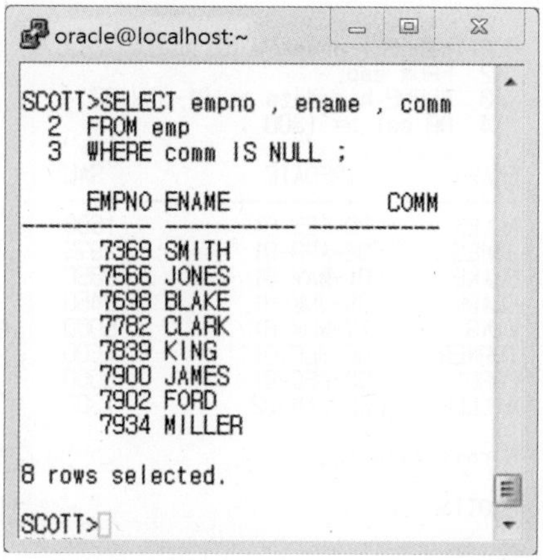

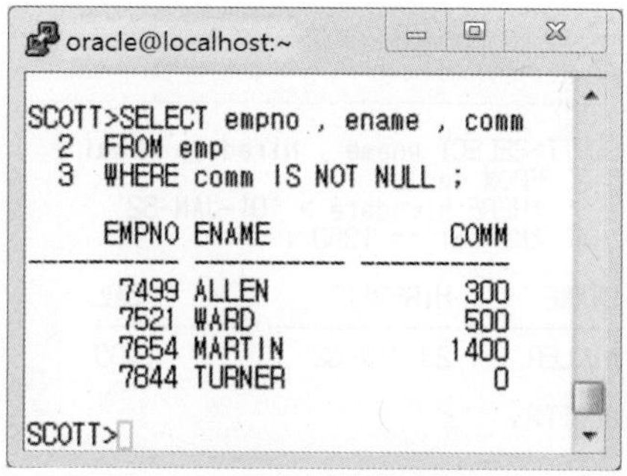

위 그림에서 왼쪽 그림은 COMM 값이 NULL인 것만 조회를 한 것이고 오른쪽 그림은 값이 뭐든지 있는, 즉 NOT NULL인 값을 조회한 것입니다. 특히, 오른쪽 그림에서 TURNER의 COMM이 0인데, NOT NULL에서 조회되는 이유를 알겠죠? O(zero)이란 값이 있는 것이니까요.

실무에서 Null 값 때문에 의도하지 않은 오류가 발생하는 경우가 많기 때문에 Null 값의 특징을 반드시 잘 알고 있어야 합니다.

예전에 제가 겪었던 모 회사 ERP 구축 프로젝트에서 매월 지급되는 직원들의 급여를 구하는 메뉴가 있었는데, 잘 나오던 합계 금액이 갑자기 나오지 않는 사고가 있었습니다. 나중에 알고 봤더니 신입사원이 입사했는데, 급여가 아직 정해지지 않아서 급여 컬럼이 NULL이었더라고요. 그래서 순식간에 급여 합계가 NULL로 된 것입니다. 10억+NULL은 얼마일까요? 이해되죠?

NULL은 정말 조심해야 하는 값이란 것을 꼭 기억하세요.

• 검색 조건이 두 개 이상일 경우 조회하기

두 조건을 동시에 만족해야 하는 경우 왼쪽 아래의 그림처럼 AND 조건을 사용하고 둘 중 한 가지 조건만 만족해도 될 경우 오른쪽 그림처럼 OR 조건을 사용합니다.

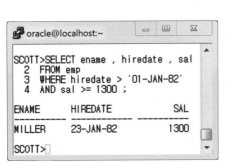

```
oracle@localhost:~

SCOTT>SELECT ename , hiredate , sal
  2  FROM emp
  3  WHERE hiredate > '01-JAN-82'
  4  AND sal >= 1300 ;

ENAME      HIREDATE            SAL
---------- ------------ ----------
MILLER     23-JAN-82          1300

SCOTT>
```

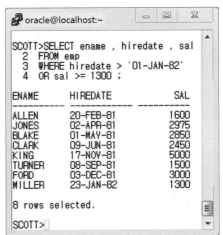

```
oracle@localhost:~

SCOTT>SELECT ename , hiredate , sal
  2  FROM emp
  3  WHERE hiredate > '01-JAN-82'
  4  OR sal >= 1300 ;

ENAME      HIREDATE            SAL
---------- ------------ ----------
ALLEN      20-FEB-81          1600
JONES      02-APR-81          2975
BLAKE      01-MAY-81          2850
CLARK      09-JUN-81          2450
KING       17-NOV-81          5000
TURNER     08-SEP-81          1500
FORD       03-DEC-81          3000
MILLER     23-JAN-82          1300

8 rows selected.

SCOTT>
```

아래 화면을 보세요.

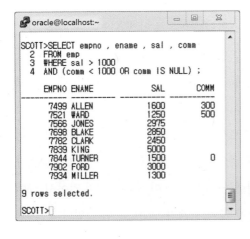

```
oracle@localhost:~

SCOTT>SELECT empno , ename , sal , comm
  2  FROM emp
  3  WHERE sal > 1000
  4  AND (comm < 1000 OR comm IS NULL) ;

     EMPNO ENAME             SAL       COMM
---------- ---------- ---------- ----------
      7499 ALLEN            1600        300
      7521 WARD             1250        500
      7566 JONES            2975
      7698 BLAKE            2850
      7782 CLARK            2450
      7839 KING             5000
      7844 TURNER           1500          0
      7902 FORD             3000
      7934 MILLER           1300

9 rows selected.

SCOTT>
```

```
oracle@localhost:~

SCOTT>SELECT empno , ename , sal , comm
  2  FROM emp
  3  WHERE sal > 1000
  4  AND comm < 1000 OR comm IS NULL ;

     EMPNO ENAME             SAL       COMM
---------- ---------- ---------- ----------
      7369 SMITH             800
      7499 ALLEN            1600        300
      7521 WARD             1250        500
      7566 JONES            2975
      7698 BLAKE            2850
      7782 CLARK            2450
      7839 KING             5000
      7844 TURNER           1500          0
      7900 JAMES             950
      7902 FORD             3000
      7934 MILLER           1300

11 rows selected.

SCOTT>
```

앞의 그림은 emp 테이블에서 sal이 1000보다 큰 사람 중에서 comm이 1000보다 작거나 또는 NULL인 사람을 출력하려는 의도로 만든 쿼리입니다. 그런데 왼쪽 그림은 의도한 대로 나왔지만 오른쪽 그림은 뭔가 이상하지요?

오른쪽 그림의 SMITH와 JAMES는 sal이 1000이 안 되잖아요. 이렇게 AND와 OR이 동시에 나오는 조건일 경우 항상 AND가 먼저 수행된 후에 OR이 수행되기 때문에 조심 또 조심해야 해요. 참고로 IT에서 AND는 보통 곱하기로 통하고 OR은 더하기로 통한답니다.

곱하기와 더하기가 동시에 나오면 순서 상관없이 곱하기 먼저 되는 거 알죠? 그래서 만약 더하기를 먼저 하고 싶을 경우 왼쪽 그림과 같이 괄호를 사용해 주는 센스를 발휘해야 합니다.

• 사용자에게 조건을 입력받아서 조건에 맞는 값 출력하기

이번 예는 WHERE 절에 사용될 조건을 사용자에게 입력을 받아서 사용하는 경우를 살펴보겠습니다. 먼저 다음의 그림을 보세요. 사용자로부터 사원번호(empno)를 입력받아서 empno, ename, sal을 출력하겠습니다.

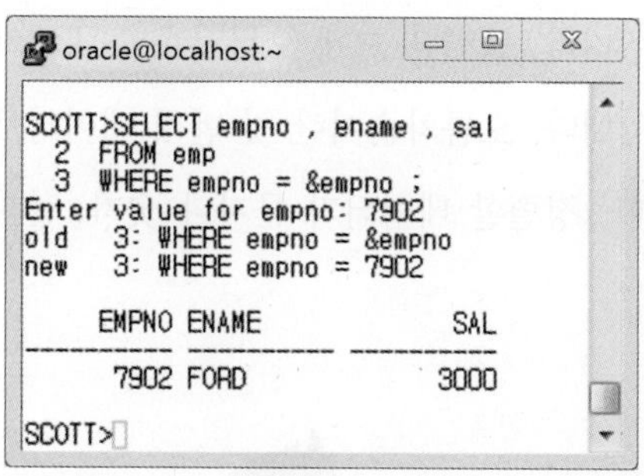

위 그림에서 왼쪽 그림을 보면 3번 줄의 WHERE 절에서 &(엠퍼센트) 기호를 사용한 것을 볼 수 있습니다. 저 기호의 의미는 사용자에게 값을 입력받으라는 뜻으로 해석이 되어 SQL 문장이 수행될 때 사용자에게 입력을 할 수 있는 부분을 제공하고 값을 입력받습니다.

왼쪽 그림에 보면 old와 new 부분이 보이죠? 저 부분이 다소 지저분해서 안보게 하는 설정이 오른쪽 그림에 있는 SET verify OFF라는 설정입니다. 오른쪽 그림이 조금 더 깔끔하게 보이죠? 여기서 사용한 & 기호는 WHERE 절에만 사용되는 것은 아니며 사용자에게 값을 입력받아야 하는 곳에는 다 쓸 수 있습니다.

예를 들어, 아래 SQL은 사용자로부터 테이블 이름을 입력받아서 결과를 출력하는 화면입니다.

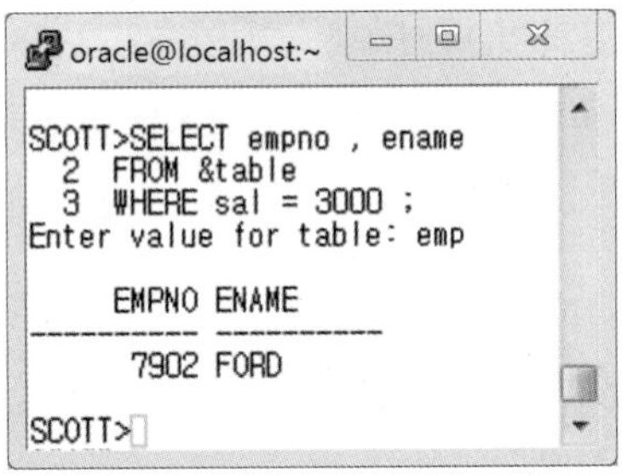


```
SCOTT>SELECT empno , ename
  2  FROM &table
  3  WHERE sal = 3000 ;
Enter value for table: emp

     EMPNO ENAME
---------- ----------
      7902 FORD

SCOTT>
```

2번 행 FROM 절에 &table 부분이 보이죠? 여기서는 예를 들지 않았지만 당연히 SELECT 절에도 사용 가능합니다.

10. 정렬하여 출력하기 – ORDER BY 절 사용하기

출력해야 할 데이터가 많을 경우 정렬을 해서 보는 경우가 많습니다. SQL에서는 ORDER BY라는 절을 사용하여 정렬을 하게 됩니다. 정렬은 크게 오름차순과 내림차순 두 가지의 경우가 있으며 기본값은 오름차순입니다. 오름차순이란 첫 번째 데이터보다 다음 데이터가 갈수록 커지는 것을 의미합니다. 정렬할 데이터가 문자나 숫자, 날짜일 경우 기준이 다른데, 아래와 같습니다.

- **한글: 가, 나, 다, 라 ……**
- **영어:** A, B, C, D……
- **숫자:** 1, 2, 3, 4……
- **날짜: 예전 날짜부터 시작해서 최근 날짜로 정렬됩니다.**

아마도 기본적으로 다 알고 있는 내용이죠? 그런데 위에서 주의할 부분은 날짜 부분입니다.

날짜는 최근 날짜가 더 크다는 것을 꼭 기억해야 해요.

예를 들어, 학생 테이블의 생일 컬럼을 기준으로 정렬을 하려고 하는데, 나이 많은 사람부터 먼저 출력되도록 하고 싶은 경우 생일 컬럼을 오름차순으로 해야 할까요? 아님 내림차순으로 해야 할까요? 또는 입학 날짜를 기준으로 정렬하려고 하는데, 최근 신입생부터 먼저 나오도록 정렬하고 싶은 경우 오름차순일까요? 아니면 내림차순일까요?? 날짜를 기준으로 정렬할 때 오름차순과 내림차순을 꼭 기억하세요.

ORDER BY 절의 위치는 SQL 문장에서 가장 마지막에 적어야 합니다. 그리고 오름차순은 ASC, 내림차순은 DESC로 표시를 해야 하며 기본값이 오름차순이기 때문에 정렬 방식을 생략하게 되면 자동으로 ASC 방식이 적용됩니다. 아래의 예로 여러 가지 경우를 확인해 보겠습니다.

```
oracle@localhost:~

SCOTT>SELECT ename , sal , hiredate
  2  FROM emp ;

ENAME             SAL HIREDATE
---------- ---------- ------------
SMITH             800 17-DEC-80
ALLEN            1600 20-FEB-81
WARD             1250 22-FEB-81
JONES            2975 02-APR-81
MARTIN           1250 28-SEP-81
BLAKE            2850 01-MAY-81
CLARK            2450 09-JUN-81
KING             5000 17-NOV-81
TURNER           1500 08-SEP-81
JAMES             950 03-DEC-81
FORD             3000 03-DEC-81
MILLER           1300 23-JAN-82

12 rows selected.

SCOTT>
```

```
oracle@localhost:~

SCOTT>SELECT ename , sal , hiredate
  2  FROM emp
  3  ORDER BY ename ;

ENAME             SAL HIREDATE
---------- ---------- ------------
ALLEN            1600 20-FEB-81
BLAKE            2850 01-MAY-81
CLARK            2450 09-JUN-81
FORD             3000 03-DEC-81
JAMES             950 03-DEC-81
JONES            2975 02-APR-81
KING             5000 17-NOV-81
MARTIN           1250 28-SEP-81
MILLER           1300 23-JAN-82
SMITH             800 17-DEC-80
TURNER           1500 08-SEP-81
WARD             1250 22-FEB-81

12 rows selected.
```

위 그림에서 왼쪽 그림은 emp 테이블을 정렬 없이 출력한 화면입니다. 그리고 오른쪽 그림은 ename 순서대로 오름차순 정렬을 한 화면입니다. 차이를 알겠죠? 그리고 아래 그림은 deptno 순으로 오름차순으로 먼저 정렬하고 만약 동일한 deptno가 있을 경우 sal 값으로 내림차순으로 정렬을 한 번 더 한 화면입니다. 내용 보면 이해가 되죠?

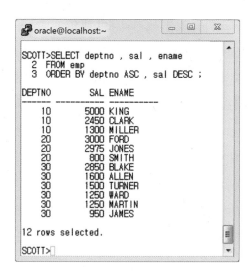

```
oracle@localhost:~

SCOTT>SELECT deptno , sal , ename
  2  FROM emp
  3  ORDER BY deptno ASC , sal DESC ;

DEPTNO        SAL ENAME
------ ---------- ----------
    10       5000 KING
    10       2450 CLARK
    10       1300 MILLER
    20       3000 FORD
    20       2975 JONES
    20        800 SMITH
    30       2850 BLAKE
    30       1600 ALLEN
    30       1500 TURNER
    30       1250 WARD
    30       1250 MARTIN
    30        950 JAMES

12 rows selected.

SCOTT>
```

앞에서 살펴본 방법처럼 정렬을 하고 싶은 컬럼이 있을 경우 SQL의 가장 마지막 부분에 ORDER BY 구문을 사용하여 정렬을 하면 되는데, 꼭 컬럼 이름만 사용할 수 있는 것은 아니고 아래와 같이 다양한 방법으로 사용이 가능합니다.

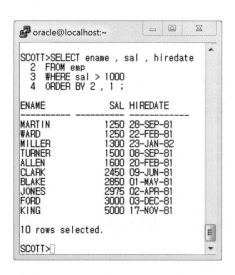

```
oracle@localhost:~

SCOTT>SELECT ename , sal , hiredate
  2  FROM emp
  3  WHERE sal > 1000
  4  ORDER BY 2 , 1 ;

ENAME             SAL HIREDATE
---------- ---------- ------------
MARTIN           1250 28-SEP-81
WARD             1250 22-FEB-81
MILLER           1300 23-JAN-82
TURNER           1500 08-SEP-81
ALLEN            1600 20-FEB-81
CLARK            2450 09-JUN-81
BLAKE            2850 01-MAY-81
JONES            2975 02-APR-81
FORD             3000 03-DEC-81
KING             5000 17-NOV-81

10 rows selected.

SCOTT>
```

왼쪽 그림에서 ORDER BY 2, 1 부분에서 숫자의 의미는 SELECT 절에 오는 컬럼의 순서를 뜻합니다. 즉, 2란 sal를 뜻하고 1은 ename을 뜻하지요. 그래서 sal로 먼저 정렬하고 동일한 sal 값이 있을 경우 ename으로 한 번 더 정렬하라는 의미입니다. 아주 간단한 방법이죠? 그래서 많이 사용하는 방법입니다.

이 방법 외에도 컬럼의 별명으로도 정렬할 수 있습니다. 이상으로 ORDER BY 절을 사용하여 정렬(SORT)을 하는 방법을 살펴보았습니다.

그런데 아주 중요한 사실 한 가지를 꼭 알아야 합니다. 정렬해서 결과를 출력하면 결과물이 아주 깔끔하고 보기도 좋지만 정렬하는 작업은 오라클에서 아주 힘든 작업입니다. 이건 오라클뿐 아니라 사람 사는 세상에서도 사람이 많을수록 줄 세우는 것이 힘들잖아요. 그래서 최대한 정렬하는 ORDER BY 절을 사용하지 않고 SQL을 작성해야 속도가 빨라집니다. 즉, ORDER BY를 많이 쓸수록 SQL 수행 속도가 많이 늦어집니다.

그렇다고 정렬을 안 하고 출력할 수도 없고…. 그래서 정렬도 하고 SQL 속도도 놓치지 않는 실전에서 아주 많이 사용되는 방법이 인덱스를 이용하는 방법이며 이 책의 인덱스 부분에서 아주 자세하게 비법을 알려드리겠습니다.

최대한 ORDER BY는 사용하지 마세요.

11. 집합 연산자

집합이라고 하는 것은 여러 건의 데이터가 모여 있다는 뜻입니다. 알고 있죠? 우리가 조금 전까지 살펴본 산술 연산자들은 하나의 데이터들끼리 연산을 하는 것이었으나 지금부터 살펴볼 집합 연산자(SET OPERATOR)는 여러 건의 데이터들(집합)을 연산하는 것입니다.

이 설명만 듣고서는 무슨 말인지 잘 모르겠지요? 아래의 다양한 예로 자세하게 살펴보겠습니다. 실제 업무에서 아주 많이 사용이 되고 있고 문제도 많이 만들고 있기 때문에 정말 조심해서 써야 합니다.

주요 집합 연산자는 아래와 같이 4가지 종류가 있으며 각각 하는 일은 다음과 같습니다.

연산자 종류	내용
UNION	두 집합의 결과를 합쳐서 출력. 중복 값 제거하고 정렬함
UNION ALL	두 집합의 결과를 합쳐서 출력. 중복 값 제거 안 하고 정렬 안 함
INTERSECT	두 집합의 교집합 결과를 출력 및 정렬함
MINUS	두 집합의 차집합 결과를 출력 및 정렬함. 쿼리의 순서가 중요함

위 4가지의 집합 연산자를 사용할 경우에 주의사항이 있습니다.

첫째, 두 집합의 SELECT 절에 오는 컬럼의 개수가 동일해야 합니다.
둘째, 두 집합의 SELECT 절에 오는 컬럼의 데이터 형이 동일해야 합니다.
셋째, 두 집합의 컬럼명은 달라도 상관없습니다.

다음 예제들로 위 연산자들을 하나씩 자세하게 살펴보겠습니다.

• **UNION / UNION ALL(두 집합의 결과들을 더합니다)**

UNION과 UNION ALL 연산자는 두 집합을 더해서 결과를 출력합니다. 차이점은 UNION은 두 결과에서 중복된 값을 제거하고 출력하고 UNION ALL은 중복되는 값까지 전부 다 출력한다는 점입니다. 그리고 UNION은 출력 결과를 정렬해서 보여 주고 UNION ALL은 정렬하지 않고 그냥 보여 주게 됩니다.

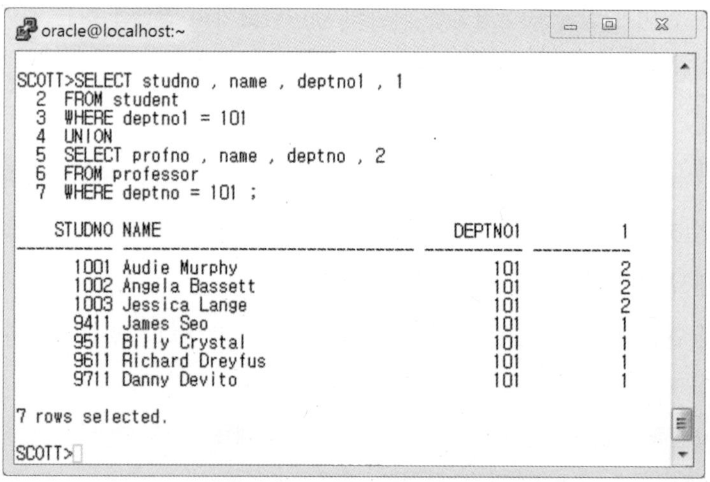

```
oracle@localhost:~

SCOTT>SELECT studno , name , deptno1 , 1
  2  FROM student
  3  WHERE deptno1 = 101
  4  UNION
  5  SELECT profno , name , deptno , 2
  6  FROM professor
  7  WHERE deptno = 101 ;

    STUDNO NAME                             DEPTNO1          1
---------- ------------------------------ ---------- ----------
      1001 Audie Murphy                         101          2
      1002 Angela Bassett                       101          2
      1003 Jessica Lange                        101          2
      9411 James Seo                            101          1
      9511 Billy Crystal                        101          1
      9611 Richard Dreyfus                      101          1
      9711 Danny Devito                         101          1

7 rows selected.

SCOTT>
```

위 그림은 두 개의 SELECT 문장의 결과를 UNION 연산자를 사용하여 하나로 만들어서 출력을 했습니다. STUDNO 컬럼으로 정렬이 된 것이 보일 것입니다. 아래 그림은 위와 같은데, 4번 줄에 UNION ALL을 사용한 것과 정렬이 안 되고 출력된 부분이 다르죠?

```
oracle@localhost:~
SCOTT>SELECT studno , name , deptno1 , 1
  2  FROM student
  3  WHERE deptno1 = 101
  4  UNION ALL
  5  SELECT profno , name , deptno , 2
  6  FROM professor
  7  WHERE deptno = 101 ;

    STUDNO NAME                                    DEPTNO1          1
---------- ------------------------------ ---------- ----------
      9411 James Seo                                  101          1
      9511 Billy Crystal                              101          1
      9611 Richard Dreyfus                            101          1
      9711 Danny Devito                               101          1
      1001 Audie Murphy                               101          2
      1002 Angela Bassett                             101          2
      1003 Jessica Lange                              101          2

7 rows selected.

SCOTT>
```

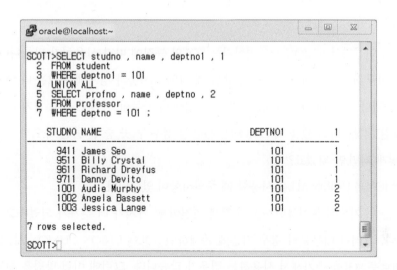

앞의 출력 결과에서 가장 오른쪽 컬럼에 있는 1은 첫 번째 SELECT의 결과를 표시한 것이고 2는 두 번째 SELECT의 결과를 표시한 것입니다. 만약 중복되는 데이터가 있었다면 왼쪽에는 안 보이고 오른쪽에는 보일 것입니다. 아래 그림을 보세요.

```
oracle@localhost:~
SCOTT>SELECT studno , name
  2  FROM student
  3  WHERE deptno1 = 101
  4  UNION
  5  SELECT studno , name
  6  FROM student
  7  WHERE deptno2 = 201 ;

    STUDNO NAME
---------- ----------------------
      9411 James Seo
      9511 Billy Crystal
      9512 Nicholas Cage
      9611 Richard Dreyfus
      9711 Danny Devito

SCOTT>
```

```
oracle@localhost:~
SCOTT>SELECT studno , name
  2  FROM student
  3  WHERE deptno1 = 101
  4  UNION ALL
  5  SELECT studno , name
  6  FROM student
  7  WHERE deptno2 = 201 ;

    STUDNO NAME
---------- ----------------------
      9411 James Seo
      9511 Billy Crystal
      9611 Richard Dreyfus
      9711 Danny Devito
      9411 James Seo
      9512 Nicholas Cage

6 rows selected.

SCOTT>
```

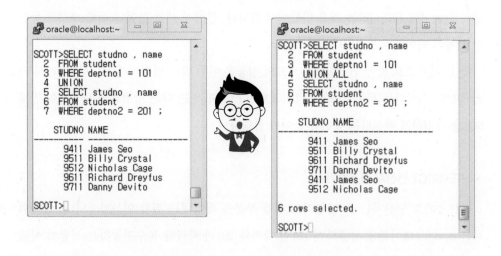

위 그림은 둘 다 동일한 쿼리인데, 4번 행의 UNION과 UNION ALL의 차이만 있습니다. 결과를 보면 왼쪽 그림에서는 James Seo가 1회만 나왔는데, 오른쪽 그림에서는 2회 나왔죠? 앞에서 언급한 대로 UNION은 중복되는 값이 있으면 제거하고 UNION ALL은 중복된

값을 제거하지 않습니다.

UNION 연산자와 UNION ALL 연산자는 SQL의 특징에 따라 사용처가 다릅니다. 예를 들어, 구인구직 사이트에서 직장을 검색할 때 지역을 서울과 경기에 체크를 다 했다고 가정하겠습니다. 그런데 만약 A라는 회사가 서울에서 근무할 사원도 찾고 경기 지사에 근무할 사원도 찾는다고 했을 때 UNION을 사용할 경우 두 곳 중 한 곳만 나오게 될 것입니다. 이렇게 되면 안 되겠죠?

또 UNION과 UNION ALL을 사용할 때 주의사항이 있습니다.

예를 들어, 기존에 존재하던 SQL에 검색 조건이 한 가지가 더 추가가 되었다고 가정하겠습니다. 그러면 대부분의 경우 기존에 존재하던 SQL에 UNION / UNION ALL을 사용하여 새로운 SQL을 추가해서 사용하는 경우가 많습니다. 그런데 이런 방법은 성능에 아주 나쁜 영향을 미칩니다.

여행을 가려고 계획을 세울 때 산으로 갈 수도 있고 바다로 갈 수도 있으니 두 가지 경우에 모두 대비한 적당한 계획을 세우라고 한다면 정말 계획 세우기가 힘들 것입니다. SQL을 작성할 때 UNION으로 두 개의 SQL을 연결할 경우 오라클은 두 가지 SQL을 모두 만족하는 실행 계획이라는 것을 만들어야 합니다. 앞에서 예를 들었던 여행 계획과 동일한 상황이 되어버린 것입니다.

즉, UNION으로 많이 연결할수록 SQL의 성능은 아주 많이 떨어지게 됩니다. 그래서 가급적 UNION보다는 뒤에서 배우는 DECODE나 CASE 또는 다른 방법들을 사용하여 전체 SQL을 간결하게 작성하는 습관을 들여야 합니다.

• INTERSECT 연산자 사용하기

INTERSECT 연산자는 두 집합의 교집합 부분을 찾아내는 집합 연산자입니다. 아래의 예는 student 테이블을 사용하여 101번 학과와 201번 학과를 복수전공하는 사람의 이름을 출력하는 화면입니다.

oracle@localhost:~

```
SCOTT>SELECT studno , name
  2  FROM student
  3  WHERE deptno1 = 101
  4  INTERSECT
  5  SELECT studno , name
  6  FROM student
  7  WHERE deptno2 = 201 ;

    STUDNO NAME
---------- --------------------
      9411 James Seo

SCOTT>
```

왼쪽 예에서 deptno1 컬럼은 1전공이고 deptno2 컬럼은 2전공을 의미합니다(복수 전공자를 구분하기 위해서 사용합니다). student 테이블에서 James Seo는 복수전공자라서 왼쪽과 같은 결과가 나옵니다.

그런데 오라클은 교집합을 어떻게 찾을까요? 바로 정렬을 해서 찾게 됩니다(12c 기준). 즉, INTERSECT 연산자는 정렬을 동반하게 되는 연산자이므로 많은 데이터를 대상으로 할 경우 속도가 느려진다는 점도 꼭 기억해야 합니다.

• **MINUS 연산자 사용하기**

MINUS 연산자는 큰 집합에서 작은 집합을 빼는 집합 연산자입니다. 만약 emp 테이블에서 직원들의 급여를 인상해 주기 위한 명단을 출력하려고 하는데, 현재 급여가 2500 이하인 사람만을 대상으로 하고 싶다면 아래와 같이 사용하면 됩니다. 다음 화면을 보세요.

oracle@localhost:~

```
SCOTT>SELECT empno , ename , sal
  2  FROM emp
  3  MINUS
  4  SELECT empno , ename , sal
  5  FROM emp
  6  WHERE sal > 2500 ;

     EMPNO ENAME             SAL
---------- ---------- ----------
      7369 SMITH             800
      7499 ALLEN            1600
      7521 WARD             1250
      7654 MARTIN           1250
      7782 CLARK            2450
      7844 TURNER           1500
      7900 JAMES             950
      7934 MILLER           1300

8 rows selected.

SCOTT>
```

MINUS 연산자는 사용법이 간단합니다.
큰 결과를 가진 SELECT를 먼저 쓰고 MINUS를 쓴 다음 작은 결과를 가진 SELECT를 나중에 쓰면 됩니다.
한 가지 주의할 점은 마이너스이기 때문에 SELECT 문장 쓰는 순서만 조심하면 됩니다.

그리고 앞의 그림을 보면 MINUS 연산자도 결괏값을 정렬한다는 것을 알 수 있습니다. 즉, 데이터 양이 많을 경우 시간이 오래 걸린다는 뜻입니다. 만약 집합 연산자를 사용할 때 두 개 쿼리의 컬럼의 결과가 다르거나 데이터 형이 다르면 아래와 같은 에러가 발생하게 됩니다.

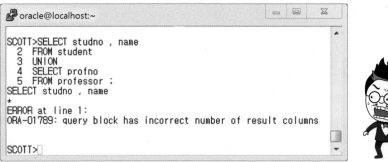

```
oracle@localhost:~

SCOTT>SELECT studno , name
  2  FROM student
  3  UNION
  4  SELECT profno
  5  FROM professor ;
SELECT studno , name
*
ERROR at line 1:
ORA-01789: query block has incorrect number of result columns

SCOTT>
```

위 에러는 SELECT 절의 컬럼 개수가 다를 경우 발생하는 에러입니다. 그리고 아래의 에러는 SELECT 절의 컬럼의 데이터 타입이 다를 경우 발생하는 에러입니다.

```
oracle@localhost:~

SCOTT>SELECT studno , name
  2  FROM student
  3  UNION
  4  SELECT name , profno
  5  FROM professor ;
SELECT studno , name
       *
ERROR at line 1:
ORA-01790: expression must have same datatype as corresponding expression

SCOTT>
```

여기까지 SELECT 문장의 가장 기본적인 문법들과 조건 검색 방법, 일반 연산자들과 집합 연산자 사용 방법 등을 살펴보았습니다.

Check Your Self!

스스로 아래 질문들을 천천히 생각해보고 YES / NO를 체크해 보세요. 아래 질문들에 모두 YES를 선택할 수 있다면 이번 장을 완전히 마스터했다는 의미입니다. 부족한 부분이 있다면 다시 한 번 더 공부해서 완전히 마스터하세요.

1. 나는 오라클 서버에 연습용 계정으로 접속할 수 있는가? (YES / NO)
2. 나는 오라클 서버가 종료되었을 때 관리자 계정으로 접속할 수 있는가? (YES / NO)
3. 나는 SELECT 문장을 사용하여 데이터를 조회할 수 있는가? (YES / NO)
4. 나는 WHERE 절을 사용하여 조건을 주고 검색할 수 있는가? (YES / NO)
5. 나는 IN이나 BETWEEN 등의 연산자를 사용하여 SELECT를 수행할 수 있는가? (YES / NO)
6. 나는 NULL과 NOT NULL을 이해하고 결과를 조회할 수 있는가? (YES / NO)
7. 나는 집합 연산자를 사용하여 원하는 결과를 출력할 수 있는가? (YES / NO)
8. 나는 ORDER BY를 사용하여 결과를 정렬해서 출력할 수 있는가? (YES / NO)

잠시 쉬어 가는 페이지

아파트 7층에 사는 칠수.

어느 날 낮잠을 자고 일어났는데, 꿈에서 본 숫자 7이 선명했다.

달력을 보니 7월 7일, 시계는 7시 7분을 막 지나고 있었다.

엄청난 행운의 조짐이라 믿은 칠수.

전 재산을 들고 경마장으로 갔다.

그러곤 7번 말에 모두 걸었다. 결과는 어땠을까요?

7번 말이 일곱 번째로 들어왔다.

세상에 공짜는 없으니까 공짜나 요행을 너무 바라지 마세요.

2장 SQL 단일행 함수를 배웁니다

이번 장에서 배울 내용

1 단일행 함수와 복수행 함수의 차이를 배웁니다.
2 다양한 문자 함수를 배웁니다.
3 다양한 숫자 함수를 배웁니다.
4 다양한 날짜 함수를 배웁니다.
5 다양한 형변환 함수를 배웁니다.
6 다양한 일반 함수를 배웁니다.
7 다양한 정규식 함수를 배웁니다.

2장 SQL 단일행 함수를 배웁니다

함수!

언제 들어도 설레기보다 두려운 단어인 듯 합니다. 중고등학생 때 아주 많은 학생들이 수학의 함수에서 좌절했던 기억이 있을 듯 하네요. 지금 이 책을 보는 독자 여러분은 어떤가요?

알고 있겠지만 함수란 어떤 입력 값을 받아서 정해진 루틴에 의해 작업을 하고 결괏값을 만들어서 출력해주는 것을 말합니다. 오라클뿐만 아니라 우리 주변을 살펴보면 함수가 참 많습니다. 예를 들어, 커피 자판기도 일종의 함수입니다.

동전(입력 값)을 넣고 버튼을 누르면 커피(정해진 결과)가 나오는 원리가 함수와 동일합니다. 입력 값을 받고 작업을 시키면 정해진 루틴에 의해 결과가 만들어지는 것이지요. 직접 커피를 타서 먹는 것보다 자판기를 이용하는 것이 아주 편리하듯이 어떤 일을 할 때 함수를 사용하면 아주 편리하고 빠르게 작업을 할 수 있습니다.

또 어떤 일은 함수가 없으면 할 수 없는 경우도 있습니다. 예를 들어, 학생의 주민번호 "751023-1234567"이 있다고 가정하고 여기에서 학생의 생일을 찾고 싶은 경우 1023이 생일임을 알 수 있습니다. 그러나 이것을 오라클에게 어떻게 시킬 건가요? 함수를 모르면 참 난감하겠지요? 많은 사람들이 SQL을 배울 때 함수 부분에서 많이 좌절을 하는데, 그 이유는 함수 종류가 너무 많고 사용하는 방법이 다양하기 때문입니다.

이번 장에서는 다양한 함수들을 실제 사용하는 방법과 함께 자세하게 살펴보겠습니다. 함수를 많이 알면 알수록 '레벨 업'이 된다는 사실을 꼭 기억하고 어렵게 느껴지는 함수가 있으면 어렵지 않을 때까지 많이 연습하세요. 함수를 많이 알수록 연봉이 올라간다는 사실 꼭 기억하고 함수의 세계로 떠나 보겠습니다.

SQL에서 사용되는 함수는 크게 단일행 함수와 복수행 함수로 구분할 수 있습니다. 다음 그림으로 두 함수를 구분해 보겠습니다.

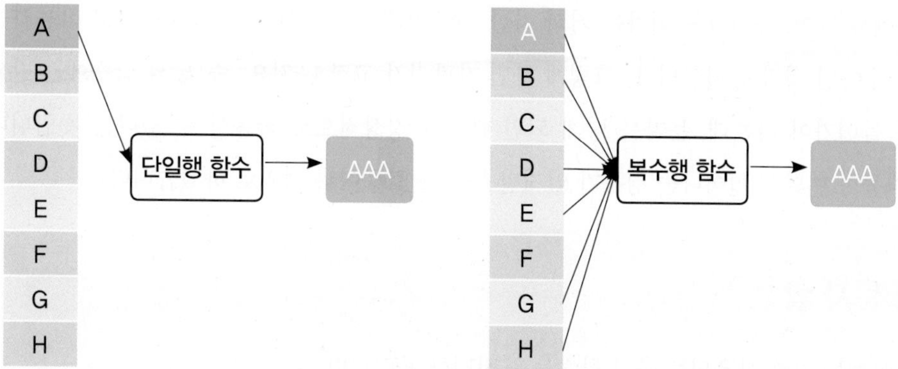

위 그림에서 왼쪽 테이블에 데이터가 여러 건 존재하지만 단일행 함수에 들어가는 데이터는 한 번에 한 개입니다. 즉, **단일행 함수**는 여러 건의 데이터를 한꺼번에 처리하는 것이 아니라 **한 번에 하나씩 처리하는 함수**입니다. 위의 단일행 함수 예에서는 A를 우선 처리한 후 다시 B를 입력받아 처리하고 다시 C를 받아서 처리하는 방식으로 나머지 데이터를 한 건씩 처리하는 것입니다. 반면에 **복수행 함수**는 **여러 건의 데이터를 동시에 입력**을 받아서 결괏값 1건을 만들어 주는 함수입니다. 복수행 함수를 그룹 함수라고도 합니다.

우선 단일행 함수를 먼저 자세히 살펴본 후 복수행 함수를 보겠습니다. 단일행 함수는 입력되는 데이터의 종류에 따라 아래와 같이 구분할 수 있습니다.

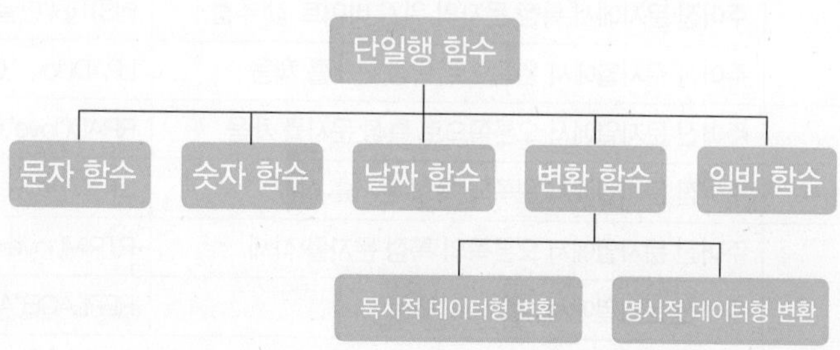

함수에 입력되는 값이 문자이면 문자 함수라고 하고 숫자가 입력되면 숫자 함수라고 합니다. 날짜 함수에는 당연히 날짜가 들어오겠지요? 함수에 어떤 값이 입력되는가를 구분하는 것이 아주 중요합니다.

예를 들어, 동전만 들어가는 커피 자판기에 지폐를 구겨서 억지로 넣는다고 작동하는 것이 아닌 것과 동일합니다. 그렇게 하면 자판기가 고장 나지요. 즉, 날짜 함수에는 날짜가 들어가야 하는데, 문자를 넣게 되면 함수가 정상적으로 작동할 수 없다는 뜻입니다(자동형 변환이 일어나는 경우가 있지만 특별한 경우이니 예외로 하겠습니다).

1. 문자 함수

아래는 자주 사용되는 문자 함수들을 정리한 표입니다.

함수명	의미	사용 예
INITCAP	입력 값의 첫 글자만 대문자로 변환	INITCAP('abcd') → Abcd
LOWER	입력 값을 전부 소문자로 변환	LOWER('ABCD') → abcd
UPPER	입력 값을 전부 대문자로 변환	UPPER('abcd') → ABCD
LENGTH	입력된 문자열의 길이 값을 출력	LENGTH('한글') → 2
LENGTHB	입력된 문자열의 길이의 바이트 값을 출력	LENGTHB('한글') → 4
CONCAT	두 문자열을 결합해서 출력. || 연산자와 동일	CONCAT('A','B') → AB
SUBSTR	주어진 문자에서 특정 문자만 추출	SUBSTR('ABC',1,2) → AB
SUBSTRB	주어진 문자에서 특정 바이트만 추출	SUBSTRB('한글',1,2) → 한
INSTR	주어진 문자에서 특정 문자의 위치 추출	INSTR('A*B#','#') → 4
INSTRB	주어진 문자에서 특정 문자의 위치 바이트 값 추출	INSTRB('한글로','로') → 5
LPAD	주어진 문자열에서 왼쪽으로 특정 문자를 채움	LPAD('love',6,'*') → **love
RPAD	주어진 문자열에서 오른쪽으로 특정 문자를 채움	RPAD('love',6,'*') → love**
LTRIM	주어진 문자열에서 왼쪽의 특정 문자를 삭제	LTRIM('*love','*') → love
RTRIM	주어진 문자열에서 오른쪽의 특정 문자를 삭제	RTRIM('love*','*') → love
REPLACE	주어진 문자열에서 A를 B로 치환	REPLACE('AB','A','E') → EB
REGEXP_REPLACE	주어진 문자열에서 특정패턴을 찾아 치환	아래 예 참조
REGEXP_INSTR	주어진 문자열에서 특정패턴의 시작 위치를 반환	아래 예 참조
REGEXP_SUBSTR	주어진 문자열에서 특정패턴을 찾아 반환	아래 예 참조
REGEXP_LIKE	주어진 문자열에서 특정패턴을 찾아 반환	아래 예 참조
REGEXP_COUNT	주어진 문자열에서 득징패턴의 횟수를 반환	아래 예 참조

위에서 언급한 함수들이 문자 함수 중 가장 빈번하게 사용되는 함수들이며 이외에도 많은 함수가 있습니다. 다양한 예제로 위 함수들의 사용방법을 자세하게 살펴보겠습니다.

1.1 INITCAP( ) 함수

영어에서 첫 글자만 대문자로 출력하고 나머지는 전부 소문자로 출력하는 함수입니다.

문법 INITCAP(문자열 또는 컬럼명)

아래 화면은 emp 테이블에서 ename과 첫 글자만 대문자로 바꾼 ename을 출력한 것입니다.

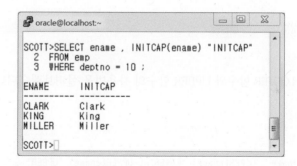

```
SCOTT>SELECT ename , INITCAP(ename) "INITCAP"
  2  FROM emp
  3  WHERE deptno = 10 ;

ENAME      INITCAP
---------- ----------
CLARK      Clark
KING       King
MILLER     Miller

SCOTT>
```

아래 화면은 중간에 공백이 있을 경우 공백 다음을 첫 글자로 생각해서 대문자로 출력하는 것을 보여 줍니다.

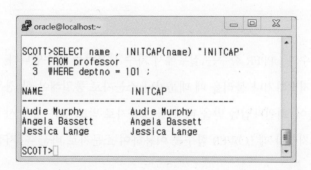

```
SCOTT>SELECT name , INITCAP(name) "INITCAP"
  2  FROM professor
  3  WHERE deptno = 101 ;

NAME                 INITCAP
-------------------- --------------------
Audie Murphy         Audie Murphy
Angela Bassett       Angela Bassett
Jessica Lange        Jessica Lange

SCOTT>
```

이 함수는 한글보다는 영어를 출력할 경우 중요하게 사용되는 함수이므로 잘 기억하세요.

1.2 LOWER( ) 함수

함수에 입력되는 값을 전부 소문자로 변경하여 출력합니다.

문법 LOWER(문자열 또는 컬럼명)

1.3 UPPER( ) 함수

입력되는 값을 전부 대문자로 변경하여 출력합니다.

문법 UPPER(문자열 또는 컬럼명)

아래 예시로 LOWER 함수와 UPPER 함수의 사용법을 살펴보겠습니다.

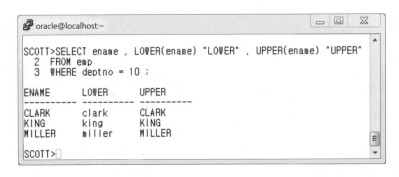

```
oracle@localhost:~

SCOTT>SELECT ename , LOWER(ename) "LOWER" , UPPER(ename) "UPPER"
  2  FROM emp
  3  WHERE deptno = 10 ;

ENAME      LOWER      UPPER
---------- ---------- ----------
CLARK      clark      CLARK
KING       king       KING
MILLER     miller     MILLER

SCOTT>
```

LOWER 함수와 UPPER 함수는 실무에서 자주 사용하는 함수입니다. 이 함수들은 DB에 데이터를 저장하거나 불러올 때 대문자나 소문자로 통일해야 할 경우에 많이 사용됩니다. 예를 들어, 회원가입을 받을 때 ID를 소문자로 받고 싶은 경우 사용자가 어떤 문자를 입력해도 저장할 때 LOWER 함수를 이용하여 소문자로 바꾼 후 저장하는 경우 등에 아주 유용하게 사용됩니다. 당연히 저장되어 있는 문자를 불러올 때도 유용하게 사용됩니다.

1.4 LENGTH / LENGTHB 함수

입력된 문자열의 길이(바이트 수)를 계산해주는 함수입니다.

문법 LENGTH(컬럼 또는 문자열) / LENGTHB(컬럼 또는 문자열)

```
oracle@localhost:~

SCOTT>SELECT ename , LENGTH(ename) "LENGTH" , LENGTHB(ename) "LENGTH"
  2  FROM emp
  3  WHERE deptno = 20 ;

ENAME          LENGTH     LENGTH
---------- ---------- ----------
SMITH               5          5
JONES               5          5
FORD                4          4

SCOTT>
```

위 예에서 보듯이 영어일 경우는 LENGTH와 LENGTHB의 값이 동일합니다. 그런데 한글일 경우는 다르겠지요? 다음 그림을 보세요.

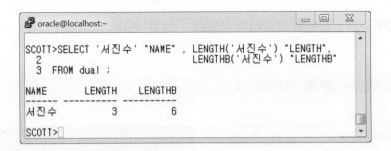

```
oracle@localhost:~

SCOTT>SELECT '서진수' "NAME" , LENGTH('서진수') "LENGTH",
  2                            LENGTHB('서진수') "LENGTHB"
  3  FROM dual ;

NAME       LENGTH    LENGTHB
------ ---------- ----------
서진수          3          6

SCOTT>
```

컴퓨터에서 한글을 저장할 경우에는 일반적으로 1글자당 2바이트를 사용합니다(이건 무조건이 아니라 설정에 따라 다를 수 있고 오라클에서는 설치 방법에 따라 다르지만 기본적으로는 2바이트를 사용합니다. 오라클에서 한글 데이터를 처리하는 방법은 저자의 다른 저서인 《오라클 관리실무》의 캐릭터 셋 부분을 보면 됩니다). 그래서 위 예에서 글자 수는 3글자이지만 바이트 수는 6바이트입니다. 참고로 미국 사람들이 사용하는 대부분의 글자는 전부 1바이트를 사용합니다.

그럼 과연 이 함수는 언제 쓸까요? 예를 들어 보면 회원 가입을 받을 때 사용자가 입력한 글자 수를 확인할 때 요긴하게 사용될 거예요. 실제로도 그렇게 많이 사용됩니다. 아래를 보세요.

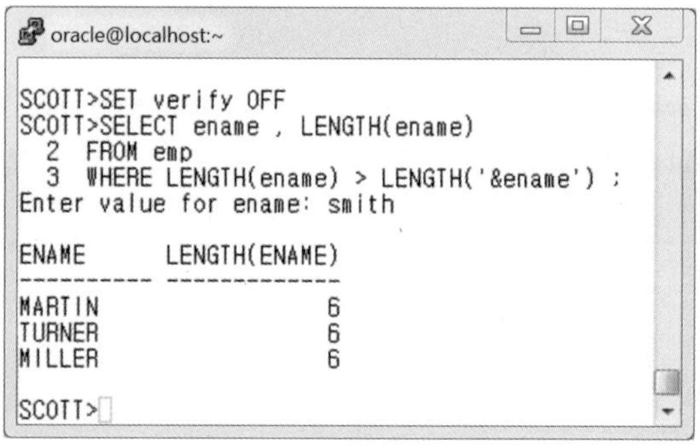

```
SCOTT>SET verify OFF
SCOTT>SELECT ename , LENGTH(ename)
  2  FROM emp
  3  WHERE LENGTH(ename) > LENGTH('&ename') ;
Enter value for ename: smith

ENAME      LENGTH(ENAME)
---------- -------------
MARTIN                 6
TURNER                 6
MILLER                 6

SCOTT>
```

위의 예는 사용자로부터 ename을 입력받은 후 그보다 많은 글자 수를 가진 이름을 출력하는 화면입니다. 어렵지 않으니까 기억하세요.

1.5 CONCAT( ) 함수(|| 연산자와 동일한 기능입니다)

문법 CONCAT('문자열1', '문자열2')

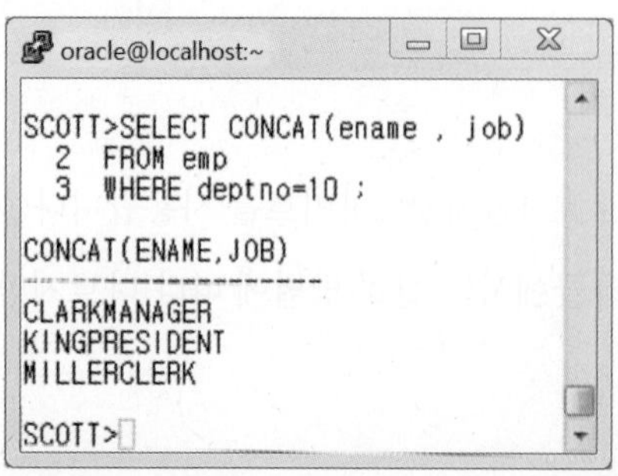

```
SCOTT>SELECT CONCAT(ename , job)
  2  FROM emp
  3  WHERE deptno=10 ;

CONCAT(ENAME,JOB)
-------------------
CLARKMANAGER
KINGPRESIDENT
MILLERCLERK

SCOTT>
```

사실, 이 함수보다는 연결 연산자가 더 편하겠지요?

1.6 SUBSTR( ) 함수(아주 중요한 함수입니다!)

문법 SUBSTR('문자열' 또는 컬럼명, 1, 4)

이 함수는 주어진 문자열에서 특정 길이의 문자만 골라낼 때 사용하는 함수입니다. 앞에서 예를 들었던 주민번호에서 생일만 찾아낼 때와 같은 경우에 아주 유용하게 사용하는 함수입니다. 아래의 예를 보세요.

```
oracle@localhost:~

SCOTT>COL "3,2" FOR a6
SCOTT>COL "-3,2" FOR a6
SCOTT>COL "-3,4" FOR a6
SCOTT>
SCOTT>SELECT SUBSTR('abcde',3,2) "3,2" ,
  2          SUBSTR('abcde',-3,2) "-3,2" ,
  3          SUBSTR('abcde',-3,4) "-3,4"
  4   FROM dual ;

3,2    -3,2   -3,4
------ ------ ------
cd     cd     cde

SCOTT>
```

왼쪽 그림에서 가운데 컬럼과 세 번째 컬럼을 보면 시작 위치의 숫자를 -(마이너스)로 주었습니다. 이럴 경우 뒤에서부터(오른쪽) 자릿수를 계산해서 문자를 추출해냅니다.

위 그림에서 마이너스를 안 할 경우 왼쪽 → 오른쪽으로 검색해서 글자를 골라내는데, **마이너스를 붙이면 오른쪽 → 왼쪽으로 검색**을 한 후 **왼쪽 → 오른쪽**으로 글자 수를 세어 골라낸다는 점을 주의해야 합니다.

이 방법을 활용하는 곳이 아주 많습니다. 예를 들어, 고객의 생일 하루 전에 축하 문자를 보낸다든지 고객의 생일 3일 전에 주변 사람들에게 고객의 생일이 다가온다는 표시를 해 줄 때와 같이 다양하게 사용되는 함수이므로 꼭 기억해주세요.

▶▶▶ **사용 예**

Student 테이블에서 jumin 컬럼을 사용해서 1전공이 101번인 학생들의 이름과 태어난 월일, 생일 하루 전 날짜를 출력하세요.

```
SCOTT>SELECT name, SUBSTR(jumin,3,4) "Birthday",
  2            SUBSTR(jumin,3,4) -1  "Birthday - 1"
  3   FROM student
  4   WHERE deptno1 = 101 ;

NAME                           Birthday Birthday - 1
------------------------------ -------- ------------
James Seo                      1023             1022
Billy Crystal                  0123              122
Richard Dreyfus                1129             1128
Danny Devito                   0819              818

SCOTT>
```

1.7 SUBSTRB( ) 함수

이 함수는 SUBSTR 함수와 문법은 동일하며 차이점은 추출할 자릿수가 아니라 추출할 바이트 수를 지정하는 것입니다. 영어일 경우는 결과가 동일하지만 영어를 제외한 다른 글자는 결과가 다를 수 있습니다. 아래의 예는 한글로 테스트를 한 결과입니다.

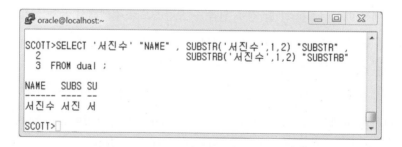

```
SCOTT>SELECT '서진수' "NAME" , SUBSTR('서진수',1,2) "SUBSTR" ,
  2                             SUBSTRB('서진수',1,2) "SUBSTRB"
  3   FROM dual ;

NAME   SUBS SU
------ ---- --
서진수 서진 서

SCOTT>
```

위 그림에서 SUBSTR은 첫 번째 글자부터 2글자를 출력한 것이고 SUBSTRB는 첫 번째 글자부터 2바이트를 출력한 것입니다. 차이점을 확실히 알겠죠?

1.8 INSTR( ) 함수

이 함수는 주어진 문자열이나 컬럼에서 특정 글자의 위치를 찾아주는 함수입니다.

문법 INSTR('문자열' 또는 컬럼, 찾는 글자, 시작 위치, 몇 번째인지(기본값은 1))

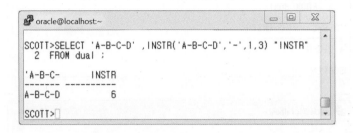

```
SCOTT>SELECT 'A-B-C-D' ,INSTR('A-B-C-D','-',1,3) "INSTR"
  2  FROM dual ;

'A-B-C-      INSTR
------- ----------
A-B-C-D          6

SCOTT>
```

위 쿼리는 주어진 문자열에서 첫 번째 문자를 기준으로 3번째 '–(마이너스)'가 나오는 위치의 값을 출력하라는 뜻입니다. A부터 숫자를 세어보면 3번째 –가 나오는 위치가 A를 기준으로 6번째라서 결괏값이 6이 나왔다는 거 알겠죠? 조금 더 복잡한 예를 살펴봅시다.

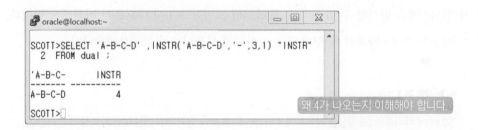

```
SCOTT>SELECT 'A-B-C-D' ,INSTR('A-B-C-D','-',3,1) "INSTR"
  2  FROM dual ;

'A-B-C-      INSTR
------- ----------
A-B-C-D          4

SCOTT>
```

왜 4가 나오는지 이해해야 합니다.

시작 위치를 변경하니 결괏값이 다르게 나오는 것이 보이죠? 이번에는 시작 위치를 –(마이너스)로 변경한 후 비교해보겠습니다.

```
SCOTT>SELECT 'A-B-C-D' ,INSTR('A-B-C-D','-',-1,3) "INSTR"
  2  FROM dual ;

'A-B-C-      INSTR
------- ----------
A-B-C-D          2

SCOTT>
```

1

```
oracle@localhost:~
SCOTT>SELECT 'A-B-C-D' ,INSTR('A-B-C-D','-',-1,3) "INSTR"
  2  FROM dual ;

'A-B-C-      INSTR
------- ----------
A-B-C-D          2

SCOTT>
```

2

```
oracle@localhost:~
SCOTT>SELECT 'A-B-C-D' ,INSTR('A-B-C-D','-',-6,2) "INSTR"
  2  FROM dual ;

'A-B-C-      INSTR
------- ----------
A-B-C-D          0

SCOTT>
```

3

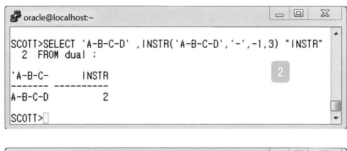

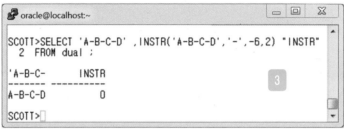

위 그림을 살펴보면 시작 위치를 마이너스로 주면 오른쪽에서 왼쪽으로 결괏값을 검색한다는 것을 발견할 수 있습니다. 특히, 3번 그림이 왜 0이 나오는지 이해해야 합니다. 2번째 –는 없죠? 아래의 예로 이 함수가 어떻게 사용되는지 살펴보겠습니다.

▶▶▶ 사용 예 1

Student 테이블의 tel 컬럼을 사용하여 1 전공번호(deptno1)가 201번인 학생의 이름과 전화번호, ')'가 나오는 위치를 출력하세요.

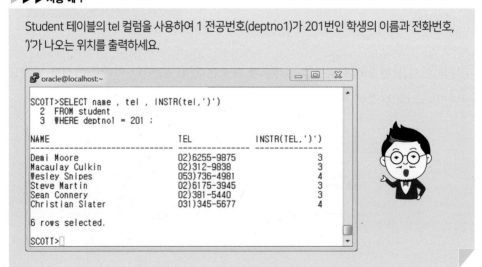

```
oracle@localhost:~
SCOTT>SELECT name , tel , INSTR(tel,')')
  2  FROM student
  3  WHERE deptno1 = 201 ;

NAME                                TEL              INSTR(TEL,')')
----------------------------------- ---------------- --------------
Demi Moore                          02)6255-9875                  3
Macaulay Culkin                     02)312-9838                   3
Wesley Snipes                       053)736-4981                  4
Steve Martin                        02)6175-3945                  3
Sean Connery                        02)381-5440                   3
Christian Slater                    031)345-5677                  4

6 rows selected.

SCOTT>
```

위 그림에서 보듯이 시작 위치와 찾으려는 위치 값은 생략 가능하며 이 값을 생략할 경우 자동으로 1로 설정됩니다.

▶▶▶ 사용 예 2

Student 테이블에서 1 전공이 101번인 학생들의 tel 컬럼을 조회하여 3이 첫 번째로 나오는 위치를 이름과 전화번호와 함께 출력하세요.

oracle@localhost:~

```
SCOTT>SELECT name , tel , INSTR(tel,'3')
  2  FROM student
  3  WHERE deptno1 = 101 ;

NAME                                TEL              INSTR(TEL,'3')
----------------------------------- ---------------- --------------
James Seo                           055)381-2158                  5
Billy Crystal                       055)333-6328                  5
Richard Dreyfus                     02)6788-4861                  0
Danny Devito                        055)278-3649                  9

SCOTT>
```

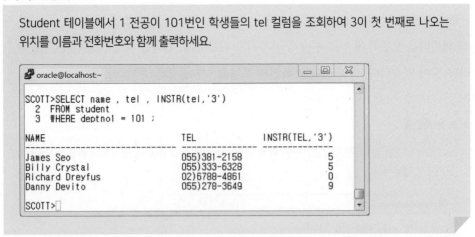

위 두 가지 예를 다 이해했죠? 그럼 다음 퀴즈를 직접 풀어보세요.

●●● SUBSTR/INSTR 퀴즈

Student 테이블을 참조해서 아래 화면과 같이 1전공이(deptno1 컬럼) 201번인 학생의 이름과 전화번호와 지역번호를 출력하세요. 단, 지역번호는 숫자만 나와야 합니다.

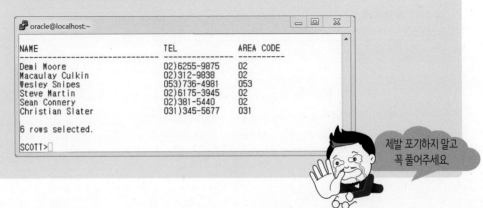

oracle@localhost:~

```
NAME                                TEL              AREA CODE
----------------------------------- ---------------- -----------
Demi Moore                          02)6255-9875     02
Macaulay Culkin                     02)312-9838      02
Wesley Snipes                       053)736-4981     053
Steve Martin                        02)6175-3945     02
Sean Connery                        02)381-5440      02
Christian Slater                    031)345-5677     031

6 rows selected.

SCOTT>
```

1.9 LPAD( ) 함수

문법 LPAD('문자열' 또는 컬럼명, 자릿수, '채울 문자')

PAD라는 말은 채운다는 뜻이 있습니다. LPAD는 직역하면 왼쪽에 채운다는 뜻이며 원래 데이터를 오른쪽에 두고 왼쪽에 빈자리가 있을 경우 왼쪽을 특정 기호나 문자로 채우라는 뜻이 있습니다. 아래 예제로 확인해 볼게요.

▶▶▶ 사용 예

student 테이블에서 1전공이 201번인 학과 학생들의 id를 총 10자리로 출력하되 왼쪽 빈자리는 '*'기호로 채우세요.

```
SCOTT>COL name FOR a20
SCOTT>COL id FOR a10
SCOTT>COL LPAD(id,10,'*') FOR a20
SCOTT>
SCOTT>SELECT name , id , LPAD(id,10,'*')
  2  FROM student
  3  WHERE deptno1 = 201 ;

NAME                 ID         LPAD(ID,10,'*')
-------------------- ---------- --------------------
Demi Moore           Moore      *****Moore
Macaulay Culkin      Culkin     ****Culkin
Wesley Snipes        Snipes     ****Snipes
Steve Martin         Martin     ****Martin
Sean Connery         Connery    ***Connery
Christian Slater     Slater     ****Slater

6 rows selected.

SCOTT>
```

●●● LPAD 퀴즈

emp 테이블을 사용하여 아래 화면과 같이 deptno가 10번인 사원들의 사원 이름을 총 9바이트로 출력하되 빈자리에는 해당 자리의 숫자로 채우세요.

```
oracle@localho...

LPAD
------------------
1234CLARK
12345KING
123MILLER

SCOTT>
```

왼쪽 그림에서 CLARK는 총 5글자니까 빈자리 수에 1234가 나오는 것이고 MILLER는 총 6글자니까 빈자리 수에 123이 나오는 것입니다.

1.10 RPAD( ) 함수

()문법() RPAD('문자열' 또는 컬럼명, 자릿수, '채울 문자')

▶▶▶ 사용 예

emp 테이블에서 아래와 같이 deptno가 10번인 사원들의 ename을 10자리로 출력하되 오른쪽 빈자리에는 '-'로 채우세요.

```
oracle@localhost:~

SCOTT>SELECT RPAD(ename , 10 ,'-') "RPAD"
  2  FROM emp
  3  WHERE deptno = 10 ;

RPAD
--------------------
CLARK-----
KING------
MILLER----

SCOTT>
```

어렵지 않죠?

RPAD 퀴즈

아래 화면과 같이 emp 테이블에서 deptno가 10번인 사원들의 이름을 총 9자리로 출력하되 오른쪽 빈자리에는 해당 자릿수에 해당되는 숫자가 출력되도록 하세요.

```
RPAD
-------------------
CLARK6789
KING56789
MILLER789

SCOTT>
```

이 문제는 많이 어렵지요? 힌트는 ename 길이를 구해서 다음 자리부터 숫자를 잘라 와서 채우면 됩니다. 즉, CLARK은 lengthb하면 5가 나오니까 6부터 9까지를 잘라 와서 CLARK 다음에 채우기 하면 됩니다. 꼭 혼자의 힘으로 풀어보세요. 포기하면 안 돼요.

1.11 LTRIM( ) 함수

LPAD, RPAD 함수가 채우는 함수였다면 LTRIM, RTRIM 함수는 제거하는 함수입니다.

문법 LTRIM('문자열' 또는 컬럼명, '제거할 문자')

아래 그림은 emp 테이블에서 ename이 'C'로 시작하는 사람의 이름에서 'C'를 제거하고 출력하는 화면입니다. 왼쪽 그림을 보면 CLARK가 있는데, 오른쪽 그림에서 C가 제거된 것이 확인되죠?

```
SCOTT>SELECT ename FROM emp
  2  WHERE deptno = 10 ;

ENAME
----------
CLARK
KING
MILLER

SCOTT>
```

```
SCOTT>SELECT LTRIM(ename,'C')
  2  FROM emp
  3  WHERE deptno = 10 ;

LTRIM(ENAM
----------
LARK
KING
MILLER

SCOTT>
```

이 함수도 아주 많이 사용합니다. 예를 들어, 회원 가입을 받기 위해 고객의 아이디를 받는 데 첫 글자가 공백이었을 경우 그 공백을 제거하는 경우 등입니다.

1.12 RTRIM( ) 함수

문법 RTRIM('문자열' 또는 컬럼명, '제거할 문자')

아래 그림은 emp 테이블의 ename에서 마지막 글자가 'R'이 있을 경우 제거하는 화면입니다.

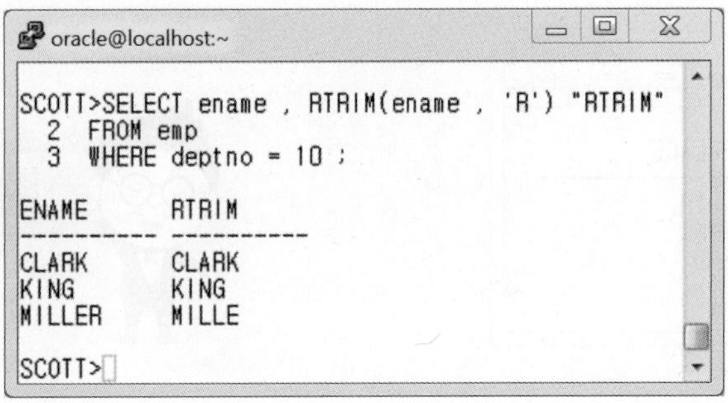

1.13 REPLACE( ) 함수

문법 REPLACE('문자열' 또는 컬럼명, '문자1', '문자2')

주어진 첫 번째 문자열이나 컬럼에서 문자1을 문자2로 바꾸어 출력하는 함수입니다. 아주 많이 쓰이는 함수니까 정신 바짝 챙기고 보세요. 아래 그림은 emp 테이블에서 이름의 처음 두 글자를 *로 표시하는 화면입니다. 아주 많이 사용되니까 꼭 이해해야 합니다.

```
oracle@localhost:~

SCOTT>SELECT ename , REPLACE(ename , SUBSTR(ename,1,2),'**') "REPLACE"
  2  FROM emp
  3  WHERE deptno = 10 ;

ENAME      REPLACE
---------- --------------------
CLARK      **ARK
KING       **NG
MILLER     **LLER

SCOTT>
```

●●● REPLACE 퀴즈 1

emp 테이블에서 아래와 같이 20번 부서에 소속된 직원들의 이름과 2~3번째 글자만 '-'으로 변경해서 출력하세요.

```
oracle@localhost...

ENAME      REPLACE
---------- ---------------
SMITH      S--TH
JONES      J--ES
FORD       F--D

SCOTT>
```

●●● REPLACE 퀴즈 2

Student 테이블에서 아래와 같이 1전공(deptno1)이 101번인 학생들의 이름과 주민등록번호를 출력하되 주민등록번호의 뒤 7자리는 '-'과 '/'로 표시되게 출력하세요.

```
oracle@localhost:~

NAME                 JUMIN         REPLACE
-------------------- ------------- ------------------
James Seo            7510231901813 751023-/-/-/-
Billy Crystal        7601232186327 760123-/-/-/-
Richard Dreyfus      7711291186223 771129-/-/-/-
Danny Devito         7808192157498 780819-/-/-/-

SCOTT>
```

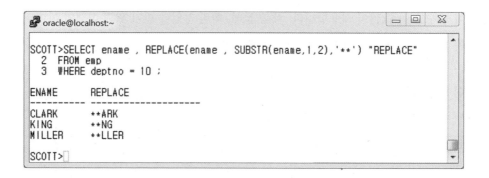

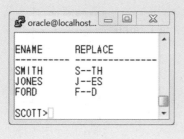

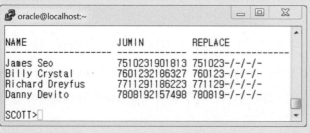

●●● REPLACE 퀴즈 3

Student 테이블에서 아래 그림과 같이 1전공이 102번인 학생들의 이름과 전화번호, 전화번호에서 국번 부분만 '*'처리하여 출력하세요. 단, 모든 국번은 3자리로 간주합니다

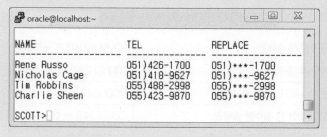

```
oracle@localhost:~

NAME                 TEL             REPLACE
-------------------- --------------- -----------------
Rene Russo           051)426-1700    051)***-1700
Nicholas Cage        051)418-9627    051)***-9627
Tim Robbins          055)488-2998    055)***-2998
Charlie Sheen        055)423-9870    055)***-9870

SCOTT>
```

●●● REPLACE 퀴즈 4

Student 테이블에서 아래와 같이 deptno1이 101번인 학과 학생들의 이름과 전화번호와 전화번호에서 지역번호와 국번을 제외한 나머지 번호를 *로 표시해서 출력하세요.

```
oracle@localhost:~

NAME                 TEL             REPLACE
-------------------- --------------- -----------------
James Seo            055)381-2158    055)381-****
Billy Crystal        055)333-6328    055)333-****
Richard Dreyfus      02)6788-4861    02)6788-****
Danny Devito         055)278-3649    055)278-****

SCOTT>
```

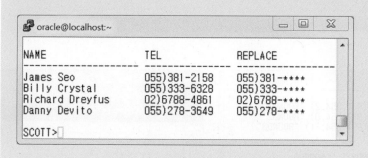

문자 함수가 정말 많지요? 사실 이 책에 언급한 것 이외에도 훨씬 더 많이 있지만 가장 많이 사용되는 함수들 위주로 소개했습니다. 그리고 10g 버전부터는 문자 함수 중 정말 중요한 정규식 함수가 제공됩니다. 이 정규식 함수에 대해서는 이 장의 마지막 부분에서 자세하게 살펴보겠습니다. 어려운 문자 함수들 배운다고 고생이 많았습니다. 이제 숫자 함수를 보러 넘어갑니다.

2. 숫자 관련 함수들

숫자 함수란 함수에 입력되는 값이 숫자인 함수를 말하며 아래와 같은 종류가 있습니다.

이름	의미	사용례
ROUND	주어진 숫자를 반올림한 후 출력함	ROUND(12.345,2) → 12.35
TRUNC	주어진 숫자를 버림한 후 출력함	TRUNC(12.345,2) → 12.34
MOD	주어진 숫자를 나눈 후 나머지 값을 출력함	MOD(12,10) → 2
CEIL	주어진 숫자와 가장 근접한 큰 정수를 출력함	CEIL(12.345) → 13
FLOOR	주어진 숫자와 가장 근접한 작은 정수를 출력함	FLOOR(12.345) → 12
POWER	주어진 숫자 1의 숫자 2승을 출력함	POWER(3,2) → 9

2.1 ROUND( ) 함수

문법 ROUND(숫자, 출력을 원하는 자릿수)

```
oracle@localhost:~

SCOTT>SELECT ROUND(987.654,2) "ROUND1" ,
  2          ROUND(987.654,0) "ROUND2" ,
  3          ROUND(987.654,-1) "ROUND3"
  4   FROM dual ;

    ROUND1     ROUND2     ROUND3
---------- ---------- ----------
    987.65        988        990

SCOTT>
```

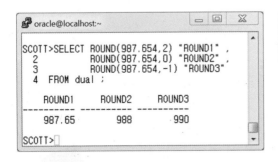

자릿수를 잘 보세요. 숫자 관련 함수는 자릿수 하나의 차이가 어마어마한 차이를 낼 수 있기 때문에 특히 주의해야 합니다.

2.2 TRUNC( ) 함수

이 함수는 ROUND와 사용법은 동일하며 차이점은 무조건 버림을 한다는 것입니다.

문법 TRUNC(숫자, 원하는 자릿수)

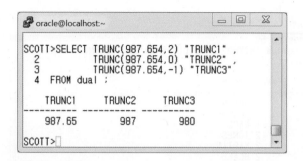

```
oracle@localhost:~

SCOTT>SELECT TRUNC(987.654,2) "TRUNC1" ,
  2          TRUNC(987.654,0) "TRUNC2" ,
  3          TRUNC(987.654,-1) "TRUNC3"
  4   FROM dual ;

    TRUNC1     TRUNC2     TRUNC3
---------- ---------- ----------
    987.65        987        980

SCOTT>
```

2.3 MOD( ), CEIL( ), FLOOR( ) 함수

MOD 함수는 나머지 값을 구하는 함수이고 CEIL 함수는 주어진 숫자가 가장 가까운 큰 정수를 구하는 함수이며 FLOOR 함수는 주어진 함수와 가장 가까운 작은 정수를 구하는 함수입니다. 아래의 예를 보세요.

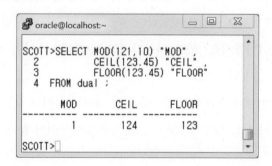

```
oracle@localhost:~

SCOTT>SELECT MOD(121,10) "MOD" ,
  2          CEIL(123.45) "CEIL" ,
  3          FLOOR(123.45) "FLOOR"
  4   FROM dual ;

       MOD       CEIL      FLOOR
---------- ---------- ----------
         1        124        123

SCOTT>
```

위의 예에서 MOD 함수의 결과가 왜 1이 나왔는지 이해되죠? 121/10하면 몫이 12고 나머지가 1입니다. 그래서 1만 보입니다. 즉, 나머지만 보이는 함수예요. 그리고 CEIL 함수의 경우는 사용되는 경우가 여러 가지가 있는데, 여러 데이터들을 하나의 기준으로 묶을 때 주로 사용합니다. 다음의 예에서 CEIL 함수의 사용법을 알아보겠습니다.

다음의 예는 emp 테이블의 13건의 데이터를 출력하되 3줄씩 나누어서 한 조로 만드는 예입니다.

```
SCOTT>SET pagesize 50
SCOTT>SELECT rownum "ROWNO" , CEIL(rownum/3) "TEAMNO", ename
  2  FROM emp ;

     ROWNO     TEAMNO ENAME
---------- ---------- ----------
         1          1 SMITH
         2          1 ALLEN
         3          1 WARD
         4          2 JONES
         5          2 MARTIN
         6          2 BLAKE
         7          3 CLARK
         8          3 KING
         9          3 TURNER
        10          4 JAMES
        11          4 FORD
        12          4 MILLER

12 rows selected.
```

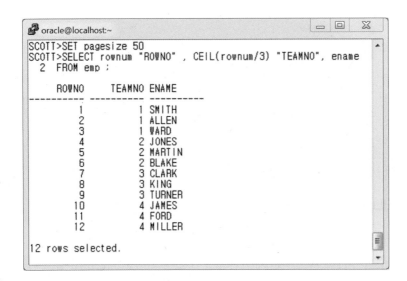

위 예에서 rownum은 출력될 때 줄 번호입니다. 이 예는 줄 번호/3해서 나온 값과 가장 가까운 큰 정수를 조 번호로 출력한 것입니다. 즉, 1/3하면 0.3333과 같이 나오는데, 이와 가장 가까운 정수는 1이겠지요? 2/3도 마찬가지고 3/3하면 1이 나올 것입니다. 4/3와 가장 가까운 큰 정수는 2가 되겠지요?

거래명세서 출력할 때나 대량의 데이터를 일정 개수씩 끊어서 출력해야 할 경우에 아주 요긴하게 많이 사용되는 함수이므로 꼭 사용법을 알아두어야 합니다.

2.4 POWER( ) 함수

이 함수는 숫자 1과 숫자 2의 승수를 구해주는 함수입니다.

문법 POWER(숫자1, 숫자2)

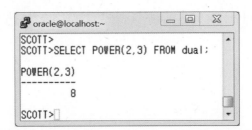

```
SCOTT>
SCOTT>SELECT POWER(2,3) FROM dual;

POWER(2,3)
----------
         8

SCOTT>
```

여기서 언급한 숫자 함수 말고도 아주 많이 있지만 가장 많이 사용되는 숫자 관련 함수들을 살펴보았습니다. 살펴본 바와 같이 숫자 함수는 문법이 어렵진 않지만 돈과 관련된 경우가 많기 때문에 정말 조심해야 합니다. 소수점 하나 잘못 설정하기만 해도 총 금액이 아주 크게 차이가 나는 경우가 많기 때문에 아주 쉽지만 예민한 함수이므로 꼭 주의해서 사용하기 바랍니다.

3. 날짜 관련 함수들

우리가 살아가면서 평소 일상 생활에서 날짜를 사용하는 경우를 살펴보겠습니다.

– 7월 20일 + 3은 7월 23일로 생각합니다.
– 7월 20일 - 3은 7월 17일로 생각합니다.
– 7월 20일 - 7월 15일은 5일 차이가 난다고 생각합니다.

위 세 가지 경우에서 알 수 있듯이 일반적으로 **날짜 + 숫자 = 날짜**로 인식하며, **날짜 - 숫자 = 날짜**로 인식합니다. 그리고 **날짜 - 날짜 = 숫자**로 인식합니다.

예를 들어, 직원들에게 창립 기념일을 기념하여 상여금을 지급하려고 합니다. 창립기념일(날짜) 기준으로 5년 이상 근속한 사람은 100% 지급하고 5년 미만은 50%만 지급한다고 합니다. 이때 **창립기념일(날짜)-입사일(날짜)**로 계산하면 **근속 일수(숫자)**가 나오는 경우와 같은 것입니다. 오라클에서도 같은 원리로 날짜 계산을 합니다.

이번 장에서는 날짜와 관련해서 오라클에서 쉽게 날짜를 관리할 수 있도록 여러 가지 함수를 제공하는데, 그 함수들의 사용 방법을 자세하게 살펴보겠습니다.

함수명	의미	결과
SYSDATE	시스템의 현재 날짜와 시간	날짜
MONTHS_BETWEEN	두 날짜 사이의 개월 수	숫자
ADD_MONTHS	주어진 날짜에 개월을 더함	날짜
NEXT_DAY	주어진 날짜를 기준으로 돌아오는 날짜 출력	날짜
LAST_DAY	주어진 날짜가 속한 달의 마지막 날짜 출력	날짜

함수명	의미	결과
ROUND	주어진 날짜를 반올림	날짜
TRUNC	주어진 날짜를 버림	날짜

다음에서 각 함수들의 예를 자세히 살펴보겠습니다.

3.1 SYSDATE 함수

현재 시스템의 시간을 출력해 주는 함수입니다.

그런데 이 함수를 사용할 때 과연 오라클은 시간을 어디서 가져올까요? 시계가 있는 걸까요? 아닙니다. 오라클은 OS로부터 시간을 가져옵니다. 그래서 오라클 DB가 설치된 서버는 절대로 OS에서 시간을 함부로 바꾸면 안 됩니다.

예를 들어, 서버의 시간이 12:00일 때 주문을 해서 주문 테이블에 입력이 되었는데, 서버의 날짜를 갑자기 11:00로 변경했다면 오라클 입장에서는 미래에 주문이 된 것으로 되겠죠? 큰일 납니다. **절대로 오라클이 설치되어 있는 서버의 시간은 함부로 바꾸면 안 됩니다!**

그리고 앞에서 잠시 언급했듯이 윈도용 오라클과 유닉스(리눅스)용 오라클은 날짜 체계가 다릅니다. 아래는 윈도용 오라클에서 날짜를 조회한 화면입니다.

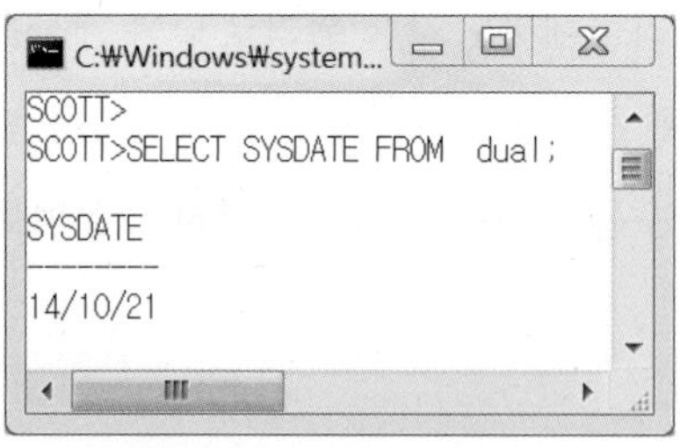

다음은 리눅스용 오라클에서 날짜 조회한 화면입니다. 리눅스(유닉스)용 오라클에서는 보통 날짜 체계가 미국을 기준으로 되어 있어서 한국에서 익숙한 형태로 표기하기 위해서는 다음과 같이 작업해 준 후 조회하면 됩니다.

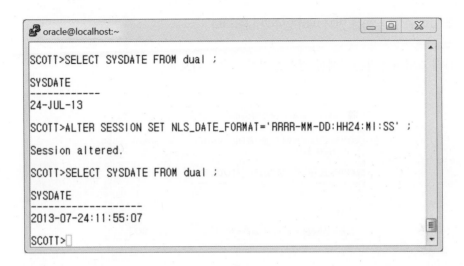

```
oracle@localhost:~

SCOTT>SELECT SYSDATE FROM dual ;

SYSDATE
------------
24-JUL-13

SCOTT>ALTER SESSION SET NLS_DATE_FORMAT='RRRR-MM-DD:HH24:MI:SS' ;

Session altered.

SCOTT>SELECT SYSDATE FROM dual ;

SYSDATE
--------------------
2013-07-24:11:55:07

SCOTT>
```

3.2 MONTHS_BETWEEN 함수

이 함수는 두 날짜를 입력받아 두 날짜 사이의 개월 수를 출력하는 함수입니다. 먼저 윈도용 오라클에서 날짜 관련 예를 보겠습니다.

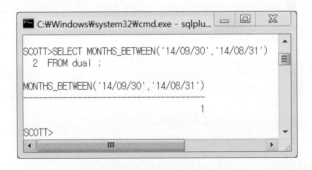

```
C:\Windows\system32\cmd.exe - sqlplu...

SCOTT>SELECT MONTHS_BETWEEN('14/09/30','14/08/31')
  2  FROM dual ;

MONTHS_BETWEEN('14/09/30','14/08/31')
-------------------------------------
                                    1

SCOTT>
```

위 그림과 같이 두 날짜를 입력해서 두 날짜의 개월 차이를 알려주는데, MONTHS_BETWEEN 함수와 관련된 기본적 규칙을 정리하면 다음과 같습니다.

• 두 날짜 중 큰 날짜를 먼저 써야 양수가 나옵니다

아래 그림처럼 작은 날짜를 먼저 쓰니까 음수가 나오죠?

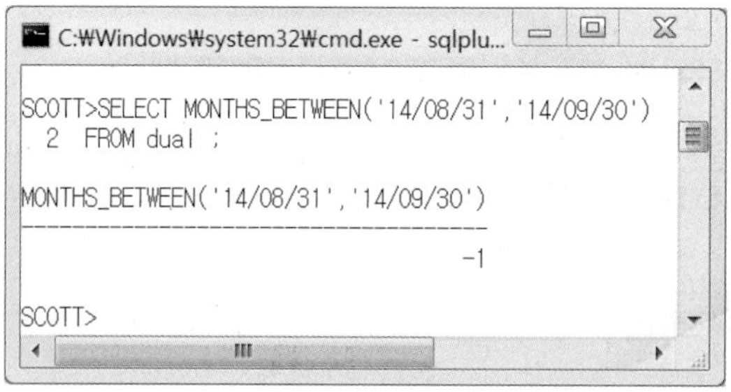

• 두 날짜가 같은 달에 속해 있으면 특정 규칙으로 계산된 값이 나옵니다

아래 그림은 1개월이 29일(윤달)인 2012년 2월을 조회한 화면입니다(같은 1개월이라도 29일, 30일, 31일의 경우마다 모두 결괏값이 다릅니다).

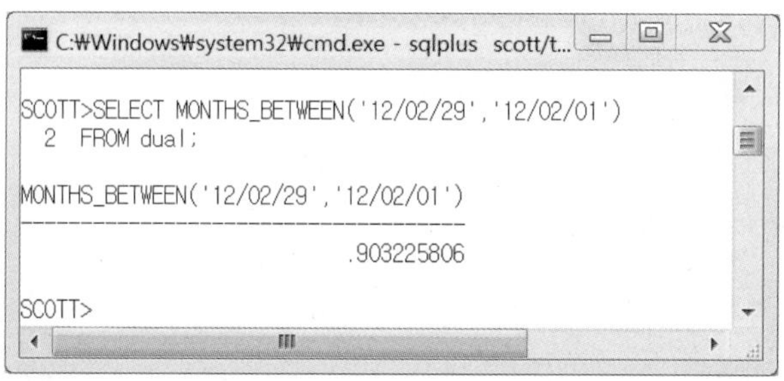

아래는 1개월이 30일인 2014년 4월을 조회한 화면입니다.

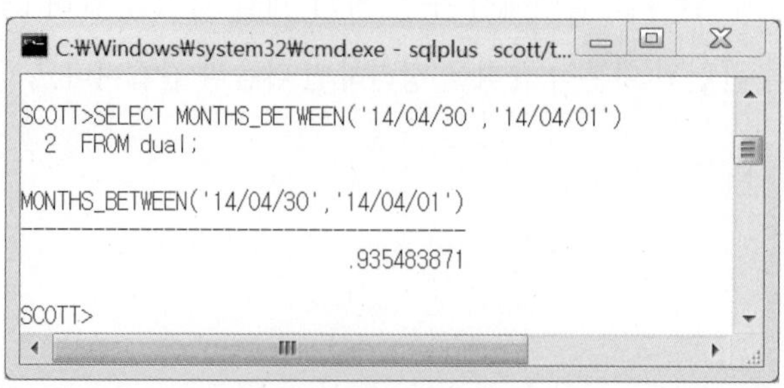

아래는 1개월이 31일인 2014년 5월을 조회한 화면입니다.

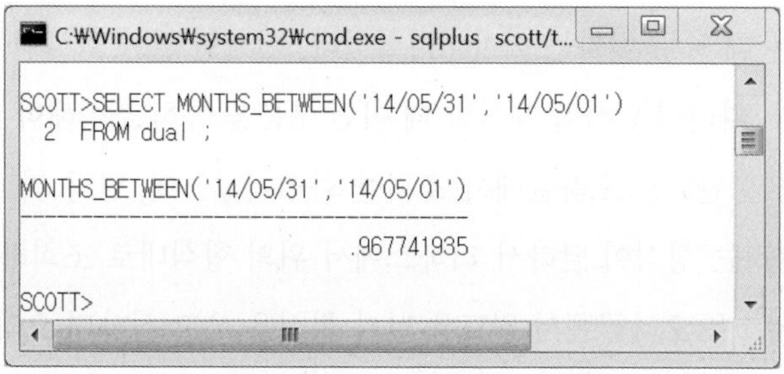

위에서 본 대로 모두 동일하게 1개월이지만 출력되는 값은 모두 다름을 알 수 있습니다. 큰 문제는 아닐 수도 있지만 문제가 발생할 수도 있으므로 기억해 두세요. 그리고 아래 그림처럼 2월이 28일까지 있는 달과 29일(윤일)까지 있는 달은 구분하지 못합니다.

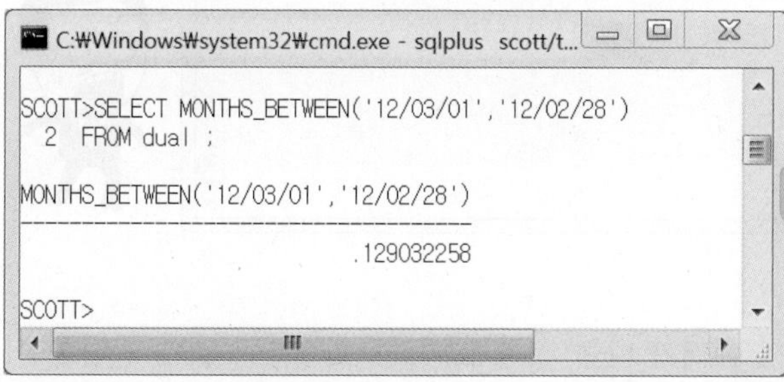

윤일이 있어서 2월이 29일까지입니다.

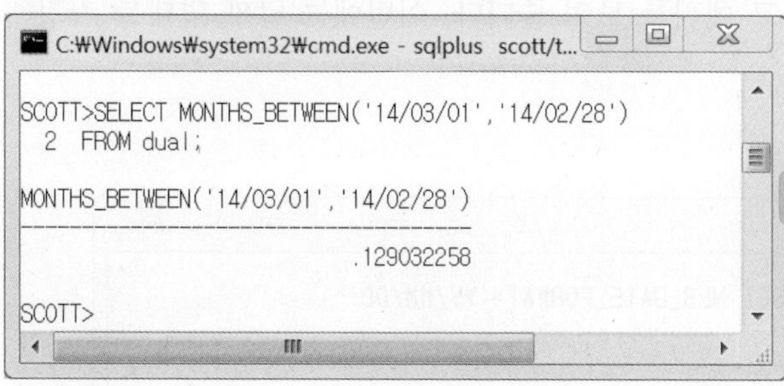

윤일이 없어서 2월이 28일까지입니다.

위 그림에서 윤일이 있던 2월과 윤일이 없던 2월을 구분하지 못하는 것을 확인했습니다. 이런 특징이 문제가 될 수 있고 또 실제로 문제가 되기도 했습니다.

이것이 왜 문제가 되느냐면, 예를 들어 은행에서 이자를 계산할 때 보통 하루 얼마 이런 식으로(일할이라고 합니다) 계산을 하는데, 위의 예처럼 윤일이 있는 달이 있을 경우 하루 이자가 틀리게 됩니다. '하루 정도야 뭐…' 이렇게 넘어갈 수 없는 것이 기업에서 1,000억 원을 빌렸을 때 하루 이자는 어마어마합니다. 어쩌면 일반 회사원들의 1년 연봉이 될 수도 있습니다. 따라서 날짜를 계산할 때 이런 부분을 특히 조심해야 합니다.

그리고 위 화면들은 윈도용 오라클에서 조회한 화면이었는데, 만약 리눅스용 오라클이라면 날짜를 표현하는 형식이 달라서 리눅스에서 위의 형식대로 조회하면 에러가 발생합니다. 만약 유닉스용 오라클에서 윈도용 날짜 형식을 쓰고 싶다면 오라클에게 NLS_DATE_FORMAT이라는 명령을 이용하여 날짜 형태를 알려주어야 합니다. 아래의 화면을 보세요.

```
oracle@localhost:~

SCOTT>SELECT SYSDATE , MONTHS_BETWEEN('15/05/31','15/04/30')
  2  FROM dual ;
SELECT SYSDATE , MONTHS_BETWEEN('15/05/31','15/04/30')
                                *
ERROR at line 1:
ORA-01843: not a valid month


SCOTT>
```

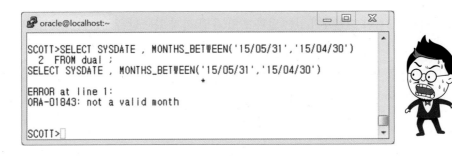

예상대로 날짜 형태가 안 맞아서 에러가 나는 것이 보이죠? 오라클이 날짜 형태를 이해를 못해서 유효한 달이 아니라고 에러를 보여 줍니다. 이번에는 날짜 형태를 지정해주고 다시 해보겠습니다.

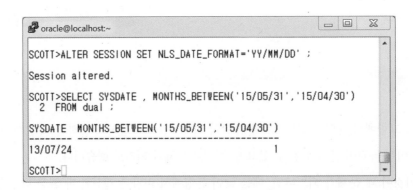

```
oracle@localhost:~

SCOTT>ALTER SESSION SET NLS_DATE_FORMAT='YY/MM/DD' ;

Session altered.

SCOTT>SELECT SYSDATE , MONTHS_BETWEEN('15/05/31','15/04/30')
  2  FROM dual ;

SYSDATE  MONTHS_BETWEEN('15/05/31','15/04/30')
-------- -------------------------------------
13/07/24                                     1

SCOTT>
```

위와 같이 리눅스용 오라클에서도 윈도와 같은 형식을 사용할 수 있습니다.

일반적으로 MONTHS_BETWEEN 함수를 안 쓰고 그냥 개월 수나 일 수를 계산하는 때는 1개월을 약 31일로 계산하기도 합니다. MONTHS_BETWEEN 함수도 1개월을 평균 31일로 계산한다고 알려져 있습니다. 그러나 MONTHS_BETWEEN 함수를 쓴 것과 그냥 31일로 계산한 결과는 차이가 납니다.

예를 들어, 아래의 화면처럼 professor 테이블에서 '2014년 5월 31일'을 기준으로 근속 월수를 계산해서 출력하되 MONTHS_BETWEEN 함수를 사용해서 출력하는 것과 1개월을 평균 31일로 계산해서 출력하는 경우를 함께 비교해 보겠습니다.

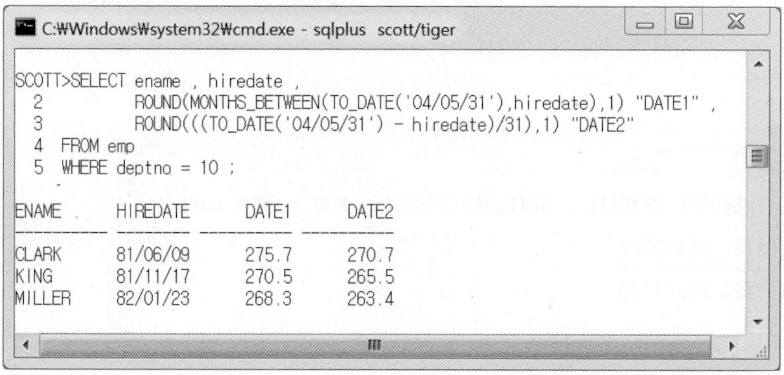
C:₩Windows₩system32₩cmd.exe - sqlplus scott/tiger

```
SCOTT>SELECT ename , hiredate ,
  2          ROUND(MONTHS_BETWEEN(TO_DATE('04/05/31'),hiredate),1) "DATE1" ,
  3          ROUND(((TO_DATE('04/05/31') - hiredate)/31),1) "DATE2"
  4  FROM emp
  5  WHERE deptno = 10 ;

ENAME      HIREDATE      DATE1      DATE2
---------- -------- ---------- ----------
CLARK      81/06/09      275.7      270.7
KING       81/11/17      270.5      265.5
MILLER     82/01/23      268.3      263.4
```

위 쿼리에서 TO_DATE라는 함수는 문자를 날짜로 바꾸는 함수인데, 뒤의 형 변환 함수에서 배웁니다. 위 결과의 DATE_1과 DATE_2의 결과 개월 수에서 상당히 차이가 나는 것이 보이죠?

즉, 날짜를 계산할 때 어떤 방법을 쓰느냐에 따라 결과가 상당히 다를 수 있기 때문에 주의해서 사용해야 합니다. 회사에서 MONTHS_BETWEEN을 쓰는지 그냥 1개월을 31일로 나누는지에 따라 엄청난 돈의 차이가 날 수 있다는 점 꼭 기억하고 계산하기 전에 어떤 방법으로 계산해야 하는지를 먼저 확인하세요.

3.3 ADD_MONTHS( ) 함수

ADD_MONTHS 함수는 주어진 날짜에 숫자만큼의 달을 추가하는 함수입니다.

```
SCOTT>SELECT SYSDATE , ADD_MONTHS(SYSDATE,1)
  2  FROM dual ;

SYSDATE  ADD_MONT
-------- --------
13/07/24 13/08/24

SCOTT>
```

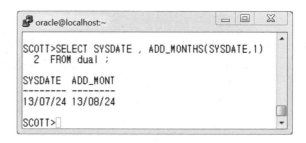

3.4 NEXT_DAY( ) 함수

주어진 날짜를 기준으로 돌아오는 가장 최근 요일의 날짜를 반환해주는 함수입니다. 윈도용과 리눅스용은 날짜 표기 방법이 다르기 때문에 요일 쓸 때 주의하세요. 먼저 리눅스(유닉스)용 오라클에서 조회한 화면입니다.

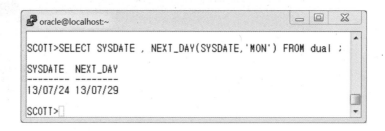

```
SCOTT>SELECT SYSDATE , NEXT_DAY(SYSDATE,'MON') FROM dual ;

SYSDATE  NEXT_DAY
-------- --------
13/07/24 13/07/29

SCOTT>
```

그러나 윈도용 오라클에서는 위와 같이 사용하면 에러가 발생합니다. 윈도용 오라클일 경우는 아래와 같이 하면 됩니다.

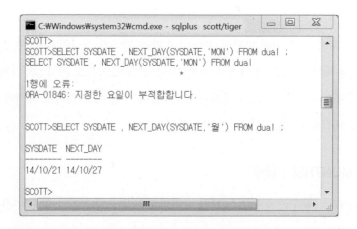

```
C:\Windows\system32\cmd.exe - sqlplus  scott/tiger
SCOTT>
SCOTT>SELECT SYSDATE , NEXT_DAY(SYSDATE,'MON') FROM dual ;
SELECT SYSDATE , NEXT_DAY(SYSDATE,'MON') FROM dual
                                  *
1행에 오류:
ORA-01846: 지정한 요일이 부적합합니다.


SCOTT>SELECT SYSDATE , NEXT_DAY(SYSDATE,'월') FROM dual ;

SYSDATE  NEXT_DAY
-------- --------
14/10/21 14/10/27

SCOTT>
```

만약 특정 날짜를 기준으로 돌아오는 요일의 날짜를 찾고 싶으면 아래와 같이 하면 됩니다.

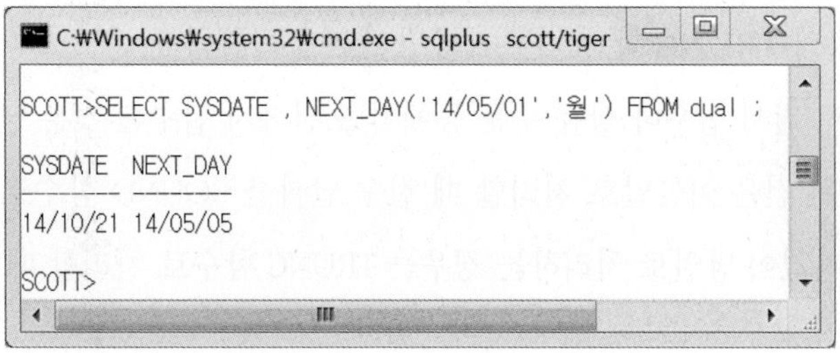


```
SCOTT>SELECT SYSDATE , NEXT_DAY('14/05/01','월') FROM dual ;

SYSDATE  NEXT_DAY
-------- --------
14/10/21 14/05/05

SCOTT>
```

3.5 LAST_DAY( ) 함수

LAST_DAY 함수는 주어진 날짜가 속한 달의 가장 마지막 날을 출력해주는 함수입니다. 먼저 윈도용 오라클에서는 아래와 같이 조회합니다.

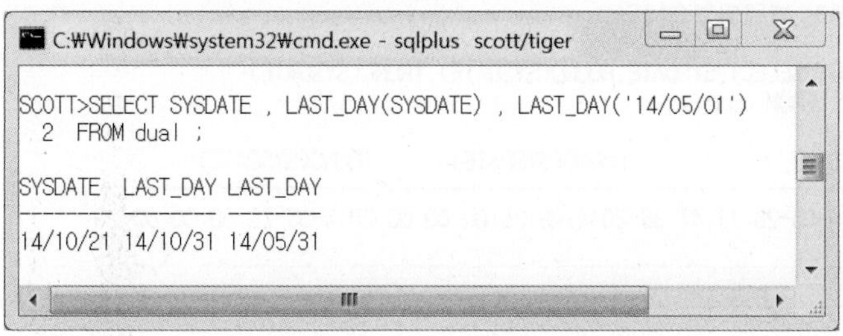


```
SCOTT>SELECT SYSDATE , LAST_DAY(SYSDATE) , LAST_DAY('14/05/01')
  2  FROM dual ;

SYSDATE  LAST_DAY LAST_DAY
-------- -------- --------
14/10/21 14/10/31 14/05/31
```

앞에서 살펴본 ADD_MONTHS, NEXT_DAY, LAST_DAY와 같은 함수들은 어디에 사용하는 것이 좋을까요? 보통 '이번 달까지는 할인 30% 적용한 가격으로 처리한다'와 같이 이벤트 같은 것을 진행할 때 많이 사용합니다. 매달 마지막 날이 다를 수 있기에 할인 종료 시간에 날짜를 직접 입력하면 나중에 SQL을 일일이 변경해야 하는 번거로움이 있기에 그냥 LAST_DAY 함수를 사용하는 것이지요.

3.6 날짜의 ROUND( ), TRUNC( ) 함수

날짜의 ROUND는 하루의 반에 해당되는 시간은 낮(정오) 12:00:00인데, 주어진 날짜가 이 시간을 넘어설 경우에 다음 날짜로 출력하고 이 시간이 안 될 경우에는 당일로 출력합니다. 반면, 날짜의 **TRUNC** 함수는 무조건 당일로 출력합니다.

이 기능은 주로 원서 접수나 상품 주문 등에서 오전까지 접수된 건은 당일 접수 처리하고 오후에 접수된 건은 이튿날로 처리할 때 접수 날짜를 ROUND 함수로 처리하면 되고 접수 시간에 상관없이 당일로 처리하는 경우는 TRUNC 함수로 처리할 때 사용될 수 있습니다.

아래의 예로 확인해보겠습니다. 날짜와 시간을 한꺼번에 보기 위해서 설정을 먼저 변경한 후 조회해 보겠습니다. 먼저 윈도에서 조회한 화면입니다.

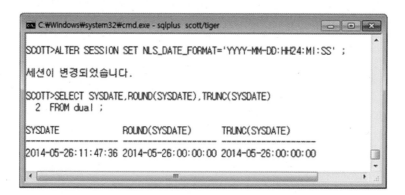

```
C:\Windows\system32\cmd.exe - sqlplus scott/tiger

SCOTT>ALTER SESSION SET NLS_DATE_FORMAT='YYYY-MM-DD:HH24:MI:SS' ;

세션이 변경되었습니다.

SCOTT>SELECT SYSDATE,ROUND(SYSDATE),TRUNC(SYSDATE)
  2  FROM dual ;

SYSDATE             ROUND(SYSDATE)      TRUNC(SYSDATE)
------------------- ------------------- -------------------
2014-05-26:11:47:36 2014-05-26:00:00:00 2014-05-26:00:00:00
```

아래 화면은 리눅스에서 조회한 화면입니다.

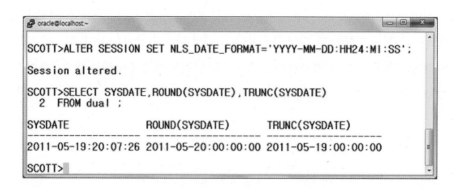

```
oracle@localhost:~

SCOTT>ALTER SESSION SET NLS_DATE_FORMAT='YYYY-MM-DD:HH24:MI:SS';

Session altered.

SCOTT>SELECT SYSDATE,ROUND(SYSDATE),TRUNC(SYSDATE)
  2  FROM dual ;

SYSDATE             ROUND(SYSDATE)      TRUNC(SYSDATE)
------------------- ------------------- -------------------
2011-05-19:20:07:26 2011-05-20:00:00:00 2011-05-19:00:00:00

SCOTT>
```

위 그림에서 SYSDATE가 2011-05-19:20:07:26이므로 ROUND 함수 결과는 익일인 5월 20일로 조회되고 TRUNC 함수 결과는 당일일 5월 19일로 출력됨을 알 수 있습니다.

여기까지 많은 날짜 관련 함수 중에서 가장 많이 사용되는 중요한 날짜 함수들을 살펴보았습니다.

4. 형 변환 함수

오라클에서 사용하는 데이터 타입을 먼저 살펴보겠습니다. 오라클이란 프로그램은 우리가 일상생활에서 사용하는 데이터들을 컴퓨터로 옮겨서 저장하고 관리해 주는 프로그램입니다. 즉, 일상생활에서 사용하는 데이터들을 오라클에서도 동일하게 사용한다는 의미입니다.

오라클에서 주로 사용되는 데이터 형태는 아래와 같습니다(아래 값들은 11g 기준이며 12c부터는 변경됩니다).

데이터 타입	설명
CHAR(n)	고정길이의 문자를 저장합니다. 최댓값은 2,000바이트입니다.
VARCHAR2(n)	변하는 길이의 문자를 저장합니다. 최댓값은 4,000바이트입니다.
NUMBER(p,s)	숫자 값을 저장합니다. p는 전체 자릿수로 1~38자리까지 가능하고, s는 소수점 이하 자릿수로 -84~127자리까지 가능합니다.
DATE	총 7바이트로 BC 4712년 1월 1일부터 AD 9999년 12월 31일까지의 날짜를 저장할 수 있습니다.
LONG	가변 길이의 문자를 저장하며 최대 2GB까지 저장할 수 있습니다.
CLOB	가변 길이의 문자를 저장하며 최대 4GB까지 저장할 수 있습니다.
BLOB	가변 길이의 바이너리 데이터를 최대 4GB까지 저장할 수 있습니다.
RAW(n)	원시 이진 데이터로 최대 2,000바이트까지 저장할 수 있습니다.
LONG RAW(n)	원시 이진 데이터로 최대 2GB까지 저장할 수 있습니다.
BFILE	외부 파일에 저장된 데이터로 최대 4GB까지 저장할 수 있습니다.

위 표에서 언급된 바와 같이 각종 데이터들을 저장하기 위해서 오라클에서 다양한 형태의 데이터 타입을 제공합니다.

그런데 만약 학생테이블의 주민등록번호 컬럼이 숫자로 생성되어 있는데, 그 컬럼에서 생일을 찾기 위해서 SUBSTR 함수를 써야 할 경우가 생긴다고 가정해 봐요. 쓸 수 있을까요? 못쓰겠지요? 앞에서 배운 대로 SUBSTR 함수는 문자가 들어와야 하는 함수잖아요. 거기에 숫자를 넣고 사용하는 것은 마치 동전만 들어가는 커피 자판기에 지폐를 넣고 버튼을 누르면서 커피가 안 나온다고 화를 내는 것과 다를 바가 없어요. 그렇다고 많은 데이터가 들어 있는 테이블을 지우고 다시 주민번호 컬럼을 문자로 바꾸어서 다시 만들 수도 없고….

그래서 등장한 함수가 이번 장에서 배울 형 변환 함수입니다. 아주 요긴하게 사용할 수 있는 함수이므로 잘 살펴보세요.

4.1 묵시적(자동) 형 변환과 명시적(수동) 형 변환

오라클에서 형 변환은 **묵시적(자동) 형 변환과 명시적(수동) 형 변환**으로 나눌 수 있습니다. 묵시적 형 변환이라는 것은 오라클이 자동으로 형 변환을 시킨다는 뜻이고 명시적 형 변환은 사람이 수동으로 지정해 주어야 한다는 의미입니다. 자동 형 변환이 이루어지는 예를 살펴보겠습니다.

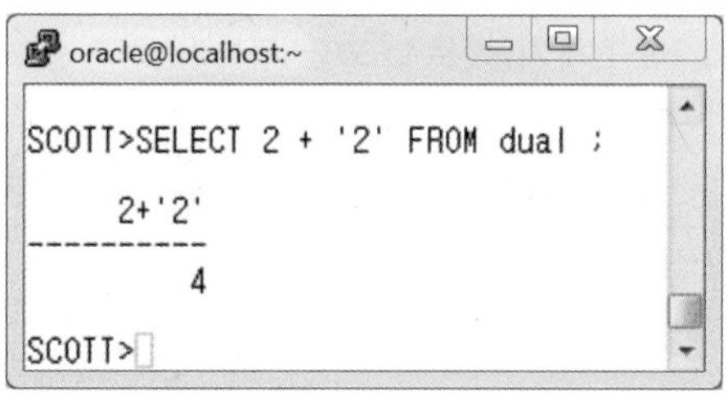

위 그림에서 앞의 2는 숫자이고 뒤의 '2'는 문자입니다. 즉, 숫자+'문자'를 계산하라고 오라클에게 요청한 것입니다. 원래 산술 연산자는 숫자와 문자를 연산할 수 없기에 이런 요청이 들어오면 오라클은 에러를 발생시킵니다. 그렇지만 위와 같이 숫자처럼 생긴 문자는 오라클이 자동으로 문자를 숫자로 바꾼 후 연산을 수행합니다. 즉, 내부적으로는 다음과 같은 현상이 생긴다는 뜻입니다.

```
SQL> SELECT 2 + TO_NUMBER('2') FROM dual ;
```

위와 같이 오라클이 자동으로 바꾸는 현상을 묵시적인 형 변환이라고 부릅니다. 언뜻 보면 아주 편한 듯하지만 튜닝에서 뜻하지 않게 속도가 느려지는 주범이 될 수 있으므로 아주 조심해야 합니다.

속도가 느려지는 이유는 해당 컬럼에 인덱스가 생성되어 있을 경우 묵시적 형 변환이 생기면 그 인덱스를 못쓰게 되고 그렇게 되면 Index Suppressing error가 발생해서 속도가 느려지는 경우가 많기 때문입니다. 이 부분은 이 책의 Index 부분에 가서 자세하게 살펴보겠습니다. 워드 작성용 프로그램에서도 한영 자동 변환 기능이 있잖아요. 그 기능이 편하기만 하던가요? 저는 사실 불편할 때도 아주 많던데, 그게 묵시적 형 변환과 같은 개념이에요.

그리고 묵시적 형 변환은 숫자처럼 생긴 문자만 변환해주고 그 외에는 아래와 같이 에러를 발생시킵니다.

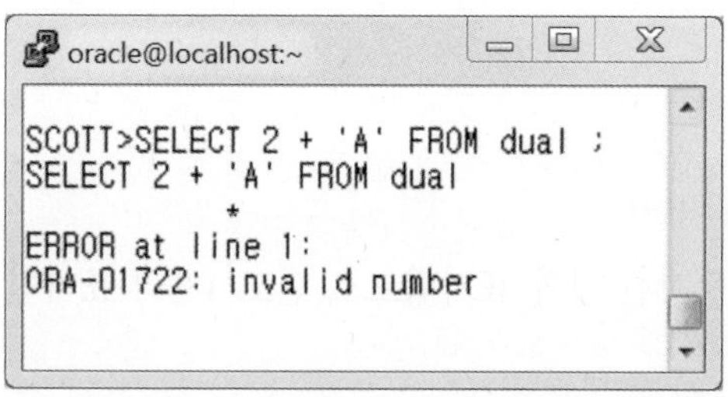

설마 'A'를 숫자라고 생각하는 사람은 없겠지요?

이번에는 명시적(강제) 형 변환에 대해서 알아보겠습니다. 묵시적 형 변환과는 다르게 명시적(강제적)으로 데이터 형을 변환할 때 사용하는 것이 형 변환 함수라는 것입니다. 이 함수들을 사용해서 데이터 형을 원하는 대로 변경을 합니다. 형 변환 함수가 몇 가지가 있는데, 다음 그림으로 형 변환 함수를 자세히 살펴보겠습니다.

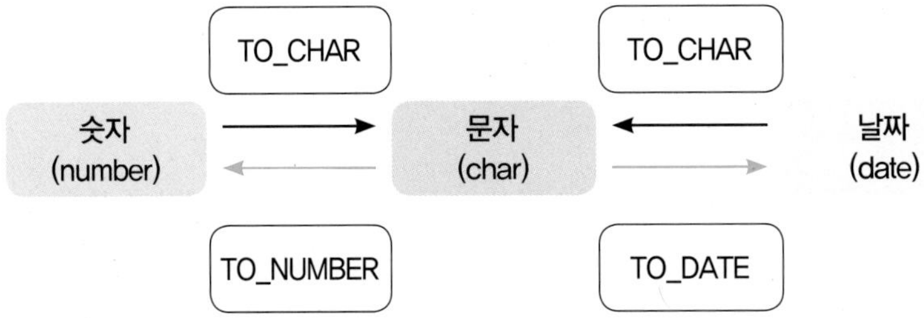

형 변환 함수는 위 그림에서 보는 것처럼 TO_CHAR, TO_NUMBER, TO_DATE의 세 가지로 나누어집니다. 그리고 TO_CHAR 함수는 숫자와 날짜를 문자로 변환해 주는 두 가지 기능을 한꺼번에 가지고 있습니다. 아래의 예로 하나씩 차례대로 살펴보겠습니다.

4.2 TO_CHAR 함수(날짜 → 문자로 형 변환하기)

문법 TO_CHAR(원래 날짜, '원하는 모양')

날짜를 표현하는 방법을 정리하면 아래와 같습니다.

- **연도**

YYYY – 연도를 4자리로 표현합니다. (예: 2014)

RRRR – 2000년 이후에 Y2K 버그로 인해 등장한 날짜 표기법으로 연도 4자리 표기법입니다.

YY – 연도를 끝의 2자리만 표시합니다. (예: 14)

RR – 연도를 마지막 2자리만 표시합니다. (예: 14)

YEAR – 연도의 영문 이름 전체를 표시합니다.

```
oracle@localhost:~
SCOTT>
SCOTT>SELECT SYSDATE , TO_CHAR(SYSDATE,'YYYY') "YYYY" ,
  2                    TO_CHAR(SYSDATE,'RRRR') "RRRR" ,
  3                    TO_CHAR(SYSDATE,'YY')   "YY",
  4                    TO_CHAR(SYSDATE,'RR')   "RR" ,
  5                    TO_CHAR(SYSDATE,'YEAR') "YEAR"
  6  FROM dual ;

SYSDATE      YYYY RRRR YY   RR   YEAR
------------ ----- ----- ----- ----- ---------------
22-OCT-14    2014 2014 14   14   TWENTY FOURTEEN

SCOTT>
```

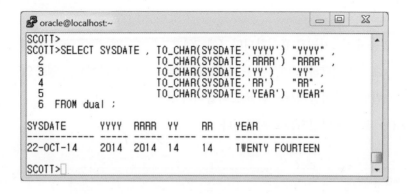

- **월**

MM – 월을 숫자 2자리로 표현합니다. (예: 10)

MON – 유닉스용 오라클에서 월을 뜻하는 영어 3글자로 표시합니다. (예: OCT)

윈도용 오라클일 경우는 MONTH와 동일합니다.

MONTH – 월을 뜻하는 이름 전체를 표시합니다.

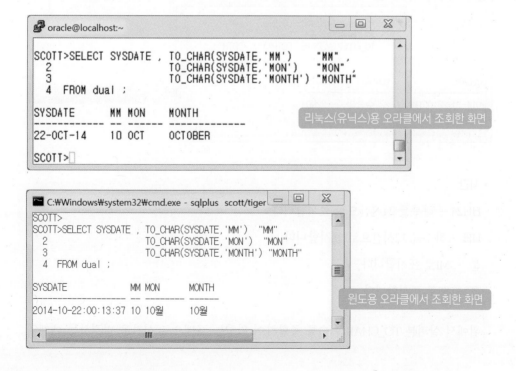

```
oracle@localhost:~

SCOTT>SELECT SYSDATE , TO_CHAR(SYSDATE,'MM')    "MM" ,
  2                    TO_CHAR(SYSDATE,'MON')   "MON" ,
  3                    TO_CHAR(SYSDATE,'MONTH') "MONTH"
  4  FROM dual ;

SYSDATE      MM MON    MONTH
------------ -- ------ -------------
22-OCT-14    10 OCT    OCTOBER

SCOTT>
```

리눅스(유닉스)용 오라클에서 조회한 화면

```
C:\Windows\system32\cmd.exe - sqlplus scott/tiger
SCOTT>
SCOTT>SELECT SYSDATE , TO_CHAR(SYSDATE,'MM')  "MM" ,
  2                    TO_CHAR(SYSDATE,'MON')  "MON" ,
  3                    TO_CHAR(SYSDATE,'MONTH') "MONTH"
  4  FROM dual ;

SYSDATE             MM MON      MONTH
------------------- -- -------- ------
2014-10-22:00:13:37 10 10월      10월
```

윈도용 오라클에서 조회한 화면

• **일**

DD – 일을 숫자 2자리로 표시합니다. (예: 26)

DAY – 요일에 해당하는 명칭을 표시하는데 유닉스용 오라클에서는 영문으로 나오고 윈도용 오라클에서는 한글로 나옵니다.

DDTH – 몇 번째 날인지를 표시합니다.

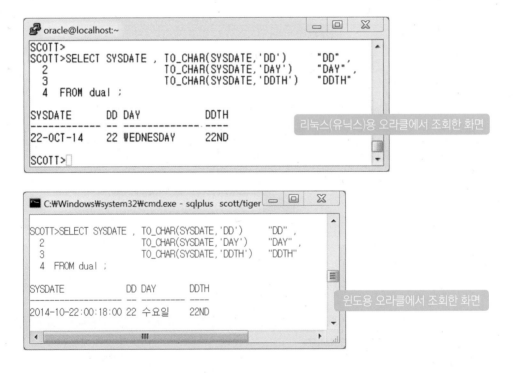

oracle@localhost:~

```
SCOTT>
SCOTT>SELECT SYSDATE , TO_CHAR(SYSDATE,'DD')      "DD" ,
  2                    TO_CHAR(SYSDATE,'DAY')     "DAY" ,
  3                    TO_CHAR(SYSDATE,'DDTH')    "DDTH"
  4  FROM dual ;

SYSDATE      DD DAY              DDTH
------------ -- ---------------- ----
22-OCT-14    22 WEDNESDAY        22ND

SCOTT>
```

리눅스(유닉스)용 오라클에서 조회한 화면

C:\Windows\system32\cmd.exe - sqlplus scott/tiger

```
SCOTT>SELECT SYSDATE , TO_CHAR(SYSDATE,'DD')      "DD" ,
  2                    TO_CHAR(SYSDATE,'DAY')     "DAY" ,
  3                    TO_CHAR(SYSDATE,'DDTH')    "DDTH"
  4  FROM dual ;

SYSDATE             DD DAY      DDTH
------------------- -- -------- ----
2014-10-22:00:18:00 22 수요일   22ND
```

윈도용 오라클에서 조회한 화면

• **시간**

HH24 – 하루를 24시간으로 표시합니다.

HH – 하루를 12시간으로 표시합니다.

분 – MI로 표시합니다.

초 – SS로 표시합니다.

위에서 살펴본 TO_CHAR 함수를 종합하여 원하는 포맷으로 시간을 변경하는 예제입니다. 아래는 리눅스용 오라클에서 조회한 화면입니다.

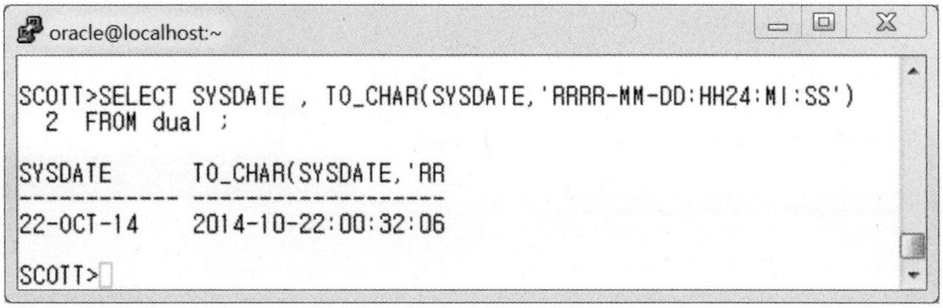

아래는 윈도용 오라클에서 조회한 화면입니다.

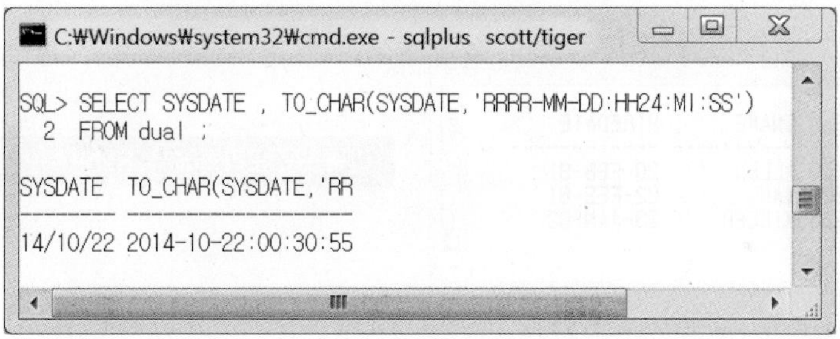

●●● 형 변환 함수 퀴즈 : 날짜 변환하기 1

Student 테이블의 birthday 컬럼을 사용하여 생일이 1월인 학생의 이름과 birthday를 아래 화면과 같이 출력하세요. (아래 두 개 그림 중 독자 여러분의 OS에 맞는 것으로 실행하세요)

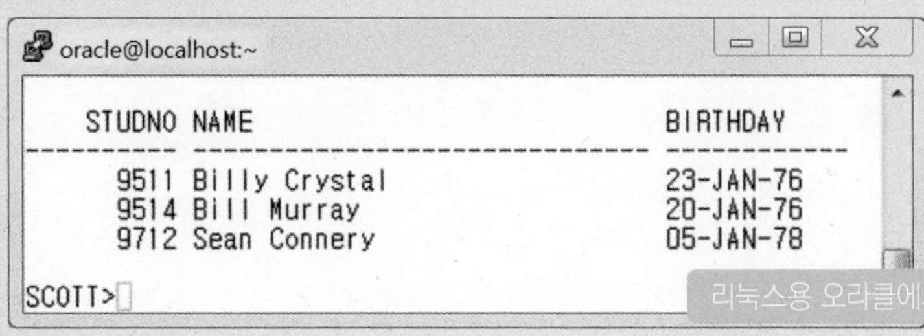

리눅스용 오라클에서 조회한 화면

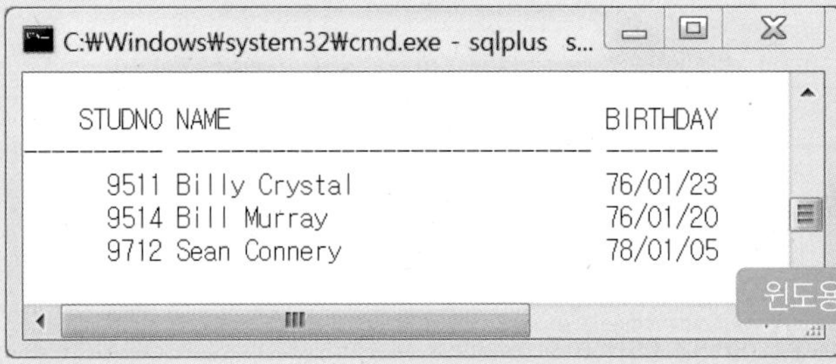

윈도용 오라클에서 조회한 화면

●●● 형 변환 함수 퀴즈 : 날짜 변환하기 2

emp 테이블의 hiredate 컬럼을 사용하여 입사일이 1, 2, 3월인 사람들의 사번과 이름, 입사일을 출력하세요. (아래 두 개 그림 중 독자 여러분의 OS에 맞는 것으로 실행하세요)

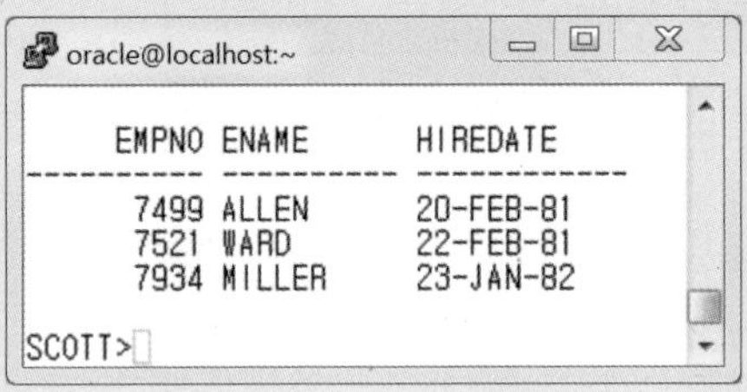

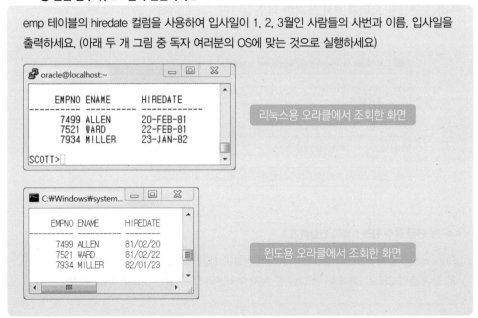

리눅스용 오라클에서 조회한 화면

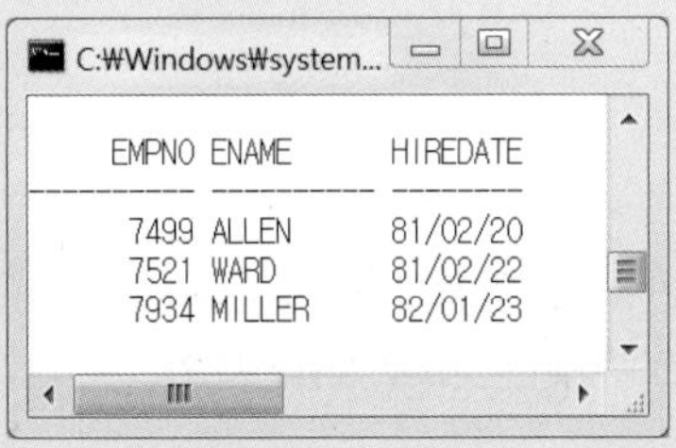

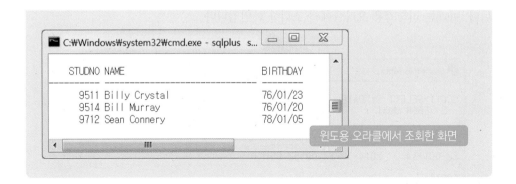

윈도용 오라클에서 조회한 화면

4.3 TO_CHAR 함수(숫자형 → 문자형으로 변환하기)

종류	의미	사용 예	결과
9	9의 개수만큼 자릿수	TO_CHAR(1234, '99999')	1234
0	빈자리를 0으로 채움	TO_CHAR(1234, '099999')	001234
$	$ 표시를 붙여서 표시	TO_CHAR(1234, '$9999')	$1234
.	소수점 이하를 표시	TO_CHAR(1234,'9999.99')	1234.00
,	천 단위 구분 기호를 표시	TO_CHAR(12345, '99,999')	12,345

이 방법 역시 아주 많이 사용하는 형 변환 형태입니다. 아래의 예로 활용법을 자세히 살펴보겠습니다.

▶▶▶ **사용 예 1**

emp 테이블을 조회하여 이름이 'ALLEN'인 사원의 사번과 이름과 연봉을 출력하세요. 단, 연봉은 (sal*12)+comm로 계산하고 천 단위 구분 기호로 표시하세요.

oracle@localhost:~

```
SCOTT>SELECT empno , ename , sal , comm ,
  2           TO_CHAR((sal*12)+comm , '999,999') "SALARY"
  3  FROM emp
  4  WHERE ename = 'ALLEN' ;

     EMPNO ENAME             SAL       COMM SALARY
---------- ---------- ---------- ---------- --------
      7499 ALLEN            1600        300   19,500

SCOTT>
```

▶▶▶ **사용 예 2**

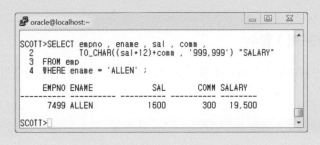

professor 테이블을 조회하여 201번 학과에 근무하는 교수들의 이름과 급여, 보너스, 연봉을 아래와 같이 출력하세요. 단, 연봉은 (pay*12)+bonus로 계산합니다.

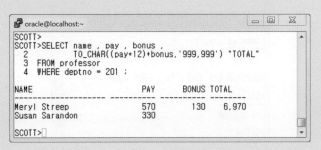

oracle@localhost:~

```
SCOTT>
SCOTT>SELECT name , pay , bonus ,
  2           TO_CHAR((pay*12)+bonus,'999,999') "TOTAL"
  3  FROM professor
  4  WHERE deptno = 201 ;

NAME                        PAY      BONUS TOTAL
-------------------- ---------- ---------- --------
Meryl Streep                570        130    6,970
Susan Sarandon              330

SCOTT>
```

위 예 2번에서 Susan Sarandon 교수의 pay 값은 있지만 BONUS 값은 없죠? NULL이라고 하는 값인데, 뒤에서 NULL 관련 함수를 처리하는 방법을 자세하게 설명하겠습니다.

••• 형 변환 함수 퀴즈 3

emp 테이블을 조회하여 comm 값을 가지고 있는 사람들의 empno, ename, hiredate, 총 연봉, 15% 인상 후 연봉을 아래 화면처럼 출력하세요. 단, 총 연봉은 (sal*12)+comm으로 계산하고 아래 화면에서는 SAL로 출력되었으며 15% 인상한 값은 총 연봉의 15% 인상 값입니다. (HIREDATE 컬럼의 날짜 형식과 SAL 컬럼, 15% UP 컬럼의 $ 표시와 기호가 나오게 하세요)

```
oracle@localhost:~

     EMPNO ENAME      HIREDATE   SAL        15% UP
---------- ---------- ---------- ---------- ---------
      7499 ALLEN      1981-02-20   $19,500   $22,425
      7521 WARD       1981-02-22   $15,500   $17,825
      7654 MARTIN     1981-09-28   $16,400   $18,860
      7844 TURNER     1981-09-08   $18,000   $20,700

SCOTT>
```

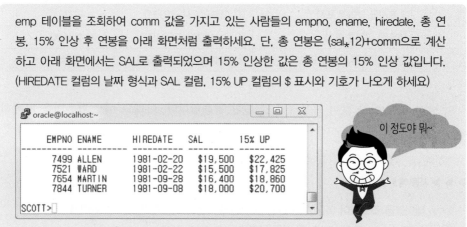

4.4 TO_NUMBER( ) 함수

이 함수는 숫자가 아닌 숫자처럼 생긴 문자를 숫자로 바꾸어 주는 함수입니다.

문법 TO_NUMBER('숫자처럼 생긴 문자')

```
oracle@localhost:~

SCOTT>SELECT TO_NUMBER('5') FROM dual ;

TO_NUMBER('5')
--------------
             5

SCOTT>SELECT TO_NUMBER('A') FROM dual ;
SELECT TO_NUMBER('A') FROM dual
                 *
ERROR at line 1:
ORA-01722: invalid number


SCOTT>SELECT ASCII('A') FROM dual ;

ASCII('A')
----------
        65

SCOTT>
```

위 화면에서 두 번째 예처럼 일반 문자를 변환할 경우 에러가 발생합니다. 혹시 독자 여러분이 문자를 숫자로 바꿀 때 '아스키코드(ASCII)를 쓰면 되잖아요'라는 생각을 할 수도 있을 것 같아 문자를 아스키 코드 값으로 출력해 주는 ASCII( )라는 함수도 함께 소개해 드렸습니다.

4.5 TO_DATE( ) 함수

이 함수는 날짜가 아닌 날짜처럼 생긴 문자를 날짜로 바꿔 주는 함수입니다. 리눅스용 유닉스와 윈도용 유닉스는 날짜 형태가 다르기 때문에 아래의 예에서 구분해서 조회해 보겠습니다.

문법 TO_DATE('문자')

아래는 리눅스용 오라클에서 조회한 화면입니다.

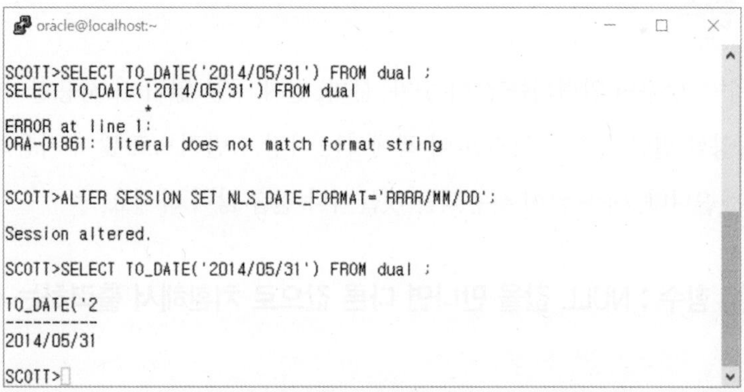

oracle@localhost:~
SCOTT>SELECT TO_DATE('2014/05/31') FROM dual ;
SELECT TO_DATE('2014/05/31') FROM dual
*
ERROR at line 1:
ORA-01861: literal does not match format string
SCOTT>ALTER SESSION SET NLS_DATE_FORMAT='RRRR/MM/DD';
Session altered.
SCOTT>SELECT TO_DATE('2014/05/31') FROM dual ;
TO_DATE('2

2014/05/31
SCOTT>

아래는 윈도용 오라클에서 조회한 화면입니다.

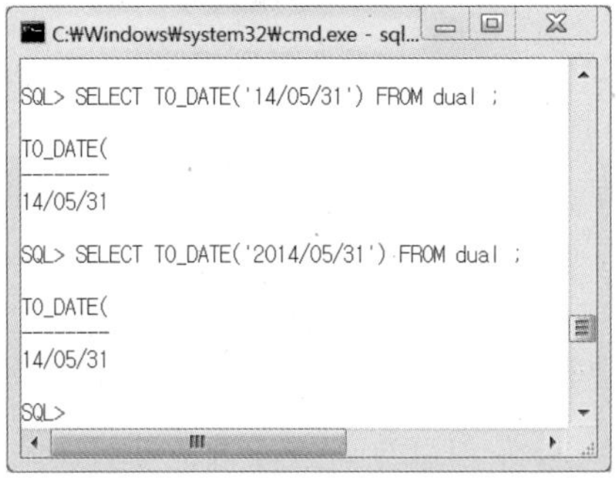

C:\Windows\system32\cmd.exe - sql...
SQL> SELECT TO_DATE('14/05/31') FROM dual ;
TO_DATE(

14/05/31
SQL> SELECT TO_DATE('2014/05/31') FROM dual ;
TO_DATE(

14/05/31
SQL>

위 화면에서 보듯이 리눅스용 오라클에서는 날짜 형태에 주의해야 합니다. 날짜를 입력하기 전에 미리 날짜 모양을 설정한 후 변경 작업을 하면 원하는 모양으로 변경이 가능합니다.

5. 일반 함수

일반 함수는 함수의 입력되는 값이 숫자, 문자, 날짜 구분 없이 다 사용할 수 있는 함수입니다. 다양한 일반 함수가 있지만 이 책에서는 가장 일반적으로 많이 사용하는 함수들을 살펴보겠습니다. 아주 많이 사용되는 것들이니 연습 많이 하세요.

5.1 NVL( ) 함수 : NULL 값을 만나면 다른 값으로 치환해서 출력하는 함수

문법 NVL(컬럼, 치환할 값)

NVL 함수는 일반적으로 Null 값을 0으로 바꾸어 주는 함수로 많이 알고 있지만 정확하게 말하면 Null 값을 0을 포함한 다른 값으로 바꾸어 주는 함수입니다. 아래의 예제로 살펴보겠습니다.

치환값이 숫자일 경우

NVL(sal, 0) ➡ sal 컬럼의 값이 null일 경우 null 대신 0으로 치환하라.

NVL(sal, 100) ➡ sal 컬럼의 값이 null일 경우 null 대신 100으로 치환하라.

다음 그림의 사용법을 잘 보세요. 아주 많이 쓰는 함수입니다.

```
oracle@localhost:~
SCOTT>
SCOTT>SELECT ename , comm ,NVL(comm,0) , NVL(comm,100)
  2  FROM emp
  3  WHERE deptno = 30 ;

ENAME            COMM NVL(COMM,0) NVL(COMM,100)
---------- ---------- ----------- -------------
ALLEN             300         300           300
WARD              500         500           500
MARTIN           1400        1400          1400
BLAKE                           0           100
TURNER              0           0             0
JAMES                           0           100

6 rows selected.

SCOTT>
```

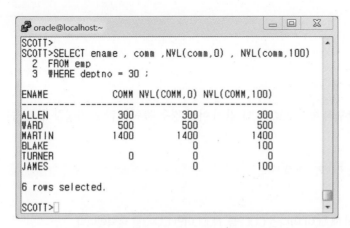

위 예를 보면 comm 값이 있을 경우는 기존의 comm 값을 출력하고 comm 값이 null일 경우에는 다른 값으로 바꾸어서 출력되는 것을 확인할 수 있습니다. 그러나 꼭 숫자 값만 되는 것은 아니고 아래와 같이 문자나 날짜도 가능합니다. 사용법은 숫자 값을 치환할 때와 동일합니다.

치환 값이 문자일 경우

NVL(position, '사원') ➡ position 값이 null일 경우 '사원'으로 치환하라.

치환 값이 날짜일 경우

NVL(hiredate,'2014/05/01') ➡ hiredate 값이 없을 경우 '2014/05/01' 날짜로 치환하라.

••• NVL 함수 퀴즈

Professor 테이블에서 201번 학과 교수들의 이름과 급여, bonus, 총 연봉을 아래와 같이 출력하세요. 단, 총 연봉은 (pay*12+bonus)로 계산하고 bonus가 없는 교수는 0으로 계산하세요.

```
oracle@localhost:~

   PROFNO NAME                        PAY      BONUS TOTAL
---------- -------------------- ---------- ---------- ---------
      4001 Meryl Streep               570        130     6,970
      4002 Susan Sarandon             330                3,960

SCOTT>
```

5.2 NVL2( ) 함수

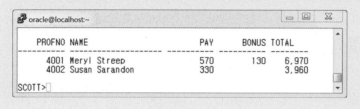

이 함수는 NVL 함수의 확장으로 NULL 값이 아닐 경우 출력할 값을 지정할 수 있습니다.

문법 NVL2(COL1, COL2, COL3)

의미: COL1의 값이 NULL이 아니면 COL2를, NULL이면 COL3를 출력합니다.

▶▶▶ 사용 예

emp 테이블에서 deptno가 30번인 사람들의 empno, ename, sal, comm 값을 출력하되 만약 comm 값이 null이 아니면 sal+comm 값을 출력하고 comm 값이 null이면 sal*0의 값을 출력하세요.

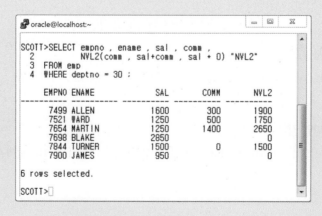

```
oracle@localhost:~

SCOTT>SELECT empno , ename , sal , comm ,
  2          NVL2(comm , sal+comm , sal * 0) "NVL2"
  3   FROM emp
  4   WHERE deptno = 30 ;

     EMPNO ENAME             SAL       COMM       NVL2
---------- ---------- ---------- ---------- ----------
      7499 ALLEN            1600        300       1900
      7521 WARD             1250        500       1750
      7654 MARTIN           1250       1400       2650
      7698 BLAKE            2850                     0
      7844 TURNER           1500          0       1500
      7900 JAMES             950                     0

6 rows selected.

SCOTT>
```

••• NVL2 함수 퀴즈

아래 화면과 같이 emp 테이블에서 deptno가 30번인 사원들을 조회하여 comm 값이 있을 경우 'Exist'을 출력하고 comm 값이 null일 경우 'NULL'을 출력하세요.

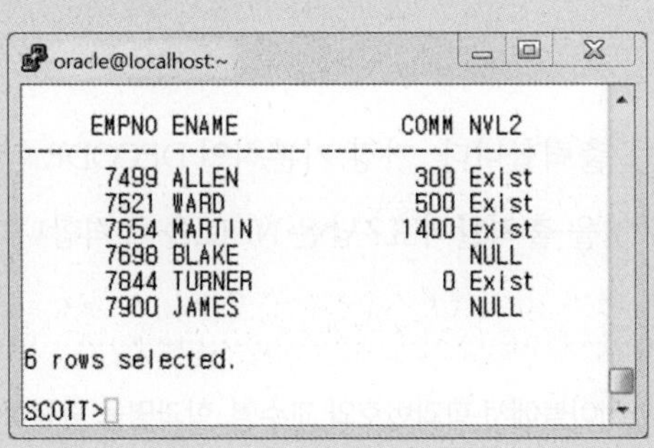


```
     EMPNO ENAME            COMM NVL2
---------- ---------- ---------- -----
      7499 ALLEN             300 Exist
      7521 WARD              500 Exist
      7654 MARTIN           1400 Exist
      7698 BLAKE                 NULL
      7844 TURNER              0 Exist
      7900 JAMES                 NULL

6 rows selected.

SCOTT>
```

5.3 DECODE( ) 함수

DECODE 함수는 일반 개발 언어 등에서 사용 중인 분기문인 IF 문을 오라클 SQL 안으로 가져온 함수입니다. DECODE 함수는 오라클에서만 사용되는 함수로 IF 문을 사용해야 하는 조건문을 처리할 수 있습니다. 오라클에서만 사용되는 함수라고 해서 별로 중요하지 않다는 의미가 아니라 오라클에서는 계속 사용되는 아주 중요한 함수이므로 잘 습득해야만 합니다.

- **유형 1 – A가 B일 경우 '1'을 출력하는 경우**

```
DECODE (A, B, '1', null) (단, 마지막 null은 생략 가능합니다)
```

이 예는 A가 B라면 1을 출력합니다. 가장 기본적인 DECODE 함수 문형입니다. 그렇다면 A가 B가 아니라면 무엇을 출력할까요? 답은 NULL을 출력합니다.

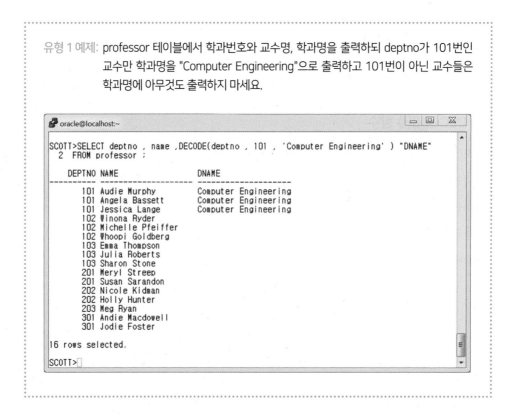

유형 1 예제: professor 테이블에서 학과번호와 교수명, 학과명을 출력하되 deptno가 101번인 교수만 학과명을 "Computer Engineering"으로 출력하고 101번이 아닌 교수들은 학과명에 아무것도 출력하지 마세요.

```
oracle@localhost:~

SCOTT>SELECT deptno , name ,DECODE(deptno , 101 , 'Computer Engineering' ) "DNAME"
  2  FROM professor ;

    DEPTNO NAME                 DNAME
---------- -------------------- --------------------
       101 Audie Murphy         Computer Engineering
       101 Angela Bassett       Computer Engineering
       101 Jessica Lange        Computer Engineering
       102 Winona Ryder
       102 Michelle Pfeiffer
       102 Whoopi Goldberg
       103 Emma Thompson
       103 Julia Roberts
       103 Sharon Stone
       201 Meryl Streep
       201 Susan Sarandon
       202 Nicole Kidman
       202 Holly Hunter
       203 Meg Ryan
       301 Andie Macdowell
       301 Jodie Foster

16 rows selected.

SCOTT>
```

위 화면을 보면 deptno가 101번이면 주어진 출력 내용을 출력하고 그 외에는 전부 NULL 값으로 출력이 되었습니다.

• **유형 2 – A가 B일 경우 '1'을 출력하고 아닐 경우 '2'를 출력하는 경우**

```
DECODE (A, B, '1', '2')
```

이번 경우는 앞의 1번 유형에서 NULL로 표시했던 부분을 다른 출력 값으로 대체하는 부분입니다.

유형 2 예제: professor 테이블에서 학과번호와 교수명과 학과명을 출력하되 deptno가 101번인 교수만 "Computer Engineering"으로 출력하고 101번이 아닌 교수들은 학과명에 "ETC"로 출력하세요.

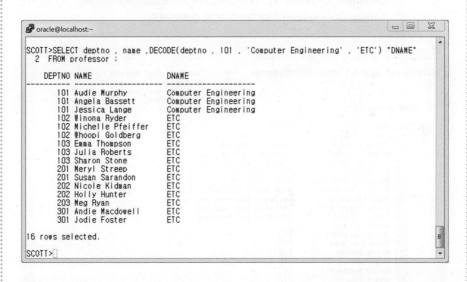

```
oracle@localhost:~

SCOTT>SELECT deptno , name ,DECODE(deptno , 101 , 'Computer Engineering' , 'ETC') "DNAME"
  2  FROM professor ;

    DEPTNO NAME                 DNAME
---------- -------------------- --------------------
       101 Audie Murphy         Computer Engineering
       101 Angela Bassett       Computer Engineering
       101 Jessica Lange        Computer Engineering
       102 Winona Ryder         ETC
       102 Michelle Pfeiffer    ETC
       102 Whoopi Goldberg      ETC
       103 Emma Thompson        ETC
       103 Julia Roberts        ETC
       103 Sharon Stone         ETC
       201 Meryl Streep         ETC
       201 Susan Sarandon       ETC
       202 Nicole Kidman        ETC
       202 Holly Hunter         ETC
       203 Meg Ryan             ETC
       301 Andie Macdowell      ETC
       301 Jodie Foster         ETC

16 rows selected.

SCOTT>
```

- **유형 3 – A가 B일 경우 '1'을 출력하고 A가 C일 경우 '2'를 출력하고 둘 다 아닐 경우 '3'을 출력하는 경우**

```
DECODE (A, B, '1', C, '2', '3')
```

위 유형 3의 경우 조건이 확장되는 경우 DECODE 문장에 조건과 결과가 추가되어 확장될 수 있습니다.

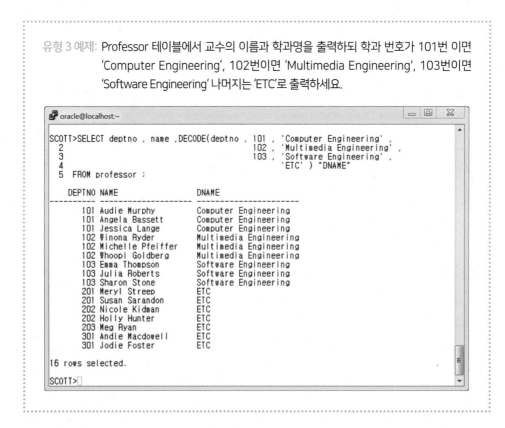

유형 3 예제: Professor 테이블에서 교수의 이름과 학과명을 출력하되 학과 번호가 101번 이면 'Computer Engineering', 102번이면 'Multimedia Engineering', 103번이면 'Software Engineering' 나머지는 'ETC'로 출력하세요.

```
SCOTT>SELECT deptno , name ,DECODE(deptno , 101 , 'Computer Engineering' ,
  2                                       102 , 'Multimedia Engineering' ,
  3                                       103 , 'Software Engineering' ,
  4                                             'ETC' ) "DNAME"
  5  FROM professor ;

    DEPTNO NAME                 DNAME
---------- -------------------- ----------------------
       101 Audie Murphy         Computer Engineering
       101 Angela Bassett       Computer Engineering
       101 Jessica Lange        Computer Engineering
       102 Winona Ryder         Multimedia Engineering
       102 Michelle Pfeiffer    Multimedia Engineering
       102 Whoopi Goldberg      Multimedia Engineering
       103 Emma Thompson        Software Engineering
       103 Julia Roberts        Software Engineering
       103 Sharon Stone         Software Engineering
       201 Meryl Streep         ETC
       201 Susan Sarandon       ETC
       202 Nicole Kidman        ETC
       202 Holly Hunter         ETC
       203 Meg Ryan             ETC
       301 Andie Macdowell      ETC
       301 Jodie Foster         ETC

16 rows selected.

SCOTT>
```

- **유형 4-A가 B일 경우 중에서 C가 D를 만족하면 '1'을 출력하고 C가 D가 아닐 경우 NULL을 출력하는 경우(DECODE 함수 안에 DECODE 함수가 중첩되는 경우)**

```
DECODE ( A, B, DECODE( C, D, '1', null ) )
```
← null은 생략 가능합니다.

유형 4 예제: professor 테이블에서 교수의 이름과 부서번호를 출력하고 101번 부서 중에서 이름이 "Audie Murphy" 교수에게 "BEST!" 라고 출력하고 101번 부서 중에서 이름이 "Audie Murphy" 교수가 아닌 나머지에는 NULL 값을 출력하세요. 만약 101번 외 다른 학과에 "Audie Murphy" 교수가 있어도 "BEST!"가 출력되면 안 됩니다.

```
oracle@localhost:~

SCOTT>SELECT deptno , name , DECODE(deptno,101,DECODE(name,'Audie Murphy','BEST!')) "ETC"
  2  FROM professor ;

    DEPTNO NAME                 ETC
---------- -------------------- -----
       101 Audie Murphy         BEST!
       101 Angela Bassett
       101 Jessica Lange
       102 Winona Ryder
       102 Michelle Pfeiffer
       102 Whoopi Goldberg
       103 Emma Thompson
       103 Julia Roberts
       103 Sharon Stone
       201 Meryl Streep
       201 Susan Sarandon
       202 Nicole Kidman
       202 Holly Hunter
       203 Meg Ryan
       301 Andie Macdowell
       301 Jodie Foster

16 rows selected.

SCOTT>
```

- **유형 5–A가 B일 경우 중에서 C가 D를 만족하면 '1'을 출력하고 C가 D가 아닐 경우 '2'를 출력하는 경우**

```
DECODE ( A, B, DECODE( C, D, '1', '2') )
```

유형 5 예제: professor 테이블에서 교수의 이름과 부서번호를 출력하고 101번 부서 중에서 이름이 "Audie Murphy" 교수에게 비고란에 "BEST!"라고 출력한 다음 101번 학과의 "Audie Murphy" 교수 외에는 비고란에 "GOOD!"을 출력하고 101번 교수가 아닐 경우는 비고란이 공란이 되도록 출력하세요.

```
SCOTT>SELECT deptno , name ,
  2          DECODE(deptno,101,DECODE(name,'Audie Murphy','BEST!','GOOD!')) "ETC"
  3   FROM professor ;

    DEPTNO NAME                 ETC
---------- -------------------- -----
       101 Audie Murphy         BEST!
       101 Angela Bassett       GOOD!
       101 Jessica Lange        GOOD!
       102 Winona Ryder
       102 Michelle Pfeiffer
       102 Whoopi Goldberg
       103 Emma Thompson
       103 Julia Roberts
       103 Sharon Stone
       201 Meryl Streep
       201 Susan Sarandon
       202 Nicole Kidman
       202 Holly Hunter
       203 Meg Ryan
       301 Andie Macdowell
       301 Jodie Foster

16 rows selected.

SCOTT>
```

• **유형 6 – A가 B일 경우 중에서 C가 D를 만족하면 '1'을 출력하고 C가 D가 아닐 경우 '2'를 출력하고 A가 B가 아닐 경우 '3'을 출력하는 경우**

```
DECODE (A, B, DECODE(C, D, '1', '2'), '3')
```

유형 6 예제: professor 테이블에서 교수의 이름과 부서번호를 출력하고 101번 부서 중에서 이름이 "Audie Murphy" 교수에게 비고란에 "BEST!"라고 출력하고 101번 학과의 "Audie Murphy" 교수 외에는 비고란에 "GOOD!"을 출력하며 101번 교수가 아닐 경우는 비고란에 "N/A"을 출력하세요.

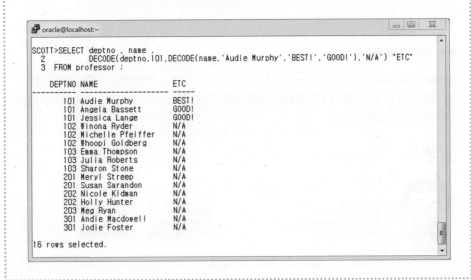

```
oracle@localhost:~

SCOTT>SELECT deptno , name ,
  2         DECODE(deptno,101,DECODE(name,'Audie Murphy','BEST!','GOOD!'),'N/A') "ETC"
  3  FROM professor ;

    DEPTNO NAME                 ETC
---------- -------------------- -----
       101 Audie Murphy         BEST!
       101 Angela Bassett       GOOD!
       101 Jessica Lange        GOOD!
       102 Winona Ryder         N/A
       102 Michelle Pfeiffer    N/A
       102 Whoopi Goldberg      N/A
       103 Emma Thompson        N/A
       103 Julia Roberts        N/A
       103 Sharon Stone         N/A
       201 Meryl Streep         N/A
       201 Susan Sarandon       N/A
       202 Nicole Kidman        N/A
       202 Holly Hunter         N/A
       203 Meg Ryan             N/A
       301 Andie Macdowell      N/A
       301 Jodie Foster         N/A

16 rows selected.
```

이상으로 DECODE 함수의 6가지 유형을 살펴보았습니다.

아주 많이 사용되고 변형도 많이 존재하는 함수이니 꼭 위 6가지 기본 유형을 정확히 이해해야 합니다.

다음 페이지에 DECODE 연습문제가 있으니 꼭 스스로의 힘으로 풀어보시기 바랍니다.

● ● ● DECODE 퀴즈 1

Student 테이블을 사용하여 제1전공(deptno1)이 101번인 학과 학생들의 이름과 주민번호, 성별을 출력하되 성별은 주민번호(jumin) 컬럼을 이용하여 7번째 숫자가 1일 경우 "MAN", 2일 경우 "WOMAN"으로 출력하세요.

결과화면

```
oracle@localhost:~

NAME                           JUMIN         Gender
------------------------------ ------------- -------
James Seo                      7510231901813   MAN
Billy Crystal                  7601232186327 WOMAN
Richard Dreyfus                7711291186223   MAN
Danny Devito                   7808192157498 WOMAN

SCOTT>
```

● ● ● DECODE 퀴즈 2

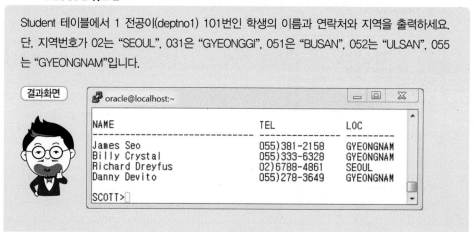

Student 테이블에서 1 전공이(deptno1) 101번인 학생의 이름과 연락처와 지역을 출력하세요. 단, 지역번호가 02는 "SEOUL", 031은 "GYEONGGI", 051은 "BUSAN", 052는 "ULSAN", 055는 "GYEONGNAM"입니다.

결과화면

```
oracle@localhost:~

NAME                           TEL             LOC
------------------------------ --------------- ---------
James Seo                      055)381-2158    GYEONGNAM
Billy Crystal                  055)333-6328    GYEONGNAM
Richard Dreyfus                02)6788-4861    SEOUL
Danny Devito                   055)278-3649    GYEONGNAM

SCOTT>
```

5.4 CASE 문

DECODE 함수는 주로 =인 값을 처리하는 데 사용이 됩니다. 즉, 크거나 작은 조건을 처리할 경우 DECODE 함수는 불편한 부분이 많은데, 이런 부분을 CASE 문에서는 쉽게 처리가 가능합니다.

문법 CASE 조건 WHEN 결과1 THEN 출력1 [WHEN 결과2 THEN 출력2] ELSE 출력3 END "컬럼명"

위 문법에서 주의사항은 DECODE 함수의 경우에는 함수 내부에 ,(comma)로 조건들이 구분되었으나 **CASE 표현식 내부는 콤마가 사용되지 않는다**는 부분입니다.

- **DECODE와 동일하게 '=' 조건으로 사용되는 경우**

Student 테이블을 참조하여 deptno1이 201번인 학생의 이름과 전화번호, 지역명을 출력하세요. 단, 지역번호가 02면 "SEOUL", 031이면 "GYEONGGI", 051이면 "BUSAN", 052이면 "ULSAN", 055이면 "GYEONGNAM", 나머지는 "ETC"로 표시하세요.

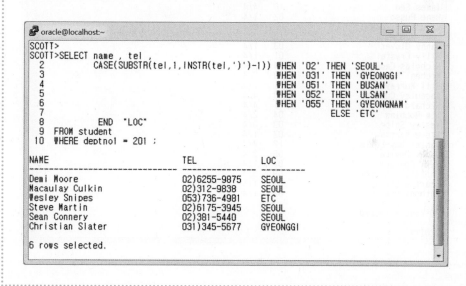

oracle@localhost:~

```
SCOTT>
SCOTT>SELECT name , tel ,
             CASE(SUBSTR(tel,1,INSTR(tel,')')-1)) WHEN '02' THEN 'SEOUL'
                                                   WHEN '031' THEN 'GYEONGGI'
                                                   WHEN '051' THEN 'BUSAN'
                                                   WHEN '052' THEN 'ULSAN'
                                                   WHEN '055' THEN 'GYEONGNAM'
                                                              ELSE 'ETC'
              END  "LOC"
      FROM student
      WHERE deptno1 = 201 ;

NAME                             TEL             LOC
-------------------------------- --------------- ---------
Demi Moore                       02)6255-9875    SEOUL
Macaulay Culkin                  02)312-9838     SEOUL
Wesley Snipes                    053)736-4981    ETC
Steve Martin                     02)6175-3945    SEOUL
Sean Connery                     02)381-5440     SEOUL
Christian Slater                 031)345-5677    GYEONGGI

6 rows selected.
```

DECODE와 비교했을 때 문법이 많이 복잡하죠? 그래서 대부분 = 조건을 사용할 때는 CASE보다 DECODE 문장을 훨씬 더 많이 사용합니다.

- **비교 조건이 '='가 아닌 경우**

Student 테이블의 jumin 컬럼을 참조하여 학생들의 이름과 태어난 달, 그리고 분기를 출력하세요. 태어난 달이 01-03월은 1/4, 04-06월은 2/4, 07-09월은 3/4, 10-12월은 4/4로 출력하세요.

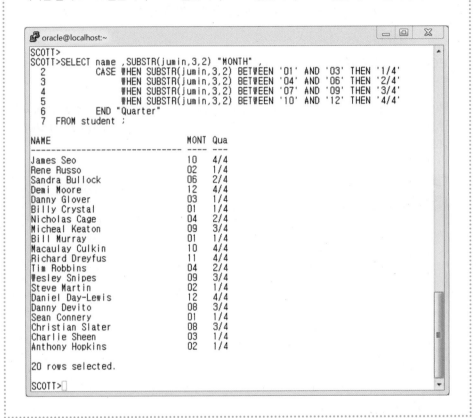

```
oracle@localhost:~
SCOTT>
SCOTT>SELECT name ,SUBSTR(jumin,3,2) "MONTH" ,
  2          CASE WHEN SUBSTR(jumin,3,2) BETWEEN '01' AND '03' THEN '1/4'
  3               WHEN SUBSTR(jumin,3,2) BETWEEN '04' AND '06' THEN '2/4'
  4               WHEN SUBSTR(jumin,3,2) BETWEEN '07' AND '09' THEN '3/4'
  5               WHEN SUBSTR(jumin,3,2) BETWEEN '10' AND '12' THEN '4/4'
  6          END "Quarter"
  7  FROM student ;

NAME                           MONT Qua
------------------------------ ---- ---
James Seo                      10   4/4
Rene Russo                     02   1/4
Sandra Bullock                 06   2/4
Demi Moore                     12   4/4
Danny Glover                   03   1/4
Billy Crystal                  01   1/4
Nicholas Cage                  04   2/4
Micheal Keaton                 09   3/4
Bill Murray                    01   1/4
Macaulay Culkin                10   4/4
Richard Dreyfus                11   4/4
Tim Robbins                    04   2/4
Wesley Snipes                  09   3/4
Steve Martin                   02   1/4
Daniel Day-Lewis               12   4/4
Danny Devito                   08   3/4
Sean Connery                   01   1/4
Christian Slater               08   3/4
Charlie Sheen                  03   1/4
Anthony Hopkins                02   1/4

20 rows selected.

SCOTT>
```

CASE 문은 SQL 튜닝에서 아주 요긴하게 많이 사용되고 있으며 DECODE 문과 비슷하지만 더 넓은 범위에서 사용할 수 있는 문법이므로 꼭 기억하고 많이 연습해서 자신의 것으로 만드세요.

CASE문 퀴즈

emp 테이블을 조회하여 empno, ename, sal, LEVEL(급여등급)을 아래와 같이 출력하세요. 단, 급여등급은 sal을 기준으로 1-1000이면 Level 1, 1001-2000이면 Level 2, 2001-3000이면 Level 3, 3001-4000이면 Level 4, 4001보다 많으면 Level 5로 출력하세요.

```
oracle@localhost:~

     EMPNO ENAME             SAL LEVEL
---------- ---------- ---------- -------
      7839 KING             5000 LEVEL 5
      7902 FORD             3000 LEVEL 3
      7566 JONES            2975 LEVEL 3
      7698 BLAKE            2850 LEVEL 3
      7782 CLARK            2450 LEVEL 3
      7499 ALLEN            1600 LEVEL 2
      7844 TURNER           1500 LEVEL 2
      7934 MILLER           1300 LEVEL 2
      7654 MARTIN           1250 LEVEL 2
      7521 WARD             1250 LEVEL 2
      7900 JAMES             950 LEVEL 1
      7369 SMITH             800 LEVEL 1

12 rows selected.

SCOTT>
```

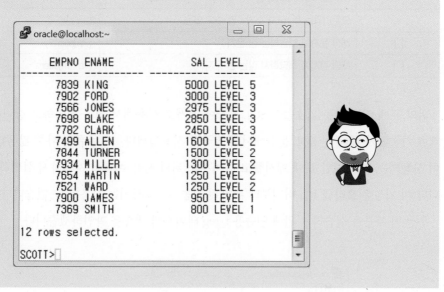

이상으로 자주 사용하는 단일행 함수를 살펴보았습니다. 많이 어려웠죠? 앞에서도 언급했지만 많은 사람들이 SQL을 배우면서 함수에서 좌절을 경험합니다. 그러나 어렵지만 함수를 많이 알수록 더 멋지고 성능 좋은 쿼리를 작성할 수 있기 때문에 꼭 열심히 함수 공부를 해야 합니다. 다음으로 아주 요긴하면서도 중요한 정규식 함수를 살펴보겠습니다.

6. 정규식(Regular Expression) 함수로 다양한 조건 조회하기

SQL 문장에서도 유닉스에서 사용하는 정규식을 사용하여 다양한 검색을 할 수 있습니다.

정규식이란 유닉스에서 검색을 할 때 주로 사용되는 기술로 다양한 메타문자들을 사용하여 검색 방법을 확장하는 것을 말합니다. 이것은 유닉스 버전마다 조금씩 다를 수 있지만 주로 사용하는 정규식 방법은 다음과 같습니다(다음 방법은 솔라리스와 리눅스에서 사용되는 정규식입니다).

사용 기호	의미	사용 예
^(캐럿)	해당 문자로 시작하는 line 출력	'^pattern'
$(달러)	해당 문자로 끝나는 line 출력	'pattern$'
.	S로 시작하여 E으로 끝나는 line (. → 1 character)	'S . . . .E '
*	모든이라는 뜻. 글자 수가 0일 수도 있음.	'[a-z]*'
[ ]	해당 문자에 해당하는 한 문자	'[Pp]attern'
[^]	해당 문자에 해당하지 않는 한 문자	'[^a-m]attern'

위의 표에 있는 각종 기호들은 SQL 문장에 추가로 사용해서 더욱 편리하고 강력한 검색을 가능하게 해 주는 SQL 문장에서의 정규식 사용입니다. 그 종류는 아주 많은데, 많이 사용되는 몇 가지만 표에 제시했고 나머지는 뒤의 사용 예에서 자세하게 설명하겠습니다(이 기능은 오라클 10g 버전부터 추가된 기능으로 9i까지는 사용할 수 없습니다).

우선 이 부분을 실습하기 위해 연습용 t_reg 테이블의 내용을 확인하겠습니다.

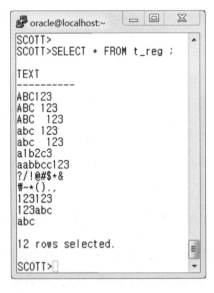

```
oracle@localhost:~
SCOTT>
SCOTT>SELECT * FROM t_reg ;

TEXT
----------
ABC123
ABC 123
ABC  123
abc 123
abc  123
a1b2c3
aabbcc123
?/!@#$*&
₩~*().,
123123
123abc
abc

12 rows selected.

SCOTT>
```

본격적으로 시작하기 전에 다시 한 번 더 당부를 드립니다. 정규식 함수를 잘 활용하면 아주 많은 일들을 할 수 있습니다. 하지만 조금 어려울 수 있습니다. 어렵더라도 귀찮다고 그냥 넘어가지 말고 여러 가지 옵션들을 바꿔가면서 많이 연습해야 합니다. 다른 사람들이 잘 모르는 함수를 나만 알고 있다면 정말 짜릿하지 않을까요? 보통 정규식 함수를 잘 모르고 그 존재를 안다 해도 어렵고 귀찮다는 이유로 잘 보지 않으려고 합니다. 지금 이 책을 보는 독자 여러분은 꼭 열심히 공부해서 쿼리 작성하는 능력을 배가하시기 바랍니다.

6.1 REGEXP_LIKE 함수

REGEXP_LIKE 함수는 like 함수처럼 특정 패턴과 매칭되는 결과를 검색해내는 함수입니다. 아래 예로 사용 방법을 살펴보겠습니다.

- **사용 예제 1: 영문자가 들어가 있는 행만 출력하기**

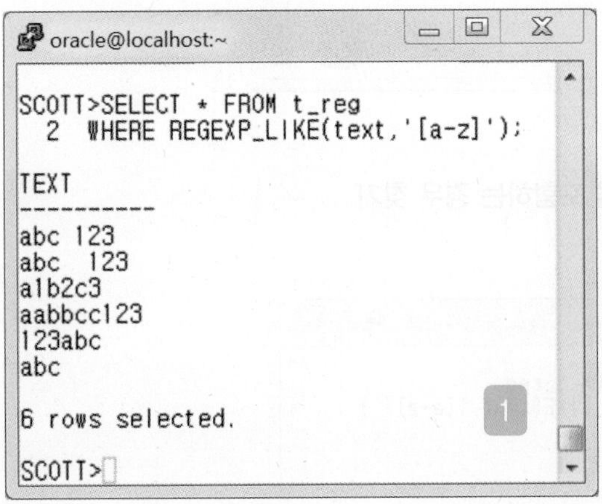

왼쪽 그림에서 1번은 소문자가 들어 있는 행을 모두 출력하는 화면이고 2번은 대문자가 들어 있는 행을 출력하는 화면입니다. 다음 페이지의 3번 그림은 대소문자를 한 번에 찾아서 출력하라는 의미겠지요?
이것을 응용하면 숫자가 들어가 있는 행을 모두 출력하고 싶은 경우도 할 수 있겠지요?

```
oracle@localhost:~

SCOTT>SELECT * FROM t_reg
  2  WHERE REGEXP_LIKE(text,'[A-Z]') ;

TEXT
----------
ABC123
ABC 123
ABC  123

SCOTT>
```

2

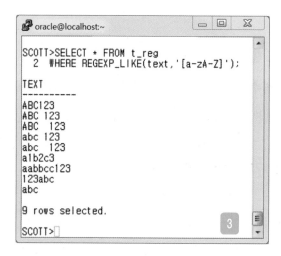

```
oracle@localhost:~

SCOTT>SELECT * FROM t_reg
  2  WHERE REGEXP_LIKE(text,'[a-zA-Z]');

TEXT
----------
ABC123
ABC 123
ABC  123
abc 123
abc  123
a1b2c3
aabbcc123
123abc
abc

9 rows selected.

SCOTT>
```

3

• 사용 예제 2: 소문자로 시작하고 공백을 포함하는 경우 찾기

```
oracle@localhost:~

SCOTT>SELECT * FROM t_reg
  2  WHERE REGEXP_LIKE(text,'[a-z] ') ;

TEXT
----------
abc 123
abc  123

SCOTT>
```

위 그림은 소문자로 시작하고 뒤에 공백이 있는 모든 행을 다 찾으라는 뜻입니다.

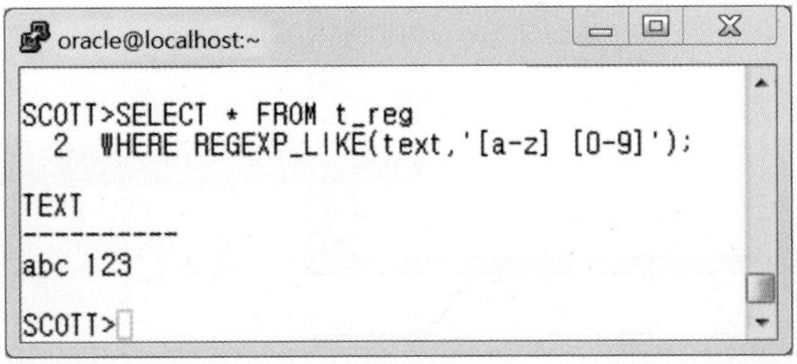

위 그림은 소문자로 시작하고 공백이 1칸 있고 숫자로 끝나는 행을 찾으라는 뜻입니다. 만약 공백이 있는 데이터를 모두 찾고 싶은 경우에는 아래와 같이 하면 됩니다.

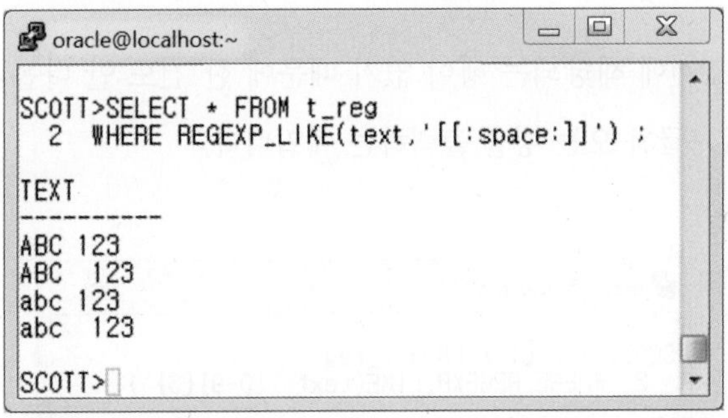

- **사용 예제 3: 연속적인 글자 수 지정하기**

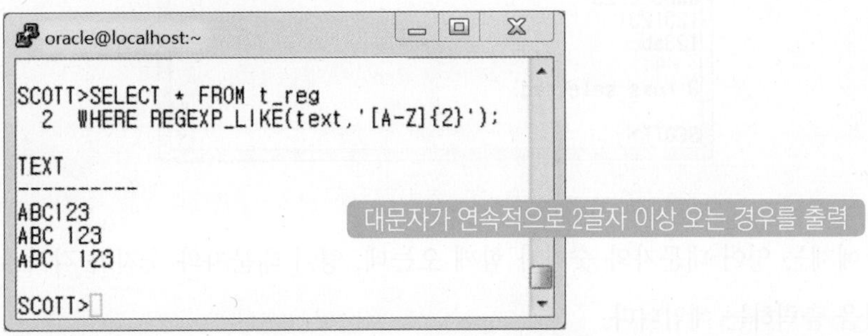

```
oracle@localhost:~

SCOTT>SELECT * FROM t_reg
  2  WHERE REGEXP_LIKE(text,'[A-Z]{3}');

TEXT
-----------
ABC123
ABC 123
ABC  123

SCOTT>
```

대문자가 연속적으로 3글자 이상 오는 경우를 출력

```
oracle@localhost:~

SCOTT>SELECT * FROM t_reg
  2  WHERE REGEXP_LIKE(text,'[A-Z]{4}');

no rows selected

SCOTT>
```

대문자가 연속적으로 4글자 이상 오는 경우를 출력

마지막 그림은 조건에 해당되는 행이 없기 때문에 한 건도 안 나옵니다. 아래 예제는 숫자가 연속적으로 3글자 오는 행을 출력하는 예입니다.

```
oracle@localhost:~

SCOTT>SELECT * FROM t_reg
  2  WHERE REGEXP_LIKE(text,'[0-9]{3}') ;

TEXT
----------
ABC123
ABC 123
ABC  123
abc 123
abc  123
aabbcc123
123123
123abc

8 rows selected.

SCOTT>
```

아래 예제는 영어 대문자와 숫자가 함께 오는데, 영어 대문자와 숫자가 각각 3글자가 오는 행을 출력하는 예입니다.

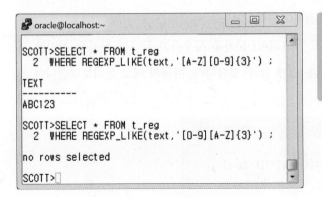

```
oracle@localhost:~

SCOTT>SELECT * FROM t_reg
  2  WHERE REGEXP_LIKE(text,'[A-Z][0-9]{3}') ;

TEXT
----------
ABC123

SCOTT>SELECT * FROM t_reg
  2  WHERE REGEXP_LIKE(text,'[0-9][A-Z]{3}') ;

no rows selected

SCOTT>
```

왼쪽 예제는 영어 대문자와 숫자가 나오되 숫자가 먼저 나오는 것을 검색하는 예입니다. 그런 행이 없어서 데이터가 나오지 않음이 확인됩니다.

만약 대문자가 들어가는 모든 행을 출력하고 싶은 경우는 어떻게 할까요?

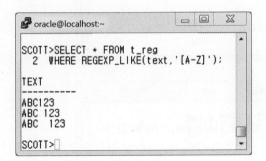

```
oracle@localhost:~

SCOTT>SELECT * FROM t_reg
  2  WHERE REGEXP_LIKE(text,'[A-Z]');

TEXT
----------
ABC123
ABC 123
ABC  123

SCOTT>
```

위 방법을 아래 그림과 같이 사용해도 됩니다.

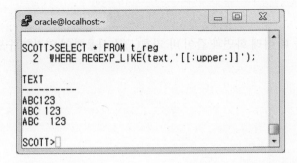

```
oracle@localhost:~

SCOTT>SELECT * FROM t_reg
  2  WHERE REGEXP_LIKE(text,'[[:upper:]]');

TEXT
----------
ABC123
ABC 123
ABC  123

SCOTT>
```

- **사용 예제 4: 특정 위치를 지정하여 출력하기**

시작되는 문자를 지정할 때는 ^(캐럿) 문자를 사용하고 끝나는 문자를 지정할 때는 $(달러) 문자를 사용하면 검색을 쉽게 할 수 있습니다. 아래의 예로 살펴보겠습니다.

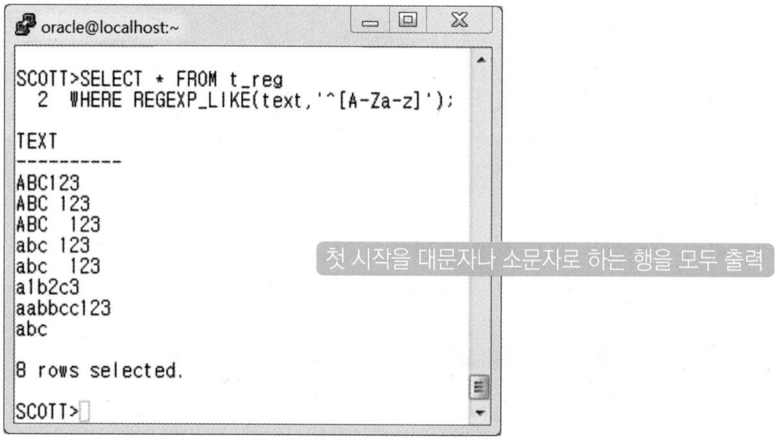

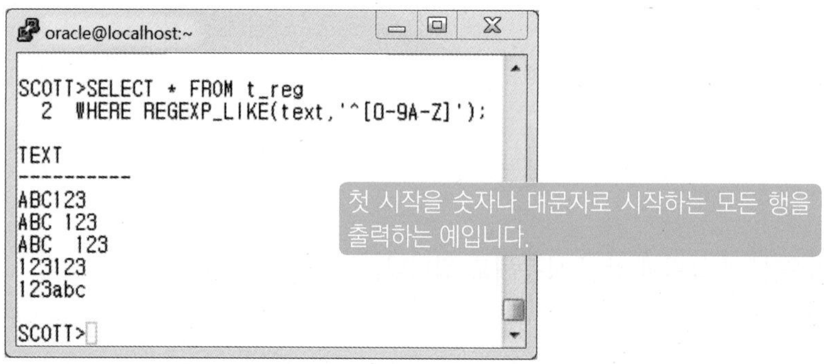

oracle@localhost:~
SCOTT>SELECT * FROM t_reg
2 WHERE REGEXP_LIKE(text,'^[0-9A-Z]');
TEXT

ABC123
ABC 123
ABC 123
123123
123abc
SCOTT>
첫 시작을 숫자나 대문자로 시작하는 모든 행을 출력하는 예입니다.

여러 조건을 줄 때 아래 화면과 같이 바 기호(|)를 사용하여 연결할 수도 있습니다.

```
SCOTT>SELECT * FROM t_reg
  2  WHERE REGEXP_LIKE(text,'^[a-z]|^[0-9]');

TEXT
----------
abc 123
abc  123
a1b2c3
aabbcc123
123123
123abc
abc

7 rows selected.

SCOTT>
```

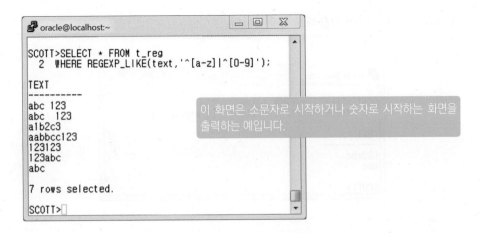

이 화면은 소문자로 시작하거나 숫자로 시작하는 화면을 출력하는 예입니다.

아래 예는 student 테이블에서 학생의 id 중에서 첫 글자가 M으로 시작하고 두 번째 글자가 a나 o가 오는 id를 이름과 함께 출력하는 화면입니다.

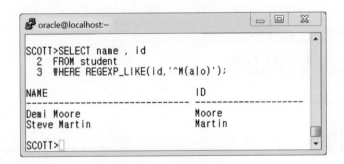

```
SCOTT>SELECT name , id
  2  FROM student
  3  WHERE REGEXP_LIKE(id,'^M(a|o)');

NAME                             ID
-------------------------------- --------------------
Demi Moore                       Moore
Steve Martin                     Martin

SCOTT>
```

아래 예제는 $ 문자를 사용하여 소문자로 끝나는 행을 출력하는 예입니다.

```
SCOTT>SELECT * FROM t_reg
  2  WHERE REGEXP_LIKE(text,'[a-zA-Z]$');

TEXT
----------
123abc
abc

SCOTT>
```

위 그림을 아래와 같이 사용해도 동일합니다.

```
SCOTT>SELECT * FROM t_reg
  2  WHERE REGEXP_LIKE(text,'[[:alpha:]]$');

TEXT
----------
123abc
abc

SCOTT>
```

위 예에서 시작되는 문자를 찾기 위해서 ^(캐럿) 문자를 사용했는데, 만약 이 캐럿 문자가 대괄호 안에 들어갈 경우에는 대괄호 안의 문자가 아닌 다른 것만 출력하라는 의미입니다.

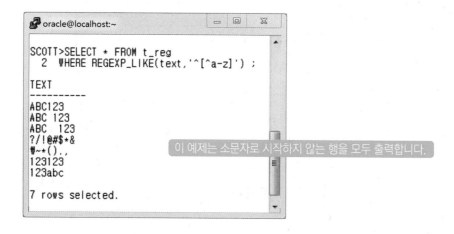

```
SCOTT>SELECT * FROM t_reg
  2  WHERE REGEXP_LIKE(text,'^[^a-z]') ;

TEXT
----------
ABC123
ABC 123
ABC  123
?/!@#$*&
\~*().,
123123
123abc

7 rows selected.
```

이 예제는 소문자로 시작하지 않는 행을 모두 출력합니다.

아래 예제는 숫자로 시작하지 않는 행들을 보여달라는 예입니다.

```
oracle@localhost:~

SCOTT>SELECT * FROM t_reg
  2  WHERE REGEXP_LIKE(text,'^[^0-9]');

TEXT
----------
ABC123
ABC 123
ABC  123
abc 123
abc  123
a1b2c3
aabbcc123
?/!@#$*&
₩~*().,
abc

10 rows selected.

SCOTT>
```

그럼 만약 시작이 소문자도 아니고 숫자도 아닌 모든 행을 출력할 경우는 어떻게 할까요?

```
oracle@localhost:~

SCOTT>SELECT * FROM t_reg
  2  WHERE REGEXP_LIKE(text,'^[^0-9a-z]') ;

TEXT
----------
ABC123
ABC 123
ABC  123
?/!@#$*&
₩~*().,

SCOTT>
```

소문자나 숫자로 시작하지 않는 행을 출력하는 화면입니다.

만약 위치에 상관없이 소문자만 들어 있는 행을 모두 제거하고 싶을 경우는 어떻게 할까요?

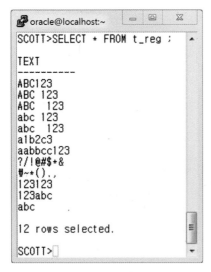

oracle@localhost:~

```
SCOTT>SELECT * FROM t_reg ;

TEXT
----------
ABC123
ABC 123
ABC  123
abc 123
abc  123
a1b2c3
aabbcc123
?/!@#$*&
₩~*().,
123123
123abc
abc

12 rows selected.

SCOTT>
```

oracle@localhost:~

```
SCOTT>SELECT * FROM t_reg
  2  WHERE REGEXP_LIKE(text,'[^a-z]') ;

TEXT
----------
ABC123
ABC 123
ABC  123
abc 123
abc  123
a1b2c3
aabbcc123
?/!@#$*&
₩~*().,
123123
123abc

11 rows selected.
```

위 그림 중 왼쪽 그림에서 t_reg 테이블에 가장 마지막 행은 소문자만 있습니다. 이 행을 아래 그림과 같이 제거할 수 있습니다. 오른쪽 그림처럼 조회를 하면 소문자로만 이루어진 마지막 행이 제거되어 출력됩니다.

그럼 만약 소문자가 들어 있는 모든 행을 제거하고 싶을 경우는 어떻게 할까요? 다음 그림을 보세요.

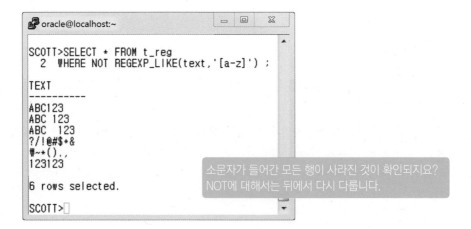

oracle@localhost:~

```
SCOTT>SELECT * FROM t_reg
  2  WHERE NOT REGEXP_LIKE(text,'[a-z]') ;

TEXT
----------
ABC123
ABC 123
ABC  123
?/!@#$*&
₩~*().,
123123

6 rows selected.

SCOTT>
```

소문자가 들어간 모든 행이 사라진 것이 확인되지요?
NOT에 대해서는 뒤에서 다시 다룹니다.

위의 방법을 응용해서 조금 더 어려운 예를 살펴보겠습니다. 아래 예는 student 테이블에서 지역번호가 2자리이고 그 다음 국번이 연속적으로 4자리가 나오는 값을 출력하는 화면입니다.

```
oracle@localhost:~

SCOTT>SELECT name , tel
  2  FROM student
  3  WHERE REGEXP_LIKE(tel,'^[0-9]{2}₩)[0-9]{4}') ;

NAME                           TEL
------------------------------ ---------------
Demi Moore                     02)6255-9875
Richard Dreyfus                02)6788-4861
Steve Martin                   02)6175-3945
Anthony Hopkins                02)6122-2345

SCOTT>
```

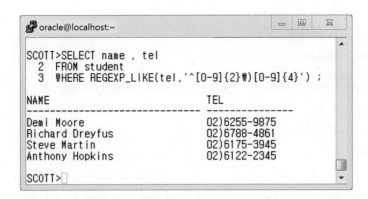

아래 예는 student 테이블에서 학생의 id를 조사해서 4번째 자리에 r(소문자)이 있는 행을 출력하는 화면입니다.

```
oracle@localhost:~

SCOTT>SELECT name , id
  2  FROM student
  3  WHERE regexp_LIKE(id,'^...r.') ;

NAME                           ID
------------------------------ --------------------
James Seo                      75true
Demi Moore                     Moore
Bill Murray                    Murray

SCOTT>
```

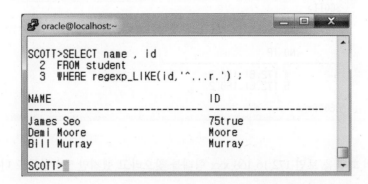

아래의 예는 t_reg2 테이블에서 ip 주소가 10.10.10.1인 행만 출력하는 화면입니다.

```
oracle@localhost:~

SCOTT>SELECT * FROM t_reg2 ;

        NO IP
---------- --------------------
         1 10.10.0.1
         2 10.10.10.1
         3 172.16.5.100
         4 172.61.186.2
         5 172.61.168.2
         6 255.255.255.0

6 rows selected.

SCOTT>SELECT * FROM t_reg2
  2  WHERE REGEXP_LIKE(ip,'^[10]{2}₩.[10]{2}₩.[10]{2}') ;

        NO IP
---------- --------------------
         2 10.10.10.1

SCOTT>
```

만약 172.16.168.xxx의 ip를 출력하고 싶을 경우는 아래와 같이 하면 됩니다. 단, 같은 숫자가 들어 있는 경우는 아래와 같이 함께 출력됩니다.

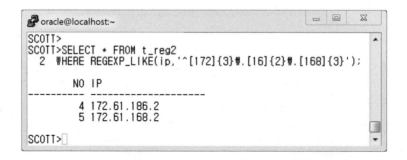

```
oracle@localhost:~
SCOTT>
SCOTT>SELECT * FROM t_reg2
  2  WHERE REGEXP_LIKE(ip,'^[172]{3}₩.[16]{2}₩.[168]{3}');

        NO IP
---------- --------------------
         4 172.61.186.2
         5 172.61.168.2

SCOTT>
```

위의 화면을 보면 172.16.168.xxx 형태를 찾으라고 했지만 5번 항목도 나오는 것이 확인됩니다. 즉, 대괄호 안에 있는 숫자의 위치는 상관없이 해당 숫자가 있는 행은 모두 출력된다는 의미입니다.

- **특정 조건을 제외한 결과를 출력하기**

앞에서 잠시 살펴보았는데, 일반적으로 ~가 아니다라는 뜻은 NOT을 사용합니다.

REGEXP_LIKE 함수에서도 특정 조건을 제외한 모든 행을 출력하고 싶을 경우는 NOT을 사용하면 됩니다. 아래의 예는 영문자(대소문자)를 포함하지 않는 모든 행을 보여달라는 예입니다.

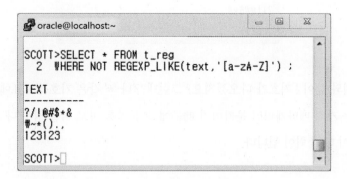

```
oracle@localhost:~

SCOTT>SELECT * FROM t_reg
  2  WHERE NOT REGEXP_LIKE(text,'[a-zA-Z]') ;

TEXT
----------
?/!@#$*&
₩~*().,
123123

SCOTT>
```

아래의 예는 숫자를 포함하지 않는 모든 행을 보여달라는 예입니다.

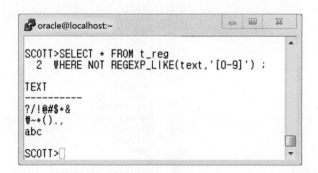

```
oracle@localhost:~

SCOTT>SELECT * FROM t_reg
  2  WHERE NOT REGEXP_LIKE(text,'[0-9]') ;

TEXT
----------
?/!@#$*&
₩~*().,
abc

SCOTT>
```

- **사용 예제 5: 특수문자 찾기**

SQL을 작성할 때 특수문자가 들어가 있을 경우 아주 신경을 많이 써야 합니다. 아래 예제는 '!'문자가 들어가는 행을 출력하는 예입니다.

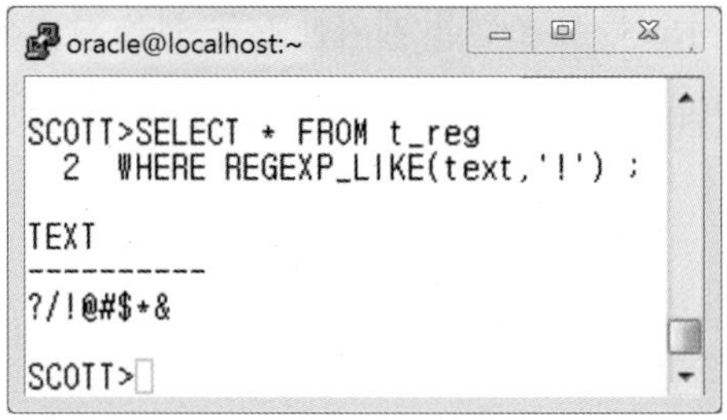

당연히 위와 같이 ! 기호가 나오겠지요? 그런데 '?'나 '*' 같은 기호는 SQL에서 '모든 것'이라는 뜻을 가진 메타캐릭터 문자이기 때문에 그 문자를 바로 적을 경우 다음 그림과 같이 모든 행이 다 출력이 됩니다.

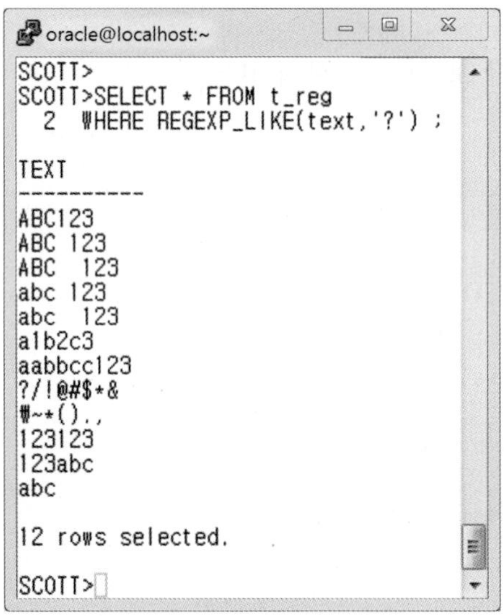

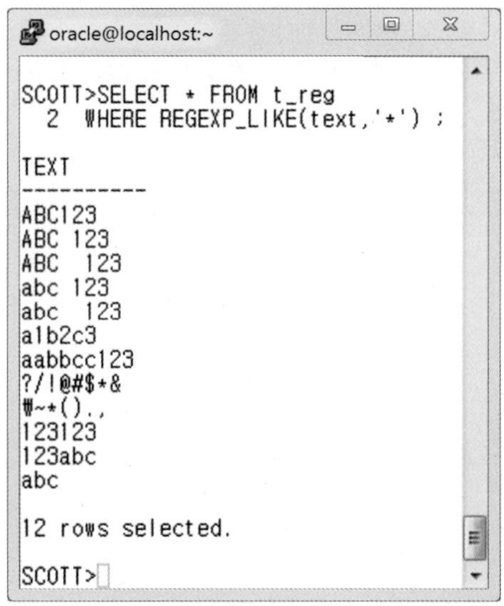

위 그림들을 보면 그냥 '?' 기호나 '*' 기호만 적어서 '모든 것'으로 해석되기 때문에 전체 행이 다 출력되었습니다. 그래서 오라클에게 '?' 기호는 '모든 것'이라는 뜻이 아니라 그냥 '?' 기호다라고 알려주는 기호와 함께 써야 합니다. 아래 화면을 보면 '?'나 '*'가 포함된 행만 출력이 됩니다.

```
SCOTT>SELECT * FROM t_reg
  2  WHERE REGEXP_LIKE(text,'₩?') ;

TEXT
----------
?/!@#$*&

SCOTT>SELECT * FROM t_reg
  2  WHERE REGEXP_LIKE(text,'₩*') ;

TEXT
----------
?/!@#$*&
₩~*().,

SCOTT>
```

이처럼 원래 기호의 뜻이 아닌 다른 뜻을 가진 문자를 메타 문자(meta character)라고 부르고 메타 문자의 뜻을 중지하고 원래의 뜻으로 돌아가게 해주는 문자를 탈출 문자(Escape character)라고 부릅니다.

아래 예제는 '?'문자가 들어가지 않은 모든 행을 출력하는 화면입니다.

```
SCOTT>
SCOTT>SELECT * FROM t_reg
  2  WHERE NOT REGEXP_LIKE(text,'₩?') ;

TEXT
----------
ABC123
ABC 123
ABC  123
abc 123
abc  123
a1b2c3
aabbcc123
₩~*().,
123123
123abc
abc

11 rows selected.

SCOTT>
```

위에서 살펴보았던 '?'와 함께 '모든 것'이라는 의미로 많이 사용되는 메타 캐릭터가 '*' 기호입니다. 다양한 예로 REGEXP_LIKE 함수를 살펴보았습니다. 정규식과 함께 사용되는 아주 유용한 함수이므로 잘 익혀두기를 바랍니다.

6.2 REGEXP_REPLACE 함수

이 함수는 REPLACE 함수를 확장한 개념으로 주어진 문자열에서 특정 패턴을 찾아서 주어진 다른 모양으로 치환하는 함수입니다. 사용법이 다소 복잡하지만 아주 유용하게 사용되는 함수이므로 익히시기 바랍니다.

문법

```
REGEXP_REPLACE (source_char, pattern
                [, replace_string
                [, position
                [, occurrence
                [, match_param]]]]
                )
```

첫 번째 인수인 source는 원본 데이터를 의미합니다. 컬럼명이나 문자열이 올 수 있습니다. 이곳에 올 수 있는 데이터 타입은 CHAR, VARCHAR2, NCHAR, NVARCHAR2, CLOB, NCLOB입니다.

두 번째 인수인 pattern은 찾고자 하는 패턴을 의미합니다. 512바이트까지의 정규 표현식을 사용하며 데이터 타입은 CHAR, VARCHAR2, NCHAR, NVARCHAR2가 올 수 있습니다.

세 번째 인수인 replace_string은 변환하고자 하는 형태입니다. 두 번째 패턴에 일치하는 문자(또는 문자열)를 찾아서 세 번째 모양으로 변환하라는 의미입니다.

네 번째 인수인 position은 검색 시작 위치를 지정합니다. 아무런 값도 주지 않을 경우 기본값은 1입니다.

다섯 번째 인수인 occurrence는 패턴과 일치가 발생하는 횟수를 의미합니다. 0은 모든 값을 대체하고 다른 n이란 숫자를 주면 n번째 발생하는 문자열을 대입합니다.

여섯 번째 match_parameter는 기본값으로 검색되는 옵션을 바꿀 수 있습니다. 세부 옵션이 아래와 같이 있습니다.

- c: 대소문자를 구분해서 검색합니다.
- i: 대소문자를 구분하지 않고 검색합니다.
- m: 검색 조건을 여러 줄로 줄 수 있습니다.

만약 위 조건 중 c와 i가 중복으로 설정되면 마지막에 설정된 값을 사용하게 됩니다. 즉, ic가 중복으로 설정되면 c 옵션이 적용된다는 뜻입니다.

- **사용 예제 1: 모든 숫자를 특수 기호로 변경하기**

예제 테이블 t_reg에서 숫자 부분을 '*'기호로 전부 변경해보겠습니다.

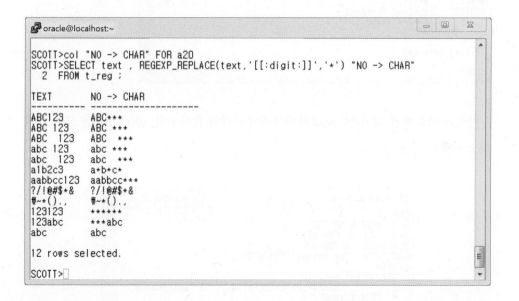

```
oracle@localhost:~
SCOTT>col "NO -> CHAR" FOR a20
SCOTT>SELECT text , REGEXP_REPLACE(text,'[[:digit:]]','*') "NO -> CHAR"
  2  FROM t_reg ;

TEXT       NO -> CHAR
---------- --------------------
ABC123     ABC***
ABC 123    ABC ***
ABC  123   ABC  ***
abc 123    abc ***
abc  123   abc  ***
a1b2c3     a*b*c*
aabbcc123  aabbcc***
?/!@#$*&   ?/!@#$*&
₩~*().,    ₩~*().,
123123     ******
123abc     ***abc
abc        abc

12 rows selected.

SCOTT>
```

위의 예를 보면 '[[:digit:]]' 이라는 부분이 있습니다. 앞에서도 잠시 사용했는데, 이 부분은 여러 가지 내용이 올 수 있으며 '[[:digit:]]' 부분은 [:문자클래스:]의 형태로 표현을 합니다. 그리고 "문자클래스"에 들어갈 수 있는 내용은 alpha, blank, cntrl, digit, graph, lower, print, space, uppper, xdigit의 종류가 있습니다. 많이 사용되는 것의 예를 들면 [:digit:]는 [0−9]의 의미이고 [:alpha:]는 [A−Za−z]와 같은 의미입니다.

- **사용 예제 2: 특정 패턴을 찾아서 패턴을 변경하기**

```
SCOTT>COL "Add Char" FOR a30
SCOTT>SELECT text ,
  2          REGEXP_REPLACE(text,'([0-9])','\1-*') "Add Char"
  3  FROM t_reg ;

TEXT       Add Char
---------- ------------------------------
ABC123     ABC1-*2-*3-*
ABC 123    ABC 1-*2-*3-*
ABC  123   ABC  1-*2-*3-*
abc 123    abc 1-*2-*3-*
abc  123   abc  1-*2-*3-*
a1b2c3     a1-*b2-*c3-*
aabbcc123  aabbcc1-*2-*3-*
?/!@#$*&   ?/!@#$*&
\~*().,    \~*().,
123123     1-*2-*3-*1-*2-*3-*
123abc     1-*2-*3-*abc
abc        abc

12 rows selected.

SCOTT>
```

숫자를 찾아서 숫자 뒤에 '-*'를 추가하는 예제입니다.

비슷한 예로 아래 화면은 t_reg2 테이블에서 아래와 같이 ip의 .(dot) 부분을 모두 삭제하고 출력하는 예입니다.

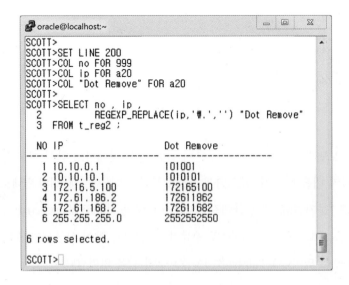

```
SCOTT>
SCOTT>SET LINE 200
SCOTT>COL no FOR 999
SCOTT>COL ip FOR a20
SCOTT>COL "Dot Remove" FOR a20
SCOTT>
SCOTT>SELECT no , ip ,
  2          REGEXP_REPLACE(ip,'\.','') "Dot Remove"
  3  FROM t_reg2 ;

  NO IP                   Dot Remove
---- -------------------- --------------------
   1 10.10.0.1            101001
   2 10.10.10.1           1010101
   3 172.16.5.100         172165100
   4 172.61.186.2         172611862
   5 172.61.168.2         172611682
   6 255.255.255.0        2552552550

6 rows selected.

SCOTT>
```

위 예에서 중요한 것은 .(dot) 부분 앞에 ₩(탈출 문자)가 있다는 것입니다. 이렇게 하지 않고 그냥 .(dot)만 쓸 경우 모든 숫자와 .(dot)가 *로 출력됩니다. 앞의 예제에서 첫 번째 .(dot) 만 '/'(슬래시) 기호로 변경하고 싶을 경우 아래와 같이 하면 됩니다.

```
SCOTT>COL replace FOR a20
SCOTT>SELECT no , ip ,
  2          REGEXP_REPLACE(ip,'₩.','/',1,1) "REPLACE"
  3  FROM t_reg2 ;

  NO IP                   REPLACE
---- -------------------- --------------------
   1 10.10.0.1            10/10.0.1
   2 10.10.10.1           10/10.10.1
   3 172.16.5.100         172/16.5.100
   4 172.61.186.2         172/61.186.2
   5 172.61.168.2         172/61.168.2
   6 255.255.255.0        255/255.255.0

6 rows selected.

SCOTT>
```

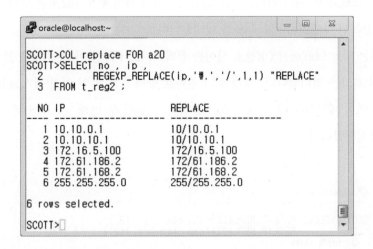

- **사용 예제 3: 사용자에게 입력받은 문자 가운데 공백이 여러 개 들어 있을 경우 그 공백을 제거시키는 방법**

이번 예는 특별히 아주 중요한 방법이니 꼭 기억하세요. 예를 들어, 사용자 ID가 'aaa bbb'처럼 중간에 공백이 있을 경우 'aaa'와 'bbb' 사이에 공백을 없애고 출력하는 방법입니다.

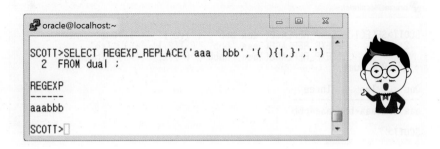

```
SCOTT>SELECT REGEXP_REPLACE('aaa   bbb','( ){1,}','')
  2  FROM dual ;

REGEXP
-------
aaabbb

SCOTT>
```

위 예제에서 {1}, 부분을 {1}로 해도 됩니다. 위 예에서 { } 내의 숫자는 앞 문자가 나타나는 횟수 또는 범위를 의미합니다. 예를 들어, a{5}의 의미는 'a'의 5번 반복인 aaaaa만을 의미합니다. 이 형태의 변형인 a{3,}은 'a'가 세 번 이상 반복인 aaa, aaaa, aaaa, … 등을 의미합니다. 그리고 a{3,5}의 의미는 aaa, aaaa, aaaaa를 의미하며 ab{2,3}은 뒤의 b가 두 번과 세 번 반복된 형태인 abb와 abbb를 의미합니다.

다음 예는 'abc bbb'에서 ( )(괄호 사이는 공백)이 {2,} (두 칸 이상)인 것을 찾아서 ''(공백을 제거)하라는 의미입니다. 그래서 그 결과로 공백이 한 칸인 첫 번째 'aaa bbb' 값은 그대로 공백이 제거되지 않은 채 나왔고 공백이 두 칸인 두 번째 'aaa bbb'은 공백이 제거되어 출력되었습니다.

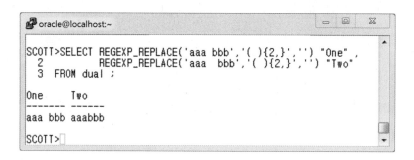

```
oracle@localhost:~

SCOTT>SELECT REGEXP_REPLACE('aaa bbb','( ){2,}','') "One" ,
  2          REGEXP_REPLACE('aaa  bbb','( ){2,}','') "Two"
  3   FROM dual ;

One     Two
------- ------
aaa bbb aaabbb

SCOTT>
```

다른 예를 한 가지 더 살펴보겠습니다.

```
oracle@localhost:~

SCOTT>SELECT REGEXP_REPLACE('aaa bbb','( ){2,}','*') "One" ,
  2          REGEXP_REPLACE('aaa  bbb','( ){2,}','*') "Two" ,
  3          REGEXP_REPLACE('aaa   bbb','( ){2,}','*') "Three"
  4   FROM dual ;

One     Two     Three
------- ------- -------
aaa bbb aaa*bbb aaa*bbb

SCOTT>
```

위의 예는 공백이 두 칸 이상인 문자에서 공백을 '*' 한 개로 치환하는 문장입니다. 첫 번째는 공백이 한 칸이라서 그냥 공백 그대로 출력되었고 두 번째와 세 번째는 공백이 각각 두 칸과 세 칸이어서 해당 공백이 '*' 하나로 치환되어 나왔습니다. 이 형태가 숫자와 결합 응용되어 아래와 같은 의미로 사용될 수도 있습니다.

– [0–9]{2} : 숫자 두 자리를 의미합니다.
– abc[7–9]{2} : abc77, abc87, abc97 등이 해당됩니다)

- **사용 예제 4: 사용자가 검색어를 입력할 때 공백 문자를 가장 먼저 입력하고 아이디 중간에도 공백이 있어서 모든 공백을 제거하기**

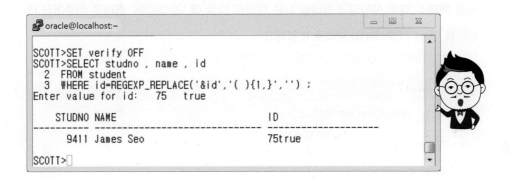

```
oracle@localhost:~

SCOTT>SET verify OFF
SCOTT>SELECT studno , name , id
  2  FROM student
  3  WHERE id=REGEXP_REPLACE('&id','( ){1,}','') ;
Enter value for id:   75   true

    STUDNO NAME                           ID
---------- ------------------------------ --------------------
      9411 James Seo                      75true

SCOTT>
```

위 예제 4번은 사용자가 조회할 id를 입력할 때 '75 true'(검색어 가장 첫 부분에 공백과 가운데 부분에 공백)를 입력했다고 가정하고 그 검색어에서 공백을 모두 제거하고 '75true'로 만든 후 조회하는 경우의 예제입니다. **작은따옴표와 공백을 주의하세요.**

만약 대소문자 구분 없이 모두 소문자로 바꾸어서 조회하고 싶을 경우 아래 화면처럼 사용하면 됩니다. 아래 예제에서 입력된 ID 값을 '75 TRUE(**첫 글자 공백과 가운데 공백과 대문자**)'로 입력했습니다. 입력된 값을 공백을 모두 제거하고 영어는 소문자로 변환해서 조회하는 화면입니다.

```
oracle@localhost:~

SCOTT>SELECT studno , name , id
  2  FROM student
  3  WHERE id=LOWER(REGEXP_REPLACE('&id','( ){1,}','')) ;
Enter value for id:      75    TRUE

    STUDNO NAME                           ID
---------- ------------------------------ --------------------
      9411 James Seo                      75true

SCOTT>
```

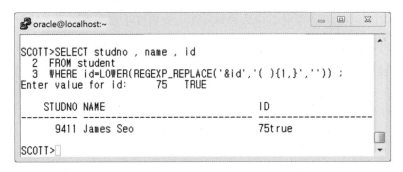

아주 많이 사용되는 예이므로 꼭 이해하고 넘어가세요.

- **사용 예제 5: 특정 문자열의 형태를 다른 형태로 바꿀 때 '20120324' 형태로 이루어진 데이터를 '2012 : 03 : 24'의 형태로 변형하기**

```
oracle@localhost:~

SCOTT>SELECT REGEXP_REPLACE('20141023',
  2                         '([[:digit:]]{4})([[:digit:]]{2})([[:digit:]]{2})' ,
  3                         '₩1-₩2-₩3')
  4  FROM dual ;

REGEXP_REP
----------
2014-10-23

SCOTT>
```

이상으로 REGEXP_REPLACE 함수를 여러 가지 예제로 살펴보았습니다. 이 책에서 언급하지 못한 다른 다양한 경우도 아주 많으므로 꼭 스스로 연습해서 다양한 기능들을 익혀 두기를 바랍니다.

6.3 REGEXP_SUBSTR 함수

REGEXP_SUBSTR 함수는 SUBSTR 함수의 확장판으로 특정 패턴에서 주어진 문자를 추출해 내는 함수입니다. 아래 예는 주어진 문자열에서 첫 글자가 공백이 아니고('[^]') 그 후에 'DEF'가 나오는 부분을 추출하라고 해서 '*DEF' 부분이 출력되었습니다.

```
oracle@localhost:~

SCOTT>SELECT REGEXP_SUBSTR('ABC* *DEF $GHI%KJL','[^ ]+[DEF]')
  2  FROM dual ;

REGE
----
*DEF

SCOTT>
```

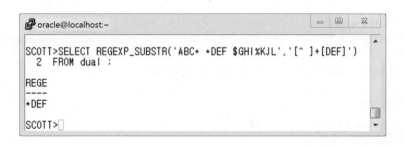

이 함수를 사용하는 실제 예를 살펴보겠습니다. 내용이 어려울 수 있지만 차근차근 살펴보고 꼭 이해를 해 보세요.

▶▶▶ 사용 예 1

교수테이블(professor)에서 홈페이지(hpage) 주소가 있는 교수들만 조사해서 아래의 화면처럼 나오게 출력하세요.

```
oracle@localhost:~

SCOTT>COL url FOR a20
SCOTT>SELECT name , LTRIM(REGEXP_SUBSTR(hpage,'/([[:alnum:]]+₩.?){3,4}?'),'/') "URL"
  2  FROM professor
  3  WHERE hpage IS NOT NULL ;

NAME                 URL
-------------------- --------------------
Audie Murphy         www.abc.net
Angela Bassett       www.abc.net
Jessica Lange        www.power.com
Michelle Pfeiffer    num1.naver.com

SCOTT>
```

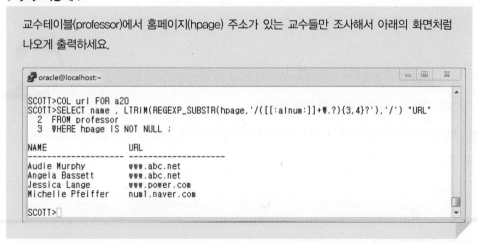

위 화면은 hpage 컬럼을 조회하여 'http://'부분을 제거하고 . 으로 구분되는 필드를 최소 3개에서 최대 4개까지 출력하라는 의미입니다. 그 후에 왼쪽 부분에 나오는 '/ '기호를 LTRIM 함수로 제거하였습니다. 암호 같고 어렵죠? 연습을 많이 해 보세요.

▶▶▶ **사용 예 2**

Professor 테이블에서 101번 학과와 201번 학과 교수들의 이름과 메일 주소의 도메인 주소를 출력하세요. 단, 메일 주소는 @ 뒤에 있는 주소만 출력하세요.

```
oracle@localhost:~

SCOTT>COL email FOR a20
SCOTT>COL name FOR a20
SCOTT>COL domain FOR a20
SCOTT>
SCOTT>SELECT name , LTRIM(REGEXP_SUBSTR(email,'@([[:alnum:]]+₩.?){3,4}?'),'@') domain
  2  FROM professor
  3  WHERE deptno IN (101,201) ;

NAME                 DOMAIN
-------------------- --------------------
Audie Murphy         abc.net
Angela Bassett       abc.net
Jessica Lange        power.com
Meryl Streep         daum.net
Susan Sarandon       def.com

SCOTT>
```

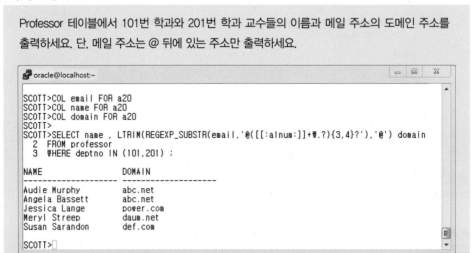

많이 어려운 암호 같지만 하나씩 차근차근 보면 이해할 수 있으니 그냥 후다닥 넘어가지 말고 꼭 이해해야 합니다.

REGEXP_SUBSTR 함수를 사용하여 아래와 같이 특정 기호나 문자를 기준으로 데이터를 추출할 수도 있습니다.

```
oracle@localhost:~

SCOTT>COL result FOR a10
SCOTT>
SCOTT>SELECT REGEXP_SUBSTR('sys/oracle@racdb:1521:racdb',
  2                        '[^:]+',1,3) result
  3  FROM dual ;

RESULT
----------
racdb

SCOTT>
```

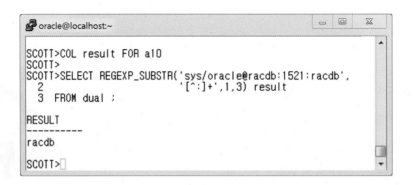

위 예는 주어진 문자열에서 : 기호를 기준으로 3번째의 문자열을 출력해서 racdb가 출력되었습니다. 아래와 같이 : 기호를 기준으로 2번째의 문자열을 출력하면 1521이 출력

되겠죠?

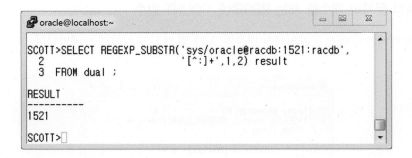

```
SCOTT>SELECT REGEXP_SUBSTR('sys/oracle@racdb:1521:racdb',
  2                         '[^:]+',1,2) result
  3  FROM dual ;

RESULT
----------
1521

SCOTT>
```

아래의 예는 /(슬래시)를 기준으로 출력한 예입니다.

```
SCOTT>COL result FOR a15
SCOTT>SELECT REGEXP_SUBSTR('sys/oracle@racdb:1521:rac',
  2                         '[^/:]+',1,2) result
  3  FROM dual ;

RESULT
---------------
oracle@racdb

SCOTT>
```

```
SCOTT>SELECT REGEXP_SUBSTR('sys/oracle@racdb:1521:rac',
  2                         '[^/:]+',1,1) result
  3  FROM dual ;

RESULT
---------------
sys

SCOTT>
```

위와 같이 REGEXP_SUBSTR 함수를 이용하면 특정 기호를 기준으로 원하는 데이터를 출력할 수 있기 때문에 아주 유용하게 사용할 수 있는 함수입니다.

7. 추가로 알아야 할 정규식 함수

7.1 특정 문자의 개수를 세는 REGEXP_COUNT 함수

아래 예제는 주어진 문자열에서 대문자 'A'가 몇 개인지 찾아주는 예입니다.

```
oracle@localhost:~

SCOTT>set pagesize 50
SCOTT>SELECT text , REGEXP_COUNT(text,'A')
  2  FROM t_reg ;

TEXT       REGEXP_COUNT(TEXT,'A')
---------- ----------------------
ABC123                          1
ABC 123                         1
ABC  123                        1
abc 123                         0
abc  123                        0
a1b2c3                          0
aabbcc123                       0
?/!@#$*&                        0
\~*().,                         0
123123                          0
123abc                          0
abc                             0

12 rows selected.

SCOTT>
```

아래 화면에 1번은 REGEXP_COUNT의 함수에서 검색 위치를 3으로 지정해서 3번째 문자 이후부터 해당 소문자 'c'가 나오는 개수를 세는 예제입니다. 그리고 2번 화면은 R2 컬럼에서 소문자 i 옵션을 줘서 대소문자 구분 없이(즉, 'C'와 'c' 모두) 몇 개가 나오는지 세어서 출력하는 화면입니다.

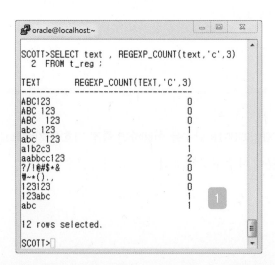

```
oracle@localhost:~

SCOTT>SELECT text , REGEXP_COUNT(text,'c',3)
  2  FROM t_reg ;

TEXT       REGEXP_COUNT(TEXT,'C',3)
---------- ------------------------
ABC123                            0
ABC 123                           0
ABC  123                          0
abc 123                           1
abc  123                          1
a1b2c3                            1
aabbcc123                         2
?/!@#$*&                          0
\~*().,                           0
123123                            0
123abc                            1
abc                               1

12 rows selected.

SCOTT>
```

1

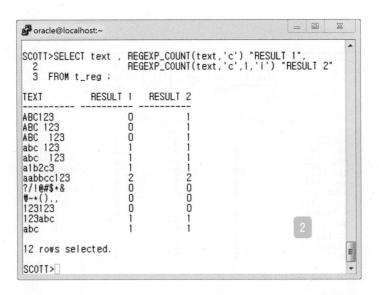

oracle@localhost:~

```
SCOTT>SELECT text , REGEXP_COUNT(text,'c') "RESULT 1",
  2               REGEXP_COUNT(text,'c',1,'i') "RESULT 2"
  3  FROM t_reg ;

TEXT          RESULT 1   RESULT 2
---------- ---------- ----------
ABC123              0          1
ABC 123             0          1
ABC  123            0          1
abc 123             1          1
abc  123            1          1
a1b2c3              1          1
aabbcc123           2          2
?/!@#$*&            0          0
₩~*().,             0          0
123123              0          0
123abc              1          1
abc                 1          1

12 rows selected.

SCOTT>
```

2

아래 화면은 탈출 문자(Escape)를 사용하는 예를 보여 줍니다. RESULT1 결과에서는 .(점)이 모든 것이란 뜻으로 작동했지만 RESULT2 결과는 ₩(탈출문자)를 썼기 때문에 .(점)으로 인식해서 결과를 출력한 것입니다.

```
SCOTT>SELECT text ,
  2           REGEXP_COUNT(text,'.') RESULT1 ,
  3           REGEXP_COUNT(text,'₩.') RESULT2
  4  FROM t_reg ;

TEXT          RESULT1    RESULT2
---------- ---------- ----------
ABC123              6          0
ABC 123             7          0
ABC  123            8          0
abc 123             7          0
abc  123            8          0
```

아래 화면은 어떤 문자를 검색할 때 사용하는 3가지 방법을 보여 주는데, 어떤 방법으로 검색하든 동일한 결과가 나옵니다.

```
SCOTT>SELECT text ,
  2          REGEXP_COUNT(text,'aa') RESULT1 ,
  3          REGEXP_COUNT(text,'a{2}') RESULT2 ,
  4          REGEXP_COUNT(text,'(a)(a)') RESULT3
  5  FROM t_reg ;

TEXT          RESULT1    RESULT2    RESULT3
---------- ---------- ---------- ----------
ABC123              0          0          0
ABC 123             0          0          0
ABC  123            0          0          0
abc 123             0          0          0
abc  123            0          0          0
a1b2c3              0          0          0
aabbcc123           1          1          1
?/!@#$*&            0          0          0
₩~*().,             0          0          0
123123              0          0          0
123abc              0          0          0
abc                 0          0          0

12 rows selected.

SCOTT>
```

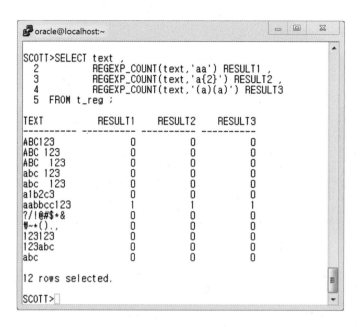

다양한 단일행 함수를 살펴보았는데, 특히 정규식 함수가 많이 어려웠을 거라 예상됩니다. 그러나 그만큼 중요하고 활용도가 높기 때문에 많은 연습을 해서 꼭 여러분의 실력으로 만드세요.

Check Your Self!

스스로 아래 질문들을 천천히 생각해보고 YES / NO를 체크해 보세요. 아래 질문들에 모두 YES를 선택할 수 있다면 이번 장을 완전히 마스터했다는 의미입니다. 부족한 부분이 있다면 다시 한 번 더 공부해서 완전히 마스터하길 권해 드립니다.

1. 나는 다양한 문자 함수들을 자유롭게 사용할 수 있는가? (YES / NO)
2. 나는 다양한 숫자 함수들을 자유롭게 사용할 수 있는가? (YES / NO)
3. 나는 다양한 날짜 함수들을 자유롭게 사용할 수 있는가? (YES / NO)
4. 나는 다양한 형 변환 함수들을 자유롭게 사용할 수 있는가? (YES / NO)
5. 나는 다양한 정규식 함수들을 모두 이해하고 사용할 수 있는가? (YES / NO)
6. 나는 다양한 유형의 DECODE 함수를 모두 이해하고 사용할 수 있는가? (YES / NO)
7. 나는 다양한 유형의 CASE 함수를 모두 이해하고 사용할 수 있는가? (YES / NO)
8. 나는 NLV( ) 함수와 NLV2( ) 함수를 모두 이해하고 사용할 수 있는가? (YES / NO)

많이 어려웠죠?
정말 수고 많이 하셨습니다!

잠시 쉬어 가는 페이지

한 의사가 병원에 도착했습니다. 그는 수술실에서 긴급 호출을 받았습니다. 큰 사고를 당한 아이가 그를 기다리고 있었습니다. 의사는 곧장 수술복을 입었지만, 수술실에 들어가기 전 아이의 아버지를 마주쳤습니다.

아이의 아버지는 소리쳤어요.

"왜 이렇게 늦었어요? 왜요? 우리 아들의 목숨이 경각에 달렸는데, 정말 무책임하네요!"

의사는 미소를 지으며 차분하게 대답했습니다.

"죄송합니다. 제가 병원에 없었어요. 다른 곳에 있었지만 최대한 빨리 왔습니다. 이제 진정하세요, 수술을 시작하겠습니다."

하지만 아이의 아버지는 계속 화를 냈습니다.

"진정하라고요? 당신 아들이라면 진정하겠어요? 그렇게 침착하고 평화로울 수 있겠냐고요?"

의사는 미소를 잃지 않고 "의사라고 항상 기적을 약속할 수는 없지만 걱정하지 마세요. 선생님 아들을 살리기 위해 최선을 다하겠습니다."라고 말했습니다.

그 말에도 만족하지 못한 소년의 아버지는 "직접 이 상황을 겪지 않고서야 무슨 말을 못하겠어요."라고 중얼거렸습니다.

몇 시간에 걸친 대수술이 진행되었습니다. 마침내 의사는 만족스러운 얼굴로 수술실에서 나와 소년의 아버지에게 "성공적으로 수술을 마쳤습니다. 큰 위기는 넘겼네요."라고 말했습니다.

그리고 아버지가 뭐라 대답하기도 전에 시계를 보며 달려갔습니다.

"자세한 내용은 간호사에게 물어보세요!"라는 한 마디만 남기고요.

소년의 아버지는 화가 나 간호사에게로 몸을 돌렸죠.

"저 사람은 원래 저래요? 너무 거만하네요! 우리 아들이 어떤 상태인지, 몇 분만 더 설명해 줄 시간도 없는 건가요?"

간호사는 두 눈에 눈물이 고인 채 답했습니다.

"선생님의 아들이 어제 교통사고로 세상을 떠났어요. 오늘 장례식에 있다가 긴급 호출을 받고 오신 거예요. 이제 환자 분의 아들은 목숨을 건졌으니 선생님은 자기 아들을 묻어주러 가야 돼요."

여러분, 눈에 보이는 것이 전부는 아닙니다.

삶에 현명함이 가득한 여러분이 되기를 응원드립니다.

3장 SQL 복수행 함수(그룹 함수)를 배웁니다

이번 장에서 배울 내용

1 기본적인 그룹 함수에 대해서 배웁니다.

2 소계와 합계를 구하는 방법에 대해서 배웁니다.

3 데이터들을 집계하여 심플하게 정리해서 출력하는 방법을 배웁니다.

4 누적 합계, 각종 비율 등을 구하는 방법을 배웁니다.

3장 SQL 복수행 함수(그룹 함수)를 배웁니다

1. GROUP 함수의 종류

SQL 복수행 함수는 앞에서 살펴본 단일행 함수와 달리 한꺼번에 여러 건의 데이터가 함수로 입력됩니다. 그러나 사용방법은 일반 함수와 거의 비슷하므로 잘 숙지해 두셔야 합니다. 모든 그룹 함수에서 중요한 부분은 Null 값의 포함 여부입니다.

거의 대부분의 그룹 함수는 함수에 *를 사용하면 Null을 포함하고 컬럼 이름을 쓰면 해당 컬럼에 데이터가 있는 경우만(즉, NULL 값을 제외하고) 작업을 해서 출력하게 됩니다. 주로 사용되는 그룹 함수들은 아래 표와 같습니다.

함수 이름	의미	사용례
COUNT	입력되는 데이터의 총 건수를 출력	COUNT(sal)
SUM	입력되는 데이터의 합계 값 구해서 출력	SUM(sal)
AVG	입력되는 데이터의 평균값 구해서 출력	AVG(sal)
MAX	입력되는 데이터 중 가장 큰 값을 출력	MAX(sal)
MIN	입력되는 데이터 중 가장 작은 값을 출력	MIN(sal)
STDDEV	입력되는 데이터 값들의 표준 편차 값 출력	STDDEV(sal)
VARIANCE	입력되는 데이터 값들의 분산 값 출력	VARIANCE(sal)
ROLLUP	입력되는 데이터의 소계값을 자동으로 계산해서 출력	본문 예 참조
CUBE	입력되는 데이터의 소계 및 전체 총계를 자동 계산 후 출력	본문 예 참조
GROUPINGSET	한 번의 쿼리로 여러 개의 함수들을 그룹으로 수행 가능	본문 예 참조
LISTAGG	본문 예제 참고	본문 예 참조
PIVOT	본문 예제 참고	본문 예 참조
LAG	본문 예제 참고	본문 예 참조
LEAD	본문 예제 참고	본문 예 참조
RANK	본문 예제 참고	본문 예 참조

함수 이름	의미	사용례
DENSE_RANK	본문 예제 참고	본문 예 참조
누계집계하기	본문 예제 참고	본문 예 참조

자세하게 하나씩 살펴보도록 하겠습니다.

1.1 COUNT( ) 함수

입력되는 데이터의 총 건수를 반환합니다.

```
oracle@localhost:~
SCOTT>SELECT COUNT(*) , COUNT(COMM)
  2  FROM emp ;

  COUNT(*) COUNT(COMM)
---------- -----------
        12           4

SCOTT>
```

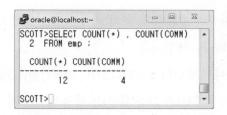

COUNT(*)의 결과는 Null 값을 포함한 결과이고 COUNT(COMM)의 결과는 Null 값을 제외한 결과입니다.

1.2 SUM( ) 함수

입력된 데이터들의 합계 값을 구하는 함수입니다.

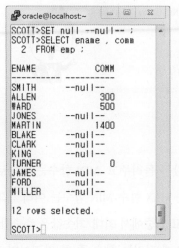

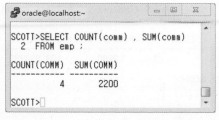

```
oracle@localhost:~
SCOTT>SET null --null-- ;
SCOTT>SELECT ename , comm
  2  FROM emp ;

ENAME            COMM
---------- ----------
SMITH      --null--
ALLEN             300
WARD              500
JONES      --null--
MARTIN           1400
BLAKE      --null--
CLARK      --null--
KING       --null--
TURNER              0
JAMES      --null--
FORD       --null--
MILLER     --null--

12 rows selected.

SCOTT>
```

```
oracle@localhost:~
SCOTT>SELECT COUNT(comm) , SUM(comm)
  2  FROM emp ;

COUNT(COMM)  SUM(COMM)
----------- ----------
          4       2200

SCOTT>
```

1.3 AVG( ) 함수

입력된 값들의 평균 값을 구해주는 함수입니다.

```
oracle@localhost:~

SCOTT>SELECT COUNT(comm) , SUM(comm) , AVG(comm)
  2  FROM emp ;

COUNT(COMM)  SUM(COMM)  AVG(COMM)
----------- ---------- ----------
          4       2200        550

SCOTT>
```

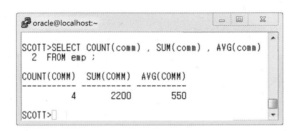

앞에서 살펴본 AVG 함수는 주의해야 할 사항이 있습니다. 위의 예에서 총 인원이 12명입니다. 그중에서 보너스(comm)를 받는 사람은 4명입니다.

만약 전체 직원의 평균 보너스를 구해야 한다면 당연히 총금액(2200) / 전체인원(12)을 해야만 정확한 답이 나오겠지요? 그러나 AVG 함수(모든 그룹 함수)는 특정 컬럼을 지정할 경우 해당 컬럼에 NULL 값이 있다면 자동으로 NULL 값은 제외하기 때문에 의도하지 않은 오류의 답이 나오게 됩니다. 이 부분을 수정하여 아래와 같이 다시 조회하겠습니다.

```
oracle@localhost:~

SCOTT>SELECT COUNT(*) , SUM(comm) , AVG(NVL(comm,0))
  2  FROM emp;

  COUNT(*)  SUM(COMM) AVG(NVL(COMM,0))
---------- ---------- ----------------
        12       2200       183.333333

SCOTT>
```

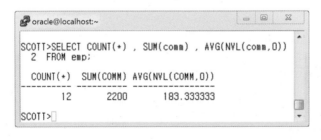

1.4 MAX( ) 함수/MIN( ) 함수

MAX 함수는 주어진 데이터 중에서 가장 큰 값을 돌려주고, MIN 함수는 반대로 가장 작은 값을 돌려줍니다. 이렇게 할 수 있는 원리는 MAX 함수/MIN 함수는 여러 건의 데이터를 입력받아서 순서대로 정렬을 합니다. 그리고 그중에서 최대/최솟값을 추출합니다.

이런 원리 때문에 MAX/MIN 함수는 시간이 오래 걸리는 함수 중 한 가지이며 그렇기에 사용할 때 아주 주의해야 합니다. 최대/최솟값을 구할 때는 MAX/MIN 함수 대신 인덱스를 활용하여 사용하는 방법을 적극 추천합니다. 이 함수의 사용법은 아래와 같습니다.

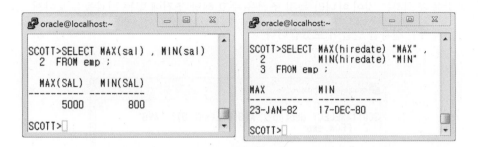

```
SCOTT>SELECT MAX(sal) , MIN(sal)
  2  FROM emp ;

  MAX(SAL)   MIN(SAL)
---------- ----------
      5000        800

SCOTT>
```

```
SCOTT>SELECT MAX(hiredate) "MAX" ,
  2          MIN(hiredate) "MIN"
  3  FROM emp ;

MAX          MIN
------------ ------------
23-JAN-82    17-DEC-80

SCOTT>
```

날짜일 경우 최근 날짜가 크고 이전 날짜가 작기 때문에 위의 오른쪽 화면과 같은 결과가 나옵니다.

1.5 STDDEV( ) 함수/VARIANCE( ) 함수

STDDEV( ) 함수는 표준편차를 구하는 함수이고 VARIANCE( ) 함수는 분산을 구하는 함수입니다. 사용법은 아래와 같습니다.

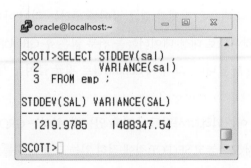

```
SCOTT>SELECT STDDEV(sal) ,
  2          VARIANCE(sal)
  3  FROM emp ;

STDDEV(SAL) VARIANCE(SAL)
----------- -------------
  1219.9785    1488347.54

SCOTT>
```

2. GROUP BY 절을 사용해 특정 조건으로 세부적인 그룹화하기

앞에서 살펴본 그룹 함수들은 전체 데이터를 대상으로 작업을 했습니다. 이번에는 전체 값을 조회하는 것이 아니라 특정 조건을 주고 해당 조건에 맞는 결과들을 모아서 조금 더 구체적인 결과를 만들어 보겠습니다.

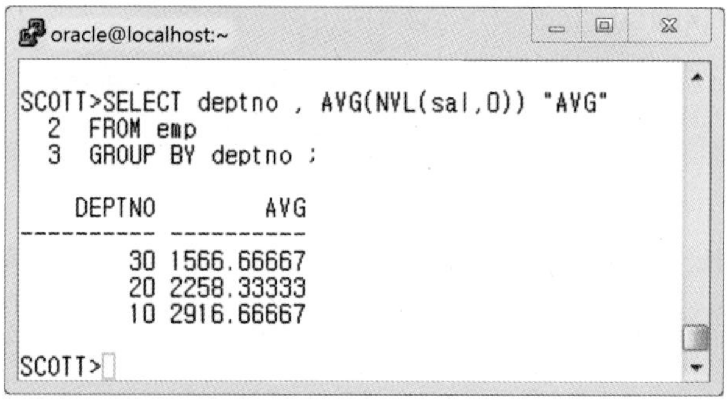

위 화면은 emp 테이블을 조회하여 부서별로(deptno) 평균 급여 금액을 구하는 화면입니다. 위 화면에서 주의 깊게 봐야 할 부분은 새로 추가된 3번 줄입니다.

세부적인 그룹핑 조건을 추가하고 싶으면 위 그림처럼 GROUP BY 절에 해당 컬럼명을 적으면 됩니다. 위의 내용은 전체의 평균 급여를 구하는 것이 아니라 각 학과별로 평균 급여를 조회하는 것이므로 대상 데이터들을 전부 읽은 후 GROUP BY 절에 적혀 있는 컬럼인 deptno로 분류를 합니다. 그 후에 deptno별로 평균 급여를 계산해서 결과를 출력했습니다.

GROUP BY를 많이 어려워하는 사람들이 간혹 있는데, 원리는 GROUP BY 뒤에 오는 컬럼 값을 기준으로 먼저 모아놓고 SELECT 절에 적혀 있는 그룹 함수를 적용하게 됩니다.

만약 그룹핑할 조건이 여러 개일 경우 GROUP BY 절에 이어서 적으면 됩니다. 아래의 그림을 보세요.

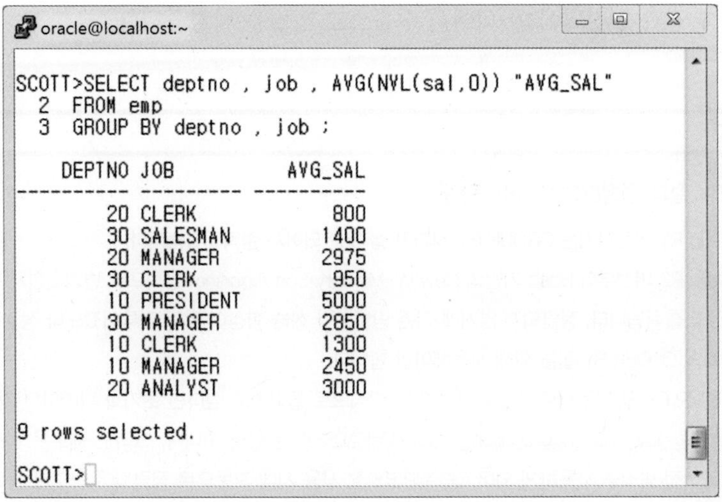

```
SCOTT>SELECT deptno , job , AVG(NVL(sal,0)) "AVG_SAL"
  2  FROM emp
  3  GROUP BY deptno , job ;

    DEPTNO JOB              AVG_SAL
---------- --------- ----------
        20 CLERK                800
        30 SALESMAN            1400
        20 MANAGER             2975
        30 CLERK                950
        10 PRESIDENT           5000
        30 MANAGER             2850
        10 CLERK               1300
        10 MANAGER             2450
        20 ANALYST             3000

9 rows selected.

SCOTT>
```

위 화면은 부서별(deptno)로 먼저 그룹핑을 한 후 같은 학과일 경우 직급별(job)로 한 번 더 분류를 해서 평균 급여를 출력한 것입니다. 그런데 deptno 부분을 보면 정렬이 안 되어 있어서 보기 불편하죠? 만약 정렬된 결과가 필요할 경우 아래와 같이 ORDER BY 절을 사용해야 합니다.

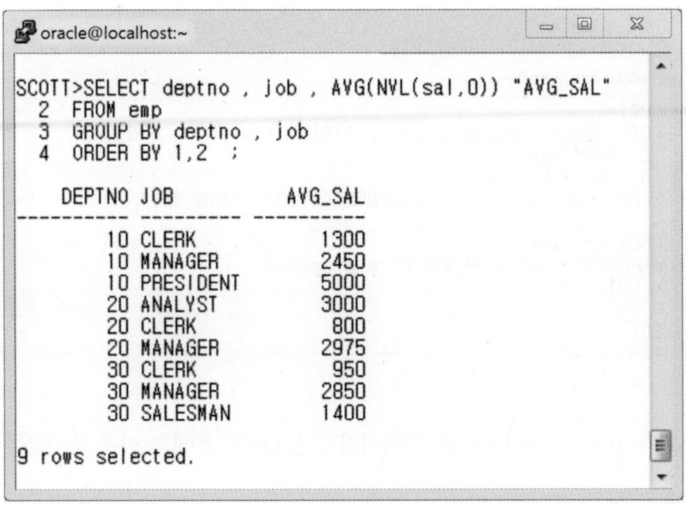

```
SCOTT>SELECT deptno , job , AVG(NVL(sal,0)) "AVG_SAL"
  2  FROM emp
  3  GROUP BY deptno , job
  4  ORDER BY 1,2  ;

    DEPTNO JOB              AVG_SAL
---------- --------- ----------
        10 CLERK               1300
        10 MANAGER             2450
        10 PRESIDENT           5000
        20 ANALYST             3000
        20 CLERK                800
        20 MANAGER             2975
        30 CLERK                950
        30 MANAGER             2850
        30 SALESMAN            1400

9 rows selected.
```

GROUP BY 결과가 정렬이 안 되어서 수동으로 정렬을 시켰습니다.

★★★ 참고

GROUP BY 절과 정렬(SORT)과의 관계

오라클 10g R1 버전까지는 GROUP BY 결과가 늘 Sort 되어서 출력되었습니다.

그러나 10g R2 버전부터 Hash 기반의 New in-Memory Sort Algorithm 방식으로 변경되면서 더 이상 정렬되지 않고 출력됩니다. 정렬되지 않기에 기존 방법보다 성능 향상이 많이 이루어졌으나 정렬을 원하는 경우 반드시 ORDER BY 절을 함께 사용해야만 합니다.

만약 GROUP BY 후 자동으로 정렬되었던 이전 방식으로 돌아가고 싶다면 초기화 파라미터 파일(pfile 이나 spfile)에 "_gby_hash_aggregation_enabled"=FALSE로 설정해 줍니다. 그러면 새로운 방식을 사용하지 않고 이전 방식을 사용하게 되어 GROUP BY 절 사용 시에 자동으로 정렬되어 나오게 됩니다. 그러나 전체적인 GROUP BY 성능이 저하되므로 추천 방법은 아닙니다.

GROUP BY 절을 사용할 경우 몇 가지 주의사항이 있습니다.

① SELECT 절에 사용된 그룹 함수 이외의 컬럼이나 표현식은 반드시 GROUP BY 절에 사용되어야 합니다. 그렇지 않을 경우 아래와 같은 에러가 발생합니다.

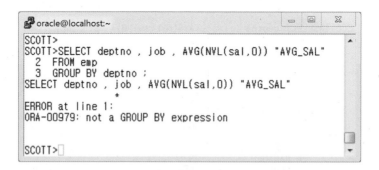

```
oracle@localhost:~
SCOTT>
SCOTT>SELECT deptno , job , AVG(NVL(sal,0)) "AVG_SAL"
  2  FROM emp
  3  GROUP BY deptno ;
SELECT deptno , job , AVG(NVL(sal,0)) "AVG_SAL"
                *
ERROR at line 1:
ORA-00979: not a GROUP BY expression


SCOTT>
```

하지만 GROUP BY 절에 사용된 컬럼이라도 SELECT 절에는 사용되지 않아도 됩니다.

② GROUP BY 절에는 반드시 컬럼명이 사용되어야 하며 컬럼 Alias는 사용하면 안 됩니다.

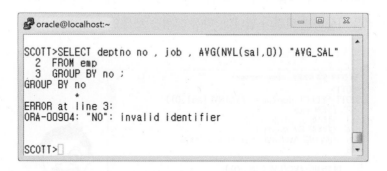

```
oracle@localhost:~

SCOTT>SELECT deptno no , job , AVG(NVL(sal,0)) "AVG_SAL"
  2  FROM emp
  3  GROUP BY no ;
GROUP BY no
         *
ERROR at line 3:
ORA-00904: "NO": invalid identifier

SCOTT>
```

위 주의사항을 꼭 기억하고 사용하세요.

3. HAVING 절을 사용해 그룹핑한 조건으로 검색하기

앞에서 조건을 주고 검색을 할 때 WHERE 절을 사용한다는 것을 배웠습니다. 그러나 모든 조건을 WHERE로 처리하는 것은 아닙니다. 아래의 예를 보세요.

▶▶▶ 사용 예

emp 테이블에서 평균 급여가 2000 이상인 부서의 부서 번호와 평균 급여를 구하세요.

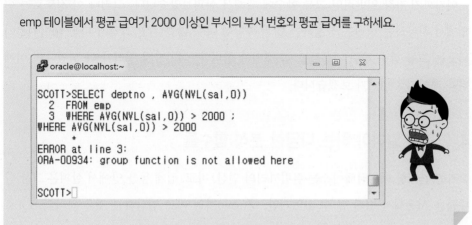

```
oracle@localhost:~

SCOTT>SELECT deptno , AVG(NVL(sal,0))
  2  FROM emp
  3  WHERE AVG(NVL(sal,0)) > 2000 ;
WHERE AVG(NVL(sal,0)) > 2000
      *
ERROR at line 3:
ORA-00934: group function is not allowed here

SCOTT>
```

WHERE 절에 평균 급여를 뜻하는 AVG(NVL(sal,0)) 〉 2000이라고 썼는데, 에러가 발생합니다. 이유는 에러 메시지처럼 WHERE 절은 그룹 함수를 비교 조건으로 쓸 수가 없기 때문입니다. 만약 그룹 함수를 조건으로 사용하고 싶을 경우에는 WHERE 대신에 HAVING 절을 사용하면 해결이 됩니다. 다음 그림을 보세요.

```
관리자: 명령 프롬프트 - sqlplus scott/tiger
SCOTT>
SCOTT>SELECT deptno , AVG(NVL(sal,0))
  2  FROM emp
  3  WHERE deptno > 10
  4  GROUP BY deptno
  5  HAVING AVG(NVL(sal,0)) > 2000
  6  ;

    DEPTNO AVG(NVL(SAL,0))
---------- ---------------
        20            2175
```

위의 예와 같이 그룹 함수를 비교 조건으로 사용하려면 5번 줄처럼 반드시 HAVING 절을 사용해야 합니다. HAVING 절의 위치는 GROUP BY 절 이전이든 이후이든 상관없습니다. 그리고 그룹 함수를 사용하는 SQL이라 하더라도 조건이 그룹 함수가 아닌 일반 조건일 경우 3번 줄처럼 WHERE 문장을 쓸 수 있습니다. GROUP 함수를 조건으로 할 경우에는 WHERE를 사용하면 안 된다는 것 꼭 기억하세요!

여기까지 가장 일반적인 그룹 함수에 대해서 살펴보았습니다. 그러나 이 정도로는 현업에서 사용하는 쿼리를 작성하는 데 부족함이 아주 많습니다. 그래서 다음 페이지부터 나오는 그룹 함수 관련 내용들을 꼭 배워야 합니다. 여기까지 정리가 다 되었다면 이제 다음 페이지로 넘어가 보겠습니다.

4. 반드시 알아야 하는 다양한 분석 함수들

기존 관계형 데이터베이스는 컬럼끼리의 연산, 비교, 집계 등을 앞에서 살펴본 그룹 함수들을 사용해서 쉽게 할 수 있었지만, 행(row)끼리 비교 연산하는 것을 하나의 SQL로 처리하는 게 힘들었습니다. 만약 그런 작업들을 해야 할 경우가 생기면 PL/SQL과 같은 절차형 프로그램을 작성하거나, 아주 복잡한 SQL문을 작성해야 했습니다.

그러나 오라클 버전이 올라가면서 그런 어려움들을 해결하기 위해서 오라클은 행(row)끼리 연산이나 비교를 쉽게 지원해주기 위한 함수를 제공하게 되었는데, 이 함수를 분석 함수(ANALYTIC FUNCTION) 또는 윈도 함수(WINDOW FUNCTION)라고 합니다. 분석 함수를 잘 활용한다면 복잡한 로직을 비교적 간단한 SQL문장으로 해결할 수 있습니다.

지금부터 배우는 다양한 분석 함수들은 사용법이 조금 어렵게 느껴질 수 있지만 반드시 알아야 하는 함수이므로 정신 바짝 차리고 공부해 주세요.

4.1 각 기준별 소계를 요약해서 보여 주는 ROLLUP( ) 함수

많은 데이터들이 있을 때 그 데이터들에 특정 기준을 주고 모아서 합계(집계)를 보는 경우가 아주 많습니다. 예를 들어, 고객들의 구매 내역을 정리해서 고객별 구매 내역 합계를 본다든지, 또는 본사에서 월별 매장별 매출 합계를 보는 경우가 많겠죠? 이럴 경우 편리하게 사용할 수 있는 함수가 여러 가지 있는데, 그중에서 먼저 ROLLUP( ) 함수를 살펴보겠습니다.

ROLLUP( ) 함수는 GROUP BY의 확장된 형태로 사용하기가 쉬우며, 복잡한 SQL을 짧게 만들고 해당 데이터들을 반복적으로 읽는 것을 최소화해서 속도를 빠르게 해주는 등의 다양한 장점을 가진 함수입니다. 일반적으로 계층적 분류를 포함하고 있는 데이터의 집계에 적합하도록 되어 있습니다(계층적 쿼리나 분류는 이 책의 계층적 쿼리 파트에서 배웁니다).

다만, 앞에서 보셨던 여러 가지 그룹 함수에 비해 사용법이 약간 어려울 수 있지만 집중해서 이해한다면 충분히 쉽게 사용할 수 있을 거예요.

ROLLUP( )에 지정된 컬럼들은 소계(소그룹)의 기준이 되는 컬럼들입니다. 만약 ROLLUP( )에 지정된 컬럼들의 수를 N이라고 했을 때 **N+1 Level의 소계(소그룹)**가 생성이 됩니다. 즉, 월별 매장별로 매출의 합계를 보고 싶다고 할 경우 소계를 내야 할 기준이 2개이므로 2+1개의 소그룹이 만들어지는데, 다음의 실습에서 무슨 말인지 자세히 살펴보겠습니다.

참고로 ROLLUP( )에 지정된 컬럼의 순서가 바뀌면 결과도 바뀌게 되므로 컬럼 순서에 주의해야 합니다.

ROLLUP( ) 함수의 예를 들기 위해 아래와 같은 요구를 받았다고 해 볼까요?

▶▶▶ 사용 예

부서와 직업별 평균 급여 및 사원 수와 부서별 평균 급여와 사원 수, 전체 사원의 평균 급여와 사원 수를 구하세요.

위 문제를 정리하면 아래와 같이 총 3가지 형태의 요구사항으로 나눌 수 있겠죠?

– 부서와 직업별 평균 급여 및 사원 수

– 부서별 평균 급여와 사원 수

– 전체 사원의 평균 급여와 사원 수

가장 편하게 쉽게 푸는 방법은 위 3가지를 각각의 SQL로 만든 후 UNION ALL로 연결하면 됩니다. 즉, 아래와 같이 각 그룹에 맞는 쿼리 3개와 2개의 UNION ALLL절이 필요합니다.

```
SELECT  deptno,  NULL job, ROUND(AVG(sal),1)  avg_sal, COUNT(*) cnt_emp
FROM emp
GROUP BY  deptno
UNION  ALL
SELECT  deptno,   job, ROUND(AVG(sal),1)  avg_sal, COUNT(*) cnt_emp
FROM emp
GROUP BY  deptno,job
UNION  ALL
SELECT  null  deptno,  null  job, ROUND(AVG(sal),1)  avg_sal, COUNT(*) cnt_emp
FROM emp
ORDER BY deptno, job ;
```

위 쿼리도 이해하기가 좀 어렵죠? 그리고 많이 복잡해서 안 보고 싶죠?

[출력 결과]

```
관리자: 명령 프롬프트 - sqlplus scott/tiger

    DEPTNO JOB                    AVG_SAL    CNT_EMP
---------- ------------------ ---------- ----------
        10 CLERK                    1300          1
        10 MANAGER                  2450          1
        10 PRESIDENT                5000          1
        10                        2916.7          3
        20 ANALYST                  3000          2
        20 CLERK                     950          2
        20 MANAGER                  2975          1
        20                          2175          5
        30 CLERK                     950          1
        30 MANAGER                  2850          1
        30 SALESMAN                 1400          4
        30                        1566.7          6
                                  2073.2         14

13 rows selected.

SCOTT>
```

결과는 나왔지만 SQL 문장이 길고 복잡하죠?

이번에는 ROLLUP 그룹 함수를 사용해서 SQL문을 만들어 보겠습니다. ROLLUP에 지정된 컬럼들의 수가 N개일 때, **N+1 Level의 소계(소그룹)**가 생성이 된다는 말이 무슨 뜻인지 볼게요. 컬럼의 개수가 2개(부서, 직업)이므로, (2+1)= 3개의 그룹이 생깁니다.

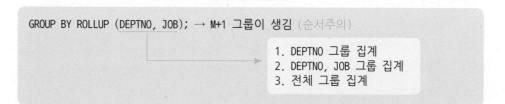

```
GROUP BY ROLLUP (DEPTNO, JOB); → M+1 그룹이 생김 (순서주의)
                                   1. DEPTNO 그룹 집계
                                   2. DEPTNO, JOB 그룹 집계
                                   3. 전체 그룹 집계
```

```
SELECT deptno, job, ROUND(AVG(sal),1)  avg_sal, COUNT(*) cnt_emp
FROM emp
GROUP BY ROLLUP (deptno, job);
```

모두 ROLLUP을 한 결과이지만 하나씩 해도 상관없습니다. 다음 페이지의 그림들을 보세요.

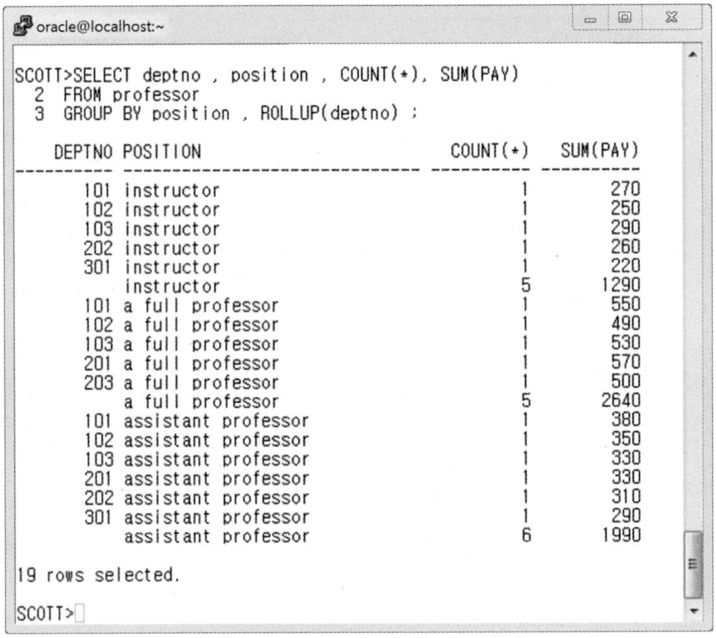

```
SCOTT>SELECT deptno , position , COUNT(*), SUM(PAY)
  2  FROM professor
  3  GROUP BY position , ROLLUP(deptno) ;

    DEPTNO POSITION                         COUNT(*)   SUM(PAY)
---------- ------------------------------ ---------- ----------
       101 instructor                              1        270
       102 instructor                              1        250
       103 instructor                              1        290
       202 instructor                              1        260
       301 instructor                              1        220
           instructor                              5       1290
       101 a full professor                        1        550
       102 a full professor                        1        490
       103 a full professor                        1        530
       201 a full professor                        1        570
       203 a full professor                        1        500
           a full professor                        5       2640
       101 assistant professor                     1        380
       102 assistant professor                     1        350
       103 assistant professor                     1        330
       201 assistant professor                     1        330
       202 assistant professor                     1        310
       301 assistant professor                     1        290
           assistant professor                     6       1990

19 rows selected.

SCOTT>
```

위 그림은 position으로 먼저 분류를 한 후 같은 deptno가 있을 경우 ROLLUP( ) 함수를 사용해서 요약한 후 deptno별로 출력한 그림입니다.

```
oracle@localhost:~

SCOTT>SELECT deptno , position , COUNT(*), SUM(PAY)
  2  FROM professor
  3  GROUP BY deptno , ROLLUP(position) ;

    DEPTNO POSITION                         COUNT(*)   SUM(PAY)
---------- ------------------------------ ---------- ----------
       101 instructor                              1        270
       101 a full professor                        1        550
       101 assistant professor                     1        380
       101                                         3       1200
       102 instructor                              1        250
       102 a full professor                        1        490
       102 assistant professor                     1        350
       102                                         3       1090
       103 instructor                              1        290
       103 a full professor                        1        530
       103 assistant professor                     1        330
       103                                         3       1150
       201 a full professor                        1        570
       201 assistant professor                     1        330
       201                                         2        900
       202 instructor                              1        260
       202 assistant professor                     1        310
       202                                         2        570
       203 a full professor                        1        500
       203                                         1        500
       301 instructor                              1        220
       301 assistant professor                     1        290
       301                                         2        510

23 rows selected.

SCOTT>
```

위 그림은 deptno별로 먼저 그룹핑한 후 position별로 ROLLUP한 것입니다. 위 예를 더 자세히 살펴보기 위해 연습용 테이블을 복사한 후 테스트를 해 보겠습니다.

```
SCOTT>
SCOTT>CREATE TABLE professor2
  2  AS SELECT deptno , position , pay
  3     FROM professor ;

Table created.

SCOTT>SELECT * FROM professor2 ;

    DEPTNO POSITION                              PAY
---------- ------------------------------ ----------
       101 a full professor                      550
       101 assistant professor                   380
       101 instructor                            270
       102 instructor                            250
       102 assistant professor                   350
       102 a full professor                      490
       103 a full professor                      530
       103 assistant professor                   330
       103 instructor                            290
       201 a full professor                      570
       201 assistant professor                   330
       202 assistant professor                   310
       202 instructor                            260
       203 a full professor                      500
       301 instructor                            220
       301 assistant professor                   290

16 rows selected.

SCOTT>
```

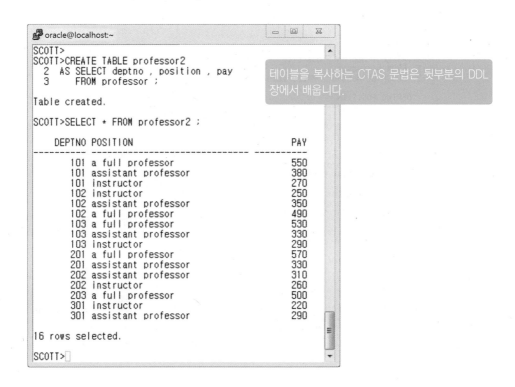

테이블을 복사하는 CTAS 문법은 뒷부분의 DDL 장에서 배웁니다.

실습을 위해 아래와 같이 101번 학과에 중복된 직급 데이터를 추가로 입력하겠습니다(아래 명령들은 뒷부분의 DML을 배우는 곳에서 자세히 배울 예정입니다).

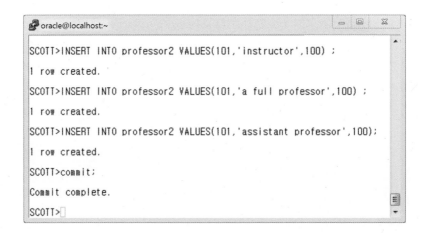

```
SCOTT>INSERT INTO professor2 VALUES(101,'instructor',100) ;

1 row created.

SCOTT>INSERT INTO professor2 VALUES(101,'a full professor',100) ;

1 row created.

SCOTT>INSERT INTO professor2 VALUES(101,'assistant professor',100);

1 row created.

SCOTT>commit;

Commit complete.

SCOTT>
```

```
SCOTT>SELECT * FROM professor2
  2  ORDER BY deptno,position ;

    DEPTNO POSITION                               PAY
---------- ------------------------------ ----------
       101 a full professor                      100
       101 a full professor                      550
       101 assistant professor                   100
       101 assistant professor                   380
       101 instructor                            270
       101 instructor                            100
       102 a full professor                      490
       102 assistant professor                   350
       102 instructor                            250
       103 a full professor                      530
       103 assistant professor                   330
       103 instructor                            290
       201 a full professor                      570
       201 assistant professor                   330
       202 assistant professor                   310
       202 instructor                            260
       203 a full professor                      500
       301 assistant professor                   290
       301 instructor                            220

19 rows selected.

SCOTT>
```

위 화면을 보면 101번 학과에 같은 직급의 데이터가 2건씩 있는 것이 보입니다. 저 데이터들을 사용해서 ROLLUP과 CUBE를 테스트해 보겠습니다. 위 그림에서 101번 학과의 전임강사(instructor) pay 합계는 370이고, 정교수(a full professor)의 급여 합계는 650이며, 조교수(assistant professor)의 급여 합계는 480인 것이 확인됩니다.

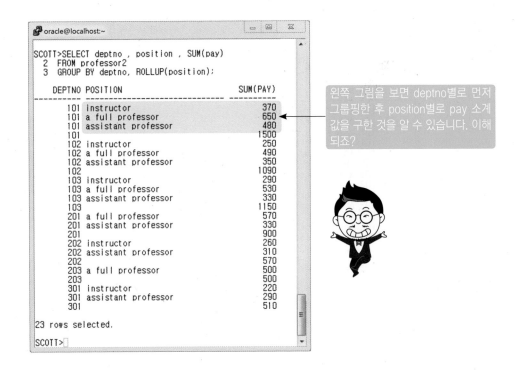

```
oracle@localhost:~

SCOTT>SELECT deptno , position , SUM(pay)
  2  FROM professor2
  3  GROUP BY deptno, ROLLUP(position);

    DEPTNO POSITION                            SUM(PAY)
---------- ------------------------------ ----------
       101 instructor                            370
       101 a full professor                      650
       101 assistant professor                   480
       101                                      1500
       102 instructor                            250
       102 a full professor                      490
       102 assistant professor                   350
       102                                      1090
       103 instructor                            290
       103 a full professor                      530
       103 assistant professor                   330
       103                                      1150
       201 a full professor                      570
       201 assistant professor                   330
       201                                       900
       202 instructor                            260
       202 assistant professor                   310
       202                                       570
       203 a full professor                      500
       203                                       500
       301 instructor                            220
       301 assistant professor                   290
       301                                       510

23 rows selected.

SCOTT>
```

왼쪽 그림을 보면 deptno별로 먼저 그룹핑한 후 position별로 pay 소계 값을 구한 것을 알 수 있습니다. 이해되죠?

앞 화면에서 보는 바와 같이 ROLLUP 함수는 GROUP BY 절에 주어진 조건으로 소계 값을 구해줍니다.

ROLLUP( ) 함수를 쓰면 쿼리도 간결해지고 속도도 빨라진다고 했던 거 기억나죠? SQL 실행 계획을 보면 EMP 테이블을 1회만 읽는다는 것을 알 수 있어요. SQL 실행 계획이란 SQL이 실행되는 과정을 정리한 것인데, 자세한 내용은 튜닝 시간에 배워야 합니다. 이 책에서는 그냥 위 SQL이 어떻게 동작한다는 것을 보여 주는 의미에서 위 실행 계획을 보여 주겠습니다.

다음 실행 계획은 SQL 성능을 높이는 업무에서 무조건 쓰는 것이지만 우리는 초보이므로 지금 당장은 몰라도 됩니다.

[일반 GROUP BY절의 SQL 실행 계획]

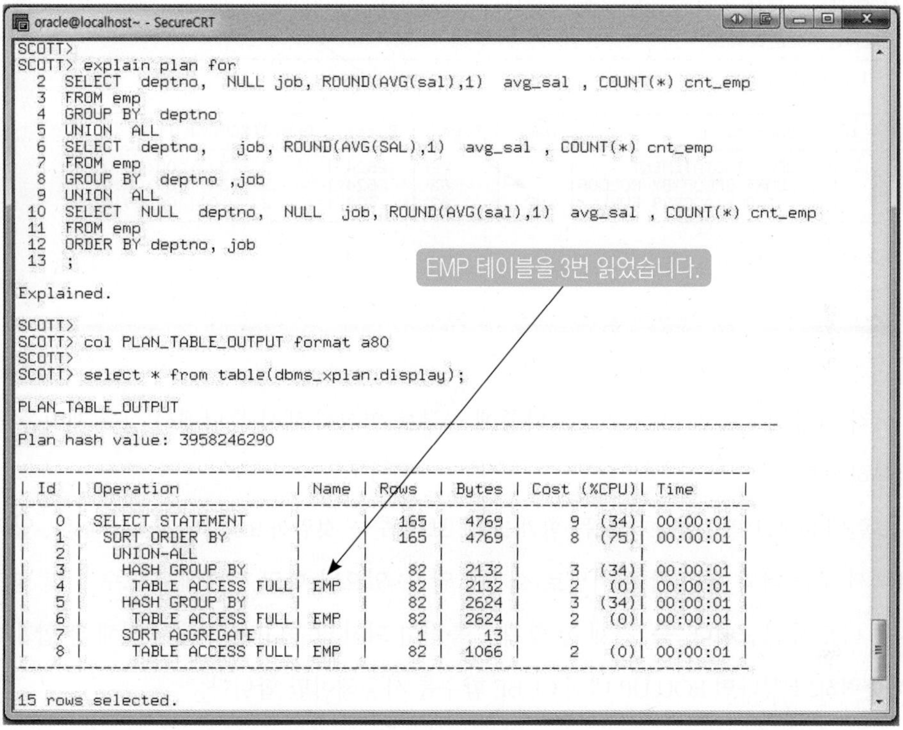


```
SCOTT>
SCOTT> explain plan for
  2  SELECT  deptno,  NULL job, ROUND(AVG(sal),1)  avg_sal , COUNT(*) cnt_emp
  3  FROM emp
  4  GROUP BY  deptno
  5  UNION  ALL
  6  SELECT  deptno,   job, ROUND(AVG(SAL),1)  avg_sal , COUNT(*) cnt_emp
  7  FROM emp
  8  GROUP BY  deptno ,job
  9  UNION  ALL
 10  SELECT  NULL  deptno,  NULL  job, ROUND(AVG(sal),1)  avg_sal , COUNT(*) cnt_emp
 11  FROM emp
 12  ORDER BY deptno, job
 13  ;

Explained.

SCOTT>
SCOTT> col PLAN_TABLE_OUTPUT format a80
SCOTT>
SCOTT> select * from table(dbms_xplan.display);

PLAN_TABLE_OUTPUT
--------------------------------------------------------------------------------
Plan hash value: 3958246290

------------------------------------------------------------------------------
| Id  | Operation              | Name | Rows  | Bytes | Cost (%CPU)| Time     |
------------------------------------------------------------------------------
|   0 | SELECT STATEMENT       |      |   165 |  4769 |     9  (34)| 00:00:01 |
|   1 |  SORT ORDER BY         |      |   165 |  4769 |     8  (75)| 00:00:01 |
|   2 |   UNION-ALL            |      |       |       |            |          |
|   3 |    HASH GROUP BY       |      |    82 |  2132 |     3  (34)| 00:00:01 |
|   4 |     TABLE ACCESS FULL| EMP  |    82 |  2132 |     2   (0)| 00:00:01 |
|   5 |    HASH GROUP BY       |      |    82 |  2624 |     3  (34)| 00:00:01 |
|   6 |     TABLE ACCESS FULL| EMP  |    82 |  2624 |     2   (0)| 00:00:01 |
|   7 |    SORT AGGREGATE      |      |     1 |    13 |            |          |
|   8 |     TABLE ACCESS FULL| EMP  |    82 |  1066 |     2   (0)| 00:00:01 |
------------------------------------------------------------------------------

15 rows selected.
```

[ROLLUP 그룹 함수 SQL 실행 계획]

```
SELECT deptno, job, ROUND(AVG(sal),1)  avg_sal, COUNT(*) cnt_emp
FROM emp
GROUP BY ROLLUP (deptno, job);
```

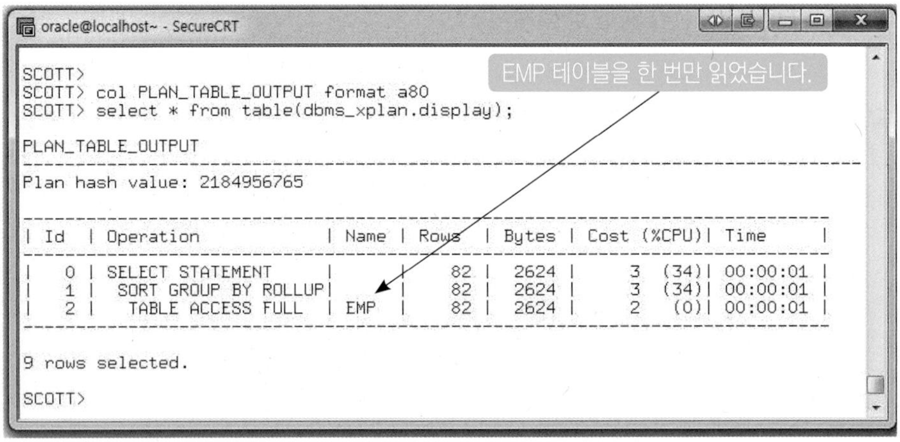

아직 실행 계획을 모르는 분들은 나중에 공부를 열심히 해서 튜닝에서 실행 계획을 꼭 공부하세요.

그런데 ROLLUP( ) 함수가 모든 합계를 다 보여 주는 것일까요? 그렇지 않습니다. 앞의 예에서 보는 바와 같이 각 부서별로 소계는 알 수 있으나 학교 전체에서 교수가 몇 명인지는 나오지 않습니다. 즉, 전체 총 합계는 출력이 되지 않습니다. 그래서 전체 총 합계까지 출력하고 싶다면 ROLLUP 대신 CUBE 함수를 사용해야만 합니다.

4.2 CUBE( ) 함수 – 소계와 전체 합계까지 출력하는 함수

CUBE( ) 함수는 ROLLUP( ) 함수와 같이 각 소계도 출력하고 추가로 전체 총계까지 출력합니다. 대신 추가로 전체 합계까지 보여 주기 때문에 집계 컬럼들이 가질 수 있는 모든 경우에 대하여 소계(소그룹)를 생성해야 하므로 ROLLUP( ) 함수에 비해 시스템 리소스를 더 사용합니다.

CUBE( ) 함수의 집계 컬럼들의 모든 경우에 대한 소계를 구하므로 순서가 바뀌어도 데이터는 같습니다. ROLLUP( ) 함수에서는 괄호 안에 어떤 컬럼을 먼저 넣느냐에 따라서 결과가 다르게 나온다고 조심하라고 했던 부분 기억하죠?

다음과 같은 미션이 여러분에게 주어졌다고 가정해 볼까요?

▶▶▶ **사용 예**

부서별 평균 급여와 사원 수, 직급별 평균 급여와 사원 수, 부서와 직급별 평균 급여와 사원 수, 전체 평균 월 급여와 사원 수를 구하세요.

위 문제를 풀려면 아래처럼 총 4개의 그룹이 필요합니다.

- **부서별 평균 급여와 사원 수**
- **직급별 평균 급여와 사원 수**
- **부서와 직급별 평균 급여와 사원 수**
- **전체 평균 월 급여와 사원 수**

CUBE를 사용하지 않고 일반 GROUP BY절을 사용하면 총 4개의 SELECT절이 필요합니다.

```
SELECT deptno, NULL JOB, ROUND(AVG(sal),1)  AVG_SAL, COUNT(*) CNT_EMP
FROM emp
GROUP BY deptno
UNION ALL
SELECT NULL deptno,  job, ROUND(AVG(sal),1)  AVG_SAL, COUNT(*) CNT_EMP
FROM emp
GROUP BY job
UNION ALL
SELECT deptno,  job, ROUND(AVG(sal),1)  AVG_SAL, COUNT(*) CNT_EMP
FROM emp
GROUP BY deptno, job
UNION ALL
SELECT NULL deptno, NULL job, ROUND(AVG(sal),1)  AVG_SAL, COUNT(*) CNT_EMP
FROM emp
ORDER BY deptno, job;
```

[실행 결과]

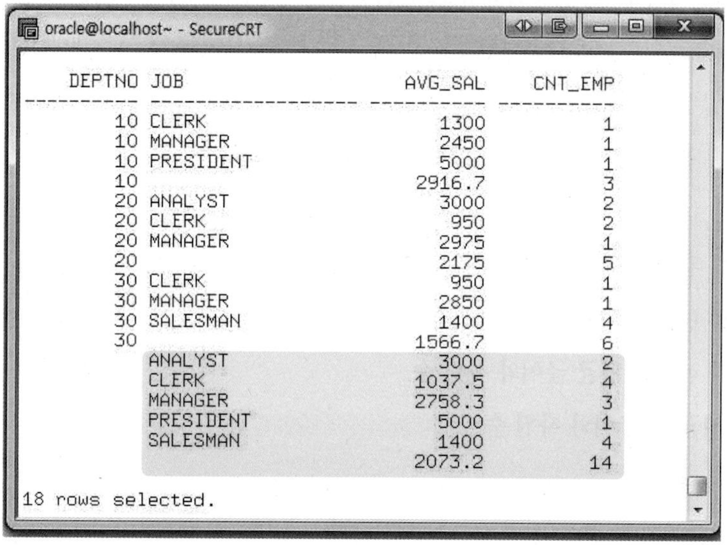


```
    DEPTNO JOB                   AVG_SAL    CNT_EMP
---------- ------------------ ---------- ----------
        10 CLERK                    1300          1
        10 MANAGER                  2450          1
        10 PRESIDENT                5000          1
        10                        2916.7          3
        20 ANALYST                  3000          2
        20 CLERK                     950          2
        20 MANAGER                  2975          1
        20                          2175          5
        30 CLERK                     950          1
        30 MANAGER                  2850          1
        30 SALESMAN                 1400          4
        30                        1566.7          6
           ANALYST                  3000          2
           CLERK                  1037.5          4
           MANAGER                2758.3          3
           PRESIDENT                5000          1
           SALESMAN                 1400          4
                                  2073.2         14

18 rows selected.
```

위 그림에서 네모칸 부분이 ROLLUP( ) 함수에서 없었던 전체 총계 부분입니다. 그런데 결과는 나오지만 저렇게 4개의 SQL로 작성해서 UNION ALL로 연결할 경우 쿼리의 수행시간이 오래 걸립니다. 실행 계획으로 확인해 보겠습니다.

[일반 GROUP BY 절의 SQL 실행 계획]

```
oracle@localhost~ - SecureCRT
SCOTT>
SCOTT> explain plan for
  2  SELECT deptno, NULL JOB, ROUND(AVG(sal),1)  AVG_SAL , COUNT(*) CNT_EMP
  3  FROM emp
  4  GROUP BY deptno
  5  UNION ALL
  6  SELECT NULL deptno,  job, ROUND(AVG(sal),1)  AVG_SAL , COUNT(*) CNT_EMP
  7  FROM emp
  8  GROUP BY job
  9  UNION ALL
 10  SELECT deptno,  job, ROUND(AVG(sal),1)  AVG_SAL , COUNT(*) CNT_EMP
 11  FROM emp
 12  GROUP BY deptno, job
 13  UNION ALL
 14  SELECT NULL deptno, NULL job, ROUND(AVG(sal),1)  AVG_SAL , COUNT(*) CNT_EMP
 15  FROM emp
 16  ORDER BY deptno, job;

Explained.

SCOTT> SCOTT> col PLAN_TABLE_OUTPUT format a80
SCOTT> select * from table(dbms_xplan.display);

PLAN_TABLE_OUTPUT
--------------------------------------------------------------------------------
Plan hash value: 2373411058

---------------------------------------------------------------------------------
| Id  | Operation              | Name | Rows  | Bytes | Cost (%CPU)| Time     |
---------------------------------------------------------------------------------
|   0 | SELECT STATEMENT       |      |   247 |  6327 |    12  (34)| 00:00:01 |
|   1 |  SORT ORDER BY         |      |   247 |  6327 |    11  (82)| 00:00:01 |
|   2 |   UNION-ALL            |      |       |       |            |          |
|   3 |    HASH GROUP BY       |      |    82 |  2132 |     3  (34)| 00:00:01 |
|   4 |     TABLE ACCESS FULL| EMP  |    82 |  2132 |     2   (0)| 00:00:01 |
|   5 |    HASH GROUP BY       |      |    82 |  1558 |     3  (34)| 00:00:01 |
|   6 |     TABLE ACCESS FULL| EMP  |    82 |  1558 |     2   (0)| 00:00:01 |
|   7 |    HASH GROUP BY       |      |    82 |  2624 |     3  (34)| 00:00:01 |
|   8 |     TABLE ACCESS FULL| EMP  |    82 |  2624 |     2   (0)| 00:00:01 |
|   9 |    SORT AGGREGATE      |      |     1 |    13 |            |          |
|  10 |     TABLE ACCESS FULL| EMP  |    82 |  1066 |     2   (0)| 00:00:01 |
---------------------------------------------------------------------------------

17 rows selected.
```

EMP 테이블을 4번 읽었습니다.

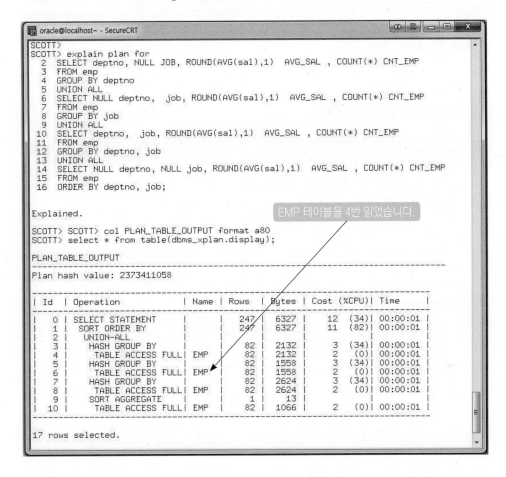

이번에는 동일한 결과를 얻기 위해 CUBE( ) 함수를 사용하여 SQL문을 작성하겠습니다. 참고로 CUBE( ) 함수에 지정된 컬럼들의 수를 N일 때 **2*N승 소계(소그룹)**가 생성이 됩니다.

```
GROUP BY ROLLUP (DEPTNO, JOB); → 2*N 그룹이 생김 (ROLLUP에 비해 연산을 많이 함)

1. DEPTNO 그룹 집계
2. JOB 그룹 집계
3. DEPTNO, JOB 그룹 집계
4. 전체 그룹 집계
```

```
SELECT deptno, job, ROUND(AVG(sal),1)  avg_sal, COUNT(*) cnt_emp
FROM emp
GROUP BY CUBE (deptno, job)
ORDER BY deptno, job;
```

[CUBE( ) 함수 SQL 실행 계획]

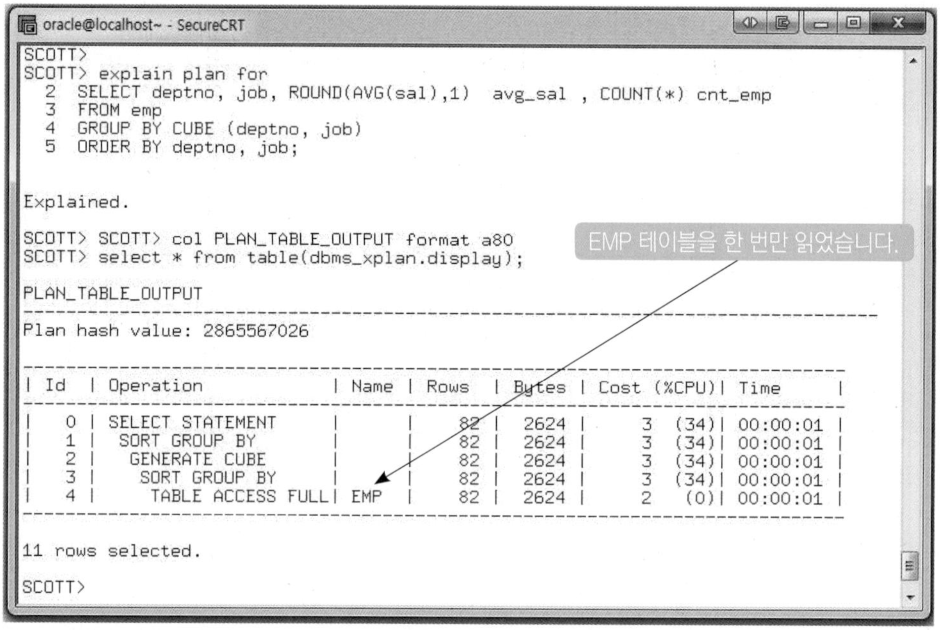

CUBE 함수를 사용하면 SQL이 훨씬 간결해지고 EMP 테이블도 1번만 읽습니다.

위에서 살펴본 바와 같이 ROLLUP( ) 함수와 CUBE( ) 함수는 쿼리를 간결하게 하면서 쿼리가 수행되는 속도도 빠르게 해 주기 때문에 실무에서 대량의 데이터를 집계할 때 아주 많이 사용됩니다. 앞에서 사용했던 ROLLUP( ) 함수와 마찬가지로 CUBE( ) 함수도 하나의 컬럼만으로도 당연히 가능합니다.

사용방법이 조금 어려울 수 있는데, 앞의 내용을 반복적으로 공부해서 꼭 자신의 실력으로 만드세요.

4.3 GROUPING SETS( ) 함수

이 함수는 그룹핑 조건이 여러 개일 경우 아주 유용하게 사용될 수 있습니다. 예를 들어, student 테이블에서 학년별로 학생들의 인원수 합계와 학과별로 인원수의 합계를 구해야 하는 경우에 기존에는 학년별로 인원수 합계를 구하고 별도로 학과별로 인원수 합계를 구한 후 UNION 연산을 해야만 했습니다. 아래와 같습니다.

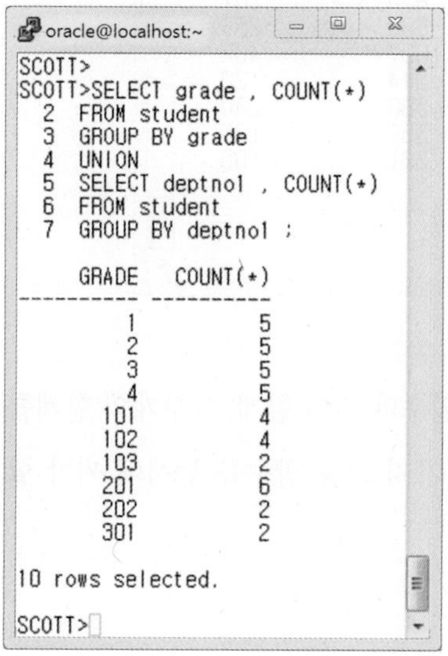

```
oracle@localhost:~
SCOTT>
SCOTT>SELECT grade , COUNT(*)
  2  FROM student
  3  GROUP BY grade
  4  UNION
  5  SELECT deptno1 , COUNT(*)
  6  FROM student
  7  GROUP BY deptno1 ;

     GRADE   COUNT(*)
---------- ----------
         1          5
         2          5
         3          5
         4          5
       101          4
       102          4
       103          2
       201          6
       202          2
       301          2

10 rows selected.

SCOTT>
```

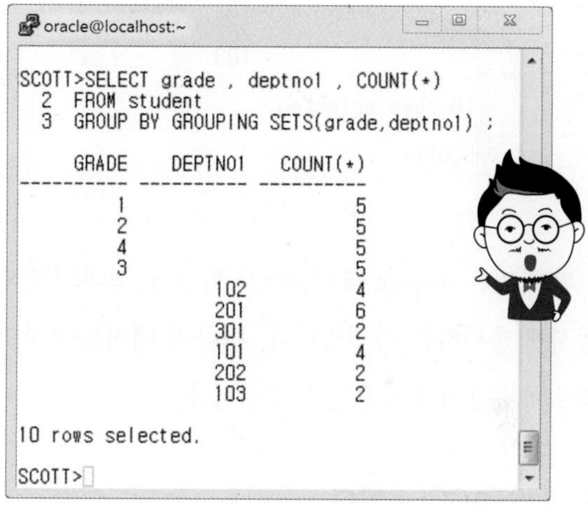

```
oracle@localhost:~

SCOTT>SELECT grade , deptno1 , COUNT(*)
  2  FROM student
  3  GROUP BY GROUPING SETS(grade,deptno1) ;

     GRADE    DEPTNO1   COUNT(*)
---------- ---------- ----------
         1                     5
         2                     5
         4                     5
         3                     5
                  102          4
                  201          6
                  301          2
                  101          4
                  202          2
                  103          2

10 rows selected.

SCOTT>
```

위 그림에서 왼쪽 화면은 기존 방법으로 조회를 한 것이고 오른쪽 화면은 GROUPING SETS를 사용하여 조회를 한 화면입니다. 위 오른쪽 화면에서 보는 것처럼 GROUPING SETS 함수를 이용하면 쿼리도 간결해지고 사용 방법도 무척 쉽습니다.

위의 예제에서와 같이 만약 하나의 테이블에 대한 여러 가지 그룹 함수가 사용된다면 GROUPING SETS( ) 함수를 활용하는 것이 더욱 좋습니다. 다음 그림을 보세요.

```
SCOTT>SELECT grade , deptno1 ,
  2          COUNT(*) , SUM(height) ,
  3          SUM(weight)
  4   FROM student
  5   GROUP BY GROUPING SETS(grade,deptno1) ;

     GRADE    DEPTNO1   COUNT(*) SUM(HEIGHT) SUM(WEIGHT)
---------- ---------- ---------- ----------- -----------
         1                     5         852         312
         2                     5         878         337
         4                     5         879         341
         3                     5         833         257
                  102          4         683         257
                  201          6        1037         402
                  301          2         344         120
                  101          4         688         240
                  202          2         359         125
                  103          2         331         103

10 rows selected.

SCOTT>
```

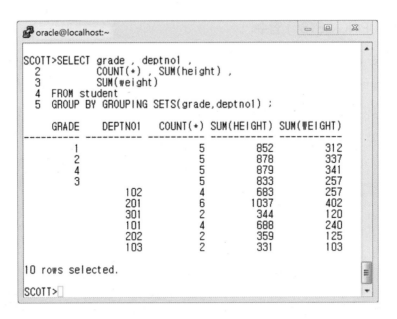

위 화면은 student 테이블에서 학년별, 학과별로 인원수와 키의 합계, 몸무게의 합계를 동시에 출력하는 화면입니다. 하나의 테이블에 여러 가지 그룹 함수를 동시에 써야 할 경우에 유용하게 사용될 함수입니다.

4.4 LISTAGG( ) 함수

아래 예와 같이 쉽게 그룹핑을 해 주는 함수입니다.

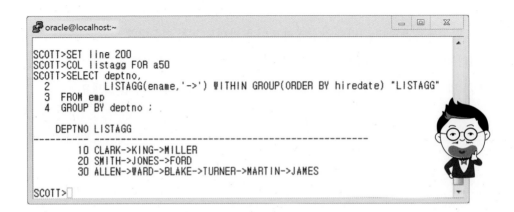

```
SCOTT>SET line 200
SCOTT>COL listagg FOR a50
SCOTT>SELECT deptno,
  2          LISTAGG(ename,'->') WITHIN GROUP(ORDER BY hiredate) "LISTAGG"
  3   FROM emp
  4   GROUP BY deptno ;

    DEPTNO LISTAGG
---------- --------------------------------------------------
        10 CLARK->KING->MILLER
        20 SMITH->JONES->FORD
        30 ALLEN->WARD->BLAKE->TURNER->MARTIN->JAMES

SCOTT>
```

사용법은 아주 간단합니다. 우선 LISTAGG 함수에 나열하고 싶은 컬럼 이름을 먼저 적고 데이터들을 구분할 구분자를 작은따옴표 사이에 기록하면 됩니다. WITHIN GROUP 사이에 가로로 나열하고 싶은 규칙을 ORDER BY로 적어주기만 하면 됩니다. 위 예에서는 출력 순서가 hiredate 값을 기준으로 나열했습니다. 만약 데이터를 구분할 구분자를 주지 않으면 모든 데이터가 한 줄로 연결되어 출력되기 때문에 보기가 불편합니다.

그리고 WITHIN GROUP ( ) 절에 아무 조건도 주지 않으면 에러가 발생합니다. 또한 LISTAGG 함수의 두 번째 파라미터(각 데이터끼리의 구분자)에 예약어도 사용될 수 없습니다.

주의사항은 RETURN되는 값이 4000 BYTE가 넘을 경우 오류가 발생한다는 것입니다. 해당 프로젝트를 오픈할 때는 데이터가 얼마 되지 않아 APPEND한 컬럼 값이 4,000 바이트를 넘지 않았는데, 시간이 지나 데이터가 쌓였을 때 APPEND한 컬럼 값이 4,000 바이트를 넘으면 오류가 납니다. 반드시 주의를 해야 합니다. 만약 RETURN되는 값이 4,000 바이트가 넘을 경우에는 아래의 XMLAGG XML 함수를 사용해야 합니다.

★★★ **참고**

XMLAGG XML 함수(10g 이상)

만약 저장된 4,000바이트가 넘는 출력 결과가 나올 수 있다면 그 형태는 VARCHAR2 형태나 CLOB 형태가 있습니다. 각각의 형태에 따라 쿼리가 달라지는데, 문법이 약간 어렵습니다. 먼저 return type이 VARCHAR2 형태일 때를 보겠습니다.

RETURN TYPE : VARCHAR2일 때

```
SELECT deptno,
         SUBSTR(
           XMLAGG(XMLELEMENT(X, ',',ename) ORDER BY ename)
.EXTRACT('//text( )').getStringVal( )
        ,2)   AS  DEPT_ENAME_LIST
FROM emp A
GROUP BY deptno  ;
```

[출력 결과]

```
oracle@localhost~ - SecureCRT
File  Edit  View  Options  Transfer  Script  Tools  Help
SCOTT>
SCOTT> SELECT deptno,
  2           SUBSTR( XMLAGG(XMLELEMENT(X, ',',ename) ORDER BY ename)
  3              .EXTRACT('//text()').getStringVal() ,2)   AS  DEPT_ENAME_LIST
  4   FROM emp A
  5   GROUP BY deptno
  6   ;

    DEPTNO DEPT_ENAME_LIST
---------- --------------------------------------------------------------
        10 CLARK,KING,MILLER
        20 ADAMS,FORD,JONES,SCOTT,SMITH
        30 ALLEN,BLAKE,JAMES,MARTIN,TURNER,WARD

SCOTT>
SCOTT>
```

이 함수는 데이터를 내부적으로 XML 형태로 만듭니다. 그리고 원하는 값을 가져옵니다.

- **XMLAGG(XMLELEMENT(X, ',' , ename) ORDER BY ename)**

XMLAGG 함수 첫 번째 인자 값은 **XMLELEMENT** 함수로 XML 태그명과 구분자, 대상 컬럼을 입력합니다. 그리고 정렬 기준 컬럼을 지정합니다.

XML 태그값은 내부적으로 사용하는 컬럼이기 때문에 아무 문자열이나 입력하면 됩니다. 여기 예제에서는 'X'라고 임의 문자열을 사용하였습니다. 그리고 구분자는 ','이고 APPEND 컬럼은 ENAME입니다. 정렬 기준 컬럼도 ENMAE입니다.

- **RETURN TYPE: CLOB일 때**

너무나 많은 문자열이 APPEND되어 RETURN되는 값이 4,000BYTE를 넘는다면 다음의 형태로 사용을 하면 됩니다.

```
SELECT deptno,
        SUBSTR(
          XMLAGG(XMLELEMENT(X, ',',ename) ORDER BY ename)
               .EXTRACT('//text( )').getStringVal( )
        ,2)  AS  DEPT_ENAME_LIST
FROM emp A
GROUP BY deptno  ;
```

[출력 결과]

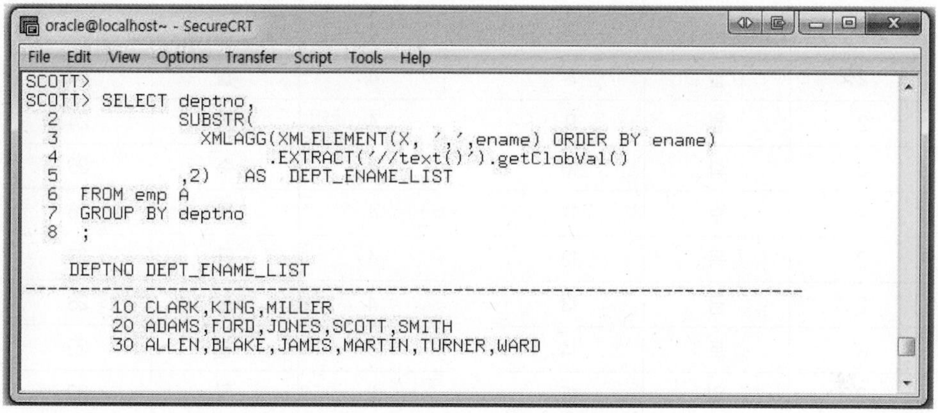

```
oracle@localhost~ - SecureCRT
File Edit View Options Transfer Script Tools Help
SCOTT>
SCOTT> SELECT deptno,
  2             SUBSTR(
  3               XMLAGG(XMLELEMENT(X, ',',ename) ORDER BY ename)
  4                     .EXTRACT('//text()').getClobVal()
  5             ,2)   AS  DEPT_ENAME_LIST
  6  FROM emp A
  7  GROUP BY deptno
  8  ;

    DEPTNO DEPT_ENAME_LIST
---------- ------------------------------------------------------------
        10 CLARK,KING,MILLER
        20 ADAMS,FORD,JONES,SCOTT,SMITH
        30 ALLEN,BLAKE,JAMES,MARTIN,TURNER,WARD
```

위의 함수는 사용법이 생소한 독자님들이 많으실 듯 합니다.

그런데 LISTAGG( ) 함수를 사용할 경우에는 반드시 같이 알고 있어야 하는 함수라서 소개해 드렸습니다.

4.5 PIVOT( ) 함수

PIVOT 함수는 row 단위를 column 단위로 변경해 주고 UNPIVOT 함수는 반대로 column 단위를 row 단위로 변경해 주는 기능을 합니다.

아래와 같이 날짜 정보를 가지고 있는 CAL 테이블로 설명하겠습니다.

(아래 테이블은 test_data_eng.sql을 실행했다면 이미 만들어져 있습니다)

[CAL 테이블 내용]

weekno	day	dayno
1	일	1
1	월	2
1	화	3
1	수	4
1	목	5
1	금	6
1	토	7
2	일	8
2	월	9
2	화	10
2	수	11
2	목	12
2	금	13
2	토	14
3	일	15

weekno	day	dayno
3	월	16
3	화	17
3	수	18
3	목	19
3	금	20
3	토	21
4	일	22
4	월	23
4	화	24
4	수	25
4	목	26
4	금	27
4	토	28
5	일	29
5	월	30
5	화	31

※ 이 방법은 달력 만들기로 유명한 방법입니다. 아주 중요하므로 꼭 이해하고 기억하세요.

(1) Pivot 기능을 사용하지 않고 decode 함수를 활용하여 달력 만들기

```
oracle@localhost:~

SCOTT>COL sun FOR a4
SCOTT>COL mon FOR a4
SCOTT>COL tue FOR a4
SCOTT>COL wed FOR a4
SCOTT>COL thu FOR a4
SCOTT>COL fri FOR a4
SCOTT>COL sat FOR a4
SCOTT>
SCOTT>SELECT MAX(DECODE(day,'SUN',dayno)) SUN ,
  2          MAX(DECODE(day,'MON',dayno)) MON ,
  3          MAX(DECODE(day,'TUE',dayno)) TUE ,
  4          MAX(DECODE(day,'WED',dayno)) WED ,
  5          MAX(DECODE(day,'THU',dayno)) THU ,
  6          MAX(DECODE(day,'FRI',dayno)) FRI ,
  7          MAX(DECODE(day,'SAT',dayno)) SAT
  8   FROM cal
  9   GROUP BY weekno
 10   ORDER BY weekno ;

SUN  MON  TUE  WED  THU  FRI  SAT
---- ---- ---- ---- ---- ---- ----
1    2    3    4    5    6    7
8    9    10   11   12   13   14
15   16   17   18   19   20   21
22   23   24   25   26   27   28
29   30   31

SCOTT>
```

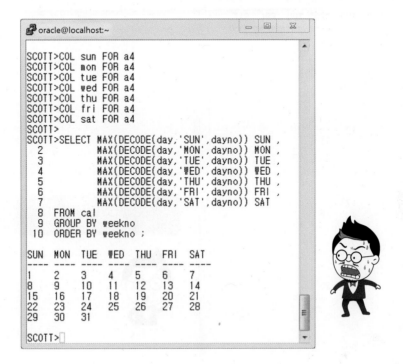

위의 decode( ) 함수를 사용한 부분을 한 단계씩 수행하여 자세히 살펴보겠습니다.

지금 설명하는 원리가 아주 중요하기 때문에 반드시 이해를 하고 넘어가세요!

첫 번째 단계로 먼저 DECODE( ) 부분을 볼까요?

```
oracle@localhost:~

SCOTT>SELECT DECODE(day,'SUN',dayno) SUN ,
  2          DECODE(day,'MON',dayno) MON ,
  3          DECODE(day,'TUE',dayno) TUE ,
  4          DECODE(day,'WED',dayno) WED ,
  5          DECODE(day,'THU',dayno) THU ,
  6          DECODE(day,'FRI',dayno) FRI ,
  7          DECODE(day,'SAT',dayno) SAT
  8   FROM cal ;
```

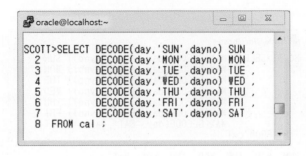

위와 같은 쿼리를 수행하면 아래와 같이 각 요일에 해당되는 숫자가 길게 출력됩니다.

oracle@localhost:~

```
SUN  MON  TUE  WED  THU  FRI  SAT
---- ---- ---- ---- ---- ---- ----
1
     2
          3
               4
                    5
                         6
                              7
8
     9
          10
               11
                    12
                         13
                              14
15
     16
          17
               18
                    19
                         20
                              21
22
     23
          24
               25
                    26
                         27
                              28
29
     30
          31

31 rows selected.

SCOTT>
```

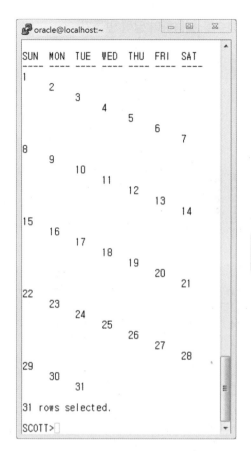

왼쪽 화면처럼 각 요일에 해당되는 숫자가 전부 다 출력이 됩니다.

두 번째 단계로 MAX( ) (또는 MIN( ) 또는 AVG( )) 함수를 사용합니다.

이렇게 할 경우 아래와 같이 출력이 됩니다.

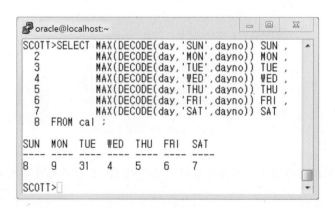

oracle@localhost:~

```
SCOTT>SELECT MAX(DECODE(day,'SUN',dayno)) SUN ,
  2          MAX(DECODE(day,'MON',dayno)) MON ,
  3          MAX(DECODE(day,'TUE',dayno)) TUE ,
  4          MAX(DECODE(day,'WED',dayno)) WED ,
  5          MAX(DECODE(day,'THU',dayno)) THU ,
  6          MAX(DECODE(day,'FRI',dayno)) FRI ,
  7          MAX(DECODE(day,'SAT',dayno)) SAT
  8   FROM cal ;

SUN  MON  TUE  WED  THU  FRI  SAT
---- ---- ---- ---- ---- ---- ----
8    9    31   4    5    6    7

SCOTT>
```

그런데 위 결과를 보면 뭔가 좀 이상하죠? 예를 들어, SUN에 출력된 숫자를 보면 1, 8, 15, 22, 29인데, 거기서 MAX( )를 하면 당연히 29가 나와야 하는데, 위 결과를 보면 8이 나왔습니다. 이상하죠?

이 궁금증의 답은 위 숫자가 사실은 문자라는 것에 있습니다. 크기를 비교할 때는 숫자만 비교할 수 있는데, 문자의 크기를 비교하라고 시키면 오라클은 해당 문자를 ASCII 코드라는 값으로 변환을 해서 나오는 값으로 비교를 합니다. 아래 예처럼 문자 '2'의 ASCII 코드값은 50입니다. 그런데 중요한 부분은 ASCII 코드로 변환할 때 두 글자 이상일 경우 앞의 가장 앞에 있는 글자만 변환을 해서 비교를 한다는 점입니다. 그래서 아래의 예에서 '2'와 '29'는 ASCII 코드값이 동일하게 나오는 것입니다. 당연히 'A'와 'AB'의 ASCII 코드값도 동일하겠지요?

```
oracle@localhost:~

SCOTT>SELECT ASCII('2') FROM dual ;

ASCII('2')
----------
        50

SCOTT>SELECT ASCII('29') FROM dual ;

ASCII('29')
-----------
         50

SCOTT>SELECT ASCII('8') FROM dual ;

ASCII('8')
----------
        56

SCOTT>
```

왼쪽을 보면 문자 2를 ASCII 코드로 변환하면 50입니다. 그런데 특이한 건 '29'의 값도 '2'와 동일하지요? 앞자리만 사용하기 때문에 그렇습니다. 그리고 '8'을 변환하니 56입니다. 그래서 MAX 값을 구하면 '29'보다 '8' 이 더 크다고 나옵니다. 참고로 꼭 MAX 함수를 쓰지 않고 MIN 함수를 써도 됩니다. 중요한 것은 그룹 함수를 쓰면 기본적으로 NULL 값을 제외한 나머지만 계산을 한다는 특징이 있기 때문에 MAX나 MIN을 써도 결과는 동일합니다.

세 번째 단계로 아래와 같이 주(weekno)별로 그룹핑을 하겠습니다.

```
oracle@localhost:~

SCOTT>SELECT MAX(DECODE(day,'SUN',dayno)) SUN ,
  2          MAX(DECODE(day,'MON',dayno)) MON ,
  3          MAX(DECODE(day,'TUE',dayno)) TUE ,
  4          MAX(DECODE(day,'WED',dayno)) WED ,
  5          MAX(DECODE(day,'THU',dayno)) THU ,
  6          MAX(DECODE(day,'FRI',dayno)) FRI ,
  7          MAX(DECODE(day,'SAT',dayno)) SAT
  8  FROM cal
  9  GROUP BY weekno ;

SUN  MON  TUE  WED  THU  FRI  SAT
---- ---- ---- ---- ---- ---- ----
1    2    3    4    5    6    7
15   16   17   18   19   20   21
29   30   31
8    9    10   11   12   13   14
22   23   24   25   26   27   28

SCOTT>
```

위 화면을 보면 각 주(weekno)별로 그룹핑이 되어서 주별로 요일별로 다 나오기는 하지만 정렬이 안 되어 나온 것이 확인됩니다. 그래서 주(weekno)별로 정렬을 수행하면 아래와 같이 최종적으로 정렬되어 출력되는 것이 확인됩니다.

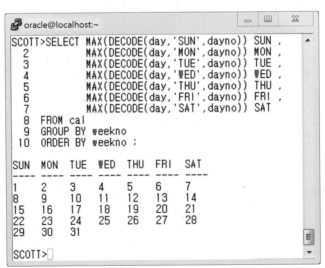

```
oracle@localhost:~
SCOTT>SELECT MAX(DECODE(day,'SUN',dayno)) SUN ,
  2          MAX(DECODE(day,'MON',dayno)) MON ,
  3          MAX(DECODE(day,'TUE',dayno)) TUE ,
  4          MAX(DECODE(day,'WED',dayno)) WED ,
  5          MAX(DECODE(day,'THU',dayno)) THU ,
  6          MAX(DECODE(day,'FRI',dayno)) FRI ,
  7          MAX(DECODE(day,'SAT',dayno)) SAT
  8  FROM cal
  9  GROUP BY weekno
 10  ORDER BY weekno ;

SUN  MON  TUE  WED  THU  FRI  SAT
---- ---- ---- ---- ---- ---- ----
1    2    3    4    5    6    7
8    9    10   11   12   13   14
15   16   17   18   19   20   21
22   23   24   25   26   27   28
29   30   31

SCOTT>
```

원하는 모양으로 출력이 완료되었습니다. 이후에도 많이 사용되는 아주 중요한 방법이므로 꼭 이 원리를 이해해야 합니다.

(2) PIVOT 기능을 사용하여 달력 만들기

```
oracle@localhost:~

SCOTT>COL week FOR a4
SCOTT>SELECT * FROM (SELECT weekno "WEEK",day,dayno
  2                  FROM cal )
  3   PIVOT
  4   (  MAX(dayno) FOR day IN('SUN' AS "SUN" ,
  5                            'MON' AS "MON" ,
  6                            'TUE' AS "TUE" ,
  7                            'WED' AS "WED" ,
  8                            'THU' AS "THU" ,
  9                            'FRI' AS "FRI" ,
 10                            'SAT' AS "SAT" )
 11    )
 12   ORDER BY "WEEK" ;

WEEK SUN  MON  TUE  WED  THU  FRI  SAT
---- ---- ---- ---- ---- ---- ---- ----
1    1    2    3    4    5    6    7
2    8    9    10   11   12   13   14
3    15   16   17   18   19   20   21
4    22   23   24   25   26   27   28
5    29   30   31

SCOTT>
```

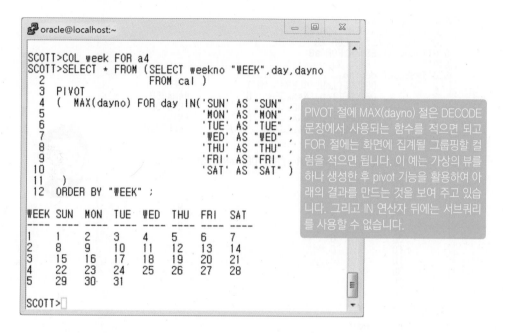

PIVOT 절에 MAX(dayno) 절은 DECODE 문장에서 사용되는 함수를 적으면 되고 FOR 절에는 화면에 집계될 그룹핑할 컬럼을 적으면 됩니다. 이 예는 가상의 뷰를 하나 생성한 후 pivot 기능을 활용하여 아래의 결과를 만드는 것을 보여 주고 있습니다. 그리고 IN 연산자 뒤에는 서브쿼리를 사용할 수 없습니다.

(3) EMP 테이블에서 부서별로 각 직급별 인원이 몇 명인지 계산하기

• DECODE( ) 함수를 사용하는 방법

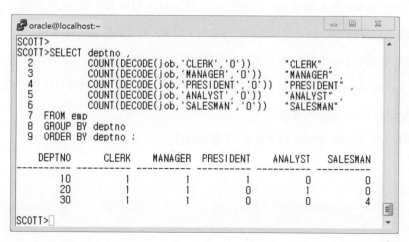

```
oracle@localhost:~
SCOTT>
SCOTT>SELECT deptno ,
  2          COUNT(DECODE(job,'CLERK','0'))       "CLERK" ,
  3          COUNT(DECODE(job,'MANAGER','0'))     "MANAGER" ,
  4          COUNT(DECODE(job,'PRESIDENT','0'))   "PRESIDENT" ,
  5          COUNT(DECODE(job,'ANALYST','0'))     "ANALYST" ,
  6          COUNT(DECODE(job,'SALESMAN','0'))    "SALESMAN"
  7   FROM emp
  8   GROUP BY deptno
  9   ORDER BY deptno ;

    DEPTNO      CLERK    MANAGER  PRESIDENT    ANALYST   SALESMAN
---------- ---------- ---------- ---------- ---------- ----------
        10          1          1          1          0          0
        20          1          1          0          1          0
        30          1          1          0          0          4

SCOTT>
```

위와 같은 결과가 나오는 과정을 자세히 단계별로 살펴보겠습니다.

```
oracle@localhost:~

SCOTT>COL CLERK FOR a8
SCOTT>COL MANAGER FOR a8
SCOTT>COL PRESIDENT FOR a8
SCOTT>COL ANALYST FOR a8
SCOTT>COL SALESMAN FOR a8
SCOTT>
SCOTT>SELECT deptno ,
  2          DECODE(job,'CLERK','0')          "CLERK" ,
  3          DECODE(job,'MANAGER','0')        "MANAGER" ,
  4          DECODE(job,'PRESIDENT','0')      "PRESIDENT" ,
  5          DECODE(job,'ANALYST','0')        "ANALYST" ,
  6          DECODE(job,'SALESMAN','0')       "SALESMAN"
  7   FROM emp ;

    DEPTNO CLERK    MANAGER  PRESIDEN ANALYST  SALESMAN
---------- -------- -------- -------- -------- --------
        20 0
        30                                     0
        30                                     0
        20          0
        30                                     0
        30          0
        10          0
        10                   0
        30                                     0
        30 0
        20                            0
        10 0

12 rows selected.

SCOTT>
```

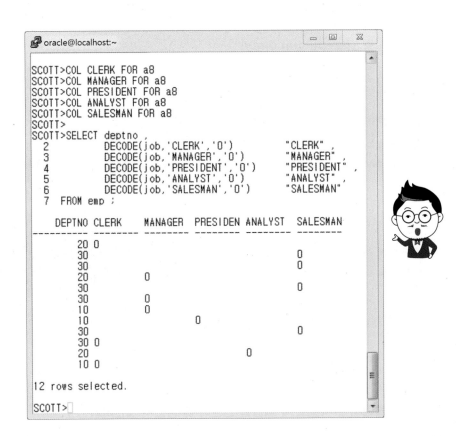

위 화면을 보면 deptno별로 해당 job 부분에 0으로 표시되는 것이 확인되죠? 위 문법을 보면 **DECODE(job,'CLERK',0)** 부분의 뜻이 " **Job이 CLERK라면 0을 출력해라**"라는 뜻이잖아요. 저렇게 해당 job이 있는 자리에 0 표시한 것을 모두 deptno별로 다 더하면 총 인원수가 나오므로 deptno 컬럼으로 group by를 수행하면 됩니다. 위 예에서는 0으로 표시했지만 당연히 다른 것도 되겠죠?

다음과 같이 다른 숫자를 넣어서 테스트를 해 봤습니다.

```
oracle@localhost:~

SCOTT>SELECT deptno ,
  2          DECODE(job,'CLERK','9')          "CLERK" ,
  3          DECODE(job,'MANAGER','9')        "MANAGER" ,
  4          DECODE(job,'PRESIDENT','9')      "PRESIDENT" ,
  5          DECODE(job,'ANALYST','9')        "ANALYST" ,
  6          DECODE(job,'SALESMAN','9')       "SALESMAN"
  7  FROM emp ;

    DEPTNO CLERK    MANAGER  PRESIDEN ANALYST  SALESMAN
---------- -------- -------- -------- -------- --------
        20 9
        30                                     9
        30                                     9
        20          9
        30                                     9
        30          9
        10          9
        10                   9
        30                                     9
        30 9
        20                            9
        10 9

12 rows selected.

SCOTT>
```

위 화면에서 9로 출력되는 것이 이해가 되어야 합니다. 이제 저 숫자들을 부서 번호별로 몇 개인지 세어 합계를 출력하면 되겠죠?

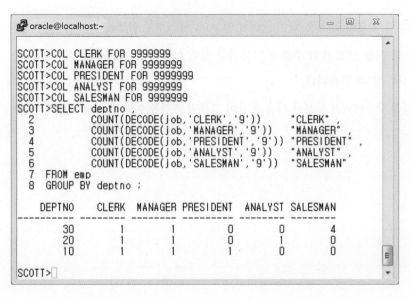

```
oracle@localhost:~

SCOTT>COL CLERK FOR 9999999
SCOTT>COL MANAGER FOR 9999999
SCOTT>COL PRESIDENT FOR 9999999
SCOTT>COL ANALYST FOR 9999999
SCOTT>COL SALESMAN FOR 9999999
SCOTT>SELECT deptno ,
  2          COUNT(DECODE(job,'CLERK','9'))      "CLERK" ,
  3          COUNT(DECODE(job,'MANAGER','9'))    "MANAGER" ,
  4          COUNT(DECODE(job,'PRESIDENT','9')) "PRESIDENT" ,
  5          COUNT(DECODE(job,'ANALYST','9'))    "ANALYST" ,
  6          COUNT(DECODE(job,'SALESMAN','9'))   "SALESMAN"
  7  FROM emp
  8  GROUP BY deptno ;

    DEPTNO    CLERK  MANAGER PRESIDENT  ANALYST SALESMAN
---------- -------- -------- --------- -------- --------
        30        1        1         0        0        4
        20        1        1         0        1        0
        10        1        1         1        0        0

SCOTT>
```

위와 같이 COUNT 함수를 사용하여 부서번호(deptno)별로 개수를 세어 출력했습니다.

만약 deptno별로 정렬을 하고 싶다면 쿼리 마지막에 ORDER BY deptno를 추가하면 되겠죠?

• **PIVOT 함수를 사용하여 emp 테이블에서 직급별로 인원수 표시하기**

```
oracle@localhost:~
SCOTT>
SCOTT>SELECT * FROM ( SELECT deptno , job ,  empno
  2                    FROM emp )
  3  PIVOT
  4  (
  5     COUNT(empno) FOR job IN ('CLERK' AS "CLERK" ,
  6                              'MANAGER' AS "MANAGER" ,
  7                              'PRESIDENT' AS "PRESIDENT" ,
  8                              'ANALYST' AS "ANSLYST" ,
  9                              'SALESMAN' AS "SALESMAN")
 10  )
 11  ORDER BY deptno ;

    DEPTNO      CLERK   MANAGER PRESIDENT     ANSLYST SALESMAN
---------- --------- --------- ---------- ----------- --------
        10          1         1          1          0        0
        20          1         1          0          1        0
        30          1         1          0          0        4

SCOTT>
```

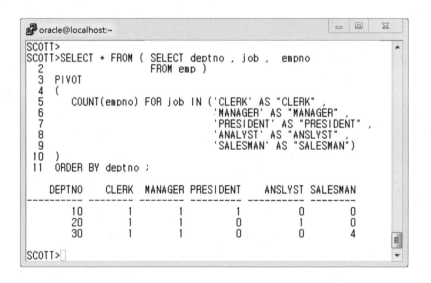

위 pivot 함수를 이용한 예제를 보면 PIVOT 부분에 DECODE 함수에서 사용했던 그룹 함수(COUNT 함수)를 쓰고 FOR 부분에 그룹핑할 컬럼 이름과 IN 뒷부분에 분류할 목록을 적어주는 것을 알 수 있습니다.

조금 더 복잡하지만 PIVOT 부분에 다음과 같이 그룹핑 조건을 여러 개 사용해도 됩니다.

```
SCOTT>COL C_COUNT FOR 9999999
SCOTT>COL C_SUM FOR 9999999
SCOTT>COL M_COUNT FOR 9999999
SCOTT>COL M_SUM FOR 9999999
SCOTT>COL P_COUNT FOR 9999999
SCOTT>COL P_SUM FOR 9999999
SCOTT>COL A_COUNT FOR 9999999
SCOTT>COL A_SUM FOR 9999999
SCOTT>COL s_COUNT FOR 9999999
SCOTT>COL S_SUM FOR 9999999
SCOTT>
SCOTT>SELECT * FROM (SELECT deptno , job , empno , sal
  2                  FROM emp )
  3  PIVOT
  4  (
  5    COUNT(empno) AS COUNT ,
  6    SUM(NVL(sal,0)) AS SUM FOR job IN('CLERK' AS       "C" ,
  7                                      'MANAGER' AS     "M" ,
  8                                      'PRESIDENT' AS   "p" ,
  9                                      'ANALYST'   AS   "A" ,
 10                                      'SALESMAN'  AS   "S")
 11  )
 12  ORDER BY deptno ;

    DEPTNO  C_COUNT     C_SUM  M_COUNT     M_SUM  p_COUNT     p_SUM  A_COUNT     A_SUM  S_COUNT     S_SUM
---------- -------- --------- -------- --------- -------- --------- -------- --------- -------- ---------
        10        1      1300        1      2450        1      5000        0                  0
        20        1       800        1      2975        0                  1      3000        0
        30        1       950        1      2850        0                  0                  4      5600

SCOTT>
```

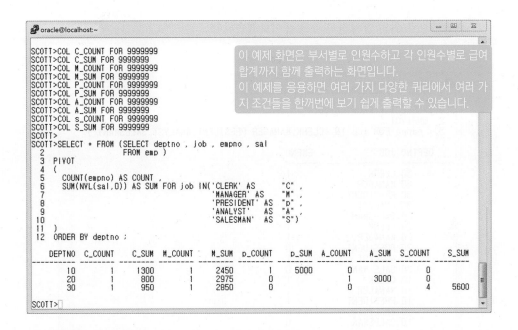

이 예제 화면은 부서별로 인원수하고 각 인원수별로 급여 합계까지 함께 출력하는 화면입니다.
이 예제를 응용하면 여러 가지 다양한 쿼리에서 여러 가지 조건들을 한꺼번에 보기 쉽게 출력할 수 있습니다.

4.6 UNPIVOT( ) 함수

UNPIVOT 테이블은 PIVOT과 반대의 개념으로 합쳐 있는 것을 풀어서 보여 주는 역할을 합니다.

테스트를 위해 아래와 같이 테이블을 생성하겠습니다.

```
SCOTT>CREATE TABLE upivot
  2   AS SELECT * FROM (SELECT deptno , job , empno
  3                      FROM emp )
  4      PIVOT
  5      (
  6       COUNT(empno)
  7        FOR job IN ('CLERK' AS "CLERK" ,
  8                    'MANAGER' AS "MANAGER" ,
  9                    'PRESIDENT' AS "PRESIDENT" ,
 10                    'ANALYST' AS "ANALYST" ,
 11                    'SALESMAN' AS "SALESMAN")
 12   );

Table created.

SCOTT>SELECT * FROM upivot ;

    DEPTNO      CLERK    MANAGER PRESIDENT    ANALYST   SALESMAN
---------- ---------- ---------- --------- ---------- ----------
        30          1          1         0          0          4
        20          1          1         0          1          0
        10          1          1         1          0          0

SCOTT>
```

UNPIVOT으로 위의 합쳐진 결과를 풀어보겠습니다.

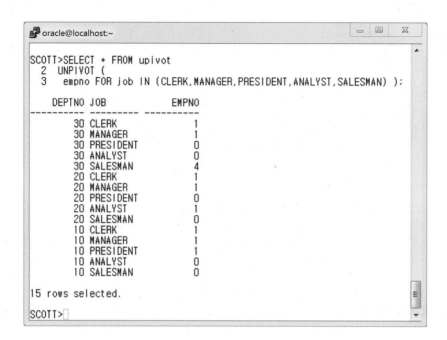

```
oracle@localhost:~

SCOTT>SELECT * FROM upivot
  2  UNPIVOT (
  3   empno FOR job IN (CLERK,MANAGER,PRESIDENT,ANALYST,SALESMAN) );

    DEPTNO JOB            EMPNO
---------- --------- ----------
        30 CLERK              1
        30 MANAGER            1
        30 PRESIDENT          0
        30 ANALYST            0
        30 SALESMAN           4
        20 CLERK              1
        20 MANAGER            1
        20 PRESIDENT          0
        20 ANALYST            1
        20 SALESMAN           0
        10 CLERK              1
        10 MANAGER            1
        10 PRESIDENT          1
        10 ANALYST            0
        10 SALESMAN           0

15 rows selected.

SCOTT>
```

위 화면에서 알 수 있듯이 UNPIVOT( ) 함수는 합쳐져 있는 결과를 다시 풀어주는 함수입니다.

4.7 LAG( ) 함수

이전 행 값을 가져올 때 사용하는 함수입니다(뒷부분에서 활용방법을 살펴봅니다).

문법
LAG(출력할 컬럼명, OFFSET, 기본 출력값)
OVER(Query_partition구문, ORDER BY 정렬할 컬럼)

```
oracle@localhost:~

SCOTT>SELECT ename , hiredate ,sal ,
  2          LAG(sal,1,0) OVER (ORDER BY hiredate) "LAG"
  3   FROM emp ;

ENAME      HIREDATE          SAL        LAG
---------- ---------- ---------- ----------
SMITH      1980-12-17        800          0
ALLEN      1981-02-20       1600        800
WARD       1981-02-22       1250       1600
JONES      1981-04-02       2975       1250
BLAKE      1981-05-01       2850       2975
CLARK      1981-06-09       2450       2850
TURNER     1981-09-08       1500       2450
MARTIN     1981-09-28       1250       1500
KING       1981-11-17       5000       1250
JAMES      1981-12-03        950       5000
FORD       1981-12-03       3000        950
MILLER     1982-01-23       1300       3000

12 rows selected.

SCOTT>
```

```
oracle@localhost:~

SCOTT>SELECT ename , hiredate ,sal ,
  2          LAG(sal,3,2) OVER (ORDER BY hiredate) "LAG"
  3   FROM emp ;

ENAME      HIREDATE          SAL        LAG
---------- ---------- ---------- ----------
SMITH      1980-12-17        800          2
ALLEN      1981-02-20       1600          2
WARD       1981-02-22       1250          2
JONES      1981-04-02       2975        800
BLAKE      1981-05-01       2850       1600
CLARK      1981-06-09       2450       1250
TURNER     1981-09-08       1500       2975
MARTIN     1981-09-28       1250       2850
KING       1981-11-17       5000       2450
JAMES      1981-12-03        950       1500
FORD       1981-12-03       3000       1250
MILLER     1982-01-23       1300       5000

12 rows selected.

SCOTT>
```

4.8 LEAD( ) 함수

LEAD( ) 함수는 LAG( ) 함수와 반대로 이후의 값을 가져오는 함수입니다.

문법이나 사용법은 LAG( ) 함수와 동일합니다. 다만, OFFSET 값이 가장 마지막에 보인다는 것만 다릅니다. 아래 화면을 살펴보겠습니다.

```
oracle@localhost:~

SCOTT>SELECT ename , hiredate ,sal ,
  2          LEAD(sal,2,1) OVER (ORDER BY hiredate) "LEAD"
  3  FROM emp ;

ENAME      HIREDATE          SAL       LEAD
---------- ---------- ---------- ----------
SMITH      1980-12-17        800       1250
ALLEN      1981-02-20       1600       2975
WARD       1981-02-22       1250       2850
JONES      1981-04-02       2975       2450
BLAKE      1981-05-01       2850       1500
CLARK      1981-06-09       2450       1250
TURNER     1981-09-08       1500       5000
MARTIN     1981-09-28       1250        950
KING       1981-11-17       5000       3000
JAMES      1981-12-03        950       1300
FORD       1981-12-03       3000          1
MILLER     1982-01-23       1300          1

12 rows selected.

SCOTT>
```

4.9 RANK( ) 함수 - 순위 출력 함수

RANK 함수는 주어진 컬럼 값의 그룹에서 값의 순위를 계산한 후 순위를 출력해 줍니다.

같은 순위를 가지는 순위 기준에 대해서는 같은 출력 값을 가지기 때문에 RANK 함수의 출력 결과가 연속하지 않을 경우가 있습니다. 이 함수는 top-N과 bottom-N 등 순위를 출력하는 리포팅 작업에 아주 유용하게 사용할 수 있습니다.

이 함수는 특정 데이터의 순위만 볼 수도 있고 전체 데이터의 순위를 다 볼 수도 있는데, 두 가지 경우에 문법이 약간 다릅니다. 아래의 예제로 확인해 보겠습니다.

- **특정 데이터의 순위 확인하기**

```
RANK(조건값) WITHIN GROUP (ORDER BY  조건값 컬럼명 [ASC | DESC] )
```

```
oracle@localhost:~

SCOTT>SELECT RANK('SMITH') WITHIN GROUP (ORDER BY ename) "RANK"
  2  FROM emp ;

      RANK
----------
        10

SCOTT>SELECT ename FROM emp ORDER BY ename ;

ENAME
----------
ALLEN
BLAKE
CLARK
FORD
JAMES
JONES
KING
MARTIN
MILLER
SMITH
TURNER
WARD

12 rows selected.

SCOTT>
```

SMITH가 10번째 조회됩니다

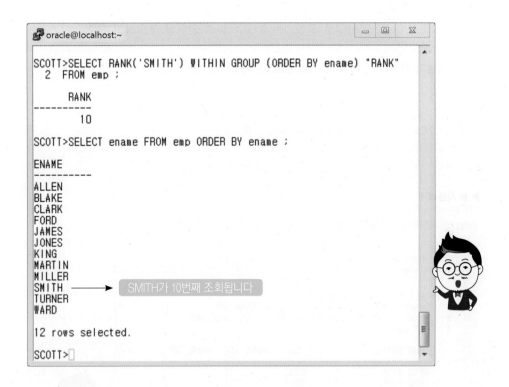

위 예는 ename으로 ORDER BY한 후 'SMITH'가 몇 번째 나오는지 순위를 구한 것입니다.

이때 주의사항은 RANK 뒤에 나오는 데이터와 ORDER BY 뒤에 나오는 데이터는 같은 컬럼이어야 합니다. 즉, 위의 예처럼 이름으로 정렬한 후 이름의 순위를 구해야 하는데, 다른 컬럼일 경우 아래와 같이 에러가 발생합니다.

```
oracle@localhost:~

SCOTT>SELECT RANK('SMITH') WITHIN GROUP (ORDER BY hiredate) "RANK"
  2  FROM emp;
SELECT RANK('SMITH') WITHIN GROUP (ORDER BY hiredate) "RANK"
             *
ERROR at line 1:
ORA-01841: (full) year must be between -4713 and +9999, and not be 0

SCOTT>
```

당연히 에러가 나죠? 입사일로 정렬시켜 놓고 이름의 순위를 찾으라고 시켰으니까요.

• **전체순위보기: RANK( ) 뒤가 WITHIN GROUP가 아니고 OVER로 바뀝니다.**

```
RANK( )  OVER (ORDER BY  조건컬럼명 [ASC | DESC] )
```

▶▶▶ 사용 예 1

emp 테이블에서 사원들의 empno, ename, sal, 급여 순위를 출력하세요.

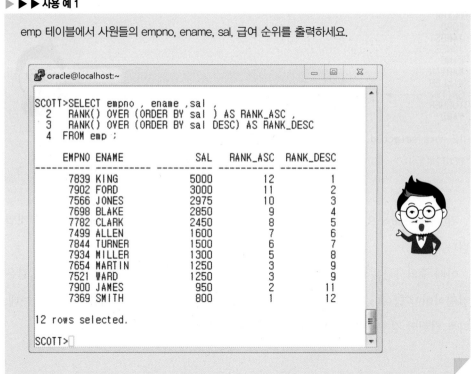

oracle@localhost:~

```
SCOTT>SELECT empno , ename ,sal ,
  2    RANK() OVER (ORDER BY sal ) AS RANK_ASC ,
  3    RANK() OVER (ORDER BY sal DESC) AS RANK_DESC
  4   FROM emp ;

     EMPNO ENAME             SAL   RANK_ASC  RANK_DESC
---------- ---------- ---------- ---------- ----------
      7839 KING             5000         12          1
      7902 FORD             3000         11          2
      7566 JONES            2975         10          3
      7698 BLAKE            2850          9          4
      7782 CLARK            2450          8          5
      7499 ALLEN            1600          7          6
      7844 TURNER           1500          6          7
      7934 MILLER           1300          5          8
      7654 MARTIN           1250          3          9
      7521 WARD             1250          3          9
      7900 JAMES             950          2         11
      7369 SMITH             800          1         12

12 rows selected.

SCOTT>
```

▶▶▶ 사용 예 2

emp 테이블에서 10번 부서에 속한 직원들의 사번과 이름, 급여, 해당 부서 내의 급여 순위를 출력하세요.

oracle@localhost:~

```
SCOTT>
SCOTT>SELECT empno , ename , sal ,
  2          RANK() OVER (ORDER BY sal DESC) "RANK"
  3   FROM emp
  4   WHERE deptno = 10 ;

     EMPNO ENAME             SAL       RANK
---------- ---------- ---------- ----------
      7839 KING             5000          1
      7782 CLARK            2450          2
      7934 MILLER           1300          3

SCOTT>
```

▶▶▶ 사용 예 3

emp 테이블을 조회하여 사번, 이름, 급여, 부서번호, 부서별 급여 순위를 출력하세요(부서별 급여순위 부분을 잘 보세요).

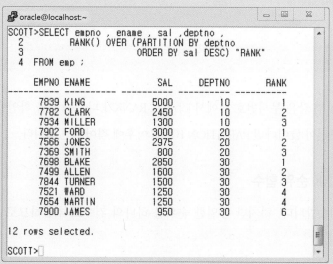

oracle@localhost:~

```
SCOTT>SELECT empno , ename , sal ,deptno ,
  2          RANK() OVER (PARTITION BY deptno
  3                       ORDER BY sal DESC) "RANK"
  4   FROM emp ;

     EMPNO ENAME             SAL     DEPTNO       RANK
---------- ---------- ---------- ---------- ----------
      7839 KING             5000         10          1
      7782 CLARK            2450         10          2
      7934 MILLER           1300         10          3
      7902 FORD             3000         20          1
      7566 JONES            2975         20          2
      7369 SMITH             800         20          3
      7698 BLAKE            2850         30          1
      7499 ALLEN            1600         30          2
      7844 TURNER           1500         30          3
      7521 WARD             1250         30          4
      7654 MARTIN           1250         30          4
      7900 JAMES             950         30          6

12 rows selected.

SCOTT>
```

위 화면에 보면 2행에 PARTITION BY라는 구문이 등장합니다. 이 구문 뒤에 그룹핑을 할 컬럼을 적어주면 됩니다. 위의 예는 부서별 순위를 구하기 위해 deptno를 적어준 것입니다.

▶▶▶ 사용 예 4

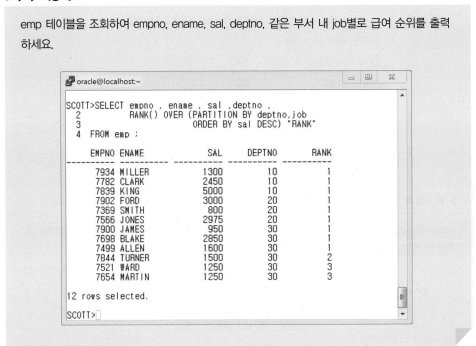

emp 테이블을 조회하여 empno, ename, sal, deptno, 같은 부서 내 job별로 급여 순위를 출력하세요.

```
oracle@localhost:~

SCOTT>SELECT empno , ename , sal ,deptno ,
  2          RANK() OVER (PARTITION BY deptno,job
  3                       ORDER BY sal DESC) "RANK"
  4   FROM emp ;

     EMPNO ENAME             SAL     DEPTNO       RANK
---------- ---------- ---------- ---------- ----------
      7934 MILLER           1300         10          1
      7782 CLARK            2450         10          1
      7839 KING             5000         10          1
      7902 FORD             3000         20          1
      7369 SMITH             800         20          1
      7566 JONES            2975         20          1
      7900 JAMES             950         30          1
      7698 BLAKE            2850         30          1
      7499 ALLEN            1600         30          1
      7844 TURNER           1500         30          2
      7521 WARD             1250         30          3
      7654 MARTIN           1250         30          3

12 rows selected.

SCOTT>
```

위 결과 화면을 보면 같은 부서번호 내에서 job별로 RANK가 나오는 것을 확인할 수 있습니다. 즉, 분류 조건이 늘어나면 PARTITION BY 절 이후에 적어주면 됩니다.

4.10 DENSE_RANK 순위 함수

RANK 함수와 비슷합니다. 하지만 동일한 순위를 하나의 건수로 취급하므로 연속된 순위를 보여 줍니다.

```
oracle@localhost:~

SCOTT>SELECT empno, ename , sal ,
  2          RANK() OVER (ORDER BY sal DESC) sal_rank ,
  3          DENSE_RANK( ) OVER (ORDER BY sal DESC) sal_dense_rank
  4   FROM emp;
```

[출력 결과]

```
oracle@localhost~ - SecureCRT

     EMPNO ENAME      JOB              SAL   SAL_RANK SAL_DENSE_RANK
---------- ---------- ------------ ---------- ---------- --------------
      7839 KING       PRESIDENT        5000          1              1
      7902 FORD       ANALYST          3000          2              2
      7788 SCOTT      ANALYST          3000          2              2
      7566 JONES      MANAGER          2975          4              3
      7698 BLAKE      MANAGER          2850          5              4
      7782 CLARK      MANAGER          2450          6              5
      7499 ALLEN      SALESMAN         1600          7              6
      7844 TURNER     SALESMAN         1500          8              7
      7934 MILLER     CLERK            1300          9              8
      7521 WARD       SALESMAN         1250         10              9
      7654 MARTIN     SALESMAN         1250         10              9
      7876 ADAMS      CLERK            1100         12             10
      7900 JAMES      CLERK             950         13             11
      7369 SMITH      CLERK             800         14             12

14 rows selected.

SCOTT>

Ready    Telnet    21, 8    21 Rows, 72 Cols    VT100    CAP NUM
```

위 그림에서 블록 처리한 부분을 잘 비교해 보세요.

JONES의 순위가 다른 것이 확인되죠?

4.11 ROW_NUMBER( ) 순위 함수

RANK( ) 함수나 DENSE_RANK( ) 함수가 동일한 값에 대해서는 동일한 순위를 부여하는 데 반해, ROW_NUMBER( ) 함수는 동일한 값이라도 고유한 순위를 부여합니다(ORACLE 경우 ROWID가 작은 값에 먼저 순위를 부여합니다).

중복된 순위가 없어서 RANK나 DENSE_RANK함수보다 더 많이 사용을 하는 편입니다.

```
oracle@localhost~ - SecureCRT
SCOTT>
SCOTT> SELECT empno, ename,job,sal,
  2          RANK() OVER (ORDER BY sal DESC) sal_rank,
  3          DENSE_RANK() OVER (ORDER BY sal DESC) sal_dense_rank,
  4          ROW_NUMBER() OVER (ORDER BY sal DESC) sal_row_num
  5  FROM emp;
Ready    Telnet    7, 8    7 Rows, 67 Cols    VT100    NUM
```

[출력 결과]

```
oracle@localhost~ - SecureCRT

 EMPNO ENAME      JOB             SAL   SAL_RANK SAL_DENSE_RANK SAL_ROW_NUM
------ ---------- ------------ ------ ---------- -------------- -----------
  7839 KING       PRESIDENT      5000          1              1           1
  7902 FORD       ANALYST        3000          2              2           2
  7788 SCOTT      ANALYST        3000          2              2           3
  7566 JONES      MANAGER        2975          4              3           4
  7698 BLAKE      MANAGER        2850          5              4           5
  7782 CLARK      MANAGER        2450          6              5           6
  7499 ALLEN      SALESMAN       1600          7              6           7
  7844 TURNER     SALESMAN       1500          8              7           8
  7934 MILLER     CLERK          1300          9              8           9
  7521 WARD       SALESMAN       1250         10              9          10
  7654 MARTIN     SALESMAN       1250         10              9          11
  7876 ADAMS      CLERK          1100         12             10          12
  7900 JAMES      CLERK           950         13             11          13
  7369 SMITH      CLERK           800         14             12          14

14 rows selected.
Ready    Telnet    20, 8    20 Rows, 77 Cols    VT100    NUM
```

이번에는 위에서 배운 순위 함수를 다 사용해서 순위를 매겨 봅니다.

부서번호가 10, 20번인 사원에서 부서별로 급여가 낮은 순으로 순위를 부여합니다.

```
oracle@localhost~ - SecureCRT
SCOTT>
SCOTT> SELECT deptno
  2          ,sal
  3          ,empno
  4          ,ROW_NUMBER() OVER (PARTITION BY deptno ORDER BY sal)        row_number1
  5          ,RANK()       OVER (PARTITION BY deptno ORDER BY sal)        rank1
  6          ,DENSE_RANK() OVER (PARTITION BY deptno ORDER BY sal)        dense_rank1
  7          ,ROW_NUMBER() OVER (PARTITION BY deptno ORDER BY sal,empno)  row_number2
  8          ,RANK()       OVER (PARTITION BY deptno ORDER BY sal,empno)  rank2
  9          ,DENSE_RANK() OVER (PARTITION BY deptno ORDER BY sal,empno)  dense_rank2
 10  FROM emp
 11  WHERE deptno IN ('10', '20')
 12  ORDER BY deptno ,sal ,empno
 13  ;
Ready    Telnet    14, 8    14 Rows, 85 Cols    VT100    NUM
```

위 그림에서 4, 5, 6번 행(1번 그룹 순위 함수)과 7, 8, 9번 행(2번 그룹 순위 함수)의 SQL 문장의 차이는 ORDER BY 컬럼에 정렬하는 컬럼이(empno) 하나 더 추가되었습니다.

– 1번 그룹 ORDER BY절 컬럼: SAL

– 2번 그룹 ORDER BY절 컬럼: SAL, EMPNO

[결과]

DEPTNO	SAL	EMPNO	ROW_NUMBER1	RANK1	DENSE_RANK1	ROW_NUMBER2	RANK2	DENSE_RANK2
10	1300	7934	1	1	1	1	1	1
10	2450	7782	2	2	2	2	2	2
10	5000	7839	3	3	3	3	3	3
20	800	7369	1	1	1	1	1	1
20	1100	7876	2	2	2	2	2	2
20	2975	7566	3	3	3	3	3	3
20	3000	7788	4	4	4	4	4	4
20	3000	7902	5	4	4	5	5	5

정렬이 다른 두 가지 경우의 차이점을 이해하였습니까?

1번 그룹 정렬에는 "SAL" 컬럼으로만 정렬을 했기 때문에, 중복된 데이터가 발생할 수 있습니다.

실제로 부서번호가 20번인 경우 "3000" 급여가 중복 발생하였습니다.

SAL 컬럼 값이 중복 발생했을 때 정렬 처리를 고려하지 않았습니다.

그래서 1번 그룹의 RANK와 DENSE_RANK는 중복된 순위가 발생하였습니다.

유일한 순위를 부여한다면 RANK, DENSE_RANK 함수보다 ROW_NUMBER 함수를 사용하면 됩니다.

ROW_NUMBER는 중복된 데이터가 있는 경우, ROWID가 작은 값에 먼저 순위를 부여하므로 중복된 순위가 없습니다.

하지만 ROWID가 바뀐다면 항상 같은 결과의 순위를 보여 줄 수는 없다는 것입니다.

ROW ID란 데이터가 저장될 때 받는 고유한 번호(학생의 학번이나 주민등록번호) 같은 개념입니다. ROW ID에 대한 내용은 제가 쓴《오라클 관리 실무》에 자세하게 나와 있으니 참고해주세요.

사실 ROWID가 바뀌는 것은 해당 DATA를 지우고 다시 INSERT하는 경우입니다.

보통 데이터 마이그레이션 후에 정렬된 순서가 틀린 경우가 있는데, 그것은 정렬 순서를 명확하게 지정하지 않아서입니다. 즉, 정렬 컬럼의 중복된 값에 대한 처리를 하지 않았습니다.

데이터 마이그레이션 후 고객이 특정 데이터의 정렬 순서가 바뀌었다고 하는 얘기를 종종 듣습니다. 그럴 때마다 제일 먼저 의심하는 것이 명확한 정렬 컬럼 미지정입니다.

항상 같은 정렬 순서를 보장하기 위해서는 반드시 유니크한 컬럼(예: PK 컬럼들)을 기술해야 하는 것을 습관화해야 합니다.

그래야 같은 쿼리를 반복 수행해도 항상 같은 순서를 부여합니다.

ORDER BY절 컬럼이 유니크하지 않을 때는, 같은 값에 대한 정렬은 어떻게 처리해야 되는지를 반드시 생각해야 합니다.

2번 그룹 정렬처럼 ORDER BY절에 유니크한 컬럼(EMPNO)을 추가하여 중복 값이 발생했을 때의 처리를 항상 습관화해야 합니다.

4.12 SUM( ) OVER를 활용한 누계 구하기

▶▶▶ 사용 예 1

panmae 테이블을 사용하여 1000번 대리점의 판매 내역을 출력하되 판매일자, 제품코드, 판매량, 누적 판매금액을 아래와 같이 출력하세요.

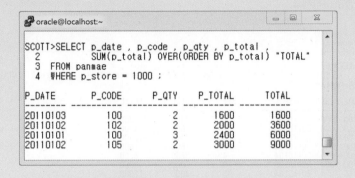

```
oracle@localhost:~

SCOTT>SELECT p_date , p_code , p_qty , p_total ,
  2          SUM(p_total) OVER(ORDER BY p_total) "TOTAL"
  3  FROM panmae
  4  WHERE p_store = 1000 ;

P_DATE        P_CODE      P_QTY    P_TOTAL      TOTAL
-------- ---------- ---------- ---------- ----------
20110103        100          2       1600       1600
20110102        102          2       2000       3600
20110101        100          3       2400       6000
20110102        105          2       3000       9000
```

▶▶▶ 사용 예 2

panmae 테이블을 사용하여 1000번 대리점의 판매 내역을 제품 코드별로 분류한 후 판매일자, 제품코드, 판매량, 판매금액, 누적판매금액을 아래와 같이 출력하세요.

```
oracle@localhost:~
SCOTT>SELECT p_date , p_code , p_qty , p_total ,
  2          SUM(p_total) OVER(PARTITION BY p_code ORDER BY p_total ) "TOTAL"
  3  FROM panmae
  4  WHERE p_store = 1000 ;

P_DATE        P_CODE      P_QTY    P_TOTAL      TOTAL
-------- ---------- ---------- ---------- ----------
20110103        100          2       1600       1600
20110101        100          3       2400       4000
20110102        102          2       2000       2000
20110102        105          2       3000       3000

SCOTT>
```

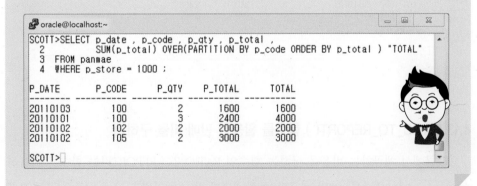

위 결과의 2번 라인에 보면 partition by라는 구문이 등장합니다. 이 구문으로 세부적인 그루핑을 하게 됩니다. 위 예제 같은 경우 4번 라인으로 우선 1000번 대리점의 내역만 걸러서 집계를 한 후 2번 라인의 partition by라는 구문의 p_code로 누적판매금액을 집계합니다.

위 결과를 보면 제품 코드별로 누적판매금액이 계산되는 것을 확인할 수 있습니다.

▶▶▶ **사용 예 3**

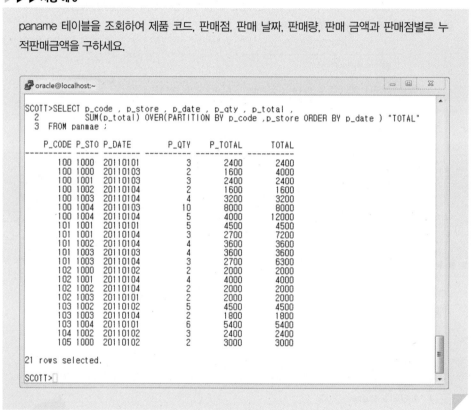

paname 테이블을 조회하여 제품 코드, 판매점, 판매 날짜, 판매량, 판매 금액과 판매점별로 누적판매금액을 구하세요.

```
oracle@localhost:~

SCOTT>SELECT p_code , p_store , p_date , p_qty , p_total ,
  2          SUM(p_total) OVER(PARTITION BY p_code ,p_store ORDER BY p_date ) "TOTAL"
  3   FROM panmae ;

    P_CODE P_STO P_DATE          P_QTY    P_TOTAL      TOTAL
---------- ----- --------- ---------- ---------- ----------
       100 1000  20110101           3       2400       2400
       100 1000  20110103           2       1600       4000
       100 1001  20110103           3       2400       2400
       100 1002  20110104           2       1600       1600
       100 1003  20110104           4       3200       3200
       100 1004  20110103          10       8000       8000
       100 1004  20110104           5       4000      12000
       101 1001  20110101           5       4500       4500
       101 1001  20110104           3       2700       7200
       101 1002  20110104           4       3600       3600
       101 1003  20110103           4       3600       3600
       101 1003  20110104           3       2700       6300
       102 1000  20110102           2       2000       2000
       102 1001  20110104           4       4000       4000
       102 1002  20110104           2       2000       2000
       102 1003  20110101           2       2000       2000
       103 1002  20110102           5       4500       4500
       103 1003  20110104           2       1800       1800
       103 1004  20110101           6       5400       5400
       104 1002  20110102           3       2400       2400
       105 1000  20110102           2       3000       3000

21 rows selected.

SCOTT>
```

4.13 RATIO_TO_REPORT( ) 함수를 활용한 판매 비율 구하기

오라클에서 제공하는 비율을 구하는 함수인 RATIO_TO_REPORT라는 함수를 사용하여 panmae 테이블에서 100번 제품의 판매 내역과 각 판매점별로 판매 비중을 구해 보겠습니다.

```
oracle@localhost:~

SCOTT>SELECT p_code , SUM(SUM(p_qty)) OVER() "TOTAL_QTY" ,
  2          SUM(SUM(p_total)) OVER() "TOTAL_PRICE" , p_store , p_qty , p_total ,
  3          ROUND((RATIO_TO_REPORT(SUM(p_qty)) OVER())*100,2) "qty_%" ,
  4          ROUND((RATIO_TO_REPORT(SUM(p_total)) OVER())*100,2) "total_%"
  5  FROM panmae
  6  WHERE p_code = 100
  7  GROUP BY p_code , p_store , p_qty , p_total ;

    P_CODE  TOTAL_QTY TOTAL_PRICE P_STO      P_QTY    P_TOTAL      qty_%    total_%
---------- ---------- ----------- ----- ---------- ---------- ---------- ----------
       100         29       23200 1002           2       1600        6.9        6.9
       100         29       23200 1001           3       2400      10.34      10.34
       100         29       23200 1000           3       2400      10.34      10.34
       100         29       23200 1000           2       1600        6.9        6.9
       100         29       23200 1004           5       4000      17.24      17.24
       100         29       23200 1004          10       8000      34.48      34.48
       100         29       23200 1003           4       3200      13.79      13.79

7 rows selected.

SCOTT>
```

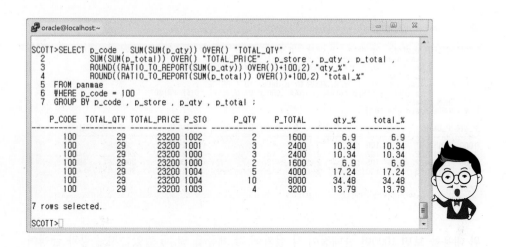

위 내용은 전체 판매 내역 중에서 100번 제품이 총 몇 개 팔렸으며 판매 금액은 얼마이고 그중에서 각 판매점별로 판매량과 판매 금액을 구한 후 수량 대비 비중과 금액 대비 비중을 구한 화면입니다.

내용이 다소 복잡하지만 3번 행과 4번 행을 보면 RATIO_TO_REPORT라는 함수가 사용되고 있음이 확인됩니다. 위와 같이 비율을 출력할 때 아주 유용하게 사용되는 함수입니다.

이 장의 연습문제에 이 함수와 관련된 문제들이 있으니 꼭 풀어보기를 바랍니다.

4.14 LAG 함수를 활용한 차이 구하기

다음 화면은 1000번 판매점의 일자별 판매 내역과 금액 및 전일 판매 수량과 금액 차이를 출력하는 화면입니다.

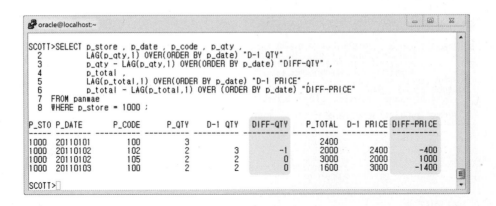

```
oracle@localhost:~

SCOTT>SELECT p_store , p_date , p_code , p_qty ,
  2          LAG(p_qty,1) OVER(ORDER BY p_date) "D-1 QTY" ,
  3          p_qty - LAG(p_qty,1) OVER(ORDER BY p_date) "DIFF-QTY" ,
  4          p_total ,
  5          LAG(p_total,1) OVER(ORDER BY p_date) "D-1 PRICE" ,
  6          p_total - LAG(p_total,1) OVER (ORDER BY p_date) "DIFF-PRICE"
  7  FROM panmae
  8  WHERE p_store = 1000 ;

P_STO P_DATE       P_CODE      P_QTY    D-1 QTY   DIFF-QTY    P_TOTAL  D-1 PRICE DIFF-PRICE
----- -------- ---------- ---------- ---------- ---------- ---------- ---------- ----------
1000  20110101        100          3                             2400
1000  20110102        102          2          3         -1       2000       2400       -400
1000  20110102        105          2          2          0       3000       2000       1000
1000  20110103        100          2          2          0       1600       3000      -1400

SCOTT>
```

위 내용을 보면 1000번 판매점이 각 날짜에 각 제품을 몇 개 팔았는지 수량과 금액이 나오고 LAG 함수를 활용하여 전일 판매량과 금액을 구하여 당일과 전일 판매 수량과 금액의 차이를 보여 줍니다. 위 결과 화면에서 P_STORE는 판매점 코드이고 P_DATE는 판매 날짜, P_QTY는 판매 수량, D−1 QTY는 전일 판매량, DIFF−QTY는 전일과 당일 판매량 차이, P_TOTAL은 당일 판매 금액, D−1 PRICE는 전일 판매 금액, DIFF_PRICE는 전일과 당일 판매 금액 차이입니다.

내용이 조금 복잡하죠?

만약 모든 판매점을 판매점별로 구분해서 다 출력하고 싶을 경우 다음 그림과 같이 하면 됩니다.

```
oracle@localhost:~

SCOTT>SELECT p_store , p_date , p_code , p_qty ,
  2          LAG(p_qty,1) OVER(PARTITION BY p_store ORDER BY p_date) "D-1 QTY" ,
  3          p_qty - LAG(p_qty,1) OVER(PARTITION BY p_store ORDER BY p_date) "DIFF-QTY" ,p_total ,
  4          LAG(p_total,1) OVER(PARTITION BY p_store ORDER BY p_date) "D-1 PRICE" ,
  5          p_total - LAG(p_total,1) OVER (PARTITION BY p_store ORDER BY p_date) "DIFF-PRICE"
  6  FROM panmae ;

P_STO P_DATE       P_CODE      P_QTY    D-1 QTY   DIFF-QTY    P_TOTAL  D-1 PRICE DIFF-PRICE
----- -------- ---------- ---------- ---------- ---------- ---------- ---------- ----------
1000  20110101        100          3                             2400
1000  20110102        105          2          3         -1       3000       2400        600
1000  20110102        102          2          2          0       2000       3000      -1000
1000  20110103        100          2          2          0       1600       2000       -400
1001  20110101        101          5                             4500
1001  20110103        100          3          5         -2       2400       4500      -2100
1001  20110104        101          3          3          0       2700       2400        300
1001  20110104        102          4          3          1       4000       2700       1300
1002  20110102        104          3                             2400
1002  20110102        103          5          3          2       4500       2400       2100
1002  20110104        101          4          5         -1       3600       4500       -900
1002  20110104        100          2          4         -2       1600       3600      -2000
1002  20110104        102          2          2          0       2000       1600        400
1003  20110101        102          2                             2000
1003  20110103        101          4          2          2       3600       2000       1600
1003  20110104        103          2          4         -2       1800       3600      -1800
1003  20110104        100          4          2          2       3200       1800       1400
1003  20110104        101          3          4         -1       2700       3200       -500
1004  20110101        103          6                             5400
1004  20110103        100         10          6          4       8000       5400       2600
1004  20110104        100          5         10         -5       4000       8000      -4000

21 rows selected.

SCOTT>
```

위 화면에서 2, 3, 4, 5번 행의 LAG 함수 안에 over 부분에 partition by 구문을 활용해서 p_store 컬럼으로 구분하도록 설정하였습니다.

이상으로 많이 사용되는 그룹 함수들을 살펴보았습니다. 다음 페이지에 반드시 알고 있어야 하는 그룹 함수 관련된 연습문제들이 있으니 꼭 스스로의 힘으로 풀어보세요.

연습문제

1. emp 테이블을 사용하여 사원 중에서 급여(sal)와 보너스(comm)를 합친 금액이 가장 많은 경우와 가장 적은 경우, 평균 금액을 구하세요. 단, 보너스가 없을 경우는 보너스를 0으로 계산하고 출력 금액은 모두 소수점 첫째 자리까지만 나오게 하세요.

결과 화면

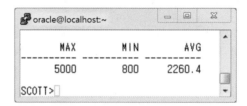

```
oracle@localhost:~

       MAX        MIN        AVG
---------- ---------- ----------
      5000        800     2260.4

SCOTT>
```

2. student 테이블의 birthday 컬럼을 참조해서 아래와 같이 월별로 생일자 수를 출력하세요.

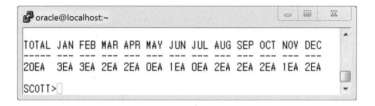

```
oracle@localhost:~

TOTAL JAN FEB MAR APR MAY JUN JUL AUG SEP OCT NOV DEC
----- --- --- --- --- --- --- --- --- --- --- --- ---
20EA  3EA 3EA 2EA 2EA 0EA 1EA 0EA 2EA 2EA 2EA 1EA 2EA

SCOTT>
```

3. Student 테이블의 tel 컬럼을 참고하여 아래와 같이 지역별 인원수를 출력하세요. 단, 02–SEOUL, 031–GYEONGGI, 051–BUSAN, 052–ULSAN, 053–DAEGU, 055–GYEONGNAM으로 출력하세요.

결과 화면

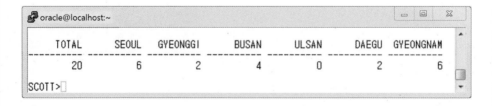

```
oracle@localhost:~

     TOTAL      SEOUL   GYEONGGI      BUSAN      ULSAN      DAEGU  GYEONGNAM
---------- ---------- ---------- ---------- ---------- ---------- ----------
        20          6          2          4          0          2          6

SCOTT>
```

4. 먼저 emp 테이블에 아래 두 건의 데이터를 입력한 후 작업하세요.
Emp 테이블을 사용하여 아래의 화면과 같이 부서별로 직급별로 급여 합계 결과를 출력하세요.

```
SCOTT>INSERT  INTO emp (empno,deptno,ename,sal)
2 VALUES (1000,10,'Tiger',3600) ;

SCOTT> INSERT INTO emp (empno,deptno,ename,sal)
2  VALUES (2000,10,'Cat',3000);
SCOTT> COMMIT ;
```

```
oracle@localhost:~
SCOTT>set pagesize 50
SCOTT>SELECT empno , ename , job , sal FROM emp ;

     EMPNO ENAME      JOB              SAL
---------- ---------- --------- ----------
      1000 Tiger                      3600
      2000 Cat                        3000
      7369 SMITH      CLERK           1000
      7499 ALLEN      SALESMAN        1600
      7521 WARD       SALESMAN        1250
      7566 JONES      MANAGER         2975
      7654 MARTIN     SALESMAN        1250
      7698 BLAKE      MANAGER         2850
      7782 CLARK      MANAGER         2450
      7839 KING       PRESIDENT       5000
      7844 TURNER     SALESMAN        1500
      7900 JAMES      CLERK            950
      7902 FORD       ANALYST         6000
      7934 MILLER     CLERK           1300

14 rows selected.

SCOTT>
```

출력 결과 화면

```
oracle@localhost:~

    DEPTNO      CLERK    MANAGER  PRESIDENT    ANALYST   SALESMAN      TOTAL
---------- ---------- ---------- ---------- ---------- ---------- ----------
        10       1300       2450       5000          0          0       8750
        20       1000       2975          0       6000          0       9975
        30        950       2850          0          0       5600       9400
                 3250       8275       5000       6000       5600      28125

SCOTT>
```

5. emp 테이블을 사용하여 직원들의 급여와 전체 급여의 누적 급여금액이 아래와 같도록 출력하세요. 단, 급여를 오름차순으로 정렬해서 출력하세요.

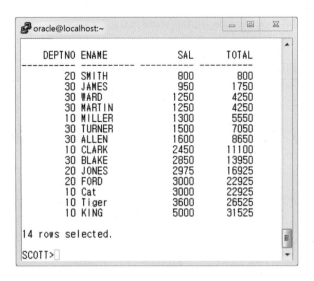

```
oracle@localhost:~

    DEPTNO ENAME             SAL      TOTAL
---------- ---------- ---------- ----------
        20 SMITH             800        800
        30 JAMES             950       1750
        30 WARD             1250       4250
        30 MARTIN           1250       4250
        10 MILLER           1300       5550
        30 TURNER           1500       7050
        30 ALLEN            1600       8650
        10 CLARK            2450      11100
        30 BLAKE            2850      13950
        20 JONES            2975      16925
        20 FORD             3000      22925
        10 Cat              3000      22925
        10 Tiger            3600      26525
        10 KING             5000      31525

14 rows selected.

SCOTT>
```

6. fruit 테이블을 아래와 같은 형태로 출력하세요.

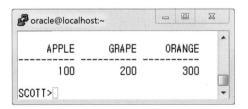

```
oracle@localhost:~

     APPLE      GRAPE     ORANGE
---------- ---------- ----------
       100        200        300

SCOTT>
```

7. student 테이블의 Tel 컬럼을 사용하여 아래와 같이 지역별 인원수와 전체 대비 차지하는 비율을 출력하세요. 단, 02-SEOUL, 031-GYEONGGI, 051-BUSAN, 052-ULSAN, 053-DAEGU, 055-GYEONGNAM으로 출력하세요.

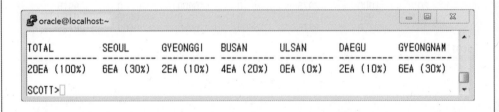

```
oracle@localhost:~

TOTAL        SEOUL      GYEONGGI   BUSAN      ULSAN      DAEGU      GYEONGNAM
------------ ---------- ---------- ---------- ---------- ---------- ----------
20EA (100%)  6EA (30%)  2EA (10%)  4EA (20%)  0EA (0%)   2EA (10%)  6EA (30%)

SCOTT>
```

8. emp 테이블을 사용하여 아래와 같이 부서별로 급여 누적 합계가 나오도록 출력하세요. 단, 부서 번호로 오름차순 출력하세요.

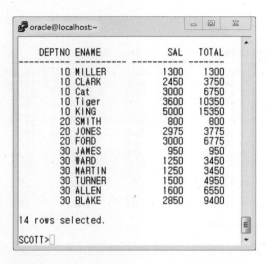

```
oracle@localhost:~

    DEPTNO ENAME             SAL   TOTAL
---------- ---------- ---------- -------
        10 MILLER           1300    1300
        10 CLARK            2450    3750
        10 Cat              3000    6750
        10 Tiger            3600   10350
        10 KING             5000   15350
        20 SMITH             800     800
        20 JONES            2975    3775
        20 FORD             3000    6775
        30 JAMES             950     950
        30 WARD             1250    3450
        30 MARTIN           1250    3450
        30 TURNER           1500    4950
        30 ALLEN            1600    6550
        30 BLAKE            2850    9400

14 rows selected.

SCOTT>
```

9. emp 테이블을 사용하여 아래와 같이 각 사원의 급여액이 전체 직원 급여 총액에서 몇 %의 비율을 차지하는지 출력하세요. 단, 급여 비중이 높은 사람이 먼저 출력되도록 하세요.

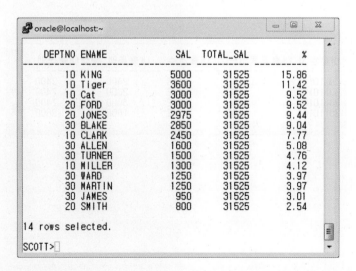

```
oracle@localhost:~

    DEPTNO ENAME             SAL  TOTAL_SAL          %
---------- ---------- ---------- ---------- ----------
        10 KING             5000      31525      15.86
        10 Tiger            3600      31525      11.42
        10 Cat              3000      31525       9.52
        20 FORD             3000      31525       9.52
        20 JONES            2975      31525       9.44
        30 BLAKE            2850      31525       9.04
        10 CLARK            2450      31525       7.77
        30 ALLEN            1600      31525       5.08
        30 TURNER           1500      31525       4.76
        10 MILLER           1300      31525       4.12
        30 WARD             1250      31525       3.97
        30 MARTIN           1250      31525       3.97
        30 JAMES             950      31525       3.01
        20 SMITH             800      31525       2.54

14 rows selected.

SCOTT>
```

10. emp 테이블을 조회하여 아래와 같이 각 직원들의 급여가 해당 부서 합계금액에서 몇 %의 비중을 차지하는지를 출력하세요. 단, 부서 번호를 기준으로 오름차순으로 출력하세요.

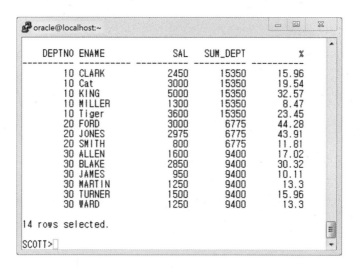

```
oracle@localhost:~

    DEPTNO ENAME             SAL   SUM_DEPT          %
---------- ---------- ---------- ---------- ----------
        10 CLARK            2450      15350      15.96
        10 Cat              3000      15350      19.54
        10 KING             5000      15350      32.57
        10 MILLER           1300      15350       8.47
        10 Tiger            3600      15350      23.45
        20 FORD             3000       6775      44.28
        20 JONES            2975       6775      43.91
        20 SMITH             800       6775      11.81
        30 ALLEN            1600       9400      17.02
        30 BLAKE            2850       9400      30.32
        30 JAMES             950       9400      10.11
        30 MARTIN           1250       9400       13.3
        30 TURNER           1500       9400      15.96
        30 WARD             1250       9400       13.3

14 rows selected.

SCOTT>
```

11. loan 테이블을 사용하여 1000번 지점의 대출 내역을 출력하되 대출일자, 대출종목코드, 대출건수, 대출총액, 누적대출금액을 아래와 같이 출력하세요.

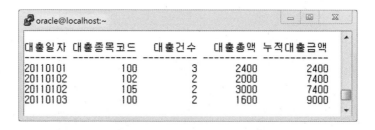

```
oracle@localhost:~

대출일자 대출종목코드    대출건수   대출총액 누적대출금액
-------- ------------ ---------- ---------- ------------
20110101          100          3       2400         2400
20110102          102          2       2000         7400
20110102          105          2       3000         7400
20110103          100          2       1600         9000
```

12. loan 테이블을 사용하여 전체 지점의 대출종목코드, 대출지점, 대출일자, 대출건수, 대출액을 대출코드와 대출지점별로 누적 합계를 구하세요.

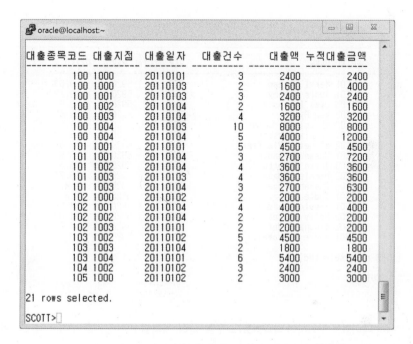

```
oracle@localhost:~

대출종목코드 대출지점  대출일자   대출건수      대출액 누적대출금액
------------ -------- -------- ---------- ---------- ------------
         100 1000     20110101          3       2400         2400
         100 1000     20110103          2       1600         4000
         100 1001     20110103          3       2400         2400
         100 1002     20110104          2       1600         1600
         100 1003     20110104          4       3200         3200
         100 1004     20110103         10       8000         8000
         100 1004     20110104          5       4000        12000
         101 1001     20110101          5       4500         4500
         101 1001     20110104          3       2700         7200
         101 1002     20110104          4       3600         3600
         101 1003     20110103          4       3600         3600
         101 1003     20110104          3       2700         6300
         102 1000     20110102          2       2000         2000
         102 1001     20110104          4       4000         4000
         102 1002     20110104          2       2000         2000
         102 1003     20110101          2       2000         2000
         103 1002     20110102          5       4500         4500
         103 1003     20110104          2       1800         1800
         103 1004     20110101          6       5400         5400
         104 1002     20110102          3       2400         2400
         105 1000     20110102          2       3000         3000

21 rows selected.

SCOTT>
```

13. loan 테이블을 조회하여 1000번 지점의 대출 내역을 대출 코드별로 합쳐서 대출일자, 대출구분코드, 대출건수, 대출총액, 코드별 누적대출금액을 아래와 같이 출력하세요.

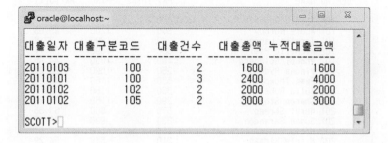

```
oracle@localhost:~

대출일자 대출구분코드   대출건수   대출총액 누적대출금액
-------- ------------ ---------- ---------- ------------
20110103          100          2       1600         1600
20110101          100          3       2400         4000
20110102          102          2       2000         2000
20110102          105          2       3000         3000

SCOTT>
```

14. professor 테이블에서 각 교수들의 급여를 구하고 각 교수의 급여액이 전체 교수의 급여 합계에서 차지하는 비율을 출력하세요.

```
oracle@localhost:~

    DEPTNO NAME                        PAY  TOTAL PAY    RATIO %
---------- -------------------- ---------- ---------- ----------
       201 Meryl Streep                570       5920       9.63
       101 Audie Murphy                550       5920       9.29
       103 Emma Thompson               530       5920       8.95
       203 Meg Ryan                    500       5920       8.45
       102 Whoopi Goldberg             490       5920       8.28
       101 Angela Bassett              380       5920       6.42
       102 Michelle Pfeiffer           350       5920       5.91
       201 Susan Sarandon              330       5920       5.57
       103 Julia Roberts               330       5920       5.57
       202 Nicole Kidman               310       5920       5.24
       103 Sharon Stone                290       5920        4.9
       301 Jodie Foster                290       5920        4.9
       101 Jessica Lange               270       5920       4.56
       202 Holly Hunter                260       5920       4.39
       102 Winona Ryder                250       5920       4.22
       301 Andie Macdowell             220       5920       3.72

16 rows selected.

SCOTT>
```

15. professor 테이블을 조회하여 학과번호, 교수명, 급여, 학과별 급여 합계를 구하고 각 교수의 급여가 해당 학과별 급여 합계에서 차지하는 비율을 출력하세요.

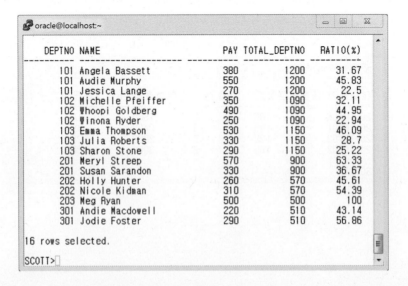

```
oracle@localhost:~

    DEPTNO NAME                        PAY TOTAL_DEPTNO   RATIO(%)
---------- -------------------- ---------- ------------ ----------
       101 Angela Bassett              380         1200      31.67
       101 Audie Murphy                550         1200      45.83
       101 Jessica Lange               270         1200       22.5
       102 Michelle Pfeiffer           350         1090      32.11
       102 Whoopi Goldberg             490         1090      44.95
       102 Winona Ryder                250         1090      22.94
       103 Emma Thompson               530         1150      46.09
       103 Julia Roberts               330         1150       28.7
       103 Sharon Stone                290         1150      25.22
       201 Meryl Streep                570          900      63.33
       201 Susan Sarandon              330          900      36.67
       202 Holly Hunter                260          570      45.61
       202 Nicole Kidman               310          570      54.39
       203 Meg Ryan                    500          500        100
       301 Andie Macdowell             220          510      43.14
       301 Jodie Foster                290          510      56.86

16 rows selected.

SCOTT>
```

이번 장의 내용들은 많이 어려웠죠?

보기 좋게 일부러 쉬운 내용만 골라서 쓸 수 있었지만 지금 이 책을 보는 독자님들이 현업에서 바로 사용할 수 있는 고급 수준의 쿼리를 전하고 싶은 마음으로 다양한 예제들을 소개했습니다.

이번 장에서 배운 내용만 잘 숙지해도 현업에서 사용되는 대부분의 집계 쿼리들을 감당해 낼 내공이 되니까 확실하게 이해될 때까지 반복해서 계속 풀어보세요.

이상으로 그룹 함수를 마치겠습니다.

Check Your Self!

스스로 아래 질문들을 천천히 생각해보고 YES / NO를 체크해 보세요.

아래 질문들에 모두 YES를 선택할 수 있다면 이번 장을 완전히 마스터했다는 의미이고 부족한 부분이 있다면 다시 한 번 더 공부해서 완전히 배우길 권해 드립니다.

1. 나는 기본적인 그룹 함수들을 사용할 수 있는가? (YES / NO)
2. 나는 GROUP BY절을 활용하여 그루핑을 할 수 있는가? (YES / NO)
3. 나는 HAVING절을 사용하여 조건을 활용할 수 있는가? (YES / NO)
4. 나는 ROLLUP / CUBE를 사용하여 소계/합계를 구할 수 있는가? (YES / NO)
5. 나는 GROUPING SETS를 활용하여 복잡한 그룹 함수 쿼리를 합칠 수 있는가?(YES / NO)
6. 나는 LISTAGG 함수를 활용하여 가로로 목록을 출력할 수 있는가 ? (YES / NO)
7. 나는 그룹 함수와 DECODE를 활용하여 달력 및 집계를 출력할 수 있는가? (YES / NO)
8. 나는 PIVOT 함수를 사용하여 집계 결과를 출력할 수 있는가? (YES / NO)
9. 나는 LAG 함수를 활용하여 기준일과 오늘과의 차이를 출력할 수 있는가? (YES / NO)
10. 나는 RANK( ) 함수를 활용하여 데이터들의 순위를 출력할 수 있는가? (YES / NO)
11. 나는 SUM( ) OVER 함수를 활용하여 누적 집계 결과를 출력할 수 있는가? (YES / NO)
12. 나는 RATIO_TO_REPORT( ) 함수를 사용하여 비율을 출력할 수 있는가? (YES / NO)

위 항목들을 모두 자신 있게 YES 할 수 있을 때까지 이번 장을 열심히 공부해야 합니다.

잠시 쉬어 가는 페이지

히말라야에 사는 고산족들은 산양을 사고 팔기 위해 시장이 아닌 산비탈로 향한다고 합니다.

왜 시장이 아닌 산비탈일까요?

그들은 산양을 사고팔 때 그 크기에 따라 값을 정하는 것이 아니라 산양의 성질에 따라 값을 정하기 때문이랍니다.

산비탈 위에서는 산양의 진짜 성질을 알 수 있다고 합니다. 산비탈에 산양을 놓아두고 살 사람과 팔 사람이 가만히 지켜본다고 합니다. 지켜보던 산양이 산비탈 위로 풀을 뜯으러 올라가면 아무리 작고 마른 산양이라도 값이 오르고, 비탈 아래로 내려가면 몸이 크고 살이 쪘다 해도 값이 내려간다고 합니다.

왜냐하면 위로 올라가는 산양은 현재는 힘들더라도 넓은 산허리의 풀들을 먹으며 건강하게 자랄 미래가 있지만, 아래로 내려가는 산양은 결국 협곡 바닥으로 향하게 되어 있고, 그곳에 이르러서는 굶주려 죽기 때문이라고 합니다.

독자님, 우리는 어떤가요?

지금 힘들어도 올라가는 길을 선택하고 있는지 아니면 힘들다고 올라가기를 포기하고 쉬운 내려가는 길을 선택하고 있지는 않나요? 내려가는 길을 선택했다면 머지않아 굶주려 죽게 될지도 모릅니다.

Python 언어와 웹 크롤링, RPA 솔루션 개발 방법을 배우는 가장 쉽고 재미있는 방법

독자님~

미국을 포함한 전 세계에서 빅데이터 분석과 IoT, 머신러닝과 로봇 프로그래밍 분야에서 아주 인기 있는 프로그래밍 언어가 파이썬 언어라는 거 알고 계셨나요?

이 책의 저자가 집필한 파이썬 언어를 아주 쉽고 재미있게 배우면서 빅데이터 분석의 핵심인 웹 크롤러와 업무자동화 RPA 프로그램까지 만들 수 있게 안내하는 책을 소개합니다.

이 책으로 파이썬 언어를 쉽고 재미있게 배우시고 빅데이터 분석의 핵심 기술인 웹 크롤러 제작 기술과 업무자동화 RPA 기술까지 확실하게 배워서 독자님의 능력을 키워 보세요.

4장 JOIN을 배웁니다

이번 장에서 배울 내용

1 JOIN의 개념을 배웁니다.

2 다양한 JOIN의 기법들을 Oracle JOIN과 ANSI JOIN 문법으로 배웁니다.

4장 JOIN을 배웁니다

이번 장에서는 관계형 데이터베이스(RDBMS)에서 가장 핵심적인 기능인 Join에 대해서 배워보겠습니다. 이번 장에서 배우는 내용을 잘 익히면 SQL을 효과적으로 작성할 수 있으므로 차근차근 배워보세요.

Join에 대해서 이야기를 하기 전에 컴퓨터의 원리부터 먼저 이야기하겠습니다.

Oracle뿐만 아니라 모든 프로그램들이 컴퓨터에서 작동하는 것이기에 컴퓨터의 원리를 아는 것이 프로그램의 원리를 이해하는 데 큰 도움이 됩니다.

대부분의 컴퓨터는 사용자의 데이터를 디스크에 저장해 놓고 필요할 때마다 메모리로 복사를 해 와서 메모리에서 작업을 합니다. 그리고 작업 도중이나 끝나면 다시 디스크에 저장을 하지요.

즉, 메모리는 작업을 하는 공간이고 디스크는 저장을 하는 공간입니다. Oracle도 컴퓨터에서 동작하는 프로그램이라서 동일한 원리로 작동합니다. 평소에는 데이터들을 하드디스크에 저장해 놓고 필요할 때마다 메모리로 복사해와서 조회도 하고 변경 작업도 한다는 뜻입니다.

그럼 간단한 퀴즈 하나 볼까요?

아래 그림을 보세요.

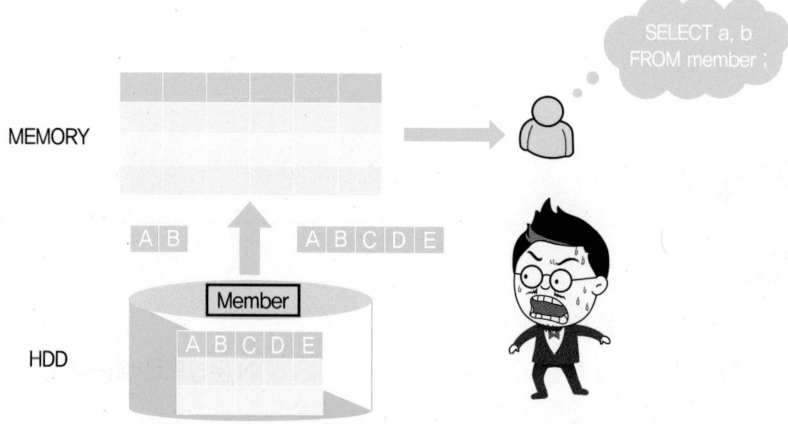

앞의 그림을 보면 하드 디스크에 A, B, C, D, E 컬럼을 가진 Member 테이블이 저장되어 있는데, 사용자가 a, b 컬럼을 대상으로 SELECT를 수행했습니다. 이때 하드 디스크에 있는 컬럼들을 메모리로 가져와야 하는데, A, B 컬럼만 가져올까요? 아니면 Member 테이블 전체를 다 가져올까요?

정답은 '전부 다 가져온다' 입니다.

상식적으로는 사용자가 요청한 A, B 컬럼만 가져오면 좋겠지만 저장되는 구조상 테이블에 있는 컬럼 전체를 메모리로 가져와야 합니다. 참 비효율적이지요?

그래서 테이블에 컬럼이 많을 경우 중복되는 데이터도 있을 수 있어서 이런 비효율적인 작업을 막기 위해서 정규화라는 방법이 등장을 하게 됩니다. 정규화는 하나로 되어 있는 것을 더 작은 조각으로 분리하는 기술을 말합니다. 관계형 DBMS에서 아주 중요한 기술입니다.

정규화를 수행하면 하나의 테이블이 여러 개의 테이블들로 나누어집니다. 그럴 경우, 정규화를 하기 전에는 하나의 테이블에 있었던 데이터들이 정규화 후에는 여러 개의 테이블로 나누어져서 저장되고 이때 여러 테이블에 흩어져 있는 데이터들을 조합해서 가져오는 기술이 지금 이번 장에서 배우는 Join(조인)이라는 기술입니다.

아래 그림으로 이 부분을 더 자세히 살펴보겠습니다.

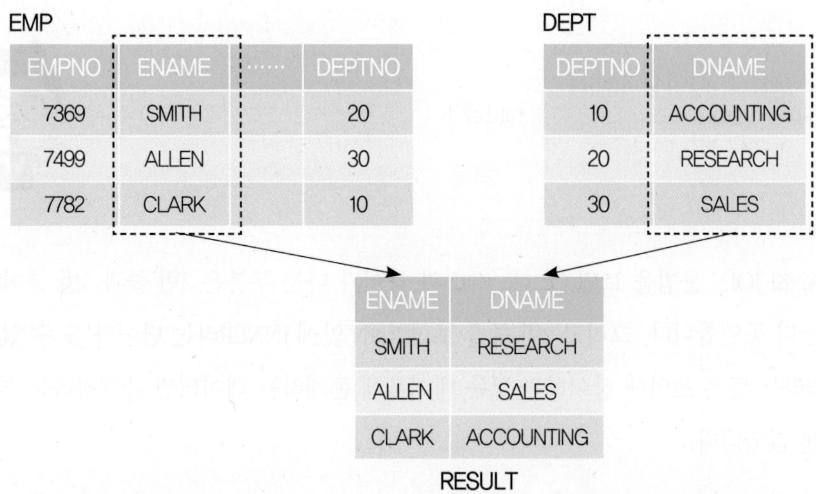

앞의 그림처럼 emp 테이블에서 ename과 dept 테이블에서 dname만 가져와서 새로운 결과를 만들어 내는 기법을 Join이라고 합니다.

Join 문법은 Oracle 제품에서만 사용되는 문법인 Oracle용 join 문법이 있고 모든 제품에서 공통적으로 사용 가능한 표준(ANSI) join 문법이 있습니다.

아래에 두 가지 문법을 정리했습니다.

[Oracle JOIN 문법]

```
SQL> SELECT a.col1, b.col1
2   FROM  table1 a, table2 b
3   WHERE a.col2 = b.col2 ;
```

```
SQL> SELECT table1.col1, table2.col2
2  FROM  table1 alias1, table2 alias2
3  WHERE table1.col2 = table2.col2 ;
```

위 문법에서 오른쪽이 원형입니다. 많이 복잡하죠? 그래서 그냥 왼쪽 예를 보는 것이 편합니다. 왼쪽 그림에 2번 줄을 보면 table1의 별명을 a라고 하고 table2의 별명을 b라고 지정한 후 1번 줄과 3번 줄에서 테이블 이름 대신 별명을 사용하는 것이 이해되죠? 그리고 3번 줄에 있는 WHERE절에 적히는 조건을 JOIN 조건이라고 부릅니다.

[ANSI JOIN 문법]

```
SQL> SELECT a.col1, b.col1
2  FROM  table1 a [INNER] JOIN table2 b
3  ON a.col2 = b.col2 ;
```

위 ANSI JOIN 문법을 보면 Oracle JOIN과 차이가 나는 부분은 2번 줄과 3번 줄이고 나머지는 다 동일합니다. 그리고 2번 줄을 보면 JOIN 앞에 INNER라는 단어가 올 수 있는데, INNER라는 뜻은 조인에 참여하는 모든 테이블에 존재하는 데이터만 출력하라는 의미이며 기본 값입니다.

지금부터 살펴볼 기본적인 JOIN이 전부 INNER JOIN이며 반대가 OUTER JOIN입니다(OUTER JOIN에 대해서는 4절에서 자세하게 살펴보겠습니다). 그리고 3번 줄에 WHERE 대신 ON을 사용한 것도 다른 부분입니다.

두 가지 문법 모두 아주 많이 사용되는 문법이므로 이 책에서는 두 가지 모두를 비교하면서 설명을 하겠습니다. 겉으로 보기엔 다른 방법처럼 보이지만 원리는 모두 동일하기에 한 가지 방법만 확실히 터득하면 다른 방법도 쉽게 터득할 수 있습니다.

★★★ **참고**

Join에서 사용되는 용어 중 **선행 테이블**(driving table, inner table)과 **후행 테이블**(driven table, outer table)이라는 용어가 있습니다. 조인이 수행될 때는 두 개 이상의 테이블이 사용되는데, 이때 둘 중 하나의 테이블을 먼저 읽고 Join 조건 절을 확인하여 나머지 테이블에 가서 데이터를 가져오게 됩니다.

이때 먼저 읽는 테이블을 선행 테이블(driving table 또는 Inner table)이라고 하고 뒤에 읽는 테이블을 후행 테이블(driven table 또는 Outer table)이라고 합니다. 그리고 선행 테이블은 조회할 데이터가 적은 테이블로 선택해야 속도 면에서 유리합니다.

1. Cartesian Product(카티션 곱)

Join에서 가장 중요한 부분은 조인 조건을 지정해 주는 부분입니다.

예를 들어, emp 테이블과 dept 테이블에 가서 서로 관련 있는 데이터를 가져올 때 이 조인 조건을 보고 가져 오는데, 만약 조건을 잘못 주게 되면 틀린 데이터를 가져오거나 데이터를 가져오지 못하는 경우도 생길 수 있습니다. 그리고 특히 조인 조건절을 적지 않게 되면 해당 테이블에 대한 모든 데이터를 전부 가져오는 현상이 생기게 되는데, 이를 카티션 곱이라고 부릅니다.

즉, 카티션 곱이란 join 쿼리 중에 WHERE절에 기술하는 join 조건이 잘못 기술되었거나 아예 없을 경우 발생하는 현상입니다. ANSI SQL에서는 CROSS JOIN이라고도 부릅니다. 이런 경우는 Join 작업에 참조되는 테이블 행 수를 모두 곱한 값의 결과가 만들어집니다.

아래의 예로 자세하게 살펴보겠습니다.

테스트를 위해 테이블 3개를 생성하겠습니다.

이 부분은 5장의 DDL / DML에서 자세히 배우므로 여기서는 그냥 따라서 해주세요.

STEP 1 테스트용 테이블 cat_a, cat_b, cat_c를 생성하고 데이터를 입력합니다

```
SCOTT> CREATE TABLE cat_a (no NUMBER, name VARCHAR2(1)); # 첫 번째 테이블 생성
Table created.

SCOTT>INSERT  INTO  cat_a VALUES (1,'A');
1 row created.

SCOTT>INSERT  INTO  cat_a VALUES (2,'B');
1 row created.

SCOTT>CREATE TABLE cat_b (no NUMBER, name VARCHAR2(1));  # 두 번째 테이블 생성
Table created.

SCOTT>INSERT INTO cat_b VALUES(1,'C');
1 row created.

SCOTT>INSERT INTO cat_b VALUES(2,'D');
1 row created.

SCOTT>CREATE TABLE cat_c (no NUMBER, name VARCHAR2(1));  # 세 번째 테이블 생성
Table created.

SCOTT>INSERT INTO cat_c VALUES(1,'E');
1 row created.

SCOTT>INSERT INTO cat_c VALUES(2,'F');
1 row created.

SCOTT>commit;
Commit complete.
```

STEP 2 생성된 테이블을 확인합니다

```
SCOTT>COL name FOR a5
SCOTT>SELECT * FROM cat_a;

NO      NAME
----    ----
1       A
2       B

SCOTT>SELECT * FROM cat_b ;

NO      NAME
----    ----
1       C
2       D

SCOTT>SELECT * FROM cat_c ;

NO      NAME
----    ----
1       E
2       F
```

STEP 3 2개의 테이블로 정상적인 조인을 수행합니다

```
SCOTT>SELECT a.name, b.name
  2   FROM cat_a a, cat_b b
  3  WHERE a.no=b.no ; ← 이 부분이 아주 중요한 조인 조건절입니다.

NAME      NAME
-----     -----
A         C
B         D
```

STEP 4 **2개의 테이블로 카티션 곱을 생성합니다**

```
SCOTT>SELECT a.name, b.name
  2  FROM cat_a a, cat_b b ;

NAME    NAME
----    ----
A       C
A       D
B       C
B       D
```

위 결과를 보면 2번 줄 아래에 where로 join 조건을 지정하지 않아서 모든 경우의 수가 다 나옵니다. cat_a×cat_b로 계산된 즉 2×2로 계산된 4건의 데이터가 나옵니다.

STEP 5 **3개의 테이블로 정상적인 조인을 수행합니다**

```
SCOTT>SELECT a.name, b.name, c.name
  2  FROM cat_a a, cat_b b, cat_c c
  3  WHERE a.no=b.no
  4  AND a.no=c.no ;

NAME  NAME  NAME
---   ---   ---
A     C     E
B     D     F
```

STEP 6 **3개 테이블을 조회하되 조인 조건절은 2개 테이블의 조건만으로 카티션 곱을 생성합니다**

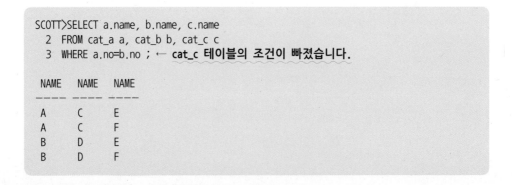

```
SCOTT>SELECT a.name, b.name, c.name
  2  FROM cat_a a, cat_b b, cat_c c
  3  WHERE a.no=b.no ; ← cat_c 테이블의 조건이 빠졌습니다.

 NAME  NAME  NAME
 ----  ----  ----
 A     C     E
 A     C     F
 B     D     E
 B     D     F
```

앞과 같이 cat_c 조건의 데이터가 이상하게 출력되어 결괏값이 틀리게 나왔습니다. 확인한 바와 같이 조인에서는 조인 조건을 잘못 지정할 경우 틀린 데이터가 출력되기 때문에 아주 주의해야 합니다.

대부분의 책에서 카티션 곱을 문제로 이야기하고 이런 현상이 발생되지 않도록 주의하라는 조언을 많이 합니다. 그러나 현업에서는 의도적으로 카티션 곱을 사용하는 경우도 많습니다.

카티션 곱을 사용하는 이유는 크게 두 가지 입니다.

첫째, 데이터를 복제해서 원본 테이블을 반복해서 읽는 것을 피하기 위해서이고,

둘째, 실수로 조인 조건 컬럼 중 일부를 빠뜨리는 경우입니다.

쿼리 성능을 테스트할 대량의 테스트용 테이블을 생성하는 경우가 대표적인 예입니다.

예를 들어, 누가 쿼리를 하나 만들어 왔는데, 잘 동작하는지(속도가 빠른지) 테스트를 해야 할 상황이라고 가정하겠습니다. 그런데 요즘은 서버 장비가 워낙 좋아서 쿼리를 아무리 잘못 만들어도 수백, 수천 건의 데이터는 금방 실행됩니다.

테스트를 위해 대량의 데이터가 필요한데, insert를 해서 데이터를 만들 경우 시간이 너무 오래 걸린다는 단점이 있습니다. 그때 카티션 곱을 사용합니다.

예를 들어, 테스트용 테이블에 1만 건 정도 insert한 후 카티션 곱을 사용하면 1만×1만 = 1억 건의 데이터가 순식간에 생기게 되는 원리입니다. 하지만 의도하지 않은 카티션 곱은 정말 위험하므로 Join 조건절에 반드시 해당 테이블을 사용하는 조건들이 있는지 확인을 해야 합니다.

다음의 예로 위 두 가지 경우를 구체적으로 살펴보겠습니다.

첫 번째, 데이터 복제하는 예제는 다음과 같습니다.

STEP 1 부서 번호가 10번인 사원들의 정보를 조회합니다

```
SELECT empno, ename, job, sal
FROM emp
WHERE deptno =10;
```

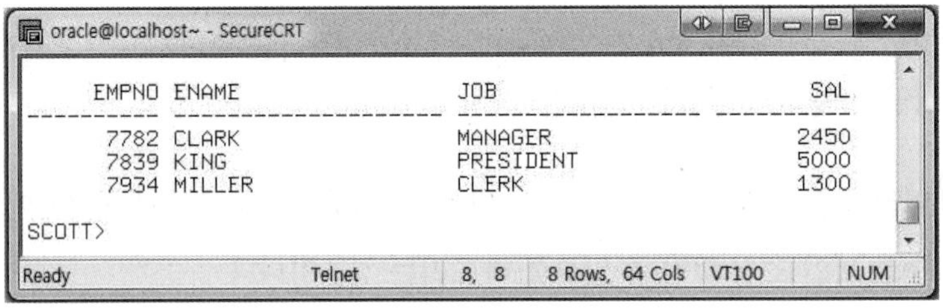

STEP 2 임의의 3건을 추출합니다

```
SELECT LEVEL c1 FROM DUAL connect by level <=3;
```

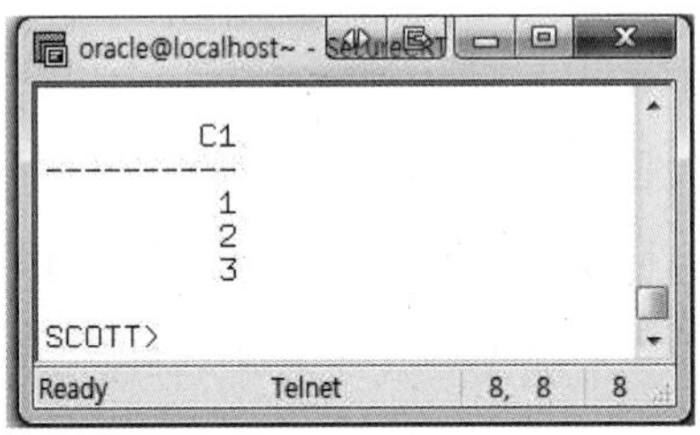

STEP 3 카티션 곱을 사용하여 부서 번호 10번인 집합 3세트를 만듭니다

```
SELECT * FROM
(
 SELECT empno, ename, job, sal
 FROM emp
 WHERE deptno =10
), ( SELECT LEVEL c1 FROM DUAL connect by level <=3 ) ← 조인 조건을 누락해서
                                                         카티션곱 발생
```

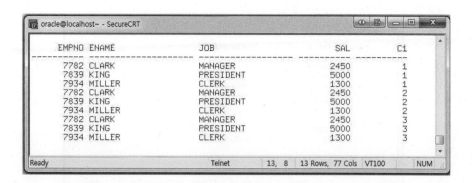

```
oracle@localhost~ - SecureCRT

     EMPNO ENAME                JOB                        SAL         C1
---------- -------------------- ------------------ ---------- ----------
      7782 CLARK                MANAGER                   2450          1
      7839 KING                 PRESIDENT                 5000          1
      7934 MILLER               CLERK                     1300          1
      7782 CLARK                MANAGER                   2450          2
      7839 KING                 PRESIDENT                 5000          2
      7934 MILLER               CLERK                     1300          2
      7782 CLARK                MANAGER                   2450          3
      7839 KING                 PRESIDENT                 5000          3
      7934 MILLER               CLERK                     1300          3

Ready    Telnet    13, 8    13 Rows, 77 Cols    VT100    NUM
```

C1이 1일 때 부서 번호 10번 집합 한 세트, 2일 때 한 세트, 3일때 한 세트로 총 3개 세트 집합이 생겼습니다. 이런 형태로 데이터를 복제하기 위해서 카티션 곱을 사용합니다.

집합이 늘어난 상태에서는 다양한 표현이 가능합니다.

★★★ 참고

break on은 sqlplus 툴의 옵션으로 중복된 값은 한 번만 보여 주는 기능입니다.

```
break ON empno;
```

```
SELECT EMPNO,
       CASE WHEN C1 =1 THEN 'ENAME'
            WHEN C1 =2 THEN 'JOB'
            WHEN C1 =3 THEN 'HIREDATE'
       END   TITILE,
       CASE WHEN C1 =1 THEN ename
            WHEN C1 =2 THEN job
            WHEN C1 =3 THEN hiredate
       END   CONTENTS
        FROM
(
SELECT   empno, ename, job, sal, to_char(hiredate, 'YYYY/MM/DD') hiredate
FROM scott.emp
WHERE deptno =10
), ( SELECT LEVEL c1 FROM DUAL connect by level <=3 )
ORDER BY 1,2;
```

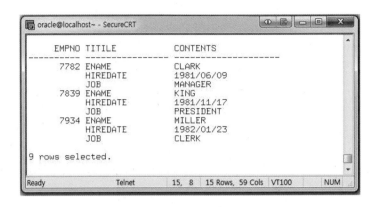

```
oracle@localhost~ - SecureCRT

     EMPNO TITILE           CONTENTS
---------- ---------------- --------------------
      7782 ENAME            CLARK
           HIREDATE         1981/06/09
           JOB              MANAGER
      7839 ENAME            KING
           HIREDATE         1981/11/17
           JOB              PRESIDENT
      7934 ENAME            MILLER
           HIREDATE         1982/01/23
           JOB              CLERK

9 rows selected.

Ready    Telnet    15, 8    15 Rows, 59 Cols    VT100    NUM
```

두 번째 경우는 반드시 주의를 해야 합니다.

만약 EMP 테이블이 1만 건이고 DEPT 테이블이 100건일 때 카티션 곱으로 100만 건이 출력됩니다. 실수로 조인 조건이 빠져서 100만 건을 애플리케이션으로 보내고 추출된 건수에 대한 사이즈 제약도 하지 않았다면 애플리케이션이 메모리 부족으로 다운될 수 있습니다.

실제로도 발생한 사례가 종종 있습니다.

보통 짧은 쿼리인 경우는 실수를 하지 않지만, 쿼리가 복잡하고 조인 컬럼 개수가 많을 때 이런 실수를 하게 되므로 반드시 주의해야 합니다.

2. EQUI Join(등가 조인)

이 join 방법은 가장 많이 사용되는 조인으로 선행 테이블에서 데이터를 가져온 후 조인 조건절을 검사해서 동일한 조건을 가진 데이터를 후행 테이블에서 꺼내 오는 방법입니다.

조건절에서 Equal 연산자 (=)를 사용해서 EQUI Join이라고 합니다.

다음의 예제들로 배워보겠습니다.

▶▶▶ **사용 예 1**

emp 테이블과 dept 테이블을 조회하여 아래와 같이 출력하세요.

```
SCOTT>SELECT empno , ename ,dname
  2  FROM emp e , dept d
  3  WHERE e.deptno = d.deptno ;

     EMPNO ENAME      DNAME
---------- ---------- --------------
      7839 KING       ACCOUNTING
      2000 Cat        ACCOUNTING
      1000 Tiger      ACCOUNTING
      7934 MILLER     ACCOUNTING
      7782 CLARK      ACCOUNTING
      7902 FORD       RESEARCH
      7566 JONES      RESEARCH
      7369 SMITH      RESEARCH
      7900 JAMES      SALES
      7844 TURNER     SALES
      7654 MARTIN     SALES
      7521 WARD       SALES
      7499 ALLEN      SALES
      7698 BLAKE      SALES

14 rows selected.
```

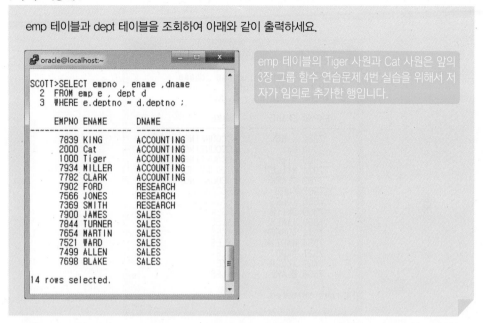

emp 테이블의 Tiger 사원과 Cat 사원은 앞의 3장 그룹 함수 연습문제 4번 실습을 위해서 저자가 임의로 추가한 행입니다.

[Oracle Join 문법]

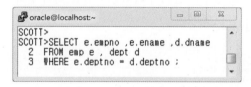

```
SCOTT>
SCOTT>SELECT e.empno ,e.ename ,d.dname
  2  FROM emp e , dept d
  3  WHERE e.deptno = d.deptno ;
```

[ANSI Join 문법]

```
SCOTT>SELECT e.empno ,e.ename ,d.dname
  2  FROM emp e JOIN dept d
  3  ON e.deptno = d.deptno;
```

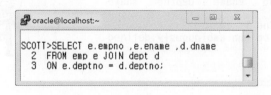

위에서 살펴본 바와 같이 SELECT 절에 **"테이블 이름.컬럼 이름"** 같은 형태로 적어주면 되는데, 만약 컬럼 이름이 하나의 테이블에만 있을 경우에는 테이블 이름을 생략해도 자

동으로 테이블 이름을 찾아서 실행하기도 합니다. 아래 그림을 보세요

```
oracle@localhost:~

SCOTT>SELECT empno , ename ,dname
  2  FROM emp e , dept d
  3  WHERE e.deptno = d.deptno ;

     EMPNO ENAME      DNAME
---------- ---------- --------------
      7839 KING       ACCOUNTING
      2000 Cat        ACCOUNTING
      1000 Tiger      ACCOUNTING
      7934 MILLER     ACCOUNTING
      7782 CLARK      ACCOUNTING
      7902 FORD       RESEARCH
      7566 JONES      RESEARCH
      7369 SMITH      RESEARCH
      7900 JAMES      SALES
      7844 TURNER     SALES
      7654 MARTIN     SALES
      7521 WARD       SALES
      7499 ALLEN      SALES
      7698 BLAKE      SALES

14 rows selected.
```

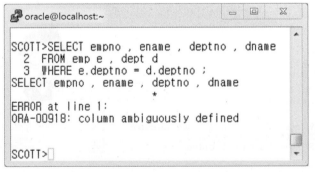

위 그림에서 SELECT 절에 테이블 이름을 안 적어도 잘 실행되는 게 보이죠? 그러나 양쪽 테이블에 모두 있는 컬럼일 경우는 반드시 테이블 이름을 적어야 하며 안 적어줄 경우 아래와 같은 에러가 발생합니다.

```
oracle@localhost:~

SCOTT>SELECT empno , ename , deptno , dname
  2  FROM emp e , dept d
  3  WHERE e.deptno = d.deptno ;
SELECT empno , ename , deptno , dname
                       *
ERROR at line 1:
ORA-00918: column ambiguously defined

SCOTT>
```

그래서 JOIN SQL을 작성할 경우는 반드시 “테이블 이름.컬럼 이름”으로 사용하는 습관을 들이세요.

▶▶▶ **사용 예 2**

학생 테이블(student)과 교수 테이블(professor)을 join하여 학생의 이름과 지도교수 이름을 출력하세요.

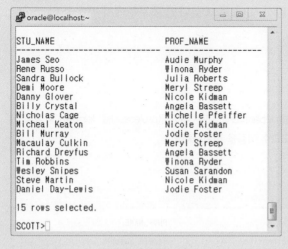

결과 화면

```
oracle@localhost:~

STU_NAME                         PROF_NAME
-------------------------------- --------------------
James Seo                        Audie Murphy
Rene Russo                       Winona Ryder
Sandra Bullock                   Julia Roberts
Demi Moore                       Meryl Streep
Danny Glover                     Nicole Kidman
Billy Crystal                    Angela Bassett
Nicholas Cage                    Michelle Pfeiffer
Micheal Keaton                   Nicole Kidman
Bill Murray                      Jodie Foster
Macaulay Culkin                  Meryl Streep
Richard Dreyfus                  Angela Bassett
Tim Robbins                      Winona Ryder
Wesley Snipes                    Susan Sarandon
Steve Martin                     Nicole Kidman
Daniel Day-Lewis                 Jodie Foster

15 rows selected.

SCOTT>
```

[Oracle Join 문법]

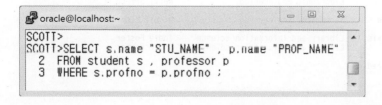

```
oracle@localhost:~
SCOTT>
SCOTT>SELECT s.name "STU_NAME" , p.name "PROF_NAME"
  2  FROM student s , professor p
  3  WHERE s.profno = p.profno ;
```

[ANSI Join 문법]

```
oracle@localhost:~

SCOTT>SELECT s.name "STU_NAME" , p.name "PROF_NAME"
  2  FROM student s JOIN professor p
  3  ON s.profno = p.profno ;
```

앞의 결과를 살펴보면 총 15건의 데이터가 출력된 것을 알 수 있습니다.

그러나 학생 테이블에 데이터는 총 20건입니다. 즉, 5명의 학생이 안 나왔다는 것입니다.

이것은 Equi join의 특성으로 양쪽 테이블에 모두 데이터가 존재해야 결과가 나오는데, 5명의 학생은 지도 교수가 결정이 안 된 상태라서 결과에서 빠지게 된 것입니다. 만약 이렇게 한쪽에 없는 데이터를 가진 값까지 다 보고 싶다면 뒷부분에서 배우는 Outer Join을 활용하면 됩니다.

▶▶▶ 사용 예 3

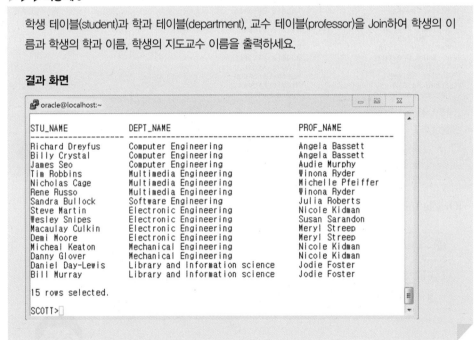

학생 테이블(student)과 학과 테이블(department), 교수 테이블(professor)을 Join하여 학생의 이름과 학생의 학과 이름, 학생의 지도교수 이름을 출력하세요.

결과 화면

```
STU_NAME             DEPT_NAME                           PROF_NAME
-------------------- ----------------------------------- --------------------
Richard Dreyfus      Computer Engineering                Angela Bassett
Billy Crystal        Computer Engineering                Angela Bassett
James Seo            Computer Engineering                Audie Murphy
Tim Robbins          Multimedia Engineering              Winona Ryder
Nicholas Cage        Multimedia Engineering              Michelle Pfeiffer
Rene Russo           Multimedia Engineering              Winona Ryder
Sandra Bullock       Software Engineering                Julia Roberts
Steve Martin         Electronic Engineering              Nicole Kidman
Wesley Snipes        Electronic Engineering              Susan Sarandon
Macaulay Culkin      Electronic Engineering              Meryl Streep
Demi Moore           Electronic Engineering              Meryl Streep
Micheal Keaton       Mechanical Engineering              Nicole Kidman
Danny Glover         Mechanical Engineering              Nicole Kidman
Daniel Day-Lewis     Library and Information science     Jodie Foster
Bill Murray          Library and Information science     Jodie Foster

15 rows selected.

SCOTT>
```

[Oracle Join 문법]

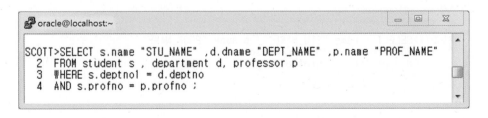

```
SCOTT>SELECT s.name "STU_NAME" ,d.dname "DEPT_NAME" ,p.name "PROF_NAME"
  2  FROM student s , department d, professor p
  3  WHERE s.deptno1 = d.deptno
  4  AND s.profno = p.profno ;
```

[ANSI Join 문법]

```
oracle@localhost:~
SCOTT>SELECT s.name "STU_NAME" ,d.dname "DEPT_NAME" ,p.name "PROF_NAME"
  2  FROM student s JOIN department d
  3  ON s.deptno1 = d.deptno
  4  JOIN professor p
  5  ON s.profno = p.profno ;
```

위의 예는 3개의 테이블을 Join하여 결과를 나타냅니다. 이 경우는 Oracle Join과 ANSI Join의 문법이 많이 차이가 나는데, ANSI Join의 경우는 쿼리의 2번과 3번 행의 조건으로 먼저 Join을 수행한 후 나온 결괏값을 가지고 4번과 5번 행의 조건으로 Join을 수행하는 것입니다. Join 테이블이 더 늘어날 경우 계속 JOIN~ON 조건을 추가하면 됩니다.

▶▶▶ **사용 예 4**

student 테이블을 조회하여 1전공(deptno1)이 101번인 학생들의 이름과 각 학생들의 지도교수 이름을 출력하세요.

결과 화면

```
oracle@localhost:~
STU_NAME                        PROF_NAME
------------------------------  --------------------
James Seo                       Audie Murphy
Richard Dreyfus                 Angela Bassett
Billy Crystal                   Angela Bassett

SCOTT>
```

[Oracle Join 구문]

```
oracle@localhost:~
SCOTT>SELECT s.name "STU_NAME" , p.name "PROF_NAME"
  2  FROM student s , professor p
  3  WHERE s.profno = p.profno
  4  AND s.deptno1 = 101 ;
```

[ANSI Join 구문]

```
oracle@localhost:~

SCOTT>SELECT s.name "STU_NAME" , p.name "PROF_NAME"
  2  FROM student s JOIN professor p
  3  ON s.profno = p.profno
  4  AND s.deptno1 = 101 ;
```

위의 예제 4번의 경우는 3번 줄은 Join을 수행하기 위한 조건이라서 Join 조건이라 부르고 4번 줄은 검색을 하는 용도로 사용되기 때문에 검색 조건이라고 부릅니다. 위와 같이 Join 조건과 검색 조건이 동시에 있을 경우 당연히 검색 조건을 먼저 검색해서 데이터의 검색 범위를 줄여 놓고 Join 작업을 수행하게 됩니다.

검색 조건을 잘 활용하면 Join 작업의 속도가 많이 빨라지므로 잘 기억하세요.

3. Non-Equi Join(비등가 조인)

앞에서 Equi Join은 Join 조건절에 조건을 지정할 때 조인 대상 테이블들에서 서로 같은 조건(=)을 가진 데이터를 가져왔습니다. 그러나 실제 상황에서는 같은 조건이 아닌 크거나 작거나 하는 경우의 조건으로 조회를 해야 할 경우도 얼마든지 있을 수 있습니다. 그럴 때 사용하는 Join 방법이 Non-Equi Join입니다. 아래의 다양한 예로 자세하게 살펴보겠습니다.

▶▶▶ **사용 예 1**

customer 테이블과 gift 테이블을 Join하여 고객별로 마일리지 포인트를 조회한 후 해당 마일리지 점수로 받을 수 있는 상품을 조회하여 고객의 이름과 받을 수 있는 상품 명을 아래와 같이 출력하세요.

결과 화면

```
CUST_NAME                          POINT    GIFT_NAME
------------------------------- -------- ------------------------------
Bill Pullman                      65,000 Tuna Set
Mel Gibson                        73,000 Tuna Set
Michael Douglas                   99,000 Tuna Set
Brad Pitt                        110,000 Shampoo Set
Samuel Jackson                   153,000 Shampoo Set
Liam Neeson                      180,000 Shampoo Set
Arnold Scharz                    265,000 Car wash Set
Ahnjihye                         273,000 Car wash Set
Tom Hanks                        298,000 Car wash Set
Jim Carrey                       315,000 Kitchen Supplies Set
Bruce Willis                     320,000 Kitchen Supplies Set
Angela Bassett                   420,000 Mountain bike
Robin Williams                   470,000 Mountain bike
Morgan Freeman                   542,000 LCD Monitor
Jessica Lange                    598,000 LCD Monitor
Winona Ryder                     625,000 Notebook
Michelle Pfeiffer                670,000 Notebook
James Seo                        980,000 Refrigerator

18 rows selected.

SCOTT>
```

[Oracle Join 구문]

```
SCOTT>SELECT c.gname  "CUST_NAME" , TO_CHAR(c.point,'999,999') "POINT" ,
  2          g.gname  "GIFT_NAME"
  3   FROM customer c , gift g
  4   WHERE c.point BETWEEN g.g_start AND g.g_end ;
```

[ANSI Join 구문]

```
SCOTT>
SCOTT>SELECT c.gname  "CUST_NAME" , TO_CHAR(c.point,'999,999') "POINT" ,
  2          g.gname  "GIFT_NAME"
  3   FROM customer c JOIN gift g
  4   ON c.point BETWEEN g.g_start AND g.g_end ;
```

위 예에서는 4번 줄에 BETWEEN을 사용했지만 아래와 같이 비교 연산자를 사용하는 것이 성능에는 더 좋습니다.

```
oracle@localhost:~
SCOTT>
SCOTT>SELECT c.gname  "CUST_NAME" , TO_CHAR(c.point,'999,999') "POINT" ,
  2          g.gname  "GIFT_NAME"
  3   FROM customer c JOIN gift g
  4   ON c.point >= g.g_start
  5   AND c.point <= g.g_end ;

CUST_NAME                      POINT    GIFT_NAME
------------------------------ -------- ------------------------------
Bill Pullman                    65,000 Tuna Set
Mel Gibson                      73,000 Tuna Set
Michael Douglas                 99,000 Tuna Set
Brad Pitt                      110,000 Shampoo Set
Samuel Jackson                 153,000 Shampoo Set
Liam Neeson                    180,000 Shampoo Set
Arnold Scharz                  265,000 Car wash Set
Ahnjihye                       273,000 Car wash Set
Tom Hanks                      298,000 Car wash Set
Jim Carrey                     315,000 Kitchen Supplies Set
Bruce Willis                   320,000 Kitchen Supplies Set
Angela Bassett                 420,000 Mountain bike
Robin Williams                 470,000 Mountain bike
Morgan Freeman                 542,000 LCD Monitor
Jessica Lange                  598,000 LCD Monitor
Winona Ryder                   625,000 Notebook
Michelle Pfeiffer              670,000 Notebook
James Seo                      980,000 Refrigerator

18 rows selected.
```

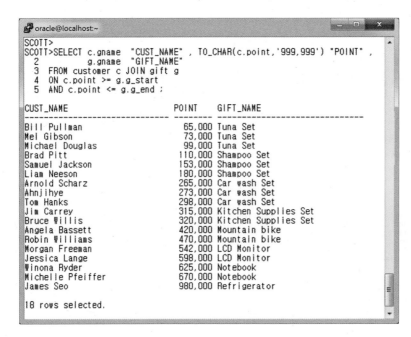

위 예는 ANSI JOIN이지만 당연히 Oracle JOIN에서도 사용할 수 있겠죠?

다음의 다른 예제 중 BETWEEN을 사용하는 쿼리들은 모두 위와 같이 비교 연산자로 바꾸어서 사용 가능하며 BETWEEN보다 비교 연산자를 사용하기를 권장합니다.

▶▶▶ 사용 예 2

student 테이블과 score 테이블, hakjum 테이블을 조회하여 학생들의 이름과 점수와 학점을 출력하세요.

결과 화면

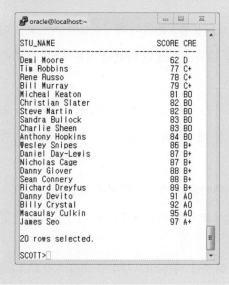

```
oracle@localhost:~

STU_NAME                            SCORE CRE
------------------------------ ---------- ---
Demi Moore                             62 D
Tim Robbins                            77 C+
Rene Russo                             78 C+
Bill Murray                            79 C+
Micheal Keaton                         81 B0
Christian Slater                       82 B0
Steve Martin                           82 B0
Sandra Bullock                         83 B0
Charlie Sheen                          83 B0
Anthony Hopkins                        84 B0
Wesley Snipes                          86 B+
Daniel Day-Lewis                       87 B+
Nicholas Cage                          87 B+
Danny Glover                           88 B+
Sean Connery                           88 B+
Richard Dreyfus                        89 B+
Danny Devito                           91 A0
Billy Crystal                          92 A0
Macaulay Culkin                        95 A0
James Seo                              97 A+

20 rows selected.

SCOTT>
```

[Oracle Join 구문]

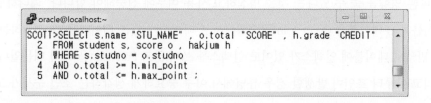

```
oracle@localhost:~
SCOTT>SELECT s.name "STU_NAME" , o.total "SCORE" , h.grade "CREDIT"
  2  FROM student s, score o , hakjum h
  3  WHERE s.studno = o.studno
  4  AND o.total >= h.min_point
  5  AND o.total <= h.max_point ;
```

[ANSI Join 구문]

```
oracle@localhost:~
SCOTT>SELECT s.name "STU_NAME" , o.total "SCORE" , h.grade "CREDIT"
  2  FROM student s JOIN score o
  3  ON s.studno = o.studno
  4  JOIN hakjum h
  5  ON o.total >= h.min_point
  6  AND o.total <= h.max_point ;
```

4. OUTER Join(아우터 조인)

앞에서 살펴본 equi join, non-equi join의 공통점은 조회하려는 데이터들이 Join에 참여하는 모든 테이블에 데이터가 존재하는 경우에만 결괏값을 출력했습니다. 이런 Join을 INNER JOIN(이너 조인)이라고도 합니다.

앞에서 살펴본 예에서 학생 테이블과 교수 테이블을 Join하여 학생이름과 지도교수 이름을 출력할 때 학생은 모두 25명이지만 출력 결과는 20명만 나왔던 이유가 5명의 학생은 지도교수가 없었기 때문입니다.

지금부터 살펴볼 Outer Join이란 Inner Join과는 반대로 한쪽 테이블에는 데이터가 있고 한쪽 테이블에 없는 경우에 데이터가 있는 쪽 테이블의 내용을 전부 출력하게 하는 방법입니다.

앞에서 살펴본 Student 테이블과 professor 테이블의 예에서 학생은 있는데, 지도교수가 결정이 안 되었을 경우 기존의 Inner Join으로는 학생 이름이나 교수 이름이 조회가 안 되었습니다.

그러나 반드시 지도교수가 결정되지 않은 학생의 이름이나 교수의 이름까지 다 나와야 하는 경우라면 Outer Join을 사용하면 됩니다.

모든 데이터를 다 출력할 수 있기 때문에 좋을 것 같지만 이 Join 방식은 DB 성능에 아주 나쁜 영향을 줄 수 있다는 것을 명심하고 사용 여부에 신중해야 합니다. 왜냐하면 A 테이블과 B 테이블을 Outer Join을 수행해서 A 테이블에 있는 데이터를 다 검색하는 경우, 만약 A 테이블에 인덱스가 있어도 인덱스를 쓰지 않고 Full Scan을 하기 때문입니다. 그리고 아우터 조인이 발생할 경우 튜닝에서 아주 중요하게 생각하는 조인 순서가 고정되어 사용자의 뜻대로 변경할 수 없기 때문에 아주 심각한 문제를 유발할 수 있다는 점도 반드시 기억해야 합니다(이 부분에 대한 자세한 내용은 SQL 튜닝 과정에 속한 부분이므로 관련 서적을 보아야 합니다).

그리고 이 Outer Join의 경우는 Oracle Join 구문과 ANSI Join 구문이 차이가 있으니 주의해야 합니다.

다음부터 나오는 몇 가지 유형의 Outer Join을 잘 보세요.

▶▶▶ **사용 예 1**

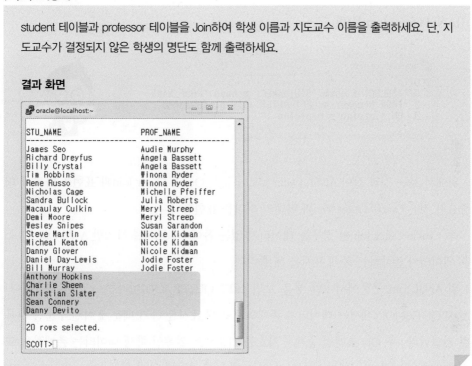

student 테이블과 professor 테이블을 Join하여 학생 이름과 지도교수 이름을 출력하세요. 단, 지도교수가 결정되지 않은 학생의 명단도 함께 출력하세요.

결과 화면

```
oracle@localhost:~

STU_NAME                   PROF_NAME
-------------------------- ---------------------
James Seo                  Audie Murphy
Richard Dreyfus            Angela Bassett
Billy Crystal              Angela Bassett
Tim Robbins                Winona Ryder
Rene Russo                 Winona Ryder
Nicholas Cage              Michelle Pfeiffer
Sandra Bullock             Julia Roberts
Macaulay Culkin            Meryl Streep
Demi Moore                 Meryl Streep
Wesley Snipes              Susan Sarandon
Steve Martin               Nicole Kidman
Micheal Keaton             Nicole Kidman
Danny Glover               Nicole Kidman
Daniel Day-Lewis           Jodie Foster
Bill Murray                Jodie Foster
Anthony Hopkins
Charlie Sheen
Christian Slater
Sean Connery
Danny Devito

20 rows selected.

SCOTT>
```

[Oracle Outer Join 문법]

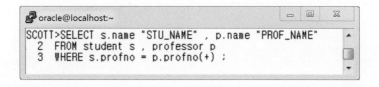

```
oracle@localhost:~
SCOTT>SELECT s.name "STU_NAME" , p.name "PROF_NAME"
  2  FROM student s , professor p
  3  WHERE s.profno = p.profno(+) ;
```

위에서 3번 줄 끝 부분을 보세요. Oracle Outer Join 구문은 Where 조건절에서 데이터가 없는 쪽에 (+) 표시를 추가해 주면 됩니다.

앞의 SQL 문장에서 3번 줄을 보면 조건 중에 교수 테이블의 교수 번호 쪽에 (+) 기호가 있습니다. 즉, 학생은 존재하지만 교수가 없는 내용을 출력해야 하기에 교수 조건 쪽에 (+) 기호를 붙인 것입니다.

[ANSI Outer Join 문법]

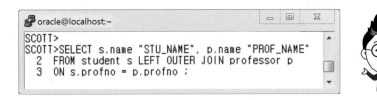

```
oracle@localhost:~
SCOTT>
SCOTT>SELECT s.name "STU_NAME", p.name "PROF_NAME"
  2  FROM student s LEFT OUTER JOIN professor p
  3  ON s.profno = p.profno ;
```

위에서 보는 것과 같이 ANSI Outer Join 구문은 Oracle Outer Join과 표현도 다르고 더 중요한 것은 Oracle Outer Join과 반대의 의미를 표현합니다.

즉, Oracle Outer Join의 경우는 데이터가 없는 쪽에 (+) 표시를 하지만 ANSI Outer Join은 데이터가 존재하는 쪽에 표시를 해 줍니다.

위 ANSI Join 구문에서 2번 행을 보면 LEFT OUTER JOIN이라는 구문이 있습니다. ANSI OUTER JOIN에서는 데이터가 존재하는 쪽에 표시를 하기 때문에 이런 구문을 사용한 것입니다. 즉, ON 조건절 중에 = 기호를 기준으로 왼쪽인 학생 데이터는 존재하고 교수가 없으니 왼쪽 조건에는 데이터가 있는 행을 출력하게 하기 위해 LEFT OUTER JOIN 구문을 사용한 것입니다.

▶▶▶ **사용 예 2**

student 테이블과 professor 테이블을 Join하여 학생 이름과 지도교수 이름을 출력하세요. 단, 지도학생이 결정되지 않은 교수의 명단도 함께 출력하세요.

결과 화면

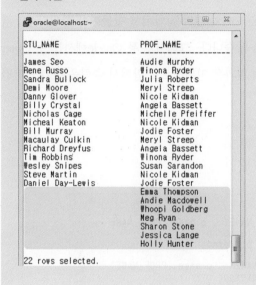

```
oracle@localhost:~

STU_NAME                   PROF_NAME
-------------------------- --------------------
James Seo                  Audie Murphy
Rene Russo                 Winona Ryder
Sandra Bullock             Julia Roberts
Demi Moore                 Meryl Streep
Danny Glover               Nicole Kidman
Billy Crystal              Angela Bassett
Nicholas Cage              Michelle Pfeiffer
Micheal Keaton             Nicole Kidman
Bill Murray                Jodie Foster
Macaulay Culkin            Meryl Streep
Richard Dreyfus            Angela Bassett
Tim Robbins                Winona Ryder
Wesley Snipes              Susan Sarandon
Steve Martin               Nicole Kidman
Daniel Day-Lewis           Jodie Foster
                           Emma Thompson
                           Andie Macdowell
                           Whoopi Goldberg
                           Meg Ryan
                           Sharon Stone
                           Jessica Lange
                           Holly Hunter

22 rows selected.
```

[Oracle Outer Join 문법]

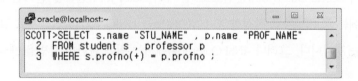

```
oracle@localhost:~
SCOTT>SELECT s.name "STU_NAME" , p.name "PROF_NAME"
  2  FROM student s , professor p
  3  WHERE s.profno(+) = p.profno ;
```

[ANSI Outer Join 문법]

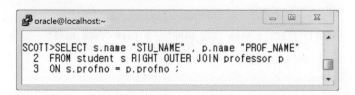

```
oracle@localhost:~

SCOTT>SELECT s.name "STU_NAME" , p.name "PROF_NAME"
  2  FROM student s RIGHT OUTER JOIN professor p
  3  ON s.profno = p.profno ;
```

▶▶▶ 사용 예 3

student 테이블과 professor 테이블을 Join하여 학생 이름과 지도교수 이름을 출력하세요. 단, 지도학생이 결정 안 된 교수 명단과 지도교수가 결정 안 된 학생 명단을 한꺼번에 출력하세요.

위 문제는 위에서 살펴본 두 가지 Outer Join의 결과를 합쳐서 만들어야 합니다. 이 경우 Oracle Outer Join에서는 지원을 하지 않습니다. 그래서 보통 Oracle에서는 두 Outer Join을 각각 수행한 후 Union을 사용하여 결과를 인위적으로 합쳐서 출력을 시키는 방법을 많이 사용합니다.

[Oracle Outer Join 문법]

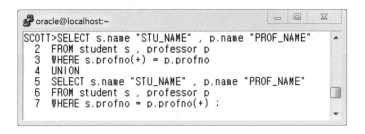

```
oracle@localhost:~
SCOTT>SELECT s.name "STU_NAME" , p.name "PROF_NAME"
  FROM student s , professor p
  WHERE s.profno(+) = p.profno
  UNION
  SELECT s.name "STU_NAME" , p.name "PROF_NAME"
  FROM student s , professor p
  WHERE s.profno = p.profno(+) ;
```

위와 같이 Oracle Outer Join 문법으로 두 가지 Outer Join 결과를 한꺼번에 출력하길 원할 경우에는 SQL을 따로 작성한 후 UNION(또는 UNION ALL) 연산자로 결과를 합쳐서 출력하는 것입니다. 그러나 ANSI Outer Join에서는 훨씬 간단한 방법을 제공합니다.

[ANSI Full Outer Join 문법]

```
oracle@localhost:~
SCOTT>SELECT s.name "STU_NAME" , p.name "PROF_NAME"
  FROM student s FULL OUTER JOIN professor p
  ON s.profno = p.profno ;
```

결과 화면

```
oracle@localhost:~
STU_NAME                      PROF_NAME
----------------------------- ----------------------
James Seo                     Audie Murphy
Rene Russo                    Winona Ryder
Sandra Bullock                Julia Roberts
Demi Moore                    Meryl Streep
Danny Glover                  Nicole Kidman
Billy Crystal                 Angela Bassett
Nicholas Cage                 Michelle Pfeiffer
Micheal Keaton                Nicole Kidman
Bill Murray                   Jodie Foster
Macaulay Culkin               Meryl Streep
Richard Dreyfus               Angela Bassett
Tim Robbins                   Winona Ryder
Wesley Snipes                 Susan Sarandon
Steve Martin                  Nicole Kidman
Daniel Day-Lewis              Jodie Foster
Danny Devito
Sean Connery
Christian Slater
Charlie Sheen
Anthony Hopkins
                              Emma Thompson
                              Andie Macdowell
                              Whoopi Goldberg
                              Meg Ryan
                              Sharon Stone
                              Jessica Lange
                              Holly Hunter
```

지도교수가 없는 학생들을 출력한 결과임

지도학생이 없는 교수들을 출력한 결과임

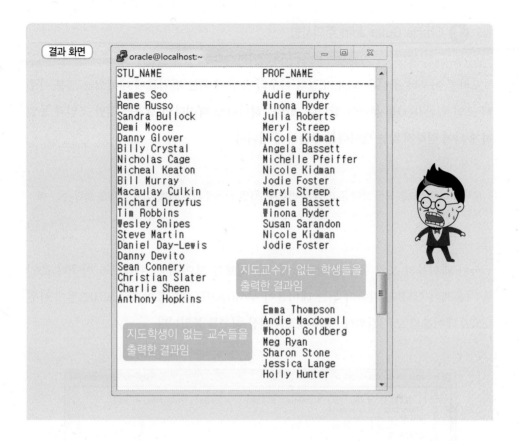

위 화면과 같이 ANSI OUTER JOIN이 아주 쉽게 두 가지 결과를 출력하는 것을 알 수 있습니다.

참고 1 Oracle Outer Join 주의사항

오라클 아우터 조인은 WHERE절의 아우터 조인이 되는 컬럼들에 대해서는 전부 아우터 조인 연산자(+)를 붙여야 합니다. **만약, 하나라도 빠진다면 결과는 일반 조인과 동일하게 되어 원하지 않는 데이터를 추출하게 됩니다.**

부서에 대한 정보를 모두 보여 주고, 부서 번호가 '20'인 사원의 사원 번호, 이름, 급여를 보여 주는 예제를 보세요.

사원 테이블의 조인 유무와 상관없이 부서정보를 보여 주기 위해서는 아우터 조인을 사용해야 합니다. 기준이 되는 테이블이 부서(DEPT) 테이블이므로 WHER절에 사원(EMP) 테이블의 모든 컬럼에 아우터 조인 연산자(+)를 붙입니다.

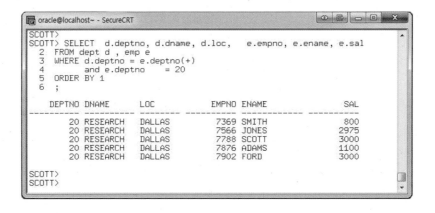

```
oracle@localhost~ - SecureCRT
SCOTT>
SCOTT> SELECT  d.deptno, d.dname, d.loc,    e.empno, e.ename, e.sal
  2  FROM dept d , emp e
  3  WHERE d.deptno = e.deptno(+)
  4        and e.deptno     = 20
  5  ORDER BY 1
  6  ;

    DEPTNO DNAME          LOC               EMPNO ENAME                SAL
---------- -------------- ------------- ---------- ------------ ----------
        20 RESEARCH       DALLAS             7369 SMITH                800
        20 RESEARCH       DALLAS             7566 JONES               2975
        20 RESEARCH       DALLAS             7788 SCOTT               3000
        20 RESEARCH       DALLAS             7876 ADAMS               1100
        20 RESEARCH       DALLAS             7902 FORD                3000

SCOTT>
SCOTT>
```

음~ 분명 부서 정보는 다 추출하려고 했는데, 부서 번호가 '20'인 사원 테이블과 조인이 되는 정보만 추출하였습니다. **위 SQL의 문제는 WHERE 조건절에 아우터 조인이 되는 컬럼 e.deptno에 (+) 연산자가 빠졌다는 것을 알겠죠**? 그럼 아우터 연산자를 붙여 다시 실행해 보겠습니다.

```
oracle@localhost~ - SecureCRT
SCOTT>
SCOTT> SELECT  d.deptno, d.dname, d.loc,   e.empno, e.ename, e.sal
  2  FROM dept d , emp e
  3  WHERE d.deptno = e.deptno(+)
  4        and e.deptno(+)   = 20
  5  ORDER BY 1
  6  ;

    DEPTNO DNAME          LOC            EMPNO ENAME              SAL
---------- -------------- -------- ---------- ------------ ----------
        10 ACCOUNTING     NEW YORK
        20 RESEARCH       DALLAS         7566 JONES              2975
        20 RESEARCH       DALLAS         7788 SCOTT              3000
        20 RESEARCH       DALLAS         7902 FORD               3000
        20 RESEARCH       DALLAS         7369 SMITH               800
        20 RESEARCH       DALLAS         7876 ADAMS              1100
        30 SALES          CHICAGO
        40 OPERATIONS     BOSTON

8 rows selected.

SCOTT>
```

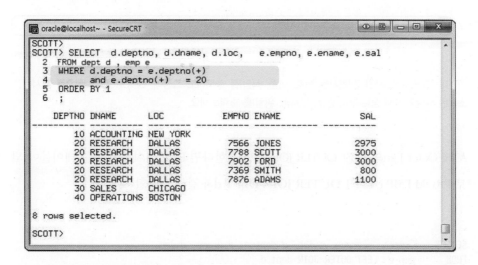

이제 우리가 원하는 결과가 나왔군요. 예제와 같이 쿼리가 간단하면 실수를 하지 않겠지만, 쿼리도 길고, 조인되는 컬럼 수가 많아지면 아우터 조인 연산자를 빠뜨리는 실수를 하게 됩니다.

다시 정리하면 WHERE절의 아우터 조인되는 컬럼들에 대해 모두 아우터 연산자(+)를 붙여야 정확한 데이터를 추출할 수 있습니다.

참고 ② ANSI Outer Join의 주의사항

직업이 'CLERK'인 사원 정보(사원 번호, 이름, 직업)를 출력하고 그중에 'CHICAGO'에 위치한 부서에 소속된 사원의 부서 정보(부서 번호, 부서명, 위치)를 출력하세요.

ANSI Outer Join의 LEFT OUTER JOIN을 사용한다면 EMP 테이블이 기준 테이블이 되므로 **FROM EMP e LEFT OUTER JOIN DEPT d**와 같이 사용할 것입니다.

```
SELECT   e.empno, e.ename, e.job, d.deptno, d.dname, d.loc
FROM      emp e  LEFT OUTER JOIN dept d
        ON (
              e.deptno = d.deptno
          and d.loc='CHICAGO'
            )
WHERE e.job ='CLERK'
;
```

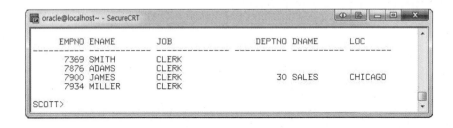

```
oracle@localhost~ - SecureCRT

     EMPNO ENAME        JOB                DEPTNO DNAME        LOC
---------- ------------ -------------- ---------- ---------- --------
      7369 SMITH        CLERK
      7876 ADAMS        CLERK
      7900 JAMES        CLERK                  30 SALES      CHICAGO
      7934 MILLER       CLERK

SCOTT>
```

만약 WHERE절에 있는 조건을(e.job='CLERK') 아우터 조인 조건절인 ON절로 위치시킨다면 결과는 어떻게 될까요?

```
SELECT   e.empno, e.ename, e.job, d.deptno, d.dname, d.loc
FROM      emp e  LEFT OUTER JOIN dept d
       ON (      e.deptno = d.deptno
             and d.loc='CHICAGO'
             and e.job ='CLERK'
           )
;
```

자, 한 번 생각해봅시다. 집합이 머릿속에 그려지나요? 혹시 아래 결과 집합처럼 생각하셨나요?

만약 아래 결과처럼 생각했다면 집합적 사고력이 좋아, 조금만 더 훈련한다면 복잡한 업무도 프로그램 로직 없이 SQL로 충분히 작성할 수 있습니다.

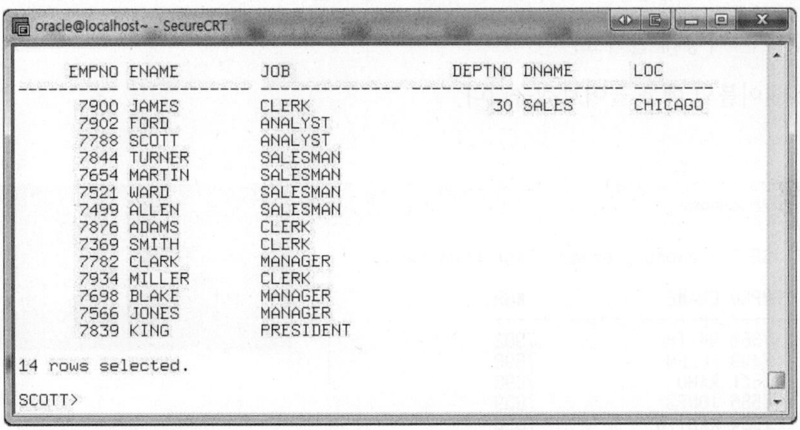

```
oracle@localhost~ - SecureCRT

     EMPNO ENAME        JOB                DEPTNO DNAME      LOC
---------- ------------ -------------- ---------- ---------- --------
      7900 JAMES        CLERK                  30 SALES      CHICAGO
      7902 FORD         ANALYST
      7788 SCOTT        ANALYST
      7844 TURNER       SALESMAN
      7654 MARTIN       SALESMAN
      7521 WARD         SALESMAN
      7499 ALLEN        SALESMAN
      7876 ADAMS        CLERK
      7369 SMITH        CLERK
      7782 CLARK        MANAGER
      7934 MILLER       CLERK
      7698 BLAKE        MANAGER
      7566 JONES        MANAGER
      7839 KING         PRESIDENT

14 rows selected.

SCOTT>
```

앞의 쿼리와 차이는 e.job = 'CLERK' 조건이 WHERE절이 아닌 ON절로 위치한 것입니다.

ON절에 아우터 조인이 되는 조건절을 기술한다고 했습니다. 기준 테이블이 되는 EMP 테이블에서 조건에 맞는 집합을 추출한 후(WHERE절에 기술된 조건) 그중에서 아우터 조인 조건을 만족하는 집합(ON절에 기술된 조건)만 아우터 조인을 하는 것입니다.

WHERE절에는 아무 조건이 없으므로 EMP전체 데이터가 출력되고 그중에서 아우터 조인 대상 집합은 e.job = 'CLERK'을 만족하는 집합입니다. job이 'CLERK'인 사람만 EMP집합에서 아우터 조인을 합니다. 그리고 job이 'CLERK'인 사원이 소속된 부서가 'CHICAGO'에 위치한 사원들만 부서 정보를 보여 줍니다.

정리하면 ANSI OUTER JOIN에서 WHERE절에 기술한 조건은 기준 테이블의 집합의 수를 결정하고 ON절에 기술한 조건은 기준 집합 중에 아우터 조인 대상이 되는 집합을 말하는 것으로 전체 결과 집합에는 아무런 영향을 주지 않습니다.

ANSI OUTER JOIN에서 ON절과 WHERE절 의미를 반드시 확인해야 합니다.

5. SELF Join

위에서 살펴본 Join들은 모두 원하는 데이터들이 여러 테이블에 흩어져 있었습니다. 그래서 여러 테이블을 Join해야 했는데, 만약 원하는 데이터가 하나의 테이블에 다 들어있을 경우는 어떻게 할까요?

emp 테이블의 예를 들어보겠습니다.

```
oracle@localhost:~
SCOTT>
SCOTT>SELECT empno , ename , mgr FROM emp ;

     EMPNO ENAME             MGR
---------- ---------- ----------
      7369 SMITH            7902
      7499 ALLEN            7698
      7521 WARD             7698
      7566 JONES            7839
      7654 MARTIN           7698
      7698 BLAKE            7839
      7782 CLARK            7839
      2000 Cat
      7839 KING
      7844 TURNER           7698
      7900 JAMES            7698
      7902 FORD             7566
      7934 MILLER           7782
      1000 Tiger

14 rows selected.

SCOTT>
```

참고: 왼쪽 화면에서 1000번 Tiger와 2000번 cat 데이터는 저자가 그룹 함수장에서 연습문제를 위해 임의로 삽입한 데이터로 원본에는 없는 데이터입니다.

앞의 그림에서 EMPNO는 사원의 사원번호이며 MGR은 상사의 사원번호입니다.

출력하고 싶은 형태가 **"SMITH의 상사는 FORD이다"**일 경우 출력에 필요한 데이터는 emp 테이블에 다 있습니다. 이럴 경우 아주 요긴하게 사용하는 것이 지금 배우는 SELF Join입니다.

Self Join의 원리는 아주 간단합니다. 우선, 데이터를 가지고 있는 하나의 테이블을 메모리에서 별명을 두 개로 사용해서 호출하는 방법으로 2개의 테이블로 만든 후 일반적인 Join 작업을 수행하면 됩니다.

그림으로 살펴보면 아래와 같습니다.

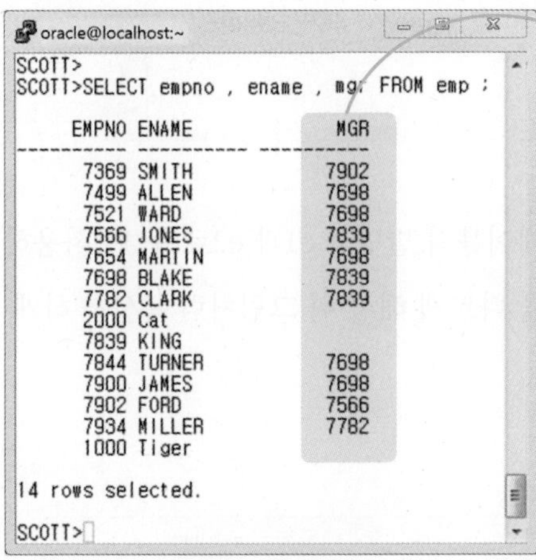

사원 이름 조회

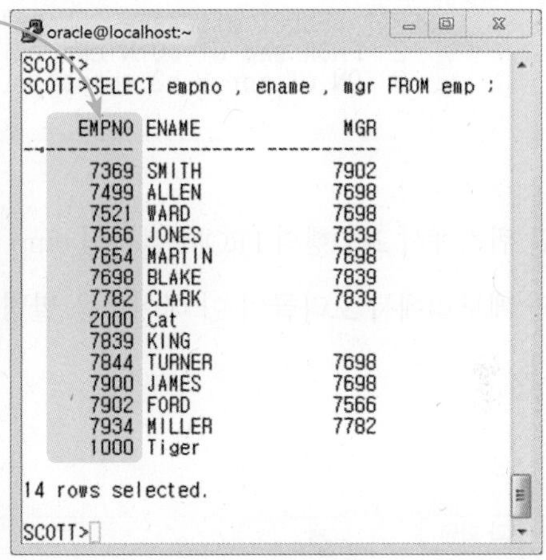

상사 이름 조회

위 그림에서 왼쪽 그림의 MGR 번호와 오른쪽 테이블의 EMPNO 번호가 같은 사원이 상사 이름입니다. 앞의 그림처럼 메모리 공간에서 오라클이 같은 테이블을 복사해서 만들게 한 후 조건을 위와 같이 주면 되는데, 다음과 같이 쿼리를 작성하면 됩니다.

[Oracle Join 문법]

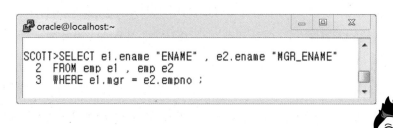

```
oracle@localhost:~
SCOTT>SELECT e1.ename "ENAME" , e2.ename "MGR_ENAME"
  2  FROM emp e1 , emp e2
  3  WHERE e1.mgr = e2.empno ;
```

[ANSI Join 문법]

```
oracle@localhost:~
SCOTT>SELECT e1.ename "ENAME" , e2.ename "MGR_ENAME"
  2  FROM emp e1 JOIN emp e2
  3  ON e1.mgr = e2.empno ;
```

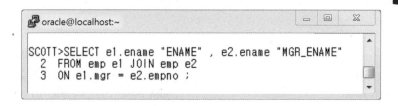

위 쿼리에서 2번 행의 FROM 절처럼 emp 테이블의 별명을 e1과 e2로 두 번 사용하게 되면 메모리에서 오라클이 이 테이블을 별명을 다르게 해서 위 그림처럼 복사를 하게 됩니다.

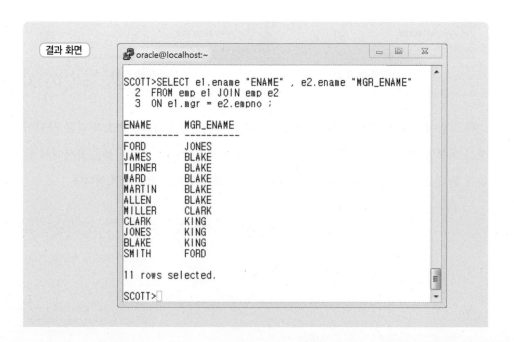

결과 화면

```
oracle@localhost:~
SCOTT>SELECT e1.ename "ENAME" , e2.ename "MGR_ENAME"
  2  FROM emp e1 JOIN emp e2
  3  ON e1.mgr = e2.empno ;

ENAME      MGR_ENAME
---------- ----------
FORD       JONES
JAMES      BLAKE
TURNER     BLAKE
WARD       BLAKE
MARTIN     BLAKE
ALLEN      BLAKE
MILLER     CLARK
CLARK      KING
JONES      KING
BLAKE      KING
SMITH      FORD

11 rows selected.

SCOTT>
```

위 결과를 보면 사장실은 상위 부서가 없어서 부서명에서 조회되지 않았습니다. 사장실까지 출력을 원하면 앞에서 배운 Outer Join을 사용하면 됩니다.

이상으로 많이 사용되는 다양한 조인 기법들을 살펴보았습니다. 많이 연습해서 꼭 자신의 실력으로 만드세요.

그리고 마지막에 있는 연습문제도 꼭 자신의 실력으로 풀어보세요.

연습문제

1. 학생 테이블(student)과 학과 테이블(department)을 사용하여 학생이름, 1전공 학과 번호(deptno1), 1전공 학과 이름을 출력하세요(ANSI Join 문법과 Oracle Join 문법으로 각각 SQL을 작성하세요).

결과 화면

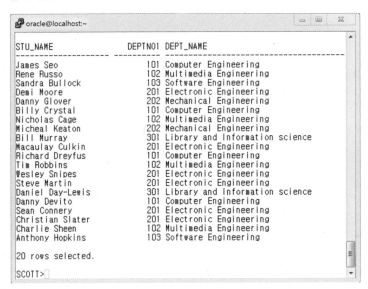

```
oracle@localhost:~

STU_NAME               DEPTNO1 DEPT_NAME
-------------------- ---------- ----------------------------------------
James Seo                   101 Computer Engineering
Rene Russo                  102 Multimedia Engineering
Sandra Bullock              103 Software Engineering
Demi Moore                  201 Electronic Engineering
Danny Glover                202 Mechanical Engineering
Billy Crystal               101 Computer Engineering
Nicholas Cage               102 Multimedia Engineering
Micheal Keaton              202 Mechanical Engineering
Bill Murray                 301 Library and Information science
Macaulay Culkin             201 Electronic Engineering
Richard Dreyfus             101 Computer Engineering
Tim Robbins                 102 Multimedia Engineering
Wesley Snipes               201 Electronic Engineering
Steve Martin                201 Electronic Engineering
Daniel Day-Lewis            301 Library and Information science
Danny Devito                101 Computer Engineering
Sean Connery                201 Electronic Engineering
Christian Slater            201 Electronic Engineering
Charlie Sheen               102 Multimedia Engineering
Anthony Hopkins             103 Software Engineering

20 rows selected.

SCOTT>
```

2. emp2 테이블과 p_grade 테이블을 조회하여 현재 직급이 있는 사원의 이름과 직급, 현재 연봉, 해당 직급의 연봉의 하한 금액과 상한 금액을 아래 결과 화면과 같이 출력하세요.

결과 화면

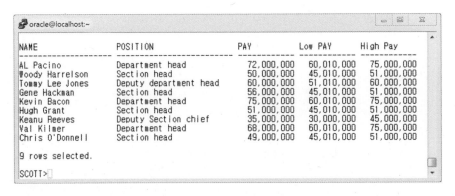

```
oracle@localhost:~

NAME                 POSITION                  PAY          Low PAY      High Pay
-------------------- ------------------------- ------------ ------------ ------------
AL Pacino            Department head             72,000,000   60,010,000   75,000,000
Woody Harrelson      Section head                50,000,000   45,010,000   51,000,000
Tommy Lee Jones      Deputy department head      60,000,000   51,010,000   60,000,000
Gene Hackman         Section head                56,000,000   45,010,000   51,000,000
Kevin Bacon          Department head             75,000,000   60,010,000   75,000,000
Hugh Grant           Section head                51,000,000   45,010,000   51,000,000
Keanu Reeves         Deputy Section chief        35,000,000   30,000,000   45,000,000
Val Kilmer           Department head             68,000,000   60,010,000   75,000,000
Chris O'Donnell      Section head                49,000,000   45,010,000   51,000,000

9 rows selected.

SCOTT>
```

3. Emp2 테이블과 p_grade 테이블을 조회하여 사원들의 이름과 나이, 현재 직급, 예상 직급을 출력하세요. 예상 직급은 나이로 계산하며 해당 나이가 받아야 하는 직급을 의미합니다. 나이는 오늘(sysdate)을 기준으로 하되 trunc로 소수점 이하는 절삭해서 계산하세요.

결과 화면

```
oracle@localhost:~

NAME                  AGE CURR_POSITION             BE_POSITION
-------------------- ---- ------------------------- ---------------------------
Jack Nicholson         28                           Deputy Section chief
Denzel Washington      30                           Section head
Richard Gere           31                           Section head
Tom Cruise             32                           Section head
Harrison Ford          32                           Section head
Kevin Costner          32                           Section head
Clint Eastwood         32                           Section head
Sly Stallone           32                           Section head
JohnTravolta           33                           Deputy department head
Robert De Niro         33                           Deputy department head
Val Kilmer             36 Department head           Deputy department head
Tommy Lee Jones        37 Deputy department head    Department head
Woody Harrelson        38 Section head              Department head
Chris O'Donnell        40 Section head              Department head
Hugh Grant             40 Section head              Department head
Gene Hackman           40 Section head              Department head
AL Pacino              40 Department head           Department head
Kevin Bacon            41 Department head           Director
Keanu Reeves           41 Deputy Section chief      Director
Kurt Russell           49 Boss                      Director

20 rows selected.

SCOTT>
```

4. customer 테이블과 gift 테이블을 Join하여 고객이 자기 포인트보다 낮은 포인트의 상품 중 한 가지를 선택할 수 있다고 할 때 Notebook을 선택할 수 있는 고객명과 포인트, 상품명을 출력하세요.

결과 화면

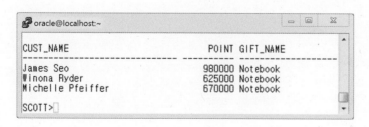

```
oracle@localhost:~

CUST_NAME                            POINT GIFT_NAME
------------------------------ ---------- --------------------
James Seo                          980000 Notebook
Winona Ryder                       625000 Notebook
Michelle Pfeiffer                  670000 Notebook

SCOTT>
```

5. professor 테이블에서 교수의 번호, 교수 이름, 입사일, 자신보다 입사일 빠른 사람 인원수를 출력하세요. 단, 자신보다 입사일이 빠른 사람 수를 오름차순으로 출력하세요(Oracle Join 구문과 ANSI Join 구문으로 각각 SQL을 작성하세요).

결과 화면

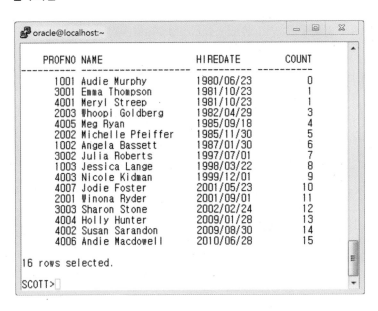

oracle@localhost:~

```
    PROFNO NAME                 HIREDATE         COUNT
---------- -------------------- ---------- ----------
      1001 Audie Murphy         1980/06/23           0
      3001 Emma Thompson        1981/10/23           1
      4001 Meryl Streep         1981/10/23           1
      2003 Whoopi Goldberg      1982/04/29           3
      4005 Meg Ryan             1985/09/18           4
      2002 Michelle Pfeiffer    1985/11/30           5
      1002 Angela Bassett       1987/01/30           6
      3002 Julia Roberts        1997/07/01           7
      1003 Jessica Lange        1998/03/22           8
      4003 Nicole Kidman        1999/12/01           9
      4007 Jodie Foster         2001/05/23          10
      2001 Winona Ryder         2001/09/01          11
      3003 Sharon Stone         2002/02/24          12
      4004 Holly Hunter         2009/01/28          13
      4002 Susan Sarandon       2009/08/30          14
      4006 Andie Macdowell      2010/06/28          15

16 rows selected.

SCOTT>
```

6. emp 테이블에서 사원번호, 사원이름, 입사일, 자신보다 먼저 입사한 사람 인원수를 출력하세요. 단, 자신보다 입사일이 빠른 사람수를 오름차순으로 출력하세요(Oracle Join 구문과 ANSI Join 구문으로 각각 SQL을 작성하세요).

결과 화면

```
oracle@localhost:~

     EMPNO ENAME      HIREDATE      COUNT
---------- ---------- -------- ----------
      7369 SMITH      80/12/17          0
      7499 ALLEN      81/02/20          1
      7521 WARD       81/02/22          2
      7566 JONES      81/04/02          3
      7698 BLAKE      81/05/01          4
      7782 CLARK      81/06/09          5
      7844 TURNER     81/09/08          6
      7654 MARTIN     81/09/28          7
      7839 KING       81/11/17          8
      7902 FORD       81/12/03          9
      7900 JAMES      81/12/03          9
      7934 MILLER     82/01/23         11

12 rows selected.

SCOTT>
```

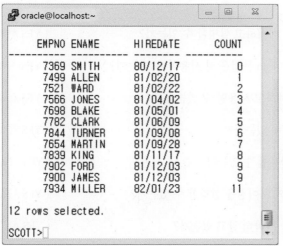

Check Your Self!

스스로 아래 질문들을 천천히 생각해보고 YES / NO를 체크해 보세요.

아래 질문들에 모두 YES를 선택할 수 있다면 이번 장을 완전히 마스터했다는 의미이고 부족한 부분이 있다면 다시 한 번 더 공부를 해서 완전히 배우길 권해 드립니다.

1. 나는 Join의 원리를 정확하게 이해하고 설명할 수 있는가? (YES / NO)
2. 나는 Oracle Join 문법과 ANSI Join 문법을 잘 사용할 수 있는가? (YES / NO)
3. 나는 카티션 곱을 정확히 이해하고 사용할 수 있는가? (YES / NO)
4. 나는 Equi-Join을 잘 활용할 수 있는가? (YES / NO)
5. 나는 Non -Equi Join을 잘 활용할 수 있는가? (YES / NO)
6. 나는 Inner Join과 Outer Join의 차이점을 설명할 수 있는가? (YES / NO)
7. 나는 OUTER Join의 문제점을 정확히 알고 있는가? (YES / NO)
8. 나는 Self Join에 대해서 정확히 이해하고 사용할 수 있는가? (YES / NO)

다음 장으로 넘어가기 전에 위 체크리스트들을 꼭 확인해 보고 부족한 부분이 있다면 공부하고 넘어가기를 바랍니다.

잠시 쉬어 가는 페이지

미국에서 아주 유명한 야구 선수 중에 베이브 루스라는 사람이 있습니다.

그 사람의 이야기가 여러 가지 울림이 있어서 이곳에서 전하려 합니다.

베이브 루스는 1895년 미국 볼티모어의 빈민가에서 태어났습니다.

술집을 하는 아버지와 병으로 아픈 어머니.

소년 시절, 루스는 아무도 감당 못 할 정도로 난폭한 소년이었습니다.

그런 루스의 인생을 바꿔놓는 사람을 만나게 되었습니다.

바로 세인트 매리 학교의 마티어스 선생님이었습니다.

항상 반항으로 일관하는 루스를 향해 이렇게 말했습니다.

"너는 참으로 어쩔 수 없는 아이구나. 단 한 가지 좋은 것만 제외하고는."

"선생님, 거짓말하지 마세요. 나에게 무슨 좋은 점이 있다는 거죠?"

"네가 없으면 야구팀이 무척 곤란해지지 않겠니? 그러니 열심히 해봐."

어디를 가든 환영을 못 받던 루스에게 마티어스 선생님의 칭찬은 그의 방황에 종지부를 찍게 해 준 계기가 되었습니다.

루스는 자신에게 야구에 재능이 있다는 것을 알게 되었고, 누군가를 기쁘게 해주는 의미 있는 존재가 되었다는 것에 행복을 발견해갔습니다.

이후 루스는 은퇴할 때까지 714개의 홈런을 기록하는 대선수가 되었고, 마티어스 선생님에게 감사하는 마음을 잊지 않았다고 합니다.

우리가 누군가에게 하는 말 한마디가 그 사람의 인생을 바꿀 수 있다는 점을 기억하고 오늘도 누군가에게 좋은 영향력을 끼치는 여러분들 되기를 바랍니다.

5장 DDL 명령과 딕셔너리를 배웁니다

이번 장에서 배울 내용

1 다양한 오라클 명령어들의 종류를 알아봅니다.
2 CREATE를 사용하여 다양한 오브젝트를 생성하는 방법을 배웁니다.
3 ALTER를 사용하여 기존의 오브젝트를 수정하는 방법을 배웁니다.
4 TRUNCATE와 DROP 명령어로 삭제하는 방법을 배웁니다.
5 Data Dictionary의 의미와 종류, 관리 방법들을 배웁니다.

5장 DDL 명령과 딕셔너리를 배웁니다

사람이 사용하는 다양한 말들이 여러 가지 품사로 구분되는 것처럼 오라클에서 사용하는 다양한 명령어들도 아래와 같이 구분이 됩니다. 다소 복잡해 보일 수 있으나 꼭 각 분류별로 구분할 수 있어야 합니다.

```
* DDL(Data Definition Language): CREATE(생성), ALTER(수정),TRUNCATE(잘라내기),
                                 DROP(삭제)
* DML(Data Manipulation Language): INSERT(입력), UPDATE(변경), DELETE(삭제),
                                   MERGE(병합)
* DCL(Data Control Language): GRANT (권한 주기), REVOKE(권한 뺏기)
* TCL(Transaction Control Language): COMMIT(확정), ROLLBACK(취소)
* SELECT: 어떤 분류에서는 DQL(Data Query Language)이라고 하기도 합니다.
```

명령어들이 많이 있죠? 저런 명령들을 이용해서 데이터를 관리하는 것입니다. 앞에서 살펴본 대로 오라클은 데이터를 저장하고 관리해 주는 프로그램입니다.

오라클 데이터베이스 내부에 데이터를 관리하기 위해 다양한 저장 객체를 생성하게 되는데, 이것을 오브젝트(Object)라고 부르고 오브젝트 중에 특별히 데이터를 저장하기 위한 별도의 저장 공간을 가지는 것을 세그먼트(Segment)라고 부릅니다(오라클 저장구조에 대한 더 자세한 내용은 저자의 다른 저서인 《오라클 관리실무》를 참고하세요).

쉽게 이야기하면 데이터베이스라는 것은 많은 물건들이 저장되어 있는 커다란 창고이고 오브젝트나 세그먼트는 그 창고 안에서 물건을 담아두는 통이라고 생각하면 됩니다. 이런 오브젝트를 생성하고, 변경하고, 관리하는 명령어를 DDL(Data Definition Language)이라고 부릅니다.

다양한 DDL 중에서 한 가지씩 자세히 살펴보겠습니다.

1. CREATE – 새로 생성하라

이 명령은 새로운 오브젝트나 스키마를 생성할 때 사용하는 명령어 입니다.

다른 오브젝트는 해당 오브젝트를 배우는 장에서 언급하고 여기서는 테이블만 살펴보겠습니다.

1.1 일반 테이블 생성하기

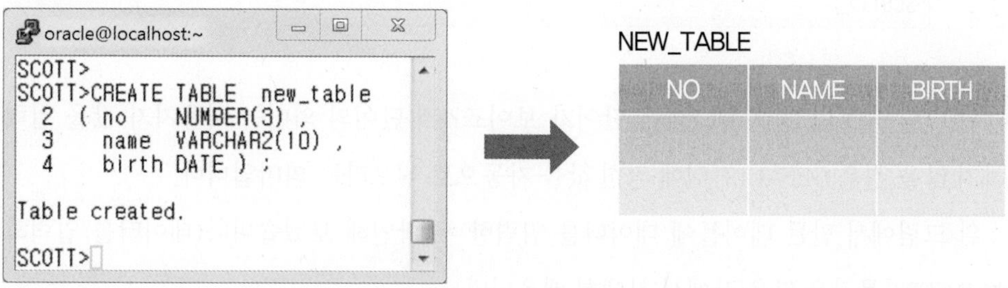

설명

위 SQL은 new_table 이라는 이름의 테이블을 생성합니다.

- No라는 컬럼은 숫자(NUMBER) 데이터만 들어갈 수 있으며 최대 길이는 3자리까지입니다.
- Name 컬럼은 가변형 문자(VARCHAR2)가 들어갈 수 있으며 최대 길이는 10바이트까지입니다.
- Birth 컬럼은 날짜(DATE) 데이터만 들어갈 수 있습니다.

※ NUMBER, VARCHAR2, DATE와 같은 데이터 형에 대한 설명은 앞에서 배운 2장 단일행 함수 중에서 형 변환 함수 부분을 참조하세요.

1.2 기본 입력 값을 설정하면서 생성하기

위에서 생성한 테이블은 사용자가 값을 입력하지 않을 경우 기본적으로 NULL 값이 자동으로 입력됩니다. 그런데 NULL 값이 위험하다는 것은 이미 앞에서 살펴보았죠?

그래서 이번에는 사용자가 값을 입력하지 않을 경우 NULL 값 외에 다른 특정한 값을 지정하면서 Table을 생성하는 방법을 살펴보겠습니다.

```
SCOTT>CREATE TABLE tt02
  2  ( no        NUMBER(3,1)   DEFAULT 0,
  3  name        VARCHAR2(10)  DEFAULT 'NO Name' ,
  4  hiredate    DATE          DEFAULT SYSDATE) ;

Table created.

SCOTT>
```

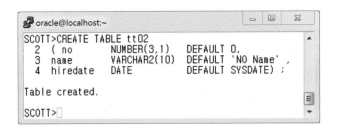

위 그림을 보면 DEFAULT라는 단어가 보이죠? 저 단어의 의미는 사용자가 값을 입력하지 않을 경우 DEFAULT 뒤에 적힌 값을 자동으로 넣으라는 의미입니다.

위 그림에서 만든 테이블에 데이터를 입력한 후 확인해 보겠습니다(데이터를 입력하는 INSERT 문장은 다음 장에서 자세히 배웁니다).

```
SCOTT>
SCOTT>INSERT INTO tt02 (no) VALUES(1);

1 row created.

SCOTT>SELECT * FROM tt02 ;

        NO NAME       HIREDATE
---------- ---------- ------------
         1 NO Name    01-AUG-13

SCOTT>
```

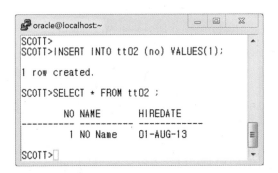

위 그림을 보면 INSERT 명령으로 no 컬럼에만 1을 입력한 후 tt02 테이블을 SELECT하니까 나머지 컬럼에도 테이블 생성 시에 DEFAULT 뒤에 지정했던 값이 들어가 있는 것이 확인됩니다. 아주 유용한 기능이므로 적극 사용해 보세요.

1.3 한글 이름으로 테이블 생성하기

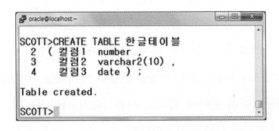

```
SCOTT>CREATE TABLE 한글테이블
  2  ( 컬럼1  number ,
  3    컬럼2  varchar2(10) ,
  4    컬럼3  date ) ;

Table created.

SCOTT>
```

위 예 2번과 같이 테이블 이름이나 컬럼 이름이 한글로도 가능합니다. 다만, 실제 사용할 때 테이블 이름이나 컬럼 이름이 한글일 경우 불편함이 있으니 잘 고려한 후 사용하기를 바랍니다.

★★★ 참고

테이블을 생성할 때 아래와 같은 제한사항이 있습니다.

1. 테이블 이름은 반드시 문자로 시작해야 합니다. 즉, 숫자로 시작할 수는 없고 숫자가 포함되는 것은 가능합니다. 특수문자도 가능하지만 테이블 생성 시 ""(큰따옴표)로 감싸야 하며 권장하지 않습니다.
2. 테이블 이름이나 컬럼 이름은 최대 30바이트까지 가능합니다. 즉, 한글로 테이블 이름을 생성할 경우 최대 15글자까지만 가능하다는 뜻입니다.
3. 테이블 이름은 한 명의 사용자가 다른 오브젝트의 이름과 중복으로 사용할 수 없습니다. 예를 들어, scott 사용자가 테이블명을 test로 생성한 후 다른 테이블 이름을 test로 동일하게 사용할 수 없다는 것입니다. 그러나 scott 사용자가 test 테이블을 만들어도 다른 사용자인 hr 사용자는 test라는 테이블 이름을 사용할 수 있습니다.
4. 테이블 이름이나 오브젝트 이름을 오라클이 사용하는 키워드를 사용하지 않기를 권장합니다. 오라클 키워드라 함은 오라클에서 사용하는 미리 정해진 SELECT, FROM 등과 같은 단어들을 말합니다. 생성이 안 되는 것은 아니지만 사용 시에 아주 불편하고 위험할 수도 있기에 절대로 사용하지 않기를 권장합니다.

1.4 Global Temporary Table(임시 테이블) 생성하기

Global Temporary Table은 오라클 8.1 버전부터 등장한 기능으로 데이터베이스에 저장할 목적이 아닌 임시 작업용 데이터를 저장하기 위해 만들어졌습니다. 이 테이블은 마치 뷰처럼 테이블을 생성하면 그 정의만 딕셔너리에 저장되어 있다가 사용자가 해당 테이블에 엑세스하면 메모리상에 해당 테이블을 만들고 데이터를 가져오게 됩니다. 이 테이블의 데이터는 영구적이지 않아서 임시로 사용되다가 사라지는데, 사라지는 시점은 트랜잭션이 끝나거나 세션이 끝나는 시점입니다.

그런데 이런 테이블을 어디에 쓸까요? 바로 저장이 목적이 아닌 테스트가 목적인 작업에 사용을 합니다. 예를 들어, 어떤 기능 테스트를 하기 위해 데이터가 잠시 필요할 경우 일반 테이블을 만들고 데이터를 입력하면 리두 로그(Redo Log)라는 것도 생성이 되어서 시간도 오래 걸리는데, Temporary Table을 사용하면 아주 빠르게 생성이 됩니다. 그리고 작업이 끝나면 자동으로 내용을 삭제까지 해 주는 아주 편리한 기능입니다.

그리고 이 테이블은 기본적으로 세션별로 만들어지기 때문에 다른 세션에서 테이블을 공유할 수 없습니다. 자세한 것은 아래 실습으로 확인해 보겠습니다.

문법

```
CREATE GLOBAL TEMPORARY TABLE 테이블명
(컬럼1   데이터 타입,
 컬럼2   데이터 타입, …,
 ON COMMIT [ delete | preserve ] ROWS ;
```

설명

위 문법에서 마지막 행에 ON COMMIT delete ROWS를 사용하면 COMMIT 시에 데이터를 삭제한다는 뜻이고 ON COMMIT preserve ROWS를 사용하면 세션을 종료해야 데이터가 사라집니다.

기본값은 **ON COMMIT delete ROWS**입니다.

1.4.1 명령을 입력하는 터미널(창)을 2개 열어서 한쪽에서 생성 후 다른 쪽에서 조회 확인하기

• 세션 1

```
SCOTT>CREATE GLOBAL TEMPORARY TABLE temp01
  2  ( no       NUMBER ,
  3    name     VARCHAR2(10))
  4  ON COMMIT delete ROWS ;

Table created.

SCOTT>INSERT INTO temp01 VALUES(1,'AAAAA');

1 row created.

SCOTT>SELECT * FROM temp01 ;

        NO NAME
---------- ----------
         1 AAAAA

SCOTT>
```

• 세션 2

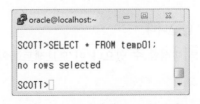

```
SCOTT>SELECT * FROM temp01;

no rows selected

SCOTT>
```

위와 같이 다른 터미널에서는 조회가 안 됩니다. 즉, 같은 계정이라 할지라도 다른 창에서는 다른 사람이 어떤 작업을 하는지 알 수 없다는 뜻입니다.

위 실습 세션 1에서 아직 COMMIT을 수행하지 않았기 때문에 temp01 테이블에 데이터가 있지만 TEMPORARY TABLE 생성 옵션이 ON COMMIT delete ROWS이므로 커밋을 하면 모두 삭제됩니다.

다음 그림을 보세요.

• 세션 1

```
SCOTT>
SCOTT>SELECT * FROM temp01 ;

        NO NAME
---------- ----------
         1 AAAAA

SCOTT>COMMIT ;

Commit complete.

SCOTT>SELECT * FROM temp01 ;

no rows selected

SCOTT>
```

위에서 TEMPORARY TABLE 생성 시에 옵션을 ON COMMIT PRESERVE ROWS로 주면 COMMIT 후에도 데이터는 남아 있으며 해당 세션이 종료되어야 테이블의 데이터가 삭제됩니다.

이 외에도 아래와 같은 특징들이 있습니다.

– Redo Log를 생성하지 않습니다.
– Index, View, Trigger를 생성할 수 있으나 이 오브젝트들의 타입도 전부 Temporary 입니다.
– 이 테이블에 들어 있는 데이터는 이전이나 백업을 할 수 없습니다.

1.4.2 생성되어 있는 Temporary Table 조회하기

```
SCOTT>SELECT temporary , duration
  2  FROM user_tables
  3  WHERE table_name='TEMP01';

T DURATION
- ---------------
Y SYS$TRANSACTION

SCOTT>
```

위 그림에서 T로 보이는 부분이 Temporary 여부인데 Y이고 DURATION이 TRANSACTION 이므로 'COMMIT이나 ROLLBACK을 수행하는 동안 유지된다'는 뜻입니다.

이 테이블은 데이터를 저장하는 용도가 아닌 테스트나 조회하는 용도로 많이 사용되므로 잘 연습해 두세요.

1.5 테이블 복사하기(CTAS라고도 합니다)

이 방법은 새로운 테이블을 생성할 때 기존에 만들어져 있는 테이블을 참조하여 생성하는 방법입니다. 즉, 테이블을 복사하는 의미를 가지고 있습니다.

1.5.1 모든 컬럼 다 복사하기/특정 컬럼만 복사하기

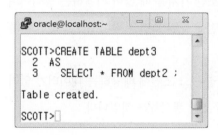

```
oracle@localhost:~

SCOTT>CREATE TABLE dept3
  2  AS
  3     SELECT * FROM dept2 ;

Table created.

SCOTT>
```

```
oracle@localhost:~
SCOTT>CREATE TABLE dept4
  2  AS
  3     SELECT dcode , dname
  4     FROM dept2 ;

Table created.

SCOTT>
```

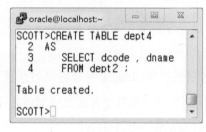

위 그림 중 오른쪽 그림의 방법은 dept2 테이블과 똑같은 컬럼과 데이터를 가진 dept3 테이블이 생성됩니다. 그러나 왼쪽 그림의 명령어 수행 후 DESC 명령어로 확인해 보면 dept4 테이블에 dcode, dname 컬럼만 있다는 것을 확인할 수 있습니다.

위 방법은 서브쿼리의 컬럼 값을 가지고 테이블을 생성한다는 것을 알 수 있습니다.

1.5.2 테이블의 구조(컬럼)만 가져오고 데이터는 가져오지 않기

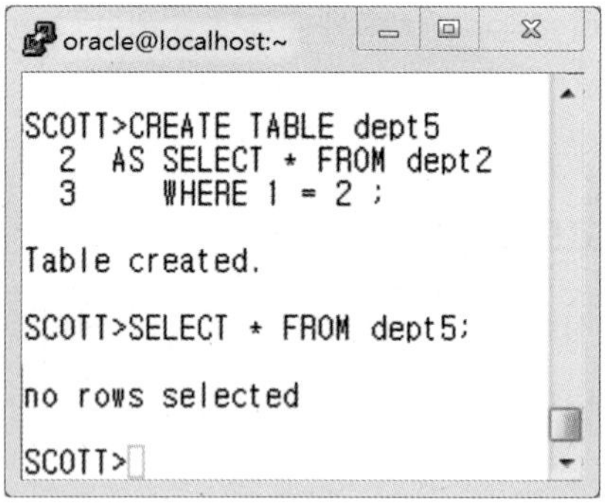


```
SCOTT>CREATE TABLE dept5
  2  AS SELECT * FROM dept2
  3      WHERE 1 = 2 ;

Table created.

SCOTT>SELECT * FROM dept5;

no rows selected

SCOTT>
```

이 방법은 주로 데이터는 필요 없이 테이블 구조만 가져올 때 많이 사용하는 방식이며 문법은 거의 동일한데, 4번 라인에 보면 WHERE절에 틀린 조건을 적어주는 부분만 다릅니다.

위의 3번 줄처럼 WHERE 줄에 틀린 조건을 줄 경우 그 조건에 해당하는 데이터가 없기 때문에 데이터는 가져오지 못하고 그냥 테이블 구조만 생성하는 것입니다.

아주 많이 사용하는 방법입니다.

2. ALTER 명령

Alter 명령어는 만들어져 있는 오브젝트를 변경하는 명령어입니다.

즉, 테이블 같은 경우에는 컬럼을 추가하거나 컬럼을 삭제하거나 컬럼 이름이나 테이블 이름을 바꾸는 등의 작업을 할 수 있습니다. 이 명령어는 부하가 많이 걸리는 명령어이므로 사용량이 많은 시간에 수행하는 것은 아주 위험하니 특히 조심해야 합니다.

2.1 새로운 컬럼 추가하기

```
SCOTT>CREATE TABLE dept6
  2  AS
  3    SELECT dcode, dname
  4    FROM dept2
  5    WHERE dcode IN(1000,1001,1002) ;

Table created.

SCOTT>SELECT * FROM dept6 ;

DCODE  DNAME
------ ------------------------------------
1000   Management Support Team
1001   Financial Management Team
1002   General affairs
```

– 장소명을 가지는 LOCATION 컬럼을 추가하겠습니다.

```
SCOTT>ALTER TABLE dept6
  2  ADD (location VARCHAR2(10));

Table altered.

SCOTT>SELECT * FROM dept6 ;

DCODE  DNAME                       LOCATION
-----  -------------------------   ----------
1000   Management Support Team
1001   Financial Management Team
1002   General affairs
```

← 새 컬럼이 추가됨을 확인할 수 있습니다.

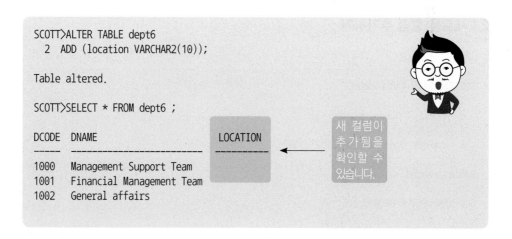

위 예에서 추가되는 컬럼에는 모두 기본값으로 NULL 값이 입력되었습니다. 새로 추가되는 컬럼에 NULL 값 외 다른 값을 기본값으로 입력하고 싶으면 DEFAULT 값을 지정하면 됩니다.

```
SCOTT>ALTER TABLE dept6
  2  ADD (location2 VARCHAR2(10) DEFAULT 'SEOUL') ;

Table altered.

SCOTT>SELECT * FROM dept6 ;

DCODE  DNAME                        LOCATION   LOCATION2
-----  ---------------------------  --------   ---------
1000   Management Support Team                 SEOUL
1001   Financial Management Team               SEOUL
1002   General affairs                         SEOUL
```

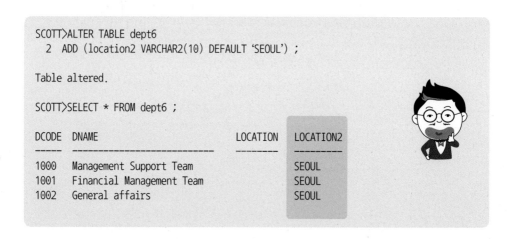

위 결과에서 LOCATION2가 추가되면서 기본값으로 SEOUL이 추가된 것이 보이죠?

2.2 테이블의 컬럼 이름 변경하기

Dept6 테이블의 LOCATION2 컬럼을 LOC로 이름을 변경하겠습니다.

```
SCOTT> ALTER  TABLE  dept6  RENAME  COLUMN  location2  TO  loc ;
```

만약 테이블 이름을 변경하려면 RENAME 명령을 사용합니다.

아래와 같이 dept6 테이블을 dept7로 이름을 변경하겠습니다.

```
SCOTT> RENAME dept6  TO  dept7 ;
```

2.3 컬럼의 데이터 크기 변경하기

```
SCOTT>DESC  dept7;
 Name                          Null?        Type
 ----------------------------- ----------   ----------------
 DCODE                                      VARCHAR2(6)
 DNAME                          NOT NULL    VARCHAR2(30)
 LOCATION                                   VARCHAR2(10)
 LOC                                        VARCHAR2(10)

SCOTT>ALTER TABLE dept7
  2  MODIFY( loc  VARCHAR2(20)) ;

Table altered.

SCOTT>DESC dept7;
 Name                          Null?        Type
 ----------------------------- -----------  ----------------
 DCODE                                      VARCHAR2(20)
 DNAME                         NOT NULL     VARCHAR2(20)
 LOCATION                                   VARCHAR2(10)
 LOC                                        VARCHAR2(20)
```

원래 VARCHAR2(10)이었던 loc 컬럼이 VARCHAR2(20)으로 변경된 것이 확인됩니다.

위 예는 크기를 늘이는 것을 보았지만 당연히 줄일 수도 있습니다. 이때 최소 크기는 들어 있는 데이터 값까지입니다.

2.4 컬럼 삭제하기

```
SCOTT>ALTER TABLE dept7 DROP COLUMN  loc ;
```

위 명령어로 dept7 테이블에 있는 loc라는 컬럼이 삭제됩니다.

만약 참조키로 설정되어 있는 부모 테이블의 컬럼을 삭제하려 할 경우 에러가 발생하는데, 아래와 같은 방법으로 지우면 됩니다.

```
SCOTT>ALTER TABLE dept7 DROP COLUMN  loc  CASCADE  CONSTRAINTS ;
```

이 부분은 제약 조건 배울 때 다시 언급하겠습니다.

3. TRUNCATE 명령

TRUNCATE 명령은 테이블의 데이터를 전부 삭제하고 사용하고 있던 공간을 반납하는 명령어입니다. 이 명령어를 수행하면 해당 테이블의 데이터가 모두 삭제되지만 테이블 자체가 지워지는 것은 아닙니다. 또한 해당 테이블에 생성되어 있던 인덱스의 내용도 함께 TRUNCATE 됩니다.

▶▶▶사용 예

dept7 테이블의 모든 데이터를 TRUNCATE 명령어로 삭제하세요.

```
SCOTT>TRUNCATE  TABLE  dept7 ;
```

4. DROP 명령

이 명령어는 테이블 자체를 삭제하는 명령어입니다. 즉, 이 명령어를 수행하면 테이블 자체가 모두 지워지며 해당 테이블에 생성되어 있던 인덱스 또한 함께 삭제됩니다.

```
SCOTT>DROP  TABLE  dept7 ;
```

오라클 10g부터는 DROP 명령어로 테이블을 삭제할 경우 테이블이 삭제되는 것이 아니라 마치 윈도에서 파일 삭제 시 휴지통으로 가는 것처럼 휴지통으로 보내지게 됩니다. 그리고 삭제된 테이블의 이름은 BIN$…로 변경됩니다.

이 기능은 10g에서 아주 막강하게 성능을 발휘하는 FLASHBACK TABLE이라는 기능을 구현하기 위함인데, 이 부분에 대한 자세한 내용은 저자의 다른 저서인 《오라클 백업과 복구》에서 FLASHBACK 부분을 참조하기 바랍니다.

5. DELETE, TRUNCATE, DROP 명령어의 차이점 비교

위 3가지 명령어 모두 삭제하는 명령입니다.

그러나 아주 중요한 차이점이 있으며 아래 그림으로 그 차이점을 확인해 보겠습니다.

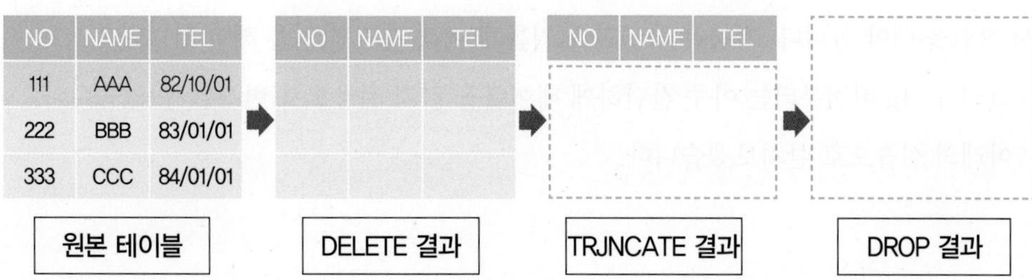

앞 그림에서 DELETE 후는 데이터만 지워지고 쓰고 있던 디스크상의 공간은 그대로 가지고 있습니다. 그래서 데이터가 DELETE되어도 테이블 용량은 줄어들지 않는 것입니다. DELETE의 이런 특징은 다음 장의 DELETE 명령에서 실습으로 확인해 보겠습니다.

그러나 TRUNCATE 작업은 최초에 테이블이 만들어졌던 상태, 즉 데이터가 1건도 없는 상태로 모든 데이터를 삭제하고 컬럼 값만 남겨 놓습니다. 용량도 줄어들고 인덱스 등도 모두 TRUNCATE됩니다. 언뜻 보면 DELETE보다 TRUNCATE가 더 좋은 듯 하지만 DELETE는 원하는 데이터만 골라서 삭제가 가능하지만 TRUNCATE는 모든 데이터를 한꺼번에 전부 삭제하기 때문에 상황에 따라서 적절한 명령어를 사용해야 합니다.

TRUNCATE 명령어는 테이블을 삭제하지는 않고 데이터만 삭제하지만 DROP 명령어는 데이터와 테이블 전체를 삭제하게 됩니다. 그리고 사용하고 있던 공간도 모두 반납하고 인덱스나 제약 조건 등 오브젝트도 삭제됩니다.

모두 삭제한다는 의미이지만 서로 차이가 있으므로 잘 이해하신 후 사용하기를 바랍니다.

6. 추가로 알아야 할 기능 소개

6.1 읽기 전용 테이블로 변경하기 (11g부터 추가된 기능)

만약 어떤 경우에 특정 테이블의 내용을 모두 변경은 할 수 없게 하고 조회만 가능하도록 설정해야 한다면 트리거를 사용하거나 아니면 제약조건을 DISABLE NOVALIDATE해서 작업을 해야 합니다. 가능은 하지만 번거롭게 여러 가지 작업을 해야 합니다.

그러나 11g 버전부터는 아주 간단하게 테이블을 읽기 전용으로 변경할 수 있습니다.

아래의 실습으로 살펴보겠습니다.

```
SCOTT>CREATE TABLE t_readonly
  2  ( no NUMBER,
  3    name VARCHAR2(10) );

Table created.

SCOTT>INSERT INTO t_readonly
  2  VALUES (1,'AAA');

1 row created.

SCOTT>COMMIT ;

Commit complete.

SCOTT>SELECT * FROM t_readonly ;

    NO   NAME
---------- ----------
      1   AAA

SCOTT>ALTER TABLE  t_readonly  read only ;  ← 읽기 전용으로 변경합니다.

Table altered.
```

위와 같이 아주 간단하게 읽기 전용 테이블로 변경됩니다.

그럼 이렇게 읽기 전용 상태인 테이블에 새로운 데이터를 입력하고 컬럼을 추가하는 등의 변경 작업을 하면 어떻게 될까요?

다음 실습으로 확인해 보겠습니다.

- 읽기 전용으로 변경된 테이블에 데이터 입력 시도함

```
SCOTT>INSERT INTO t_readonly
  2  VALUES (2,'BBB') ;
INSERT INTO t_read
            *
ERROR at line 1:
ORA-12081: update operation not allowed on table "SCOTT"."T_READONLY"
```

- 읽기 전용으로 변경된 테이블에 컬럼 추가 시도함

```
SCOTT>ALTER TABLE t_readonly
  2  ADD (tel number default 111) ;
ALTER TABLE t_readonly
*
ERROR at line 1:
ORA-12081: update operation not allowed on table "SCOTT"."T_READONLY"
```

- 읽기 전용인 테이블을 다시 읽기/쓰기 모드로 변경함

```
SQL> ALTER TABLE  t_readonly  read  write ;
```

- 읽기 전용인 테이블은 읽기 전용 상태일 때 아래의 명령으로 삭제 가능함

```
SCOTT>DROP TABLE t_readonly ;

Table dropped.
```

위의 테스트에서 살펴본 바와 같이 읽기 전용인 테이블이기 때문에 데이터 입력이나 테이블 구조 변경은 불가하지만 테이블 자체는 DROP할 수 있게 됩니다.

그리고 현재 테이블이 읽기 전용인지를 조회하려면 user_tables의 read_only 컬럼의 값이 YES이면 읽기 전용이고 NO이면 읽기/쓰기 모드입니다.

6.2 가상 컬럼 테이블 사용하기 (11g부터 추가된 기능)

11g부터는 테이블을 생성할 때 가상 컬럼이라는 것을 설정할 수 있습니다.

아래의 쉬운 예로 가상 컬럼 테이블을 살펴보겠습니다.

STEP 1 ○○○○가상 컬럼을 가지는 vt1 테이블을 생성합니다

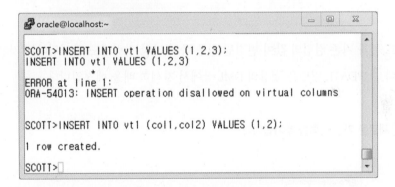

```
oracle@localhost:~

SCOTT>CREATE TABLE vt1
  2  ( col1   NUMBER ,
  3    col2   NUMBER ,
  4    col3   NUMBER GENERATED ALWAYS AS (col1 + col2));

Table created.

SCOTT>
```

위 명령어에서 4번 라인의 col3 컬럼은 col1+col2의 값을 가지는 가상 컬럼입니다.

STEP 2 vt1 테이블에 데이터를 입력합니다

```
oracle@localhost:~

SCOTT>INSERT INTO vt1 VALUES (1,2,3);
INSERT INTO vt1 VALUES (1,2,3)
            *
ERROR at line 1:
ORA-54013: INSERT operation disallowed on virtual columns


SCOTT>INSERT INTO vt1 (col1,col2) VALUES (1,2);

1 row created.

SCOTT>
```

위 step 2의 결과로 알 수 있듯이 가상 컬럼에는 사용자가 데이터를 입력할 수 없습니다.

STEP 3 입력된 데이터를 조회합니다

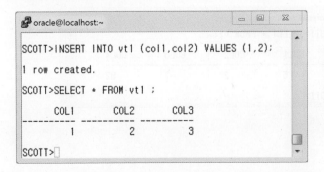

```
oracle@localhost:~

SCOTT>INSERT INTO vt1 (col1,col2) VALUES (1,2);

1 row created.

SCOTT>SELECT * FROM vt1 ;

      COL1       COL2       COL3
---------- ---------- ----------
         1          2          3

SCOTT>
```

위 Step 3의 결과를 보면 가상 컬럼인 col3에는 데이터를 입력하지 않았지만 자동으로 테이블 생성 시에 계산된 식의 값으로 입력됨을 알 수 있습니다.

STEP 4 기존 값을 변경한 후 가상 컬럼에 반영되는지 확인합니다

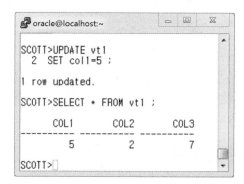

```
SCOTT>UPDATE vt1
  2  SET col1=5 ;

1 row updated.

SCOTT>SELECT * FROM vt1 ;

      COL1       COL2       COL3
---------- ---------- ----------
         5          2          7

SCOTT>
```

테스트 결과 기존 컬럼의 값이 변경될 경우 즉시 가상 컬럼에도 반영된다는 것을 알 수 있습니다. UPDATE 명령은 뒷장의 DML 장에서 자세히 배울 예정입니다.

STEP 5 새로운 가상 컬럼을 추가합니다

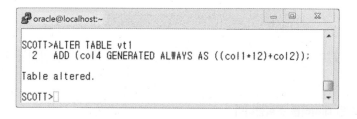

```
SCOTT>ALTER TABLE vt1
  2   ADD (col4 GENERATED ALWAYS AS ((col1*12)+col2));

Table altered.

SCOTT>
```

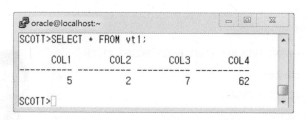

```
SCOTT>SELECT * FROM vt1;

      COL1       COL2       COL3       COL4
---------- ---------- ---------- ----------
         5          2          7         62

SCOTT>
```

위에서 보듯이 새로운 가상 컬럼이 추가되면 즉시 값이 반영되어 생성됩니다.

STEP 6 테이블에서 가상 컬럼 내역을 조회합니다

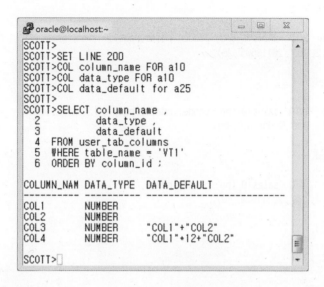

```
oracle@localhost:~
SCOTT>
SCOTT>SET LINE 200
SCOTT>COL column_name FOR a10
SCOTT>COL data_type FOR a10
SCOTT>COL data_default for a25
SCOTT>
SCOTT>SELECT column_name ,
  2          data_type ,
  3          data_default
  4  FROM user_tab_columns
  5  WHERE table_name = 'VT1'
  6  ORDER BY column_id ;

COLUMN_NAM DATA_TYPE  DATA_DEFAULT
---------- ---------- -------------------------
COL1       NUMBER
COL2       NUMBER
COL3       NUMBER     "COL1"+"COL2"
COL4       NUMBER     "COL1"*12+"COL2"

SCOTT>
```

STEP 7 조건절을 활용한 가상 컬럼 생성하기(내용이 길어서 화면 캡처 대신 직접 쿼리를 쓰겠습니다)

```
SCOTT>CREATE TABLE  sales10
  2  ( no      NUMBER,
  3   pcode   CHAR(4),
  4   pdate   CHAR(8),
  5   pqty    NUMBER,
  6   pbungi  NUMBER(1)
  7   GENERATED ALWAYS  AS
  8    (
  9    CASE
 10      WHEN  SUBSTR(pdate,5,2)  IN  ('01','02','03')  THEN  1
 11      WHEN  SUBSTR(pdate,5,2)  IN  ('04','05','06')  THEN  2
 12      WHEN  SUBSTR(pdate,5,2)  IN  ('07','08','09')  THEN  3
 13      ELSE  4
 14    END ) virtual ) ;

Table created.
```

```
SCOTT>INSERT  INTO  sales10 (no, pcode, pdate, pqty)
  2  VALUES(1,'100','20110112',10) ;

1 row created.

SCOTT>INSERT  INTO  sales10 (no, pcode, pdate, pqty)
  2  VALUES(2,'200','20110505',20);

1 row created.

SCOTT>INSERT  INTO  sales10 (no, pcode, pdate, pqty)
  2  VALUES(3,'300','20110812',30);

1 row created.

SCOTT>INSERT  INTO  sales10 (no, pcode, pdate, pqty)
  2  VALUES(4,'400','20111024',40);

1 row created.

SCOTT>COMMIT ;

Commit complete.
SCOTT>SELECT  *  FROM  sales10 ;

NO       PCOD      PDATE         PQTY       PBUNGI
-------- --------- ------------- ---------- ------------
1        100       20110112      10         1
2        200       20110505      20         2
3        300       20110812      30         3
4        400       20111024      40         4
```

위의 예처럼 가상 컬럼 생성 시에 여러 가지 조건을 주면서도 생성이 가능합니다.

여기까지 가상 컬럼을 포함하는 테이블을 생성하는 부분을 살펴보았습니다.

7. Data Dictionary(데이터 딕셔너리)

오라클은 데이터베이스를 운영하기 위한 정보들을 모두 특정한 테이블에 모아두고 관리하는데, 그 테이블을 데이터 딕셔너리라고 이야기합니다.

이 딕셔너리에는 아래와 같은 주요 정보들이 저장됩니다(아래 정보 이외에도 아주 많은 정보들이 저장됩니다).

- 오라클 데이터베이스의 메모리 구조와 파일에 대한 구조 정보
- 각 오브젝트들이 사용하고 있는 공간의 정보
- 제약 조건 정보
- 사용자에 대한 정보
- 권한이나 프로파일, 롤에 대한 정보
- 감사(Audit)에 대한 정보

이 정보들은 사람으로 비유하면 두뇌에 해당되는 정보들이기 때문에 만약 장애나 잘못 관리될 경우 오라클 데이터베이스를 사용할 수 없고 더 심할 경우 장애 시 아예 복구조차 할 수 없게 될 수도 있습니다.

그래서 오라클은 이 딕셔너리를 Base Table과 Data Dictionary View로 나누어 두고 Base Table은 DBA라 할지라도 접근을 못하게 막습니다. 그리고 사용자(DBA 포함)들은 Data Dictionary View를 통해서만 딕셔너리를 SELECT할 수 있게 허용합니다.

만약 데이터베이스에 변경사항이 생겨(예를 들어, 새로운 테이블이 생성된다든지 하는 상황) 딕셔너리 내용을 변경해야 할 경우 사용자가 직접 수동으로 딕셔너리를 변경하지 못하고 해당 DDL 문장을 수행하는 순간 SERVER Process가 사용자를 대신해서 해당 딕셔너리 내용을 변경해 줍니다.

Base Table은 Database를 생성하는 시점에 자동으로 만들어집니다(Create Database나 DBCA를 이용하거나 마찬가지입니다). 그러나 반면 Data Dictionary View는 Catalog.sql이란 파일이 수행되어야만 만들어집니다. 이 파일은 DBCA로 Database를 생성할 때

는 자동으로 수행되지만 CREATE DATABASE라는 명령어로 수동으로 Database를 생성할 때는 수행되지 않으므로 DBA가 수동으로 생성해야만 합니다.

Data Dictionary View는 크게 2가지 종류가 있습니다.

하나는 Static Data Dictionary View이고 또 한 가지는 Dynamic Performance View입니다.

Static Data Dictionary view는 다시 접두어가 DBA_, ALL_, USER_로 시작되는 3가지로 나뉘게 되고 Dynamic Performance View는 접두어가 V$로 시작하는 것들이 대표적입니다.

아래 그림을 보세요.

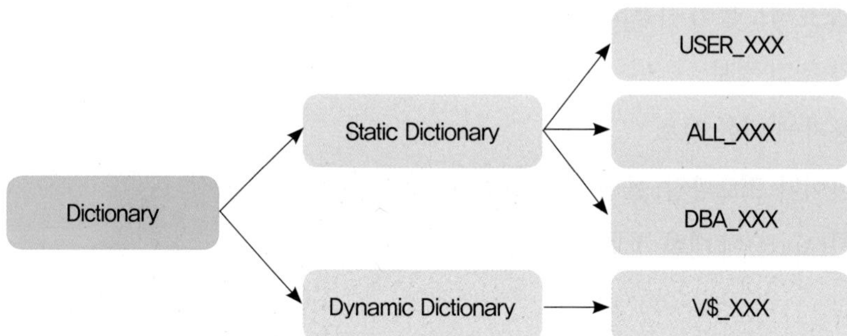

USER_로 시작하는 딕셔너리는 해당 사용자가 생성한 오브젝트들만 조회할 수 있다는 뜻이며, ALL_로 시작하는 딕셔너리는 해당 사용자가 생성한 오브젝트를 포함하여 해당 사용자가 접근 가능한 모든 오브젝트를 조회할 수 있습니다. DBA_로 시작하는 딕셔너리는 데이터베이스 내의 거의 모든 오브젝트들을 다 볼 수 있지만 DBA 권한을 가진 사람만이 이 딕셔너리를 조회할 수 있습니다. Static Data Dictionary View는 이름의 뜻처럼 그 속에 담고 있는 내용들이 자동으로 변경되지 않고 수동으로 변경 작업을 해 주어야 한다는 뜻입니다.

아래의 예를 가지고 자세히 설명을 하겠습니다.

• **연습용 테이블 static_table을 생성하고 데이터를 입력합니다**

```
SCOTT>CREATE TABLE st_table
  2  (no number ) ;

Table created.

SCOTT>BEGIN
  2      FOR i IN 1..1000 LOOP
  3        INSERT INTO st_table VALUES (i) ;
  4      END LOOP ;
  5    COMMIT;
  6  END ;
  7  /

PL/SQL procedure successfully completed.
```

이 부분은 PL/SQL로 작성한 부분입니다. 여기서는 실습을 위해서 1000건의 입력작업을 반복하기 위해 사용했습니다.

• **데이터 딕셔너리를 조회하여 해당 테이블에 데이터가 몇 건 있는지 확인합니다**

```
SCOTT>SELECT COUNT(*) FROM st_table ;

  COUNT(*)
----------------
      1000     ←  1000건의 데이터가 실제 테이블에 있음이 확인됩니다.


SCOTT>SELECT num_rows, blocks
  2  FROM user_tables
  3  WHERE table_name='ST_TABLE' ;

  NUM_ROWS     BLOCKS
------------  ---------
```

← 이 부분에 값이 조회되지 않습니다.

위 2번 과정에서 딕셔너리인 user_tables를 조회하니 st_table에 데이터가 한 건도 없는 것으로 조회됩니다. 실제 데이터는 1000건 있지만 딕셔너리 내용이 변경이 안 되어서 딕셔너리는 이 사실을 모르고 있는 것입니다.

• **딕셔너리를 관리자가 수동으로 업데이트한 후 다시 조회합니다**

```
SCOTT>ANALYZE  TABLE  st_table  COMPUTE  STATISTICS ;

Table analyzed.

SCOTT>SELECT num_rows, blocks
  2  FROM user_tables
  3  WHERE table_name='ST_TABLE' ;

  NUM_ROWS     BLOCKS
------------- --------
   1000          5    ← 1000건의 데이터와 5개의 블록을 쓰고 있습니다.
```

위 3번 과정의 ANALYZE 명령어는 실제 테이블이나 인덱스, 클러스터 등을 하나씩 조사해서 그 결과를 딕셔너리에 반영시키는 명령어입니다.

ANALYZE 명령어와 더불어 8i 버전 이후부터는 DBMS_STATS라는 패키지도 많이 사용하는데, 이 명령어들은 해당 오브젝트를 하나씩 다 검사를 하기 때문에 오라클에 부하를 아주 많이 주게 됩니다. 그러므로 절대로 사용량이 많은 업무시간에는 해당 작업(통계정보를 최신으로 업데이트 하는 작업)을 피하기를 권합니다. 정말 부득이한 경우 아니면 해당 명령어는 서버 사용량이 적은 시간대에 수행하기 바랍니다.

ANALYZE 명령어나 DBMS_STATS 패키지에 대한 보다 자세한 사항은 저자의 다른 저서인 《오라클 관리 실무》를 참조하기 바랍니다.

Static Data Dictionary와 반대로 Dynamic Performance View는 정보를 실시간으로 조회하게 되며 사용자가 Dynamic Performance View에 조회를 하게 되면 오라클은 해당 정보를 Control file이나 현재 메모리에서 조회하여 보여 주게 됩니다.

지금까지 살펴본 이 딕셔너리들을 잘 사용하는 것이 실력 향상에 아주 큰 도움이 될 것입니다.

오라클에 대한 모든 것이 딕셔너리에 들어 있으니 열심히 공부해서 꼭 잘 사용하게 되기를 바랍니다.

연습문제

1. 아래와 같은 구조의 일반 테이블을 생성하세요.

new_emp

NO	NANE	HIREDATE	BONUS
NUMBER(5)	VARCHAR2(20)	DATE	NUMBER(6,2)

2. 위 1번 문제에서 생성한 new_emp 테이블에서 NO, NAME, HIREDATE 컬럼만 가져와서 아래 그림과 같이 new_emp2 테이블을 생성하는 쿼리를 쓰세요.

new_emp 2

NO	NANE	HIREDATE
NUMBER(5)	VARCHAR2(20)	DATE

3. 위 2번 문제에서 생성한 new_emp2 테이블과 동일한 구조의 테이블을 new_emp3 이름으로 생성하되 테이블 구조만 가져오고 데이터는 가져오지 않도록 하는 쿼리를 쓰세요.

4. 위 2번 문제에서 생성한 new_emp2 테이블에 DATE 타입을 가진 BIRTHDAY 컬럼을 추가하는 쿼리를 쓰세요. 단, 해당 컬럼이 추가될 때 기본값으로 현재 날짜(SYSDATE)가 자동으로 입력되도록 하세요.

new_emp 2

NO	NANE	HIREDATE	BIRTHDAY
NUMBER(5)	VARCHAR2(20)	DATE	2014/10/30
			2014/10/30
			2014/10/30

5. 위 4번 문제에서 생성한 new_emp2 테이블의 BIRTHDAY 컬럼 이름을 BIRTH로 변경하는 쿼리를 쓰세요.

6. 위 4번 문제에서 생성한 new_emp2 테이블의 NO 컬럼의 길이를 NUMBER(7)로 변경하는 쿼리를 쓰세요.

7. new_emp2 테이블의 컬럼 중에서 BIRTH 컬럼을 삭제하는 쿼리를 쓰세요.

8. new_emp2 테이블의 컬럼은 남겨 놓고 데이터만 지우는 쿼리를 쓰세요.

9. new_emp2 테이블을 완전히 삭제하는 쿼리를 쓰세요.

10. 데이터 딕셔너리 종류와 특징을 간단하게 쓰세요.

Check Your Self!

스스로 아래 질문들을 천천히 생각해보고 YES / NO를 체크해 보세요.

아래 질문들에 모두 YES를 선택할 수 있다면 이번 장을 완전히 마스터했다는 의미이고 부족한 부분이 있다면 다시 한 번 더 공부를 해서 완전히 배우길 권해 드립니다.

1. 나는 CREATE 문장을 사용해서 테이블을 생성할 수 있는가? (YES / NO)
2. 나는 ALTER 문장을 사용해서 테이블을 수정할 수 있는가? (YES / NO)
3. 나는 DROP과 TRUNCATE 문장을 사용할 수 있는가? (YES / NO)
4. 나는 Static Dictionary를 잘 이해하고 설명할 수 있는가? (YES / NO)
5. 나는 Dynamic Dictionary View를 활용하여 데이터를 조회할 수 있는가? (YES / NO)

다음 장으로 넘어가기 전에 위 체크리스트들을 꼭 확인해 보고 부족한 부분이 있다면 공부하고 넘어가기를 바랍니다.

잠시
쉬어 가는
페이지

보석상을 하는 한 남자가 해외를 여행하다 진귀한 보석을 하나 발견했습니다.

가격을 물어보니 엄청난 금액이었지만 그 보석을 샀습니다.

물론 자신의 나라에 가져가서 그 이상의 돈을 받고 팔기 위해서였죠.

여행을 마치고 즐거운 마음으로 보석상으로 돌아온 남자는 보석을 이리저리 살펴보았습니다.

그런데 살 때는 보지 못했던 흠집이 있는 걸 발견했습니다.

"아! 이런 흠집이 있었다니…."

남자는 어찌할 줄을 몰랐습니다.

감정사들도 그 흠집이 보석의 가치를 떨어뜨린다고 말했습니다.

보석은 제값을 받기는커녕 작은 흠집 하나 때문에 가격이 한없이 하락했습니다.

남자는 여러 가지 생각에 잠겼습니다.

'어떻게 하면 이 보석을 다시 원래의 가치로 되돌릴 수 있을까?'

그는 오랜 고민 후에 한 가지 결정을 내렸습니다.

보석의 작은 흠집에 장미꽃을 조각하는 것이었습니다.

그 결과는 장미꽃 조각 하나로 보석의 가치는 몇 배 이상 올라갔습니다.

보석상 남자는 다시 행복해졌습니다.

우리의 인생도 마찬가지 아닐까요?

살다 보면 기쁜 일도 있지만 슬픈 일도 많이 있을 것입니다.

인생의 흠집처럼 보이는 그런 힘들고 슬픈 일들이 우리의 인생을 더 가치 있게 만들어 주고 있는 보석의 장미꽃 조각일수도 있으니 힘내서 열심히 멋지게 인생을 만들어 보자고요.

6장 DML로 데이터를 관리하는 방법을 배웁니다

이번 장에서 배울 내용

1 INSERT 명령을 사용하여 데이터를 입력하는 방법을 배웁니다.
2 UPDATE 명령을 사용하여 데이터를 변경하는 방법을 배웁니다.
3 DELETE 명령을 사용하여 데이터를 삭제하는 방법을 배웁니다.
4 MERGE 명령을 사용하여 데이터를 병합하는 방법을 배웁니다.
5 TRANSACTION 의미와 관리 명령을 배웁니다.

6장 DML로 데이터를 관리하는 방법을 배웁니다

앞 장의 DDL은 데이터를 담는 통 자체를 만들고 관리하는 명령이었습니다. 이번 장에서는 통 안에 들어 있는 데이터를 관리하는 명령어와 방법들을 살펴보겠습니다.

1. INSERT(새로운 데이터 입력하기)

INSERT 명령어는 테이블에 새로운 데이터를 입력할 때 사용하는 명령어입니다. 데이터를 입력할 때 숫자 값 이외에는 데이터를 ' '(작은따옴표)로 감싸야 합니다.

1.1 INSERT를 사용하여 1행씩 입력하기

문법

```
INSERT INTO  table [(column1, column2,……)]
VALUES (value 1, value 2,….) ;
```

▶▶▶ 사용 예 1

Dept2 테이블에 아래와 같은 내용으로 새로운 부서 정보를 입력하세요.

- 부서번호 : 9000
- 부서명 : temp_1
- 상위부서 : 1006
- 지역 : temp area

```
SCOTT>INSERT INTO dept2 (dcode , dname , pdept , area)
  2  VALUES(9000,'temp_1' , 1006 ,'Temp Area') ;

1 row created.
```

위 명령어에서 모든 컬럼에 데이터를 넣을 경우에는 아래와 같이 테이블 이름 뒤에 컬럼 이름 생략이 가능합니다.

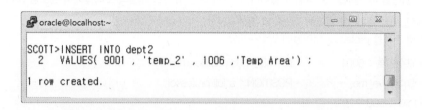

```
SCOTT>INSERT INTO dept2
  2   VALUES( 9001 , 'temp_2' , 1006 ,'Temp Area') ;

1 row created.
```

▶▶▶ 사용 예 2: 특정 컬럼에 값을 입력하기

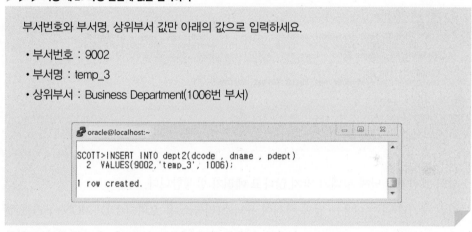

부서번호와 부서명, 상위부서 값만 아래의 값으로 입력하세요.

- 부서번호 : 9002
- 부서명 : temp_3
- 상위부서 : Business Department(1006번 부서)

```
SCOTT>INSERT INTO dept2(dcode , dname , pdept)
  2  VALUES(9002,'temp_3', 1006);

1 row created.
```

위 예처럼 특정 컬럼에만 데이터를 입력해야 할 경우 반드시 테이블 이름 뒤에 입력하고자 하는 컬럼 이름을 적어주고 VALUES에 해당 컬럼에 들어갈 값을 명시해야 합니다.

▶▶▶ 사용 예 3: 날짜 데이터 입력하기

앞에서 몇 차례 언급이 된 부분인데, 윈도와 유닉스 계열은 날짜 형태가 다르므로 날짜 데이터를 입력할 때 형태를 잘 맞춰야 합니다. 아래의 예는 유닉스 계열의 오라클에서 윈도용 오라클에서 사용하는 날짜 형태로 입력하는 예제입니다.
아래 정보를 professor 테이블에 입력하세요.

- 교수번호 : 5001
- 교수이름 : James Bond
- ID : Love_me
- POSITION : a full professor
- PAY : 500
- **입사일 : 2014년 10월 23일 ← 이 부분을 주의 깊게 보세요.**

```
oracle@localhost:~
SCOTT>
SCOTT>INSERT INTO professor (profno , name , id , position , pay , hiredate)
  2  VALUES(5001,'James Bond','Love_me','a full professor',500,'2014-10-23') ;
VALUES(5001,'James Bond','Love_me','a full professor',500,'2014-10-23')
                                                           *
ERROR at line 2:
ORA-01861: literal does not match format string
```

위의 그림처럼 날짜 형태가 맞지 않다고 에러가 발생합니다.

이런 에러가 나는 이유는 날짜 형식이 유닉스(리눅스)용 오라클(DD-MON-YY)과 윈도용 오라클(YYYY-MM-DD)이 다르기 때문에 유닉스(리눅스)용 오라클에서는 위와 같이 입력하면 에러가 발생합니다.

그래서 유닉스(리눅스)용 오라클에서는 날짜 형식을 미리 변경한 후 위와 같이 입력하든지 아니면 날짜 부분에 TO_DATE 함수를 사용하여 TO_DATE('2014-10-23', 'YYYY-MM-DD') 형식으로 입력해야 합니다.

날짜형식을 변경하는 명령어는 아래와 같습니다.

```
SQL> ALTER SESSION SET NLS_DATE_FORMAT='YYYY-MM-DD:HH24:MI:SS';
```

또한 자동으로 현재 날짜를 입력하려면 SYSDATE를 사용하면 됩니다.

날짜 형태를 바꾸어서 다시 입력해 보겠습니다.

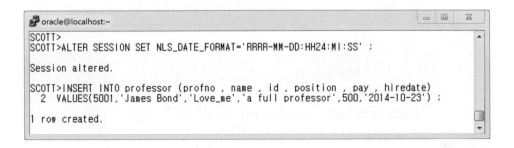

```
oracle@localhost:~
SCOTT>
SCOTT>ALTER SESSION SET NLS_DATE_FORMAT='RRRR-MM-DD:HH24:MI:SS' ;

Session altered.

SCOTT>INSERT INTO professor (profno , name , id , position , pay , hiredate)
  2  VALUES(5001,'James Bond','Love_me','a full professor',500,'2014-10-23') ;

1 row created.
```

잘 입력되는 것이 확인됩니다. 날짜를 입력할 때는 특히 주의해야 합니다.

▶▶▶ 사용 예 4: Null 값 입력하기

- 자동 NULL 값 입력하기
  데이터를 입력할 때 컬럼에 값을 입력하지 않으면 자동으로 NULL 값이 들어갑니다.
- 수동 NULL 값 입력하기
  입력할 데이터를 적는 부분에 NULL을 적어주면 입력됩니다.

▶▶▶ 사용 예 5: 음수 값 입력하기

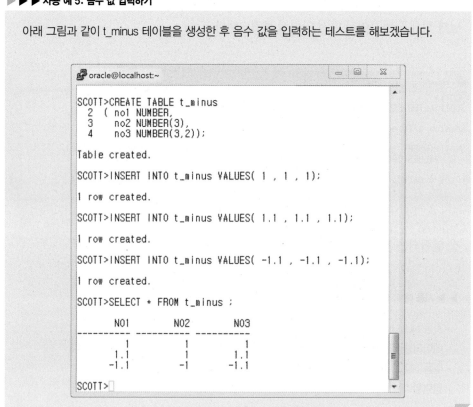

아래 그림과 같이 t_minus 테이블을 생성한 후 음수 값을 입력하는 테스트를 해보겠습니다.

```
SCOTT>CREATE TABLE t_minus
  2  ( no1 NUMBER,
  3    no2 NUMBER(3),
  4    no3 NUMBER(3,2));

Table created.

SCOTT>INSERT INTO t_minus VALUES( 1 , 1 , 1);

1 row created.

SCOTT>INSERT INTO t_minus VALUES( 1.1 , 1.1 , 1.1);

1 row created.

SCOTT>INSERT INTO t_minus VALUES( -1.1 , -1.1 , -1.1);

1 row created.

SCOTT>SELECT * FROM t_minus ;

       NO1        NO2        NO3
---------- ---------- ----------
         1          1          1
       1.1          1        1.1
      -1.1         -1       -1.1

SCOTT>
```

위 그림에서 주의 깊게 볼 사항은 테이블을 생성할 때 no1은 NUMBER 형을 사용할 때 자릿수를 지정하지 않았고 no2는 정수부 자릿수로 3자리를 지정했고 no3 컬럼은 소수점 이하 자릿수까지 지정했다는 것입니다. 데이터를 입력해 보니 no1과 no3은 동일하게 정수와 소수와 음수까지 이상 없이 입력이 되었지만 no2의 경우는 소수점 이하가 표시되지 않는다는 것을 알 수 있습니다. 그리고 음수를 입력하는 방법도 양수와 동일함을 알 수 있습니다.

1.2 INSERT와 서브 쿼리를 사용하여 여러 행 입력하기

이 실습을 하기 위해서 professor 테이블을 복사하여 professor3 테이블을 생성하겠습니다.

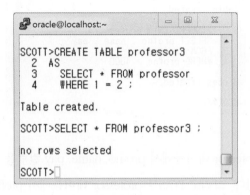

```
oracle@localhost:~

SCOTT>CREATE TABLE professor3
  2  AS
  3     SELECT * FROM professor
  4     WHERE 1 = 2 ;

Table created.

SCOTT>SELECT * FROM professor3 ;

no rows selected

SCOTT>
```

위 예에서 테이블을 생성할 때 4번 조건을 주어서 일부러 데이터는 입력이 안 되도록 했습니다.

아래 그림처럼 서브쿼리를 사용하여 여러 건의 데이터를 한꺼번에 입력할 수 있습니다.

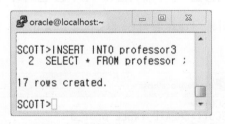

```
oracle@localhost:~

SCOTT>INSERT INTO professor3
  2  SELECT * FROM professor ;

17 rows created.

SCOTT>
```

쿼리처럼 이렇게 서브 쿼리를 사용하여 여러 데이터를 가져와서 입력하는 방법을 현업에서는 ITAS라고 부르기도 합니다. 용어를 알아두세요.

위 문장으로 여러 행을 입력할 때 professor3 테이블과 professor 테이블에 컬럼의 개수와 데이터 형이 동일해야 하며 아래 쿼리의 2행에 WHERE를 사용하여 원하는 조건을 줘도 되고 서브쿼리를 사용해도 됩니다.

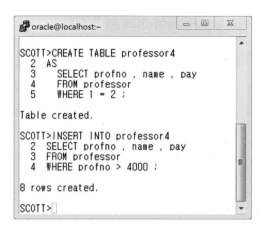

```
oracle@localhost:~

SCOTT>CREATE TABLE professor4
  2  AS
  3    SELECT profno , name , pay
  4    FROM professor
  5    WHERE 1 = 2 ;

Table created.

SCOTT>INSERT INTO professor4
  2  SELECT profno , name , pay
  3  FROM professor
  4  WHERE profno > 4000 ;

8 rows created.

SCOTT>
```

위 그림을 보면 professor 테이블에서 profno, name, pay 컬럼을 가져와서 professor4 테이블을 생성했습니다. 그리고 ITAS로 professor 테이블에서 profno가 4000번보다 큰 교수들의 profno, name, pay를 가져와서 professor4 테이블에 한꺼번에 입력하는 것을 볼 수 있습니다. 즉, ITAS에서도 얼마든지 조건을 사용하여 원하는 데이터를 한꺼번에 가져와서 입력할 수 있다는 뜻이지요.

1.3 INSERT ALL을 이용한 여러 테이블에 여러 행 입력하기

예제를 테스트하기 위해 아래와 같이 prof_3, prof_4 테이블을 생성하세요.

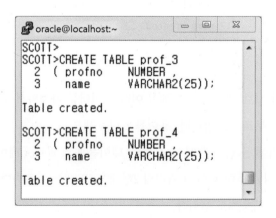

```
oracle@localhost:~
SCOTT>
SCOTT>CREATE TABLE prof_3
  2  ( profno    NUMBER ,
  3    name      VARCHAR2(25));

Table created.

SCOTT>CREATE TABLE prof_4
  2  ( profno    NUMBER ,
  3    name      VARCHAR2(25));

Table created.
```

▶▶▶ 사용 예 1: 다른 테이블의 데이터를 가져와서 입력하기

Professor 테이블에서 교수 번호가 1000번에서 1999번까지인 교수의 번호와 교수 이름은 prof_3 테이블에 입력하고 교수 번호가 2000번에서 2999번까지인 교수의 번호와 이름은 prof_4 테이블에 입력하세요.

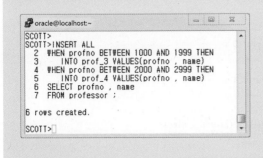

```
oracle@localhost:~
SCOTT>
SCOTT>INSERT ALL
  2  WHEN profno BETWEEN 1000 AND 1999 THEN
  3     INTO prof_3 VALUES(profno , name)
  4  WHEN profno BETWEEN 2000 AND 2999 THEN
  5     INTO prof_4 VALUES(profno , name)
  6  SELECT profno , name
  7  FROM professor ;

6 rows created.

SCOTT>
```

결과 화면

```
oracle@localhost:~
SCOTT>SELECT * FROM prof_3 ;

    PROFNO NAME
---------- --------------------
      1001 Audie Murphy
      1002 Angela Bassett
      1003 Jessica Lange
```

```
oracle@localhost:~
SCOTT>SELECT * FROM prof_4 ;

    PROFNO NAME
---------- --------------------
      2001 Winona Ryder
      2002 Michelle Pfeiffer
      2003 Whoopi Goldberg
```

▶▶▶ 사용 예 2: 다른 테이블에 동시에 같은 데이터 입력하기

prof_3과 prof_4 테이블의 데이터를 TRUNCATE로 삭제한 후 Professor 테이블에서 교수 번호가 3000번에서 3999번인 교수들의 교수 번호와 이름을 prof_3 테이블과 prof_4 테이블에 동시에 입력하세요.

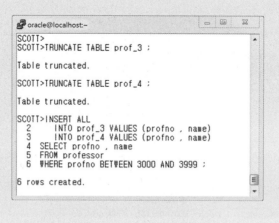

```
oracle@localhost:~
SCOTT>
SCOTT>TRUNCATE TABLE prof_3 ;

Table truncated.

SCOTT>TRUNCATE TABLE prof_4 ;

Table truncated.

SCOTT>INSERT ALL
  2      INTO prof_3 VALUES (profno , name)
  3      INTO prof_4 VALUES (profno , name)
  4  SELECT profno , name
  5  FROM professor
  6  WHERE profno BETWEEN 3000 AND 3999 ;

6 rows created.
```

데이터를 입력하는 다양한 방법을 살펴보았습니다. 날짜 입력하는 것과 ITAS 등의 방법은 아주 많이 사용하고 주의해야 하는 사항이므로 꼭 외우세요.

2. UPDATE(데이터 변경하기)

Update 문장은 기존 데이터를 다른 데이터로 변경할 때 사용하는 방법입니다.

문법

```
UPDATE table
SET column = value
WHERE 조건 ;
```

▶▶▶ 사용 예 1

Professor 테이블에서 직급이 조교수(assistant professor)인 교수들의 BONUS를 200만 원으로 인상하세요.

```
oracle@localhost:~
SCOTT>
SCOTT>UPDATE professor
  2  SET bonus = 200
  3  WHERE position = 'assistant professor' ;

6 rows updated.

SCOTT>
```

▶▶▶ 사용 예 2

Professor 테이블에서 'Sharon Stone' 교수의 직급과 동일한 직급을 가진 교수들 중 현재 급여가 250만 원이 안 되는 교수들의 급여를 15% 인상하세요.

```
oracle@localhost:~
SCOTT>UPDATE professor
  2  SET pay = pay * 1.15
  3  WHERE position = ( SELECT position
  4                     FROM professor
  5                     WHERE name = 'Sharon Stone' )
  6  AND pay < 250 ;

1 row updated.
```

위의 UPDATE 문장에서 WHERE절을 누락시키지 않도록 각별히 주의해야 합니다.

3. DELETE

DELETE 문장은 데이터를 삭제하는 구문입니다.

문법

```
DELETE FROM table
WHERE 조건 ;
```

▶▶▶ **사용 예**

Dept2 테이블에서 부서 번호(DCODE)가 9000번에서 9999번 사이인 매장들을 삭제하세요.

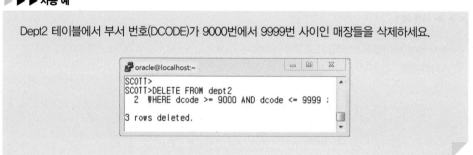

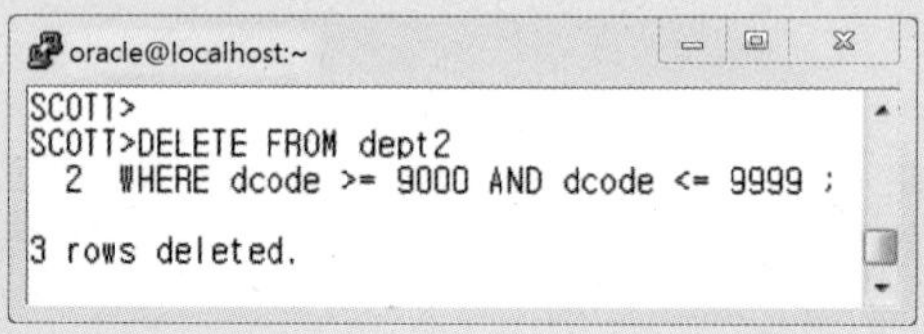

oracle@localhost:~
SCOTT>
SCOTT>DELETE FROM dept2
  2 WHERE dcode >= 9000 AND dcode <= 9999 ;
3 rows deleted.

DELETE 문장의 문법은 쉽지요?

그런데 DELETE에는 문법보다 반드시 알아야 할 더 중요한 사실이 있습니다.

대부분 DELETE 문은 데이터를 삭제한다고 알고 있지만 사실 데이터는 삭제되지 않고 해당 블록에 그대로 남아 있으며 특별한 툴(BBED 등)을 이용하면 DELETE된 데이터도 전부 복구할 수 있습니다. 그래서 DELETE를 한 후에 테이블의 크기를 확인해 보면 크기가 줄어들지 않고 그대로입니다.

예를 들어, 100만 건 데이터가 있는 테이블의 용량이 100MB였는데, 1만 건만 남기고 DELETE한다고 해서 용량이 1MB가 되지는 않는다는 점입니다.

아주 중요한 사실이므로 꼭 기억하세요.

이 부분에 대한 실습이 이번 장의 STEP-UP 부분에 있으니 실습으로 확인해 보세요.

4. MERGE

Merge란 여러 테이블의 데이터를 합치는 병합을 의미합니다.

이 명령어는 문법이 다소 복잡하므로 잘 살펴봐야 합니다.

문법

```
1. MERGE INTO Table1
2. USING Table2
3. ON(병합 조건절)
4. WHEN MATCHED THEN
5. UPDATE SET 업데이트 내용
6. DELETE WHERE 조건
7. WHEN NOT MATCHED THEN
8. INSERT VALUES(컬럼 이름) ;
```

문법 설명

위 문법은 Table1과 Table2의 내용을 합쳐서 Table1에 모으는 것입니다.

이때 기준은 3행의 조건이 됩니다.

만약 3행의 조건이 만족한다면(4행) 기존 Table1에 있던 해당 내용은 Table2의 내용으로 UPDATE 또는 DELETE가 수행되며 만약 조건이 만족하지 않는다면(7행) Table2의 내용이 Table1에 신규로 INSERT됩니다.

여기서 알 수 있는 것은 MERGE 구문이 수행될 때 집계 테이블(여기서는 Table1입니다)의 데이터와 신규 테이블(여기서는 Table2입니다)의 내용을 비교해서 확인한다는 것이며 이런 특성 때문에 집계 테이블에 데이터가 많아질수록 MERGE 작업의 수행속도는 늦어진다는 특징이 있습니다.

따라서 MERGE 작업을 조금이라도 빨리 수행하려면 위 문법에서 3행의 조건절에 인덱스가 잘 만들어져 있어야 합니다. 만약 잘못된 인덱스가 만들어지거나 인덱스가 아예 없게 되면 MERGE 작업의 속도는 아주 많이 늦어질 것이므로 꼭 주의해야 합니다.

MERGE 구문은 문법도 복잡하고 서브 쿼리 등을 사용하는 다양한 변형도 많이 있습니다. 즉, 그만큼 많이 사용된다는 뜻입니다.

그리고 한 가지 주의사항은 다양한 변형 형태 중에 서브쿼리를 쓸 때 바인드 변수를 사용하는 경우가 있는데, MERGE 구문에서 서브쿼리를 사용할 때 바인드 변수의 값을 사용하는 것은 지원이 되지 않습니다. 바인드 변수는 PL/SQL이나 튜닝 과정에서 배우는 내용입니다.

다양한 변형의 MERGE 구문이 많지만 가장 기본적인 형태의 문법과 개념을 다음의 예제를 보면서 확실하게 익히도록 하겠습니다.

▶▶▶ 사용 예: MERGE

아래 그림을 보면서 MERGE 작업을 이해하도록 하겠습니다.

charge_01

u_date	cust_no	U_time	charge
141001	1000	2	1000
141001	1001	2	1000
141001	1002	1	500

charge_02

u_date	cust_no	U_time	charge
141002	1000	3	1500
141002	1001	4	2000
141002	1003	1	500

ch_total

u_date	cust_no	U_time	charge
141001	1000	2	1000
141001	1001	2	1000
141001	1002	1	500
141002	1000	3	1500
141002	1001	4	2000
141002	1003	1	500

앞의 그림에서 일별 사용 요금 테이블인 charge_01과 charge_02 테이블이 있고 집계 테이블인 ch_total 테이블이 있습니다. 매일 새벽에 일별 사용 요금 테이블과 요금 집계 테이블을 MERGE한다고 가정하고 MERGE하는 SQL을 작성하겠습니다.

먼저 실습을 위해 아래와 같이 두 테이블을 생성합니다.

```
SCOTT>
SCOTT>CREATE TABLE charge_01
  2  ( u_date   VARCHAR2(6) ,
  3    cust_no  NUMBER ,
  4    u_time   NUMBER ,
  5    charge   NUMBER );

Table created.

SCOTT>CREATE TABLE charge_02
  2  ( u_date   VARCHAR2(6) ,
  3    cust_no  NUMBER ,
  4    u_time   NUMBER ,
  5    charge   NUMBER );

Table created.
```

위와 같이 테이블 생성 후 charge_01, charge_02 테이블에 아래와 같이 데이터를 입력합니다.

```
SCOTT>INSERT INTO charge_01 VALUES('141001',1000,2,1000) ;

1 row created.

SCOTT>INSERT INTO charge_01 VALUES('141001',1001,2,1000) ;

1 row created.

SCOTT>INSERT INTO charge_01 VALUES('141001',1002,1,500) ;

1 row created.

SCOTT>INSERT INTO charge_02 VALUES('141002',1000,3,1500) ;

1 row created.

SCOTT>INSERT INTO charge_02 VALUES('141002',1001,4,2000) ;

1 row created.

SCOTT>INSERT INTO charge_02 VALUES('141002',1003,1,500) ;

1 row created.

SCOTT>COMMIT;

Commit complete.

SCOTT>
```

데이터를 모을 집계용 테이블을 생성합니다.

```
SCOTT>CREATE TABLE ch_total
  2  ( u_date   VARCHAR2(6) ,
  3    cust_no  NUMBER ,
  4    u_time   NUMBER ,
  5    charge   NUMBER );

Table created.
```

MERGE 작업 QUERY 1(charge_01 테이블과 ch_total 테이블 병합)

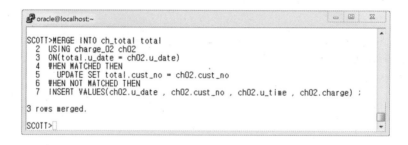

```
oracle@localhost:~

SCOTT>MERGE INTO ch_total total
  2  USING charge_01 ch01
  3  ON(total.u_date = ch01.u_date)
  4  WHEN MATCHED THEN
  5  UPDATE SET total.cust_no = ch01.cust_no
  6  WHEN NOT MATCHED THEN
  7  INSERT VALUES(ch01.u_date , ch01.cust_no , ch01.u_time , ch01.charge) ;

3 rows merged.

SCOTT>
```

MERGE 작업 QUERY 2(charge_02 테이블과 ch_total 테이블 병합)

```
oracle@localhost:~

SCOTT>MERGE INTO ch_total total
  2  USING charge_02 ch02
  3  ON(total.u_date = ch02.u_date)
  4  WHEN MATCHED THEN
  5    UPDATE SET total.cust_no = ch02.cust_no
  6  WHEN NOT MATCHED THEN
  7  INSERT VALUES(ch02.u_date , ch02.cust_no , ch02.u_time , ch02.charge) ;

3 rows merged.

SCOTT>
```

MERGE 후 테이블 조회 결과 화면

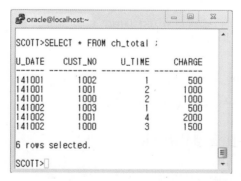

```
oracle@localhost:~

SCOTT>SELECT * FROM ch_total ;

U_DATE    CUST_NO     U_TIME     CHARGE
------ ---------- ---------- ----------
141001       1002          1        500
141001       1001          2       1000
141001       1000          2       1000
141002       1003          1        500
141002       1001          4       2000
141002       1000          3       1500

6 rows selected.

SCOTT>
```

하나의 테이블에 합쳐진 부분이 보이죠? 그런데 Merge 기능은 주의할 부분이 있습니다.

바로 조건을 검사하는 on절과 관련된 부분입니다. 다음 예를 보세요.

앞의 예는 on 절에 해당되는 조건이 중복되지 않아서 아무런 문제가 없었습니다.

즉, charge_01 테이블과 charge_02 테이블, 그리고 ch_total 테이블에서 Merge 쿼리의 ON절에 해당되는 u_date 컬럼의 값이 중복되는 것이 서로 없었기 때문에 아무런 문제가 없었습니다.

그런데 만약 현재 상태에서 첫 번째 Merge 쿼리를 한 번 더 수행한다면 어떻게 될까요?

아래의 테스트로 직접 확인해 보겠습니다.

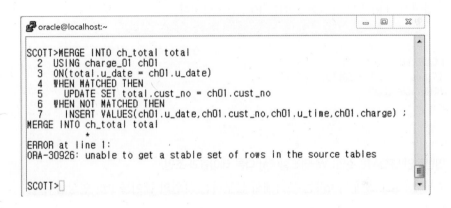

```
oracle@localhost:~

SCOTT>MERGE INTO ch_total total
  2  USING charge_01 ch01
  3  ON(total.u_date = ch01.u_date)
  4  WHEN MATCHED THEN
  5    UPDATE SET total.cust_no = ch01.cust_no
  6  WHEN NOT MATCHED THEN
  7    INSERT VALUES(ch01.u_date,ch01.cust_no,ch01.u_time,ch01.charge) ;
MERGE INTO ch_total total
           *
ERROR at line 1:
ORA-30926: unable to get a stable set of rows in the source tables


SCOTT>
```

위와 같이 에러가 나오는 거 보이죠?

이 에러가 나는 이유는 total 테이블의 u_date에 중복되는 값이 여러 개 있어서입니다.

예를 들어, Merge를 수행하기 위해 위 쿼리의 3번 줄에 적힌 대로 ch01 테이블에서 u_date 중 첫 번째인 141001 값을 가지고 total 테이블의 u_date와 비교를 했을 것입니다. 그런데 total 테이블에 141001 값이 3개나 있었기에 그중에서 어떤 값과 비교를 해서 Merge를 수행해야 할지 모르게 되고 그 결과 ORA-30926 에러를 발생시키는 것입니다.

이런 이유로 Merge를 할 때 일반적으로 집계가 되는 (위에서는 total) 테이블의 조건 컬럼에는 PK나 UNIQUE Index를 많이 설정합니다.

그리고 Merge 기능은 쿼리의 특징상 부하가 아주 많이 걸리는 경우가 많습니다.

많이 사용되고 있지만 사용 시에 아주 주의가 필요하다는 사실을 꼭 기억하세요.

5. UPDATE 조인

앞장에서 배운 일반적인 UPDATE 구문이 아닌 다른 테이블과 조인을 하는 UPDATE에 대해서 살펴보겠습니다.

UPDATE문에 조인이 발생하는 경우는 WHERE절에만 다른 테이블과 조인을 하는 경우와 WHERE절과 SET절 모두 다른 테이블과 조인을 하는 경우입니다.

일반적인 UPDATE: 단일 테이블

직업이 "CLERK" 인 사원의 급여를 10% 인상합니다.

```
UPDATE EMP
SET SAL =  (SAL + SAL*0.1)
WHERE JOB='CLERK'
;
```

일반적인 UPDATE 조인: WHERE절에서 다른 테이블과 조인

부서가 DALLAS에 위치하는 부서에서 근무하는 사원의 급여를 10% 인상합니다.

```
UPDATE EMP E
SET SAL =  (SAL + SAL*0.1)
WHERE EXISTS
    (
        SELECT 1 FROM DEPT D
        WHERE D.LOC='DALLAS' AND
              E.DEPTNO = D.DEPTNO
    )
;
```

이런 형태의 UPDATE문 쿼리는 쉽게 작성할 수 있습니다.

하지만 SET절에 다른 테이블과 조인이 발생하면 주의해야 합니다.

테스트를 위한 테이블 생성

```
CREATE TABLE DEPT_HIST  -- 부서발령이력
(
  EMPNO          NUMBER(4),  -- 사원번호 PK1
  APPOINTSEQNO   NUMBER(4),  -- 발령순번 PK2
  DEPTNO         NUMBER(2),  -- 부서번호
  APPOINTDD      DATE        -- 발령일자
);
```

ALTER TABLE DEPT_HIST

ADD CONSTRAINT PK_DEPT_HIST PRIMARY KEY (EMPNO, APPOINTSEQNO);

테스트 데이터로 부서 번호가 20인 사원 발령 부서 번호 99로 데이터를 INSERT

```
INSERT INTO DEPT_HIST
SELECT EMPNO, 1 APPOINTSEQNO, 99 DEPTNO, SYSDATE APPOINTDD
FROM EMP
WHERE DEPTNO=20;

COMMIT;
```

EMP 테이블에 존재하지 않는 사원번호 2건을 INSERT

```
INSERT INTO DEPT_HIST VALUES (9322, 1, 99, SYSDATE);
INSERT INTO DEPT_HIST VALUES (9414, 1, 99, SYSDATE);

COMMIT;
```

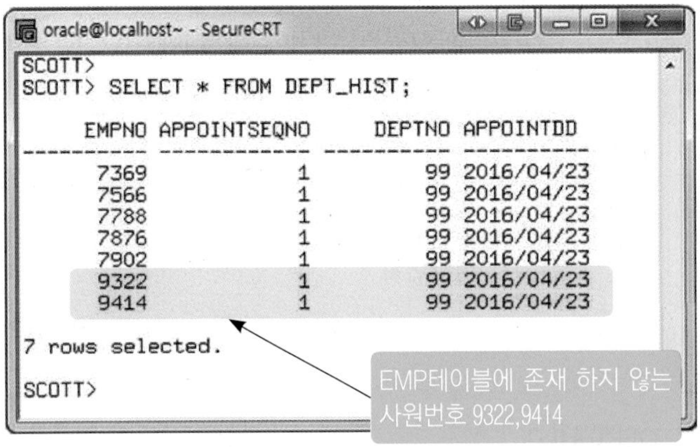

```
oracle@localhost~ - SecureCRT
SCOTT>
SCOTT> SELECT * FROM DEPT_HIST;

     EMPNO APPOINTSEQNO     DEPTNO APPOINTDD
---------- ------------ ---------- ----------
      7369            1         99 2016/04/23
      7566            1         99 2016/04/23
      7788            1         99 2016/04/23
      7876            1         99 2016/04/23
      7902            1         99 2016/04/23
      9322            1         99 2016/04/23
      9414            1         99 2016/04/23

7 rows selected.

SCOTT>
```


DEPT_HIST(부서발령이력) 테이블에 발령받은 부서 번호가 전부 '99' 데이터가 들어 있습니다.

'99'는 존재하지 않는 부서 번호입니다.

그래서 EMP 테이블에 현재 소속 부서 번호로 UPDATE를 합니다.

먼저 UPDATE 대상과 값들을 먼저 조회합니다.

```
SELECT e.empno, e.deptno tobe_deptno , d.deptno asis_deptno
FROM emp e, dept_hist d
WHERE e.empno = d.empno
;
```

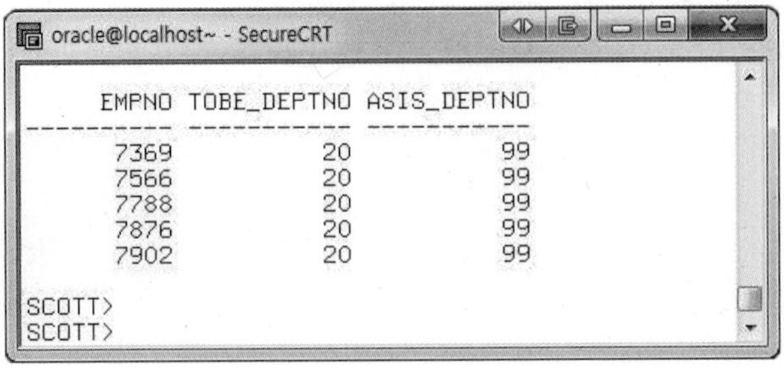

```
oracle@localhost~ - SecureCRT

     EMPNO TOBE_DEPTNO ASIS_DEPTNO
---------- ----------- -----------
      7369          20          99
      7566          20          99
      7788          20          99
      7876          20          99
      7902          20          99

SCOTT>
SCOTT>
```

UPDATE 대상은 총 5건이고, 잘못된 부서번호 99를 20으로 UPDATE합니다.

UPDATE하기 전에 먼저 SELECT문으로 UPDATE할 대상 컬럼 값(TOBE_DEPTNO)과 UPDATE하려는 컬럼 값(ASIS_DEPTNO)을 조회하는 습관을 가지는 게 좋습니다.

그래야 실수하지 않고 내가 원하는 데이터를 정확하게 UPDATE할 수 있습니다.

사원 테이블에 존재하는 사원 중 현재 소속된 부서 번호 UPDATE

```
UPDATE DEPT_HIST d
SET d.deptno = (
                SELECT e.deptno FROM EMP e
                WHERE e.empno = d.empno
               )
;
COMMIT;
```

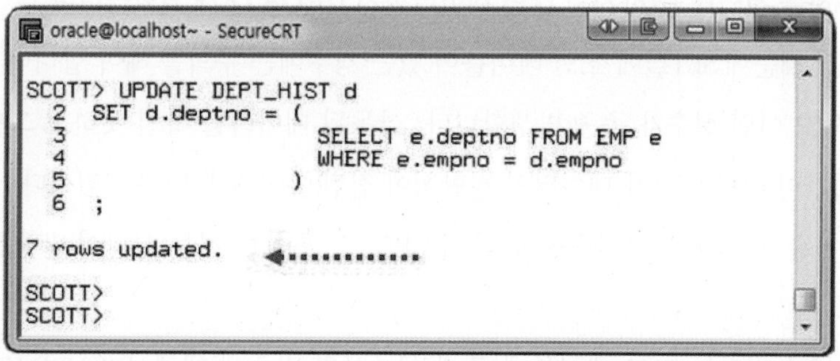

SET절에 다른 테이블과 조인이 있는 UPDATE문을 작성하였습니다.

음, 그런데 좀 이상하지 않나요?

분명 UPDATE하기 전에 SELECT를 했을 때는 **UPDATE 대상 행(ROW)이 5건**이었습니다.

그런데 7건이 UPDATE가 되었습니다.

아래에서 발령 이력 테이블을 조회해 보겠습니다.

```
oracle@localhost~ - SecureCRT
SCOTT>
SCOTT> SELECT * FROM dept_hist;

     EMPNO APPOINTSEQNO     DEPTNO APPOINTDD
---------- ------------ ---------- ----------
      7369            1         20 2016/04/23
      7566            1         20 2016/04/23
      7788            1         20 2016/04/23
      7876            1         20 2016/04/23
      7902            1         20 2016/04/23
      9322            1            2016/04/23
      9414            1            2016/04/23

7 rows selected.

SCOTT>
SCOTT>
```

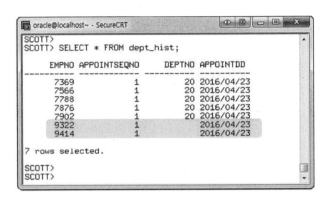

EMP테이블에 존재하지 않는 사원번호 9322, 9414번의 부서 번호가 NULL로 UPDATE되었습니다.

우리가 원하는 건 EMP 테이블에 존재하는 사원에 대해서 현 소속 부서 번호로 UPDATE하는 것인데, 원하지도 않는 데이터까지 UPDATE가 되었습니다.

이런 현상 때문에 SET절에 조인 테이블이 있는 경우에는 주의를 해야 합니다.

실무에서도 이런 실수가 종종 발생합니다. 잘못된 데이터를 확인 못하고 그냥 넘어가게 되면 시간이 지남에 따라 데이터의 정합성이 점점 틀어지게 되는 것입니다.

원인도 찾을 수 없어 그냥 수동으로 다시 UPDATE를 해야 하는 상황이 발생할 수 있습니다.

그럼 우리가 원하는 EMP 테이블에 존재하는 사원 번호에 대해서만 UPDATE를 하기 위해서는 어떻게 쿼리를 작성해야 할까요??

먼저 EMP 테이블에 존재하는 사원으로 UPDATE 대상 범위를 정하고 UPDATE를 하면 됩니다.

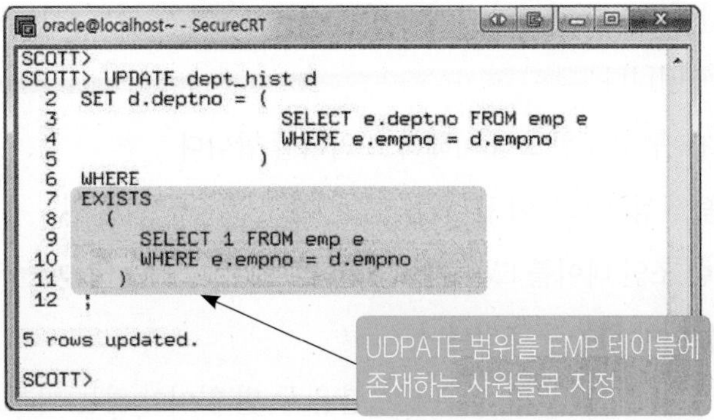

```
oracle@localhost~ - SecureCRT
SCOTT>
SCOTT> UPDATE dept_hist d
  2  SET d.deptno = (
  3                     SELECT e.deptno FROM emp e
  4                     WHERE e.empno = d.empno
  5                  )
  6  WHERE
  7  EXISTS
  8    (
  9       SELECT 1 FROM emp e
 10       WHERE e.empno = d.empno
 11    )
 12  ;

5 rows updated.

SCOTT>
```


위 그림처럼 5건이 UPATE되었습니다.

부서발령이력 테이블(DEPT_HIST)을 조회하겠습니다.

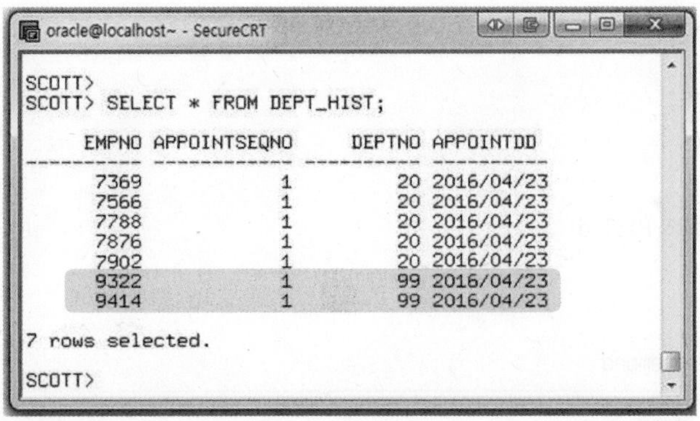

```
oracle@localhost~ - SecureCRT

SCOTT>
SCOTT> SELECT * FROM DEPT_HIST;

     EMPNO APPOINTSEQNO     DEPTNO APPOINTDD
---------- ------------ ---------- ----------
      7369            1         20 2016/04/23
      7566            1         20 2016/04/23
      7788            1         20 2016/04/23
      7876            1         20 2016/04/23
      7902            1         20 2016/04/23
      9322            1         99 2016/04/23
      9414            1         99 2016/04/23

7 rows selected.

SCOTT>
```

사원(EMP) 테이블이 존재하지 않는 9322, 9414의 DEPTNO 값은 UPDATE되지 않았습니다.

우리가 원하는 데이터만 정확하게 UPDATE되었습니다.

[주의]

WHERE절에서 이 UPATE 대상 범위를 지정하지 않으면 조인되지 않는 대상은 NULL로 UPDATE됩니다.

예제 쿼리는 간단하지만 쿼리가 복잡해지면 사용하기도 어렵고 WHERE절에 작성하지 않는 실수를 하게 됩니다.

그래서 UPDATE 구조를 반드시 이해하고 익혀야 합니다.

하지만 뭔가 좀 찜찜한 느낌이 듭니다.

SET절에 사용한 조인 테이블 EMP를 WHERE절에 다시 사용하기 때문입니다. 즉, **EMP 테이블을 두 번 읽어야 하는 구조입니다**.

SET절에 조인 문장을 사용하면 같은 테이블을 두 번 읽어야 하는 비효율이 있습니다.

만약 UPDATE 대상이 건수가 몇 건 되지 않는다면 어느 정도 비효율은 감수할 수 있지만, 대량건수 UPDATE라면 많은 비효율이 발생하여 응답시간이 상당히 길어집니다.

ORACLE에서는 비교 테이블을 한 번만 읽는 방법으로 **UPDATE JOIN VIEW**와 **MERGE**문을 제공합니다.

UPDATE JOIN VIEW는 몇몇 제약 조건들이 있어 거의 사용하지 않고 MERGE문을 많이 사용합니다.

```
MERGE INTO DEPT_HIST d
USING EMP e
ON
(
   e.empno = d.empno
)
WHEN MATCHED THEN
 UPDATE SET d.deptno = e.deptno
;
```

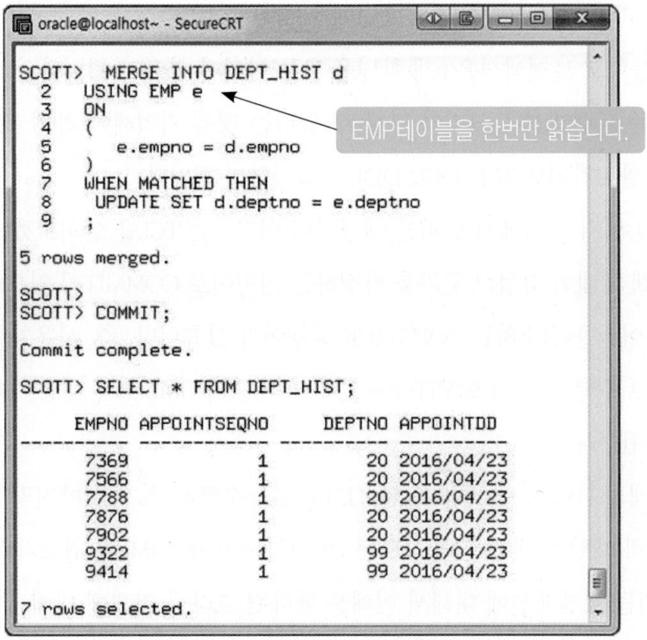


```
SCOTT>  MERGE INTO DEPT_HIST d
  2    USING EMP e
  3    ON
  4    (
  5       e.empno = d.empno
  6    )
  7    WHEN MATCHED THEN
  8     UPDATE SET d.deptno = e.deptno
  9    ;

5 rows merged.

SCOTT>
SCOTT> COMMIT;

Commit complete.

SCOTT> SELECT * FROM DEPT_HIST;

     EMPNO APPOINTSEQNO     DEPTNO APPOINTDD
---------- ------------ ---------- ----------
      7369            1         20 2016/04/23
      7566            1         20 2016/04/23
      7788            1         20 2016/04/23
      7876            1         20 2016/04/23
      7902            1         20 2016/04/23
      9322            1         99 2016/04/23
      9414            1         99 2016/04/23

7 rows selected.
```

MERGE문을 사용하면 EMP 테이블을 한 번만 읽습니다.

비효율도 없으며 조인 방식 중에 HASH JOIN을 사용할 수 있어 대용량 UPDATE 시 정말 유용하게 사용됩니다.

6. TRANSACTION 관리하기

Transaction(트랜잭션)이란 논리적인 작업 단위를 의미합니다.

쉽게 말하면 여러 가지 DML 작업들을 하나의 단위로 묶어둔 것을 의미합니다.

그래서 해당 트랜잭션 내에 있는 모든 DML이 성공해야 해당 트랜잭션이 성공하는 것이고 만약 1개의 DML이라도 실패하면 전체가 실패하게 됩니다.

예를 들어, 대학교 과정을 보면 1, 2, 3, 4학년으로 4개의 학년이 있습니다.

이 4개의 학년을 모두 마쳐야 대학교 과정이 완료가 되는 것이며 만약 1, 2, 3학년을 성공했다 하더라도 4학년을 실패하면 대학교 졸업이라는 목표는 실패하게 됩니다.

이처럼 대학교 트랜잭션은 4개 학년이 모여서 이루어집니다.

그러나 고등학교 트랜잭션은 3개 학년이 모여서 됩니다.

그리고 초등학교 트랜잭션은 6개 학년을 모두 마쳐야 완료가 됩니다.

이렇듯 모든 트랜잭션은 크기가 다를 수 있다는 것을 기억해야 하며 트랜잭션의 시작은 DML이고 완료하려면 TCL, DCL, DDL을 입력하면 됩니다.

DDL과 DCL은 각 챕터에서 살펴볼 예정이며 여기서는 TCL을 살펴보겠습니다.

우선 트랜잭션 내의 작업의 결과를 확정하는 명령어로 COMMIT이 있으며 트랜잭션 내의 모든 명령어들을 취소하는 ROLLBACK 명령어가 있습니다. 즉, 사용자가 10개의 DML을 연속적으로 수행한 후 COMMIT을 수행하면 10개의 DML 모두 내용이 더 이상 취소가 안 되고 확정됩니다.

그러나 10개의 DML을 수행한 후 ROLLBACK를 수행하면 가장 마지막 DML만 취소되는 것이 아니라 해당 트랜잭션 내의 모든 (여기서는 10개) DML이 취소가 됩니다.

오라클에서는 트랜잭션에 대해서 이해를 했다면 오라클 전체에 대해서 이해를 했다고 해도 된다라는 말을 할 정도로 트랜잭션이 중요한 비중을 차지합니다.

이 부분을 정확하게 이해하기 위해서는 UNDO(언두)와 REDO(리두) 부분을 자세히 살펴봐야 하는데, 이 부분은 SQL 과정의 범위를 뛰어넘는 것입니다.

트랜잭션 부분에 대해서 더 자세히 알고 싶은 이들은 저자의 다른 저서인 《오라클 관리 실무》의 6장과 7장에 자세하게 정리되어 있으니 참고하세요.

트랜잭션 부분이 많이 어렵지만 꼭 기억해야 할 것은 **"DML 작업을 한 후에는 반드시 COMMIT이나 ROLLBACK 명령을 수행해야 작업이 마무리가 된다!"** 라는 것입니다.

STEP-UP 1 DELETE로 삭제 후 테이블 용량 확인하기

앞에서 살펴본 것처럼 테이블에 데이터가 많아서 용량을 줄이기 위해 delete를 하는 경우가 종종 있습니다. 그런데 그렇게 해도 용량은 줄어들지 않습니다.

이 말이 무슨 말인가 의아하죠?

다음의 테스트로 확인해 보겠습니다.

Test ① 테이블의 데이터 삭제 후 용량 확인하기

STEP 1 테스트용 테이블을 생성하고 대량의 데이터를 입력합니다

```
SCOTT>CONN / AS SYSDBA ;
SYS> ALTER DATABASE DATAFILE '/app/oracle/oradata/testdb/undotbs01.dbf' autoextend
on ;
SYS> CREATE TABLE scott.reorg (no NUMBER, name  VARCHAR2(20),  addr VARCHAR2(20));

SYS>BEGIN
  2   FOR  i  IN  1..500000  LOOP
  3     INSERT  INTO  scott.reorg
  4     VALUES( i, DBMS_RANDOM.STRING('B',19),
  5              DBMS_RANDOM.STRING('H',19) );
  6   END LOOP;
  7   COMMIT;
  8  END;
  9  /

PL/SQL procedure successfully completed.

SYS>SELECT COUNT(*) FROM SCOTT.TEST01;

  COUNT(*)
--------------
    500000   ← 50만 건의 데이터가 확인됩니다.
```

STEP 2 테이블의 크기를 측정합니다

```
SYS>ANALYZE  TABLE  scott.reorg  COMPUTE  STATISTICS ;

Table analyzed.
SYS>SELECT  SUM(BYTES)/1024/1024 MB
  2  FROM  dba_segments
  3  WHERE  owner='SCOTT'
  4  AND  segment_name='REORG';
        MB
---------------
        28   ← 테이블 크기가 28MB로 확인됩니다.

SYS>SELECT table_name, num_rows, blocks, empty_blocks
```

```
  2  FROM dba_tables
3  WHERE owner='SCOTT'
4  AND  table_name='REORG';

TABLE_NAME         NUM_ROWS   BLOCKS    EMPTY_BLOCKS
----------------  ----------  -------  ---------------
REORG                500000     3520         64
```

위 결괏값 NUM_ROWS 는 데이터 건수이고 BLOCKS는 사용 중인 Block의 개수이며 EMPTY_BLOCKS는 빈 블록 개수입니다.

```
SYS> SELECT  COUNT(DISTINCT  DBMS_ROWID.ROWID_BLOCK_NUMBER(rowid) ||
  2                            DBMS_ROWID.ROWID_RELATIVE_FNO(rowid)) " REAL USED"
  3 FROM  scott.reorg ;

REAL USED
---------
     3447
```

STEP 3 데이터 삭제 후 테이블 크기를 확인합니다

```
SYS>DELETE  FROM  scott.reorg;

500000 rows deleted.

SYS>COMMIT;

Commit complete.

SYS>SELECT COUNT(*) FROM scott.reorg ;

  COUNT(*)
-------------
         0  ← 모든 데이터가 전부 삭제됨이 확인됩니다.

SYS>SELECT SUM(BYTES)/1024/1024 MB
  2  FROM DBA_SEGMENTS
  3  WHERE OWNER='SCOTT'
  4  AND SEGMENT_NAME='REORG';
```

```
       MB
-----------
       28  ←  용량은 변함 없이 그대로입니다.

SYS>SELECT COUNT(DISTINCT  DBMS_ROWID.ROWID_BLOCK_NUMBER(rowid) ||
  2                          DBMS_ROWID.ROWID_RELATIVE_FNO(rowid)) " REAL USED"
  3    FROM  scott.reorg ;

REAL USED
----------
        0  ←  실제 사용하는 블록은 하나도 없다는 것을 알 수 있습니다. 즉, 실제
              데이터가 들어 있는 블록은 없는데, 있는 것으로 생각하고 용량을 사
              용하고 있다는 뜻입니다.
```

위 테스트에서 본 것처럼 DELETE는 데이터만 지우고 용량은 줄이지 못합니다.

그래서 만약 모든 데이터가 지워졌는데, 용량까지 줄이고 싶다면 REORG 작업을 별도로 해 주셔야 합니다. 이 부분은 오라클 운영 부분에서 자세히 언급되지만 간단한 방법만 아래에서 보여드리겠습니다. 보다 자세한 내용은 오라클 운영 매뉴얼이나 저자의 다른 저서인 《오라클 관리 실무》를 참고하세요.

STEP-UP 2 DELETE 후 Table REORG(재구성)하기

STEP 1 위에서 생성했던 scott 계정 소유의 reorg 테이블에 데이터를 추가합니다

```
SCOTT> CONN / AS  SYSDBA ;

SYS>BEGIN
  FOR i  IN 1..1000 LOOP
    INSERT INTO scott.reorg
    VALUES (i, DBMS_RANDOM.STRING('B',19)
              , DBMS_RANDOM.STRING('H',19) );
    END LOOP;
    COMMIT;
  END;
  /

PL/SQL procedure successfully completed.
```

STEP 2 데이터 건수와 테이블 용량을 측정합니다

```
SYS>SELECT COUNT(*) FROM scott.reorg ;

  COUNT(*)
------------
      1000   ←  1000건이 입력되었습니다.

SYS>SELECT  SUM(BYTES)/1024/1024  MB
  2  FROM  dba_segments
  3  WHERE  owner='SCOTT'
  4  AND  segment_name='REORG';

        MB
----------------
        28   ←  용량은 여전히 28MB입니다.
```

STEP 3 1000건의 데이터 중 300건만 삭제합니다

```
SYS>DELETE FROM scott.reorg
  2  WHERE no BETWEEN 1 AND 300 ;

300 rows deleted.

SYS>COMMIT;

Commit complete.

SYS>SELECT  COUNT(*) FROM  scott.reorg ;

  COUNT(*)
----------
       700

SYS>SELECT  SUM(BYTES)/1024/1024  MB
  2  FROM  dba_segments
  3  WHERE  owner='SCOTT'
  4  AND  segment_name='REORG';

        MB
-----------
        28   ←  여전히 예상대로 28MB입니다.
```

STEP 4 테이블 REORG(리오그-재구성) 작업을 합니다

이 작업은 여러 가지 방법이 있지만 여기서는 9i부터 가장 많이 사용되는 방법인 테이블 스페이스를 이동시키는 방법을 사용하겠습니다(테이블 스페이스에 대한 내용은 오라클 운영 매뉴얼이나 저자의 다른 저서인 《오라클 관리 실무》를 참고하세요).

```
SYS>SELECT  table_name, tablespace_name
  2 FROM  dba_tables
  3 WHERE  table_name='REORG';

TABLE_NAME           TABLESPACE_NAME
-------------------- ------------------------------
REORG                                USERS ← 현재 USERS 테이블 스페이스에 위치합니다.

SYS>ALTER  TABLE  scott.reorg  MOVE  TABLESPACE  users;

Table altered.
```

위 문장은 테이블을 다른 장소로 옮기는 명령어지만 현재 테이블 스페이스 이름만 적어주면 용량이 줄어듭니다.

```
SYS>SELECT SUM(BYTES)/1024/1024 MB
  2 FROM dba_segments
  3 WHERE  owner='SCOTT'
  4 AND  segment_name='REORG' ;


        MB
-----------
     .0625  ← 용량이 현저하게 줄어든 것이 확인됩니다.

SYS>SELECT COUNT(*) FROM scott.reorg ;

  COUNT(*)
-----------
       700  ← 데이터는 700건 있습니다.
```

위에서 보여준 DELETE 후 테이블 용량을 줄이는 방법은 주의할 사항이 몇 가지 있습니다.

해당 테이블에 인덱스나 뷰 등이 생성되어 있다면 부가적인 작업이 더 있으니 보다 자세한 사항은《오라클 관리 실무》를 참고하기 바랍니다.

테스트하는 실습은 약간 복잡했지만 반드시 기억해야 하는 사실은 **"DELETE를 수행해도 테이블 용량은 줄어들지 않는다! 데이터 삭제 후 테이블 크기를 줄이고 싶으면 수동으로 reorg(재구성) 작업까지 해 주어야 한다!"** 라는 것입니다.

이상으로 DML을 마치겠습니다.

연습문제

1. Dept2 테이블에 아래와 같은 내용으로 새로운 부서 정보를 입력하세요.

   - 부서 번호: 9010
   - 부서명: temp_10
   - 상위 부서: 1006
   - 지역: temp area

2. Dept2 테이블에 아래와 같은 내용으로 특정 컬럼에만 정보를 입력하세요.

   - 부서 번호: 9020
   - 부서명: temp_20
   - 상위 부서: Business Department(1006번 부서)

3. professor 테이블에서 profno가 3000번 이하의 교수들의 profno, name, pay를 가져와서 professor4 테이블에 한꺼번에 입력하는 쿼리를 쓰세요(ITAS 방법을 사용하세요).

4. Professor 테이블에서 'Sharon Stone' 교수의 BONUS를 100만 원으로 인상하세요.

Check Your Self!

스스로 아래 질문들을 천천히 생각해보고 YES / NO를 체크해 보세요.

아래 질문들에 모두 YES를 선택할 수 있다면 이번 장을 완전히 마스터했다는 의미이고 부족한 부분이 있다면 다시 한 번 더 공부를 해서 완전히 배우길 권해 드립니다.

1. 나는 INSERT 문장을 사용해서 데이터를 입력할 수 있는가? (YES / NO)
2. 나는 UPDATE 문장을 사용해서 데이터를 변경할 수 있는가? (YES / NO)
3. 나는 DELETE 문장을 사용하여 데이터를 삭제할 수 있는가? (YES / NO)
4. 나는 MERGE 문장을 사용하여 데이터를 합칠 수 있는가? (YES / NO)
5. 나는 트랜잭션의 개념을 이해하고 설명할 수 있는가? (YES / NO)

잠시 쉬어 가는 페이지

아프리카의 어느 부족 중에는 결혼을 앞둔 여성들에게 이색적인 행사를 하는 부족이 있습니다.

먼저 참가 여성들이 각각 옥수수밭에 한 고랑씩을 맡아 그 고랑에서 제일 크고 좋은 옥수수를 따는 여성이 승리자가 되는 것입니다.

그런데 이 행사에는 한 가지 규칙이 있습니다.

한 번 지나친 옥수수나무는 다시 돌아볼 수 없다는 것입니다.

오직 앞만 보고 가다가 마음에 드는 옥수수 하나만을 따야 합니다.

한 번 땄으면 도중에 좋은 것이 있다고 해서 다시 딸 수 없습니다.

그래서 여성들은 아주 신중할 수밖에 없습니다.

그런데 옥수수 밭에서 나온 참가 여성들은 풀이 죽은 모습으로 작고 형편 없는 옥수수를 들고 나왔습니다.

위 글은 무엇을 의미할까요?

더 좋은 것을 고르고 고르다가 결국 좋은 것을 다 놓치고 말았다는 의미입니다.

우리의 인생도 이런 경우가 많죠?

더 좋은 선택을 하기 위해서 고르고 고르지만 후회하는 경우가 많잖아요.

저는 이렇게 생각하면서 살고 있습니다.

"최선의 선택은 없지만 지금의 선택을 최선의 선택으로 만들 수는 있다!"

오늘 하루도 최선의 선택으로 만들어 내는 독자님 되기를 응원합니다.

7장 Constraint(제약 조건)를 배웁니다

이번 장에서 배울 내용

1 제약 조건의 개념을 이해할 수 있어야 합니다.

2 테이블 생성 시에 제약 조건을 적용할 수 있어야 합니다.

3 테이블 생성 후 제약 조건을 추가할 수 있어야 합니다.

4 제약 조건을 DISABLE/ENABLE할 수 있어야 합니다.

5 EXCEPTIONS Table을 사용할 수 있어야 합니다.

7장 Constraint(제약조건)를 배웁니다

제약 조건(Constraint)이란 테이블에 올바른 데이터만 입력받고 잘못된 데이터는 들어오지 못하도록 컬럼마다 정하는 규칙을 의미합니다.

예를 들어, 학생 테이블의 학번 컬럼에는 중복되는 학번은 입력이 안 되게 한다든지, 대학교의 학생 테이블일 경우 학년 컬럼에는 1-4까지의 숫자만 들어오게 하는 경우 등입니다.

이렇게 제약 조건을 테이블의 컬럼에 설정하면 해당 조건에서 틀린 데이터가 들어올 경우 제약 조건에서 틀린 값을 걸러내기 때문에 데이터의 정확성은 더 높아지게 됩니다. 아래 그림을 보세요.

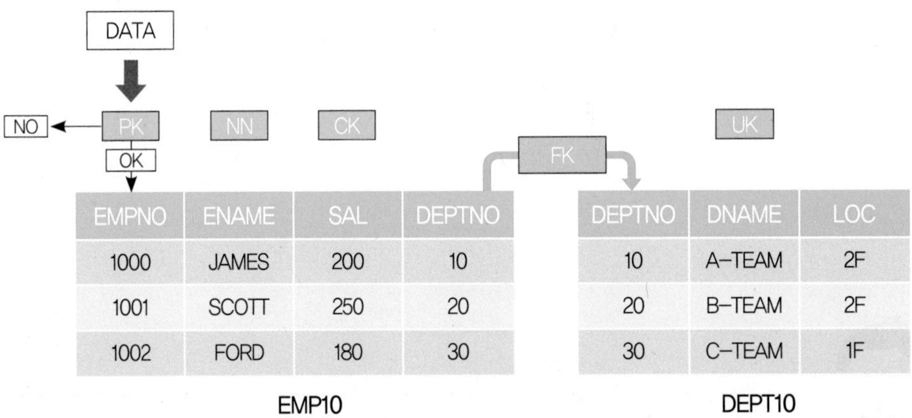

위 그림처럼 테이블의 각 컬럼에 적절한 제약 조건을 설정해서 올바른 데이터는 입력되도록 허용하고 틀린 데이터는 입력되지 못하도록 할 수 있습니다.

그래서 데이터의 정확성과 무결성을 더 높일 수 있고 이런 효과로 데이터를 더 신뢰할 수 있도록 만들어 줍니다. 위 그림에서처럼 하나의 테이블에 설정되는 종류도 있고 2개의 테이블에 연결되어 설정되는 종류도 있습니다.

다양한 제약 조건을 잘 알면 데이터를 훨씬 더 정확하고 안전하게 지킬 수 있으니 이번 장의 내용을 꼭 기억하세요.

1. 제약 조건의 종류

제약 조건은 아래 표와 같이 5가지가 있습니다.

조건 이름	의미
NOT NULL	이 조건이 설정된 컬럼에는 NULL 값이 입력되지 못하도록 합니다.
UNIQUE	이 조건이 설정된 컬럼에는 중복된 값이 입력되지 못하도록 합니다.
PRIMARY KEY	이 조건은 NOT NULL + UNIQUE의 특징을 가지며 테이블 내에서 데이터들끼리의 유일성을 보장하는 컬럼에 설정합니다. 그리고 테이블당 1개만 설정할 수 있습니다.
FOREIGN KEY	이 조건은 다른 테이블의 컬럼을 참조해서 검사를 합니다.
CHECK	이 조건에서 설정된 값만 입력을 허용하고 나머지는 거부됩니다.

앞에서 살펴본 대로 위의 제약 조건들은 테이블에서 컬럼별로 설정하며 Primary Key를 제외한 나머지 제약 조건들은 하나의 제약 조건이 여러 컬럼에 중복으로 설정될 수 있고 또 하나의 컬럼에 여러 개의 제약 조건들이 중복으로 설정될 수 있습니다.

위 제약 조건 중에서 Primary Key와 UNIQUE 제약 조건은 독특한 특징이 있습니다.

UNIQUE 제약 조건이나 Primary Key 제약 조건이 설정된다는 의미는 해당 컬럼에 있는 데이터는 서로 중복이 되지 않는다는 뜻입니다.

이 조건들이 설정되면 오라클은 자동으로 해당 컬럼에 UNIQUE INDEX를 생성해서 관리하게 됩니다. 그런데 이렇게 인덱스를 생성하는 작업으로 인하여 운영 중인 테이블에 제약 조건이 설정되는 시간이나 부하가 심할 수도 있다는 점을 꼭 기억해야 합니다.

위 5가지 중에서 FOREIGN KEY를 제외한 나머지 4개는 하나의 테이블에 설정이 되지만 FOREIGN KEY는 두 개의 테이블을 서로 참조하도록 설정이 되며 용어나 설정 방법이 다소 복잡합니다. 다음의 그림으로 용어부터 익히도록 하겠습니다.

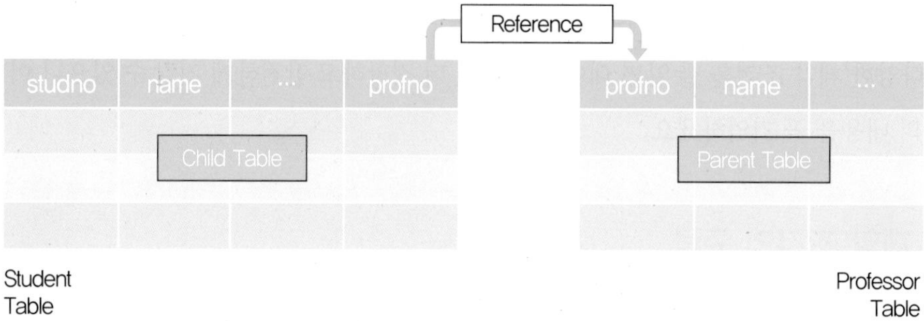

위 그림에서 child table인 student table에 데이터가 입력될 때 오른쪽 professor table의 profno 값을 먼저 확인하게 됩니다. 확인 결과 사용자가 입력한 student table의 profno 값이 professor table의 profno 컬럼에 존재하는 값이라면 student table에 입력을 허용하고 만약 professor table에 해당 profno가 존재하지 않을 경우 에러를 발생시키고 입력을 거부하게 됩니다.

이때 정보를 제공해 주는 쪽이 professor table이고 정보를 받는 쪽이 student table이라고 한다면 정보를 주는 professor table을 부모 테이블(Parent Table)이라 부르고 정보를 받는 student table을 자식 테이블(Child Table)이라고 부릅니다.

그리고 부모 테이블 쪽에 참조되는 컬럼에 설정되는 제약 조건을 Reference Key(참조키) 라고 부르고 이에 대응되어 자식 테이블 쪽 컬럼에 설정되는 제약 조건을 Foreign Key(외래키)라고 부릅니다. 위 그림에서 보면 student table의 profno 컬럼에 설정되는 제약조건을 Foreign Key라고 하고 이 제약 조건과 연결되어 있는 professor table의 profno 컬럼을 Reference Key라고 합니다.

Foreign Key를 설정할 때 또 한 가지 중요하게 기억해야 할 사항이 있습니다.

이 제약 조건은 자식 테이블에 데이터가 입력되기 전에 사용자가 입력한 값이 부모 테이블에 있는지를 먼저 조사한 후 해당 데이터가 있을 경우 입력이 허가되는 형태입니다. 이 말은 만약 부모 테이블에 데이터가 10억 건이 있다고 가정하면 자식 테이블에 데이터를 1건 입력하기 위해 부모 테이블에 있는 10억 건의 데이터를 전부 읽어서 검사한 후에 작업을 할 수 있다는 뜻이 됩니다.

그리고 반대의 경우도 마찬가지입니다.

부모 테이블에 있는 데이터를 변경하거나 삭제하려면 해당 부모 테이블의 데이터를 참조하는 자식 테이블의 데이터가 없어야 합니다. 그래서 부모 테이블의 데이터를 변경하거나 삭제하기 전에 자식 테이블에 가서 해당 데이터가 있는지 없는지 찾아본 후 자식 테이블에 해당 데이터가 없으면 데이터를 변경하게 됩니다. 그런데 만약 자식 테이블에 데이터가 10억 건 있다고 하면 부모 테이블에 데이터 1건을 변경하려고 자식 테이블의 데이터 10억 건을 모두 읽어야 하는 비효율적인 상황이 생긴다는 뜻입니다.

이런 나쁜 상황을 해결하기 위해 참조키 제약 조건을 설정할 때는 자식 테이블과 부모 테이블의 해당 컬럼에 반드시 적절한 인덱스를 생성해 주어야 합니다. 즉, 자식 테이블 컬럼과 부모 테이블 컬럼 모두에 적절한 인덱스가 생성되어 있어야만 참조키 제약 조건의 성능이 좋아집니다.

아주 중요한 사실이므로 꼭 기억하기를 바랍니다.

2. 제약 조건 사용하기

2.1 테이블 생성 시에 지정하기

아래의 테이블을 생성하면서 제약 조건을 지정하는 방법을 살펴보겠습니다.

```
SCOTT> CREATE TABLE new_emp1
   ( no  NUMBER(4)
       CONSTRAINT  emp1_no_pk  PRIMARY KEY,
     name VARCHAR2(20)
       CONSTRAINT  emp1_name_nn  NOT NULL,
     jumin  VARCHAR2(13)
       CONSTRAINT  emp1_jumin_nn  NOT NULL
       CONSTRAINT  emp1_jumin_uk  UNIQUE,
     loc_code  NUMBER(1)
       CONSTRAINT  emp1_area_ck  CHECK ( loc_code < 5 ),
     deptno VARCHAR2(6)
       CONSTRAINT  emp1_deptno_fk  REFERENCES  dept2(dcode)
   ) ;
```

위 예는 테이블을 생성할 때 제약 조건을 지정하는 방법을 보여 줍니다.

위 예를 보면 하나의 컬럼에 2개 이상의 제약 조건을 설정하는 경우가 7, 8번 라인에 나와 있으며 12번 라인에는 이 테이블의 deptno 값은 dept2 table의 dcode 값을 참조한다는 참조키 제약 조건을 설정하는 방법이 나와 있습니다.

제약 조건을 설정하는 방법은 다양한데, 이 방법 말고 또 다른 방법을 살펴보겠습니다.

```
SCOTT> CREATE  TABLE  new_emp2
  2  (  no  NUMBER(4)  PRIMARY KEY,
  3     name  VARCHAR2(20)  NOT NULL,
  4     jumin  VARCHAR2(13)  NOT NULL  UNIQUE,
  5     loc_code  NUMBER(1)  CHECK ( loc_code < 5 ),
  6     deptno VARCHAR2(6)  REFERENCES  dept2(dcode)
  7  ) ;
```

위의 방법과 아래의 방법은 동일한 효과를 내고 차이점은 각 제약 조건의 이름을 직접 지정하느냐 안 하느냐입니다.

뒤에서 제약 조건을 비활성화하거나 활성화하거나 삭제하는 등의 관리 작업을 하려면 해당 제약 조건의 이름을 알고 있어야 합니다.

그래서 제약 조건을 생성할 때 위의 방법처럼 제약 조건의 이름을 직접 지정하는 것을 권장합니다. 제약 조건의 종류만 적고 이름을 적지 않게 되면 오라클이 자동으로 이름을 결정하게 되는데, 찾기가 불편합니다.

위의 방법들로 설정된 제약 조건들은 딕셔너리에 저장되어 있으며 데이터가 입력되기 전에 참조됩니다. 딕셔너리를 조회하여 어떤 제약 조건이 설정되어 있는지 확인하는 방법은 뒤에서 나옵니다.

2.2 테이블 생성 후 추가하기

앞의 예는 테이블을 생성할 때 제약 조건들을 동시에 지정하는 방법을 살펴보았습니다.

그런데 일을 하다 보면 테이블을 생성할 때는 필요 없어서 설정을 안 했는데, 나중에 운영하다가 필요성을 느껴 추가해야 할 경우도 아주 많이 생깁니다.

그런 경우에 어떻게 해야 하는지를 살펴보겠습니다.

▶▶▶ 사용 예 1

new_emp2 테이블의 name 컬럼에 UNIQUE 제약 조건을 추가하세요.

```
SCOTT>ALTER  TABLE  new_emp2
  2  ADD  CONSTRAINT  emp2_name_uk  UNIQUE(name) ;
```

위 예처럼 새로운 제약 조건을 추가할 때는 앞에서 배웠던 ALTER TABLE ADD… 명령을 사용하면 됩니다. 그런데 NULL과 NOT NULL을 변경하는 경우는 조금 다릅니다.

아래의 예를 보세요.

▶▶▶ 사용 예 2

new_emp2 테이블의 loc_code 컬럼에 NOT NULL 제약 조건을 추가하세요.

```
SCOTT>ALTER  TABLE  new_emp2
  2  ADD  CONSTRAINT  emp2_loccode_nn  NOT  NULL(loc_code) ;
ADD CONSTRAINT emp2_loccode_nn NOT NULL(loc_code)
                                   *
ERROR at line 2:
ORA-00904: : invalid identifier

SCOTT>ALTER  TABLE  new_emp2
  2  MODIFY (loc_code  constraint  emp2_loccode_nn  NOT NULL) ;

Table altered.
```

위 예에서 보듯이 NULL ↔ NOT NULL로 변경하는 것은 ADD CONSTRAINT 명령어로 하는 것이 아니라 컬럼에 기본값으로 허용되어 있는 NULL을 NOT NULL로 변경하는 것이기 때문에 MODIFY 키워드를 사용해서 변경해야 합니다.

▶▶▶ 사용 예 3

new_emp2 테이블의 no 컬럼이 emp2 테이블의 empno 컬럼의 값을 참조하도록 참조키 제약 조건을 설정하세요(new_emp2 테이블이 자식 테이블입니다).

```
SCOTT> ALTER  TABLE  new_emp2
  2  ADD  CONSTRAINT  emp2_no_fk  FOREIGN KEY(no)
  3  REFERENCES  emp2(empno) ;
```

이렇게 참조키 제약 조건을 설정할 때 주의할 사항이 있습니다.

부모 테이블 쪽에 설정되는 컬럼이 Primary Key이거나 Unique Key가 설정되어 있어야 한다는 것입니다. 만약 그렇지 않을 경우 에러가 발생합니다.

다음 예를 참고하세요.

```
SCOTT>ALTER  TABLE  new_emp2
  2  ADD  CONSTRAINT  emp2_name_fk  FOREIGN KEY(name)
  3  REFERENCES  emp2(name) ;
 REFERENCES  emp2(name)
                  *
ERROR at line 3:
ORA-02270: no matching unique or primary key for this column-list

SCOTT>ALTER  TABLE  emp2
  2  ADD  CONSTRAINT  emp2_name_uk  UNIQUE(name);

Table altered.

SCOTT>ALTER  TABLE  new_emp2
  2  ADD  CONSTRAINT  emp2_name_fk  FOREIGN KEY(name)
  3  REFERENCES  emp2(name) ;

Table altered.
```

위 예는 new_emp2 테이블의 name 컬럼이 emp2 테이블의 name 컬럼을 참조하도록 설정한 것인데, 처음 실습은 emp2 테이블의 name 컬럼에 UNIQUE KEY 제약 조건이 없는 상태에서 참조키를 설정하려다가 에러가 난 화면입니다. 그 후에 emp2 테이블의 name 컬럼에 UNIQUE KEY를 설정한 후 다시 시도하니까 정상적으로 추가가 됨을 알 수 있습니다.

만약 부모 테이블의 데이터를 지우고 싶은데, FOREIGN KEY를 설정했다면 자식 테이블에서 부모 테이블의 해당 데이터를 참조하고 있기 때문에 지울 수가 없습니다.

이럴 경우를 대비해서 FOREIGN KEY를 생성할 때 ON DELETE CASCADE 옵션을 줄 수 있습니다.

이 옵션은 부모 테이블의 데이터가 지워지면 자식 테이블의 데이터도 함께 지우라는 의미가 됩니다.

또 ON DELETE SET NULL이란 옵션도 줄 수 있는데, 이 옵션은 부모 테이블의 데이터가 지워질 경우 자식 테이블의 값을 NULL로 설정하라는 뜻이 됩니다.

아래의 실습으로 위 두 가지 옵션을 테스트해 보겠습니다.

STEP 1 연습용 테이블을 생성합니다

```
SCOTT>CREATE  TABLE  c_test1 (
  2  no      NUMBER,
  3  name  VARCHAR2(6),
  4  deptno NUMBER );

Table created.

SCOTT>CREATE  TABLE  c_test2 (
  2  no      NUMBER,
  3  name  VARCHAR2(10));

Table created.
```

STEP 2 두 개의 테이블에 제약 조건을 설정하고 데이터를 입력합니다

```
SCOTT>ALTER TABLE c_test1
  2 ADD CONSTRAINT ctest1_deptno_fk FOREIGN KEY(deptno)
  3 REFERENCES c_test2(no);

REFERENCES c_test2(no)
                 *
ERROR at line 3:
ORA-02270: no matching unique or primary key for this column-list

SCOTT>ALTER TABLE c_test2
  2 ADD CONSTRAINT ctest2_no_uk UNIQUE(no);

Table altered.

SCOTT>ALTER TABLE c_test1
  2 ADD CONSTRAINT ctest1_deptno_fk FOREIGN KEY(deptno)
  3 REFERENCES c_test2(no)
  4 ON DELETE CASCADE ; ← 이렇게 설정합니다.

Table altered.

SCOTT>INSERT INTO c_test2 VALUES (10,'AAAA');

1 row created.

SCOTT> INSERT INTO c_test2 VALUES (20,'BBBB');

1 row created.

SCOTT> INSERT INTO c_test2 VALUES (30,'CCCC');

1 row created.

SCOTT>COMMIT ;

Commit complete.

SCOTT>SELECT * FROM c_test2 ;

      NO  NAME
  ------- -----
      10  AAAA
      20  BBBB
      30  CCCC
```

```
SCOTT>INSERT  INTO  c_test1  VALUES (1,'apple',10);

1 row created.

SCOTT> INSERT  INTO  c_test1  VALUES (2,'banana',20);

1 row created.

SCOTT> INSERT  INTO  c_test1  VALUES (3,'cherry',30);

1 row created.
```

STEP 3 on delete cascade 테스트를 수행합니다

```
SCOTT> INSERT  INTO  c_test1  VALUES (4,'peach',40);

insert into c_test1 values (4,'peach',40)
*
ERROR at line 1:
ORA-02291: integrity constraint (SCOTT.CTEST1_DEPTNO_FK) violated - parent key
not found

SCOTT>SELECT  *  FROM  c_test1;

      NO  NAME      DEPTNO
   ------ -------  -------
       1  apple         10
       2  banana        20
       3  cherry        30

SCOTT>DELETE  FROM  c_test2  WHERE  no=10 ;

1 row deleted.

SCOTT>SELECT  *  FROM  c_test1;

      NO  NAME      DEPTNO
   ------ -------  -------
       2  banana        20
       3  cherry        30
```

위 결과에서 1번 항목이 지워진 것이 확인됩니다.

STEP 4 ON DELETE SET NULL 테스트를 수행합니다

```
SCOTT>ALTER TABLE c_test1 DROP CONSTRAINT ctest1_deptno_fk;

Table altered.

SCOTT>ALTER TABLE c_test1
  2 ADD CONSTRAINT ctest1_deptno_fk FOREIGN KEY(deptno)
  3 REFERENCES c_test2(no)
  4 ON DELETE SET NULL;

Table altered.

SCOTT>SELECT * FROM c_test1;

        NO  NAME       DEPTNO
  --------  --------  -------
         2  banana         20
         3  cherry         30

SCOTT>SELECT * FROM c_test2;

        NO  NAME
  --------- -----
        20  BBBB
        30  CCCC

SCOTT>DELETE FROM c_test2 WHERE no=20 ;

1 row deleted.

SCOTT>SELECT * FROM c_test1;

        NO NAME       DEPTNO
      ---- --------- ---------
         2 banana    [       ] <------ 이 부분이 null로 변경되었습니다.
         3 cherry        30
```

위 테스트에서 자식 테이블의 deptno가 null로 변경되는 것이 확인됩니다.

그런데 만약 자식 테이블의 deptno 컬럼에 not null 속성이 설정되어 있는 상태에서 Foreign Key가 on delete set null로 생성되면 어떻게 될까요??

아래의 테스트로 확인해 보겠습니다.

TEST 1 자식 테이블의 deptno에 not null 속성을 설정합니다

```
SCOTT>ALTER  TABLE c_test1
  2  MODIFY (deptno CONSTRAINT ctest1_deptno_nn NOT  NULL);

modify (deptno constraint ctest1_deptno_nn not null)
                           *
ERROR at line 2:
ORA-02296: cannot enable (SCOTT.CTEST1_DEPTNO_NN) - null values found
```

위 에러는 기존에 null 값이 있어서 변경할 수 없다는 뜻입니다.

```
SCOTT>SELECT  *  FROM  c_test1;

       NO  NAME       DEPTNO
  -------  -------  ---------
        2  banana
        3  cherry         30

SCOTT>UPDATE  c_test1  SET  deptno=30
  2  WHERE  no = 2;

1 row updated.

SCOTT>COMMIT ;

Commit complete.

SCOTT>SELECT  *  FROM  c_test1;

       NO  NAME       DEPTNO
  -------  -------  ---------
        2  banana         30
        3  cherry         30
```

```
SCOTT>ALTER TABLE c_test1
  2  MODIFY (deptno CONSTRAINT  ctest1_deptno_nn  NOT  NULL );

Table altered.
```

정상적으로 자식 테이블의 deptno 컬럼에 not null이 설정되었습니다.

```
SCOTT>SELECT  *  FROM  c_test2;

       NO  NAME
  -------  -------
       30  CCCC

SCOTT>DELETE  FROM  c_test2;
DELETE  FROM  c_test2
            *
ERROR at line 1:
ORA-01407: cannot update ("SCOTT"."C_TEST1"."DEPTNO") to NULL
```

부모 테이블을 지우려고 시도했더니 자식 테이블(c_test1)을 null로 update할 수 없다고 에러가 나고 작업이 수행되지 않음이 확인됩니다.

```
SCOTT>SELECT  *  FROM  c_test2;

       NO  NAME
  -------  -------
       30  CCCC
```

이 두 가지 옵션은 의도하지 않은 많은 문제가 생길 수 있으므로 아주 주의해서 사용해야 합니다.

3. 제약 조건 관리하기

제약 조건들이 설정되어 있는 테이블은 그렇지 않은 테이블보다 정확한 데이터가 들어가 있다고 보증할 수 있습니다. 반드시 필요한 존재이지요.

그런데 테이블의 컬럼에 설정되는 각 제약 조건들은 어떤 작업이나 필요에 의해서 일시적으로 DISABLE / ENABLE할 수 있습니다.

예를 들어, 이미 검증된 대량의 데이터를 다른 테이블로 가져와서 입력할 경우 제약 조건을 다시 검사할 필요가 없을 것입니다. 이럴 경우 제약 조건을 임시로 DISABLE해둔 후 빠르게 데이터를 입력하고 입력이 완료되면 다시 ENABLE하는 등의 작업을 많이 합니다.

이번 예제에서 사용할 테이블을 아래와 같이 생성했습니다(아래 쿼리를 실행할 필요는 없습니다. 실습용 test_data_eng.sql을 실행하면 자동으로 생성됩니다).

```
SCOTT> CREATE TABLE t_novalidate
2 ( no    NUMBER   PRIMARY  KEY,
3   name  VARCHAR2(10)  NOT  NULL );

SCOTT> INSERT INTO t_novalidate VALUES(1,'AAA');
SCOTT> INSERT INTO t_novalidate VALUES(2,'BBB');
SCOTT> INSERT INTO t_novalidate VALUES(3,'CCC');
SCOTT> COMMIT ;

SCOTT> CREATE TABLE t_validate
 2 ( no     NUMBER          CONSTRAINT  tv_no_pk     PRIMARY KEY,
 3   name   VARCHAR2(10)    CONSTRAINT  tv_name_nn  NOT NULL     ) ;

SCOTT> INSERT INTO t_validate VALUES (1,'AAA');
SCOTT> INSERT INTO t_validate VALUES (2,'BBB');
SCOTT> INSERT INTO t_validate VALUES (3,'CCC');
SCOTT> COMMIT ;

SCOTT> CREATE TABLE t_enable
 2   ( no     NUMBER          CONSTRAINT  te_no_pk     PRIMARY KEY,
 3     name   VARCHAR2(10)   CONSTRAINT  te_name_nn  NOT NULL    ) ;
```

위 테이블을 가지고 DISABLE와 ENABLE 테스트를 해 보겠습니다.

3.1 제약 조건 DISABLE하기

DISABLE 하는 옵션은 NOVALIDATE와 VALIDATE 두 가지가 있습니다.

NOVALIDATE 옵션은 해당 제약 조건이 없어서 데이터가 전부 들어온다는 뜻입니다.

3.1.1 DISABLE NOVALIDATE 사용하기

```
SCOTT>INSERT INTO t_novalidate VALUES(1,'DDD');
INSERT INTO t_novalidate VALUES(1,'DDD')
*
ERROR at line 1:
ORA-00001: unique constraint (SCOTT.SYS_C0014418) violated

Primary Key가 설정되어 있는 컬럼이므로 중복된 데이터가 입력이 안 됩니다.

SCOTT>ALTER  TABLE  t_novalidate
  2  DISABLE  NOVALIDATE  CONSTRAINT  SYS_C0014418 ;
Table altered.

SCOTT>INSERT  INTO  t_novalidate  VALUES(1,'DDD');
1 row created. ← 정상적으로 입력됩니다.
```

위와 같이 DISABLE NOVALIDATE로 제약 조건을 DISABLE하게 되면 CONSTRAINT가 없는 것과 동일하게 작동됩니다.

그러나 DISABLE VALIDATE는 다릅니다 .

아래 내용을 보세요.

3.1.2 DISABLE VALIDATE 사용하기

```
SCOTT>INSERT INTO t_validate VALUES(4,NULL);
INSERT INTO t_validate VALUES(4,NULL)
                                *
ERROR at line 1:
ORA-01400: cannot insert NULL into ("SCOTT"."T_VALIDATE"."NAME")
```

NAME 컬럼에 NOT NULL 제약 조건이 설정되어 있어서 null 값을 허용하지 않습니다. 이 NOT NULL 제약 조건을 DISABLE VALIDATE한 후 다시 입력해 보겠습니다.

```
SCOTT>ALTER  TABLE  t_validate
  2  DISABLE  VALIDATE  CONSTRAINT  tv_name_nn ;

Table altered.

SCOTT>INSERT INTO t_validate VALUES(4,NULL);
INSERT INTO t_validate VALUES(4,NULL)
*
ERROR at line 1:
ORA-25128: No insert/update/delete on table with constraint (SCOTT.TV_NAME_NN)
disabled and validated
```

여전히 입력이 안 됩니다.

에러 내역을 보면 해당 컬럼은 Insert/update/delete 작업을 수행할 수 없다는 내용을 보여 줍니다. 즉, 이 옵션은 해당 컬럼의 데이터를 변경할 수 없게 하는 옵션입니다.

3.1.3 DISABLE VALIDATE 옵션 설정 후 다른 컬럼 내용 변경하기

t_validate 테이블에 name 컬럼에 설정되어 있던 NOT NULL 제약 조건이 DISABLE VALIDATE되어 있는 상태에서 다른 컬럼에 데이터를 입력하겠습니다.

```
SCOTT>INSERT INTO  t_validate VALUES(4,'DDD');
INSERT INTO t_validate VALUES(4,'DDD')
*
ERROR at line 1:
ORA-25128: No insert/update/delete on table with constraint (SCOTT.TV_NAME_NN)
disabled and validated

disabled and validated
```

• **NULL 값 입력하기**

```
SCOTT>INSERT INTO t_validate VALUES(4,NULL);
INSERT INTO t_validate VALUES(4,NULL)
*
ERROR at line 1:
ORA-25128: No insert/update/delete on table with constraint (SCOTT.TV_NAME_NN)
disabled and validated
```

• **다른 컬럼에만 데이터 입력하기**

```
SCOTT>INSERT INTO t_validate (no)
  2  VALUES(4) ;
INSERT INTO t_validate (no)
*
ERROR at line 1:
ORA-25128: No insert/update/delete on table with constraint (SCOTT.TV_NAME_NN)
```

위 테스트 결과 DISABLE VALIDATE 옵션은 결과적으로 테이블의 내용을 변경할 수 없도록 함을 알 수 있습니다. 위 테스트는 INSERT만 했지만 UPDATE나 DELETE 또한 동일한 결과를 볼 수 있습니다.

DISABLE의 기본 옵션은 NOVALIDATE입니다.

그리고 PRIMARY KEY나 UNIQUE 제약 조건을 DISABLE할 경우 생성되어 있던 UNIQUE INDEX가 자동으로 삭제된다는 점도 꼭 기억하시기 바랍니다.

3.2 제약 조건 ENABLE하기

DISABLE(비활성화)되어 있던 제약 조건을 ENABLE(활성화)하는 옵션도 NOVALIDATE / VALIDATE 두 가지가 있습니다.

ENABLE NOVALIDATE 옵션은 제약 조건을 ENABLE하는 시점까지 해당 테이블에 들어 있는 데이터는 검사하지 않고 ENABLE한 시점 이후부터 새롭게 테이블로 입력되는 데이터만 제약 조건을 적용하여 검사하는 옵션입니다.

반면, ENABLE VALIDATE는 제약 조건을 ENABLE하는 시점까지 테이블에 입력되어 있던 모든 데이터를 전부 검사 하며 신규로 입력되는 데이터도 전부 검사하는 옵션입니다.

그렇기에 해당 제약 조건을 ENABLE VALIDATE하게 되면 오라클이 해당 테이블에 데이터가 변경되지 못하도록(기존 데이터를 검사해야 하므로) LOCK이란 것을 설정하고 작업을 하게 되는데, 이런 특성 때문에 사용자들이 테이블의 데이터를 많이 변경하는 시점에는 절대로 이 작업을 하면 안 됩니다. 제약 조건을 ENABLE VALIDATE를 하는 동안 해당 테이블에 데이터를 변경하는 작업들이 모두 일시 중단되는 사태가 발생할 수도 있기 때문입니다.

그리고 만약 ENABLE VALIDATE를 하기 위해 검사를 하다가 해당 제약 조건을 위반하는 값이 발견되면 제약 조건을 ENABLE할 수 없는 위반사항이 있다 라는 메세지가 발생하면서 제약 조건 ENABLE 작업을 취소합니다.

그렇게 되면 사람이 그 위반되는 데이터를 찾아서 적절하게 조치한 후 다시 ENABLE 작업을 반복해서 시도해야 하는데, 문제는 그 위반되는 데이터를 일일이 찾아서 조치를 해줘야 한다는 것입니다. 많은 양의 데이터를 입력할 경우 DISABLE되어 있던 제약 조건을 ENABLE VALIDATE하는 데 시간이 아주 오래 걸릴 수 있습니다. ENABLE 옵션의 기본값이 ENABLE VALIDATE입니다.

이런 문제를 해결하기 위해 ENABLE VALIDATE일 경우에는 꼭 EXCEPTIONS라는 테이블을 사용해서 에러사항을 별도로 기록하게 만들어야 합니다.

이 테이블에 위반사항을 저장하게 설정하면 한결 쉽게 ENABLE 작업을 할 수 있습니다.

아래 실습으로 ENABLE NOVALIDATE와 ENABLE VALIDATE 작업을 해 보겠습니다.

실전에서 아주 요긴하게 사용되는 방법이므로 열심히 연습하세요.

테스트용 테이블 t_enable에 데이터를 입력하겠습니다.

```
SCOTT>INSERT  INTO  t_enable  VALUES(1,'AAA');
1 row created.

SCOTT>INSERT  INTO  t_enable  VALUES(2,'BBB');
1 row created.

SCOTT>INSERT  INTO  t_enable  VALUES(3,NULL);
INSERT INTO t_enable VALUES(3,NULL)
                                *
ERROR at line 1:
ORA-01400: cannot insert NULL into ("SCOTT"."T_ENABLE"."NAME")
```

위 테스트의 3번째 데이터가 NOT NULL 제약 조건에 걸려서 입력이 안 됨을 알 수 있습니다.

해당 제약 조건을 DISABLE로 변경 후 다시 입력해 보겠습니다.

```
SCOTT>ALTER  TABLE  t_enable
  2 DISABLE  CONSTRAINT  te_name_nn ;

Table altered.

SCOTT>INSERT  INTO  t_enable  VALUES(3,NULL);

1 row created.  ←  NULL 값도 잘 입력됩니다.
```

위 테스트 결과로 지금 t_enable의 테이블에는 잘못된 데이터가 들어가 있습니다.

이 상태에서 제약 조건을 ENABLE 시키도록 하겠습니다.

3.2.1 ENABLE NOVALIDATE로 name 컬럼 제약 조건 ENABLE하기

```
SCOTT>ALTER  TABLE  t_enable
  2 ENABLE  NOVALIDATE  CONSTRAINT  te_name_nn ;

Table altered.

SCOTT>SELECT * FROM t_enable ;

    NO   NAME
---------- ----------
       1  AAA
       2  BBB
       3             ←  이 행이 잘못된 데이터입니다.

SCOTT>INSERT  INTO  t_enable  VALUES(4,NULL);
INSERT  INTO  t_enable VALUES(4,NULL)
                                  *
ERROR at line 1:
ORA-01400: cannot insert NULL into ("SCOTT"."T_ENABLE"."NAME")
```

위 테스트 결과를 보면 t_enable 테이블의 name 컬럼에 NOT NULL 제약 조건이 설정되어 있음에도 불구하고 3행의 NULL 값의 데이터가 입력되어 있음이 조회됩니다. 즉, ENABLE NOVALIDATE 옵션은 ENABLE 시점까지 테이블에 입력되어 있던 기존 데이터는 검사를 하지 않기 때문에 이런 현상이 생기는 것입니다.

그러나 ENABLE 후 입력하는 값은 에러가 나고 입력이 안 됨을 볼 수 있습니다.

앞에서 살펴본 바와 같이 ENABLE NOVALIDATE는 제약 조건을 ENABLE한 후 신규로 입력되는 데이터만 검사함을 확인할 수 있습니다.

3.2.2 ENABLE VALIDATE로 name 컬럼 제약 조건 ENABLE하기

테스트용 테이블 t_enable의 name 컬럼에 설정되어 있는 NOT NULL 제약 조건을 DISABLE시킨 후 다시 ENABLE VALIDATE로 ENABLE시키도록 하겠습니다.

```
SCOTT>ALTER  TABLE  t_enable
  2 DISABLE  CONSTRAINT  te_name_nn ;

Table altered.

SCOTT>ALTER  TABLE  t_enable
  2 ENABLE  VALIDATE  CONSTRAINT  te_name_nn ;
ENABLE VALIDATE CONSTRAINT te_name_nn
                           *
ERROR at line 2:
ORA-02293: cannot validate (SCOTT.TE_NAME_NN) - CHECK constraint violated
```

위 결과처럼 테이블에 잘못된 데이터가 들어가 있기 때문에 ENABLE VALIDATE를 할 수 없습니다. 이럴 때 문제가 되는 행을 찾아서 수정해야 하는데, 데이터가 많을 경우 일일이 그 행을 찾기가 힘들 때가 많습니다.

이렇게 ENABLE VALIDATE할 때 문제가 되는 행을 별도의 테이블에 저장해서 문제 행을 쉽게 찾을 수 있도록 해 주는 기능이 EXCEPTIONS 테이블입니다.

이 기능은 사용자가 별도로 생성하고 설정해야 합니다.

아래 실습에서 sys 계정과 scott 계정으로 exceptions 테이블을 생성하고 사용하는 예를 살펴보겠습니다.

3.3 EXCEPTIONS 테이블을 사용하여 ENABLE VALIDATE 하기 – SYS 계정 사용

STEP 1 SYS 계정으로 exceptions table을 생성합니다

```
SSCOTT> CONN / AS SYSDBA ;  ← 관리자 계정으로 접속합니다.

SYS> @?/rdbms/admin/utlexcpt.sql   ← ?는 $ORACLE_HOME 디렉토리를 의미합니다.

Table created.
```

STEP 2 테스트용 테이블(scott.tt550)을 5보다 큰 값만 오도록 제약 조건을 가지도록 생성합니다

```
SSYS> CREATE  TABLE  scott.tt500
 2   (  no NUMBER  CONSTRAINT  tt500_ck  CHECK( no > 5));

Table created.
```

STEP 3 테스트용 테이블의 CHECK 속성을 사용 안 함 모드로 변경합니다

```
SYS> ALTER TABLE scott.tt500 DISABLE  CONSTRAINT  tt500_ck;

Table altered.
```

STEP 4 테스트용 데이터를 입력하는데, 5보다 작은 1 값도 함께 입력합니다

```
SYS> INSERT  INTO scott.tt500  VALUES (1); ← 문제가 될 부분입니다.

1 row created.

SYS> INSERT  INTO scott.tt500  VALUES (6);

1 row created.

SYS> INSERT  INTO scott.tt500  VALUES (7);

1 row created.


SYS> COMMIT ;

Commit complete.

SYS> SELECT * FROM  scott.tt500;

        NO
--------------
         1    ←  문제가 될 부분입니다.
         6
         7
```

STEP 5 not null 제약 조건을 사용하므로 변경하면서 exceptions table을 사용하게 설정합니다

```
SYS> ALTER  TABLE scott.tt500 ENABLE  VALIDATE  CONSTRAINT  tt500_ck
  2  EXCEPTIONS  INTO  sys.exceptions;
ALTER TABLE scott.tt550 enable validate constraint tt550_ck
                                                          *
ERROR at line 1:
ORA-02293: cannot validate (SCOTT.TT500_CK) - CHECK constraint violated ← 예상했던
에러 발생
```

STEP 6 exceptions table을 조회하여 에러 내역을 확인합니다

```
SYS> SELECT  rowid, no
  2  FROM  scott.tt500
  3  WHERE  rowid  in  (SELECT row_id  FROM  exceptions) ;

ROWID                          NO
------------------------------ ----------
AAANExAAEAAAAVMAAB              1  ← no의 값이 5보다 작은 값이라는 것이 확인됩니다.
```

STEP 7 테스트용 테이블 scott.tt550에서 문제가 되는 부분을 정상적인 값으로 업데이트합니다

```
SYS> UPDATE  scott.tt500
  2  SET no=8
  3  WHERE rowid ='AAANExAAEAAAAVMAAB';

1 row updated.

SYS> COMMIT ;

Commit complete.

SYS> TRUNCATE  TABLE  sys.exceptions;

Table truncated. ← 수정 완료한 에러 내역을 삭제하기 위해 TRUNCATE합니다.

SYS>ALTER  TABLE  scott.tt500  ENABLE  VALIDATE  CONSTRAINT  tt500_ck
  2  EXCEPTIONS  INTO  sys.exceptions;
```

```
Table altered.

SYS> SELECT * FROM  scott.tt500;

        NO
---------------
         8    ←  1이었던 값이 정상적인 데이터로 변경되었습니다.
         6
         7
```

STEP 8 다시 5보다 작은 값을 입력해서 제약 조건의 작동 여부를 테스트합니다

```
SYS> insert into scott.tt500 values (1) ;
                                  *
ERROR at line 1:
ORA-02290: check constraint (SCOTT.TT500_CK) violated ← 틀린 데이터가 입력되지 않
습니다.
```

3.4 EXCEPTIONS 테이블을 사용하여 ENABLE VALIDATE하기-scott 계정 사용

이번 예제는 scott 사용자로 exceptions table을 생성하고 여러 건의 제약 조건 위반을 만들어서 처리하는 것을 살펴봅니다.

STEP 1 scott 사용자로 exceptions table을 생성합니다

```
SYS> CONN scott/tiger ;

SCOTT>@?/rdbms/admin/utlexcpt.sql

Table created.
```

STEP 2 **예제용 테이블을 생성한 후 데이터를 입력합니다**

```
SSCOTT>CREATE  TABLE  tt551
  2  (no NUMBER, name VARCHAR2(10) CONSTRAINT  tt551_name_uk  UNIQUE ) ;

Table created.

SCOTT>ALTER TABLE tt551  DISABLE CONSTRAINT  tt551_name_uk ;

Table altered.

SCOTT>INSERT  INTO  tt551  VALUES (1,'AAA');

1 row created.

SCOTT> INSERT  INTO  tt551  VALUES (2,'AAA');

1 row created.

SCOTT> INSERT  INTO  tt551  VALUES (3,'AAA');

1 row created.

SCOTT>COMMIT ;

Commit complete.

SCOTT>SELECT  *  FROM  tt551 ;

     NO  NAME
-------  -----
      1  AAA
      2  AAA
      3  AAA
```

STEP 3 **제약 조건을 enable 시도하여 에러를 확인합니다**

```
SCOTT>ALTER TABLE tt551
  2  ENABLE  VALIDATE  CONSTRAINT  tt551_name_uk
  3  EXCEPTIONS  INTO  exceptions ;
alter  table  tt551
*
ERROR at line 1:
ORA-02299: cannot validate (SCOTT.TT551_NAME_UK) - duplicate keys found
```

STEP 4 **exceptions table에서 에러 내용을 확인한 후 원본 테이블을 수정합니다**

```
SCOTT>SELECT  rowid, name
  2  FROM  tt551
  3  WHERE rowid  IN (SELECT row_id  FROM exceptions) ;

ROWID                          NAME
------------------------------ ----------
AAAS7JAAEAAAAUzAAA             AAA
AAAS7JAAEAAAAUzAAB             AAA
AAAS7JAAEAAAAUzAAC             AAA

SCOTT>UPDATE tt551
  2  SET name='BBB'
  3  WHERE rowid='AAAS7JAAEAAAAUzAAB';

1 row updated.



SCOTT>UPDATE  tt551  SET  name='CCC'
  2  WHERE  rowid='AAAS7JAAEAAAAUzAAC';

1 row updated.

SCOTT>COMMIT ;

Commit complete.

SCOTT>SELECT  rowid, name
  2  FROM  tt551
  3  WHERE  rowid  IN  (SELECT  row_id  FROM  exceptions) ;

ROWID                          NAME
------------------------------ ----------
AAAS7JAAEAAAAUzAAA             AAA
AAAS7JAAEAAAAUzAAB             BBB
AAAS7JAAEAAAAUzAAC             CCC

SCOTT>TRUNCATE  TABLE  exceptions;

Table truncated.
```

STEP 5 다시 제약 조건을 enable 시도합니다

```
SCOTT>ALTER TABLE tt551
  2  ENABLE  VALIDATE  CONSTRAINT  tt551_name_uk
  3  EXCEPTIONS  INTO  exceptions ;

Table altered.

SCOTT>SELECT  *  FROM  tt551;

NO       NAME
-------  ----------
1        AAA
2        BBB
3        CCC
```

정상적으로 enable된 것을 확인할 수 있습니다.

3.5 제약 조건 조회하기

테이블에 제약 조건을 설정하면 그 내용이 딕셔너리에 저장이 되어 있습니다.

딕셔너리의 내용을 조회하여 테이블에 설정되어 있는 제약 조건을 확인하겠습니다.

사용하는 딕셔너리는 USER_CONSTRAINTS와 USER_CONS_COLUMNS이며 데이터베이스 전체의 제약 조건을 조회하려면 DBA_CONSTRAINTS와 DBA_CONS_COLUMNS를 사용하면 됩니다.

▶▶▶ 사용 예 1

new_emp2 테이블에 설정되어 있는 제약조건 조회하기

```
SCOTT>SELECT owner, constraint_name, constraint_type, status
  2  FROM user_constraints
  3  WHERE  table_name='NEW_EMP2'; ← 테이블 이름 대문자로 치세요.
```

위 조회 결과 중에 constraint_type의 타입 값 중 P: Primary Key, U :Unique, C: CHECK, R:외래키를 의미합니다.

▶▶▶ 사용 예 2

특정 테이블의 특정 컬럼에 설정되어 있는 모든 제약 조건 보기

```
SCOTT>SELECT  owner, constraint_name, table_name, column_name
  2  FROM user_cons_columns
  3  WHERE table_name='EMP';  ← 테이블 이름 대문자로 치세요.
```

▶▶▶ 사용 예 3

FOREIGN KEY 조회하기

```
SCOTT>COL  child_table  FOR  a15
SCOTT>COL  child_column  FOR  a15
SCOTT>COL  child_cons_name  FOR  a15
SCOTT>COL  parent_table  FOR  a15
SCOTT>COL  parent_cons_name  FOR  a15
SCOTT>COL  parent_column  FOR  a15
SCOTT> SELECT a.table_name  "Child_Table",
  2          c.column_name  "Child_Column",
  3          a.constraint_name  "Child_Cons_name",
  4          b.table_name  "Parent_Table" ,
  5          a.r_constraint_name  "Parent_Cons_name" ,
  6          d.column_name  "Parent_Column"
  7  FROM  user_constraints  a , user_constraints  b , user_cons_columns  c,
  8         (SELECT constraint_name, column_name, table_name
  9          FROM  user_cons_columns) d
 10  WHERE  a.r_constraint_name=b.constraint_name
 11  AND    a.constraint_name=c.constraint_name
 12  AND    a.r_constraint_name=d.constraint_name
 13  AND    a.constraint_type='R' ;
```

```
Child_Table  Child_Column  Child_Cons_name  Parent_Table  Parent_Cons_nam  Parent_Column
-----------  ------------  ---------------  ------------  ---------------  -------------
EMP          DEPTNO        FK_DEPTNO        DEPT          PK_DEPT          DEPTNO
EMP4         DEPTNO        SYS_C0014411     DEPT2         SYS_C0014275     DCODE
EMP3         DEPTNO        EMP3_DEPTNO_FK   DEPT2         SYS_C0014275     DCODE
EMP4         NO            EMP4_NO_FK       EMP2          SYS_C0014273     EMPNO
EMP8         NO            EMP8_NO_FK       EMP2          SYS_C0014273     EMPNO
EMP4         NAME          EMP4_NAME_FK     EMP2          EMP2_NAME_UK     NAME

6 rows selected. (위 출력 결과는 각자 다를 수 있습니다)
```

3.6 제약 조건 삭제하기

```
SCOTT>ALTER  TABLE  new_emp2
  2  DROP  CONSTRAINT  emp2_name_fk ;
```

이상으로 제약 조건에 대해 살펴보았습니다.

제약 조건을 잘 설정하고 관리해야 데이터의 무결성과 작업의 효율성 등이 높아지므로 꼭 잘 숙지하고 사용하기 바랍니다.

연습문제

1. 아래의 표를 보고 테이블을 생성하면서 제약 조건을 설정하세요.

테이블 이름	컬럼 이름	데이터 타입	제약 조건 종류	제약 조건 이름	기타 사항
tcons	no	number(5)	primary key	tcons_no_pk	
	name	varchar2(20)	not null	tcons_name_nn	
	jumin	varchar2(13)	not null	tcons_jumin_nn	
	jumin	varchar2(13)	unique	tcons_jumin_uk	
	area	number(1)	check	tcons_area_ck	1~4까지숫자
	deptno	varchar2(6)	foreign key	tcons_deptno_fk	dept2(dcode)

2. tcons 테이블의 name 컬럼이 emp2 테이블의 name 컬럼의 값을 참조하도록 참조키 제약 조건을 추가 설정하는 쿼리를 쓰세요(tcons 테이블이 자식 테이블입니다).

3. tcons 테이블의 jumin 컬럼에 만들어져 있는 unique 제약 조건을 "사용 안 함"으로 변경하되 해당 테이블의 데이터에 DML까지 안 되도록 변경하는 쿼리를 쓰세요(제약 조건 이름은 tcons_jumin_uk 입니다).

4. 위 3번 문제에서 "사용 안 함"으로 설정한 제약 조건 tcons_jumin_uk을 사용함으로 변경하되 기존에 있던 내용과 새로 들어올 내용 모두를 체크하는 옵션으로 변경하세요. 그리고 문제가 되는 데이터들은 scott.execptions 테이블에 저장하도록 설정하세요.

5. emp 테이블에 설정되어 있는 제약 조건 중 자신이 생성한 제약 조건들을 테이블명, 컬럼명, 제약 조건명으로 검색하는 쿼리를 쓰세요(단, Foreign key는 제외합니다).

Check Your Self!

스스로 아래 질문들을 천천히 생각해보고 YES / NO를 체크해 보세요.

아래 질문들에 모두 YES를 선택할 수 있다면 이번 장을 완전히 마스터했다는 의미이고 부족한 부분이 있다면 다시 한 번 더 공부를 해서 완전히 배우길 권해 드립니다.

1. 나는 여러 가지 제약 조건의 의미를 정확히 알고 있는가? (YES / NO)
2. 나는 테이블을 생성할 때 제약 조건을 설정할 수 있는가? (YES / NO)
3. 나는 생성되어 있는 테이블에 제약 조건을 추가할 수 있는가? (YES / NO)
4. 나는 어떤 테이블에 어떤 제약 조건이 있는지 조회할 수 있는가? (YES / NO)
5. 나는 제약 조건을 DISABLE할 수 있는가? (YES / NO)
6. 나는 제약 조건을 ENABLE할 때 EXCEPTIONS 테이블을 사용할 수 있는가? (YES / NO)

데이터 무결성을 지키기 위해 아주 중요한 역할을 하는 제약 조건을 자세하게 살펴보았습니다. 이번 장에서 배운 내용들도 아주 중요하니 반복적으로 공부해서 꼭 자신의 실력으로 만드세요.

잠시 쉬어 가는 페이지

톨스토이 단편선 '세 가지 질문'의 이야기입니다.

내용은 한 왕이 인생에서 풀지 못한 다음의 세 가지 질문에 대한 답을 구하는 것입니다.

첫 번째, 세상에서 가장 중요한 때는 언제인가?

두 번째, 세상에서 가장 중요한 사람은 누구인가?

세 번째, 세상에서 가장 중요한 일은 무엇인가?

왕은 이 세 가지 질문 때문에 나라의 중요한 결정을 내리는 데 늘 자신이 없었습니다.

많은 학자와 신하들이 갖가지 해답을 제시하였으나 마음을 흡족하게 할 답은 없었습니다.

급기야 왕은 지혜롭다고 널리 알려진 한 성자를 찾아갔습니다.

마침 밭을 일구고 있는 그 성자에게 다가가서 이 세 가지 질문을 말했지만 성자는 아무 대답이 없었습니다.

그때 갑자기 숲 속에서 피투성이가 된 청년이 성자의 집으로 찾아왔습니다.

왕은 다친 그를 외면할 수 없어 정성껏 치료해 주었습니다.

그런데 알고 보니 그는 왕에게 가족들이 죽임을 당해 왕에게 복수하고자 왕을 시해하려던 사람이었습니다.

바로 궁으로 쳐들어갔다가 병사들에게 다친 것이었습니다.

모든 사정을 들은 왕은 그를 용서했습니다.

왕은 궁으로 돌아가기 전, 성자에게 세 가지 의문에 대한 답을 다시 물어보았습니다.

그러자 성자는 이미 답은 나왔다면서 이렇게 말했습니다.

"세상에서 제일 중요한 때는 바로 지금입니다."

"나에게 가장 중요한 사람은 지금 나와 함께 있는 사람입니다."

"마지막으로 제일 중요한 일은 지금 나와 함께 있는 사람에게 정성을 다하여 사랑을 베푸는 것입니다."

8장 INDEX(인덱스)를 배웁니다

이번 장에서 배울 내용

1 index의 의미를 배웁니다.
2 index의 생성 원리와 동작 원리를 배웁니다.
3 index의 단점을 배웁니다.
4 index를 생성하고 관리하는 방법을 배웁니다.
5 index를 활용하는 방법을 배웁니다.

8장 INDEX(인덱스)를 배웁니다

이번 장에서는 데이터베이스에서 성능과 관련해서 정말 중요한 역할을 하는 인덱스에 대해서 살펴보겠습니다. 이 인덱스는 정말 쉬우면서도 어려운 존재이니 잘 살펴보시고 부족한 부분들은 튜닝 관련 서적을 참고하시기 바랍니다.

인덱스는 정말 양날의 칼이라서 잘 사용하면 정말 좋지만 잘못 쓰게 될 경우 오히려 성능 저하의 주범이 되므로 정말 잘 알고 많이 공부하여 사용해야 합니다.

1. 인덱스(INDEX)란 무엇일까요?

인덱스란 용어는 많이 알죠?

아래 그림으로 인덱스의 의미를 정확하게 살펴보겠습니다.

아래 그림은 어떤 교실의 모습을 가상으로 그린 것입니다.

학생들이 아주 자유롭게 각자의 자리에 앉아 있지요?

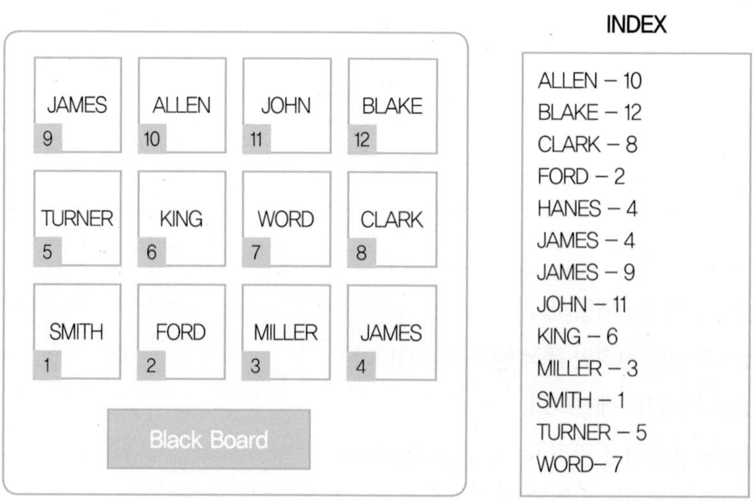

만약 위와 같은 상황에서 누군가가 JAMES를 찾으려 할 경우를 가정해 보겠습니다.

JAMES를 찾는 첫 번째 방법은 모든 자리를 일일이 다 찾아다니는 방법입니다.

그런데 사람이 적을 경우는 상관없겠지만 사람이 많을 경우에는 시간이 아주 많이 걸릴 수도 있다는 문제가 있습니다.

두 번째 방법은 위 그림에서 오른쪽 그림처럼 누가 어느 자리에 앉아 있는지 목록을 만들어 놓고 그 목록 대로 자리를 찾아가는 방법입니다.

이 방법은 목록을 만드는 작업은 조금 귀찮고 힘들지만 일단 목록이 만들어지면 원하는 사람만 찾아서 갈 수 있기 때문에 아주 빨리 찾을 수 있습니다.

이처럼 어떤 데이터가 어디에 있다는 주소록 같은 개념이 인덱스입니다.

인덱스를 잘 활용하면 아주 빠르게 데이터를 찾을 수 있으므로 꼭 잘 배우고 잘 활용하세요.

앞 장에서는 이해를 돕기 위해 교실의 예를 들었는데, 이번에는 오라클 예로 살펴보겠습니다.

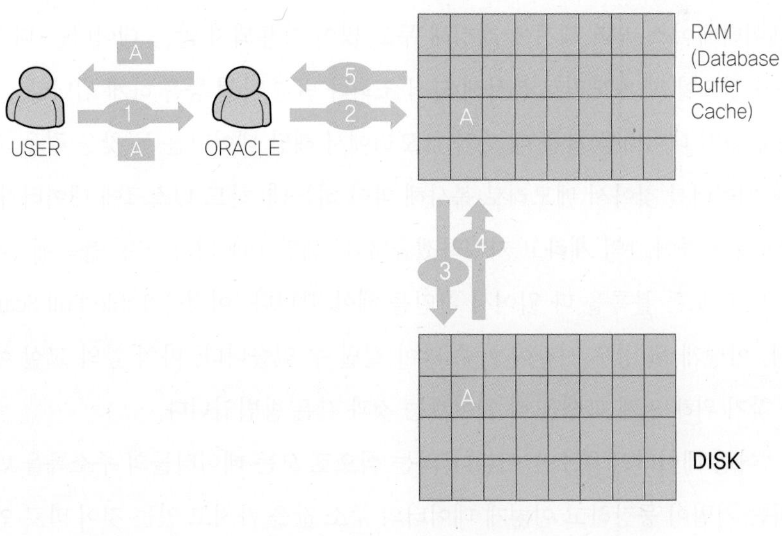

위 그림의 1번 과정에서 사용자가 A를 조회하기 위해 SELECT 구문을 수행합니다. 그럼 쿼리를 받은 오라클이(더 정확하게는 오라클 서버 프로세스) 해당 쿼리를 수행해서 사

용자가 원하는 데이터를 출력하는데, 2번 과정에서 서버 프로세스는 가장 먼저 메모리(더 정확하게 말하면 데이터베이스 버퍼 캐시)에 해당 데이터가 있는지를 살펴봅니다.

데이터베이스 버퍼 캐시란 하드 디스크에서 데이터를 가져올 경우 시간이 많이 걸려서 많이 사용되는 데이터들을 임시로 보관하고 변경 작업을 하는 메모리 공간입니다. 여기에 찾는 데이터가 있을 경우 하드 디스크까지 안 가도 되므로 아주 빨리 결과를 볼 수 있습니다.

그런데 만약 데이터베이스 버퍼 캐시에 필요한 데이터가 없을 경우 서버 프로세스는 3번 과정에서 하드 디스크에 있는 데이터 파일에서 A의 정보가 들어 있는 블록을 찾아서 데이터베이스 버퍼 캐시로 복사해 온 후 사용자에게 값을 돌려주게 됩니다(4번, 5번 과정).

여기서 쿼리 수행 속도에 아주 중요한 부분이 나옵니다.

메모리(데이터베이스 버퍼 캐시)에서 원하는 데이터를 찾을 경우 아주 빠르게 결과를 조회할 수 있기 때문에 하드 디스크의 모든 데이터를 메모리에다 가져다 두고 작업을 하면 속도가 가장 빠르겠지만 현실적으로는 메모리의 용량이 한계가 있기에 모든 데이터를 데이터베이스 버퍼 캐시에 보관할 수 없습니다. 그래서 차선책으로 많이 사용되는 데이터는 데이터베이스 버퍼 캐시에 캐싱해 두고 많이 사용되지 않는 데이터는 디스크에 저장했다가 필요할 때 메모리로 복사해 와서 조회나 변경 작업 등을 하게 됩니다.

사용자가 어떤 데이터를 찾을 때 만약 메모리에서 해당 데이터를 못 찾을 경우 파일에 가서 해당 데이터를 찾아서 메모리로 복사해 와야 하는데, 하드 디스크에 데이터가 너무 많을 경우(예를 들어, 1억 개라고 가정하겠습니다) 해당 데이터가 어떤 블록에 들어 있는지 모른다면 모든 블록을 다 읽어서 확인을 해야 합니다. 이것을 Table Full Scan이라고 합니다. 이렇게 될 경우 시간이 아주 많이 걸릴 수 있습니다. 마치 앞의 교실 예에서 JAMES를 찾기 위해 전체 학생을 다 찾아보는 것과 같은 방법입니다.

그래서 "어떤 데이터의 주소는 어디다"라는 식으로 모든 데이터들의 주소록을 만들어서 관리하는 기법이 등장하고 이렇게 데이터의 주소 값을 가지고 있는 것이 바로 인덱스입니다.

인덱스가 있으면 모든 블록을 다 읽지 않고 원하는 데이터가 있는 블록 주소를 찾아내서 그 블록만 메모리로 복사해 오면 빨리 작업을 끝낼 수 있습니다. 즉, 인덱스가 있으면 어떤 데이터가 어디에 저장되어 있다는 것을 다 알기 때문에 데이터를 조회나 변경을 위해 호출해야 할 때 아주 빠르게 작업이 가능합니다.

그러나 인덱스 생성이나 관리를 잘 못 할 경우는 오히려 성능이 떨어지는 역효과가 발생하므로 정말 주의해서 만들고 사용해야 한다는 점 꼭 기억하기 바랍니다.

2. 인덱스의 생성 원리

인덱스의 종류가 여러 가지로 많이 있지만 생성되는 원리는 거의 동일합니다.

그래서 일반적으로 많이 사용되는 B-TREE 인덱스 생성 원리를 간단하게 살펴 보겠습니다.

먼저 아래 그림을 보세요.

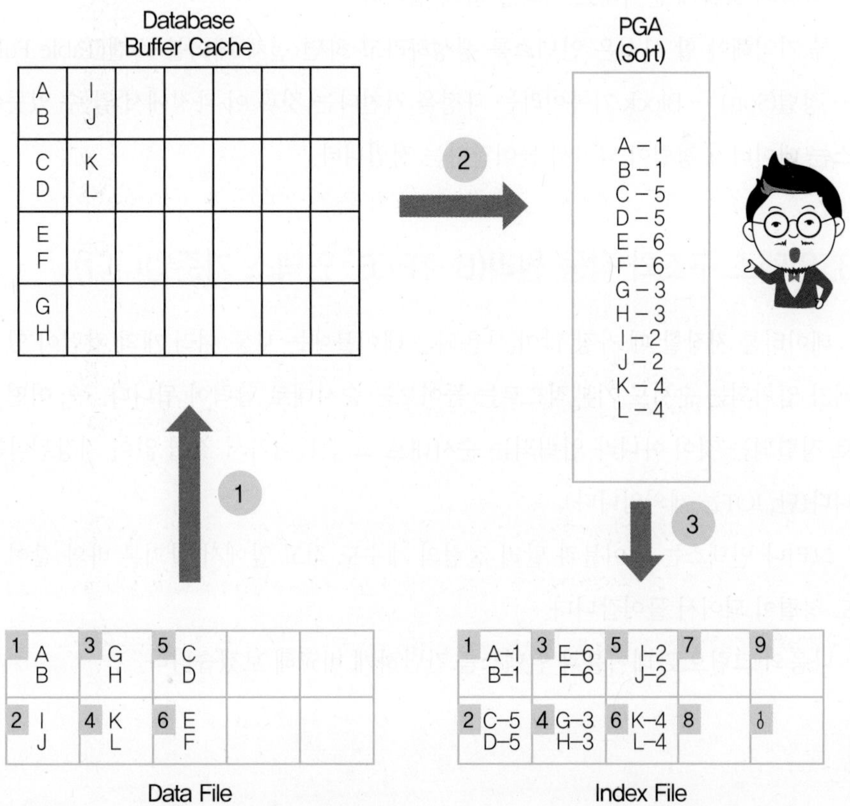

인덱스를 생성하라고 명령을 실행하면 위 그림의 1번 과정에서 제일 먼저 해당 테이블의 내용들을 전부 다 읽어서 메모리로 가져옵니다. 그래야 어떤 내용이 있는지 내용을 파악해서 목록을 만들 수 있을 테니까요.

그리고 인덱스 만드는 동안 데이터가 변경되면 문제가 되므로 해당 데이터들이 변경되지 못하도록 조치를 한 후 위 그림에서 2번 과정처럼 메모리(PGA의 Sort Area)에서 정렬을 하게 됩니다. 만약 PGA 메모리가 부족하게 되면 임시 테이블 스페이스(Temporary Tablespace)를 사용해서 정렬을 하게 됩니다. 이 과정이 시간이 정말 많이 걸리는 과정입니다.

오라클에서 쿼리를 빨리 수행되게 하려면 가능한 한 정렬을 줄여야 합니다.

그만큼 정렬이 쿼리 수행 속도에 악영향을 많이 준다는 뜻입니다.

그리고 3번 과정으로 메모리에서 정렬 과정이 모두 끝난 데이터들은 인덱스를 저장하는 파일의 블록에 순서대로 기록을 하게 됩니다.

꼭 기억해야 할 사실은 인덱스를 생성하라고 하면 전체 테이블 스캔(Table Full Scan) → 정렬(Sort) → Block 기록이라는 과정을 거친다는 것과 이 과정에서 알 수 있듯이 인덱스는 데이터가 정렬이 되어서 들어간다는 점입니다.

3. 인덱스 구조와 작동 원리(B-TREE 인덱스 기준입니다)

데이터를 저장할 때 가장 많이 사용되는 테이블에는 보통 여러 개의 컬럼이 있고 데이터가 입력되는 순서도 기본적으로는 들어오는 순서대로 입력이 됩니다. 즉, 어떤 기준으로 정렬되는 것이 아니라 입력되는 순서대로 그냥 들어가서 정렬 없이 저장된다는 뜻입니다(단, IOT는 제외입니다).

그러나 인덱스는 테이블과 달리 컬럼의 개수도 적고 앞에서 살펴본 바와 같이 데이터도 정렬이 되어서 들어갑니다.

다음의 그림으로 테이블과 인덱스를 간단하게 비교해 보겠습니다.

NEW_EMP TABLE

no	name	loc	pay
1000	FORD	3F	550
1001	ALLEN	5F	380
1002	SMITH	2F	420

IDX_EMP_NAME INDEX

Key(name)	ROWID
ALLEN	AAASHOAAEAAAACXAAB
FORD	AAASHOAAEAAAACXAAM
SMITH	AAASHOAAEAAAACXAAA

위 그림을 보면 테이블은 컬럼이 여러 개이고 데이터도 정렬 없이 입력된 순서대로 들어가 있지만 인덱스는 컬럼이 Key 컬럼과 ROWID 컬럼으로 이루어져 있음을 알 수 있습니다.

여기서 Key 컬럼이란 인덱스를 생성하라고 지정한 컬럼 값이 됩니다.

그리고 ROWID란 데이터가 저장되어 있는 주소입니다.

사람 사는 세상에서도 모든 집에 주소가 있듯이 오라클 세상에서도 모든 데이터들이 저장되어 있는 주소가 있는데, 이 주소를 ROWID라고 합니다. ROWID에 대한 자세한 내용은 이 장의 마지막 부분에 있는 [STEP-UP] 부분을 참고하세요.

위 인덱스는 오름차순으로 생성한 인덱스이며 반대로도 만들 수 있습니다.

아래 그림은 loc 컬럼과 pay 컬럼에 기본값인 오름차순 인덱스를 생성한 그림입니다.

IDX_EMP_LOC INDEX

Key(name)	ROWID
2F	AAASHOAAEAAAACXAAA
3F	AAASHOAAEAAAACXAAM
5F	AAASHOAAEAAAACXAAB

IDX_EMP_PAY INDEX

Key(name)	ROWID
380	AAASHOAAEAAAACXAAB
420	AAASHOAAEAAAACXAAA
550	AAASHOAAEAAAACXAAM

다음 그림으로 구체적인 동작 원리를 살펴보겠습니다.

다음 그림은 위의 인덱스의 생성 원리에서 만들었던 테이블과 인덱스입니다.

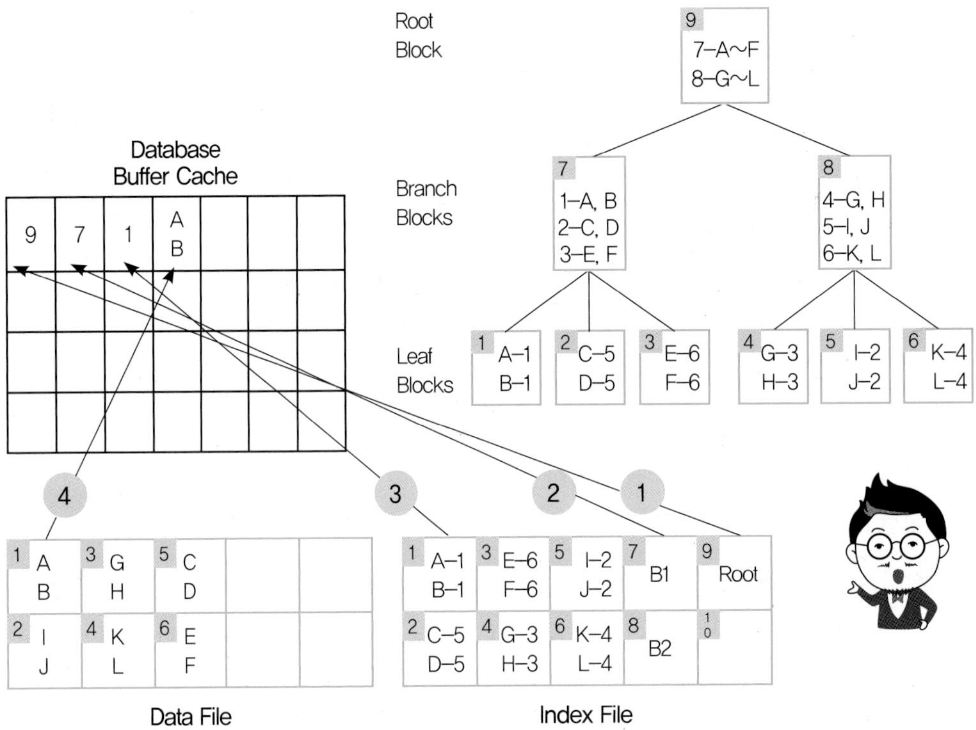

위 그림에서 실제 데이터는 Data File에 있고 인덱스 정보는 Index File에 저장되어 있습니다.

이때 사용자가 A 값을 조회하는 쿼리를 실행했다고 가정하겠습니다.

그러면 오라클은 가장 먼저 메모리의 데이터베이스 버퍼 캐시에서 해당 데이터가 있는지를 먼저 살펴봅니다. 만약 데이터베이스 버퍼 캐시에 A가 있을 경우는 A를 요청한 사람에게 바로 보내주면 끝나지만 A가 없을 경우에는 하드 디스크의 Data File에 가서 해당 데이터를 Database Buffer Cache로 가져온 후 사용자에게 보내야 합니다. 하드 디스크의 Data File에서 원하는 블록을 찾아서 Database Buffer Cache로 복사해 올 때 바로 인덱스가 필요합니다.

해당 테이블에 대한 인덱스 정보는 Index File에 적혀 있는데, Index File을 찾는 순서가 위 그림에서 오른쪽 위 그림입니다.

이 그림에 대한 의미는 바로 뒤에 나오는 B-TREE 타입 인덱스 부분을 참고하세요.

- 위 오른쪽 그림에서 가장 위에 있는 Root Block을 Index File에서 Database Buffer Cache로 가져와서 사용자가 찾는 A가 들어 있는 블록에 대한 정보를 찾습니다. 위 그림에서는 Index File의 7번 블록에 있죠?
- 두 번째로 Index File에서 7번 블록을 다시 Database Buffer Cache로 복사해서 A가 들어 있는 다음 블록 정보를 찾습니다.
- 위 그림에서는 Index File의 1번 블록이므로 다시 Index File의 1번 블록을 Database Buffer Cache로 복사해서 데이터 파일에서 A가 어떤 블록에 들어 있는지를 찾아 냅니다.
- Index File의 1번 블록에 보면 A-1, B-1이라는 정보가 있는데, 이 정보가 Data File의 실제 블록 정보입니다. 그래서 Data File에 1번 블록을 Database Buffer Cache로 복사해서 A를 찾아서 사용자에게 주면 끝이 납니다.

많이 복잡하죠?

그래서 경우에 따라서는 인덱스를 사용하는 것보다 인덱스를 안 쓰는 것이 성능에 더 좋을 수도 있습니다.

그리고 꼭 기억해야 하는 한 가지가 더 있습니다.

여러 건의 데이터를 조회할 경우에 인덱스를 사용할 경우에는 한 번에 하나의 블록만 읽을 수 있다는 점입니다.

예를 들어, 사용자가 10건의 데이터를 입력하고 저장할 때 최악의 경우 이 10건의 데이터가 모두 다른 블록에 저장될 수도 있습니다.

이럴 경우 인덱스를 사용해서 10건의 데이터를 읽으려면 하드 디스크에서 10개의 블록을 읽어서 메모리로 가져와야 합니다. 즉, 1번에 1개의 블록만 읽어서 메모리로 가져오는 것입니다.

이것을 Single Block I/O라고 합니다. 그러나 인덱스를 쓰지 않고 디스크에서 블록을 메모리로 가져올 경우는 여러 블록을 한꺼번에 가져올 수 있습니다. 이렇게 한 번에 여러 블록을 가져오는 것을 Multi Block I/O라고 합니다.

고급 기술인 튜닝과도 아주 연관이 많으니까 작동 원리를 꼭 기억하세요.

4. 인덱스의 종류

주로 많이 사용되는 인덱스는 크게 B-TREE 인덱스와 BITMAP 인덱스가 있습니다.

그리고 B-TREE 인덱스 안에 세부적으로 여러 가지 인덱스로 또 나뉘게 됩니다.

이렇게 인덱스의 종류가 많다는 뜻은 그 용도가 다 달라서 정확한 용도에 맞게 사용하고 관리해야 한다는 뜻입니다.

일반적으로 데이터를 처리하는 방법 중에 OLTP(OnLine Transaction Processing, 실시간 트랜잭션 처리용) 시스템인 경우가 있고 OLAP(OnLine Analytical Processing, 온라인 분석 처리용) 시스템일 경우가 있습니다. OLTP의 경우는 거의 대부분이 실시간으로 데이터가 입력되고 수정되는 환경을 말합니다. 우리가 흔히 접하는 대부분의 경우가 OLTP성 환경입니다.

회원 테이블, 판매 테이블 등과 같이 실시간으로 데이터가 입력되고 변경되는 경우입니다.

반면, OLAP란 대량의 데이터를 한꺼번에 입력한 후 주로 분석이나 통계 정보 등을 출력할 때 사용하는 환경을 의미합니다. 빅데이터 분석 같은 분야도 이 분야에 속하지요.

아주 많은 데이터를 넣고 분석을 하고 통계를 뽑는 경우라서 실시간으로 데이터가 자주 변하지는 않습니다.

오라클에서는 OLTP 환경일 경우 주로 B-TREE 인덱스들이 많이 사용되며 OLAP 환경에서는 BITMAP 인덱스가 많이 사용됩니다. 여기서 "주로"라고 하는 말은 꼭 OLTP는 B-TREE 인덱스만 쓴다 라는 뜻이 아니라는 뜻입니다.

인덱스는 테이블이나 업무 환경을 먼저 분석한 후 그에 맞게 잘 선택해야 하는 것이지 "무조건 이거다"라는 식의 접근은 아주 위험합니다.

먼저 가장 많이 사용되고 있는 B-TREE 타입형 인덱스를 살펴본 후 BITMAP 타입 인덱스를 보겠습니다. 그리고 다양한 형태의 빅데이터를 분석하는 방법들은 제가 쓴 빅데이터 분석 책 《R라뷰》를 보면 쉽게 공부할 수 있습니다.

4.1 B-TREE 인덱스

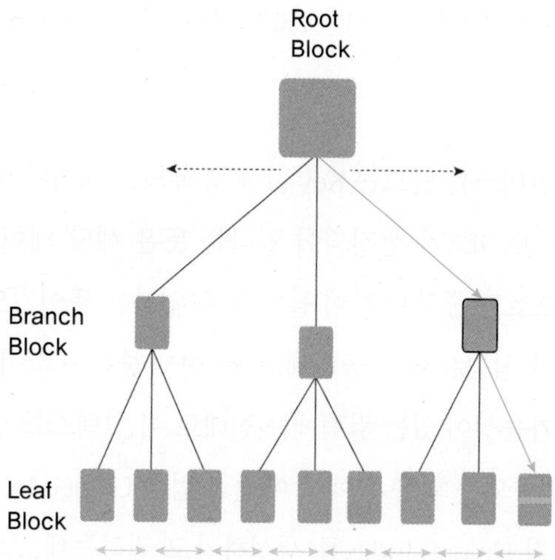

위 그림은 B-TREE 형식의 인덱스 형태를 나타낸 그림입니다. 앞에서도 비슷한 그림을 봤죠?

실제 데이터를 저장하고 있는 데이터 블록들의 주소는 Leaf Block에 전부 들어 있으며 Leaf Blocks에 대한 정보는 Branch Blocks에 들어 있고 Branch Blocks에 대한 정보는 Root Block에 들어 있습니다. 즉, 인덱스가 생성될 경우 가장 먼저 Leaf Block → Branch Block → Root Block의 순서로 생성이 되는 거죠. 마치 탑을 쌓아 가는 것과 비슷하다고 생각하면 됩니다.

그러나 데이터를 찾을 경우는 위에서부터 찾게 됩니다.

만약 특정 데이터를 찾아야 할 경우 Root Block에서 Branch Block 정보를 찾고 Branch Block에서 Leaf Block 정보를 찾아가서 해당 데이터의 ROWID를 찾은 후에 데이터가 들어 있는 블록을 메모리로 복사해 오는 것입니다. 잘 이해가 안 되면 앞에서 살펴본 인덱스의 작동 원리 그림을 다시 한 번 더 보세요. 꼭 이해해야 합니다.

B-TREE에서 B란 Binary란 의미도 있고 Balance란 의미도 있습니다. 즉, Root Block을 기준으로 왼쪽과 오른쪽에 들어 있는 데이터의 Balance가 맞을 때 성능이 가장 좋다는

것이 이 유형 인덱스의 가장 큰 특징입니다.

이 유형의 인덱스가 일반적으로 가장 많이 사용이 되고 있습니다.

지금부터 실제 사용되고 있는 다양한 B-TREE 인덱스들을 하나씩 살펴보겠습니다.

4.1.1 UNIQUE INDEX

UNIQUE INDE X 란 인덱스를 만드는 Key 값에 중복되는 데이터가 없다는 뜻입니다.

다시 말하면 UNIQUE INDEX가 설정되어 있다는 뜻은 해당 테이블의 컬럼에 중복된 값이 없다는 뜻이고 앞으로도 중복된 값이 들어올 수 없다는 뜻이기도 합니다.

그래서 Unique Index가 성능은 아주 좋은데, 혹시 현재 중복된 값이 없다 하더라도 향후에 중복된 값이 입력될 가능성이 있는 컬럼에는 절대로 이 인덱스를 생성하면 안 됩니다.

SQL 튜닝에서 자주 언급되는 내용 중에서 어떤 컬럼에 Unique Index와 일반 인덱스를 생성할 수 있다면 무조건 Unique Index를 생성하라고 권하는데, 그만큼 속도가 빠르기 때문입니다.

생성 문법

```
SQL>CREATE UNIQUE   INDEX  인덱스명
  2  ON  테이블 이름(컬럼명1  ASC ¦ DESC, 컬럼명,…….);
```

생성 예제

```
SCOTT>CREATE UNIQUE INDEX IDX_DEPT2_DNAME
  2  ON dept2(dname) ;
Index created.
```

인덱스 생성 시에 설정하는 인덱스 이름은 회사마다 규칙이 있으니 그 규칙에 맞게 임의로 설정하면 되고 일반적으로 인덱스를 뜻하는 접두어(IX, IDX 등)로 테이블 이름과 컬럼 이름을 사용합니다.

그리고 인덱스는 정렬되어 있다는 것을 앞에서 봤습니다. 정렬 방식이 오름차순과 내림차순 두 가지가 있는데, 인덱스 생성 시에 이를 지정할 수 있습니다. 위 생성 문법 2번 줄에 컬럼 이름 뒤에 ASC를 쓰면 오름차순 정렬(기본값)이고 DESC를 쓰면 내림차순 정렬로 인덱스가 생성됩니다.

위와 같이 dept2 테이블의 dname 컬럼에 UNIQUE INDEX가 설정이 되면 데이터가 중복으로 들어갈 수가 없습니다.

아래 내용을 보세요.

```
SCOTT>INSERT INTO dept2
  2  VALUES(9100,'temp01',1006,'Seoul Branch') ;

1 row created.

SCOTT>INSERT INTO dept2
  2  VALUES(9101,'temp01',1006,'Busan Branch');
INSERT INTO dept2
*
ERROR at line 1:
ORA-00001: unique constraint (SCOTT.IDX_DEPT2_DNAME) violated
```

첫 번째 dname의 값 'temp01'은 중복이 되지 않아서 들어갔지만 두 번째로 입력하는 건 이미 들어간 dname이라서 에러가 발생함을 알 수 있습니다.

키 컬럼의 데이터들이 중복이 없다는 유일성을 보장하는 인덱스라서 아주 속도는 빠르지만 반면 중복되는 데이터가 들어올 수 없다는 단점이 있기에 잘 고민하고 사용하세요.

4.1.2 NON-UNIQUE INDEX

앞에서 살펴본 바와 같이 UNIQUE INDEX가 성능이 좋긴 하지만 모든 컬럼에 다 만들 수 있는 것은 아닙니다.

중복되는 데이터가 들어가야만 하는 컬럼일 경우는 UNIQUE INDEX를 생성할 수 없기 때문에 이럴 경우 Non UNIQUE INDEX를 생성합니다.

생성 문법

```
SCOTT>CREATE INDEX  인덱스명
  2  ON  테이블명(컬럼명1  ASC ¦ DESC, 컬럼명2, …….) ;
```

생성 예제

dept2 테이블의 area 컬럼에 Non UNIQUE INDEX를 생성하세요.

```
SCOTT>CREATE INDEX  idx_dept2_area
  2  ON  dept2(area) ;
```

4.1.3 Function Based INDEX(FBI - 함수기반 인덱스)

인덱스는 어느 컬럼에 만들어야 할까요?

대부분 **"WHERE 절에 오는 조건 컬럼이나 조인 컬럼 등에 만들어야 한다"** 입니다(단, 몇 가지 특별한 경우에는 SELECT에 있는 컬럼에 생성하기도 합니다).

예를 들어, WHERE pay = 1000이란 조건일 경우 pay 컬럼에 인덱스를 만들어야 합니다.

만약 pay 컬럼에 인덱스가 있는 상황에서 위와 같은 조건이 들어오면 오라클은 pay 컬럼의 인덱스를 활용할 수 있게 됩니다.

그러나 만약 pay 컬럼으로 인덱스를 생성했는데, 정작 SQL 문장에서는 WHERE pay + 1000 = 2000이라는 조건으로 조회를 했다고 하면 pay 컬럼의 인덱스는 사용할 수 없게 됩니다.

이런 현상을 **INDEX Suppressing Error**라고 부릅니다.

Index Suppressing Error란 인덱스는 잘 생성해 놓고 SQL을 잘못 작성해서 인덱스를 사용할 수 없는 경우입니다.

위의 형태 말고도 WHERE ename != 'FORD' ;와 같이 Index가 설정되어 있는 컬럼을 조회할 때 Not을 사용하는 경우도 마찬가지입니다. 이런 Index Suppressing Error의 다양한 경우는 SQL 튜닝을 공부하다 보면 많이 보게 될 것입니다.

인덱스를 사용하려면 **WHERE절의 조건을 절대로 다른 형태로 가공해서 사용하면 안 된다는 것**을 반드시 기억하세요!

그런데 회사 업무상 반드시 WHERE pay+1000 = 2000이라는 형태로 써야 한다면 어떻게 해야 할까요?

꼭 이런 형태의 쿼리를 작성해야 한다면, 그리고 인덱스도 반드시 써야 한다면 인덱스를 생성할 때 저 형태로(즉, pay+1000) 인덱스를 생성하면 되고 이런 형태의 인덱스를 함수 기반 인덱스라고 부릅니다. 원래 pay+1000이라는 컬럼이 없지만 함수처럼 연산을 해서 인덱스를 만들어 준다는 의미입니다.

생성 예제

```
SCOTT>CREATE INDEX idx_prof_pay_fbi
  2  ON professor(pay+1000) ;
```

위 예에서 2번 라인에 professor 테이블에 pay+1000이라는 컬럼이 없지만 생성됩니다.

이는 오라클이 인덱스를 만들 때 저 연산을 수행해서 인덱스를 만들어 주기 때문입니다.

그러나 이 형태의 인덱스(FBI)는 임시적인 해결책은 될 수 있어도 근본적 처방은 아니기에 아주 조심해야 합니다.

예를 들어, pay+1000으로 FBI를 생성했는데, 쿼리의 조건이 변경된다면 인덱스를 다시 만들어야 합니다. 그리고 FBI는 기존 인덱스를 활용할 수 없다는 단점도 있습니다.

4.1.4 DESCENDING INDEX(내림차순 인덱스)

DESC INDEX는 앞에서 살펴본 여러 인덱스들을 생성할 때 큰 값이 먼저 오도록, 즉 내림차순으로 인덱스를 생성하는 것을 의미합니다.

이런 유형의 인덱스는 주로 큰 값을 많이 조회하는 SQL에 생성하는 것이 좋습니다.

예를 들어, 인터넷 뱅킹에서 계좌 조회 같은 메뉴는 주로 최근 날짜부터 먼저 나오게 하는 경우가 많습니다. 날짜일 경우 최근 날짜가 큰 날짜이고 예전 날짜가 더 작은 날짜이니 큰 날짜부터 먼저 조회하는 경우입니다.

또는 회사의 매출 테이블이 있는데, 매출 상위 매장이나 사원을 보는 메뉴라면 매출이 큰 값부터 먼저 조회하는 경우가 일반적이므로 이런 인덱스가 제격입니다.

그런데 만약 하나의 메뉴에 오름차순과 내림차순을 한꺼번에 조회할 경우는 어떻게 할까요?

예를 들어, 계좌 거래내역 조회 메뉴에서 A 사람은 최근 날짜를 먼저 보기를 원하고 B라는 사람은 예전 날짜부터 먼저 조회하기를 원한다고 할 때 인덱스를 오름차순 인덱스 하나를 만들고 또 같은 컬럼에 내림차순 인덱스를 또 만들까요?

그렇게 하면(인덱스가 많으면) DML 성능에 악영향을 미치게 되어 안 됩니다.

그래서 오라클에서는 인덱스를 위에서부터 읽게 하거나 아래에서부터 읽게 하는 힌트라는 방법을 제공합니다. 이 힌트들을 이용하여 튜닝에서는 정렬을 하지 않고 정렬을 한 효과를 내기도 하고 최댓값과 최솟값 등을 구하기도 합니다(힌트를 사용하는 방법과 정렬을 하는 효과를 내고 최대, 최솟값을 구하는 방법은 이번 장의 뒷부분에 있는 STEP-UP 부분을 참고하세요).

생성 예제

```
SCOTT>CREATE INDEX idx_prof_pay
  2  ON professor(pay  DESC );
```

4.1.5 결합 인덱스(Composite INDEX)

결합 인덱스란 인덱스를 생성할 때 두 개 이상의 컬럼을 합쳐서 인덱스를 만드는 것을 말합니다.

이 인덱스는 주로 SQL 문장에서 WHERE절의 조건 컬럼이 2개 이상 AND로 연결되어 함께 사용되는 경우에 많이 사용하게 됩니다.

아주 많이 사용되는 인덱스이며 이 인덱스를 잘못 생성하게 되면 성능에 아주 나쁜 영향을 미치므로 잘 고민하고 생성해야만 합니다.

간단한 예를 들어 보겠습니다.

emp 테이블에 인원이 100명 있는데, 그중에서 남자(M)는 50명, 여자(F)가 50명이라고 가정하고 50명의 남자 중에 이름이 'SMITH'인 사람이 단 2명이 있다고 가정하겠습니다.

emp 테이블에서 성별이 'M'(남자) 중에서 이름이 'SMITH'인 사람을 찾으라고 아래 왼쪽 그림처럼 SQL을 작성했습니다.

```
SCOTT>SELECT ename, sal
  2  FROM emp
  3  WHERE ename = 'SMITH'
  4  AND sex = 'M' ;
```

```
* 결합 인덱스 생성 구문 예

SQL> CREATE INDEX idx_emp_comp
 2 ON emp( ename, sex ) ;
```

위의 왼쪽 그림에서 3번 줄과 4번 줄을 보면 ename 컬럼과 sex컬럼이 AND라는 조건으로 함께 검색이 되고 있습니다. 이런 경우에(AND 조건으로 함께 검색되는 경우) 결합 인덱스를 만드는 것이 성능에 아주 중요한 역할을 하게 됩니다. 오른쪽 내용이 결합 인덱스 생성 구문의 예입니다.

참고로 만약 두 개 이상의 조건이 OR로 조회될 경우는 결합 인덱스를 만들면 안 됩니다.

결합 인덱스를 만드는 문법은 별로 어렵지 않지만 더 중요한 것은 결합 인덱스를 만드는 컬럼의 배치 순서인데, 위와 같이 컬럼이 2개인 경우는 2! (팩토리얼 : 2×1)가지의 경우가 있습니다.

그리고 한 가지 더 중요한 부분을 미리 알려드리겠습니다.

다음 그림을 보면 결합인덱스의 설명을 하기 위해 하나의 컬럼을 먼저 읽고 나머지 컬럼을 읽는 것처럼 설명하고 있지만 사실은 두 개의 컬럼을 합쳐서 결합인덱스 키가 만들어져 있기 때문에 해당 데이터를 찾을 때는 두 개의 컬럼을 동시에 만족하는 블록을 검색한다는 부분입니다.

다음 설명은 원리를 설명하기 위해 편의상 따로 분리해서 그림을 그리고 설명하고 있다는 것을 미리 알려드립니다.

그럼 다음 그림으로 결합 인덱스에서 순서가 왜 중요한지 설명하겠습니다.

다음 두 개의 그림을 보세요.

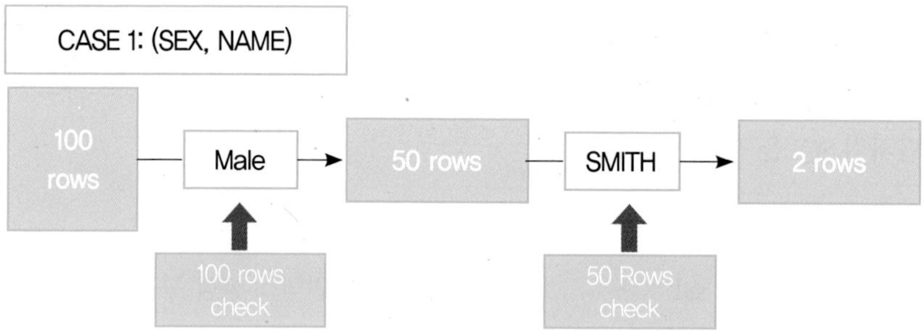

위 그림은 결합 인덱스를 만들 때 순서를 (SEX, NAME)으로 생성한 경우입니다.

이 경우는 총 사원 100명 중 성별을 검사해서 50건 걸러낸 후 다시 이름을 검사해서 'SMITH'를 2건을 걸러 내어 결과 2건을 화면에 출력한 경우입니다.

결합 인덱스를 다른 형태로 만든 아래의 경우를 살펴보겠습니다.

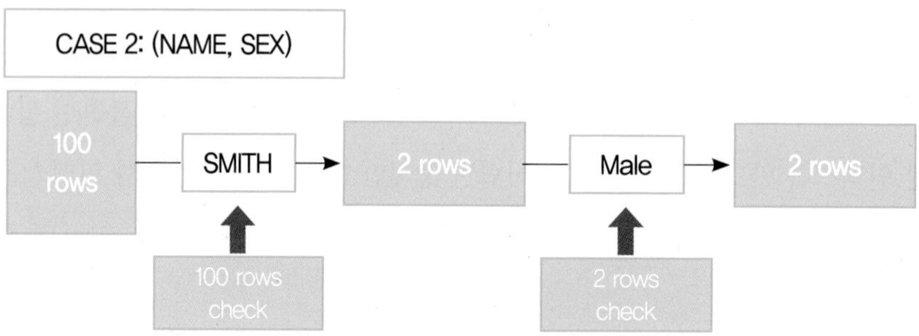

위 그림은 인덱스를 (NAME, SEX) 형태로 생성한 것입니다.

이 경우는 총 사원 100명 중 이름을 먼저 검사해서 2건을 찾은 후 성별을 검사해서 2건을 화면에 출력하는 경우입니다.

두 그림을 잘 비교해 보면 첫 번째 조건을 검사하는 것은 모두 100건의 데이터를 상대로 동일하지만 그 결괏값으로 두 번째 검사를 할 때는 많이 차이가 나죠?

그래서 결합 인덱스를 생성할 때는 첫 번째 조건에서 최대한 많은 데이터를 걸러서 두 번째 검사를 쉽게 만들어 주어야 합니다.

결합 인덱스를 만드는 다양한 방법들과 규칙(연산자, 선택도, 카디날러티 등)들이 존재하지만 이 책에서 모두 소개하긴 어렵네요. 더 고급적인 내용은 SQL 튜닝 공부를 하면 나옵니다.

중요한 것은 같은 테이블에 같은 SQL이지만 결합 인덱스를 어떻게 생성하는가에 따라 속도나 검사 횟수가 완전히 달라질 수 있다는 점입니다.

결합 인덱스는 경우의 수도 너무 많고 고려해야 할 사항이 아주 많으므로 신중하게 계획하고 생성해야 합니다.

4.2 BITMAP INDEX

앞에서 살펴본 여러 가지 B-TREE 형식의 인덱스는 주로 데이터의 값의 종류(Cardinality - 카디널러티라고도 합니다)가 많고 동일한(중복되는) 데이터가 적을 경우에 사용하는 인덱스입니다. 그러나 이와는 반대로 데이터 값의 종류가 적고 동일한 데이터가 많을 경우에는 주로 BITMAP 인덱스를 사용합니다.

예를 들어, 회사의 사원 테이블을 보면 사원들의 성별 컬럼에는 남, 여 값들만 있을 것입니다.

사원이 1,000명이라 하더라도 성별 컬럼의 값의 종류는 2가지뿐이므로 이곳은 BITMAP INDEX가 B-TREE INDEX보다 적당하다는 의미입니다.

그러나 같은 사원 테이블이라 하더라도 사번 컬럼에는 사원이 1,000명이면 사번도 전부 다른 1,000가지이므로 이런 곳에는 B-TREE 형태의 인덱스를 생성하는 것이 유리합니다.

그리고 BITMAP INDEX를 생성하려면 데이터의 변경량이 적거나 없어야 합니다.

만약 BITMAP INDEX가 생성된 곳에 새로운 데이터가 들어오게 되거나 변경이 되면 기존에 만들어져 있던 모든 Map을 다 고쳐야 하는 일이 생깁니다.

이 부분은 아래의 원리에서 자세히 살펴보겠습니다.

위에서 말한 조건들을 만족하는 환경은 일반적으로 OLAP 환경이기 때문에 주로 OLAP 환경에서 BITMAP INDEX를 많이 생성하게 됩니다. 그러나 OLAP 환경이라고 무조건

BITMAP INDEX를 생성해야 한다는 뜻은 아니며 테이블의 성격이나 데이터들을 종합적으로 분석한 후 가장 적절한 인덱스를 생성해야만 합니다.

BITMAP INDEX는 이름의 뜻처럼 어떤 데이터가 어디 있다라는 지도정보(Map)를 Bit로 표시를 합니다. 즉, 어떤 데이터가 존재하는 곳은 참인 1로 표시하고 해당 데이터가 없는 곳은 그냥 거짓인 0으로 표시를 하게 됩니다.

그래서 어떤 정보를 찾을 때 해당 맵에서 1인 값만 찾으면 된다는 원리입니다.

아래 그림을 보고 자세히 알아보겠습니다.

EMPNO	NAME	SEX	TEL	LOC
1000	SMITH	M	1111	1F
1001	ALLEN	F	3112	3F
1002	KING	M	2111	2F
1003	BLAKE	M	4111	4F
1004	JAMES	F	3111	3F
1005	MILLER	M	5111	5F

위와 같은 내용의 사원 테이블에 BITMAP INDEX를 생성해 보겠습니다.

우선 성별 컬럼에 BITMAP INDEX를 생성하겠습니다.

```
SCOTT> CREATE BITMAP INDEX IDX_EMP_SEX_BIT
  2   ON EMP(SEX) ;
```

위의 문법이 BITMAP INDEX를 생성하는 문법인데, B-TREE INDEX 생성 시와 비교해서 BITMAP이란 키워드가 들어간다는 것 말고는 차이가 없습니다. 위와 같이 BITMAP INDEX를 생성하면 SEX 컬럼 값의 종류대로 MAP이 만들어집니다.

```
M : 1 0 1 1 0 1
F : 0 1 0 0 1 0
```

위 맵과 Table을 비교하면서 보세요.

남자(M)맵은 첫 번째와 세 번째, 네 번째, 여섯 번째 줄이 남자이기 때문에 그 부분만 1이고 나머지는 0입니다. 반대로 여자 맵은 두 번째와 다섯 번째 줄만 1이고 나머지는 0입니다.

위에서 본 것처럼 BITMAP INDEX는 해당 데이터가 있는 자리만 1로 표시하고 나머지 행은 0으로 표시를 합니다. 그래서 BITMAP이라고 한다는 거 이해되죠?

또 한 가지 알 수 있는 중요한 사실은 SEX 컬럼에 값이 2개(M, F)여서 맵이 2개가 만들어진 것을 알 수 있습니다. 만약 위 EMP 테이블에 EMPNO 컬럼에 BITMAP INDEX를 생성한다면 맵이 몇 개가 만들어질까요?

바로 아래와 같은 형태로 만들어질 것입니다. 값의 개수만큼 맵이 만들어진다는 사실을 꼭 기억해야 합니다.

```
1000 : 1 0 0 0 0 0
1001 : 0 1 0 0 0 0
1002 : 0 0 1 0 0 0
1003 : 0 0 0 1 0 0
1004 : 0 0 0 0 1 0
1005 : 0 0 0 0 0 1
```

그리고 맵의 갯수보다 BITMAP INDEX의 더 큰 문제는 데이터가 변경되는 것입니다. 만약 위의 테이블에 아래와 같은 데이터가 입력된다고 할 경우 어떤 일이 발생할까요?

1006	FORD	M	6111	6F

이렇게 새로운 데이터가 입력될 경우 기존에 이미 생성되어 있던 BITMAP INDEX는 어떻게 될까요? 기존 BITMAP INDEX를 전부 수정해야 합니다.

위의 예에서는 SEX에 맵을 만들었으므로 SEX 맵에 새로운 데이터를 반영시켜야 합니다. 아래 그림과 같이 되겠지요?

```
M : 1 0 1 1 0 1 1
F : 0 1 0 0 1 0 0
```

위 그림을 보면 M Map에 1이 추가된 것이 보이죠? 그리고 중요한 건 F Map에도 0이 추가되었다는 부분입니다. 즉, 남자가 추가가 되었지만 여자 맵도 0이 추가되는 것처럼 데이터가 추가된 맵 말고 다른 맵들도 전부 새로운 내용이 반영되어야 하기 때문에 모든 맵을 변경하는 작업으로 인한 부하가 심해질 수 있습니다.

데이터가 변경될 때 B-TREE INDEX는 관련 블록만 변경하면 되지만 BITMAP INDEX는 모든 맵을 다 수정해야 한다는 큰 문제점이 있습니다. 또한 BITMAP INDEX는 블록 단위로 Lock을 설정하기 때문에 같은 블록에 들어 있는 다른 데이터도 수정 작업이 안 되는 경우도 종종 생깁니다. 즉, BITMAP INDEX는 데이터가 변경이 안 되는 테이블과 값의 종류가 작은 컬럼에 생성하는 것이 유리하다는 것입니다. 그래서 주로 BITMAP INDEX는 OLAP(Data Warehouse 등) 분야에서 많이 사용하고 B-TREE INDEX는 OLTP 환경에서 많이 사용하고 있습니다.

BITMAP INDEX와 B-TREE INDEX는 반대가 아니라 상호 보완적인 관계이므로 상황에 맞게 잘 사용하세요.

5. 인덱스의 주의사항

앞에서 다양한 종류의 인덱스를 살펴보았습니다.

실제 현업에서는 다양한 인덱스들을 정말 많이 사용하고 있습니다. 그런데 현업에서 프로젝트나 업무를 하면서 담당자들에게 인덱스를 왜 만드는지 물어보면 대부분의 대답들이 "인덱스를 생성하면 SQL이 빨라진다"는 오해 아닌 오해를 하고 있는 경우를 많이 보게 됩니다.

이 말은 맞을 수도 있고 틀릴 수도 있습니다.

사용자가 SQL을 수행할 때 오라클은 하드 디스크에 데이터가 저장되어 있는 블록 수와 DB_FILE_MULTIBLOCK_READ_COUNT라는 파라미터에 설정된 값, 데이터의 분포도 등에 따라서 인덱스를 사용하는 경우가 빠를 경우도 있고 인덱스를 사용하지 않고 전체 데이터를 모두 조회하는(Full Table Scan) 경우가 빠를 수도 있다는 뜻입니다.

가끔 보면 SQL이 느리다고 빨라질 때까지 인덱스를 만드는 경우도 보았는데, 이런 행동은 아주 큰 문제를 만들 수도 있습니다.

인덱스에 대한 정확한 이해가 없이 막연하게 좋을 것이라고 생각해서 생기는 문제이므로 이번에는 인덱스 생성 시 단점을 살펴보겠습니다.

5.1 DML에 취약하다

만약 어떤 테이블에 SELECT만 발생한다면 모든 컬럼에 인덱스를 만들 수도 있습니다.

그러나 DML과 INDEX는 서로 사이가 좋지 않기 때문에 DML이 발생하는 테이블은 인덱스를 최소한으로 작게 만들어야 합니다.

5.1.1 INSERT 작업 시 인덱스에 발생하는 현상

인덱스가 생성되어 있는 컬럼에 새로운 데이터가 Insert될 경우 INDEX Spilt 현상이 발생할 수 있고 이 현상으로 인해 Insert 작업의 부하가 심해질 수 있습니다.

INDEX Split 현상이란 인덱스의 Block들이 하나에서 두 개로 나누어지는 현상입니다.

다음 그림으로 Index Split 현상을 살펴보겠습니다.

먼저 다음과 같은 NEW_EMP 테이블이 있다고 가정하겠습니다.

EMPNO	NAME	SEX	TEL	LOC
1000	SMITH	M	1111	1F
1001	ALLEN	F	3113	3F
1002	KING	M	2111	2F
1003	BLAKE	M	4111	4F
1004	JAMES	F	3111	3F
1005	MILLER	M	5111	5F

앞의 NEW_EMP 테이블의 NAME, TEL, LOC 컬럼에 인덱스를 아래와 같이 생성했습니다.

KEY(name)	ROWID
ALLEN	1001
BLAKE	1003
JAMES	1004
KING	1002
MILLER	1005
SMITH	1000

[IDX_EMP_NAME INDEX]

KEY(tel)	ROWID
1111	1000
2111	1002
3111	1004
3113	1001
4111	1003
5111	1005

[IDX_EMP_TEL INDEX]

KEY(loc)	ROWID
1F	1000
2F	1002
3F	1001
3F	1004
4F	1003
5F	1005

[IDX_EMP_LOC INDEX]

위와 같이 3 개의 컬럼에 인덱스가 있는 상황에서 아래의 데이터가 추가 입력이 되었다고 가정하겠습니다.

1006	JOHN	M	3112	3F

위의 자료가 테이블에 입력이 되면 인덱스에도 위 내용이 반영이 되어야겠지요?

그런데 인덱스는 정렬이 되어서 저장되기 때문에 이 내용이 인덱스의 마지막에 갈 수 없고 중간 자리에 끼어 들어가야 합니다.

만약 이 행이 들어갈 자리에 빈자리가 있으면 상관없지만 빈자리가 없을 경우에는 문제가 됩니다.

이 행이 들어갈 자리에 빈자리가 없을 경우 오라클은 새로운 블록을 하나 가져와서 빈자리가 없는 기존 블록에 있던 데이터들을 50%(옵티마이저 버전에 따라 다를 수 있습니다) 정도를 새로운 블록으로 옮깁니다. 그럼 기존 블록에 50% 정도 빈자리가 생기겠지요?

그 빈자리에 새로 입력되는 데이터를 넣게 됩니다.

이렇게 하나의 블록에 저장되어 있던 데이터들이 빈자리가 없어서 2개의 블록으로 옮겨지게 되는 현상을 INDEX Split라고 합니다.

하나의 컬럼에만 인덱스가 만들어져 있다면 이런 Index Split 현상이 1회만 생기면 되지만 5개의 컬럼에 인덱스가 있다면 Index Split가 5회 생기게 됩니다.

Index Split 현상은 사용자가 하는 것이 아니고 오라클이 자동으로 진행해 주긴 하지만 Index Split가 완료되기 전까지는 다음 데이터가 입력이 안 되고 계속 진행 중인 상태로 대기하고 있어야 하기 때문에 데이터를 입력하거나 변경할 때 속도가 느려지게 되고 경우에 따라서는 심각한 문제가 될 수도 있습니다.

그래서 사용하지 않는 인덱스는 지워야 한다고 강조를 하는 것입니다.

Insert와 Index Split 현상을 꼭 기억하세요.

5.1.2 Delete

만약 테이블에서 데이터가 delete되었을 경우 인덱스에서 해당 데이터는 어떻게 될까요?

테이블은 데이터가 delete가 되면 지워집니다. 그리고 그 자리에 다른 데이터가 들어와서 그 공간을 사용할 수 있습니다. 그러나 INDEX의 경우는 delete가 되지 않고 해당 데이터가 사용 안 된다는 표시만 해 둡니다. 즉, 테이블에서는 데이터가 지워지지만 인덱스에서는 데이터가 안 지워진다는 의미이며 이는 테이블에는 데이터가 1만 건이 있더라도 인덱스에는 10만 건이 있을 수 있다는 뜻입니다. 물론 9만 건은 예전에 delete된 데이터들입니다.

이런 상태의 인덱스를 사용하게 되면 인덱스를 사용함에도 불구하고 쿼리의 수행 속도가 아주 느려지게 됩니다. 그래서 DB 관리자는 인덱스의 이런 특징을 이해하고 테이블에 많은 양의 데이터가 update나 delete가 될 경우 인덱스를 정상적인 상태로 만들어 주는 작업을 꼭 해 주어야 합니다. 문제가 있는 인덱스를 정상적으로 만드는 것을 Index Rebuild라고 하며 뒷부분에서 살펴보겠습니다.

5.1.3 Update

테이블에서 데이터가 업데이트될 경우 인덱스에서는 어떻게 될까요?

인덱스도 업데이트될 거라고 생각할 수 있지만 인덱스에는 Update라는 개념이 없습니다.

그럼 어떻게 될까요?

테이블에 Update가 발생할 경우 인덱스에서는 delete가 먼저 발생한 후 새로운 데이터의 Insert 작업이 발생하게 됩니다. 즉, Update는 앞에서 본 두 가지의 어려운 작업들이 동시에 일어나게 되어 다른 DML 문장들보다 인덱스에 더 큰 부하를 주게 됩니다.

대부분의 SQL 관련 책들에서 DML 문장 중에서도, 특히 Update 문장이 인덱스에 아주 나쁜 영향을 준다고 말하는 이유가 이 때문입니다.

5.2 타 SQL 실행에 악영향을 줄 수 있습니다

현업에서 어떤 테이블에 A라는 인덱스 1개만 있을 경우에는 쿼리 수행시간이 1초였는데 그 테이블에 새로운 인덱스 B를 생성한 후 갑자기 쿼리 수행시간이 아주 느려지는 경우가 종종 발생합니다. 즉, 잘 수행되고 있던 SQL 문장이 새로 만든 인덱스 때문에 갑자기 아주 느려지는 것입니다.

이런 이유는 옵티마이저가 실행 계획을 세울 때 기존에 없었던 인덱스가 갑자기 테이블에 생기면 더 최근에 만들어진 인덱스가 더 좋을 것이라고 생각해서 잘 되고 있던 실행 계획을 바꾸기 때문입니다. 만약 바꾼 실행 계획이 더 빨라진다면 정말 다행이지만 그렇지 않은 경우도 아주 많기 때문에 어떤 테이블에 새로운 인덱스를 생성해야 할 경우 기존에 있던 다른 SQL 문장들까지 전부 고려한 후 인덱스를 생성해야만 합니다.

그렇지 않을 경우 아주 심각한 사태가 생길 수 있으니 새로운 인덱스의 추가는 정말 심사숙고한 후 충분히 테스트해보고 생성하기를 바랍니다.

6. 인덱스 관리 방법

6.1 인덱스 조회하기

특정 사용자가 생성한 인덱스를 조회하려면 USER_INDEXES와 USER_IND_COLUMNS 딕셔너리를 조회하면 되고 데이터베이스 전체에 생성된 내역을 조회하려면 DBA_INDEXES와 DBA_IND_COLUMNS를 조회하면 됩니다.

```
SCOTT>set line 200
SCOTT>col table_name for a10
SCOTT>col column_name for a10
SCOTT>col index_name for a20
SCOTT>SELECT table_name, column_name, index_name
  2  FROM user_ind_columns
  3  WHERE table_name='EMP2' ;

TABLE_NAME  COLUMN_NAM  INDEX_NAME
----------  ----------  -----------
EMP2        EMPNO       SYS_C0011630

SCOTT>SELECT table_name, index_name
  2  FROM user_indexes
  3  WHERE table_name='DEPT2';

TABLE_NAME                      INDEX_NAME
------------------------------  ------------------------------
DEPT2                           IDX_DEPT2_DNAME
DEPT2                           SYS_C0014275
```

6.2 사용 여부 모니터링하기

앞에서 살펴본 대로 사용 안 하는 인덱스는 삭제해야 성능 향상에 도움이 됩니다.

문제는 사용 여부를 어떻게 아느냐는 것입니다.

이 부분을 좀 더 쉽게 파악하기 위해서 오라클에서는 9i 버전부터 사용 유무를 파악하는 기능을 제공하고 있습니다.

6.2.1 모니터링 시작하기

emp 테이블의 ename 컬럼에 IDX_EMP_ENAME 인덱스가 있다고 가정하고 모니터링을 시작하는 방법은 아래와 같습니다.

```
SCOTT>ALTER  INDEX   IDX_EMP_ENAME  MONITORING  USAGE ;
```

6.2.2 모니터링 중단하기

```
SCOTT>ALTER  INDEX  IDX_EMP_ENAME  NOMONITORING USAGE ;
```

6.2.3 사용 유무 확인하기

```
SCOTT>SELECT index_name, used
  2  FROM v$object_usage
  3  WHERE index_name= 'IDX_EMP_ENAME';

INDEX_NAME                USED
---------------------     -----
IDX_EMP_ENAME             NO
```

단, 사용 유무 확인은 자신이 만든 인덱스만 할 수 있습니다.

만약 sys 계정으로 모든 인덱스의 사용 유무를 조회하고 싶다면 DBA가 아래와 같이 별도의 뷰를 생성해서 조회하면 됩니다(VIEW에 대해서는 View 부분에서 배웁니다).

```
SYS> CREATE OR REPLACE VIEW  V$ALL_INDEX_USAGE
   ( INDEX_NAME,
    TABLE_NAME,
    OWNER_NAME,
    MONITORING,
    USED,
    START_MONITORING,
    END_MONITORING )
    AS
        SELECT a.name, b.name,e.name,
              decode(bitAND(c.flags, 65536), 0, 'NO', 'YES'),
              decode(bitAND(d.flags, 1), 0, 'NO', 'YES'),
              d.start_monitoring,
              d.end_monitoring
        FROM sys.obj$ a, sys.obj$ b, sys.ind$ c,sys.user$ e,
               sys.object_usage d
        WHERE   c.obj# = d.obj#
        AND     a.obj# = d.obj#
        AND     b.obj# = c.bo#
        AND     e.user# = a.owner# ;

View created.

SYS>SELECT * FROM v$all_index_usage;

no rows selected  ← 아직 아무 내용이 없습니다.
```

scott 계정의 특정 인덱스를 조회해서 모니터링을 시작한 후 위에서 생성한 뷰를 다시 조회하겠습니다.

```
SYS>SELECT table_name,index_name
  2  FROM dba_indexes
  3  WHERE table_name='PROFESSOR';

TABLE_NAME                     INDEX_NAME
------------------------------ ------------------------------
PROFESSOR                      SYS_C0011298
PROFESSOR                      SYS_C0011215

SYS>ALTER INDEX scott.SYS_C0011298 MONITORING USAGE;

Index altered.


SYS>col index_name for a15
SYS>col table_name for a15
SYS>col owner_name for a10
SYS>col monitoring for a10
SYS>col used for a5
SYS>col start_monitoring for a20
SYS>col end_monitoring for a20
SYS>set line 200
SYS>SELECT * FROM v$all_index_usage;

INDEX_NAME TABLE_NAME OWNER_NAME MONITORING USED START_MONITORING END_MONITORING
---------- ---------- ---------- ---------- ---- ---------------- --------------
SYS_C0011298 PROFESSOR SCOTT     YES        NO   03/29/2013       18:03:53
```

위와 같이 별도의 뷰를 생성하면 전체 사용자가 생성한 인덱스의 사용 유무를 sys 계정으로 통합해서 관리할 수 있습니다.

6.3 INDEX Rebuild하기

앞에서 살펴본 대로 테이블은 데이터가 입력도 되고 삭제도 되지만 인덱스는 입력만 되고 삭제는 되지 않았습니다(이 부분은 사실 어떤 데이터가 지워지느냐에 따라 약간 다른 경우도 있습니다. 예를 들어, 연속적인 데이터가 다 지워져서 인덱스 블록이 비게 되면 사용 공간을 삭제하고 그 공간을 재활용하는 경우도 있습니다). 이런 상태로 오래 지속되면 인덱스가 있다 하더라도 그 효과는 아주 떨어질 수밖에 없게 됩니다. 그래서 대량의 DML 작업 등을 수행한 후에는 일반적으로 인덱스의 밸런싱 상태를 조사해서 문제가 있을 경우 수정을 해 주는 작업들을 수행합니다. 즉, 인덱스는 한 번 만들어 놓으면 영구적으로 잘 작동하는 것이 아니라 생성 후에도 꾸준하게 관리를 해 주어야 좋은 성능을 기대할 수 있다는 뜻입니다.

아래의 실습으로 인덱스를 관리하는 기본적인 방법을 살펴보겠습니다.

STEP 1 테스트용 테이블 i_test를 생성하고 데이터를 넣은 후 인덱스를 생성합니다

```
SCOTT>CREATE  TABLE  inx_test
  2  (no number) ;

Table created.

SCOTT>BEGIN
  2  FOR i IN 1..10000 LOOP
  3    INSERT INTO inx_test VALUES (i);
  4   END LOOP;
  5  COMMIT;
  6  END;
  7  /

PL/SQL procedure successfully completed.

SCOTT>CREATE  INDEX  IDX_INXTEST_NO  ON  inx_test(no);

index created.
```

STEP 2 인덱스의 상태를 조회합니다

```
SCOTT>ANALYZE INDEX idx_inxtest_no VALIDATE STRUCTURE ;

INDEX analyzed.

SCOTT>SELECT (del_lf_rows_len / lf_rows_len) * 100 BALANCE
  2  FROM index_stats
  3  WHERE name='IDX_INXTEST_NO' ;

   BALANCE
----------------
         0   ← 0에 가까울수록 좋은 상태를 의미합니다.
```

STEP 3 테이블에서 10000건의 데이터 중 4000건을 지운 후 인덱스 상태를 조회합니다

```
SCOTT>DELETE  FROM  inx_test
  2 WHERE  no  BETWEEN  1  AND  4000 ;

4000 rows deleted.

SCOTT>SELECT  COUNT(*)  FROM  inx_test ;

  COUNT(*)
----------
      6000

SCOTT>SELECT (del_lf_rows_len / lf_rows_len) * 100 BALANCE  FROM index_stats
 2  WHERE name='IDX_INXTEST_NO' ;

   BALANCE
----------
         0

SCOTT>ANALYZE  INDEX  idx_inxtest_no  VALIDATE  STRUCTURE ;
INDEX analyzed.

SCOTT>SELECT  (del_lf_rows_len / lf_rows_len)  *  100  BALANCE
  2  FROM  index_stats
  3  WHERE name='IDX_INXTEST_NO' ;

 BALANCE
-----------------
39.9603474     ← 대략 40% 정도 밸런싱이 망가진 상태입니다.
```

STEP 4 Rebuild 작업으로 수정합니다

```
SCOTT>ALTER INDEX idx_inxtest_no REBUILD ;

INDEX altered.

SCOTT>ANALYZE INDEX idx_inxtest_no VALIDATE STRUCTURE ;
```

```
INDEX analyzed.

SCOTT>SELECT (del_lf_rows_len / lf_rows_len) * 100 BALANCE
  2  FROM index_stats
  3  WHERE name='IDX_INXTEST_NO' ;

   BALANCE
----------------
         0  ← 다시 밸런싱이 0으로 개선되었습니다.
```

REBUILD 옵션 중에 ONLINE이라는 옵션도 있습니다(Rebuild ONLINE).

이 옵션은 REBUILD 작업 중에 DML을 사용 가능하게 해 주지만 전체적인 성능이 많이 떨어지기 때문에 잘 생각해보고 사용해야 합니다.

7. Invisible Index(인비저블 인덱스)

앞에서 살펴본 대로 인덱스가 많을 경우 DML 문장에 나쁜 영향을 주기 때문에 사용하지 않는 인덱스는 삭제를 해 주는 것이 답입니다.

문제는 해당 인덱스를 삭제하려고 했을 때 정말 사용하는지 사용하지 않는 것인지를 정확하게 알아야 한다는 것이고 9i 버전부터 이 부분을 도와주는 기능으로 인덱스 사용 유무를 모니터링하는 기능이 등장했다는 것도 앞에서 살펴보았습니다.

그러나 만약 모니터링 기간이 잘못되었다든지 해서 인덱스를 삭제했는데, 나중에 생각지도 못했던 부분에서 문제가 발생할 수도 있을 것입니다.

그래서 11g부터는 인덱스를 실제 삭제하기 전에 "사용 안 함" 상태로 만들어서 테스트를 해 볼 수 있는 기능을 제공합니다. 이것이 "인비저블 인덱스" 입니다.

다음의 실습으로 테스트해 보겠습니다.

```
SCOTT>CREATE INDEX idx_emp_sal ON emp(sal) ;

Index created.

SCOTT>SELECT table_name,index_name,visibility
  2  FROM user_indexes
  3  WHERE table_name = 'EMP' ;

TABLE_NAME          INDEX_NAME               VISIBILIT
-----------------   ---------------------    ------------
EMP                 IDX_EMP_SAL              VISIBLE
EMP                 PK_EMP                   VISIBLE

SCOTT>ALTER  INDEX  idx_emp_sal INVISIBLE ;

Index altered.

SCOTT>SELECT table_name, index_name, visibility
  2  FROM user_indexes
  3  WHERE table_name = 'EMP' ;

TABLE_NAME          INDEX_NAME               VISIBILIT
-----------------   ---------------------    ------------
EMP                 IDX_EMP_SAL              INVISIBLE
EMP                 PK_EMP                   VISIBLE
```

앞의 실습에서 IDX_EMP_SAL 인덱스에 설정한 INVISIBLE의 의미는 옵티마이저가 실행 계획을 세울 때 해당 인덱스가 없다고 알려 주는 의미이며 옵티마이저는 인비저블로 설정된 인덱스는 없다고 생각하고 실행 계획을 세우게 됩니다. 그러나 DML 작업 시 인덱스 내용은 계속 반영이 되므로 인덱스가 지워진 것은 아닙니다. 따라서 인비저블로 설정한 후 점검하여 다른 SQL 문장에 영향을 주는 것이 없는 것으로 확인되면 해당 인덱스를 지우면 됩니다.

만약 해당 인덱스를 다시 사용해야만 한다면 방법은 두 가지이며 다음과 같습니다.

```
1. 다시 상태를 VISIBLE로 변경해서 자동으로 사용하게 만들기

SCOTT>ALTER INDEX idx_emp_sal VISIBLE ;

Index altered.

SCOTT>SELECT table_name, index_name, visibility
  2  FROM user_indexes
  3  WHERE table_name = 'EMP' ;

TABLE_NAME        INDEX_NAME              VISIBILIT
---------------   ---------------------   ----------
EMP               IDX_EMP_SAL             VISIBLE    ←  변경되었습니다.
EMP               PK_EMP                  VISIBLE

2. SQL 힌트 구문에서 해당 인덱스를 수동으로 사용하게 지정하기

SCOTT>SELECT /*+ index (emp idx_emp_sal) */ ename
  2  FROM emp
  3  WHERE ename >'0';
```

이상으로 인덱스에 대해서 여러 가지를 살펴보았습니다.

다음으로 인덱스를 활용하는 간단하지만 요긴한 몇 가지 활용 예제들을 살펴보겠습니다.

STEP-UP 1 다양한 인덱스 활용 방법들

- **인덱스를 활용하여 정렬한 효과를 내는 방법**

정렬(SORT)이라는 기능은 모든 DBMS에서 부하를 아주 많이 주는 부분입니다.

우리 일상 생활에서도 데이터가 적으면 상관없지만 많은 데이터를 정렬해야 할 경우는 아주 많은 시간과 노력이 들어가는 것과 마찬가지입니다. 그래서 오라클에서도 정렬(SORT)이 발생하는 SQL 문장은 수행시간이 오래 걸립니다.

그렇다고 해서 정렬을 안 하고 데이터를 출력할 수 없는 경우도 많기 때문에 정렬을 하지 않고, 즉 ORDER BY 구문을 사용하지 않고 어떻게 동일한 효과를 낼 수 있느냐가 성능상 아주 중요한 관건이 됩니다. 그 해답이 바로 인덱스입니다.

앞에서 살펴본 바와 같이 인덱스는 정렬이 되어 있기 때문에 테이블에서 데이터를 가

져올 때 인덱스를 활용해서 가져온다면 정렬이 된 상태로 출력이 됩니다.

아래의 그림으로 우선 원리를 살펴본 후 실제로 SQL을 작성해 보겠습니다.

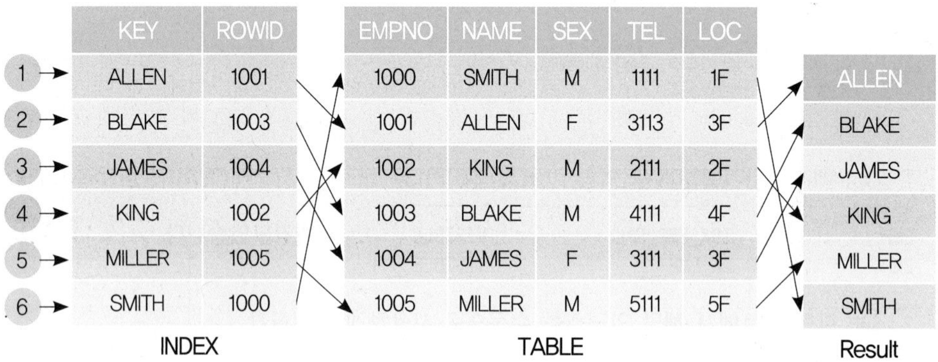

KEY
ROWID
1
2
3
4
5
6
ALLEN 1001
BLAKE 1003
JAMES 1004
KING 1002
MILLER 1005
SMITH 1000
INDEX
EMPNO NAME SEX TEL LOC
1000 SMITH M 1111 1F
1001 ALLEN F 3113 3F
1002 KING M 2111 2F
1003 BLAKE M 4111 4F
1004 JAMES F 3111 3F
1005 MILLER M 5111 5F
TABLE
ALLEN
BLAKE
JAMES
KING
MILLER
SMITH
Result

위 그림에서 테이블을 살펴보면 name 컬럼에 순서 없이 저장되어 있음이 확인됩니다.

그러나 name 컬럼에 인덱스를 생성하게 되면 왼쪽 INDEX 그림처럼 정렬되어 INDEX가 생성됩니다. 그 후에 오라클에게 인덱스 순서대로 데이터를 가져오라고 SQL을 작성하면 오른쪽의 출력 결과와 같은 결과로 출력됩니다. 즉, 정렬하라는 구문(ORDER BY)을 사용하지 않고 정렬한 결과를 출력하게 되는 것입니다.

이 내용을 다음 실습을 통해서 확인해 보겠습니다.

STEP 1 예제 사원 테이블을 생성하고 데이터를 입력합니다

```
SCOTT>CREATE TABLE new_emp4
  2  ( no    NUMBER,
  3   name  VARCHAR2(10),
  4   sal     NUMBER ) ;

Table created.

SCOTT>INSERT INTO new_emp4 VALUES(1000,'SMITH',300);
SCOTT>INSERT INTO new_emp4 VALUES(1001,'ALLEN',250);
SCOTT>INSERT INTO new_emp4 VALUES(1002,'KING',430);
SCOTT>INSERT INTO new_emp4 VALUES(1003,'BLAKE',220);
```

```
SCOTT>INSERT INTO new_emp4 VALUES(1004,'JAMES',620);
SCOTT>INSERT INTO new_emp4 VALUES(1005,'MILLER',810);

SCOTT>COMMIT ;
Commit complete.

SCOTT>SELECT * FROM new_emp4 ;

       NO  NAME     SAL
 --------  -------  ------
     1000  SMITH    300
     1002  KING     430
     1001  ALLEN    250
     1003  BLAKE    220
     1004  JAMES    620
     1005  MILLER   810

6 rows selected.
```

STEP 2 Name 컬럼에 인덱스를 생성합니다

```
SCOTT>CREATE INDEX idx_newemp4_name
  2  ON new_emp4(name) ;
```

STEP 3 인덱스를 사용하지 않는 일반적인 SQL을 작성합니다

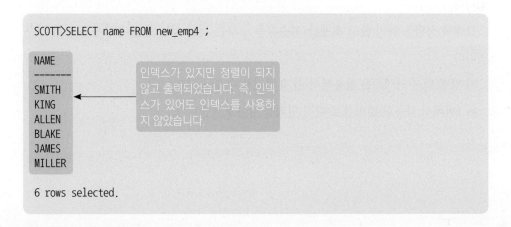

```
SCOTT>SELECT name FROM new_emp4 ;

NAME
-------
SMITH
KING
ALLEN
BLAKE
JAMES
MILLER

6 rows selected.
```

인덱스가 있지만 정렬이 되지 않고 출력되었습니다. 즉, 인덱스가 있어도 인덱스를 사용하지 않았습니다.

STEP 4 인덱스를 사용하도록 SQL을 작성합니다

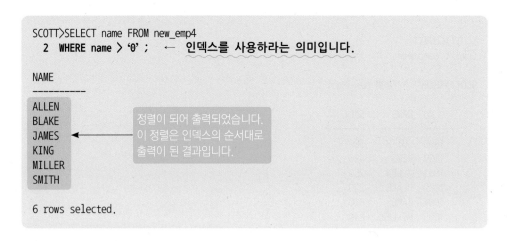

```
SCOTT>SELECT name FROM new_emp4
  2  WHERE name > '0' ;   ←  인덱스를 사용하라는 의미입니다.

NAME
----------
ALLEN
BLAKE
JAMES     ← 정렬이 되어 출력되었습니다. 이 정렬은 인덱스의 순서대로 출력이 된 결과입니다.
KING
MILLER
SMITH

6 rows selected.
```

위 STEP 4의 결과처럼 인덱스를 생성한 후 인덱스를 사용할 수 있도록 SQL을 작성하게 되면 오라클이 인덱스를 읽어서 인덱스의 순서대로 데이터를 출력하게 됩니다. 이 원리를 터득한다면 정렬을 아주 빠르게 수행할 수 있습니다.

- **인덱스를 활용하여 최솟값(MIN)/최댓값(MAX)을 구하는 방법**

MAX/MIN 함수는 모든 데이터를 기준 컬럼으로 정렬을 한 후 최댓값/최솟값을 구하는 함수입니다. 성능상 문제가 되는 부분은 모든 데이터를 다 읽은 후 정렬을 한다는 부분입니다.

그래서 정렬을 하지 않고 최댓값/최솟값을 구하는 것이 성능 향상에 아주 중요한 부분입니다.

이 방법 역시 인덱스를 활용해서 쉽게 해결할 수 있습니다.

위 1번에서 사용한 테이블로 다시 원리를 알아보겠습니다.

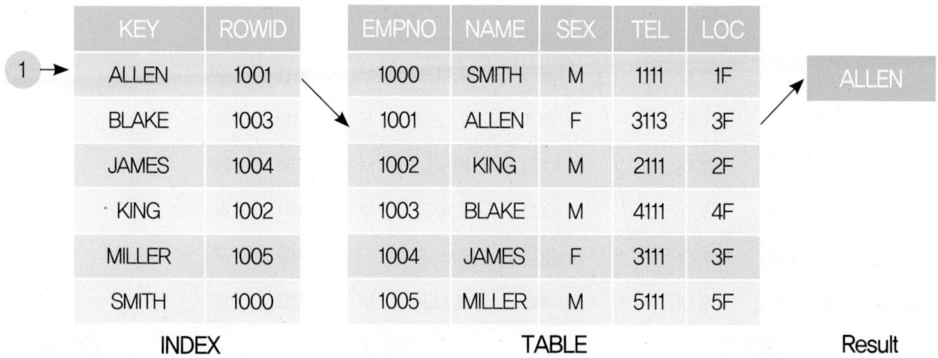

앞의 그림에서 인덱스가 정렬되어 있고 인덱스의 가장 첫 번째 데이터가 최솟값(MIN)입니다.

그래서 오라클에게 인덱스를 통해서 읽어오되 1건만 읽어오라고 SQL을 작성하면 자연스럽게 MIN 값을 가져오게 됩니다.

아래 실습으로 살펴보겠습니다.

```
SCOTT>SELECT MIN(name)
  2  FROM new_emp4 ;

MIN(NAME)
----------
ALLEN
```

정렬이 발생함

```
SCOTT>SELECT name FROM new_emp4
  2  WHERE name >'0'
  3  AND ROWNUM = 1 ;

NAME
----------
ALLEN
```

위 실습에서 왼쪽은 MIN( ) 함수를 사용해서 정렬이 발생하지만 오른쪽 실습은 인덱스에서 가장 위에 있는 데이터 1 건만 가져오라는 쿼리입니다. 오른쪽 화면에서 3번 줄에 ROWNUM=1이라는 부분이 그런 의미이며 이 기능을 STOPKEY라고 부르기도 합니다.

아주 간단하고 빠르게 정렬하지 않고 최솟값을 구할 수 있다는 거 알았죠?

이 원리를 이용해서 최댓값도 정렬 없이 금방 찾을 수 있습니다.

다음 그림을 보세요.

KEY	ROWID
ALLEN	1001
BLAKE	1003
JAMES	1004
KING	1002
MILLER	1005
1 → SMITH	1000

INDEX

EMPNO	NAME	SEX	TEL	LOC
1000	SMITH	M	1111	1F
1001	ALLEN	F	3113	3F
1002	KING	M	2111	2F
1003	BLAKE	M	4111	4F
1004	JAMES	F	3111	3F
1005	MILLER	M	5111	5F

TABLE

→ SMITH

Result

위 그림에서처럼 인덱스의 가장 아래쪽에 있는 값이 최댓값이므로 인덱스를 아래쪽에서부터 1건만 읽으면 간단히 해결됩니다.

인덱스를 아래쪽부터 읽으라고 알려줘야 하는데, 이때 오라클 Hint라는 기능을 이용하면 됩니다.

Hint란 실행 계획을 세워주는 옵티마이저에게 사람의 의도를 알려주는 기능으로 보다 자세한 내용은 SQL 튜닝 부분을 참조하기 바랍니다.

```
SCOTT>SELECT MAX(name)
  2  FROM new_emp4 ;

MAX(NAME)
----------
SMITH
```

MAX 함수를 사용하여 최댓값을 출력했습니다. 이 경우 정렬이 발생하여 성능이 나빠지게 됩니다.

이번에는 오라클 힌트(Hint)를 사용하여 인덱스를 활용하여 최댓값을 구해보겠습니다.

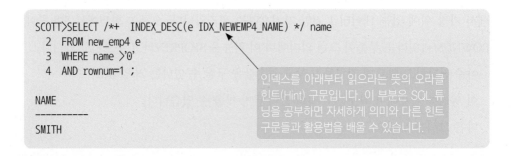

```
SCOTT>SELECT /*+  INDEX_DESC(e IDX_NEWEMP4_NAME) */ name
  2  FROM new_emp4 e
  3  WHERE name >'0'
  4  AND rownum=1 ;

NAME
----------
SMITH
```

인덱스를 아래부터 읽으라는 뜻의 오라클 힌트(Hint) 구문입니다. 이 부분은 SQL 튜닝을 공부하면 자세하게 의미와 다른 힌트 구문들과 활용법을 배울 수 있습니다.

위의 방법이 예전부터 사용되던 인덱스를 사용하여 최대/최솟값을 구하는 방식입니다.

이 방식은 인덱스가 문제가 없을 경우에는 아무런 문제가 없지만 만약의 경우 인덱스가 삭제되거나 인덱스 컬럼이 변경이 된다면 잘못된 결과를 만들어 냅니다.

그래서 인덱스를 활용하여 최대/최솟값을 구할 경우에는 기존 방법보다는 아래와 같은 방법을 사용하기를 권장합니다.

```
SCOTT>SELECT /*+  INDEX_DESC(e IDX_NEWEMP4_NAME) */ MAX(name)
  2  FROM new_emp4 e
  3  WHERE name >'0' ;

MAX(NAME)
----------
SMITH
```

위와 같은 방법을 FIRST_ROW(MAX/MIN) 방법이라고 하며 만약 인덱스가 삭제나 변경이 된다 하더라도 MAX(name)로 인해 정상적인 결과가 나오게 됩니다.

현업에서 아주 많이 사용하는 방법이므로 꼭 알아야 합니다.

STEP-UP 2 ROWID에 대해서 알아봅시다

오라클에서는 데이터의 주소를 주소라고 표현하지 않고 ROWID라고 부릅니다.

ROWID는 두 가지가 있는데, 7버전까지 사용하던 제한적인 ROWID가 있고 8버전부터 현재까지 사용 중인 확장된 ROWID가 있습니다.

확장된 ROWID는 총 10bytes로 그 구조는 아래와 같습니다.

```
SCOTT>SELECT  ROWID, empno, ename
  2  FROM  emp
  3  WHERE  empno=7902 ;

ROWID                     EMPNO   ENAME
------------------------- ------- -------------
AAASHOAAEAAAACXAAM        7902    FORD
```

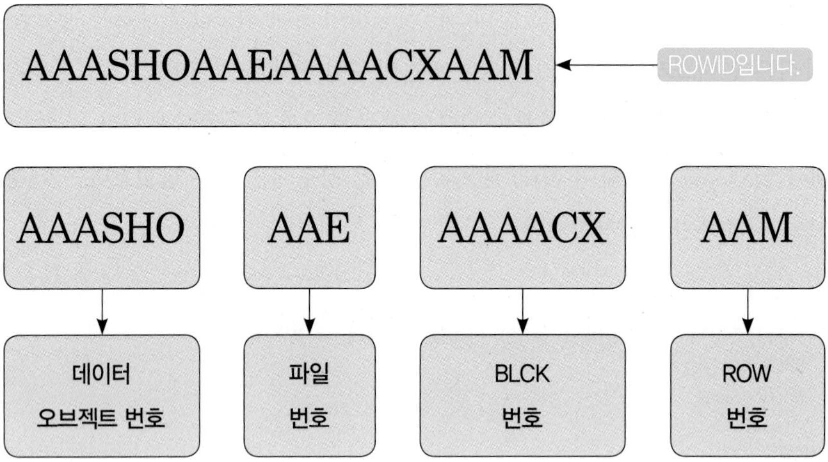

ROWID는 위와 같은 구조로 되어 있어서 어떤 데이터의 ROWID를 알고 있다는 것은 해당 데이터의 저장된 위치를 정확하게 알고 있다는 의미가 됩니다.

그래서 데이터들의 ROWID 정보를 별도의 세그먼트(대표적 세그먼트가 테이블입니다)에 넣어서 저장하고 관리하는데, 이 세그먼트를 인덱스라고 하는 것입니다.

이 부분에 대한 보다 자세한 내용은 오라클 운영 매뉴얼이나 저자의 다른 저서인 《오라클 관리실무》를 참고하기 바랍니다.

Check Your Self!

스스로 아래 질문들을 천천히 생각해보고 YES / NO를 체크해 보세요.

아래 질문들에 모두 YES를 선택할 수 있다면 이번 장을 완전히 마스터했다는 의미이고 부족한 부분이 있다면 다시 한 번 더 공부를 해서 완전히 배우길 권해 드립니다.

1. 나는 인덱스의 의미를 정확히 알고 있는가? (YES / NO)
2. 나는 인덱스의 생성 원리를 설명할 수 있는가? (YES / NO)
3. 나는 작동 원리를 설명할 수 있는가? (YES / NO)
4. 나는 B-TREE 인덱스와 BITMAP 인덱스의 차이점을 설명할 수 있는가? (YES / NO)
5. 나는 B-TREE 인덱스에 속하는 각 인덱스들을 설명할 수 있는가? (YES / NO)
6. 나는 이번 장에서 배운 인덱스들을 생성할 수 있는가? (YES / NO)
7. 나는 생성된 인덱스들을 조회할 수 있는가 ? (YES / NO)
8. 나는 인덱스의 이상 유무를 조회하여 REBUILD할 수 있는가? (YES / NO)
9. 나는 INVISIBLE INDEX를 설정하고 해제할 수 있는가? (YES / NO)

이번 장에서는 인덱스와 관련된 다양한 내용들을 살펴보았습니다.

많은 사람들이 쉽다고 생각하지만 의외로 잘 알지 못하고 사고도 많이 내는 부분이므로 반드시 이 장의 내용을 숙지해서 현업에서 사고나지 않도록 조심하세요.

잠시 쉬어 가는 페이지

북아메리카에 살았던 인디언 중 체로키 부족이 있었습니다.

이 부족은 강인한 성인이 되기 위해 소년들에게 독특한 훈련을 했습니다.

인디언 소년들은 어릴 적부터 사냥하고, 정찰하고, 물고기 잡는 등의 기술들을 배웁니다.

그리고 성인이 되기 위한 마지막 시험을 치르게 됩니다.

일종의 성인식입니다.

이 통과의례를 치르게 하려고 아버지는 아들을 멀리 떨어진 숲 속 깊은 곳으로 데려갑니다.

그리고 아들의 눈을 가린 채 홀로 남겨둡니다.

그날 밤에 소년은 혼자 밤을 꼬박 지새워야만 합니다.

그때까지만 해도 소년은 가족과 부족을 떠나본 적이 없었습니다.

언제나 가족과 부족이 그의 안전한 울타리가 되어주었습니다.

그러나 이날 밤 소년은 눈이 가리어진 채로 아침 햇살이 비출 때까지 눈가리개를 벗어서는 절대 안 된다고 했습니다.

소년은 겁에 질렸습니다. 공포에 휩싸였습니다.

서늘한 바람이 수풀 사이로, 땅 위로 매섭게 몰아쳤습니다.

그가 앉아 있는 그루터기까지 뒤흔들었습니다.

사방에서 별의별 소리가 다 들려왔습니다.

얼마나 두렵고 무서울까요?

그렇게 그 밤을 홀로 이겨내야 진정한 남자로 거듭난다고 했습니다.

영원할 것 같은 공포의 밤은 어느덧 지나가고 어두컴컴한 숲들 사이로 새벽 미명이 스며듭니다.

마침내 눈가리개를 벗고 기나긴 두려움에서 벗어날 수 있는 시간이 된 것입니다.

비로소 소년의 눈엔 주변에 꽃들과 나무, 작은 숲길이 보였습니다.

그런데 인디언 소년이 더욱더 놀란 것이 있었습니다.

어렴풋한 사람 모습이었습니다.

눈을 비비고 보니 아버지였습니다.

지난밤 내내 아들 옆의 나무 그루터기에 앉아

두려움에 떨고 있는 아들을 안타까운 마음으로 지켜봤던 것입니다.

혹시 무슨 일이라도 있을까, 여차하면 부축해주고 보듬어주기 위해 뜬눈으로 함께 밤을 지새웠던 것입니다.

9장 VIEW(뷰)를 배웁니다

이번 장에서 배울 내용

1 View의 개념을 정확하게 배웁니다.
2 원하는 조건으로 Simple View와 Complex View를 만들 수 있습니다.
3 Inline View를 이해하고 활용하는 방법을 배웁니다.
4 Mview의 개념과 활용법을 배웁니다.

9장 VIEW(뷰)를 배웁니다

오라클에서 아주 많이 사용되는 데이터 관리용 object 중에 View가 있습니다.

View란 가상의 테이블을 의미하는데, 원래 테이블은 데이터가 들어 있지만 View에는 데이터가 없고 원본 테이블에 가서 데이터를 불러오는 SQL Query만 저장되어 있습니다.

그래서 사용자가 해당 View를 사용하는 SQL 문장을 수행하면 그때 View에 들어 있던 SQL이 수행됩니다. 비슷한 예로 식당의 메뉴판도 일종의 View와 비슷한 개념입니다.

메뉴판에는 음식에 대한 요약 정보만(사진만) 있고 사용자가 메뉴판을 보고 주문을 하면 실제로 음식은 주방에서 만들어져서 나오는 것이 View와 비슷한 원리입니다.

그럼 View를 사용하는 이유는 뭘까요?

emp table

empno	name	sex	tel	area	salary
1000	FORD	man	1111	2F	5000
1001	SMITH	man	2222	5F	8000
1002	JANE	woman	3333	3F	9200

vemp view

name	tel	area
FORD	1111	2F
SMITH	2222	5F
JANE	3333	3F

vemp라는 이름의 View(뷰) 입니다.

사람마다 다양한 이유가 있겠지만 대부분은 보안과 사용자의 편의성 때문입니다. 만약 어떤 테이블에 다른 사용자가 봐서는 안 되는 컬럼이 있을 경우 해당 테이블에 직접 접근하게 해 주면 그 컬럼의 내용까지 다 보여집니다. 물론 가상 컬럼이란 기법이 있긴 하지만 그보다는 View를 훨씬 많이 사용합니다.

앞 그림으로 View에 대해 쉽게 살펴보겠습니다.

앞 테이블에서 salary 컬럼이 안 보여 주고 싶은 컬럼입니다.

위 그림을 보면 emp 테이블에 여러 컬럼이 있는데, name과 tel과 area 컬럼만 다른 사용자에게 보여 주고 나머지는 보여 주면 안 된다고 가정해 보겠습니다.

그럴 경우 아래처럼 name과 tel과 area만 앞에서 배웠던 CTAS라는 방법으로 복사해서 새로운 테이블을 만들어 줄 수 있겠지만 이럴 경우 원본 테이블에서 데이터가 변경되면 복사 테이블에서는 반영이 안 되는 문제점이 발생할 수 있습니다.

그래서 View를 생성하는 것입니다.

View를 생성하면 사용자가 View에 접근하는 순간 원본 테이블에 가서 데이터를 가져오기 때문에 언제나 정확한 데이터를 가져 올 수 있습니다.

또한 View의 사용 목적은 사용자의 편의성입니다.

예를 들어, 어떤 결과를 조회하기 위해 10개의 테이블을 조인해야 할 경우 매번 복잡한 쿼리를 일일이 치는 것은 정말 귀찮고 힘든 일일 것입니다. 그럴 때 10개의 테이블을 Join해서 데이터를 가져오는 View를 만들어 놓고 해당 View만 조회하면 간단하게 끝이 납니다.

View를 이용해서 데이터를 조회도 할 수 있고 DML도 수행할 수 있습니다.

그러나 일반적으로 View의 주요 용도는 조회하는 경우로 많이 사용됩니다.

View의 활용도는 아주 많아서 실무에서 많이 사용하는 방법이니 꼭 잘 숙지해 두기를 바랍니다.

1. 단순 뷰(Simple View)

단순 View는 View를 생성할 서브 쿼리에 조인 조건이 안 들어가고 1개의 테이블로 만들어지는 간단한 View를 의미합니다.

View를 생성하기 위해서는 CREATE VIEW라는 권한이 필요하며 아래 실습을 하기 전에 먼저 SYS 계정으로 권한을 할당해야 합니다.

```
SCOTT>CONN  /  AS  SYSDBA;
SYS>GRANT  CREATE  VIEW  TO  scott ;
```

생성 문법

```
CREATE [OR REPLACE] [ FORCE ¦ NOFORCE] VIEW view [ (alias, alias,……)]
AS sub-query
[ WITH CHECK OPTION [CONSTRAINT 제약조건] ]
[ WITH READ ONLY ]
```

- OR REPLACE: 같은 이름의 View가 있을 경우 삭제 후 다시 생성합니다.
- FORCE: 기본 테이블의 존재 여부에 상관없이 View를 생성합니다.
- NOFORCE: 기본 테이블이 존재할 경우에만 View 생성, 기본 값입니다.
- ALIAS: 기본 테이블의 컬럼 이름과 다르게 지정한 View의 컬럼 이름을 지정합니다.
- WITH CHECK OPTION: 주어진 제약 조건에 맞는 데이터만 입력 및 수정을 허용합니다.
- WITH READ ONLY: SELECT만 가능한 읽기 전용 뷰를 생성합니다.

1.1 일반 단순 뷰 생성하기

emp 테이블의 empno, ename, hiredate 컬럼으로 이루어진 Simple View를 생성하세요 (View 이름은 v_emp1으로 하세요).

```
SCOTT>CREATE OR REPLACE VIEW  v_emp1
  2  AS
  3     SELECT empno, ename, hiredate
  4     FROM emp ;

SCOTT>SELECT * FROM v_emp1 ;
```

View를 생성한 후 해당 View에 SQL을 수행하면 그때 View 내부의 서브쿼리를 수행하게 됩니다. 즉, 위와 같이 View를 생성하면 오라클은 해당 View 정보를 딕셔너리에 저장해 놓고 사용자가 이 View를 사용하게 되면 3번, 4번 라인에 있는 서브 쿼리가 수행되어 원본 테이블인 emp에 가서 SELECT절에 있는 컬럼을 가져오게 됩니다.

이 말의 의미는 평소에 이 v_emp1 View에는 아무런 데이터가 없다는 뜻입니다.

그래서 이 View에는 제약 조건이나 인덱스 등을 생성할 수가 없습니다.

만약 일반 View에 인덱스를 생성하려고 하면 아래와 같은 에러가 발생합니다.

```
SCOTT>CREATE  INDEX idx_v_emp_ename
  2  ON v_emp1(ename);
ON v_emp1(ename)
   *
ERROR at line 2:
ORA-01702: a view is not appropriate here
```

만약 View를 조회하는 쿼리의 성능이 느릴 경우 View에 인덱스를 생성하는 것이 아니라 원본 테이블에 인덱스를 점검하거나 고려해야 합니다.

1.2 View를 통한 데이터 변경하기

일반적으로 View는 조회용으로 많이 사용되지만 아래와 같이 데이터를 변경할 수도 있습니다.

Case 1 View를 통하여 DML 작업 수행하기

```
SCOTT>CREATE TABLE o_table
  2  ( a NUMBER, b NUMBER );

Table created.

SCOTT>CREATE VIEW view1
  2  AS
  3    SELECT a, b
  4    FROM o_table ;

View created.

SCOTT>INSERT INTO view1 values (1,2);
1 row created.

SCOTT>SELECT * FROM view1;

A          B
---------- ----------
1          2

SCOTT>SELECT * FROM o_table ;

A          B
---------- ----------
1          2

SCOTT>ROLLBACK ;
Rollback complete.

SCOTT>SELECT * FROM view1 ;
no rows selected
```

이번에는 With read only 옵션을 사용해서 읽기 전용 뷰를 생성한 후 테스트해 보겠습니다.

Case 2 With Read Only 테스트하기(읽기 전용 뷰를 생성하는 옵션)

```
SCOTT>CREATE VIEW view2
  2  as
  3     SELECT a,b
  4     FROM o_table
  5  WITH READ ONLY ;    ← 읽기 전용 뷰로 생성합니다.

View created.

SCOTT>SELECT * FROM view2;

no rows selected

SCOTT>INSERT INTO view2 VALUES (3,4);
INSERT INTO view2 values (3,4)
*
ERROR at line 1:
ORA-42399: cannot perform a DML operation on a read-only view

SCOTT>INSERT INTO view1 values (3,4);

1 row created.  ← 앞의 실습에서 만든 view로 입력을 시도합니다.

SCOTT>SELECT * FROM view2;

A          B
---------- ----------
3          4   ← 정상적으로 입력이 됩니다.

SCOTT>SELECT * FROM o_table;

A          B
---------- ----------
3          4         ← view를 통해 a,b 컬럼에 데이터가 입력이 되었습니다.
```

위 예제와 같이 with read only로 생성할 경우 해당 view로는 DML 작업을 할 수 없습니다.

Case 3 With Check Option 테스트하기

```
SCOTT>INSERT INTO view1 VALUES (5,6);
1 row created.

SCOTT>SELECT * FROM view1;

A          B
---------- ----------
3          4
5          6

SCOTT>CREATE VIEW view3
  2  AS
  3    SELECT a,b
  4    FROM o_table
  5    WHERE a=3
  6  with check option ;  ← with check option으로 생성합니다.

View created.

SCOTT>SELECT * FROM view3;

A          B
---------- ----------
3          4

SCOTT>update view3
  2  set a=5
  3  WHERE b=4;
update view3
       *
ERROR at line 1:
ORA-01402: view WITH CHECK OPTION WHERE-clause violation
```

위 예를 보면 v3_table 뷰를 생성할 때 a=3인 데이터를 가져오면서 with check option을 사용하였기 때문에 a=3인 값을 다른 값으로 변경하려면 계속 에러가 발생함을 알 수 있습니다.

```
SCOTT>UPDATE view3
  2  SET b=6
  3  WHERE a=3;

1 row updated.  ← a 컬럼은 변경하지 않고 b 컬럼을 변경했습니다.

SCOTT>SELECT * FROM view3;

A          B
---------- ----------
3          6

SCOTT>DELETE  FROM view3
  2  WHERE a=3;

1 row deleted.

SCOTT>SELECT * FROM view3;

no rows selected
```

위 예에서 알 수 있듯이 뷰를 생성할 때 가져온 값은 with check option 사용 시에 변경할 수는 없지만 삭제는 가능합니다.

2. 복합 뷰(Complex View)

이 View는 Sub Query 부분에 여러 개의 테이블이 Join되어 생성되는 것입니다.
생성 문법은 단순 View와 동일합니다.

▶▶▶ **사용 예**

emp table과 dept 테이블을 조회하여 사원의 이름과 부서 이름을 출력하는 View를 생성하세요. View 이름은 v_emp로 하세요.

```
SCOTT>CREATE OR REPLACE VIEW v_emp
  2  AS
  3    SELECT e.ename, d.dname
  4    FROM emp e, dept d
  5    WHERE e.deptno = d.deptno ;
```

위와 같이 View를 생성하고

```
SCOTT>SELECT * FROM v_emp ;  ← 이렇게 조회하면 View의 서브쿼리 부분이 실행됩니다.
```

매번 위의 복잡한 서브 쿼리를 생성해서 조회하기 힘들 때 View를 생성해 놓고 간단하게 조회할 수 있다는 것이 View의 큰 편리함입니다.

그러나 뷰를 잘못 사용할 경우 성능 저하의 주 원인이 되는 경우도 많습니다.

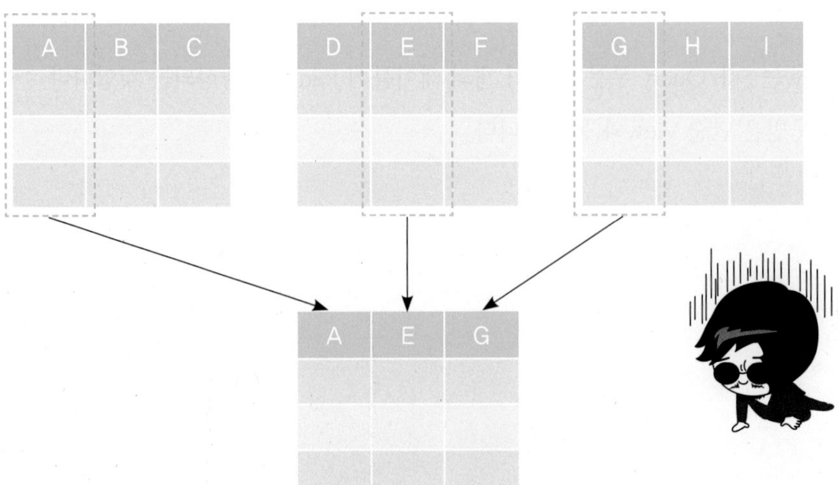

위 그림과 같이 뷰가 생성되어 있을 경우에 만약 사용자가 뷰의 A 컬럼을 조회할 경우 뷰를 먼저 생성한 후 A 컬럼을 가져오기 때문에 불필요한 E와 G 컬럼에 조인이 발생하게 되어 성능 저하가 발생할 수 있습니다. 이럴 경우 원본 테이블을 직접 조회하는 것이 좋습니다.

그리고 뷰 안에는 가급적 INTERSECT, MINUS, UNION 같은 집합 연산자는 사용하지 말아야 성능 향상에 도움이 된다는 점도 꼭 기억하시기 바랍니다.

3. Inline View(인라인 뷰)

View는 필요할 때 생성해 놓고 다른 쿼리에서 여러 번 반복해 재사용할 수 있습니다.

그러나 다른 쿼리에서 사용할 필요 없이 해당 SQL에서만 필요한 View일 경우 번거롭게 View를 생성하지 말고 SQL 문장의 FROM 절에 View의 서브 쿼리 부분을 바로 적어서 사용 가능하며 이런 View를 Inline View라고 합니다.

▶▶▶ 사용 예 1

emp table과 dept 테이블을 조회하여 부서 번호와 부서별 최대 급여 및 부서명을 출력하세요.

```
SCOTT>SELECT e.deptno, d.dname, e.sal
  2  FROM ( SELECT deptno, MAX(sal) sal
  3         FROM emp
  4         GROUP BY deptno ) e, dept d
  5  WHERE e.deptno = d.deptno ;

DEPTNO        DNAME                 SAL
------------- --------------------- ----------
10            ACCOUNTING            5000
20            RESEARCH              3000
30            SALES                 2850
```

위 쿼리에서 2번 줄의 FROM절 뒤에 있는(부분부터 4번 줄의) 사이에 있는 쿼리를 Inline View라고 합니다. Inline View 부분을 먼저 실행해 보겠습니다.

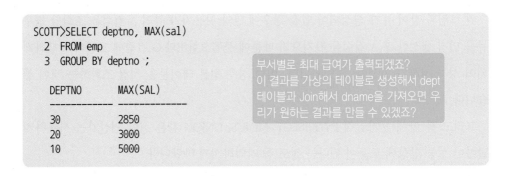

```
SCOTT>SELECT deptno, MAX(sal)
  2  FROM emp
  3  GROUP BY deptno ;

   DEPTNO       MAX(SAL)
   ------------ ------------
   30           2850
   20           3000
   10           5000
```

부서별로 최대 급여가 출력되겠죠?
이 결과를 가상의 테이블로 생성해서 dept 테이블과 Join해서 dname을 가져오면 우리가 원하는 결과를 만들 수 있겠죠?

여기서 중요한 것은 FROM절에 있는 Inline View 쿼리를 수행해서 나온 테이블은 원래 존재하지 않지만 우리가 원하는 결과를 만들기 위해서 메모리에 임시로 생성했다는 것입니다. 즉, Inline View를 사용해서 원하는 형태의 테이블을 먼저 만드는 것이 가장 중요합니다.

▶▶▶ 사용 예 2

이번 예제는 LAG 함수와 Inline View를 사용해서 중복되는 항목을 제거하고 보여 주는 쿼리입니다. 아래의 그림을 보세요.

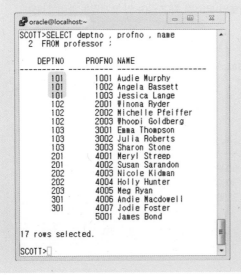

oracle@localhost:~

```
SCOTT>SELECT deptno , profno , name
  2  FROM professor ;

    DEPTNO     PROFNO NAME
---------- ---------- --------------------
       101       1001 Audie Murphy
       101       1002 Angela Bassett
       101       1003 Jessica Lange
       102       2001 Winona Ryder
       102       2002 Michelle Pfeiffer
       102       2003 Whoopi Goldberg
       103       3001 Emma Thompson
       103       3002 Julia Roberts
       103       3003 Sharon Stone
       201       4001 Meryl Streep
       201       4002 Susan Sarandon
       202       4003 Nicole Kidman
       202       4004 Holly Hunter
       203       4005 Meg Ryan
       301       4006 Andie Macdowell
       301       4007 Jodie Foster
                 5001 James Bond

17 rows selected.

SCOTT>
```

oracle@localhost:~

```
DEPTNO       PROFNO NAME
------- ---------- --------------------
101           1002 Angela Bassett
              1001 Audie Murphy
              1003 Jessica Lange
102           2001 Winona Ryder
              2002 Michelle Pfeiffer
              2003 Whoopi Goldberg
103           3002 Julia Roberts
              3001 Emma Thompson
              3003 Sharon Stone
201           4001 Meryl Streep
              4002 Susan Sarandon
202           4003 Nicole Kidman
              4004 Holly Hunter
203           4005 Meg Ryan
301           4006 Andie Macdowell
              4007 Jodie Foster
              5001 James Bond

17 rows selected.

SCOTT>
```

왼쪽 그림에서 중복된 deptno가 전부 보이는데, 오른쪽 그림을 보면 중복된 번호 중에서 1개만 보이고 나머지는 전부 생략되었습니다.

SQL은 아래와 같습니다.

```
SCOTT> COL deptno FOR a7
SCOTT> SELECT decode(deptno, ndeptno, null, deptno) deptno, profno, name
  2 FROM (SELECT LAG(deptno) OVER (order by deptno) ndeptno, deptno, profno, name
  3        FROM professor);
```

위 쿼리를 자세히 살펴보겠습니다.

먼저 2~3번 줄 사이의 Inline View를 실행하면 아래와 같은 결과가 나옵니다.

```
oracle@localhost:~

   NDEPTNO DEPTNO     PROFNO NAME
---------- ------ ---------- --------------------
           101          1002 Angela Bassett
       101 101          1001 Audie Murphy
       101 101          1003 Jessica Lange
       101 102          2001 Winona Ryder
       102 102          2002 Michelle Pfeiffer
       102 102          2003 Whoopi Goldberg
       102 103          3002 Julia Roberts
       103 103          3001 Emma Thompson
       103 103          3003 Sharon Stone
       103 201          4001 Meryl Streep
       201 201          4002 Susan Sarandon
       201 202          4003 Nicole Kidman
       202 202          4004 Holly Hunter
       202 203          4005 Meg Ryan
       203 301          4006 Andie Macdowell
       301 301          4007 Jodie Foster
       301              5001 James Bond

17 rows selected.

SCOTT>
```

왼쪽과 같이 Inline View를 만들어 놓고 이 뷰를 대상으로 메인 쿼리를 수행합니다.
중요한 것은 첫 번째 줄입니다.
첫 번째 줄에 decode(deptno, ndeptno, null, deptno) "DEPTNO" 이 부분에서 만약 deptno가 ndeptno와 같으면 null을 출력하고 다를 경우 deptno를 출력하라는 뜻입니다.
꼭 이해해야 하는 중요한 쿼리입니다.

4. View 조회 및 삭제하기

```
SCOTT>set line 200
SCOTT>col view_name for a15
SCOTT>col text for a50
SCOTT>col read_only for a10
SCOTT>
SCOTT>SELECT view_name,text,read_only
  2  FROM user_views;

VIEW_NAME            TEXT                                                 READ_ONLY
-------------------- ---------------------------------------------------- ------------
V1_TABLE             SELECT a,b                                           N
                     FROM o_table

V2_TABLE             SELECT a,b                                           Y
                     FROM o_table
                     with read only

V4_TABLE             SELECT a,b FROM o_table                              N
                     WHERE a <= 10
                     with check option

V5_TABLE             SELECT no1,no2 FROM b_table                          N
V_EMP                SELECT empno,ename FROM emp                          N

SCOTT>drop view v_emp;

View dropped.
```

위와 같이 view를 조회하고 필요 없는 view는 삭제할 수 있습니다.

위의 예에서는 scott 사용자가 생성한 view를 조회했기 때문에 USER_VIEWS를 조회했지만 만약 모든 view를 다 조회하고 싶을 경우에는 DBA_VIEWS를 조회하면 됩니다. 단, DBA 권한을 가지고 있어야 조회할 수 있겠죠?

5. Materialized View(MVIEW) – 구체화된 뷰

5.1 MVIEW란 무엇일까요?

View는 데이터를 가지고 있지 않고 SQL 문장을 가지고 있습니다.

그래서 사용자가 View를 조회할 때 해당 SQL 문장이 실행되어 원본 테이블에 가서 데이터를 가지고 온 후 사용자에게 반환하고 데이터를 삭제하는데, 이런 특성이 대용량 View일 경우에는 성능상 문제가 많이 됩니다.

예를 들어, 아래 그림처럼 원본 테이블이 10억 건이고 View로 가져오는 내용이 1억 건일 경우 일반 View로 생성할 경우에 사용자 A, B, C, D가 View에 쿼리를 수행할 경우 원본 테이블에 4번 I/O를 발생시켜야 한다는 뜻이 됩니다. 그럼 그만큼 힘들고 부하도 많이 걸린다는 의미가 되겠지요 ? 아래 그림으로 일반 View와 Mview를 비교해 보겠습니다.

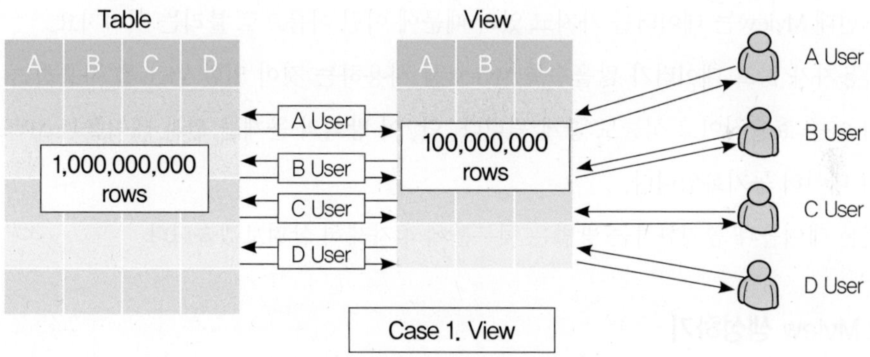

위와 같이 동작을 하게 된다면 원본 테이블에도 부하가 많이 걸리고 사용자들도 대기하는 시간이 많이 길어지게 됩니다.

그래서 Mview를 사용하지요.

다음 그림을 보세요.

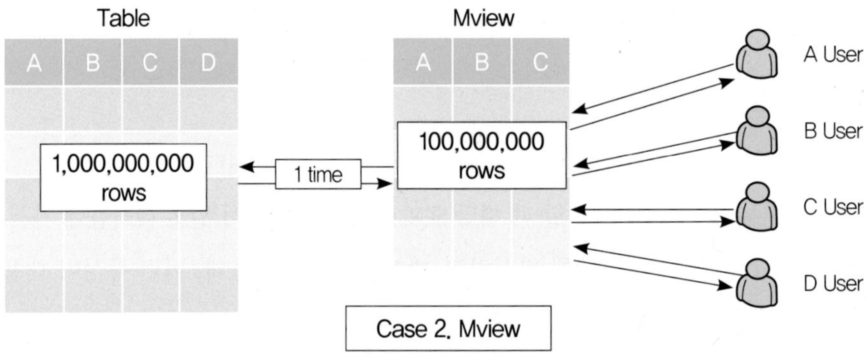

위 그림은 Mview를 사용하는 경우입니다. Mview에 사용자가 요청하는 데이터를 가지고 있다가 요청이 들어오면 즉시 사용자에게 보내줍니다.

Mview를 **"구체화된 View / 실체화 된 View"**라고 하기도 합니다.

원래 View는 데이터가 없기 때문에 실체가 없는 테이블입니다.

그런데 Mview는 데이터를 가지고 있기 때문에 이런 이름으로 불리는 것이지요.

사용자가 많고 데이터가 많을수록 Mview를 사용하는 것이 일반 View를 사용하는 것보다 아주 효율적이고 성능도 좋게 됩니다. 단, 이 방식의 문제는 원본 테이블과 MView 간의 데이터 동기화입니다.

원본 테이블과 동기화하는 방법은 뒷부분에서 자세히 살펴보겠습니다.

5.2 Mview 생성하기

Mview를 생성하기 위해서는 QUERY REWRITE라는 권한과 CREATE MATERIALIZED VIEW라는 권한이 있어야만 합니다. 스펠링 특히 주의하세요.

다음과 같은 방법으로 MVIEW를 생성하면 됩니다.

다음 예제는 professor 테이블에서 profno, name, pay를 가져오는 Mview입니다.

```
SCOTT>CONN  /  AS  SYSDBA ;
SYS>GRANT query rewrite TO scott ;
SYS>GRANT create materialized view TO scott ;
SYS>CONN  scott/tiger ;

SCOTT> CREATE MATERIALIZED VIEW  m_prof
  2  BUILD IMMEDIATE
  3  REFRESH
  4  ON DEMAND
  5  COMPLETE
  6  ENABLE QUERY REWRITE
  7  AS
  8    SELECT profno, name, pay
  9    FROM  professor ;
```

생성 문법 설명

- 2행: Mview를 생성하면서 즉시 서브 쿼리 부분을 수행해서 데이터를 가져오라는 뜻입니다.
- 행, 4행: 원본 테이블에 데이터가 변경되었을 경우 MView와 언제 어떻게 동기화를 시킬 것인지에 대한 옵션입니다. 4행의 ON DEMAND 옵션은 사용자가 수동으로 동기화 명령을 수행해서 동기화시키는 것이고 ON COMMIT 옵션도 쓸 수 있는데, 이것은 원본 테이블에 데이터 변경 후 COMMIT이 발생하면 자동으로 동기화시키라는 의미입니다.

  그런데 ON COMMIT 옵션은 원본 테이블에 데이터 변경이 많을 경우 동기화시키느라 많은 부하를 발생시킬 수 있기 때문에 원본 테이블에 그룹 함수를 사용하거나 Mview에조인이 되는 SQL만 있거나 또는 Group by절에 사용된 컬럼에 COUNT 함수가 사용되는 경우에만 사용이 가능합니다.
- 5행 : REFRESH를 하는 방법도 4가지가 있습니다.

  * **COMPLETE** : MVIEW 내의 데이터 전체가 원본 테이블과 동기화되는 방법입니다. 이 옵션을 사용하려면 ATOMIC_REFRESH=TRUE와 COMPLETE로 설정이 되어야 합니다. 데이터가 많을 경우 시간이 많이 소요됩니다.

* **FAST** : 원본 테이블에 새로운 데이터가 입력될 경우 그 부분만 Mview로 동기화하는 방법입니다. 이 방법은 Direct Path나 Mview log 파일을 사용하여 동기화하게 됩니다.
* **FORCE** : FAST 방법이 가능한지 살펴보고 불가능하면 COMPLETE 방법을 사용하여 동기화하게 됩니다.
* **NEVER** : 동기화를 하지 않습니다.

위와 같이 Mview를 생성한 후 아래와 같이 조회하면 데이터를 바로 확인할 수 있습니다.

```
oracle@localhost:~

SCOTT>SELECT * FROM m_prof ;

    PROFNO NAME                        PAY
---------- -------------------- ----------
      1001 Audie Murphy                550
      1002 Angela Bassett              380
      1003 Jessica Lange               270
      2001 Winona Ryder                250
      2002 Michelle Pfeiffer           350
      2003 Whoopi Goldberg             490
      3001 Emma Thompson               530
      3002 Julia Roberts               330
      3003 Sharon Stone                290
      4001 Meryl Streep                570
      4002 Susan Sarandon              330
      4003 Nicole Kidman               310
      4004 Holly Hunter                260
      4005 Meg Ryan                    500
      4006 Andie Macdowell             220
      4007 Jodie Foster                290
      5001 James Bond                  500

17 rows selected.

SCOTT>
```

그리고 Mview에는 데이터가 존재하기 때문에 Index 등도 생성할 수 있습니다.

```
SCOTT>CREATE INDEX idx_m_prof_pay
  2  ON m_prof(pay);
```

5.3 MView 관리하기

앞에서 언급한 대로 대량의 데이터를 조회할 경우 아주 요긴하게 사용하는 기능이지만 문제가 될 수 있는 부분은 원본 테이블에서 데이터가 변경되었을 때 Mview에 언제 반영을 시키는가 하는 부분입니다.

앞에서 생성 문법 부분에서 언급한 대로 생성 옵션에서 ON COMMIT를 설정하면 원본 테이블에서 데이터가 변경된 후 COMMIT이 수행되면 즉시 동기화를 할 수 있습니다.

언뜻 생각해 보면 좋을 것 같지만 이 옵션으로 설정할 경우 원본 테이블에서 대량의 데이터가 변경될 경우 동기화 때문에 아주 큰 부하를 유발할 수 있어서 추천하지는 않습니다.

대신 관리자가 필요할 때마다 수동으로 동기화하는 방법을 많이 사용하고 있습니다.

아래에서 수동으로 관리하는 방법을 살펴보겠습니다.

수동으로 원본 테이블과 Mview 데이터 동기화하기

이 작업을 하기 위해 원본 테이블 professor에 아래 데이터를 먼저 삭제하세요.

```
SCOTT>DELETE FROM professor
  2  WHERE profno=5001 ;

1 row deleted.

SCOTT>COMMIT ;

Commit complete.
```

동기화 전에 원본 테이블(professor)과 Mview의 데이터 건수를 조회합니다

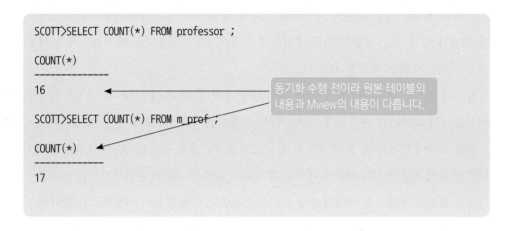

```
SCOTT>SELECT COUNT(*) FROM professor ;

COUNT(*)
--------------
16

SCOTT>SELECT COUNT(*) FROM m_prof ;

COUNT(*)
-------------
17
```

동기화 수행 전이라 원본 테이블의 내용과 Mview의 내용이 다릅니다.

이렇게 차이가 나는 부분을 수동으로 동기화시켜서 동일하게 만들겠습니다.

DBMS_MVIEW 패키지로 동기화를 수행합니다

```
SCOTT>BEGIN
  2     DBMS_MVIEW.REFRESH('M_PROF') ;
  3  END ;
  4  /

PL/SQL procedure successfully completed.

SCOTT>SELECT COUNT(*) FROM m_prof ;

COUNT(*)
--------------
16        ← 동기화가 완료되었습니다.
```

다른 동기화 명령어들

SCOTT〉 VARIABLE num NUMBER;

SCOTT〉 EXEC DBMS_MVIEW.REFRESH_DEPENDENT(:num,'PROFESSOR','C') ;

이 명령어는 PROFESSOR라는 테이블을 사용하는 모든 MVIEW를 찾아서 한꺼번에 동

기화하라는 의미입니다. 마지막의 C는 Refresh 수준으로 Complete를 의미하며 Force 인 f를 쓸 수도 있고 대소문자 구분은 하지 않습니다.

```
SCOTT> EXEC DBMS_MVIEW.REFRESH_ALL_MVIEWS ;
```

위 명령어는 해당 사용자가 만든 모든 MVIEW를 동기화하라는 의미입니다.

Mview 조회하기 / 삭제하기

현재 사용자가 생성한 Mview를 조회하고 싶으면 USER_MVIEWS 딕셔너리를 조회하면 되고 데이터베이스 내의 모든 Mview를 조회하려면 DBA_MVIEWS를 조회하면 됩니다.

아래의 예는 SCOTT 사용자가 생성한 mv_prof의 내용을 조회하는 방법입니다.

```
SCOTT>SELECT mview_name,query
  2  FROM user_mviews
  3  WHERE mview_name='M_PROF';

SCOTT>DROP  MATERIALIZED  VIEW m_prof ;
 Materialized view dropped.
```

대량의 데이터를 상대로 하는 View를 사용해야 할 경우 아주 편리하고 유용하게 사용되는 기능이므로 잘 사용하기를 바랍니다.

연습문제

1. Professor 테이블과 department 테이블을 조인하여 교수번호와 교수이름, 소속 학과이름을 조회하는 view를 생성하세요. View 이름은 v_prof_dept2로 하세요.

2. Inline View를 사용하여 아래 그림과 같이 Student 테이블과 department 테이블을 사용하여 학과별로 학생들의 최대 키와 최대 몸무게, 학과이름을 출력하세요.

```
oracle@localhost:~

DNAME                                    MAX_HEIGHT MAX_WEIGHT
---------------------------------------- ---------- ----------
Computer Engineering                            182         72
Multimedia Engineering                          179         81
Software Engineering                            168         52
Electronic Engineering                          177         83
Mechanical Engineering                          182         70
Library and Information science                 184         62

6 rows selected.

SCOTT>
```

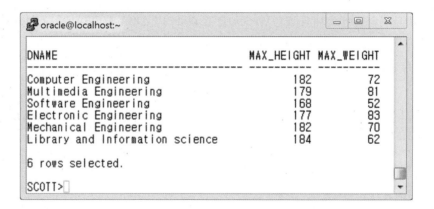

3. Student 테이블과 department 테이블을 사용하여 학과 이름, 학과별 최대키, 학과별로 가장 키가 큰 학생들의 이름과 키를 Inline View를 사용하여 아래와 같이 출력하세요.

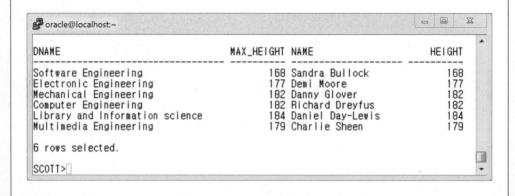

```
oracle@localhost:~

DNAME                                    MAX_HEIGHT NAME                     HEIGHT
---------------------------------------- ---------- -------------------- ----------
Software Engineering                            168 Sandra Bullock              168
Electronic Engineering                          177 Demi Moore                  177
Mechanical Engineering                          182 Danny Glover                182
Computer Engineering                            182 Richard Dreyfus             182
Library and Information science                 184 Daniel Day-Lewis            184
Multimedia Engineering                          179 Charlie Sheen               179

6 rows selected.

SCOTT>
```

4. Student 테이블에서 학생의 키가 동일 학년의 평균 키보다 큰 학생들의 학년과 이름과 키, 해당 학년의 평균 키를 출력하되 Inline View를 사용해서 아래와 같이 출력하세요(학년 컬럼으로 오름차순 정렬해서 출력하세요).

```
oracle@localhost:~

     GRADE NAME                     HEIGHT AVG_HEIGHT
---------- -------------------- ---------- ----------
         1 Sean Connery                175      170.4
         1 Christian Slater            173      170.4
         1 Charlie Sheen               179      170.4
         2 Richard Dreyfus             182      175.6
         2 Daniel Day-Lewis            184      175.6
         3 Micheal Keaton              177      166.6
         3 Macaulay Culkin             171      166.6
         4 James Seo                   180      175.8
         4 Demi Moore                  177      175.8
         4 Danny Glover                182      175.8

10 rows selected.

SCOTT>
```

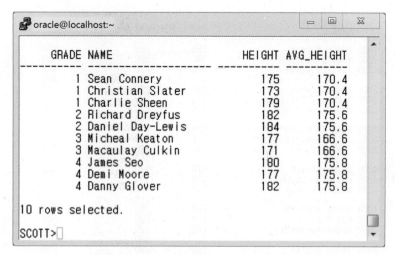

5. professor 테이블을 조회하여 아래와 같이 교수들의 급여 순위와 이름과 급여를 출력하시오. 단, 급여 순위는 급여가 많은 사람부터 1~5위까지 출력하세요.

```
oracle@localhost:~

   Ranking NAME                        PAY
---------- -------------------- ----------
         1 Meryl Streep                570
         2 Audie Murphy                550
         3 Emma Thompson               530
         4 Meg Ryan                    500
         5 Whoopi Goldberg             490

SCOTT>
```

6. 아래 화면과 같이 교수 테이블을 교수 번호로 정렬한 후 출력하되 3건씩 분리해서 급여 합계와 급여 평균을 출력하세요.

```
oracle@localhost:~

       NUM     PROFNO NAME                        PAY   SUM(PAY) ROUND(AVG(PAY),1)
---------- ---------- -------------------- ---------- ---------- -----------------
         1       1001 Audie Murphy                550        550               550
         2       1002 Angela Bassett              380        380               380
         3       1003 Jessica Lange               270        270               270
                                                            1200               400
         4       2001 Winona Ryder                250        250               250
         5       2002 Michelle Pfeiffer           350        350               350
         6       2003 Whoopi Goldberg             490        490               490
                                                            1090             363.3
         7       3001 Emma Thompson               530        530               530
         8       3002 Julia Roberts               330        330               330
         9       3003 Sharon Stone                290        290               290
                                                            1150             383.3
        10       4001 Meryl Streep                570        570               570
        11       4002 Susan Sarandon              330        330               330
        12       4003 Nicole Kidman               310        310               310
                                                            1210             403.3
        13       4004 Holly Hunter                260        260               260
        14       4005 Meg Ryan                    500        500               500
        15       4006 Andie Macdowell             220        220               220
                                                             980             326.7
        16       4007 Jodie Foster                290        290               290
                                                             290               290

22 rows selected.

SCOTT>
```

많이 어려웠죠?

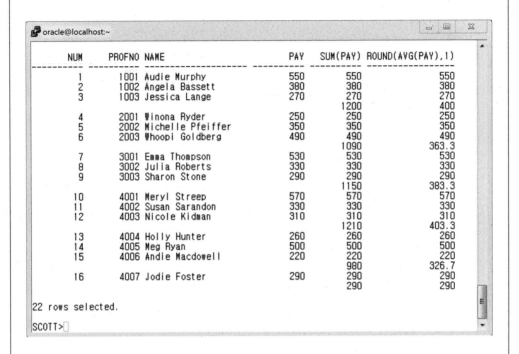

정말 중요한 내용이 많았던 view였습니다.

실전에서 아주 많이 사용되므로 꼭 열심히 공부해서 자신의 실력으로 만드세요.

Check Your Self!

스스로 아래 질문들을 천천히 생각해보고 YES / NO를 체크해 보세요.

아래 질문들에 모두 YES를 선택할 수 있다면 이번 장을 완전히 마스터했다는 의미이고 부족한 부분이 있다면 다시 한 번 더 공부를 해서 완전히 배우길 권해 드립니다.

1. 나는 View 의미를 정확히 알고 있는가? (YES / NO)
2. 나는 조건이나 질문이 주어지면 적절한 뷰를 생성할 수 있는가? (YES / NO)
3. 나는 Inline View를 자유롭게 활용할 수 있는가? (YES / NO)
4. 나는 Mview를 이해하고 생성 및 관리할 수 있는가? (YES / NO)

잠시 쉬어 가는 페이지

오래전 미국 서부의 농장주들은 좀처럼 말을 듣지 않는 거칠고 사나운 야생마를 길들이는 방법을 알고 있었습니다.

먼저 초원으로 나가서 그 야생마보다 작은 당나귀와 함께 묶어 둡니다.

그리고는 고삐 없이 풀어 주는 것입니다.

어떻게 이 방법으로 가능할까요?

처음에 야생마는 이리저리 뛰어오르면서 힘없는 당나귀를 끌고 다닙니다.

그리고 얼마 지나지 않아 무기력한 당나귀를 끌고 지평선 너머로 유유히 사라집니다.

그렇게 며칠이 흐르면 자취를 감췄던 야생마와 당나귀가 나타납니다.

둘은 여전히 함께 묶여 있지만, 그 모습이 이전과는 다릅니다.

당나귀가 앞장을 서고 야생마가 그 뒤를 얌전히 따르고 있는 것입니다.

도대체 이 녀석들에게 무슨 일이 있었던 걸까요?

방목지에서는 언제나 똑같은 일이 일어납니다.

당나귀를 떼어놓기 위해 젖 먹던 힘까지 다 쏟아내며 날뛰던 야생마도 절대로 떨어지지 않고 끝까지 매달려 있는 당나귀에게 반항하기를 포기하고 결국엔 지쳐서 얌전해집니다.

위의 이야기가 주는 교훈이 뭘까요?

어떤 일을 할 때 끈기를 가지고 꾸준히 하는 것이 중요하다는 것입니다.

우리의 인생에서도 야생마처럼 잠깐 뛰어다니는 것보다 당나귀처럼 느리더라도 꾸준히 열심히 달리는 것이 더 중요하다는 것을 꼭 기억하세요.

인생에 있어서 가장 어려운 일 중 한 가지가 뭐든지 꾸준히 하는 것이란 것도 잊지 마세요.

10장 Sub Query(서브 쿼리)를 배웁니다

이번 장에서 배울 내용

1 Sub Query의 개념과 장점을 배웁니다.

2 단일행, 다중행, 다중 컬럼 서브 쿼리의 사용법을 배웁니다.

3 스칼라 서브 쿼리에 대해서 자세히 배웁니다.

4 With 절을 활용한 서브 쿼리에 대해서 자세히 배웁니다.

10장 Sub Query(서브 쿼리)를 배웁니다

1. Sub Query가 무엇일까요?

SQL을 작성할 때 질문이 여러 가지가 한꺼번에 나오는 경우가 자주 있습니다.

예를 들어, "Emp 테이블에서 'FORD'보다 급여를 많이 받는 사람이 누구일까?"라든지 또는 'ALLEN'보다 COMM을 적게 받는 사람은 누구일까 라는 질문이 오면 FORD의 급여나 ALLEN의 COMM을 먼저 알아야 결과를 조회할 수 있겠죠?

당연히 FORD의 급여나 ALLEN의 COMM을 먼저 조회해서 확인한 후 그 값을 조건으로 주고 나머지 결과를 한 번 더 조회해야 합니다. 즉, SQL을 2번 작성해서 실행해야 한다는 뜻이고 이것은 서버에 왔다 갔다 하는 것을 두 번 한다는 뜻이 되어 성능이 저하된다는 의미입니다.

더 쉽게 예를 들어 볼까요?

ALLEN이 친구인 MARTIN에게 패스트푸드점에 가서 불고기버거가 얼마인지 물어보고 오라고 부탁합니다. 착한 친구인 MARTIN은 열심히 달려가서 불고기버거 가격을 물어보고 와서 ALLEN에게 알려주겠죠? 그 가격을 들은 ALLEN이 돈을 주면서 그럼 불고기 버거 1개를 사오라고 다시 부탁을 합니다. 이렇게 하면 당연히 느리겠죠? 처음부터 돈을 주면서 불고기버거 가격을 물어보고 이 돈으로 사올 수 있으면 1개 사오라고 부탁하는 것이 빠르겠죠?

SQL에서도 이런 어이없는 심부름 같은 형태가 참 많은데, 이런 문제점을 보완한 것이 이번 장에서 배우는 Sub Query(서브 쿼리)입니다.

이 장에서 배우는 다양한 서브 쿼리 종류를 잘 익히셔서 빠른 쿼리를 작성해 보세요.

Sub Query는 하나의 쿼리 안에 또 다른 하나의 쿼리가 담겨 있는 것을 말합니다.

다음의 문법을 보겠습니다.

문법

```
SELECT   select_list
FROM   TABLE 또는 View
WHERE  조건  연산자  ( SELECT  select_list
                        FROM   TABLE
                        WHERE  조건 ) ;
```

위 문법에서 괄호 안에 있는 쿼리를 Sub Query(또는 Inner Query)라고 부르고 나머지 괄호 밖에 있는 쿼리를 Main Query(또는 Outer Query)라고 부릅니다.

이미 앞에서 배운 쿼리를 한 번 더 쓰는 것뿐이죠?

아래의 예를 보세요.

Sub Query 예

Emp 테이블에서 'WARD'보다 COMM을 적게 받는 사람의 이름과 COMM을 출력하세요.

```
oracle@localhost:~
SCOTT>SELECT ename , comm
  2  FROM emp
  3  WHERE comm < ( SELECT comm
  4                 FROM emp
  5                 WHERE ename = 'WARD') ;

ENAME            COMM
---------- ----------
ALLEN             300
TURNER              0

SCOTT>
```

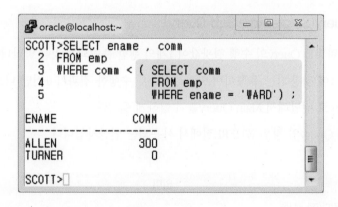

위 그림에서 음영 부분을 Sub Query라고 합니다.

위 쿼리의 수행 순서를 보면 Sub Query가 먼저 수행되어 결과를 만들고 그 결괏값을 Main Query로 전해 줍니다. 결괏값을 기다리고 있던 Main Query는 그 값을 받아서 나머지 쿼리를 수행해서 최종 결과를 출력하게 됩니다. 단, 반드시 Sub Query가 먼저 수행되는 것은 아니며 어떤 경우는 Main Query가 먼저 수행되는 경우도 있습니다.

이 부분은 뒤의 예에서 살펴보겠습니다.

Sub Query를 작성할 때 몇 가지 주의사항도 아래와 같이 있으니 주의해서 작성하세요.

- Sub Query 부분은 WHERE절에 연산자 오른쪽에 위치해야 하며 반드시 괄호로 묶어야 합니다.
- 특별한 경우(Top-n 분석 등)를 제외하고는 Sub Query절에 Order by절이 올 수 없습니다.
- 단일행 Sub Query와 다중행 Sub Query에 따라 연산자를 잘 선택해야 합니다.

Sub Query의 의미와 특징을 살펴보았습니다.
이미 여러분들은 앞에서 다양한 쿼리를 배웠기 때문에 많이 어렵지는 않죠?

2. Sub Query의 종류

2.1 단일행 Sub Query(Single Row Sub Query)

단일행 Sub Query란 Sub Query의 수행 결괏값이 1개의 행만 출력되는 것을 말합니다.
가장 일반적으로 많이 사용되는 유형이며 Sub Query를 수행한 결과가 1건만 나오고 이 결과를 Main Query로 전달해서 Main Query를 수행하게 됩니다.
아래는 단일행 Sub Query일 경우 WHERE절에서 사용되는 연산자입니다.

연산자	의미
=	같다(Equal to)
<>	같지 않다(Not Equal to)
>	크다(Greater Than)
>=	크거나 같다(Greater Than or Equal to)
<	작다(Less Than)
<=	작거나 같다(Less Than or Equal to)

이미 기본 쿼리 작성하는 방법을 배웠으므로 다음 연습문제를 잘 고민해서 풀어보세요.

이 문제들을 다 풀면 어느새 실력이 부쩍 늘어 있을 것입니다.

단일행 Sub Query 연습문제 1

Student 테이블과 department 테이블을 사용하여 'Anthony Hopkins' 학생과 1 전공(deptno1)이 동일한 학생들의 이름과 1전공 이름을 출력하세요.

```
oracle@localhost:~

STUD_NAME            DEPT_NAME
-------------------- -------------------------
Anthony Hopkins      Software Engineering
Sandra Bullock       Software Engineering

SCOTT>
```

힌트 'Anthony Hopkins' 학생의 1 전공번호를 먼저 구한 후 그 전공번호와 같은 학생들의 이름을 찾고 그 전공번호가 어떤 학과인지 department table과 join하여 답을 찾으면 됩니다.

단일행 Sub Query 연습문제 2

Professor 테이블과 department 테이블을 조회하여 'Meg Ryan' 교수보다 나중에 입사한 사람의 이름과 입사일, 학과명을 출력하세요.

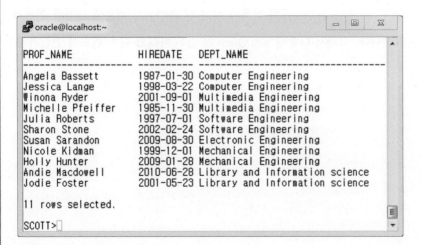

```
oracle@localhost:~

PROF_NAME            HIREDATE   DEPT_NAME
-------------------- ---------- ----------------------------------
Angela Bassett       1987-01-30 Computer Engineering
Jessica Lange        1998-03-22 Computer Engineering
Winona Ryder         2001-09-01 Multimedia Engineering
Michelle Pfeiffer    1985-11-30 Multimedia Engineering
Julia Roberts        1997-07-01 Software Engineering
Sharon Stone         2002-02-24 Software Engineering
Susan Sarandon       2009-08-30 Electronic Engineering
Nicole Kidman        1999-12-01 Mechanical Engineering
Holly Hunter         2009-01-28 Mechanical Engineering
Andie Macdowell      2010-06-28 Library and Information science
Jodie Foster         2001-05-23 Library and Information science

11 rows selected.

SCOTT>
```

힌트 'Meg Ryan' 교수의 입사일을 먼저 구한 후 그 날짜보다 큰 입사일을 가진 교수들을 찾고 각 교수들의 학과번호를 department table과 join하여 학과명을 구하면 됩니다.

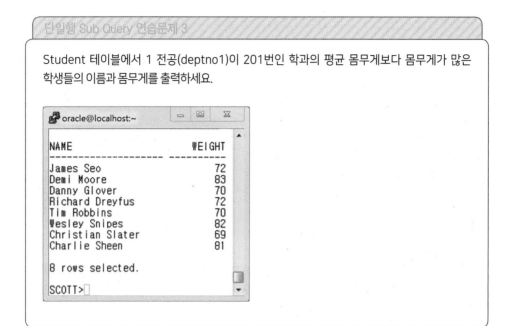

단일행 Sub Query 연습문제 3

Student 테이블에서 1 전공(deptno1)이 201번인 학과의 평균 몸무게보다 몸무게가 많은 학생들의 이름과 몸무게를 출력하세요.

```
oracle@localhost:~

NAME                     WEIGHT
-------------------- ----------
James Seo                    72
Demi Moore                   83
Danny Glover                 70
Richard Dreyfus              72
Tim Robbins                  70
Wesley Snipes                82
Christian Slater             69
Charlie Sheen                81

8 rows selected.

SCOTT>
```

2.2 다중행 Sub Query(Multi Row Sub Query)

다중행 Sub Query란 Sub Query의 결과가 2건 이상 출력되는 것을 말합니다.

다중행 Sub Query는 Sub Query의 결과가 여러 건 출력되기 때문에 단일행 연산자를 사용할 수 없습니다. 그래서 다중행 Sub Query의 경우 아래와 같이 별도의 연산자가 존재합니다.

다중행 Sub Query에서 사용되는 연산자

연산자	의미
IN	서브 쿼리 결과와 같은 값을 찾습니다.
EXISTS	Sub Query의 값이 있을 경우 메인 쿼리를 수행합니다.
〉ANY	서브 쿼리 결과 중에서 최솟값을 반환합니다.
〈ANY	서브 쿼리 결과 중에서 최댓값을 반환합니다.
〈ALL	서브 쿼리 결과 중에서 최솟값을 반환합니다.
〉ALL	서브 쿼리 결과 중에서 최댓값을 반환합니다.

위의 ANY와 ALL은 연산자의 방향에 따라 최댓값, 최솟값이 달라집니다.

Sub Query에서 반환되는 값은 최솟값이거나 최댓값이지만 연산자 좌측에 어떤 값이 오는가에 따라서 출력되는 결괏값은 다르게 나올 것입니다.

예를 들어, 만약 Sub Query를 수행해서 결괏값이 (100, 200, 300)으로 나왔을 경우에 **SAL 〉 ANY (100, 200, 300)**으로 되면 ANY 자리에 최솟값인 100이 반환됩니다.

그렇게 되면 **SAL 〉 100**이라는 식으로 됩니다.

그런데 만약 **SAL 〈 ALL** (100, 200, 300)이 되면 Sub Query의 최솟값인 100이 반환되긴 하지만 식은 SAL **〈 100**이 되어버립니다. 즉, Sub Query의 반환 값은 둘 다 최솟값인 100이지만 연산자의 방향에 따라 다른 식이 되므로 꼭 주의하시기 바랍니다.

2.2.1 다중 행 Sub Query 예 1

Emp2 테이블과 Dept2 테이블을 참조하여 근무 지역(dept2 테이블의 area 컬럼)이 'Pohang Main Office' 인 모든 사원들의 사번과 이름, 부서 번호를 출력하세요.

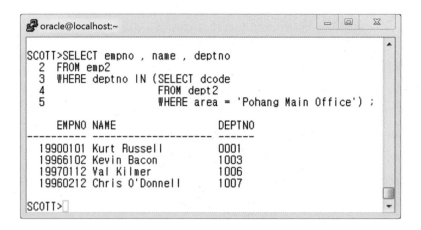

```
oracle@localhost:~

SCOTT>SELECT empno , name , deptno
  2  FROM emp2
  3  WHERE deptno IN (SELECT dcode
  4                   FROM dept2
  5                   WHERE area = 'Pohang Main Office') ;

     EMPNO NAME                 DEPTNO
---------- -------------------- ------
  19900101 Kurt Russell         0001
  19966102 Kevin Bacon          1003
  19970112 Val Kilmer           1006
  19960212 Chris O'Donnell      1007

SCOTT>
```

2.2.2 다중행 Sub Query 예 2 – Exists 연산자 사용하기

Exists 연산자는 이름 그대로 **"존재하면"**이라는 의미가 있습니다.

이 연산자는 Sub Query의 내용을 먼저 수행해서 그 결과가 1 건이라도 나오면 메인 쿼리를 수행하고 만약 Sub Query의 내용이 한 건도 나오지 않으면 메인 쿼리를 아예 실행하지 않습니다.

EXISTS 연산자와 IN 연산자가 서로 비슷하지만 차이점은 IN 연산자는 Sub Query에서 검색된 조건만 Main Query에서 연산을 하지만 EXISTS 연산자는 Sub Query의 결과와 상관없이 Main Query의 수행 여부를 결정한다는 점입니다.

아래의 예로 EXISTS 연산자의 사용법과 IN 연산자와의 차이점을 확인해 보겠습니다.

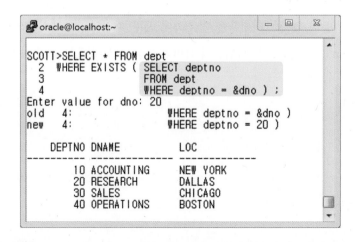

```
oracle@localhost:~

SCOTT>SELECT * FROM dept
  2  WHERE EXISTS ( SELECT deptno
  3                 FROM dept
  4                 WHERE deptno = &dno ) ;
Enter value for dno: 20
old   4:                WHERE deptno = &dno )
new   4:                WHERE deptno = 20 )

    DEPTNO DNAME          LOC
---------- -------------- -------------
        10 ACCOUNTING     NEW YORK
        20 RESEARCH       DALLAS
        30 SALES          CHICAGO
        40 OPERATIONS     BOSTON
```

위 쿼리는 사용자에게 deptno가 20번으로 입력받은 후 EXISTS 연산자를 사용해서 해당 번호가 존재하는 검사를 한 후 메인 쿼리를 수행한 화면입니다.

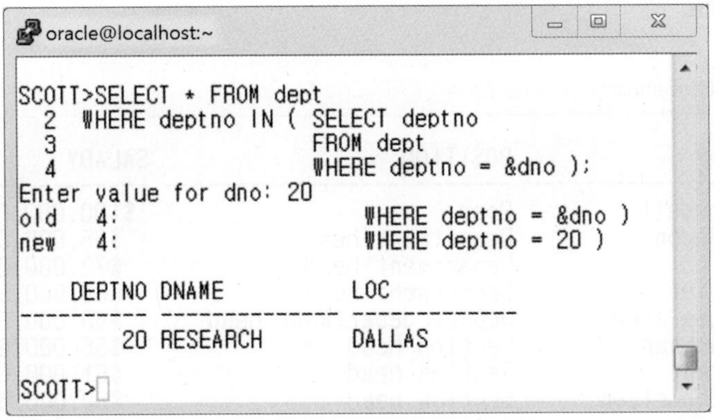

위 그림은 사용자에게 deptno가 20번을 입력받은 후 deptno가 20번인 부서만 출력했습니다.

EXISTS 연산자와 IN 연산자는 비슷한 듯 하지만 아주 다릅니다.

정리를 하면 EXISTS 연산자는 서브 쿼리의 결과가 있으면 그 결과와 관계없이 메인 쿼리를 수행하는 연산자이지만 IN 연산자는 서브 쿼리의 결과가 있으면 그 결과에 해당되는 메인 쿼리를 수행하는 것입니다.

이 두 가지를 잘 구분해서 적절하게 사용해야 하며, 특히 EXISTS 연산자는 실전에서 어떤 데이터가 있는지 없는지를 확인해서 쿼리를 실행할 때 아주 많이 사용되는 함수이므로 꼭 이해하고 있어야 합니다.

Exists 연산자와 IN 연산자의 차이점은 이 장의 마지막 부분에 Step-Up에서 자세하게 실습으로 설명하고 있으니 관심 있으면 참고하기 바랍니다.

다중 행 Sub Query 연습문제 1

Emp2 테이블을 사용하여 전체 직원 중 'Section head' 직급의 최소 연봉자보다 연봉이 높은 사람의 이름과 직급, 연봉을 출력하세요. 단, 연봉 출력 형식은 아래와 같이 천 단위 구분 기호와 $ 표시를 하세요.

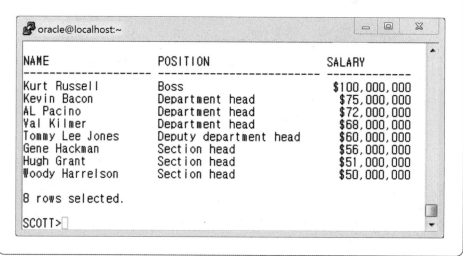

```
oracle@localhost:~

NAME                 POSITION                  SALARY
-------------------- ------------------------- -------------
Kurt Russell         Boss                       $100,000,000
Kevin Bacon          Department head             $75,000,000
AL Pacino            Department head             $72,000,000
Val Kilmer           Department head             $68,000,000
Tommy Lee Jones      Deputy department head      $60,000,000
Gene Hackman         Section head                $56,000,000
Hugh Grant           Section head                $51,000,000
Woody Harrelson      Section head                $50,000,000

8 rows selected.

SCOTT>
```

다중 행 Sub Query 연습문제 2

Student 테이블을 조회하여 전체 학생 중에서 체중이 2학년 학생들의 체중에서 가장 적게 나가는 학생보다 몸무게가 적은 학생의 이름과 학년과 몸무게를 출력하세요.

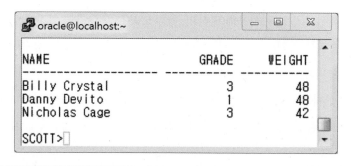

```
oracle@localhost:~

NAME                      GRADE     WEIGHT
-------------------- ---------- ----------
Billy Crystal                 3         48
Danny Devito                  1         48
Nicholas Cage                 3         42

SCOTT>
```

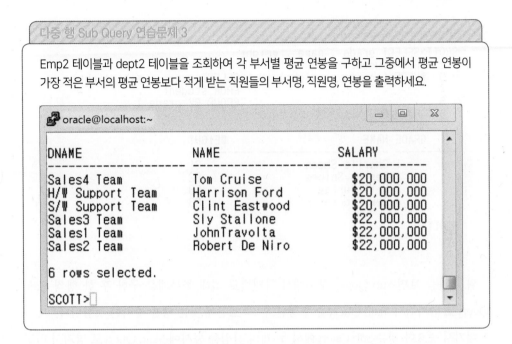

다중 행 Sub Query 연습문제 3

Emp2 테이블과 dept2 테이블을 조회하여 각 부서별 평균 연봉을 구하고 그중에서 평균 연봉이 가장 적은 부서의 평균 연봉보다 적게 받는 직원들의 부서명, 직원명, 연봉을 출력하세요.

```
oracle@localhost:~

DNAME                NAME                 SALARY
-------------------- -------------------- -----------
Sales4 Team          Tom Cruise           $20,000,000
H/W Support Team     Harrison Ford        $20,000,000
S/W Support Team     Clint Eastwood       $20,000,000
Sales3 Team          Sly Stallone         $22,000,000
Sales1 Team          JohnTravolta         $22,000,000
Sales2 Team          Robert De Niro       $22,000,000

6 rows selected.

SCOTT>
```

이상으로 많이 사용되는 유형의 다중행 Sub Query들을 살펴보았습니다.

다음으로 다중 컬럼 Sub Query를 살펴보겠습니다.

2.3 다중 컬럼 Sub Query(Multi Column Sub Query)

다중 컬럼 Sub Query란 Sub Query의 결과가 여러 컬럼인 경우를 말합니다.

주로 Primary Key를 여러 컬럼을 합쳐서 만들었을 경우 한꺼번에 비교하기 위해서 자주 사용합니다.

2.3.1 다중 컬럼 Sub Query 예 1

Student 테이블을 조회하여 각 학년별로 최대 몸무게를 가진 학생들의 학년과 이름과 몸무게를 출력하세요.

```
oracle@localhost:~
SCOTT>SELECT grade , name , weight
  2  FROM student
  3  WHERE ( grade , weight) IN ( SELECT grade , MAX(weight)
  4                               FROM student
  5                               GROUP BY grade )
  6  ORDER BY 1 ;

     GRADE NAME                     WEIGHT
---------- -------------------- ----------
         1 Charlie Sheen                81
         2 Wesley Snipes                82
         3 Bill Murray                  58
         4 Demi Moore                   83

SCOTT>
```

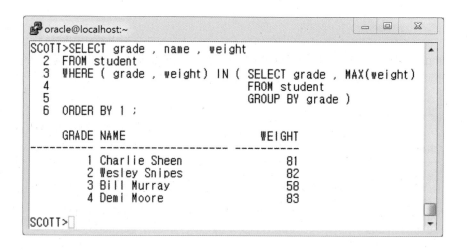

위 결과를 보면 Sub Query 부분에서 학년별로 최대 몸무게를 구한 후 한 행씩 Main Query로 넘겨줘서 Main Query를 수행한 후 그 조건에 맞는 행을 출력한 것입니다.

여기서 중요한 것은 Sub Query에서 두 개의 컬럼을 동시에 Main Query로 넘겨서 비교한다는 것입니다. 이 방법을 사용하여 아주 다양한 검색을 하므로 꼭 이해를 하세요.

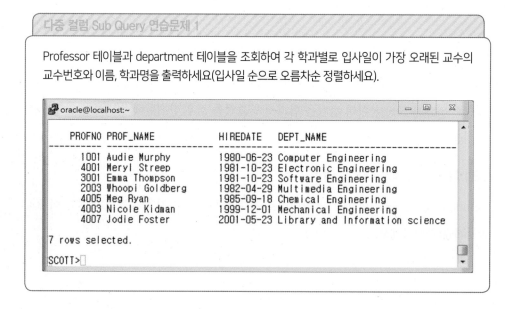

다중 컬럼 Sub Query 연습문제 1

Professor 테이블과 department 테이블을 조회하여 각 학과별로 입사일이 가장 오래된 교수의 교수번호와 이름, 학과명을 출력하세요(입사일 순으로 오름차순 정렬하세요).

```
oracle@localhost:~

    PROFNO PROF_NAME            HIREDATE   DEPT_NAME
---------- -------------------- ---------- ------------------------------------
      1001 Audie Murphy         1980-06-23 Computer Engineering
      4001 Meryl Streep         1981-10-23 Electronic Engineering
      3001 Emma Thompson        1981-10-23 Software Engineering
      2003 Whoopi Goldberg      1982-04-29 Multimedia Engineering
      4005 Meg Ryan             1985-09-18 Chemical Engineering
      4003 Nicole Kidman        1999-12-01 Mechanical Engineering
      4007 Jodie Foster         2001-05-23 Library and Information science

7 rows selected.

SCOTT>
```

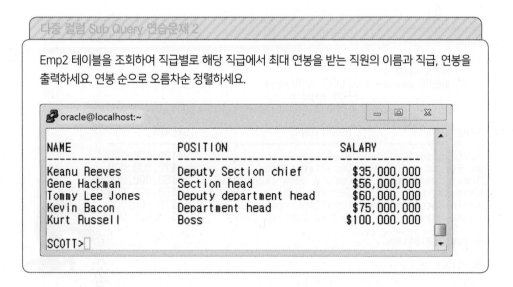

다중 컬럼 Sub Query 연습문제 2

Emp2 테이블을 조회하여 직급별로 해당 직급에서 최대 연봉을 받는 직원의 이름과 직급, 연봉을 출력하세요. 연봉 순으로 오름차순 정렬하세요.

oracle@localhost:~

```
NAME                 POSITION                  SALARY
-------------------- ------------------------- -------------
Keanu Reeves         Deputy Section chief        $35,000,000
Gene Hackman         Section head                $56,000,000
Tommy Lee Jones      Deputy department head      $60,000,000
Kevin Bacon          Department head             $75,000,000
Kurt Russell         Boss                       $100,000,000

SCOTT>
```

2.4 상호 연관 Sub Query

상호 연관 Sub Query란 Main Query 값을 Sub Query에 주고 Sub Query를 수행한 후 그 결과를 다시 Main Query로 반환해서 수행하는 Sub Query를 말합니다. 즉, Main Query와 Sub Query가 서로 데이터를 주고받는 형태인데, 성능이 아주 나쁜 유형이므로 아주 조심해야 합니다. 아래 예를 주의 깊게 보세요.

2.4.1 상호 연관 Sub Query 예 1

Emp2 테이블을 조회해서 직원들 중에서 자신의 직급의 평균연봉과 같거나 많이 받는 사람들의 이름과 직급, 현재 연봉을 출력하세요.

```
oracle@localhost:~

SCOTT>SELECT name , position ,TO_CHAR(pay,'$999,999,999') "SALARY"
  2  FROM emp2 a
  3  WHERE pay >= ( SELECT AVG(pay)
  4                 FROM emp2 b
  5                 WHERE a.position = b.position) ;

NAME                 POSITION                  SALARY
-------------------- ------------------------- -------------
Kurt Russell         Boss                       $100,000,000
AL Pacino            Department head             $72,000,000
Tommy Lee Jones      Deputy department head      $60,000,000
Gene Hackman         Section head                $56,000,000
Kevin Bacon          Department head             $75,000,000
Keanu Reeves         Deputy Section chief        $35,000,000

6 rows selected.

SCOTT>
```

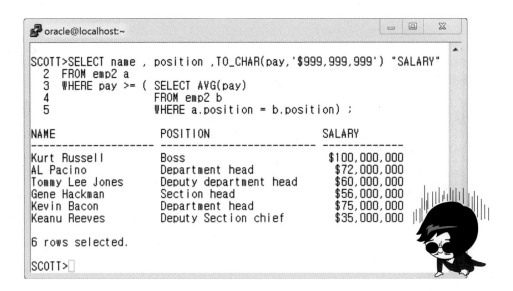

위 쿼리는 Main Query를 먼저 수행해서 직급을 구한 다음 Sub Query에 전달해 주고 그 값을 받은 Sub Query가 수행되어 결과를 다시 Main Query로 전달해 줍니다.

그 후에 다시 받은 값을 가지고 Main Query가 최종적으로 수행되는 그런 형태입니다.

이 Sub Query는 잘못 사용될 경우 성능 저하의 원인이 될 수 있으므로 조심해야 합니다.

3. Scalar Sub Query(스칼라 서브 쿼리)

스칼라 서브 쿼리는 SELECT절에 오는 서브 쿼리로 한 번에 결과를 1행씩 반환합니다.

이번에 보는 스칼라 서브 쿼리는 내용이 어렵지만 실전에서 아주 많이 사용되고 SQL 튜닝에서도 아주 강조되는 부분이니 꼭 많이 연습해서 자신의 것으로 만들기를 바랍니다.

★★★ 참고

Sub Query는 오는 위치에 따라서 그 이름이 다릅니다.

- SELECT(Sub Query) ← 1행만 반환할 경우 Scalar Sub Query(스칼라 서브 쿼리)
- FROM(Sub Query) ← Inline View(인라인 뷰) – View장에서 배웁니다.
- WHERE(Sub Query) ← Sub Query라고 부릅니다.

3.1 Scalar Sub Query란?

▶▶▶ 사용 예

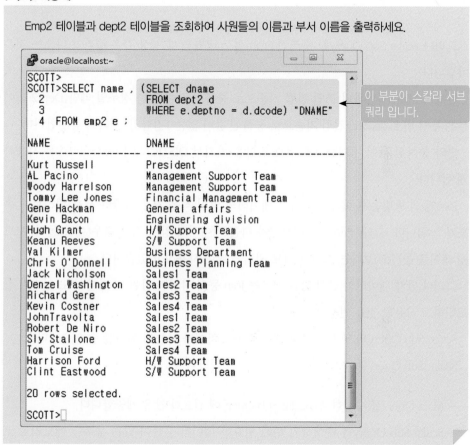

Emp2 테이블과 dept2 테이블을 조회하여 사원들의 이름과 부서 이름을 출력하세요.

```
oracle@localhost:~
SCOTT>
SCOTT>SELECT name , (SELECT dname
  2                 FROM dept2 d
  3                 WHERE e.deptno = d.dcode) "DNAME"
  4  FROM emp2 e ;

NAME                 DNAME
-------------------- -----------------------------------
Kurt Russell         President
AL Pacino            Management Support Team
Woody Harrelson      Management Support Team
Tommy Lee Jones      Financial Management Team
Gene Hackman         General affairs
Kevin Bacon          Engineering division
Hugh Grant           H/W Support Team
Keanu Reeves         S/W Support Team
Val Kilmer           Business Department
Chris O'Donnell      Business Planning Team
Jack Nicholson       Sales1 Team
Denzel Washington    Sales2 Team
Richard Gere         Sales3 Team
Kevin Costner        Sales4 Team
JohnTravolta         Sales1 Team
Robert De Niro       Sales2 Team
Sly Stallone         Sales3 Team
Tom Cruise           Sales4 Team
Harrison Ford        H/W Support Team
Clint Eastwood       S/W Support Team

20 rows selected.

SCOTT>
```

이 부분이 스칼라 서브 쿼리 입니다.

원래 위와 같은 결과를 출력하려면 Join 등의 방법을 이용해야 합니다. 위 결과 화면을 보면 Join과 동일하죠? 스칼라 서브 쿼리는 서브 쿼리의 결과가 없을 경우 Null 값을 돌려줍니다.

그래서 Scalar Sub Query는 아래 쿼리처럼 앞에서 배웠던 Outer Join과 동일합니다.

```
SELECT name, d.dname  "DNAME"
 FROM emp2 e left outer join  dept2 d
   on (e.deptno = d.dcode);
```

```
SELECT name, d.dname  "DNAME"
 FROM emp2 e, dept2 d
 WHERE e.deptno = d.dcode(+);
```

그러나 Scalar Sub Query를 무조건 From절로 내렸을 때 항상 같은 결과가 나오는 것은 아닙니다.

반드시 Main 집합과의 조인 컬럼 기준으로 중복된 값이 없는 경우일 때만(Dept2 테이블은 부서 번호 decode 컬럼 기준으로 중복된 값이 없는 1집합임) 결과가 동일합니다.

만약 중복된 값이 존재한다면 결과 집합은 커져서 DISTICNT나 GROUP BY를 사용하게 됩니다.

Join 등의 방법은 출력하고자 하는 데이터의 양이 적을 경우 스칼라 서브 쿼리보다 속도가 느립니다. 그래서 주로 출력하고자 하는 데이터의 양이 적은 경우(예를 들어, 코드성 테이블 등) Join보다는 스칼라 서브 쿼리를 많이 사용하고 있습니다.

그러나 만약 데이터의 양이 많은 경우는 Join 등의 작업이 훨씬 더 빠를 수도 있으니 잘 고민하고 사용할 것을 권장합니다.

Scalar Sub Query의 원리를 살펴보면 왜 속도 차이가 나는지 이해할 수 있습니다.

Scalar Sub Query를 수행하면 아래와 같이 동작합니다.

- Main Query를 수행한 후 Scalar Sub Query에 필요한 값을 제공합니다.
- Scalar Sub Query를 수행하기 위해 필요한 데이터가 들어 있는 블록을 메모리로 로딩합니다.
- Main Query에서 주어진 조건을 가지고 필요한 값을 찾습니다. 그리고 이 결과를 입력값과 출력값으로 메모리 내의 query execution cache라는 곳에 저장해 둡니다. 여기서 입력값은 Main Query에서 주어진 값이고 출력값은 Scalar Sub Query를 수행 후 나온 결괏값입니다. 이 값을 저장하는 캐시 값을 지정하는 파라미터는 _query_execution_cache_max_size입니다.
- 다음 조건이 Main Query에서 Scalar Sub Query로 들어오면 해시 함수를 이용해서

해당 값이 캐시에 존재하는지 찾고 있으면 즉시 결괏값을 출력하고 없으면 다시 블록을 엑세스 해서 해당 값을 찾은 후 다시 메모리에 캐시해 둡니다.

– Main Query가 끝날 때까지 반복합니다.

위의 순서에서 알 수 있듯이 스칼라 서브 쿼리가 빠른 이유는 찾는 데이터가 메모리에 만들어져 있는 값을 찾아오기 때문입니다. 즉, 만약 모든 데이터가 메모리에 없거나 또는 데이터양이 많을 경우는 Query Execution Cache에서 해당 데이터를 찾는 시간이 더 걸리기 때문에 Join보다 속도가 더 걸리게 됩니다. 따라서 스칼라 서브 쿼리는 데이터 종류가 적고 개수도 비교적 적은 코드성 테이블에서 데이터를 가져올 경우 등에 사용하기를 추천하는 것입니다.

더 쉽게 식당으로 예를 들어 보겠습니다.

김치찌개만 파는 전문 식당이 있다고 가정하겠습니다.

그럼 손님들은 당연히 이곳에 와서 김치찌개만 주문을 하겠죠?

그래서 주인이 미리 김치찌개를 만들어 놓습니다.

그러면 손님들이 와서 자리에 앉자마자 바로 음식이 나올 수 있고 손님도 빨리 식사를 할 수 있다는 것입니다.

그런데 만약 이 집이 100가지 메뉴를 가진 식당이라고 가정하겠습니다.

그 메뉴 중에서 일부 많이 팔리는 메뉴는 미리 만들어 놨다가 손님의 주문이 들어오면 바로 주면 속도가 빠를 것입니다. 하지만 미리 만들어진 메뉴 이외의 음식을 주문할 경우 미리 만들어 놓은 것 중에서 해당 음식이 있는지 검사한 후 없으면 그때 주방에서 음식을 만들기 시작하겠지요?

그렇게 되면 속도가 아주 느리게 되는 것입니다.

스칼라 서브 쿼리도 비슷한 원리로 작동합니다. 즉, 메모리에 미리 찾을 것으로 예상되는 조건으로 데이터를 준비해 놓고 주문이 들어오면 바로 찾아가는 것이지요.

그런데 만약 메모리에 미리 만들어 놓은 데이터 외의 다른 데이터를 찾을 경우 메모리를 찾아보고 없으면 그때 디스크로 가서 데이터를 가져와서 사용자에게 전해주는 복잡하고 느린 과정을 거치게 됩니다.

여기서 알 수 있는 간단한 원리는 많이 찾는 소량의 데이터들은 스칼라 서브 쿼리로 미리 생성해 놓고 진행하는 것이 빠르지만 광범위한 데이터들은 미리 만들어 놓을 수가 없기 때문에 스칼라 서브 쿼리를 사용하면 오히려 더 늦어질 수 있다는 것입니다.

메뉴가 100가지인 식당에서 손님이 뭘 찾을지 모른다고 100가지 음식을 모두 미리 만들어 둘 수는 없겠지요?

아래의 몇 가지 테스트를 통해 스칼라 서브 쿼리에 대해 자세히 살펴보겠습니다.

3.2 Scalar Sub Query 테스트

TEST 1 두 건 이상의 데이터 반환을 요청하는 경우 에러가 발생합니다

연습용 테이블 t3와 t4를 생성한 후 두 테이블의 deptno 컬럼을 사용하여 Join을 수행합니다.

이때 t4 테이블은 하나의 deptno에 다른 두 가지 name 값이 설정이 되어 있는 상황입니다.

아래의 그림으로 살펴보겠습니다.

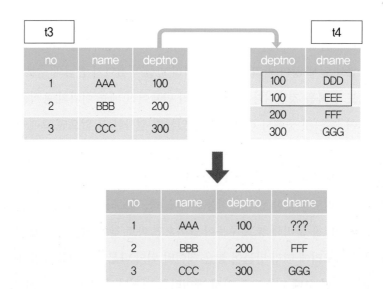

t3

no	name	deptno
1	AAA	100
2	BBB	200
3	CCC	300

t4

deptno	dname
100	DDD
100	EEE
200	FFF
300	GGG

no	name	deptno	dname
1	AAA	100	???
2	BBB	200	FFF
3	CCC	300	GGG

위 그림과 같이 t3 테이블과 t4 테이블을 사용하여 아래의 결괏값을 출력하려 합니다. 먼저 실습을 위해 위 그림과 같이 테이블을 생성하고 데이터를 입력하겠습니다.

```
SCOTT> CREATE TABLE   t3 (
  2  no        NUMBER,
  3  name     VARCHAR(10),
  4  deptno    NUMBER   ) ;

TABLE  created.

SSCOTT> CREATE TABLE  t4 (
  2  deptno    NUMBER ,
  3  dname    VARCHAR(10));

TABLE  created.

SCOTT> INSERT  INTO  t3  VALUES (1,'AAA',100);
1 row created.

SCOTT> INSERT  INTO  t3  VALUES (2,'BBB',200);
1 row created.

SCOTT> INSERT  INTO  t3  VALUES (3,'CCC',300);
1 row created.

SCOTT> COMMIT  ;
COMMIT  complete.

SCOTT> INSERT  INTO t4 VALUES  (100,'DDD');
1 row created.

SCOTT> INSERT  INTO t4 VALUES  (100,'EEE');  ← 이 부분이 나중에 문제가 될 부분입니다.
1 row created.

SCOTT> INSERT  INTO t4 VALUES  (200,'FFF');
1 row created.

SCOTT> INSERT  INTO t4 VALUES  (300,'GGG');
1 row created.

SQL> COMMIT  ;
아래와 같이 스칼라 서브 쿼리에서 한 번에 2건 이상의 데이터를 가져올 경우 에러가
발생합니다.
```

```
SCOTT> SELECT t3.no, t3.name, (SELECT dname FROM t4
  2                            WHERE t3.deptno=t4.deptno)
  3  FROM  t3 ;

SELECT t3.no, t3.name, (SELECT dname FROM t4
                        *
ERROR at line 1:
ORA-01427: single-row subquery returns more than one row
```

에러가 발생하는 이유는 앞의 그림을 보면 t4 테이블의 deptno 컬럼의 100의 dname 이 'DDD'와 'EEE' 두 개가 있습니다.

이때 t3 테이블에서 1건의 데이터를 가져 온 후(여기서는 no가 1번이라고 가정하겠습니다)

해당 데이터의 deptno가 100일 경우 t4 테이블에서 deptno가 100번을 찾아서 dname을 가져와야 하는데, t4 테이블의 100번 dname의 값이 2개가 있어서 위와 같이 ORA-01427 에러가 발생하는 것입니다. 즉, 이 말은 오라클이 t4번 테이블에 가서 deptno가 100번인 값 중에서 'DDD'와 'EEE' 중에서 어떤 것을 가져와야 할지 모르겠다는 의미입니다.

이 에러를 수정하기 위해 'DDD'의 deptno 값을 400으로 변경해서 중복된 값이 없도록 한 후 다시 조회하겠습니다.

```
SCOTT> SELECT * FROM t4;

   DEPTNO      DNAME
   ----------- ----------
   100         DDD
   100         EEE
   200         FFF
   300         GGG

SCOTT> UPDATE t4
  2  SET deptno=400
  3  WHERE dname='DDD' ;

1 row updated.
```

```
SCOTT> COMMIT  ;
COMMIT  complete.
SCOTT> SELECT t3.no, t3.name, (SELECT dname
  2                            FROM t4
  3                            WHERE t3.deptno=t4.deptno) dname
  4  FROM t3 ;

   NO         NAME       DNAME
   ---------- ---------- ----------
   1          AAA        EEE   ← 에러 없이 잘 수행됩니다.
   2          BBB        FFF
   3          CCC        GGG
```

TEST 2 2개 이상의 컬럼을 조회할 경우에도 에러가 발생합니다

```
SCOTT> SELECT t3.no, t3.name, (SELECT dname, deptno
  2                            FROM t4
  3                            WHERE t3.deptno=t4.deptno)
  4  FROM t3 ;

SELECT t3.no, t3.name, (SELECT dname, deptno
                             *
ERROR at line 1:
ORA-00913: too many values

SCOTT> SELECT t3.no, t3.name, (SELECT deptno
  2                            FROM t4
  3                            WHERE t3.deptno=t4.deptno) deptno
  4  FROM t3 ;

   NO         NAME       DEPTNO
   ---------- ---------- ----------
   1          AAA        100
   2          BBB        200
   3          CCC        300
```

스칼라 서브 쿼리는 일반적으로 데이터의 종류나 양이 적은 코드 성격의 테이블에서 적은 수의 데이터를 가져와야 할 경우 Join 대신 사용하면 성능이 좋지만 그런 상황이 아닐 경우는 위의 테스트처럼 일반적인 join보다 성능이 더 저하될 수 있다는 것을 꼭 기억해야 합니다.

무조건 쓰는 것이 절대 아닙니다.

다음에 나오는 'STEP-UP'에서 스칼라 서브쿼리와 관련된 몇 가지 중요한 사항들이 있으니 스칼라 서브 쿼리에 대해 더 궁금한 부분이 있으면 꼭 참고하세요.

STEP-UP 1 WITH 절을 활용한 Sub Query

이번에 살펴볼 Sub query는 오라클 9i 버전부터 지원되는 방법으로 WITH절을 사용하여 원하는 테이블을 메모리에 미리 뷰처럼 가상의 테이블로 생성시킨 후 데이터를 가져오는 기법입니다.

성능이 좋아서 현업에서 아주 많이 사용되고 있지만 사용법이 어렵다는 단점이 있습니다.

아래 내용이 어렵다면 일단 건너 뛰고 다른 공부를 먼저 한 다음 이번 장을 나중에 공부해도 됩니다.

이 서브 쿼리가 속도가 빠른 이유는 반복 수행되는 쿼리를 한 번만 수행하여 그 결과를 메모리 또는 Global Temporary Table에 저장해 놓고, 그 결과를 반복해서 사용하기 때문에 일반 Sub Query보다 일반적으로 좋은 성능을 발휘합니다.

참고로 WITH문 절을 Sub Query Factoring이라고 부릅니다.

특히, UNION에 똑같은 테이블을 조회하는 쿼리가 계속 들어갈 경우 사용하면 한 번만 기술하고 반복해서 불러 쓰는 방법을 사용할 수 있어서 문장이 많이 간결해집니다.

이 부분의 내용은 조금 어렵긴 하지만 현업에서 아주 많이 사용하는 방법이며 성능 개선에 획기적인 효과를 가져올 수 있으므로 여러 번 연습해서 꼭 본인의 것으로 만들기를 바랍니다.

[기본 문법]

단일 가상 테이블 생성

```
WITH a AS
(
   SELECT QUERY....
)
SELECT * FROM a ;
```

다중 가상 테이블 생성

```
WITH a AS
(
   SELECT QUERY....
),
b AS
(
   SELECT QUERY....
)
SELECT * FROM a
UNION ALL
SELECT * FROM b ;
```

두 테이블을 사용하여 수행하고 싶은 SQL을 적으면 됩니다.

이 방법을 사용할 때 몇 가지 주의사항이 있습니다.

- with 절 안에는 SELECT 문장만 쓸 수 있습니다.
- with 절 안에 또 다른 with 절을 쓸 수 없습니다.

TEST 1 대용량의 테이블을 생성한 후 최댓값과 최솟값의 차이 구하기

이 실습의 순서는 다음과 같습니다.

0. 대용량 테이블을 생성하기 위해 관리자로 로그인 후 필요한 파일들의 용량을 증가시킵니다.
1. 테스트용 테이블(with_test1)을 생성한 후 500만 건의 데이터를 입력합니다.
2. 최댓값과 최솟값의 차이를 max, min 함수를 이용하여 구할 때 소요 시간을 확인합니다.
3. 인덱스를 생성한 후 최댓값과 최솟값의 차이를 구하고 소요 시간을 확인합니다.
4. with절을 사용하여 최댓값과 최솟값의 차이를 구하고 소요 시간을 확인합니다.
5. 반복된 테이블 수행을 한 번만 수행하도록 하고 소요 시간을 확인합니다.

STEP 0 실습 전에 필요한 파일들의 용량을 증가합니다

```
SCOTT> CONN / AS sysdba;
Connected.

SYS> set line 200
SYS> set timing on  ← SQL 수행 시간을 표시하도록 설정합니다.
SYS> col tablespace_name for a10
SYS> col mb for 999.99
SYS> col file_name for a50

SYS> SELECT  tablespace_name, bytes/1024/1024 MB, file_name
  2  FROM dba_data_files ;

TABLE SPACE     MB        FILE_NAME
--------------- --------- --------------------------------------------------
USERS           6.25      /app/oracle/oradata/testdb/users01.dbf
SYSAUX          260.00    /app/oracle/oradata/testdb/sysaux01.dbf
UNDOTBS1        35.00     /app/oracle/oradata/testdb/undotbs01.dbf
SYSTEM          450.00    /app/oracle/oradata/testdb/system01.dbf
EXAMPLE         100.00    /app/oracle/oradata/testdb/example01.dbf

5 rows selected.
Elapsed: 00:00:00.02  ← set timing on의 결과로 보이는 내용입니다.

SYS> ALTER  DATABASE  DATAFILE '/app/oracle/oradata/testdb/users01.dbf'
  2  AUTOEXTEND  ON;  ← 필요한 만큼 자동 증가되도록 설정을 변경합니다.

Database altered.
```

STEP 1 **scott 계정으로 로그인하여 with_test1 테이블 생성 후 데이터 500만 건을 입력합니다**

```
SYS> CONN scott/tiger ;
Connected.

SCOTT> CREATE TABLE  with_test1 (
  2  no       NUMBER,
  3  name   VARCHAR(10),
  4  pay      NUMBER (6) )
  5  TABLESPACE  USERS ;

table  created.

SCOTT> BEGIN
  2  FOR i  IN  1..5000000 LOOP
  3    INSERT INTO with_test1
  4    VALUES (i, DBMS_RANDOM.STRING('A',5),
  5              DBMS_RANDOM.VALUE(6,999999));
  6   END LOOP ;
  7   COMMIT ;
  8  END;
  9  /

PL/SQL procedure successfully completed.

Elapsed: 00:05:18.82

SCOTT> SELECT COUNT(*)  FROM with_test1 ;

COUNT(*)
----------------
5000000   ← 500만 건의 데이터가 입력되었습니다.

1 row selected.

Elapsed: 00:00:00.42

SCOTT> SELECT * FROM with_test1 ;

   NO         NAME       PAY
   ---------- ---------- ----------
   16506      WXERn      480831
   16507      FAhPR      235569
   16508      vOHla      102066
   16509      LaUMo      202489
   ( 이 하 생 략 )
```

STEP 2 일반적인 방법인 max 함수와 min 함수를 사용하여 최댓값과 최솟값의 차이를 구하고 소요시간을 측정합니다

```
SCOTT> SELECT max(pay) - min(pay)
  2  FROM with_test1 ;

MAX(PAY)-MIN(PAY)
-----------------
           999993

Elapsed: 00:00:02.78  ← 인덱스 없이 조회할 경우 소요 시간입니다.
```

STEP 3 인덱스 생성 후 위 STEP 2의 작업을 반복합니다

```
SCOTT> CREATE INDEX idx_with_pay ON with_test1(pay);  ← 인덱스를 생성합니다.
Index created.

SCOTT> SELECT max(pay) - min(pay)
  2  FROM with_test1 ;

MAX(PAY)-MIN(PAY)
-----------------
           999993

1 row selected.

Elapsed: 00:00:00.41  ← 인덱스 생성 후 조회할 경우 소요시간입니다.
```

STEP 4 With 절을 사용하여 동일한 작업을 수행합니다.

```
SCOTT> WITH a AS (
  2       /* 최댓값을 구하는 쿼리입니다 */
  3       SELECT /*+ index_desc( w idx_with_pay ) */ pay
  4       FROM with_test1 w
  5       WHERE pay >0
  6       AND rownum = 1),
  7  b AS (
  8       /* 최솟값을 구하는 쿼리입니다 */
```

```
     SELECT /*+ index( w idx_with_pay ) */ PAY
     FROM with_test1 w
     WHERE pay >0
     AND rownum = 1)
SELECT a.pay - b.pay
FROM a,b ;

A.PAY-B.PAY
--------------
     999993

1 row selected.

Elapsed: 00:00:00.06   ← 시간이 아주 단축되었습니다.
```

위의 쿼리에서 /*+ **index_desc(w idx_with_pay)** */ 라는 부분이 생소하죠?

이 부분을 SQL 힌트라고 부릅니다. SQL 튜닝에서 아주 많이 사용되는 기법인데, 여기서 설명하기에는 알아야 할 기본 지식도 많고 지면도 많이 할당되어서 부득이하게 생략하겠습니다.

이 부분에 대해서 공부를 더 하고 싶다면 SQL 튜닝 관련 공부와 옵티마이저 관련 부분을 보면 됩니다.

아주 많이 사용되는 것이므로 지금 당장은 몰라도 앞으로는 꼭 알아야 하는 부분이니 공부 많이 하세요.

위의 예에서 A라는 가상 테이블을 수행하면 with_test1 테이블에서 가장 큰 값을 찾아냅니다.

그리고 B라는 가상 테이블을 수행하면 with_test1 테이블에서 가장 작은 값을 찾아냅니다.

이렇게 미리 with_test1에서 가장 큰 값과 가장 작은 값을 미리 찾아 놓은 후 메인 쿼리를 수행해서 두 값의 차이를 구합니다. 미리 결과가 만들어져 있기 때문에 속도가 아주 빠릅니다.

식당으로 예를 들면 손님이 많이 주문하는 음식을 미리 만들어 놓고 손님이 주문하면 바로 만들어 놓은 음식을 주는 것이 with 절을 이용한 서브 쿼리이고 손님이 주문하면 그

때 음식을 만들기 시작하는 것이 기존 방법입니다. with 절을 잘 사용하면 쿼리가 기적처럼 빨라질 수 있으므로 꼭 열심히 공부하세요.

TEST 2 앞의 실습에서 생성한 with_test1 테이블에서 no가 120000번에서 130000 사이인 사람들 중 가장 pay가 작은 사람을 찾은 후 그 사람보다 pay가 작은 사람 수를 세는 작업입니다

이 SQL을 하기 위해 먼저 with_test1 테이블의 no 컬럼에 인덱스를 생성합니다.

```
SCOTT> CREATE INDEX idx_with_no  ON  with_test1(no);

Index created.
Elapsed: 00:00:23.55
```

STEP 1 일반적인 sub query를 사용하여 데이터를 조회하고 시간을 측정합니다

```
SCOTT> SELECT COUNT(*) FROM with_test1
  2  WHERE pay <ALL (SELECT /*+ INDEX (w idx_with_no) */ pay
  3                    FROM with_test1 w
  4                    WHERE no BETWEEN 120000 AND 130000) ;

  COUNT(*)
---------------
       230   ← 230건의 데이터가 조회되었습니다.

1 row selected.

Elapsed: 00:00:30.42
```

STEP 2 동일한 작업을 with 절을 사용하여 수행한 후 비교해 보겠습니다

(아래 굵은 표시가 된 부분이 먼저 수행이 됩니다)

```
SQL> WITH t AS (
  2    SELECT /*+ index (w idx_with_pay ) */ min(pay) min_pay
  3    FROM with_test1 w
  4    WHERE pay >0
  5    AND no between 120000 and 130000
  6    AND rownum = 1)
  7  SELECT COUNT(*)
  8  FROM with_test1 w, t
  9  WHERE w.pay < t.min_pay ;

COUNT(W.PAY)
-----------------
         230  ← 230건이 조회되었습니다.

1 row selected.

Elapsed: 00:00:00.08  ← 0.08초 만에 수행되었습니다.
```

STEP 3 **반복된 테이블 수행을 한 번만 수행하도록 하고 소요시간을 확인합니다**

pay 중에 제일 작은 값과 제일 큰 값, 그리고 제일 큰 값과 제일 작은 값 차이를 구하려고 한다면 아래와 같이 작성할 수 있습니다.

인덱스를 Drop. (Full Table Scan 유도)

```
Drop INDEX idx_with_pay;

SELECT 'max pay' c1, max(pay) max_pay FROM with_test1
UNION ALL
SELECT 'min pay' c1, min(pay) min_pay FROM with_test1
UNION ALL
SELECT 'max pay - min pay' c1, (max(pay) - min(pay)) diff_pay FROM with_test1;
```

WITH_TEST1 테이블을 총 3번 반복 ACCESS합니다.

```
oracle@localhost~ - SecureCRT
---------------------------------------------------------------------------------------
| Id  | Operation            | Name       | Rows  | Bytes | Cost (%CPU)| Time     |
---------------------------------------------------------------------------------------
|   0 | SELECT STATEMENT     |            |     3 |    39 |     6  (67)| 00:00:01 |
|   1 |  UNION-ALL           |            |       |       |            |          |
|   2 |   SORT AGGREGATE     |            |     1 |    13 |            |          |
|   3 |    TABLE ACCESS FULL| WITH_TEST1 |    82 |  1066 |     2   (0)| 00:00:01 |
|   4 |   SORT AGGREGATE     |            |     1 |    13 |            |          |
|   5 |    TABLE ACCESS FULL| WITH_TEST1 |    82 |  1066 |     2   (0)| 00:00:01 |
|   6 |   SORT AGGREGATE     |            |     1 |    13 |            |          |
|   7 |    TABLE ACCESS FULL| WITH_TEST1 |    82 |  1066 |     2   (0)| 00:00:01 |
---------------------------------------------------------------------------------------
Ready                                Telnet    14, 8   14 Rows, 87 Cols  VT100    NUM
```

```
C1                                  MAX_PAY
----------------------------------- ----------
max pay                             999999
min pay                                  7
max pay - min pay                   999992

Elapsed: 00:00:02.59  ← 수행 시간을 확인합니다.
```

– 이번에는 WITH 문을 이용하여 WITH_TEST1 테이블을 한 번만 접근하도록 합니다.

```
WITH sub_pay AS
(
  SELECT max(pay) max_pay,min(pay) min_pay
  FROM with_test1
)
SELECT 'max pay' c1, max_pay FROM sub_pay
UNION ALL
SELECT 'min pay' c1, min_pay FROM sub_pay
UNION ALL
SELECT 'max pay - min pay' c1,(max_pay -  min_pay) diff_pay FROM sub_pay;
```

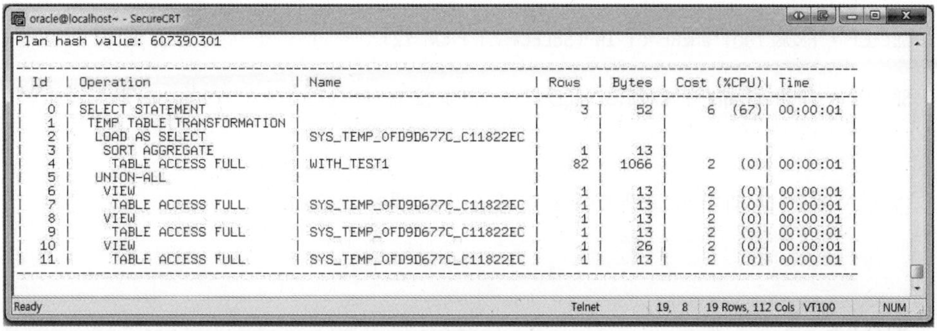


```
Plan hash value: 607390301

-------------------------------------------------------------------------------------------------
| Id  | Operation                    | Name                        | Rows  | Bytes | Cost (%CPU)| Time     |
-------------------------------------------------------------------------------------------------
|   0 | SELECT STATEMENT             |                             |     3 |    52 |     6  (67)| 00:00:01 |
|   1 |  TEMP TABLE TRANSFORMATION   |                             |       |       |            |          |
|   2 |   LOAD AS SELECT             | SYS_TEMP_0FD9D677C_C11822EC |       |       |            |          |
|   3 |    SORT AGGREGATE            |                             |     1 |    13 |            |          |
|   4 |     TABLE ACCESS FULL        | WITH_TEST1                  |    82 |  1066 |     2   (0)| 00:00:01 |
|   5 |   UNION-ALL                  |                             |       |       |            |          |
|   6 |    VIEW                      |                             |     1 |    13 |     2   (0)| 00:00:01 |
|   7 |     TABLE ACCESS FULL        | SYS_TEMP_0FD9D677C_C11822EC |     1 |    13 |     2   (0)| 00:00:01 |
|   8 |    VIEW                      |                             |     1 |    13 |     2   (0)| 00:00:01 |
|   9 |     TABLE ACCESS FULL        | SYS_TEMP_0FD9D677C_C11822EC |     1 |    13 |     2   (0)| 00:00:01 |
|  10 |    VIEW                      |                             |     1 |    26 |     2   (0)| 00:00:01 |
|  11 |     TABLE ACCESS FULL        | SYS_TEMP_0FD9D677C_C11822EC |     1 |    13 |     2   (0)| 00:00:01 |
-------------------------------------------------------------------------------------------------
```

```
C1                                          MAX_PAY
------------------------------------------- ----------
max pay                                  999999
min pay                                       7
max pay - min pay                        999992

Elapsed: 00:00:00.74 ← 수행시간을 확인합니다.
```

위의 테스트로 알 수 있듯이 서브 쿼리에서 대량의 데이터를 대상으로 작업을 하여 시간이 오래 걸리는 경우 with절로 미리 가상의 뷰처럼 작업을 단축시킬 수 있는 테이블을 생성한 후 작업을 수행하면 훨씬 더 빠르고 효과적으로 작업을 할 수 있습니다.

지금까지 다양한 종류의 Sub Query를 살펴보았습니다.

STEP-UP 2 Exists 연산자와 IN 연산자 Sub Query 비교

(참고: Query Optimizer 기능은 배제하고, 순수 연산자 기능으로 비교)

- IN 연산자: 다중행 연산자로 내부적으로 중복 값을 제거하는 것으로 DISTINCT 연산을 합니다.
- EXISTS 연산자: 존재 여부 확인. 하나라도 존재하면 더 이상 검색하지 않고 바로 빠져 나옵니다(세미 조인).

아래 두 쿼리는 결괏값은 같지만 내부적으로 다른 메커니즘을 사용합니다.

```
SELECT * FROM tab1 WHERE c1 IN (SELECT c1 FROM t2)

SELECT * FROM t1 WHERE EXISTS (SELECT 1 FROM t2 WHERE t2.c1 = t1.c1)
```

IN 연산자 서브 쿼리는 내부적인 프로세스가 아래와 같습니다.

```
SELECT *
  FROM t1, (SELECT DISTINCT c1 FROM t2 ) t2
 WHERE t1.c1 = t2.c1;
```

IN 연산자 Sub Query는 T2 테이블에서 DISTINCT 연산을 수행한 결과 집합을 가지고 T1 테이블과 조인을 합니다(DISTICNT 연산을 하였으므로, 최종 결과 집합이 커지지 않습니다).

반면에 EXISTS Sub Query는 아래와 같은 프로세스로 수행됩니다.

```
FOR x IN ( SELECT * from t1 )
  LOOP
      IF ( EXISTS ( SELECT null FROM t2 WHERE t2.c1 = t1.c1 ) ← 존재 여부 체크
      THEN

         OUTPUT THE RECORD ....

      END IF
   END LOOP
```

먼저 T1 테이블을 검색하여 T2 테이블에 존재하는지를 검사합니다. 만약 한 건이라도 존재한다면 더 이상 검색을 하지 않고 바로 빠져 나옵니다.

만약 Sub Query T2 테이블이 매우 크고, T1 테이블은 상대적으로 작다면, 그리고 T2 테이블에 c1 컬럼(조인 컬럼)에 인덱스가 존재한다면 EXISTS 연산자 Sub Query가 IN 연산자 Sub Query에 비해 매우 빠를 것입니다.

이와 반대로 T1의 테이블이 매우 크고, T2 테이블이 작다면 T1 테이블 c1컬럼(조인 컬럼)에 인덱스가 존재한다면 IN연산자 Sub Query가 훨씬 더 빠를 것입니다.

즉, 각 상황에 맞게 IN 연산자 Sub Query나 EXISTS 연산자 Sub Query를 사용하여야 최적의 속도를 얻을 수 있습니다.

그리고 IN 연산자는 내부적으로 DISTINCT를 수행하므로 IN 연산자에 불필요한 DISTINCT 연산을 하지 않도록 주의해야 합니다.

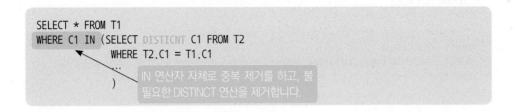

```
SELECT * FROM T1
WHERE C1 IN (SELECT DISTICNT C1 FROM T2
             WHERE T2.C1 = T1.C1
             ...
             )
```

IN 연산자 자체로 중복 제거를 하고, 불필요한 DISTINCT 연산을 제거합니다.

앞에서 언급한 내용을 테스트로 확인해 보겠습니다.

고객 테이블이(CUST_T) 1000건, 고객들이 주문한 테이블에는 (ORDER_T) 1,000,000건이 존재합니다.

요구사항이 우리 고객들 중에 한 번이라도 주문을 한 고객이 몇 명인지를 알고 싶을 때 IN 연산자 Sub Query와 EXISTS 연산 Sub Query를 사용해서 비교합니다.

고객 테이블(CUST_T)이 Small 테이블이고, 주문 테이블(ORDER_T)이 Big 테이블입니다.

```
SELECT count(*) FROM cust_t a
WHERE EIXSTS (SELECT 1 FROM order_t  b WHERE a.cust_no = b.cust_no)

SELECT count(*) FROM cust_t
WHERE cust_no IN (SELECT cust_no FROM order_t )
```

– 고객 테이블 생성

```
create table cust_t
(
 cust_no varchar2(1000),
 cust_nm varchar2(1000)
);
```

– 1000건 INSERT

```
insert into cust_t
select level, 'NM'||to_char(level,'000')      from dual connect by level <=1000;
commit;
```

– 주문 테이블 생성

```
create table order_t
(
order_no varchar2(4000),
cust_no varchar2(1000),
orderdd varchar2(8),
product_nm varchar2(4000)
);
```

– 1,000,000건 INSERT

```
INSERT /*+ append*/INTO order_tselect  level   order_no,      mod(level,500 ) CUST_
NO,
TO_CHAR(  sysdate -  mod(level,30),'YYYYMMDD')orderdd,
'TEST PRODUCT LONG NAME ~ ~ ~ ~ ~ ~ ~ ~ ~ ~ ~ ~ ~ ~ ~ ~ ~ ~ ~ ~ ~ ~ ~ ~ ~ ~ ~ ~ ~ ~ ~ ~ ~
~ ~ ~ ~ ~ ~ ~ ~ ~ ~ ~' from dual connect by level <=1000000;

COMMIT;
```

– 통계 정보 생성(통계정보는 옵티마이저가 최적의 실행 계획을 만들도록 도와주는 테이블의 데이터 관련 정보들입니다)

```
exec dbms_stats.gather_table_stats(    ownname =>'SCOTT',   tabname => 'CUST_T',
cascade => true,  no_invalidate => false );
exec dbms_stats.gather_table_stats(    ownname =>'SCOTT',   tabname => 'ORDER_T',
cascade => true,  no_invalidate => false );
```

– 통계 정보를 확인합니다.

```
COL TABLE_NAME FORMAT A10
SELECT TABLE_NAME, NUM_ROWS, BLOCKS,AVG_ROW_LEN, SAMPLE_SIZE
FROM USER_TABLES
WHERE TABLE_NAME IN  ('ORDER_T','CUST_T');
```

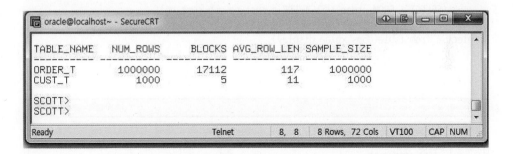

```
oracle@localhost~ - SecureCRT

TABLE_NAME   NUM_ROWS     BLOCKS AVG_ROW_LEN SAMPLE_SIZE
---------- ---------- ---------- ----------- -----------
ORDER_T       1000000      17112         117     1000000
CUST_T           1000          5          11        1000

SCOTT>
SCOTT>
Ready    Telnet    8, 8    8 Rows, 72 Cols    VT100    CAP NUM
```

ORDER_T 테이블은 전체 100만 건이고 블록이 17,112개, 평균 ROW 길이는 117BYTE이며, 통계 정보 수집 시 SAMPLE로 수집한 건수가 100만 건입니다.

– 주문 테이블(ORDER_T) CUST_NO 컬럼에 인덱스 생성

```
create index ix_order_t_01 on order_t (cust_no) ;
```

– EXISTS 연산자 서브 쿼리로 쿼리 수행

```
SELECT count(*)
From cust_t a
WHERE exists
      (SELECT 1 FROM order_t  b WHERE a.cust_no = b.cust_no);

COUNT(*)
----------
       499

Elapsed: 00:00:00.07  ← 소요 시간 확인
```

– 실행 계획을 확인합니다.

```
explain plan for
SELECT count(*)
From cust_t a
WHERE exists
      (SELECT 1 FROM order_t  b WHERE a.cust_no = b.cust_no);

select * from table(dbms_xplan.display);
```

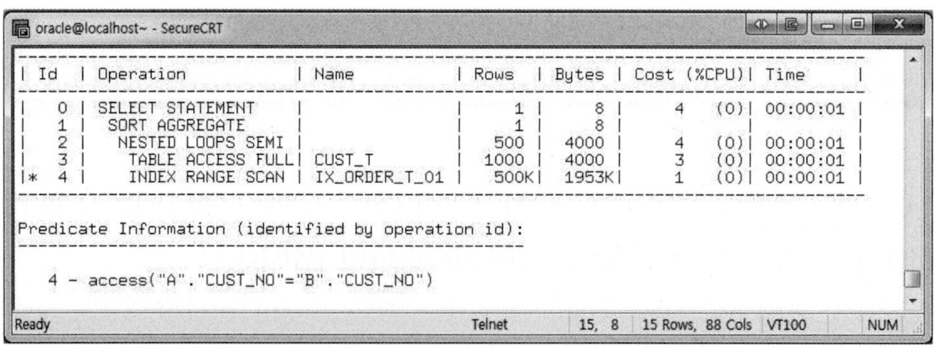


```
-----------------------------------------------------------------------------------
| Id  | Operation           | Name           | Rows  | Bytes | Cost (%CPU)| Time     |
-----------------------------------------------------------------------------------
|   0 | SELECT STATEMENT    |                |     1 |     8 |     4   (0)| 00:00:01 |
|   1 |  SORT AGGREGATE     |                |     1 |     8 |            |          |
|   2 |   NESTED LOOPS SEMI |                |   500 |  4000 |     4   (0)| 00:00:01 |
|   3 |    TABLE ACCESS FULL| CUST_T         |  1000 |  4000 |     3   (0)| 00:00:01 |
|*  4 |    INDEX RANGE SCAN | IX_ORDER_T_01  |  500K|  1953K|     1   (0)| 00:00:01 |
-----------------------------------------------------------------------------------

Predicate Information (identified by operation id):
---------------------------------------------------

   4 - access("A"."CUST_NO"="B"."CUST_NO")
```

CUST_T 테이블을 검색한 후 ORDER_T 테이블의 인덱스를 이용하여 존재 여부를 체크합니다.

CUST_T 테이블에서 데이터를 검색하고 검색한 상수 값(cust_no)으로 ORDER_T를 검색합니다.

– 기존 주문 테이블에 인덱스 제거 후 고객 테이블(CUST_T) cust_no 컬럼에 인덱스를 생성합니다.

```
drop index IX_ORDER_T_01;
create index ix_cust_t_01 on cust_t (cust_no) ;
```

– IN 연산자 서브 쿼리로 쿼리 수행: ORDER_T를 검색하여 검색한 상수 값(cust_no)으로 CUST_T를 검색합니다.

(참고) 우리가 원하는 대로 실행하기 위해서 힌트를 사용합니다. 힌트로 만들어진 실행 계획도 옵티마이저가 선택할 수 있는 하나의 경우의 수입니다.

```
SELECT /*+  leading(order_t)  use_nl(order_t  cust_t)  */
     count(*)
FROM cust_t
WHERE cust_no in (SELECT cust_no FROM order_t );

COUNT(*)
----------
       499

Elapsed: 00:00:04.98  ← 소요 시간 확인

explain plan for
SELECT /*+  leading(order_t)  use_nl(order_t  cust_t)  */
     count(*)
FROM cust_t
WHERE cust_no in (SELECT cust_no FROM order_t );

select * from table(dbms_xplan.display);
```

```
oracle@localhost~ - SecureCRT
-----------------------------------------------------------------------------------------
| Id  | Operation             | Name         | Rows  | Bytes | Cost (%CPU)| Time     |
-----------------------------------------------------------------------------------------
|   0 | SELECT STATEMENT      |              |     1 |     8 |  7564   (2)| 00:01:31 |
|   1 |  SORT AGGREGATE       |              |     1 |     8 |            |          |
|   2 |   NESTED LOOPS        |              |   500 |  4000 |  7564   (2)| 00:01:31 |
|   3 |    SORT UNIQUE        |              | 1000K|  3906K|  4658   (1)| 00:00:56 |
|   4 |     TABLE ACCESS FULL| ORDER_T      | 1000K|  3906K|  4658   (1)| 00:00:56 |
|*  5 |    INDEX RANGE SCAN   | IX_CUST_T_01 |     1 |     4 |     1   (0)| 00:00:01 |
-----------------------------------------------------------------------------------------

Predicate Information (identified by operation id):
---------------------------------------------------

   5 - access("CUST_NO"="CUST_NO")

17 rows selected.
Ready                          Telnet     19, 8   19 Rows, 87 Cols  VT100      NUM
```

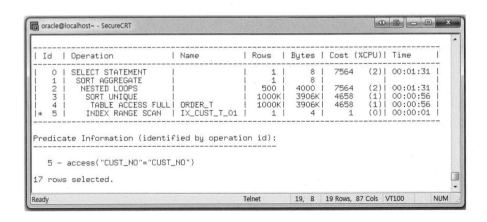

ORDER_T테이블을 모두 검색하여 중복 제거(DISTINCT) 후 CUST_T 테이블과 조인을 합니다.

물론 해당 테이블에 통계 정보가 정상적으로 수집되었다면 옵티마이저는 위 실행 계획대로 풀리지 않을 것입니다. 단지 저렇게 풀릴 수도 있다는 것을 보여 주는 것입니다.

STEP-UP 3 Scalar Sub Query에서 NULL 처리 주의

스칼라 서브 쿼리에서 해당 값이 없을 때 NULL 처리 시 사소한 실수를 하게 되는 경우가 많이 있습니다. 업무적으로 스칼라 서브 쿼리에 NULL 처리가 필요하다면 아래와 같이 처리를 해주면 됩니다.

만약 부서에 소속되지 않는 사원이 존재했을 때, NULL 처리를 어떻게 해야 할까요?

```
일단 테스트로 부서에 소속되지 않는 사원을 추가합니다.
(부서 번호 999번 부서는 존재하지 않습니다)
INSERT INTO emp2
    (EMPNO, NAME, BIRTHDAY, DEPTNO, EMP_TYPE, TEL ) VALUES
        (2020000219, 'Ray', TO_DATE ('1988/03/22','YYYY/MM/DD'),
'999','Intern','02)909-2345');
COMMIT;

SELECT name, (SELECT NVL(dname,'## not belog to a Dept..')   -- 여기에 NULL 처리
              FROM dept2 d
              WHERE e.deptno = d.dcode) "DNAME"
 FROM emp2 e;
```

```
NAME                               DNAME
---------------------------------- ----------------------------------------------------
Kurt Russell                       President
AL Pacino                          Management Support Team
Woody Harrelson                    Management Support Team
….
Harrison Ford                      H/W Support Team
Clint Eastwood                     S/W Support Team
Ray                                                         ← NULL 처리가 되지 않음
```

스칼라 서브 쿼리에서 조인 후 해당 값이 없을 때, 실제로 NULL이 발생하는 곳은 스칼라 서브 쿼리를 호출한 Main Query의 컬럼 부분입니다. 그 부분에 NULL 처리를 해야 합니다.

아래와 같이 변경해 볼까요?

```
SELECT name,  NVL( (SELECT dname
                      FROM dept2 d
                     WHERE e.deptno = d.dcode
                     ),'## not belog to a Dept..')   "DNAME"
 FROM emp2 e;
```

```
NAME                               DNAME
---------------------------------- ----------------------------------------------------------
Kurt Russell                       President
AL Pacino                          Management Support Team
Woody Harrelson                    Management Support Team
..
...
....
Harrison Ford                      H/W Support Team
Clint Eastwood                     S/W Support Team
Ray                                ## not belog to a Dept. ← NULL 처리가 정상적으로 됨
```

실제 업무에서 아주 많이 생기는 현상이므로 꼭 기억해 주세요.

STEP-UP 4 Scalar Sub Query 성능을 빠르게 하려면?

스칼라 서브 쿼리는 메인 쿼리가 먼저 수행된 후 나온 결과 집합 수만큼 건건이 스칼라 서브 쿼리를 호출합니다.

만약 메인 쿼리에서 나온 결과 집합이 100건이라면 100번 스칼라 서브 쿼리를 호출합니다.

만약 스칼라 서브 쿼리에 조인되는 컬럼에 인덱스가 존재하지 않으면 굉장한 비효율이 발생하게 됩니다.

100번 호출할 때마다 해당 테이블을 처음부터 끝까지 다 검색을 하게 됩니다(FULL TABLE SCAN).

그래서 조인 컬럼에는 반드시 인덱스가 존재해야 합니다.

위의 테스트 내용 고객(CUST_T), 주문(ORDER_T)을 다시 활용하겠습니다.

요청사항이 우리 고객이 마지막으로 상품을 구입한 날짜를 보고자 할 때 스칼라 서브 쿼리를 사용하여 아래와 같이 쿼리를 작성할 수 있습니다(단, 상품을 한 번도 구입하지 않은 고객은 99991231로 보여 줄 것).

```
explain plan for
SELECT cust_no ,
       NVL(
       (SELECT MAX(orderdd)
FROM order_t c
        WHERE c.cust_no = a.cust_no
       ),'99991231') LAST_ORDER_DD
FROM cust_t a;

select * from table(dbms_xplan.display);
```

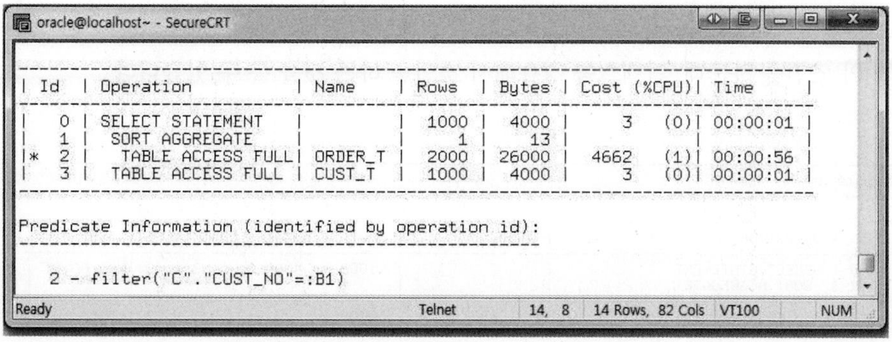


```
----------------------------------------------------------------------------------
| Id  | Operation           | Name    | Rows  | Bytes | Cost (%CPU)| Time     |
----------------------------------------------------------------------------------
|   0 | SELECT STATEMENT    |         |  1000 |  4000 |     3   (0)| 00:00:01 |
|   1 |  SORT AGGREGATE     |         |     1 |    13 |            |          |
|*  2 |   TABLE ACCESS FULL | ORDER_T |  2000 | 26000 |  4662   (1)| 00:00:56 |
|   3 |  TABLE ACCESS FULL  | CUST_T  |  1000 |  4000 |     3   (0)| 00:00:01 |
----------------------------------------------------------------------------------

Predicate Information (identified by operation id):
---------------------------------------------------

   2 - filter("C"."CUST_NO"=:B1)
```

앞의 그림에서 알 수 있듯이 고객(CUST_T)은 현재 1000명이 존재합니다. 즉, 마지막 구입 일자를 찾기 위한 스칼라 서브 쿼리를 1000번 호출합니다.

만약 ORDER_T 테이블 cust_no 컬럼에 인덱스가 존재하지 않는다면 ORDER_T 테이블을 처음부터 끝까지 1000번이나 검색을 합니다(**FULL TABLE SCAN**).

아래는 쿼리를 실행한 결과입니다.

```
CUST_NO              LAST_ORDER_DD
-------------------- --------------------
1                    20160404
2                    20160403
3                    20160402
..
...
...
996                  99991231
997                  99991231
998                  99991231
999                  99991231
1000                 99991231

1000 rows selected.
Elapsed: 00:23:09.65  ← 소요 시간을 확인합니다.
```

– 스칼라 서브 쿼리 조인 컬럼(CUST_NO)에 인덱스를 생성합니다.

```
CREATE INDEX IX_ORDER_T_01 ON ORDER_T (CUST_NO);
```

아래 실행 계획을 보면 인덱스를 만든 후 고객 테이블에서 나온 건수만큼 스칼라 서브 쿼리와 조인을 하는데, 인덱스를 경유해서 조인을 하는 것을 볼 수 있습니다.

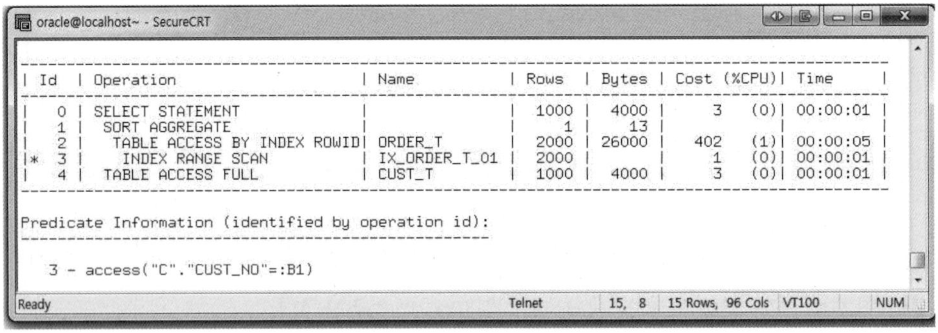


```
------------------------------------------------------------------------------------------
| Id  | Operation                    | Name         | Rows  | Bytes | Cost (%CPU)| Time     |
------------------------------------------------------------------------------------------
|   0 | SELECT STATEMENT             |              |  1000 |  4000 |     3   (0)| 00:00:01 |
|   1 |  SORT AGGREGATE              |              |     1 |    13 |            |          |
|   2 |   TABLE ACCESS BY INDEX ROWID| ORDER_T      |  2000 | 26000 |   402   (1)| 00:00:05 |
|*  3 |    INDEX RANGE SCAN          | IX_ORDER_T_01|  2000 |       |     1   (0)| 00:00:01 |
|   4 |  TABLE ACCESS FULL           | CUST_T       |  1000 |  4000 |     3   (0)| 00:00:01 |
------------------------------------------------------------------------------------------

Predicate Information (identified by operation id):
---------------------------------------------------

   3 - access("C"."CUST_NO"=:B1)
```

아래는 인덱스를 생성한 후 쿼리를 실행한 결과입니다.

```
CUST_NO              LAST_ORDER_DD
-------------------- --------------------
1                    20160404
2                    20160403
3                    20160402
..
...
...
996                  99991231
997                  99991231
998                  99991231
999                  99991231
1000                 99991231
1000 rows selected
Elapsed: 00:00:08.35  ← 소요 시간을 확인합니다.
```

앞의 예에서 인덱스를 생성하지 않고 실행했을 때 소요 시간이 00:23:09.65 나왔던 것 기억하죠?

정말 엄청나게 빨라졌습니다.

이처럼 Index의 활용과도 아주 밀접한 연관이 있으니 꼭 기억해 주세요.

Check Your Self!

스스로 아래 질문들을 천천히 생각해보고 YES / NO를 체크해 보세요.

아래 질문들에 모두 YES를 선택할 수 있다면 이번 장을 완전히 마스터했다는 의미이고 부족한 부분이 있다면 다시 한 번 더 공부를 해서 완전히 배우길 권해 드립니다.

1. 나는 주어진 질문을 Sub Query로 작성할 수 있는가? (YES / NO)
2. 나는 단일행, 다중행, 단일 컬럼, 다중 컬럼 서브 쿼리를 사용할 수 있는가? (YES / NO)
3. 나는 조인 대신 스칼라 서브 쿼리로 데이터를 조회할 수 있는가? (YES / NO)
4. 나는 With절을 사용한 서브 쿼리를 이해하고 사용할 수 있는가? (YES / NO)
5. 나는 스칼라 서브 쿼리의 장/단점을 이해하고 사용할 수 있는가? (YES / NO)

잠시 쉬어 가는 페이지

2000년 호주 시드니 올림픽 태권도 미국 국가대표 선발전이 열렸습니다.

이 선발전은 올림픽 출전권이 걸린 중요한 경기였습니다.

두 여자 선수가 결승전에서 맞붙었습니다.

매트 위에서 두 선수는 서로 인사를 나누었습니다.

그런데 한 선수가 경기 시작과 동시에 기권하고 매트에서 내려왔고 뒤따라 내려온 상대 선수가 기권한 그 선수를 부둥켜안고 눈물을 흘렸습니다.

이날 경기를 포기한 선수는 한국계 미국인 '에스더 김'이었고 그리고 뜻밖의 올림픽 출전권을 획득한 선수는 '케이 포'라는 선수였습니다.

'케이 포' 선수는 준결승전에서 다음 경기를 할 수 없을 정도로 다쳤습니다.

그 상태에서 경기했더라면 '에스더 김' 선수가 우승해서 올림픽 출전권을 획득하는 것은 기정사실이었습니다.

그런데 '에스더 김' 선수는 그 사실을 알고 그녀에게 기회를 준 것입니다.

경쟁자에게 올림픽 출전권을 양보한 것입니다.

기자들은 올림픽 출전권을 포기한 이유를 묻자 그녀는 대답했습니다.

"케이 포는 나보다 실력이 한 수 위에 있는 선수입니다. 나는 올림픽에 출전할 적임자에게 기회를 주었을 뿐입니다."

우리의 모습은 어떤가요?

누구를 이기기 위해서 기를 쓰고 덤비고 있는 모습은 아닌지요?

삶에서 진짜 이기는 방법은 상대를 인정하고 존중하는 것이라 생각합니다.

11장 SEQUENCE(시퀀스)와 SYNONYM(동의어)를 배웁니다

이번 장에서 배울 내용

1 SEQUENCE의 의미를 배우고 생성하는 방법을 배웁니다.

2 상황에 맞는 SEQUENCE를 생성하고 활용하는 방법을 배웁니다.

3 SEQUENCE를 조회하고 관리하는 방법을 배웁니다.

4 SYNONYM의 의미를 배우고 활용하는 방법을 배웁니다.

11장 SEQUENCE(시퀀스)와 SYNONYM(동의어)를 배웁니다

일반적으로 DB에 데이터를 저장할 때 순서가 필요한 많은 양의 데이터가 저장이 되는 경우가 많습니다. 예를 들어, 고객의 주문을 저장할 주문 번호나 학생 정보를 저장할 때 학번들, 게시판에 글을 저장할 때 게시 글 번호 등이 있습니다. 이런 번호들은 중복되어서도 안 되고 대부분 연속적인 번호가 사용이 되겠지요?

오라클에서는 이와 같이 연속적인 번호의 생성이 필요할 경우를 위해서 연속적인 번호를 자동으로 만들어 주는 번호표 생성기와 비슷한 기능인 SEQUENCE를 제공하고 있습니다. 그래서 연속적인 번호가 필요할 경우 SEQUENCE에서 번호를 받아서 사용하면 아주 쉽게 연속적인 번호들을 관리할 수 있습니다.

그리고 SEQUENCE에서 번호를 받아서 입력된 DML이 ROLLBACK되어도 SEQUENCE는 다시 ROLLBACK되지 않는다는 점도 꼭 기억하세요.

1. SEQUENCE(시퀀스)

SEQUENCE는 마치 은행의 번호표 생성 기계처럼 연속적인 일련 번호를 만들어 주는 기능입니다.

문법

```
CREATE SEQUENCE sequence_name
[INCREMENT BY n] ← 시퀀스 번호의 증가 값으로 기본값은 1
[START WITH n] ← 시퀀스 시작 번호로 기본값은 1
[MAXVALUE n | NOMAXVALUE] ← 생성할 수 있는 시퀀스 최댓값
[MINVALUE n | NOMINVALUE] ← CYCLE일 경우 새로 시작되는 값과 감소하는 시퀀스일 경우 최솟값
[CYCLE | NOCYCLE] ← 시퀀스 번호를 순환 사용할 것인지 지정
[CACHE n | NOCACHE] ← 시퀀스 생성 속도를 개선하기 위해 캐싱 여부 지정
```

문법은 약간 복잡하게 보이지만 위 문법에서 대괄호로 묶인 부분은 기본값이 있고 생략하면 기본값들이 적용됩니다. 다음의 예로 실제 생성하는 방법을 살펴보겠습니다.

생성예제

아래의 조건으로 제품 주문번호를 생성하기 위해 사용할 SEQUENCE를 만드세요.

- SEQUENCE 명: jno_seq
- 시작 번호: 100
- 끝 번호: 110
- 증가값: 1
- 반복되고 캐싱은 2개씩 되도록 하세요(반복될 때 다시 시작되는 값은 90으로 하세요).

```
SCOTT>CREATE SEQUENCE jno_seq
  2  INCREMENT BY 1
  3  START WITH 100
  4  MAXVALUE 110
  5  MINVALUE 90
  5  CYCLE
  6  CACHE 2 ;
```

위 문장을 쉽게 생각하면 위의 규칙을 가지고 번호표를 생성하는 기계를 하나 만들었다고 생각하면 됩니다.

그리고 생성한 SEQUENCE에 지금 어떤 번호가 만들어지고 나오게 될 예정인지는 CURRVAL 함수와 NEXTVAL 함수를 사용하여 조회하거나 사용할 수 있습니다. 두 함수 중에서 CURRVAL은 현재까지 생성된 번호, 즉 가장 마지막에 만들어진 번호를 보여 주고 NEXTVAL은 다음에 나올 번호를 의미합니다. 이 두 가지 함수를 활용하는 방법은 뒷부분의 실습을 통해서 자세히 알아보겠습니다.

SEQUENCE와 관련해서 가장 이슈가 많이 되고 중요한 부분은 6번 라인에 있는 CACHE라는 기능입니다. 이 기능을 설명하기 위해 대량의 데이터가 한꺼번에 입력되는 경우(예를 들어, 홈쇼핑이나 기차표 예매 등)를 가정해 보겠습니다.

판매가격이 200만 원인 텔레비전을 내일 낮 12:00시부터 선착순 100명에게만 특별 할인 행사가격인 10만 원에 판매하는 이벤트를 한다고 미리 광고를 했습니다.

그리고 12:00시에 주문을 받을 경우 1초에도 아주 많은 주문이 들어올 것입니다.

이때 주문 테이블의 주문 번호를 SEQUENCE에서 만들어서 할당할 경우 SEQUENCE에서 연속적인 번호를 생성하는 시간이 걸리므로(아주 짧은 시간이라 하더라도) 주문이 들어오는 시간이 SEQUENCE에서 번호를 생성하는 시간보다 빠르다면 고객들은 주문을 하고 주문 번호를 할당받기 위해 기다리는 대기(WAIT) 현상이 발생하게 될 것이고 이로 인해 성능이 저하되게 됩니다.

최악의 경우는 대기하다가 100명 안에 들지 못해서 할인 행사 가격으로 텔레비전을 못 산 고객들이 항의하는 일이 생길 수 있겠지요? 회사 이미지에 아주 부정적인 문제가 됩니다.

그래서 이런 경우를 조금이라도 개선하기 위해 SEQUENCE 번호를 미리 메모리상에 많이 만들어두고(CACHE) SEQUENCE 번호 요청이 들어오면 미리 생성해 둔 번호에서 즉시 번호를 할당하게 만드는 기능이 등장한 것입니다. 이 방법은 성능의 개선이란 부분에서 좋은 기능이므로 SEQUENCE 생성 시 꼭 사용하기를 권장합니다.

1.1 SEQUENCE 생성 및 각종 옵션 테스트하기

STEP 1 예제로 사용할 s_order 테이블을 아래와 같이 생성하고 데이터를 입력하겠습니다

```
SCOTT>CREATE TABLE s_order
  2  ( ord_no       NUMBER(4),
  3    ord_name     VARCHAR2(10),
  4    p_name       VARCHAR2(20),
  5    p_qty        NUMBER ) ;
```

STEP 2 데이터를 입력합니다

앞에서 생성한 SEQUENCE를 어떻게 활용해서 데이터를 입력하는지 잘 보세요.

```
SCOTT>INSERT INTO s_order
  2  VALUES(jno_seq.NEXTVAL,'James','apple',5);

1 row created.

SCOTT>INSERT INTO s_order
  2 VALUES(jno_seq.NEXTVAL,'Ford','berry',3);

1 row created.

SCOTT>SELECT * FROM s_order ;

ORD_NO       ORD_NAME         P_NAME       P_QTY
------------ ---------------- ------------ ----------
100          James            apple        5
101          Ford             berry        3

SCOTT>SELECT jno_seq.CURRVAL FROM dual ;

CURRVAL
--------------
101
```

jno_seq.CURRVAL 값을 조회하니까 현재 SEQUENCE에서 발생한 마지막 값을 볼 수 있습니다.

STEP 3 MAXVALUE/MINVALUE 항목과 CYCLE 값을 테스트합니다

이번에는 MAXVALUE 값만큼 다 사용을 할 경우 어떻게 되는지와 CYCLE 항목과 MINVALUE 항목이 어떤 의미인지 살펴보겠습니다.

```
SCOTT> BEGIN
  2  FOR i in 1..9 LOOP
  3    INSERT INTO s_order VALUES(jno_seq.NEXTVAL, 'Allen','Banana',5) ;
  4    END LOOP;
  5  COMMIT ;
  6  END ;
  7 /

PL/SQL procedure successfully completed.

SCOTT>SELECT * FROM s_order ;

  ORD_NO      ORD_NAME       P_NAME         P_QTY
  ----------- -------------- -------------- ----------
  100         james          apple          5
  101         Ford           berry          3
  102         Allen          banana         5
  103         Allen          banana         5
  104         Allen          banana         5
  105         Allen          banana         5
  106         Allen          banana         5
  107         Allen          banana         5
  108         Allen          banana         5
  109         Allen          banana         5
  110         Allen          Banana         5
11 rows selected.
```

데이터가 모두 입력되고 SEQUENCE 번호도 100~110번까지 모두 소진되었습니다. 이 상태에서 데이터를 한 건 더 입력하고 조회해 보겠습니다.

```
SCOTT> INSERT INTO s_order VALUES(jno_seq.NEXTVAL, 'SMITH','Grape',3) ;

1 row created.

SCOTT>SELECT * FROM s_order ;

   ORD_NO       ORD_NAME        P_NAME       P_QTY
   ------------ --------------- ------------ -------
   100          James           apple        5
   101          Ford            berry        3
   102          Allen           Banana       5
   103          Allen           Banana       5
```

```
  104          Allen          Banana          5
  105          Allen          Banana          5
  106          Allen          Banana          5
  107          Allen          Banana          5
  108          Allen          Banana          5
  109          Allen          Banana          5
  110          Allen          Banana          5
  90           SMITH          Grape           3

12 rows selected.
```

위 테스트 결과에서 알 수 있듯이 SEQUENCE 생성 시에 CYCLE 옵션을 사용할 경우 MAXVALUE 값을 다 사용하게 되면 MINVALUE로 설정된 값으로 다시 돌아가서 시작된다는 것을 알 수 있습니다.

만약 CYCLE 옵션을 지정하지 않으면 기본값은 NOCYCLE인데, 이럴 경우 값을 초과한 요청이 들어오면 ORA-08004: sequence SEQ_NAME.NEXTVAL exceeds MAXVALUE and cannot be instantiated와 같은 에러가 발생하면서 더 이상 번호가 나오지 않습니다.

1.2 값이 감소하는 SEQUENCE 생성 및 사용하기

```
SCOTT>CREATE SEQUENCE jno_seq_rev
  2  INCREMENT BY -2
  3  MINVALUE 0
  4  MAXVALUE 20
  5  START WITH 10 ;

Sequence created.

SCOTT>CREATE TABLE s_rev1 (no NUMBER) ;
Table created.

SCOTT>INSERT INTO s_rev1 VALUES(jno_seq_rev.NEXTVAL) ;
1 row created.

SCOTT>/
```

```
1 row created.

SCOTT>/
1 row created.

SCOTT>/
1 row created.

SCOTT>/
1 row created.

SCOTT>/
1 row created.

SCOTT>/
INSERT INTO s_rev1 VALUES(jno_seq_rev.NEXTVAL)
*
ERROR at line 1:
ORA-08004: sequence JNO_SEQ_REV.NEXTVAL goes below MINVALUE and cannot be
instantiated
```

위 실습에서 알 수 있듯이 MINVALUE 값까지 다 사용하면 ORA-08004번 에러가 발생합니다.

1.3 Sequence 초기화하기

일반적으로 Sequence는 초기화하는 경우도 드물지만 정말 업무상 반드시 초기화를 해야 할 경우도 있습니다. 그런 경우에는 아래와 같이 프로시저를 생성해서 수행하면 됩니다.

아래 프로시저를 참고하세요.

```
SCOTT> CREATE OR REPLACE PROCEDURE re_seq
  2  (
  3    SNAME IN VARCHAR2
  4  )
  5  IS
  6    VAL NUMBER;
  7  BEGIN
  8    EXECUTE IMMEDIATE 'SELECT ' || SNAME || '.NEXTVAL FROM DUAL ' INTO  VAL;
```

```
  9    EXECUTE IMMEDIATE 'ALTER SEQUENCE ' || SNAME || ' INCREMENT BY -' || VAL || '
MINVALUE 0';
 10    EXECUTE IMMEDIATE 'SELECT ' || SNAME || '.NEXTVAL FROM DUAL ' INTO VAL;
 11    EXECUTE IMMEDIATE 'ALTER SEQUENCE ' || SNAME || ' INCREMENT BY 1 MINVALUE 0';
 12 END;
 13 /

Procedure created.

SCOTT> CREATE  SEQUENCE  seq_test;  ← 기본값으로 테스트용 시퀀스를 생성합니다.

Sequence created.

SCOTT> SELECT seq_test.nextval FROM dual;

   NEXTVAL
------------
         1

SCOTT> /

   NEXTVAL
------------
         2
```

위 실습으로 시퀀스가 2까지 번호를 생성했습니다. 이 시퀀스를 다시 초기화한 후 다시 번호를 추출해 보겠습니다.

```
SCOTT> EXEC re_seq('SEQ_TEST');  ← 시퀀스 이름을 꼭 작은따옴표 안에 대문자로 쓰세요.

PL/SQL procedure successfully completed.

SCOTT> SELECT seq_test.CURRVAL FROM dual;

   CURRVAL
----------------
         0   ←  초기화된 것이 확인됩니다.
```

1.4 SEQUENCE 조회 및 수정하기

위에서 생성한 JNO_SEQ 시퀀스를 조회한 후 최댓값을 120번으로 하고 CACHE 값을 10으로 수정하겠습니다. 먼저 현재 생성되어 있는 SEQUENCE 내용을 조회하겠습니다.

```
SCOTT>COL name FOR a15 ;
SCOTT>SELECT SEQUENCE_NAME, MIN_VALUE, MAX_VALUE, INCREMENT_BY,
  2          CYCLE_FLAG, ORDER_FLAG, CACHE_SIZE, LAST_NUMBER
  3  FROM user_sequences
  4  WHERE sequence_name='JNO_SEQ' ;

SEQUENCE_NAME  MIN_VALUE  MAX_VALUE   INCREMENT_BY  C O CACHE_SIZE  LAST_NUMBER
-------------- ---------- ----------- ------------- - - ----------- ------------
JNO_SEQ        90         110         1             Y N 2           92

SCOTT>ALTER SEQUENCE jno_seq
  2  MAXVALUE 120
  3  CACHE 10 ;            왼쪽처럼 수정할 수 있지만 START WITH 값은 변경할 수 없습니다.

Sequence altered.
```

1.5 SEQUENCE 삭제하기

```
SCOTT>DROP SEQUENCE jno_seq ;
```

여기까지 현업에서 아주 많이 사용되는 SEQUENCE에 대해 살펴보았습니다.

2. SYNONYM(시노님-동의어)

사람도 친구의 별명을 부르는 것처럼 오라클에서도 테이블의 이름을 사용하는 대신 별명을 사용할 수 있는데, 이 별명을 붙이는 기능을 SYNONYM이라고 부릅니다. 여러분들이 왜 친구의 별명을 부르는지 생각해 보면 오라클에서 SYNONYM을 왜 사용하는지 금방 이해할 수 있을 것 같네요. 별명을 사용하는 목적은 보안이나 사용자의 편의성 때문입니다.

2.1 종류와 생성 문법

```
CREATE [PUBLIC] SYNONYM synonym_name
FOR [schema.] 대상객체 ;
```

SYNONYM의 종류는 Private SYNONYM과 Public SYNONYM이 있습니다. Private SYNONYM은 만든 사용자만 사용할 수 있는 SYNONYM입니다. 그런데 대부분 SYNONYM은 프로젝트에 참여한 여러 사람들이 한꺼번에 다 볼 수 있도록 만드는 것이 좋습니다. 이때 사용하는 것이 Public SYNONYM입니다.

그리고 SYNONYM을 생성하려면 CREATE [PUBLIC] SYNONYM이란 권한이 필요하므로 아래와 같은 작업으로 권한을 먼저 할당합니다.

```
SCOTT>CONN / AS SYSDBA
Connected.

SYS>GRANT create synonym TO scott ;
SYS>GRANT create public synonym TO scott ;

SYS>CONN scott/tiger
Connected.
```

2.2 생성 예

– Scott 사용자의 emp 테이블의 동의어를 e로 생성하세요.

```
SCOTT>CREATE SYNONYM e FOR emp ;
```

– Scott 사용자의 dept 테이블의 동의어를 d2로 생성하되 모든 사용자들이 사용할 수 있도록 생성하세요.

```
SCOTT>CREATE PUBLIC SYNONYM d2 FOR dept ;
```

2.3 SYNONYM 조회하기

```
SCOTT>SELECT synonym_name, table_owner, table_name
  2  FROM user_synonyms
  3  WHERE table_name='EMP' ;

SYNONYM_NAME           TABLE_OWNER           TABLE_NAME
---------------------- --------------------- ------------
E                      SCOTT                 EMP

위와 같이 user_synonyms를 조회하면 PUBLIC SYNONYM은 보이지 않습니다.
PUBLIC SYNONYM은 dba 권한으로 로그인한 후 조회하면 보입니다.

SCOTT>conn / as sysdba
Connected.

SYS>SELECT synonym_name, table_owner, table_name
  2  FROM dba_synonyms
  3  WHERE table_name='DEPT' ;

SYNONYM_NAME           TABLE_OWNER           TABLE_NAME
---------------------- --------------------- ------------
D2                     SCOTT                 DEPT
```

2.4 SYNONYM 삭제하기

```
SCOTT>DROP SYNONYM e2 ;
```

이상으로 SEQUENCE와 SYNONYM에 대해서 살펴보았습니다.

Check Your Self!

스스로 아래 질문들을 천천히 생각해보고 YES / NO를 체크해 보세요. 아래 질문들에 모두 YES를 선택할 수 있다면 이번 장을 완전히 마스터했다는 의미이고 부족한 부분이 있다면 다시 한 번 더 공부를 해서 완전히 배우길 권해 드립니다.

1. 나는 SEQUENCE의 의미를 정확히 알고 있는가? (YES / NO)
2. 나는 SEQUENCE의 여러 옵션들을 이해하고 있는가? (YES / NO)
3. 나는 SEQUENCE를 생성하고 사용할 수 있는가? (YES / NO)
4. 나는 SEQUENCE를 수정할 수 있는가? (YES / NO)
5. 나는 SYNONYM의 의미와 활용 방법을 설명할 수 있는가? (YES / NO)

잠시 쉬어 가는 페이지

화가 이중섭이 하루는 병을 앓고 있는 지인에게 문병을 갔습니다.

절친한 친구이자 많은 도움을 주었던 시인 구상이었습니다.

폐결핵에 걸려 고생하는 친구를 찾아온 이중섭은 구상이 아픈지 꽤 오랜 시간이 지난 후의 문병이었기에 늦게 찾아온 것을 미안해하며 작은 도화지를 건넸습니다.

"자네 주려고 가지고 왔네. 이걸 가지고 오느라 늦었네. 자네가 좋아하는 천도복숭아라네."

삶이 궁핍했던 이중섭은 직접 그림을 그려 선물한 것입니다.

그리고 장수를 의미하는 천도복숭아를 그려 친구의 쾌유를 기원했던 것입니다.

러시아 속담에 이런 말이 있습니다.

중요한 것은 보내는 선물에 있지 않고 그 마음에 있다.

오늘도 주변에 있는 소중한 사람들에게 따뜻한 마음을 담아 고마움을 표시해 보는 것은 어떨까요?

12장 계층형 쿼리(Hierarchical Query)를 배웁니다

이번 장에서 배울 내용

1 계층형 쿼리의 의미와 원리를 배웁니다.

2 계층형 쿼리를 작성하는 방법을 배웁니다.

12장 계층형 쿼리(Hierarchical Query)를 배웁니다

데이터를 조회할 때 상하위 관계를 가진 데이터들이 많이 있습니다. 예를 들어, "홍길동 사원(하위)의 상사는 일지매 과장(상위)이다"와 같이 표현하거나 쇼핑몰 같은 경우 대분류 → 중분류 → 소분류와 같은 형태로 표현해야 할 경우나 게시판 같은 경우 원래 글과 아래 답글이나 댓글의 형태로 표현할 경우 등입니다. 이런 상황에서 화면에 출력할 때 상하 관계를 표시하면 훨씬 보기에 편하겠지요? 이럴 때 사용하는 것이 계층형 쿼리입니다.

아래 그림으로 일반 쿼리와 계층형 쿼리의 결과를 비교해 본 후 계층형 쿼리를 작성하는 방법을 살펴보겠습니다.

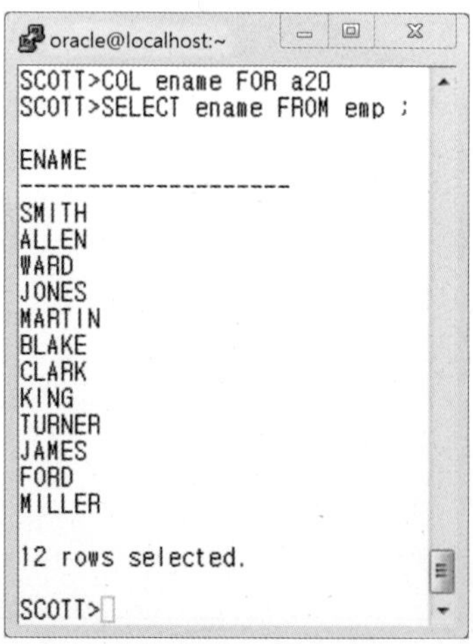

계층형 쿼리 사용 전 화면

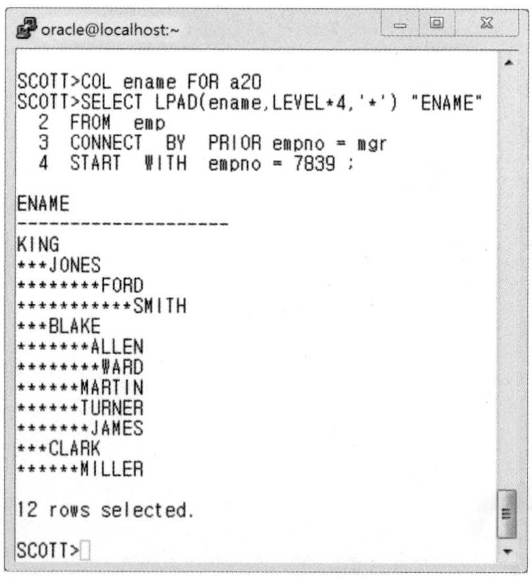

계층형 쿼리 사용 후 화면

위 그림은 둘 다 emp 테이블의 12명의 사원 이름을 출력한 화면입니다. 두 그림을 비교해 보면 오른쪽 형태가 훨씬 더 명확하게 상하 관계가 보이지요? 위 그림의 오른쪽 형태처럼 계층 관계가 보이게 출력하는 쿼리를 계층형 쿼리라고 합니다. 쿼리의 문법이 조금 복잡한 듯하지만 다음 페이지에서 자세하게 살펴보겠습니다.

1. 계층형 쿼리의 문법

```
SCOTT>COL ename FOR a20
SCOTT>SELECT LPAD(ename,LEVEL*4,'*') "ENAME"
  2  FROM  emp
  3  CONNECT  BY  PRIOR  empno = mgr
  4  START  WITH  empno = 7839 ;
```

위 문법을 한 줄씩 자세하게 살펴보겠습니다.

1행의 LPAD(ename,LEVEL*4,'*') 부분은 ename 컬럼을 Level * 4바이트 길이로 출력하되 왼쪽 빈자리는 *로 채우라는 뜻입니다. 출력 결과 화면에서 KING은 최상위 레벨 1이므로 그냥 4바이트로 출력되었고 KING의 부하직원인 JONES는 KING 아래의 LEVEL 2이므로 2*4의 결과로 8바이트로 출력됩니다. 그래서 이름의 바이트 수 5바이트를 제외한 나머지 빈자리 3자리가 ***로 표시된 것입니다.

그리고 KING 아래 JONES 아래 부하 직원인 FORD는 LEVEL 3이므로 3 * 4 = 12바이트로 출력이 되어서 이름 4바이트를 제외한 8자리가 *로 채워져서 출력되었습니다.

LEVEL이란 오라클의 모든 SQL에서 사용할 수 있는 것으로 해당 데이터가 몇 번째 단계이냐를 의미하는 것인데, 줄 번호로 오해할 수 있지만 줄 번호가 아닙니다. 예를 들어, 출력 결과에서 5번째 줄에 있는 BLAKE는 줄 번호는 5번째로 출력되었지만 JONES와 같이 KING의 부하 직원이라서 LEVEL 2입니다. 그래서 출력 결과를 보면 4 * 2로 계산되어서 8바이트로 출력되고 이름 글자 수를 제외한 3자리가 *로 채워져서 출력된 것입니다.

나머지 결과들도 동일한 원리입니다.

3행의 CONNECT BY PRIOR절은 각 행들이 서로 어떻게 연결되어야 하는지 조건을 지정하는 부분입니다. 위 예에서는 empno = mgr의 조건을 알려주었습니다. PRIOR 단어가 들어가는 부분이 중요한데, 만약 CONNECT BY empno = PRIOR mgr라고 쓸 경우는 아래와 같이 다른 결과가 나옵니다.

```
SCOTT>SELECT LPAD(ename,LEVEL*4,'*') "ENAME"
  2  FROM  emp
  3  CONNECT  BY  empno = PRIOR mgr
  4  START  WITH  empno = 7839 ;

ENAME
--------------------
KING
```

위 결과에서 보듯이 PRIOR 값을 어느 쪽에 주느냐가 아주 중요합니다. PRIOR 키워드는 해당 키워드가 설정되어 있는 컬럼에서 바로 이전의 데이터 값을 찾는 데 사용됩니다. 위 SQL에서는 "empno가 7839번인 사람의 mgr을 찾아라"는 뜻인데, 7839번 KING이 사장이라서 최상위 데이터이므로 자신만 출력되는 것입니다.

아래의 화면을 잘 살펴보세요. 아래의 화면은 empno가 7369번인 SMITH 사원의 상사들을 출력하는 쿼리입니다.

```
SCOTT>SELECT LPAD(ename, LEVEL*5, '-') ENAME
  2  FROM  emp
  3  CONNECT  BY  empno=PRIOR mgr
  4  START  WITH  empno=7369 ;

ENAME
--------------------
SMITH
------FORD
----------JONES
----------------KING
```

위 SQL의 3번과 4번 행을 보면 empno가 7369인 사원부터 출발해서 mgr 코드를 찾아서 상사명을 출력해 줍니다.

일반적으로 계층형 쿼리가 수행되는 순서는 아래와 같습니다

- START WITH절에 시작 조건을 찾습니다.
- CONNECT BY절에 연결 조건을 찾습니다.
- WHERE절의 조건을 검색합니다.

이 계층형 쿼리를 작성할 때는 아래의 몇 가지 주의 사항을 꼭 기억해야 합니다.

- CONNECT BY절에는 Sub Query를 사용할 수 없습니다.
- 대량의 데이터가 있을 경우에 시간이 오래 걸릴 수 있으므로 START WITH절과 CONNECT BY절, WHERE절의 컬럼에는 반드시 인덱스가 적절하게 설정되어 있어야 합니다.
- 부분 범위 처리 기법을 아쉽게도 계층형 쿼리에서는 사용할 수 없습니다.

2. 계층형 쿼리의 기본 구조

```
SELECT  empno, ename, job, mgr
      , PRIOR ENAME AS mgr_name
      , LEVEL
      , LPAD(' ', (LEVEL-1)*2, ' ') || ename AS depth_ename
      , SYS_CONNECT_BY_PATH(ename, '-')       AS ename_list
FROM emp
START WITH mgr IS NULL
CONNECT BY PRIOR empno = mgr
ORDER SIBLINGS BY empno;
```

사원(EMP) 테이블에서 사원 번호(EMPNO)와 관리자 사원 번호(MGR) 두 개 항목이 계층 구조를 이루고 있습니다.

위 쿼리 예제는 가장 높은 지위의 사원부터 자기가 관리하는 사원들의 계층 구조를 보여 줍니다. 그래서 최상위 사원인 "관리자 사원 번호(MGR)가 없는 사원" 조건을 계층의

시작 조건으로 줄 수 있습니다.

– START WITH mgr IS NULL : 계층구조의 시작 조건

자신을 관리하는 상사 사원 번호는 MGR 컬럼 값으로 확인할 수 있습니다. 즉, MGR은 나를 관리하는 상사의 EMPNO입니다. 이 조건으로 계층 구조를 전개합니다.

– CONNECT BY PRIOR empno = mgr : 계층 구조 전개 조건

PRIOR는 컬럼 앞에 붙어서 해당 항목의 상위 항목임을 나타내는 구문입니다. PRIOR empno는 상위의 사원 번호를 말하는 것입니다.

– ORDER SIBLINGS BY : 같은 LEVEL 행들의 정렬 컬럼 기입

[쿼리 결과]

oracle@localhost~ - SecureCRT

```
     EMPNO ENAME      JOB                 MGR MGR_NAME        LEVEL DEPTH_ENAME          ENAME_LIST
---------- ---------- ------------ ---------- ---------- ---------- -------------------- --------------------------
      7839 KING       PRESIDENT                                   1 KING                 -KING
      7566 JONES      MANAGER            7839 KING                2   JONES              -KING-JONES
      7788 SCOTT      ANALYST            7566 JONES               3     SCOTT            -KING-JONES-SCOTT
      7876 ADAMS      CLERK              7788 SCOTT               4       ADAMS          -KING-JONES-SCOTT-ADAMS
      7902 FORD       ANALYST            7566 JONES               3     FORD             -KING-JONES-FORD
      7369 SMITH      CLERK              7902 FORD                4       SMITH          -KING-JONES-FORD-SMITH
      7698 BLAKE      MANAGER            7839 KING                2   BLAKE              -KING-BLAKE
      7499 ALLEN      SALESMAN           7698 BLAKE               3     ALLEN            -KING-BLAKE-ALLEN
      7521 WARD       SALESMAN           7698 BLAKE               3     WARD             -KING-BLAKE-WARD
      7654 MARTIN     SALESMAN           7698 BLAKE               3     MARTIN           -KING-BLAKE-MARTIN
      7844 TURNER     SALESMAN           7698 BLAKE               3     TURNER           -KING-BLAKE-TURNER
      7900 JAMES      CLERK              7698 BLAKE               3     JAMES            -KING-BLAKE-JAMES
      7782 CLARK      MANAGER            7839 KING                2   CLARK              -KING-CLARK
      7934 MILLER     CLERK              7782 CLARK               3     MILLER           -KING-CLARK-MILLER

14 rows selected.

Elapsed: 00:00:00.00
```

위 쿼리를 다음 그림으로 실행 순서를 더 자세히 정리했습니다

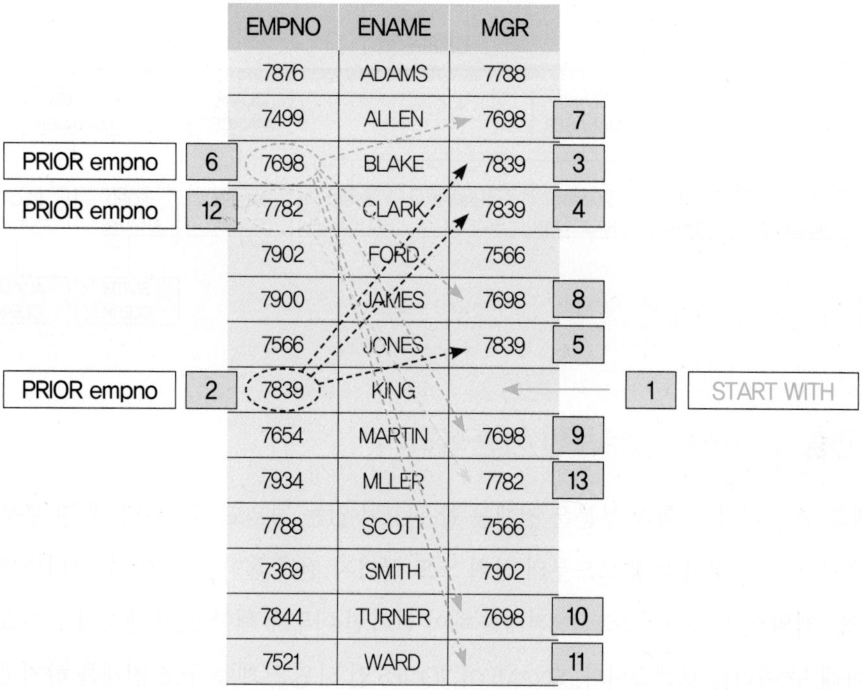

EMPNO
ENAME
MGR
7876
ADAMS
7788
7499
ALLEN
7698
7
PRIOR empno
6
7698
BLAKE
7839
3
PRIOR empno
12
7782
CLARK
7839
4
7902
FORD
7566
7900
JAMES
7698
8
7566
JONES
7839
5
PRIOR empno
2
7839
KING
1
START WITH
7654
MARTIN
7698
9
7934
MLLER
7782
13
7788
SCOTT
7566
7369
SMITH
7902
7844
TURNER
7698
10
7521
WARD
11

위 그림을 간략하게 설명하겠습니다. 먼저 계층 구조의 시작 조건 **START WITH mgr IS NULL**부터 시작합니다. 사원 번호가 7893인 "KING"의 MGR 값이 NULL이므로 "KING"부터 시작합니다. **(LEVEL 1)**

그리고 계층 구조의 연결 조건 **CONNECT BY PRIOR empno = mgr**이기 때문에 PRIOR empno는 KING의 사원 번호가 됩니다. KING의 사원 번호(7839)로 다른 행들의 MGR 값이 7839인 행들을 찾아갑니다.

MGR 값이 7839인 행은 "BLAKE", "CLARK", "JONES"이 됩니다. **(LEVEL 2)**

MGR 값이 7839인 행들을 모두 찾았으므로, 그 다음 계층 구조를 찾아갑니다. **(LEVEL 3)**

BLAKE의 PRIOR empno 값이 7698이므로 MGR 값이 7698인 행들을 찾아갑니다.

이런 식으로 마지막 노드까지 계층 구조를 전개하면 다음과 같은 트리 구조가 나옵니다.

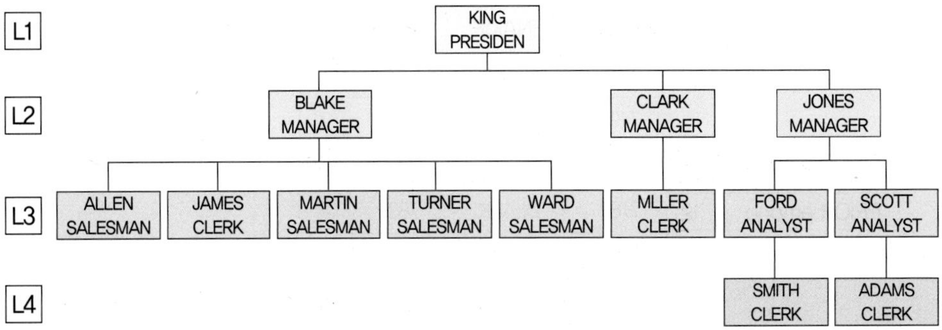

3. 계층 구조에서 일부분만 계층화하기

계층 구조 전개 시 특정 부분은 전개를 할 필요가 없는 경우도 있습니다. 특정 부분 전개를 안 한다는 것이 특정 노드부터 하위 노드 끝까지 전개를 안 할 것인지, 아니면 특정 노드는 제외하고 그 하위 노드는 전개를 해야 한다면 어떻게 해야 할지 생각해 볼까요?

아래 두 쿼리를 보겠습니다. ENAME이 'JONES'인 사원은 계층 구조 전개를 하지 않겠다는 것입니다. 하지만 해당 조건의 위치에 따라 많은 차이가 있습니다.

[쿼리01]

```
SELECT empno
    , job
    , mgr
    , LEVEL lv
    , LPAD(' ', (LEVEL-1)*2, ' ') || ename AS depth_ename
    , SYS_CONNECT_BY_PATH(ename, '-')      AS enamelist
  FROM scott.emp
 START WITH mgr IS NULL
 CONNECT BY PRIOR empno = mgr
        AND ENAME <>'JONES'
 ORDER SIBLINGS BY ename
```

[결과]

```
     EMPNO JOB                MGR         LV DEPTH_ENAME          ENAME_LIST
---------- ------------ ---------- ---------- -------------------- -------------------------
      7839 PRESIDENT                       1 KING                 -KING
      7698 MANAGER            7839         2   BLAKE              -KING-BLAKE
      7499 SALESMAN           7698         3     ALLEN            -KING-BLAKE-ALLEN
      7900 CLERK              7698         3     JAMES            -KING-BLAKE-JAMES
      7654 SALESMAN           7698         3     MARTIN           -KING-BLAKE-MARTIN
      7844 SALESMAN           7698         3     TURNER           -KING-BLAKE-TURNER
      7521 SALESMAN           7698         3     WARD             -KING-BLAKE-WARD
      7782 MANAGER            7839         2   CLARK              -KING-CLARK
      7934 CLERK              7782         3     MILLER           -KING-CLARK-MILLER

9 rows selected.
```

[쿼리02]

```
SELECT empno
     , JOB
     , mgr
     , LEVEL lv
     , LPAD(' ', (LEVEL-1)*2, ' ') || ename AS depth_ename
     , SYS_CONNECT_BY_PATH(ename, '-')      AS ename_list
FROM emp
WHERE ENAME <>'JONES'
START WITH mgr IS NULL
CONNECT BY PRIOR empno = mgr
ORDER SIBLINGS BY ename;
```

[결과]

```
     EMPNO JOB                MGR         LV DEPTH_ENAME          ENAME_LIST
---------- ------------ ---------- ---------- -------------------- -------------------------
      7839 PRESIDENT                       1 KING                 -KING
      7698 MANAGER            7839         2   BLAKE              -KING-BLAKE
      7499 SALESMAN           7698         3     ALLEN            -KING-BLAKE-ALLEN
      7900 CLERK              7698         3     JAMES            -KING-BLAKE-JAMES
      7654 SALESMAN           7698         3     MARTIN           -KING-BLAKE-MARTIN
      7844 SALESMAN           7698         3     TURNER           -KING-BLAKE-TURNER
      7521 SALESMAN           7698         3     WARD             -KING-BLAKE-WARD
      7782 MANAGER            7839         2   CLARK              -KING-CLARK
      7934 CLERK              7782         3     MILLER           -KING-CLARK-MILLER
      7902 ANALYST            7566         3     FORD             -KING-JONES-FORD
      7369 CLERK              7902         4       SMITH          -KING-JONES-FORD-SMITH
      7788 ANALYST            7566         3     SCOTT            -KING-JONES-SCOTT
      7876 CLERK              7788         4       ADAMS          -KING-JONES-SCOTT-ADAMS

13 rows selected.
```

쿼리01은 CONNECB BY절에 ENAME 〈〉'JONES' 조건이 있고, 쿼리02는 WHERE절에 ENAME 〈〉'JONES'이 있습니다.

CONNECT BY절은 계층 구조 전개 조건이고, WHERE절은 계층 구조를 다 만들고 나서 최종적으로 조건에 맞는 값만 보여 줍니다. 즉, WHERE절은 모든 작업이 완료된 후 마지막에 필터 처리를 합니다.

같은 조건이지만 해당 위치에 따라 많은 차이가 있습니다.

쿼리01은 ENAME 〈〉'JONES' 조건이 CONNECT BY절에 있으므로 ENAME이 'JONES'인 경우 더 이상 전개를 하지 않겠다는 뜻입니다. 다음 그림으로 살펴보겠습니다.

[쿼리01의 계층 구조]

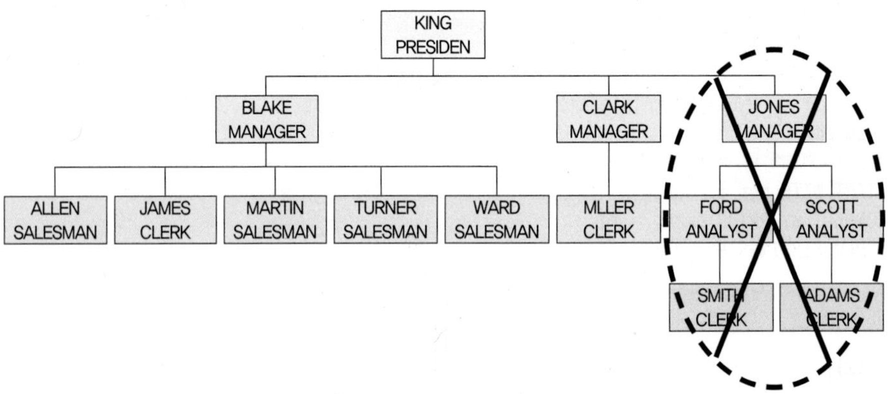

위 그림 쉽게 이해되죠?

쿼리02는 ENAME 〈〉'JONES' 조건이 WHERE절에 있으므로, 일단 전체 계층 구조 전개를 다한 후에, 마지막에 ENAME인 'JONES'인 사원만 보여 주지 않습니다.

[쿼리02 계층구조]

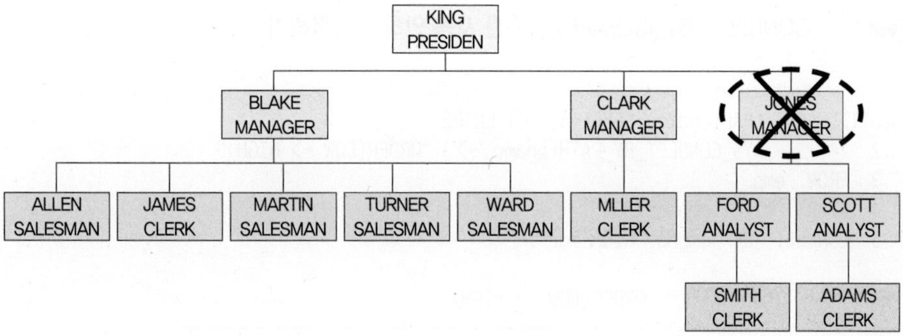

같은 조건이라도 어디에 위치하느냐에 따라 결과 집합에 많은 차이가 있으니, 주의해서 사용해야 합니다.

그리고 WHERE절은 항상 마지막에 필터로 처리되므로, 성능 측면에서는 CONNECT BY절에서 처리할 수 있는 일은 반드시 CONNECT BY절에서 처리하고 WHERE절에서 처리하지 않도록 해야 합니다.

다음으로 계층형 쿼리와 관련된 몇 가지 함수를 더 살펴보겠습니다.

4. CONNECT_BY_ISLEAF( ) 함수

일반적으로 계층 쿼리는 시작 지점부터 중간 내용과 마무리 지점까지 정보가 다 나옵니다.

아주 복잡하지요. 그래서 10g 버전부터 복잡한 계층을 간략하게 볼 수 있는 CONNECT_BY 계열의 함수가 지원됩니다.

먼저 CONNECT_BY_ISLEAF 값에 0을 주고 마지막 값을 안 볼 수도 있고 1을 줘서 마지막 값만 볼 수도 있습니다. 이때 SYS_CONNECT_BY_PATH( ) 함수를 사용하면 전체 경로를 다 보여 줘서 한결 편리합니다. 다음의 예로 이 함수의 사용법을 자세하게 살펴보겠습니다.

다음 예제들로 계층형 쿼리를 자세하게 살펴보겠습니다.

Test 1 **CONNECT_BY_ISLEAF( ) 함수를 사용 안하고 출력하기**

```
SCOTT>SELECT LPAD(ename, LEVEL*5, '*') ENAME
  2         ,SYS_CONNECT_BY_PATH(ename,'->') "ORDER(LOW -> HIGH)"
  3  FROM  emp
  4  START  WITH  empno=7369
  5  CONNECT  BY  empno=PRIOR mgr ;

ENAME                    ORDER(LOW -> HIGH)
------------------------ ---------------------------------------------
SMITH                    ->SMITH
******FORD               ->SMITH->FORD
**********JONES          ->SMITH->FORD->JONES
****************KING     ->SMITH->FORD->JONES->KING
```

위 결과처럼 전체 계층이 다 보입니다.

Test 2 **CONNECT_BY_ISLEAF 함수의 값을 0으로 설정해서 마지막 값을 삭제하기**

```
SCOTT>SELECT LPAD(ename, LEVEL*5, '*') ENAME
  2         ,SYS_CONNECT_BY_PATH(ename,'->') "ORDER(LOW -> HIGH)"
  3  FROM  emp
  4  WHERE CONNECT_BY_ISLEAF=0
  5  START  WITH  empno=7369
  6  CONNECT  BY  empno=PRIOR mgr ;

ENAME                ORDER(LOW -> HIGH)
-------------------- -------------------------------
SMITH                ->SMITH
******FORD           ->SMITH->FORD
**********JONES      ->SMITH->FORD->JONES
```

Test 3 **CONNECT_BY_ISLEAF 함수의 값을 1로 설정해서 마지막 값만 출력하기**

```
SCOTT>SELECT LPAD(ename, LEVEL*5, '*') ENAME
         ,SYS_CONNECT_BY_PATH(ename,'->') "ORDER(LOW -> HIGH)"
  FROM  emp
  WHERE CONNECT_BY_ISLEAF=1
  START  WITH  empno=7369
  CONNECT  BY  empno=PRIOR mgr ;

ENAME                    ORDER(LOW -> HIGH)
------------------------ ----------------------------------------
****************KING     ->SMITH->FORD->JONES->KING
```

5. CONNECT_BY_ROOT 함수

이 함수는 특정 레벨에서의 최상위 값을 찾아주는 함수입니다.

아래의 예로 자세히 살펴보겠습니다.

```
SCOTT>SELECT empno, ename, CONNECT_BY_ROOT empno "Root EMPNO",
            SYS_CONNECT_BY_PATH(name,'<-') "ROOT <- LEAF "
  FROM emp
  WHERE  LEVEL>1
  AND empno=7369
  CONNECT BY PRIOR empno=mgr ;

EMPNO      ENAME          Root EMPNO        ROOT <- LEAF
---------- -------------- ----------------- ----------------------------
7369       SMITH          7902              <-FORD<-SMITH
7369       SMITH          7566              <-JONES<-FORD<-SMITH
7369       SMITH          7839              <-KING<-JONES<-FORD<-SMITH
```

위 출력 결과를 보면 첫 번째 줄은 SMITH의 상사는 FORD이고 해당 레벨에서 ROOT는 FORD이므로 CONNECT_BY_ROOT의 결과는 FORD의 empno인 7902가 출력되었습니다.

두 번째 출력 결과에서는 FORD의 상사인 JONES의 empno인 7566이 출력되었습니다.

세 번째 출력 결과에서는 JONES의 상사인 KING의 empno인 7839가 출력되었습니다.

CONNECT_BY_ROOT의 의미를 아시겠죠?

이번에는 위 실습에서 4번 줄에 있는 LEVEL 값을 조정해서 이 값이 어떤 의미가 있는지를 살펴보겠습니다.

```
SCOTT> SELECT empno, ename, CONNECT_BY_ROOT empno "Root EMPNO",
  2            SYS_CONNECT_BY_PATH(ename,'<-') "ROOT <- LEAF"
  3  FROM emp
  4  WHERE  LEVEL=1
  5  AND empno=7369
  6  CONNECT BY PRIOR empno=mgr ;

EMPNO        ENAME                Root EMPNO       ROOT <- LEAF
------------ -------------------- ---------------- -------------------
7369         SMITH                7369             <-SMITH

출력 결과를 보면 LEVEL=1이라서 자신이 출력되었습니다.

SCOTT> SELECT empno, ename, CONNECT_BY_ROOT empno "Root EMPNO",
  2             SYS_CONNECT_BY_PATH(ename,'<-') "ROOT <- LEAF"
  3  FROM emp
  4  WHERE  LEVEL=2
  5  AND empno=7369
  6  CONNECT BY PRIOR empno=mgr ;

EMPNO        ENAME                Root EMPNO       ROOT <- LEAF
------------ -------------------- ---------------- -------------------
7369         SMITH                7902             <-FORD<-SMITH

출력 결과를 보면 자신의 상사인 FORD까지 보입니다.

SCOTT> SELECT empno, ename, CONNECT_BY_ROOT empno "Root EMPNO",
  2            SYS_CONNECT_BY_PATH(ename,'<-') "ROOT <- LEAF"
  3  FROM emp
  4  WHERE  LEVEL=3
  5  AND empno=7369
  6  CONNECT BY PRIOR empno=mgr ;

EMPNO        ENAME                Root EMPNO       ROOT <- LEAF
------------ -------------------- ---------------- -------------------
7369         SMITH                7566             <-JONES<-FORD<-SMITH

출력 결과를 보면 LEVEL=3이라서 FORD의 상사인 JONES까지 나옵니다.
LEVEL의 의미 아시겠죠?
```

연습문제

1. emp2 테이블과 dept2 테이블을 사용하여 아래와 같이 사원명과 부서와 직급을 합쳐서 출력하되 부서와 직급별로 계층형 쿼리를 사용하여 출력하세요. 단, 직급이 없는 사람들은 직급을 'Team-Worker'로 출력하세요.

출력 결과 화면: 아래와 같이 출력하세요.

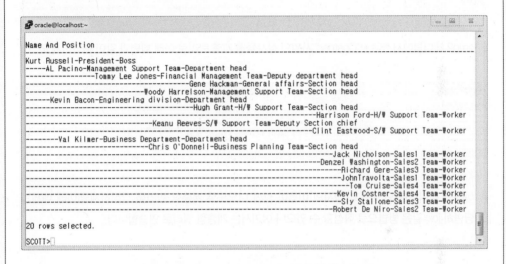

```
oracle@localhost:~

Name And Position
------------------------------------------------------------------------------------------------------------
Kurt Russell-President-Boss
-----AL Pacino-Management Support Team-Department head
-----------------Tommy Lee Jones-Financial Management Team-Deputy department head
----------------------------------------Gene Hackman-General affairs-Section head
-----------------------------Woody Harrelson-Management Support Team-Section head
------Kevin Bacon-Engineering division-Department head
-----------------------------------------Hugh Grant-H/W Support Team-Section head
-----------------------------------------------------------------------Harrison Ford-H/W Support Team-Worker
-------------------------------Keanu Reeves-S/W Support Team-Deputy Section chief
----------------------------------------------------------------------Clint Eastwood-S/W Support Team-Worker
--------Val Kilmer-Business Department-Department head
------------------------------Chris O'Donnell-Business Planning Team-Section head
---------------------------------------------------------------------------Jack Nicholson-Sales1 Team-Worker
------------------------------------------------------------------------Denzel Washington-Sales2 Team-Worker
-----------------------------------------------------------------------------Richard Gere-Sales3 Team-Worker
-----------------------------------------------------------------------------JohnTravolta-Sales1 Team-Worker
-------------------------------------------------------------------------------Tom Cruise-Sales4 Team-Worker
----------------------------------------------------------------------------Kevin Costner-Sales4 Team-Worker
-----------------------------------------------------------------------------Sly Stallone-Sales3 Team-Worker
---------------------------------------------------------------------------Robert De Niro-Sales2 Team-Worker

20 rows selected.

SCOTT>
```

참고로 위 계층 쿼리 내에서 정렬을 해서 출력하려면 마지막 줄에 ORDER SIBLINGS BY e.name ; 절을 추가하면 다음과 같이 계층 안에서 이름 순서대로 정렬되어 출력됩니다.

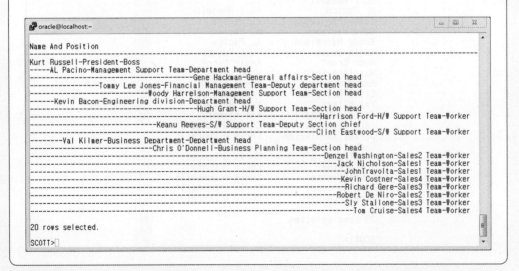

```
oracle@localhost:~

Name And Position
------------------------------------------------------------------------------------------------------------
Kurt Russell-President-Boss
-----AL Pacino-Management Support Team-Department head
----------------------------------------Gene Hackman-General affairs-Section head
-----------------Tommy Lee Jones-Financial Management Team-Deputy department head
-----------------------------Woody Harrelson-Management Support Team-Section head
------Kevin Bacon-Engineering division-Department head
-----------------------------------------Hugh Grant-H/W Support Team-Section head
-----------------------------------------------------------------------Harrison Ford-H/W Support Team-Worker
-------------------------------Keanu Reeves-S/W Support Team-Deputy Section chief
----------------------------------------------------------------------Clint Eastwood-S/W Support Team-Worker
--------Val Kilmer-Business Department-Department head
------------------------------Chris O'Donnell-Business Planning Team-Section head
------------------------------------------------------------------------Denzel Washington-Sales2 Team-Worker
---------------------------------------------------------------------------Jack Nicholson-Sales1 Team-Worker
-----------------------------------------------------------------------------JohnTravolta-Sales1 Team-Worker
----------------------------------------------------------------------------Kevin Costner-Sales4 Team-Worker
-----------------------------------------------------------------------------Richard Gere-Sales3 Team-Worker
---------------------------------------------------------------------------Robert De Niro-Sales2 Team-Worker
-----------------------------------------------------------------------------Sly Stallone-Sales3 Team-Worker
-------------------------------------------------------------------------------Tom Cruise-Sales4 Team-Worker

20 rows selected.

SCOTT>
```

2. emp2 테이블에서 "Kevin Bacon–Engineering division–Department head" 아래에 속한 부하 직원만 계층 쿼리로 조회해서 출력하세요(단, 직급이 없는 사람은 'Team–Worker'로 표시하세요).

```
oracle@localhost:~

Name And Position
-------------------------------------------------------------------------------------------------------------------------------------
Kevin Costner-Sales4 Team-Worker
-------------Chris O'Donnell-Business Planning Team-Section head
--------------------------------------------------Val Kilmer-Business Department-Department head
------------------------------------------------------------------------------------------------------Kurt Russell-President-Boss

SCOTT>
```

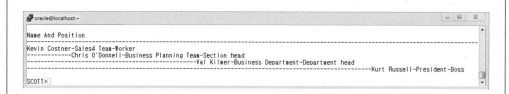

3. emp2 테이블에서 "Kevin Costner" 사원의 상사들을 계층 쿼리로 아래 화면과 같이 출력하세요.

```
oracle@localhost:~

Name And Position
---------------------------------------------------------------------------------------------------------------------------------------------------
Kevin Bacon-Engineering division-Department head
--------------------------------------------------------Hugh Grant-H/W Support Team-Section head
------------------------------------------------------------------------------------------------------------Harrison Ford-H/W Support Team-Worker
----------------------------------------------Keanu Reeves-S/W Support Team-Deputy Section chief
-----------------------------------------------------------------------------------------------------------Clint Eastwood-S/W Support Team-Worker

SCOTT>
```

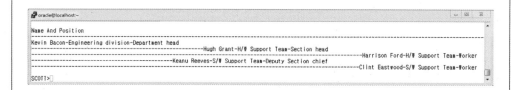

4. 아래와 같이 사원의 이름과 상사의 이름이 함께 나오도록 계층형 쿼리를 작성하세요(아래 예제는 당연히 join 같은 방법으로 작성할 수 있으나 여기서는 계층형 쿼리로 연습합니다).

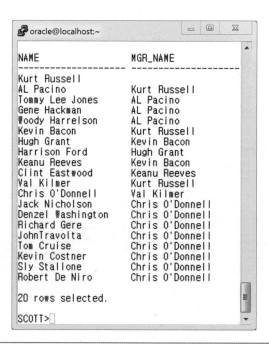

```
oracle@localhost:~

NAME                   MGR_NAME
---------------------- --------------------
Kurt Russell
AL Pacino              Kurt Russell
Tommy Lee Jones        AL Pacino
Gene Hackman           AL Pacino
Woody Harrelson        AL Pacino
Kevin Bacon            Kurt Russell
Hugh Grant             Kevin Bacon
Harrison Ford          Hugh Grant
Keanu Reeves           Kevin Bacon
Clint Eastwood         Keanu Reeves
Val Kilmer             Kurt Russell
Chris O'Donnell        Val Kilmer
Jack Nicholson         Chris O'Donnell
Denzel Washington      Chris O'Donnell
Richard Gere           Chris O'Donnell
JohnTravolta           Chris O'Donnell
Tom Cruise             Chris O'Donnell
Kevin Costner          Chris O'Donnell
Sly Stallone           Chris O'Donnell
Robert De Niro         Chris O'Donnell

20 rows selected.

SCOTT>
```

5. 아래와 같이 emp2 테이블과 dept2 테이블을 조회하여 사번과 사원명-부서-직급, 부하 직원 수를 출력하세요.

```
oracle@localhost:~

     EMPNO ENAME AND POSITION                                                      COUNT
---------- ------------------------------------------------------------------ ----------
  19900101 Kurt Russell-President-Boss                                                19
  19970112 Val Kilmer-Business Department-Department head                              9
  19960212 Chris O'Donnell-Business Planning Team-Section head                         8
  19966102 Kevin Bacon-Engineering division-Department head                            4
  19960101 AL Pacino-Management Support Team-Department head                           3
  19930402 Hugh Grant-H/W Support Team-Section head                                    1
  19960303 Keanu Reeves-S/W Support Team-Deputy Section chief                          1
  20000210 Clint Eastwood-S/W Support Team-Worker                                      0
  20000101 Jack Nicholson-Sales1 Team-Worker                                           0
  20000102 Denzel Washington-Sales2 Team-Worker                                        0
  19950303 Gene Hackman-General affairs-Section head                                   0
  20000334 Kevin Costner-Sales4 Team-Worker                                            0
  20000305 JohnTravolta-Sales1 Team-Worker                                             0
  20006106 Robert De Niro-Sales2 Team-Worker                                           0
  20000407 Sly Stallone-Sales3 Team-Worker                                             0
  20000308 Tom Cruise-Sales4 Team-Worker                                               0
  20000119 Harrison Ford-H/W Support Team-Worker                                       0
  19970201 Woody Harrelson-Management Support Team-Section head                        0
  19930331 Tommy Lee Jones-Financial Management Team-Deputy department head            0
  20000203 Richard Gere-Sales3 Team-Worker                                             0

20 rows selected.

SCOTT>
```

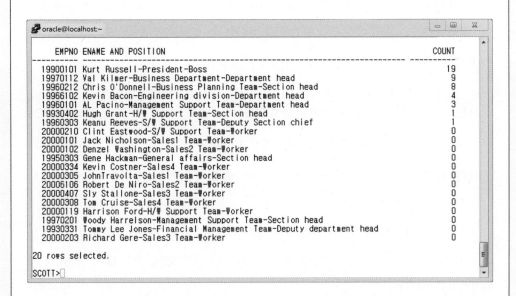

6. 아래 예시 화면과 같이 "Kevin Bacon" 직원의 부하 직원들의 명단을 출력하되 전체 경로까지 함께 나오도록 출력하세요.

```
oracle@localhost:~

ENAME AND POSITION                                                                  PATH
----------------------------------------------------------------------------------- ----------------------------------------
Kevin Bacon Engineering division                                                    -Kevin Bacon
----------------------Hugh Grant H/W Support Team Section head                      -Kevin Bacon-Hugh Grant
----------------------------------------------------Harrison Ford H/W Support Team Worker -Kevin Bacon-Hugh Grant-Harrison Ford
-------------Keanu Reeves S/W Support Team Deputy Section chief                     -Kevin Bacon-Keanu Reeves
---------------------------------------------------Clint Eastwood S/W Support Team Worker -Kevin Bacon-Keanu Reeves-Clint Eastwood

SCOTT>
```

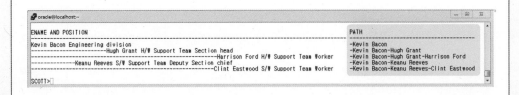

많이 어려웠지요? 수고했어요.

혹시 잘 안 풀리는 문제가 있었다면 그냥 넘어가지 말고 시간이 좀 걸리더라도 꼭 풀어봐야 합니다. 그게 실력으로 남게 되니까요.

Check Your Self!

스스로 아래 질문들을 천천히 생각해보고 YES / NO를 체크해 보세요. 아래 질문들에 모두 YES를 선택할 수 있다면 이번 장을 완전히 마스터했다는 의미이고 부족한 부분이 있다면 다시 한 번 더 공부를 해서 완전히 배우길 권해 드립니다.

1. 나는 계층형 쿼리의 의미를 정확히 알고 있는가? (YES / NO)
2. 나는 조건이 주어지면 적절한 계층형 쿼리를 작성할 수 있는가? (YES / NO)
3. 나는 계층형 쿼리에서 CONNECT_BY 계열 함수들을 활용할 수 있는가? (YES / NO)

이상으로 계층형 쿼리를 살펴보았습니다. 계층형 쿼리에 관한 다양한 기법과 활용 방법들이 많지 있지만 이 책은 입문서이기에 기초적인 부분만 살펴보았습니다. 많이 연습해서 꼭 숙지하기를 바랍니다.

잠시
쉬어 가는
페이지

스위스의 위대한 교육자인 '페스탈로치'는 어린 시절 몸이 약하고 수줍음이 많아 또래 아이들로부터 놀림을 받았습니다. 그러던 어느 날, 할아버지와 함께 산책하다가 집으로 돌아가는 길에 시냇물을 건너게 되었습니다.

페스탈로치는 할아버지가 틀림없이 자기를 업고 건널 것으로 생각했습니다. 그런데 뜻밖에도 할아버지는 페스탈로치의 잡은 손을 놓더니 혼자 펄쩍 뛰어 시냇물을 건너는 것이었습니다.

페스탈로치는 발을 동동 구르며 울먹거렸습니다.

"뭐가 무섭다고 그러느냐? 뒤로 두어 발짝 물러서서 힘껏 뛰어라!"

할아버지 말에 페스탈로치는 겁에 질려 울음을 터뜨리고 말았습니다.

할아버지는 갑자기 화난 표정으로 말했습니다.

"못 건너면 할아버지 혼자 먼저 갈 테다."

두려움에 놀란 페스탈로치는 엉겁결에 펄쩍 뛰어 시냇물을 건넜습니다.

그러자 뒤돌아섰던 할아버지가 달려와 페스탈로치를 다정하게 안아주면서 말했습니다.

"그래, 그렇게 하는 거야. 잘했다. 이제 넌 언제든지 네 앞에 나타난 시냇물을 건너 뛸 수 있을 것이다. 무슨 일이든 마음먹기에 달려 있단다."

할아버지의 말씀과 그날의 경험은 페스탈로치가 어른이 된 뒤 많은 실패 속에서도 용기를 잃지 않도록 큰 힘이 되어주었습니다.

우리도 마찬가지입니다.

살다 보면 아주 다양한 힘들고 어려운 일들이 생기는데, 이런 일들이 생길 때마다 힘들다고만 생각하지 말고 할 수 있다고 생각하고 이겨내기를 응원합니다.

13장 오라클 계정 관리 방법을 배웁니다

이번 장에서 배울 내용

1 User와 Schema의 의미를 살펴봅니다.
2 Profile의 의미와 생성, 적용 및 관리 방법을 배웁니다.
3 Privilege의 의미와 적용 및 관리 방법을 배웁니다.
4 Role의 의미와 적용 및 관리 방법을 배웁니다.

13장 오라클 계정 관리 방법을 배웁니다

1. User와 Schema(스키마)에 대해서 알아봅니다

우리가 지금까지 실습하면서 자연스럽게 해 온 것이 오라클 데이터베이스에 접속을 한 것입니다. 즉, 오라클 데이터베이스에 저장되어 있는 다양한 데이터를 조회하거나 변경하려면 오라클 데이터베이스에 접속을 해야 하는데, 이때 필요한 것이 계정과 암호입니다.

그런데 오라클 용어 중에 계정을 뜻하는 USER가 있고 비슷한 의미로 SCHEMA(스키마)도 있습니다. 어떤 사람은 USER라고 하고 어떤 사람은 SCHEMA라고 하는데, 두 용어가 비슷한 것 같으면서도 다른 용어입니다. 그래서 우선 User와 Schema가 뭔지부터 살펴보겠습니다.

User란 말 그대로 사용자 계정을 의미합니다. 우리가 원하는 데이터가 저장되어 있는 데이터베이스에 접속해서 데이터를 가져오든(Select), 변경하든(DML), 데이터에 어떤 영향을 주려면 ORACLE Server에 접속해서 작업을 해야 합니다. 이때 ORACLE Server에접속하기 위해 사용하는 것이 User(계정)입니다. 우리가 ORACLE Server에 접속하기 위해 CONN scott/tiger(또는 sqlplus scott/tiger)할 때 사용하는 scott이 User의 한 종류입니다.

그럼 Schema란 또 뭐고 User와 어떤 부분이 다를까요? 특정 사용자(User)가 만들어 놓은 모든 Object의 집합을 Schema(스키마)라고 합니다. Object(객체)란 오라클에서 데이터를 관리하기 위해 만드는 모든 것을 의미합니다. 더 구체적으로 scott schema를 살펴보면 scott user로 오라클 서버에 로그인한 후 생성한 table, index, view, constraint, trigger, dblink, synonym, sequence 등의 object들을 다 통틀어서 Scott Schema라고 합니다.

지금 살펴본 대로 Schema와 username은 다른 의미지만 일반적으로는 서로 같이 혼용해서 많이 사용합니다. 즉, 현업에서 사용할 때 User를 Schema로 생각해도 대부분 큰 무리는 없습니다. 사용자 계정 관리를 하기 위해서는 새로운 사용자 계정을 생성하는 부분부터 살펴봐야 하는데, 사용자 계정을 생성하는 부분을 알기 위해서는 오라클 구조나 관리 업무 등 오라클에 대한 다양한 배경지식이 추가로 필요합니다.

그래서 이 책에서는 사용자 계정을 생성하는 부분은 할 수가 없고 대신 생성되어 있는 계정들을 어떻게 관리하는지에 대해서 자세하게 살펴보도록 하겠습니다.

사용자 계정 생성에 대한 내용은 오라클 관리 매뉴얼을 보거나 저자의 다른 저서인 《오라클 관리 실무》를 보면 아주 자세히 언급되어 있으니 필요하면 참고하기 바랍니다.

2. PROFILE(프로파일) 생성 및 관리하기

PROFILE은 사용자 계정의 행동에 제약사항을 두기 위해서 사용하는 경우가 대부분입니다. 예를 들어, 1개월마다 암호를 다른 것으로 바꾸게 강제로 적용한다든지 또는 동일한 암호를 사용하지 못하도록 막는다든지 하는 것들이 대표적인 예입니다.

Profile은 크게 암호 관련 설정을 하는 Password Profile이 있고 하드웨어 자원 관리를 위해 만들어 놓은 Resource Profile이 있습니다. 먼저 Password Profile 관련 세부 파라미터가 어떤 의미가 있는지와 어떻게 만들어서 사용하는지를 살펴보겠습니다.

2.1 PASSWORD PROFILE 관련 파라미터

이 Profile을 사용하려면 관리자 계정으로 로그인한 후 아래의 스크립트를 실행한 다음 Profile을 생성하고 사용자에게 할당하면 됩니다.

```
SCOTT> CONN / as sysdba ;
SYS> @?/rdbms/admin/utlpwdmg.sql
```

아래에 있는 Profile을 설정하는 파라미터들의 의미를 잘 알아두세요.

2.1.1 FAILED_LOGIN_ATTEMPTS

틀린 암호를 입력해서 login을 수차례 실패할 경우 계정을 잠그는데, 이 파라미터에 설정된 횟수만큼 시도한 후 계정을 잠그게 됩니다. 예를 들어, FAILED_LOGIN_ATTEMPTS 3 이렇게 지정할 경우 3번 실패하면 4번째부터는 올바른 암호를 넣어도 login을 못한다는 의미입니다.

2.1.2 PASSWORD_LOCK_TIME

위 2.1.1번에서 계정을 잠글 경우 이 파라미터로 며칠 동안 잠글 것인지 기간을 정합니다.

단위는 일이고 여기 설정과 무관하게 DBA가 unlock해서 사용하게 할 수 있습니다(예: SYS〉 ALTER USER scott ACCOUNT UNLOCK ;).

2.1.3 PASSWORD_LIFE_TIME

암호 변경 없이 동일한 암호를 며칠간 사용하게 할 것인지 설정하는 파라미터입니다. 단위는 일이며 이 기간이 지나도 안 바꾸면 다음 로그인할 때 강제로 바꾸게 프롬프트를 보여 줍니다.

2.1.4 PASSWORD_GRACE_TIME

위 2.1.3번 항목에서 만료된 후 암호를 변경하기 전까지의 유예 기간을 이 파라미터에서 지정합니다. 즉, 이 파라미터에 설정된 값만큼 암호를 변경할 기간을 추가로 허용하게 됩니다.

2.1.5 PASSWORD_REUSE_TIME

동일한 암호를 다시 사용할 수 없도록 기간을 지정하는 파라미터입니다. 즉, 암호를 변경하라고 했는데, 사용자가 동일한 암호를 다시 사용하려고 할 수 있기에 이 파라미터에 지정한 날짜 안에는 같은 암호를 다시 쓸 수 없습니다.

2.1.6 PASSWORD_REUSE_MAX

위 2.1.5번 항목의 파라미터를 지정하더라도 동일한 암호를 재사용할 수 있기 때문에 기간 상관없이 동일한 암호를 재사용할 수 있는 최대 가능 횟수를 지정하는 파라미터입니다.

2.1.7 PASSWORD_VERIFY_FUNCTION

위에서 다양한 파라미터를 설정해도 사용자가 암호를 1, 2, 3, 4 이런 식으로 사용하면 어쩔 수 없습니다. 그러나 저런 암호를 사용하면 안되기에 암호를 보다 복잡하게 만들기 위해서 특정 함수를 사용해서 사용자가 설정하는 암호를 점검합니다. 이 함수는 오라클에서 만들어 둔 기본 함수인 verify_function을 사용할 수 있고 사용자가 별도의 함수를 만들어서 적용할 수도 있습니다. verify_function 함수를 이용할 경우 어떤 조건을 점검하는지 보겠습니다.

- 암호는 최소한 4글자 이상 되어야 합니다.
- 암호는 사용자 계정과 달라야 합니다.
- 암호는 하나의 특수문자나 알파벳, 숫자가 포함되어야 합니다.
- 암호는 이전 암호와 3글자 이상 달라야 합니다.

참고로 11g에서 password 관련 기본 설정은 아래와 같습니다.

- password_life_time : 180
- password_grace_time : 7
- password_reuse_time : unlimited
- password_reuse_max : unlimited
- failed_login_attemps : 10
- password_lock_time : 1
- password_verify_function : NULL

예제 1. Password PROFILE 생성하기

- 조건 1: 로그인 시도 5회 실패 시 계정을 30일 동안 사용 못하게 할 것
- 조건 2: 계정의 암호는 30일에 한 번씩 변경하게 할 것
- 조건 3: 동일한 암호는 30일 동안 사용 못하게 할 것

```
SYS>CREATE PROFILE prof_passwd LIMIT
  2  FAILED_LOGIN_ATTEMPTS  5
  3  PASSWORD_LOCK_TIME  30
  4  PASSWORD_LIFE_TIME 30
  5  PASSWORD_REUSE_TIME 30 ;
```

2.2 RESOURCE PROFILE 관련 파라미터들

이번에는 Resource(자원) 관련된 Profile을 구성하는 파라미터들을 살펴보겠습니다.

Resource란 단어가 자원이란 의미가 있듯이 컴퓨터의 자원인 CPU와 메모리, 네트워크 등에 관련된 파라미터입니다.

이 Profile을 사용하려면 RESOURCE_LIMIT = true라는 설정이 되어 있어야 합니다.

ORACLE이 시작될 때 사용되는 Parameter file(pfile/spfile)에 위 문장을 적어 놓거나 또는 지금 즉시 적용시키고 싶으면 9i 이상 버전일 경우엔 ALTER SYSTEM SET RESOURCE_LIMIT = true;를 실행하면 되는데 뒷부분에서 Profile을 생성하는 부분에서 어떻게 설정하는지 살펴보겠습니다.

여러 가지 파라미터들을 설명하기 전에 미리 한 가지 주의 및 당부를 드리겠습니다.

지금부터 볼 파라미터들을 설정해서 Resource Profile을 설정하기 전에 아주 조심하고 신중하게 생각해야 한다는 부분입니다. 왜냐면 Resource Profile을 잘못 설정하면 생각하지도 못한 큰 사고가 날 수 있기 때문입니다. Password Profile은 잘못 지정해도 최악의 경우가 접속이 안 되는 정도로 끝이 나지만(이것도 DBA가 즉시 조치할 수 있지만) Resource Profile을 잘못 설정할 경우는 돌이킬 수 없을 정도의 큰 사고가 날 수도 있음을 미리 언급을 하고 시작하겠습니다.

2.2.1 CPU_PER_SESSION

하나의 세션(접속된 사용자)이 CPU를 연속적으로 사용할 수 있는 최대 시간을 설정합니다.

예를 들어, 어떤 사람이 SQL 문장을 실행했는데, 10초 후에 답이 나왔다면 10초 동안은 그 사람 혼자서 CPU 1개를 계속 사용했다는 의미입니다. 만약 그 사람이 무한 루프로 실행되는 쿼리를 실행시켰다면 오라클 서버는 다운될 수도 있습니다. 그래서 이런 일을 막고자 이 파라미터가 등장을 한 것입니다. 이 파라미터의 단위는 1/100초 단위입니다. 즉, 100으로 지정하면 1초라는 뜻입니다. 이 파라미터를 잘못 지정할 경우 정상적으로 실행되던 쿼리조차도 강제로 종료가 될 수 있다는 점을 꼭 기억하세요.

2.2.2 SESSIONS_PER_USER

하나의 사용자 계정으로 몇 명의 사용자가 동시에 접속할 수 있는지를 설정하는 파라미터입니다.이 파라미터를 잘못 줄 경우 접속이 불가할 수도 있습니다.

2.2.3 CONNECT_TIME

사용자가 하루 동안 DB Server에 접속을 허락하는 총 시간을 설정합니다(단위는 분입니다).

2.2.4 IDLE_TIME

연속적으로 휴면 시간이 여기 값을 넘으면 접속을 해제합니다. 예를 들어, IDLE_TIME 5 이렇게 하면 5분 동안 활동이 없는 세션은 오라클 서버가 강제로 접속을 끊어버리고 작업 내용 중에서 commit 안 된 데이터는 전부 Rollback시킵니다. 이 파라미터도 잘못 설정될 경우 정상적인 세션이 강제로 종료되고 수행하던 작업도 Rollback될 수 있다는 점 꼭 기억하세요.

2.2.5 LOGICAL_READS_PER_SESSION

한 session에서 읽기 가능한 최대 block 수를 지정합니다. 가급적 수정하지 마세요.

2.2.6 PRIVATE_SGA

MTS/SHARED SERVER일 경우 해당 session의 SGA 사용량을 bytes 단위로 설정합니다. 일반 Single 환경에서는 수정할 필요가 없습니다.

2.2.7 CPU_PER_CALL

하나의 call당 cpu를 점유할 수 있는 시간이며 1/100초 단위입니다.

2.2.8 LOGICAL_READS_PER_CALL

하나의 call당 읽을 수 있는 block의 개수를 지정합니다.

예제 2: RESOURCE 관련 PROFILE 만들기

먼저 아래의 명령을 수행해서 RESOURCE_LIMIT=true로 설정하세요.

```
SYS>ALTER  SYSTEM SET RESOURCE_LIMIT=true ;
```

- 조건 1: 1명당 연속적으로 CPU를 사용할 수 있는 시간을 15초로 제한할 것
- 조건 2: 하루 중 8시간만 DB에 접속 가능하게 할 것
- 조건 3: 15분 동안 사용하지 않으면 강제로 접속을 끊을 것

```
SYS>CREATE PROFILE prof_resource LIMIT
2  CPU_PER_SESSION 1500
3  CONNECT_TIME  480
4  IDLE_TIME 15 ;
```

여기까지 Password Profile과 Resource Profile을 생성하는 방법을 살펴보았습니다.

한 번 더 당부를 드리지만 이 Profile들을 잘못 설정하면 돌이킬 수 없는 사고를 낼 수도 있으니 아주 잘 생각하고 사용하기를 바랍니다.

2.3 사용자에게 할당된 PROFILE 조회하고 신규로 할당하기

2.3.1 현재 모든 사용자가 적용받고 있는 PROFILE 확인하기

```
SYS>SELECT username, profile
 2  FROM dba_users
 3  WHERE username='SCOTT';

 USERNAME                       PROFILE
 ------------------------------ ------------------------------
 SCOTT                          DEFAULT
```

2.3.2 해당 PROFILE에 어떤 내용이 있는지 확인하기

위에서 만든 Profile들의 내용을 조회하겠습니다.

```
SYS>SET PAGESIZE 50
SYS>SET LINE 200 ;
SYS>COL profile FOR a15
SYS>COL resource_name FOR a25
SYS>SELECT * FROM dba_profiles ;
2  WHERE PROFILE='PROF_PASSWD' ;

PROFILE         RESOURCE_NAME                 RESOURCE       LIMIT
--------------- ----------------------------- -------------- --------------------
PROF_PASSWD     COMPOSITE_LIMIT               KERNEL         DEFAULT
PROF_PASSWD     SESSIONS_PER_USER             KERNEL         DEFAULT
(중간 결과 생략합니다)
PROF_PASSWD     PRIVATE_SGA                   KERNEL         DEFAULT
PROF_PASSWD     FAILED_LOGIN_ATTEMPTS         PASSWORD       5
PROF_PASSWD     PASSWORD_LIFE_TIME            PASSWORD       30
PROF_PASSWD     PASSWORD_REUSE_TIME           PASSWORD       30
PROF_PASSWD     PASSWORD_REUSE_MAX            PASSWORD       DEFAULT
PROF_PASSWD     PASSWORD_VERIFY_FUNCTION      PASSWORD       DEFAULT
PROF_PASSWD     PASSWORD_LOCK_TIME            PASSWORD       30
PROF_PASSWD     PASSWORD_GRACE_TIME           PASSWORD       DEFAULT

16 rows selected.
```

위와 같이 dba_users와 dba_profiles를 조회하여 사용자별로 적용되어 있는 Profile과 각 Profile에 설정되어 있는 값들을 확인할 수 있습니다. 사용자에게 새로운 Profile을 적용하기 전에 자주 조회하는 내용이니 꼭 기억하세요.

2.3.3 사용자에게 PROFILE 적용시키고 확인하기

여기에서는 위의 예제 1번과 2번에서 만든 두 개의 Profile을 scott user에게 설정하겠습니다.

SYS> ALTER USER scott PROFILE prof_passwd ;

```
User altered.

SYS>ALTER USER scott PROFILE prof_resource ;

User altered.

SYS>SELECT username, profile
  2  FROM dba_users
  3  WHERE username='SCOTT';

USERNAME                       PROFILE
------------------------------ ----------------------
SCOTT                          PROF_RESOURCE
```

위 예를 보면 2개의 Profile을 생성한 후 scott user에게 동시에 지정을 했는데, 조회를 하면 마지막에 적용한 Profile만 조회되죠? 즉, 1명의 사용자에게 여러 개의 Profile을 동시에 적용할 수 없다는 의미입니다. 그래서 처음부터 프로파일을 만들 때 계획을 잘 세워서 원하는 파라미터를 전부 넣고 하나로 만든 후 그것을 적용해야 합니다.

2.3.4 사용 안 하는 PROFILE 삭제하기

현재 scott 사용자에게 할당되어 있는 prof_resource 프로파일을 삭제하겠습니다.

```
SYS>DROP PROFILE prof_resource ;
DROP PROFILE prof_resource
*
ERROR at line 1:
ORA-02382: profile PROF_RESOURCE has users assigned, cannot drop without CASCADE
```

위에서 보듯이 현재 사용자에게 할당이 되어 사용 중인 PROFILE은 기본적으로 삭제가 안 됩니다.

그러나 CASCADE 옵션을 추가해서 강제로 삭제시키면 삭제할 수 있습니다.

현재 사용 중인 Profile이 삭제되면 해당 프로파일을 사용하던 사용자는 DEFAULT PROFILE을 적용받게 자동으로 변경됩니다. 아래 테스트를 보세요.

```
SYS>DROP PROFILE  prof_resource  CASCADE ;

Profile dropped.

SYS>SELECT username, profile
  2  FROM dba_users
  3  WHERE username='SCOTT';

USERNAME                       PROFILE
------------------------------ ---------------
SCOTT                          DEFAULT
```

3. PRIVILEGE(권한) 관리에 대해 배웁니다

사람이 사는 세상에서도 어떤 일을 하기 위해서는 적절한 권한이 필요하듯이 오라클에서도 어떤 일을 하려면 해당 작업을 하기 위한 적절한 권한을 가지고 있어야만 작업이 가능합니다. 즉, 사용자 계정을 만들었다고 모든 일들을 할 수 있는 것은 아니라는 의미입니다. 그래서 관리자는 반드시 어떤 일을 하기 위해서는 어떤 권한이 필요한가를 알고 있어야 하고 또 필요할 경우 그 권한을 주는 것과 회수하는 것을 할 수 있어야 합니다. 아래에서 이런 부분들을 자세하게 살펴보겠습니다.

Privilege는 크게 System Privilege와 Object Privilege로 나뉩니다. System Privilege는 오라클 서버 전체에 영향을 주는 권한들을 의미하고 Object Privilege는 특정 Object(예를 들어, 테이블이나 인덱스 등)에만 영향을 주는 권한들을 의미합니다. System Privilege부터 자세하게 살펴보겠습니다.

3.1 주요 SYSTEM PRIVILEGE

이 Privilege는 종류만 100가지가 넘을 정도로 많습니다. 그런데 대부분 DDL이나 ANY라는 키워드가 들어간 것들이므로 쉽게 구분할 수 있습니다.

특히, ANY 키워드가 들어가 있는 권한들을 주의해야 합니다. 대부분의 권한들은 자신이 소유한 것들에만 적용되지만 ANY 키워드는 소유자와 상관없이 모든 것이 대상이 됩니다. 예를 들어, 테이블을 삭제할 수 있는 권한은 Drop Table인데, 이 권한을 가지고 있으면 자신이 생성한 테이블만을 삭제할 수 있습니다. 그러나 Drop ANY Table이라는 권한을 가지고 있으면 소유자에 상관없이 모든 테이블들을 다 삭제할 수 있는 권한을 가지게 됩니다. 아주 위험하고 조심해야 하는 권한입니다.

다음 표는 일반적으로 많이 사용되는 것들을 정리한 것입니다.

대분류	PRIVILEGE	설명
INDEX 관련	CREATE ANY INDEX	모든 테이블에 인덱스를 생성할 수 있는 권한
	DROP ANY INDEX	생성된 모든 인덱스를 삭제할 수 있는 권한
	ALTER ANY INDEX	생성된 모든 인덱스를 수정할 수 있는 권한
TABLE 관련	CREATE TABLE	테이블을 생성할 수 있는 권한
	CREATE ANY TABLE	다른 user 이름으로 테이블을 생성할 수 있는 권한
	ALTER ANY TABLE	모든 테이블의 구조를 수정할 수 있는 권한
	DROP ANY TABLE	모든 사용자의 테이블을 삭제할 수 있는 권한
	UPDATE ANY TABLE	모든 사용자의 테이블을 업데이트할 수 있는 권한
	DELETE ANY TABLE	모든 사용자 테이블의 데이터를 삭제할 수 있는 권한
	INSERT ANY TABLE	모든 사용자 테이블에 데이터를 삽입할 수 있는 권한
SESSION(접속) 관련	CREATE SESSION	오라클 서버에 접속할 수 있는 권한
	ALTER SESSION	현재 접속에서 사용하는 환경 값을 변경할 수 있는 권한
	RESTRICTED SESSION	Restricted(제한) 모드로 시작된 DB에 접속할 수 있는 권한
TABLESPACE 관련	CREATE TABLESPACE	새로운 Tablespace를 만들 수 있는 권한
	ALTER TABLESPACE	만들어진 Tablespace를 수정할 수 있는 권한
	DROP TABLESPACE	존재하는 Tablespace를 삭제할 수 있는 권한
	UNLIMITED TABLESPACE	Tablespace 사용 허용량을 무제한으로 설정하는 권한

※ 위 표에 언급한 것 말고도 아주 많이 있지만 대부분 DDL과 ANY가 들어 있는 권한들입니다.

3.2 SYSOPER/SYSDBA PRIVILEGE

위에서 다양한 권한들을 살펴보았습니다. 이 권한들 중에 가장 막강한 일을 할 수 있는 권한이 바로 SYSOPER와 SYSDBA라는 권한인데, 다음 표를 보세요.

PRIVILEGE	할 수 있는 일
SYSOPER	STARTUP / SHUTDOWN
	ALTER DATABASE MOUNT / OPEN
	ALTER DATABASE BACKUP CONTROLFILE TO …..
	RECOVER DATABASE
	ALTER DATABASE ARCHIVELOG
	RESTRICTED SESSION
SYSDBA	SYSOPER PRIVILEGE WITH ADMIN OPTION
	CREATE DATABASE
	BEGIN BACKUP / END BACKUP
	RECOVER DATABASE UNTIL~~

위 표에서 SYSDBA라는 권한은 오라클에서 못하는 일이 거의 없는 마치 옛날의 왕과 같은 권한입니다. 일반 사용자들에게 할당되지 않도록 아주 주의해야 합니다.

3.3 SYSTEM 관련 권한 할당하기/해제하기

권한을 할당할 때는 GRANT 명령을 사용하고 회수를 할 때는 REVOKE 명령을 사용합니다.

아래의 예로 살펴보겠습니다.

▶▶▶ **사용 예 1**

SCOTT 사용자에게 CREATE TABLE, CREATE VIEW, CREATE SESSION 권한을 할당합니다. 이때 CREATE VIEW 권한은 다른 사람에게 위임할 수 있도록 할당합니다.

```
SYS> GRANT CREATE TABLE, CREATE SESSION TO SCOTT ;
SYS> GRANT CREATE VIEW TO SCOTT WITH ADMIN OPTION ;.
```

▶▶▶ **사용 예 2**

SCOTT 사용자에게 CREATE TABLE 권한을 회수합니다.

```
SYS> REVOKE CREATE TABLE FROM SCOTT ;
```

만약 오라클 서버에 있는 모든 사용자에게 권한을 한꺼번에 할당/회수하고 싶으면 마지막 부분 USER명 쓰는 곳에 USER 이름 대신 PUBLIC이란 키워드를 쓰면 됩니다.

3.4 사용자가 가지고 있는 권한 조회하기

```
SYS>SELECT * FROM dba_sys_privs
  2  WHERE grantee='SCOTT' ;

GRANTEE                         PRIVILEGE                                  ADM
------------------------------ ---------------------------------------- --------
SCOTT                           CREATE VIEW                                NO
SCOTT                           QUERY REWRITE                              NO
SCOTT                           CREATE MATERIALIZED VIEW                   NO
SCOTT                           UNLIMITED TABLESPACE                       NO
SCOTT                           CREATE PUBLIC SYNONYM                      NO
```

위 결과 중 가장 오른쪽의 ADM 컬럼은 WITH ADMIN OPTION이라는 옵션 여부를 나타냅니다. 이 옵션에 포함된 ADMIN이란 일반적으로 관리자를 뜻하는 단어입니다.

WITH ADMIN OPTION이란 관리자의 권한을 다른 사용자에게 위임하는 기능인데, 예를 들어서 DBA가 A User에게 CREATE SESSION이란 권한을 줄 때 WITH ADMIN OPTION 없이 그냥 주면 A User는 CREATE SESSION을 수행할 수 있는 권한만 받게 되지만 WITH ADMIN OPTION을 추가해서 주게 되면 A User는 또 다른 사용자에게 WITH ADMIN OPTION과 함께 받은 CREATE SESSION이라는 권한을 마치 DBA처럼 할당해 줄 수가 있게 됩니다. 또한 다른 사용자가 가진 CREATE TABLE이란 권한을 회수(REVOKE)할 수도 있게 됩니다.

3.5 Object Privilege

앞에서 살펴본 System Privilege들은 주로 DDL과 관련이 많았습니다. 그런데 이번에 살펴볼 Object Privilege들은 주로 DML과 연관이 많습니다. 즉, OBJECT를 SELECT, INSERT, UPDATE, DELETE 등을 할 수 있는 권한을 말합니다.

• Object 권한 할당하기/ 해제하기

▶▶▶ 사용 예 1

HR 사용자에게 SCOTT 사용자가 만든 EMP 테이블을 SELECT할 수 있도록 권한을 할당하세요.

```
SYS> GRANT  select  ON  scott.emp  TO  hr ;
```

▶▶▶ 사용 예 2

HR 사용자에게 SCOTT User가 만든 EMP 테이블을 UPDATE할 수 있도록 권한을 할당하세요.
그리고 HR 사용자가 이 권한을 다른 사람에게 줄 수 있도록 하세요.

```
SYS> GRANT update ON scott.emp TO hr  WITH GRANT OPTION ;
```

▶▶▶ 사용 예 3

HR 사용자가 할당받은 SCOTT User의 EMP 테이블을 SELECT할 수 있는 권한을 회수하세요.

```
SYS> REVOKE  select ON  scott.emp  FROM  hr ;
```

• WITH GRANT OPTION이란?

System Privilege에서 권한 위임을 하기 위해서는 권한 할당을 할 때 WITH ADMIN OPTION을 사용하였습니다. 그러나 Object Privilege에서는 같은 의미의 작업을 할 때 WITH GRANT OPTION을 사용합니다.

이 두 가지 옵션의 차이점은 DBA가 A 사용자에게 WITH ADMIN OPTION을 사용하여 권한을 주고 A 사용자가 다시 B 사용자에게 권한을 주었을 때 DBA가 A 사용자에게서 권한을 해제해도 A 사용자로부터 권한을 받은 B 사용자는 권한이 해제가 안 되지만 WITH GRANT OPTION은 A 사용자의 권한을 해제하면 자동으로 A 사용자로부터 받은 B 사용자의 권한까지 해제되게 됩니다.

이상으로 Privilege 관련된 내용들을 살펴보았습니다.

4. Role(롤) 관리하기

사용자가 어떤 작업을 DB 내에서 수행하려면 반드시 그 권한을 가지고 있어야 한다고 앞에서 살펴보았습니다. 그리고 권한을 할당하는 것도 배웠습니다. 그런데 이 권한이 너무 많아서 GRANT 명령어로 권한 하나하나를 매번 할당하기에는 많이 불편합니다. 이럴 경우에 대비해서 만들어진 기능이 ROLE입니다.

ROLE이란 권한의 그룹이라고 생각하면 됩니다. 예를 들어, 동생에게 과자 10개를 줘야 하는데, 한 개씩 주면 10번 줘야 하고 힘들겠지요? 그래서 어떤 통을 하나 가져와서 그 안에 과자 10개를 다 담고 통을 주면 아주 쉽게 줄 수 있습니다. 이렇게 통 안에 여러 가지를 담아서 한꺼번에 주듯이 Role이라는 것도 Role 속에 여러 가지 권한을 넣어 두고 사용자에게 ROLE 하나를 주면 그 안에 있는 모든 권한을 다 받게 되는 것입니다.

- **ROLE 생성하기**

```
SYS>CREATE ROLE testrole;
```

- **ROLE에 CREATE SESSION, CREATE TABLE 권한 할당하기**

```
SYS>GRANT CREATE SESSION, CREATE TABLE TO testrole ;
```

• HR 사용자에게 testrole 할당하기

```
SYS>GRANT  testrole  TO  HR ;
```

• 어떤 사용자가 어떤 ROLE을 사용하는지 확인하기

```
SYS>SELECT * FROM dba_role_privs WHERE grantee='HR';

GRANTEE          GRANTED_ROLE              ADM        DEF
---------------- ------------------------- ---------- -----------
HR               RESOURCE                  NO         YES
HR               TESTROLE                  NO         YES
HR               CONNECT                   NO         YES
```

• 어떤 ROLE에 어떤 권한이 있는지 확인하기

```
SYS>SELECT * FROM dba_sys_privs WHERE grantee ='CONNECT';

GRANTEE                PRIVILEGE                          ADM
---------------------- ---------------------------------- -------
CONNECT                CREATE SESSION                     NO

SYS>SELECT * FROM dba_sys_privs WHERE grantee ='RESOURCE';

GRANTEE         PRIVILEGE                                  ADM
--------------- ------------------------------------------ ---------
RESOURCE        CREATE TRIGGER                             NO
RESOURCE        CREATE SEQUENCE                            NO
RESOURCE        CREATE TYPE                                NO
RESOURCE        CREATE PROCEDURE                           NO
RESOURCE        CREATE CLUSTER                             NO
RESOURCE        CREATE OPERATOR                            NO
RESOURCE        CREATE INDEXTYPE                           NO
RESOURCE        CREATE TABLE                               NO

8 rows selected.
```

이상으로 사용자 관리를 마치도록 하겠습니다.

Check Your Self!

스스로 아래 질문들을 천천히 생각해보고 YES / NO를 체크해 보세요. 아래 질문들에 모두 YES를 선택할 수 있다면 이번 장을 완전히 마스터했다는 의미이고 부족한 부분이 있다면 다시 한 번 더 공부를 해 완전히 마스터하길 권합니다.

1. 나는 User와 Schema를 구분해서 설명할 수 있는가? (YES / NO)
2. 나는 Password Profile과 Resource Profile을 생성할 수 있는가? (YES / NO)
3. 나는 사용자별로 할당된 Profile을 조회하고 변경할 수 있는가? (YES / NO)
4. 나는 System Privilege를 이해하고 사용자에게 할당할 수 있는가? (YES / NO)
5. 나는 Object Privilege를 이해하고 사용자에게 할당할 수 있는가? (YES / NO)
6. 나는 사용자별로 할당된 Privilege를 조회하고 회수할 수 있는가? (YES / NO)
7. 나는 Role을 이해하고 생성하고 할당하거나 회수할 수 있는가? (YES / NO)
8. 나는 Role을 조회해서 들어 있는 권한을 확인할 수 있는가? (YES / NO)

잠시
쉬어 가는
페이지

어느 마을 다리 밑에는 걸인 두 사람이 살고 있었습니다. 그 다리 입구 쪽에는 기념 비석이 세워져 있었는데, 거기에는 다리를 세우기 위해 기부한 사람들의 이름이 새겨져 있었습니다.

한 걸인은 그 기념 비석에 침을 뱉으며 언제나 욕을 해댔습니다.

"에이! 양심도 없는 놈들! 돈 많은 것들이 생색내기는…."

그러나 한 걸인은 늘 이렇게 말했습니다.

"그래도 참 고마운 사람들 아닌가. 우리에게 비를 피할 수 있도록 해주고 많은 사람을 건너가게 해주니 말일세. 나도 언젠가 이 사람들처럼 좋은 일을 할 수 있다면 좋을 텐데…."

그로부터 30년이 지난 후 그 다리 옆에 새로 큰 다리가 세워졌습니다. 그리고 기념 비석에 새겨진 이름 중엔 늘 고마운 마음을 가졌던 그 걸인의 이름도 들어 있었습니다. 그는 넝마주이를 시작으로 열심히 일하여 마침내는 건재상을 경영하는 부자가 되어 기부하였던 것입니다. 그러나 침을 뱉으며 항상 욕을 했던 다른 걸인은 여전히 그 다리 밑에서 살고 있었습니다.

이 이야기는 우리에게 긍정적으로 생각하고 도전하라는 말을 하고 있습니다. 주어진 현실이 내 꿈과 목표를 향해 가기 힘든 상황이 되더라도 불평하거나 포기하지 말고 끝까지 노력하면 이룰 수 있다는 것이지요.

독자 여러분들께서 꼭 꿈을 이루고 성공했으면 좋겠습니다.

14장 12c SQL부터 추가된 기능

이번 장에서 배울 내용

1 12c 버전부터 추가된 SQL과 PL/SQL 관련 기능들을 배웁니다.

14장 12c SQL부터 추가된 기능

이번 장에서는 오라클의 12c 버전부터 추가된 SQL과 PL/SQL 관련 기능들을 살펴보겠습니다.

1. DEFAULT value로 sequence의 next value 지정 가능

개발자나 관리자가 테이블을 생성할 때 게시글 번호와 같이 연속적으로 증가되어야 하는 번호일 경우 Sequence 등을 사용해서 자동으로 증감되는 컬럼을 생성해야 하는 상황이 자주 있습니다. 이 기능을 구현하기 위해 12c 이전 버전까지는 Sequence를 생성한 후 값을 입력하는 약간 번거로운 방법을 사용했지만 12c 버전부터는 이 기능이 지원되어서 아주 쉽게 구현할 수 있게 되었습니다. 다음 예로 11g에서 사용할 경우와 12c에서 사용할 경우를 비교해 보겠습니다.

Test ① 11g에서 테스트한 내용

```
[oracle@localhost ~]$ sqlplus scott/tiger

SQL*Plus: Release 11.2.0.2.0 Production on Tue Dec 3 21:28:51 2013
Copyright (c) 1982, 2010, Oracle.  All rights reserved.

                    (중간 내용 생략)

SCOTT>CREATE  SEQUENCE  t_seq
  2  start with 1
  3  increment by 1
  4  maxvalue 10
  5  nocycle;

Sequence created.
```

```
SCOTT>CREATE TABLE t_seq_test
  2  ( no     NUMBER DEFAULT  t_seq.nextval  PRIMARY  KEY,
  3   name    VARCHAR2(10) ) ;

( no NUMBER DEFAULT t_seq.nextval PRIMARY KEY)
                    *
ERROR at line 2:
ORA-00984: column not allowed here ← 사용할 수 없다고 에러가 발생합니다.
```

Test ② 12c에서 테스트한 내용

```
[oracle@dbserver ~]$ sqlplus scott/tiger

SQL*Plus: Release 12.1.0.1.0 Production on Mon Jul 22 00:36:38 2013
Copyright (c) 1982, 2013, Oracle.  All rights reserved.
Last Successful login time: Sun Jul 21 2013 22:12:47 +09:00

                    (중간 내용 생략)

SCOTT>CREATE SEQUENCE t_seq
  2  start with 1
  3  increment by 1
  4  maxvalue 10
  5  nocycle;

Sequence created.

SCOTT>CREATE TABLE t_seq_test
  2  ( no    NUMBER DEFAULT t_seq.nextval PRIMARY KEY,
  3    name  VARCHAR2(10) );

TABLE created.

SCOTT>BEGIN
  2  FOR  i  IN  1..10  LOOP
  3     INSERT INTO t_seq_test(name)
  4     VALUES (dbms_random.string('A',10) );
  5     END LOOP;
  6  END;
  7  /

PL/SQL procedure successfully completed.
```

```
SCOTT>SELECT * FROM t_seq_test;

        NO  NAME
---------- --------------------
         1  yCPzDYNhVc
         2  kkughlxtrv
         3  ZwydGXTeTF
         4  ZllkLyhGBD
         5  NmaJyCOwtm
         6  iYYLjFaidW
         7  dnTHMvibni
         8  pLgSEXyMaA
         9  JBDrQJqLTo
        10  VKtULZhJll

10 rows selected.
```

위 테스트와 같이 에러 없이 잘 생성되고 값도 잘 입력되는 것이 확인됩니다.

2. Invisible Column 사용 가능

11g까지는 테이블에 Invisible Column 생성이 되지 않았지만 12c부터는 생성이 가능해졌습니다. 다음 예로 테스트를 해 보겠습니다.

Test 1 11g 테스트 예

```
SCOTT>CREATE  TABLE  t_member
  2  (no      NUMBER,
  3   name   VARCHAR2(10),
  4   tel      NUMBER,
  5   jumin  VARCHAR2(13)  invisible ) ;
 jumin VARCHAR2(13) invisible )
                    *
ERROR at line 5:
ORA-00907: missing right parenthesis ← 에러가 발생합니다.
```

Test 2 12c 테스트 예

```
SCOTT>CREATE TABLE t_member
  2  (no     NUMBER,
  3   name   VARCHAR2(10),
  4   tel    NUMBER,
  5   jumin  VARCHAR2(13) invisible ) ;

TABLE created.
SCOTT>DESC t_member ;

Name                                      Null?    Type
----------------------------------------- -------- ----------------------------
NO                                                 NUMBER
NAME                                               VARCHAR2(10)
TEL                                                NUMBER
```

위 결과를 보면 jumin 컬럼이 보이지 않습니다(Invisible).

```
SCOTT>INSERT INTO t_member
  2   VALUES(1,'AAA',1111,'1234561234567') ;
INSERT INTO t_member
            *
ERROR at line 1:
ORA-00913: too many values   ← invisible column에는 데이터를 입력할 수 없습니다.

SCOTT>INSERT INTO t_member
  2   VALUES(1,'AAA',1111);

1 row created.

SCOTT>SELECT  * FROM  t_member ;

        NO  NAME        TEL
----------  ----------  ----------
         1  AAA         1111

SCOTT>ALTER TABLE t_member MODIFY (jumin visible) ;  ← visible로 변경합니다.

table  altered.

SCOTT>SELECT  * FROM  t_member ;
```

```
        NO NAME       TEL        JUMIN
---------- ---------- ---------- -------------
         1 AAA        1111

SCOTT>UPDATE  t_member
  2  SET  jumin='1234561234567'
  3  WHERE  no=1;

1 row updated.

SCOTT>SELECT  * FROM  t_member ;

        NO NAME       TEL        JUMIN
---------- ---------- ---------- --------------------
         1 AAA        1111       1234561234567

SCOTT>ALTER  TABLE t_member  MODIFY(jumin invisible);  ← invisible로 변경합니다.

table  altered.

SCOTT>SELECT * FROM t_member ;

        NO NAME       TEL
---------- ---------- ----------
         1 AAA        1111
```

Test ③ Invisible Column과 제약 조건

만약 invisible된 컬럼에 제약 조건이 설정되었을 경우에 invisible 상태로 되면 제약 조건이 작동할까요? 아래 테스트로 확인해 보겠습니다.

STEP 1 invisible column에 not null 제약조건을 할당합니다

```
SCOTT>ALTER  TABLE t_member MODIFY(jumin NOT NULL);

table altered.  ← invisible 상태에서도 변경됩니다.

SCOTT>SELECT  * FROM  t_member ;

        NO  NAME        TEL
---------- ---------- ----------
         1  AAA         1111
```

STEP 2 데이터를 insert 합니다

```
SCOTT>INSERT INTO t_member VALUES (2,'BBB',333);
INSERT INTO t_member VALUES (2,'BBB',333)
*
ERROR at line 1:
ORA-01400: cannot insert NULL into ("SCOTT"."T_MEMBER"."JUMIN")
```

위와 같이 에러가 발생하는 것을 알 수 있습니다. 즉, 컬럼의 상태가 Invisible 상태라서 보이지는 않지만 제약 조건이 여전히 작동하는 것을 알 수 있습니다.

Test 4 Invisible Column 확인하는 방법

```
SCOTT>SET colinvisible on
SCOTT>DESC  t_member;
 Name                                  Null?            Type
 ------------------------------------ ---------------- ------------------------------
 NO                                                     NUMBER
 NAME                                                   VARCHAR2(10)
 TEL                                                    NUMBER
 JUMIN (INVISIBLE)                     NOT NULL         VARCHAR2(13)

SCOTT>SET  LINE  200
SCOTT>COL  table_name  FOR  a10
```

```
SCOTT>COL  column_name  FOR  a20
SCOTT>COL  hidden_column  FOR  a10
SCOTT>SELECT  TABLE_name, column_name, hidden_column
  2  FROM  user_tab_cols
  3  WHERE table_name = 'T_MEMBER' ;

TABLE_NAME        COLUMN_NAME           HIDDEN_COL
----------------  --------------------  ----------------
T_MEMBER          NO                    NO
T_MEMBER          NAME                  NO
T_MEMBER          TEL                   NO
T_MEMBER          JUMIN                 YES
```

3. 순위 뽑을 때 Top-N 기능 사용 가능

출력을 원하는 특정 순위만큼의 데이터를 추출할 수 있습니다. 11g까지는 이런 결과를 얻기 위해서 주로 인라인뷰를 사용하거나 rownum 등을 사용해서 비교적 복잡한(?) 방법을 사용했지만 12c부터는 아주 편리하게 결과를 조회할 수 있게 되었습니다. 아래의 테스트로 확인해 보겠습니다.

Test 1 기본적인 Top-N 쿼리 사용하기

STEP 1 예제용 테이블을 생성합니다

```
SCOTT>CREATE TABLE t_member2
  2  ( no    NUMBER,
  3    name  VARCHAR2(10),
  4    sal   NUMBER) ;

TABLE created.

SCOTT>INSERT INTO t_member2 VALUES (1,'AAA',300);
1 row created.

SCOTT>INSERT INTO t_member2 VALUES (2,'BBB',280);
1 row created.
```

```
SCOTT>INSERT INTO t_member2 VALUES (3,'CCC',290);
1 row created.

SCOTT>INSERT  INTO  t_member2  VALUES (4,'DDD',230);
1 row created.

SCOTT>INSERT  INTO  t_member2  VALUES (5,'EEE',250);
1 row created.

SCOTT>commit;
Commit complete.


SCOTT>SELECT  * FROM  t_member2;

        NO NAME       SAL
---------- ---------- ----------
         1 AAA        300
         2 BBB        280
         3 CCC        290
         4 DDD        230
         5 EEE        250
```

STEP 2 Top-N 쿼리를 테스트합니다

```
SCOTT>SELECT * FROM t_member2
  2  FETCH FIRST 3 ROWS ONLY ;

        NO NAME       SAL
---------- ---------- ----------
         1 AAA        300
         2 BBB        280
         3 CCC        290

SCOTT>SELECT * FROM t_member2
  2  ORDER BY sal
  3  FETCH FIRST 3 ROWS ONLY ;

        NO NAME       SAL
---------- ---------- ----------
         4 DDD        230
         5 EEE        250
         2 BBB        280
```

Test 2 인덱스와 Top-N 쿼리 사용하기

일반적으로 정렬을 해야 할 경우에 order by를 사용할 경우 속도가 늦어지므로 주의해야 합니다. 보통 실제 업무에서는 인덱스를 활용하여 order by를 대신하는 경우가 많으므로 아래와 같이 인덱스를 사용할 경우에도 적용되는지 알아보겠습니다.

```
SCOTT>CREATE  INDEX  idx_member2_sal
  2  ON  t_member2(sal);

Index created.

SCOTT>SELECT  * FROM  t_member2
  2  WHERE  sal>0;

        NO  NAME        SAL
---------- ---------- ----------
         4  DDD         230
         5  EEE         250
         2  BBB         280
         3  CCC         290
         1  AAA         300
```

위 결과처럼 order by를 안 쓰고 index를 활용해서 정렬을 시켰습니다.

```
SCOTT>SELECT  * FROM  t_member2
  2  WHERE  sal>0
  3  FETCH  FIRST  3  ROWS ONLY ;

        NO  NAME        SAL
---------- ---------- ----------
         4  DDD         230
         5  EEE         250
         2  BBB         280
```

Test ③ 특정 구간 값 출력할 때 Top-N 쿼리 사용하기

정상적으로 잘 되는 것을 확인할 수 있습니다.

이번 예에서는 특정 구간 값을 구할 때 Top-N 쿼리를 사용하는 방법을 알아보겠습니다.

```
SCOTT>SELECT * FROM t_member2
  2  WHERE  sal > 0;

        NO  NAME        SAL
---------- ---------- ----------
         4  DDD        230
         5  EEE        250
         2  BBB        280
         3  CCC        290
         1  AAA        300
```

급여 순서대로 출력된 위 결과에서 급여가 3~5위인 사람의 명단을 출력합니다.

```
SCOTT>SELECT * FROM t_member2
  2  WHERE  sal > 0
  3  OFFSET  2  ROWS  ← 2줄을 건너뛰고
  4  FETCH  NEXT 3 ROWS ONLY ; ← 다음 3줄을 출력하라.

        NO  NAME        SAL
---------- ---------- ----------
         2  BBB        280
         3  CCC        290
         1  AAA        300
```

위와 같이 아주 쉽게 원하는 데이터만 추출할 수 있습니다.

위 테스트에서는 인덱스를 활용하여 order by를 대체하는 경우에도 잘 동작하는 것이 확인이 되었으나 실제 업무에서는 다양한 테스트를 해 본 후 사용할 것을 권장합니다.

4. IDENTITY Column 지원

기존에 ANSI SQL에서는 테이블에서 Primary Key와 같은 기능을 하기 위해서 자동으로 증가되는 Identity Column을 지원했으나 오라클에서는 없었습니다. 그래서 시퀀스 등을 이용해서 수동으로 만들어서 사용했는데, 12c부터 오라클에서도 이 기능을 지원합니다.

아래와 같이 생성하고 사용하면 됩니다.

```
SCOTT>CREATE  TABLE  t_iden
  2  (no     NUMBER  GENERATED AS IDENTITY,
  3   name  VARCHAR2(10));

table created.

SCOTT>INSERT INTO t_iden(name) VALUES ('AAA');
1 row created.

SCOTT>INSERT INTO t_iden(name) VALUES('BBB');
1 row created.

SCOTT>commit;
Commit complete.

SCOTT>SELECT * FROM t_iden;

        NO  NAME
---------- ----------
         1  AAA
         2  BBB
```

위와 같이 no 컬럼에 데이터가 자동으로 입력됨을 확인할 수 있습니다.

만약 데이터가 입력되었다가 rollback되면 어떻게 될까요?

아래의 테스트로 확인해 보겠습니다.

```
SCOTT>INSERT  INTO  t_iden(name) VALUES ('CCC');
1 row CREATE d.

SCOTT>rollback;
Rollback complete.

SCOTT>INSERT  INTO  t_iden(name) VALUES ('CCC');
1 row created.

SCOTT>commit;
Commit complete.

SCOTT>SELECT  * FROM  t_iden;

        NO  NAME
---------- ----------
         1  AAA
         2  BBB
         4  CCC    ←  no 컬럼에 4번인 것이 확인됩니다.
```

위 테스트처럼 입력되었던 데이터가 rollback될 경우에도 시퀀스처럼 no 컬럼의 값은 계속 증가합니다. 이 기능은 앞에서 살펴본 첫 번째와 비슷한 기능입니다. 즉, 이 기능을 사용하면 오라클이 내부적으로 Sequence를 생성해서 관리를 하게 됩니다.

시작되는 값과 증가 값을 변경하고 싶으면 아래와 같이 생성하면 됩니다.

```
SCOTT>CREATE  TABLE t_iden2
  2  ( no NUMBER GENERATED BY DEFAULT
  3               AS IDENTITY (START WITH 10 INCREMENT BY 5),
  4    name VARCHAR2(10));

table created.
```

위 2번 줄에서 **GENERATED BY DEFAULT**라고 사용하면 앞으로의 모든 identity의 기본 속성이 됩니다. 해당 테이블에만 적용하려면 기존처럼 generated as identity로 사용하면 됩니다.

```
SCOTT>INSERT  INTO  t_iden2 (name) VALUES ('AAA');
1 row created.

SCOTT>INSERT  INTO  t_iden2 (name) VALUES ('BBB');
1 row created.

SCOTT>INSERT  INTO  t_iden2 (name) VALUES ('CCC');
1 row created.


SCOTT>commit;
Commit complete.

SCOTT>SELECT  * FROM  t_iden2 ;

        NO   NAME
---------- ----------
        10   AAA
        15   BBB
        20   CCC

SCOTT>SELECT  object_name,object_type
  2  FROM  user_objects ;

OBJECT_NAME           OBJECT_TYPE
--------------------  -----------------------
(중간 결과 생략)
T_IDEN2               TABLE
ISEQ$$_93391          SEQUENCE  ← 이 시퀀스가 identity를 관리하는 시퀀스입니다.
```

아래처럼 자세한 정보를 조회할 수 있습니다.

```
SCOTT>SET LINE 200
SCOTT>COL table_name FOR a10
SCOTT>COL column_name FOR a10
SCOTT>COL DEFAULT_on_null FOR a10
SCOTT>COL data_DEFAULT FOR a30
SCOTT>SELECT  TABLE_name, column_name, DEFAULT_on_null,
  2          identity_column, data_DEFAULT
  3  FROM  user_tab_columns
  4  WHERE table_name='T_IDEN2' ;

TABLE_NAME      COLUMN_NAM      DEFAULT_ON      IDENTITY_C      DATA_DEFAULT
----------    --------------   ----------      -----------     ------------
T_IDEN2              NO            NO              YES  "SCOTT"."ISEQ$$_93391".
nextval
T_IDEN2              NAME          NO              NO
```

5. Null 값을 위한 DEFAULT 값 지정 가능

만약 사용자가 값을 입력하지 않을 경우(null) 기본적으로 입력될 값을 지정할 수 있습니다. 그냥 DEFAULT만 쓰는 것과 이 기능이 어떤 차이가 있는지 테스트를 통해서 확인해 보겠습니다.

Test 1 일반적인 DEFAULT 기능 테스트하기

```
SCOTT>CREATE  TABLE  d_test100
  2  (no      NUMBER,
  3   name  VARCHAR2(10),
  4   sal      NUMBER DEFAULT 100);

table created.

SCOTT>INSERT  INTO  d_test100  VALUES (1,'AAA');
INSERT INTO d_test100 VALUES (1,'AAA')
            *
ERROR at line 1:
ORA-00947: not enough values
```

위에서 보는 바와 같이 sal 컬럼이 DEFAULT 값이 지정되어 있다 해도 값을 입력하지 않으면 에러가 발생합니다. 그래서 아래와 같이 입력할 컬럼을 명시해서 사용해야 합니다.

```
SCOTT>INSERT  INTO  d_test100 (no,name) VALUES (1,'AAA');
1 row created.
```

아래와 같이 명시적으로 null 값을 입력할 경우 정말 null이 입력이 됩니다.

```
SCOTT>INSERT INTO d_test100 VALUES (2,'BBB',null);
1 row created.

SCOTT>SELECT * FROM  d_test100 ;

        NO NAME       SAL
---------- ---------- ----------
         1 AAA        100
         2 BBB
```

12c에서는 null이 입력될 경우 null 대신 입력될 값을 DEFAULT로 지정하는 기능이 추가되었습니다. 아래의 실습으로 확인해 보겠습니다(아래의 실습은 12c에서 수행합니다).

Test 2 12c에서 DEFAULT 기능 테스트하기

```
SCOTT>CREATE  TABLE d_test100
  2  (no    NUMBER,
  3   name VARCHAR2(10),
  4   sal   NUMBER DEFAULT on null 100);

table created.

SCOTT>INSERT INTO d_test100(no,name) VALUES (1,'AAA');
1 row created.
```

```
SCOTT>INSERT INTO d_test100 VALUES (2,'BBB',NULL);
1 row created.

SCOTT>SELECT * FROM d_test100 ;

        NO NAME       SAL
---------- ---------- ----------
         1 AAA        100
         2 BBB        100   B  ← null 값이 입력되면 지정된 100이 입력됩니다.
```

6. 그 외 주요 New Features

- Sub Query에서 With 절에 PL/SQL Function을 사용할 수 있습니다.
- VARCHAR2, NVARCHAR2, RAW 타입의 크기가 기존의 4,000Bytes에서 32,767 Bytes로 확장되었습니다.
- Temporary TABLE을 사용할 경우 생성되던 Temporary Undo data가 생성되지 않습니다(11g까지는 생성이 되었습니다).
- Archive Log Mode로 변경할 때 서버 재시작 없이도 가능하도록 변경되었습니다.
- 데이터 파일을 Rename할 때 Offline 없이 Online 상태에서도 가능하도록 변경되었습니다.

오라클 데이터베이스의 버전이 업데이트되면서 기존 버전에 없던 새로운 New Feature들이 많이 등장했지만, 충분히 검증되지 않았으므로 실제 업무에 사용할 때는 반드시 다양한 테스트로 검증 후 사용하기를 적극 권장합니다.

15장 Oracle PL/SQL에 입문합니다

이번 장에서 배울 내용

15장 Oracle PL/SQL에 입문합니다

1. PL/SQL이란

PL/SQL은 오라클에서 제공하는 프로그래밍 언어입니다. 기존 SQL만 사용해서는 데이터베이스에 저장되어 있는 데이터를 조회하거나 조작할 때 여러 불편한 부분이 많지만, SQL과 PL/SQL을 함께 활용함으로써 효과적으로 데이터베이스에 접근할 수 있습니다.

PL/SQL이란 Procedural Language/SQL의 약자로 절차적인 기능을 기본적으로 가지는 프로그래밍 언어입니다. PL/SQL은 일반 프로그래밍 언어적인 요소를 거의 다 가지고 있어서 실무에서 요구되는 절차적인 데이터 처리가 모두 가능하며 SQL과 결합해 기존 언어보다 더 강력하게 데이터베이스 관련 작업들을 처리할 수 있습니다. 데이터 트랜잭션 처리 능력이나 정보 보호, 데이터에 대한 보안, 예외 처리 기능, 객체 지향 등 데이터베이스와 관련된 중요한 모든 기능을 지원하기 때문에 데이터베이스 업무를 처리하기에 최적화된 언어라고 할 수 있습니다.

2. PL/SQL의 런타임 구조

사용자가 PL/SQL로 구성된 문장을 실행하면 어떻게 실행되는지 런타임 시의 구조를 간략하게 살펴보겠습니다.

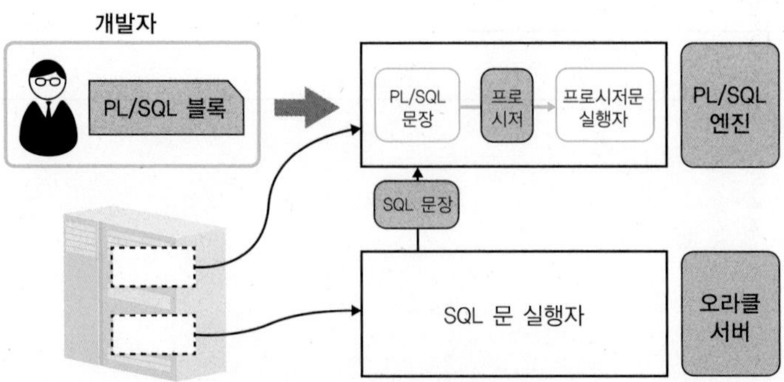

위 그림은 PL/SQL을 실행할 경우 어떻게 실행되는지 원리를 보여 줍니다. 아래 그림에서 더 자세히 PL/SQL이 실행되는 원리를 살펴보겠습니다.

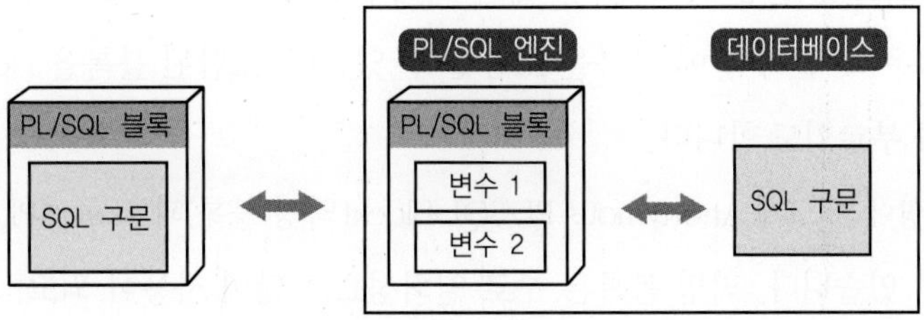

우선 개발자나 DBA가 PL/SQL이 포함된 블록을 실행하면 오라클 서버 내의 메모리에 상주해 있는 PL/SQL 엔진이 해당 블록을 받게 됩니다(이 PL/SQL 엔진이 상주하는 메모리는 사용하는 Application의 종류에 따라 오라클 서버에 있기도 하고 Application 서버에 있기도 합니다).

그 후 해당 블록에 있던 모든 SQL 문장들은 오라클 서버 프로세스에 전달되어 수행됩니다. 즉, PL/SQL 엔진은 해당 SQL 문장이 수행되어 결과가 돌아올 때까지 기다렸다가 그 결과를 받고 난 후 나머지 PL/SQL 문장을 실행하게 됩니다. 데이터베이스에서 처리된 데이터를 PL/SQL이 저장하기 위해서 변수를 선언해야 하며 이 변수를 잘못 선언할 경우 데이터베이스에서 처리된 결과를 PL/SQL 엔진이 사용할 수 없게 됩니다.

여기서 알 수 있는 것은 PL/SQL 엔진이 SQL을 발견하게 되면 Context 변환 과정을 거친 후 오라클 서버 프로세스에 전달되고 오라클 서버 프로세스가 SQL 문장 수행 과정(Parse → Bind → Execute → Fetch(select인 경우만))을 거쳐서 쿼리를 수행한 후 값을 리턴해야 PL/SQL의 나머지 부분이 실행된다는 뜻입니다. 즉, PL/SQL이 빨리 실행되기 위해서는 SQL 문장이 빨라야 한다는 중요한 사실을 알 수 있습니다. PL/SQL 엔진은 대부분 SQL 문장의 처리 결과를 받아서 후속 작업을 하는데, 성능상 문제가 되는 부분은 거의 SQL 문장이 잘못 수행되는 경우입니다.

3. PL/SQL 기본 구조

PL/SQL은 기본적으로 블록(BLOCK) 구조로 되어 있습니다. 블록의 기본적인 구성은 선언부(DECLARE), 실행부(BEGIN), 예외 처리부(EXCEPTION)로 구성되어 있습니다. PL/SQL 블록은 그 블록 안에 블록을 포함할 수 있는데, 포함된 블록을 Nested Block(중첩 블록)이라 부르기도 합니다.

블록의 유형에는 크게 Anonymous PL/SQL Block(익명 블록)과 Stored PL/SQL Block(저장된 블록)이 있습니다. 익명 블록은 주로 일회성으로 많이 사용이 되고, 저장된 블록은 서버에 파싱해서 저장해 놓고 주기적으로 반복해서 사용할 때 많이 만들게 됩니다.

Stored PL/SQL Block은 다른 용어로 서브 프로그램 또는 프로그램 단위라고도 하며, 스키마를 구성하는 오브젝트로서 파싱된 후 오라클 서버 내부에 저장되거나 오라클 툴 안에 라이브러리 형태로 저장되어 있습니다. 이 책에서는 우선 익명 블록을 먼저 살펴보고 난 후 저장된 블록을 살펴보겠습니다.

4. PL/SQL BLOCK 기본 구성

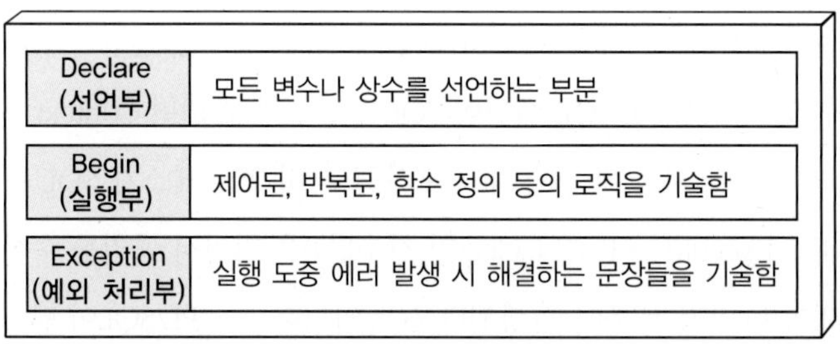

Declare
(선언부)
모든 변수나 상수를 선언하는 부분
Begin
(실행부)
제어문, 반복문, 함수 정의 등의 로직을 기술함
Exception
(예외 처리부)
실행 도중 에러 발생 시 해결하는 문장들을 기술함

위 그림의 블록 구조에서 선언부와 예외 처리부는 경우에 따라 생략도 가능합니다. 그러나 반드시 실행부는 있어야 합니다.

블록 내의 각 부분에 포함되는 명령들 중 DECLARE, BEGIN, EXCEPTION과 같은 예약어들은 ;(세미콜론)으로 끝나지 않지만 나머지 명령어들은 SQL 문장처럼 세미콜론(;)으로 끝이 납니다. 다음 예로 위 블록 구조를 자세히 살펴보겠습니다(다음 예는 익명 블록 구조로 만들어진 PL/SQL 문장입니다).

★★★ 참고

PL/SQL은 기본적으로 처리된 PL/SQL 문장의 결과를 화면에 출력하지 않습니다.
그래서 결과를 화면에 출력하고 싶으면 아래와 같이 미리 사전작업이 필요합니다.

```
HR> SET  SERVEROUTPUT  ON ;  ←  화면 출력기능을 활성화시킵니다.
```

아래 그림은 employees 테이블에서 employee_id가 200번인 사원의 사번과 이름을 화면에 출력하는 PL/SQL 문장입니다. 간단하지만 중요한 부분이니 살펴보겠습니다.

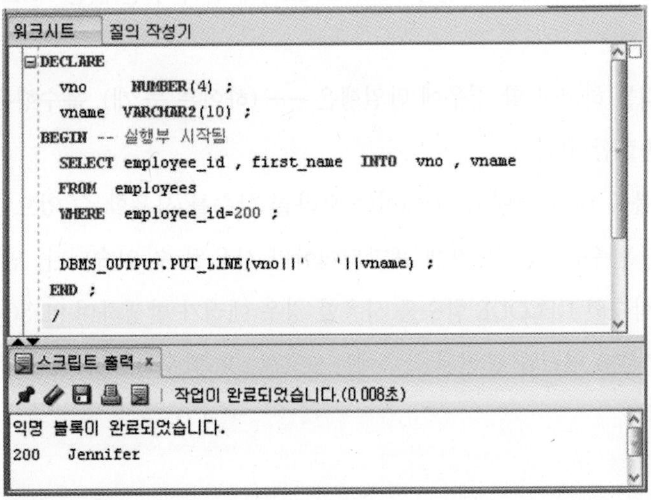
워크시트
질의 작성기
DECLARE
vno NUMBER(4) ;
vname VARCHAR2(10) ;
BEGIN -- 실행부 시작됨
SELECT employee_id , first_name INTO vno , vname
FROM employees
WHERE employee_id=200 ;
DBMS_OUTPUT.PUT_LINE(vno||' '||vname) ;
END ;
/
스크립트 출력
작업이 완료되었습니다.(0.008초)
익명 블록이 완료되었습니다.
200 Jennifer

위 예제에서 작업 결과를 화면에 출력해주는 부분이 DBMS_OUTPUT 패키지를 사용하는 부분입니다. 그리고 작성된 PL/SQL 블록을 실행하려면 마지막 라인과 같이 / 기호를 입력하면 됩니다. 더 자세한 내용은 뒷부분에서 차근차근 살펴보겠습니다.

5. PL/SQL 블록 작성 시 기본 규칙과 권장사항

앞에서 간단한 PL/SQL 블록을 만들어 보았습니다. 모든 프로그래밍이 규칙이 있듯이 PL/SQL도 아래와 같은 규칙이 있습니다.

- 문장은 여러 줄에 걸쳐질 수 있으나, 키워드는 분리될 수 없습니다(SQL 문법과 동일).
- 블록의 내용을 읽기 쉽도록 공백 문자를 사용하여 키워드나 문장을 적절하게 분리함으로써 의미 분석이 되도록 하며, 들여쓰기도 권장합니다.
- 예약어는 식별자명으로 사용될 수 없으나, Alias로는 사용될 수 있습니다. 즉, 이중부호(")를 함께 사용할 수는 있다는 뜻입니다(예: "TABLE").
- 식별자명은 기본 오라클 Naming Rule을 준수합니다.
- 리터럴(문자, 날짜)은 단일인용부호(')로 표시해야 하며 널 값은 NULL 상수로 기술합니다.
- 주석 처리를 하고자 할 경우에 단일행은 -- (하이픈 두 개), 복수행은 /*로 시작하고 */로 종료합니다.
- PL/SQL 블록 내의 명령(수식)에서는 오라클 함수를 사용할 수 있으나 그룹함수와 DECODE 함수는 SQL 문장에 포함되어야만 사용될 수 있습니다. 만약 다른 경우에 그룹 함수와 DECODE 함수를 사용할 경우 에러가 발생하며 PL/SQL에서는 에러(EXCEPTION) 처리와 관련된 함수에는 SQLCODE 함수와 SQLERRM 함수가 별도로 존재합니다.

6. PL/SQL 문 내에서의 SQL 문장 사용하기

우리가 이미 앞에서 살펴본 바와 같이 PL/SQL 블록에서도 SQL 문을 사용하여 데이터베이스 테이블에서 데이터를 검색하고 수정합니다. PL/SQL은 DML(데이터 조작어) 및 트랜잭션 제어 명령을 지원합니다. 즉, PL/SQL 내에서도 DML 명령을 사용하여 데이터베이스 테이블에서 데이터를 수정할 수 있습니다. 그러나 PL/SQL 블록에서 DML 문과 TCL(commit, rollback) 문을 사용할 경우 다음과 같이 몇 가지 주의해야 할 부분이 있습니다.

- END 키워드는 트랜잭션의 끝이 아니라 PL/SQL 블록의 끝을 나타냅니다.
- PL/SQL은 DDL(데이터 정의어) 문을 직접 지원하지 않습니다. DDL 문은 동적 SQL 문입니다. 동적 SQL문은 런타임에 문자열로 작성되며 파라미터의 위치 표시자를 포함할 수 있습니다. 따라서 동적 SQL을 사용하면 PL/SQL에서 DDL 문을 실행할 수 있습니다.
- PL/SQL은 GRANT 또는 REVOKE와 같은 DCL(데이터 제어어) 문을 직접 지원하지 않습니다. 그러나 앞의 DDL 문과 마찬가지로 동적 SQL을 사용하여 DCL 문을 실행할 수 있습니다.

6.1 PL/SQL에서 SELECT 명령으로 데이터 조회하기

문법

```
SELECT select_list
INTO {variable_name[, variable_name]...| record_name}
FROM table
[WHERE condition];
```

위 문법을 사용하여 PL/SQL에서 데이터를 조회한 후 INTO절에 있는 변수에 조회된 데이터를 저장할 수 있습니다. 그래서 SELECT List 항목과 INTO절의 변수 개수와 데이터 타입이 동일해야만 합니다. 그리고 위의 경우는 반드시 1건의 데이터만 조회되어야 하며 이럴 경우 Where절은 필수적으로 사용되어야 합니다. 이것에 대한 자세한 내용은 뒷부분의 CURSOR 관련 부분에서 자세하게 언급하겠습니다. 다음 그림을 보세요.

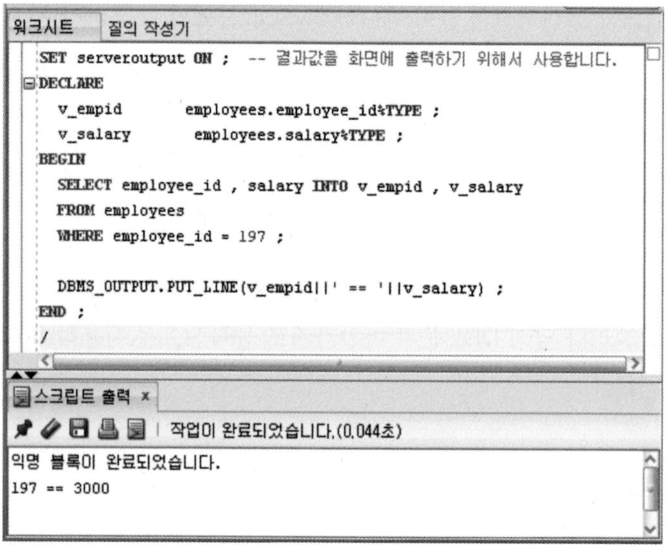
워크시트
질의 작성기
SET serveroutput ON ; -- 결과값을 화면에 출력하기 위해서 사용합니다.
DECLARE
v_empid employees.employee_id%TYPE ;
v_salary employees.salary%TYPE ;
BEGIN
SELECT employee_id , salary INTO v_empid , v_salary
FROM employees
WHERE employee_id = 197 ;
DBMS_OUTPUT.PUT_LINE(v_empid||' == '||v_salary) ;
END ;
/
스크립트 출력
작업이 완료되었습니다.(0.044초)
익명 블록이 완료되었습니다.
197 == 3000

위 사용 예를 자세하게 살펴보겠습니다.

★★★ 참고

- 1번 행에서 DECLARE로 PL/SQL 블록이 시작된다는 것을 알려줍니다.
- 2, 3번 행에서 데이터베이스에서 처리된 SQL 문장의 결괏값을 저장할 변수 2개를 선언합니다. 이 변수에 대해서는 뒷장에서 자세히 살펴보겠습니다.
- 4번 행에서 BEGIN으로 실행부가 시작됨을 알려줍니다.
- 5번에서 7번 행까지 employees 테이블에서 employee_id가 197인 사원의 employee_id와 salary를 가져와서 2, 3번 행에서 선언한 변수에 값을 저장합니다.
- 8번 행에서 DBMS_OUTPUT 패키지를 사용하여 화면에 결과를 출력합니다(이 패키지는 C 언어에서 printf 함수와 비슷한 기능을 합니다).
- 9번 라인의 END로 PL/SQL 블록이 종료됨을 알려줍니다.
- 10번 라인의 /(슬래시)로 해당 블록을 수행합니다.

배우지 않은 내용도 있지만 대략적인 요지는 SELECT 문장을 수행해서 데이터베이스에 가서 데이터를 가져와 변수에 담아 놓고 변수에 담겨 있는 값을 가공해 출력한다는 흐름입니다.

아래 그림의 내용은 위와 동일한 쿼리인데, 사용자로부터 사원의 employee_id 값을 입력받는 부분만 변경되었습니다.

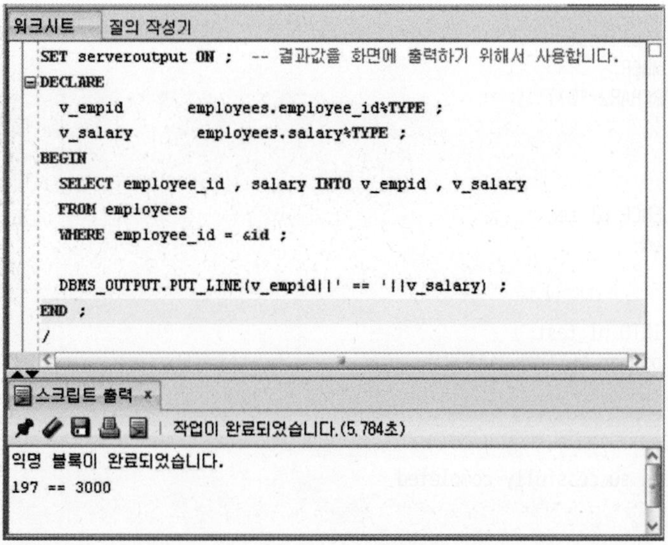
워크시트
질의 작성기
SET serveroutput ON ; -- 결과값을 화면에 출력하기 위해서 사용합니다.
DECLARE
v_empid employees.employee_id%TYPE ;
v_salary employees.salary%TYPE ;
BEGIN
SELECT employee_id , salary INTO v_empid , v_salary
FROM employees
WHERE employee_id = &id ;
DBMS_OUTPUT.PUT_LINE(v_empid||' == '||v_salary) ;
END ;
/
스크립트 출력
작업이 완료되었습니다.(5.784초)
익명 블록이 완료되었습니다.
197 == 3000

위 쿼리를 실행하면 변숫값을 입력받는 창이 열리는데, 원하는 번호를 입력하면 그 employee_id 값을 가진 사원의 employee_id와 salary 값을 화면에 출력합니다. &를 사용하면 사용자로부터 데이터를 입력받을 수 있습니다.

6.2 PL/SQL 내에서의 DML 문장 사용하기

INSERT, UPDATE, DELETE, MERGE 문장을 이용하여 PL/SQL 블록 내에서 데이터를 변경할 수 있습니다. 내용이 길어서 화면 캡처 대신 실제 쿼리를 사용하겠습니다.

연습문제 1

[INSERT 문장 수행하기]

```
HR>CREATE TABLE pl_test
  2  (no     NUMBER ,
  3   name   VARCHAR2(10)) ;

Table created.

HR>CREATE SEQUENCE pl_seq ;
Sequence created.

HR> BEGIN
  2    INSERT INTO pl_test
  3    VALUES(pl_seq.NEXTVAL,'AAA');
  4  END ;
  5  /

PL/SQL procedure successfully completed.

HR>/
PL/SQL procedure successfully completed.

HR>SELECT * FROM pl_test ;

     NO  NAME
-------- ----------
      1  AAA
      2  AAA

HR>COMMIT ;
Commit complete.
```

연습문제 2

이 실습을 하기 위해 아래와 같이 pl_test2 테이블을 생성한 후 사용자로부터 번호(no), 이름(name), 주소(addr) 값을 입력받은 후 pl_test2 테이블에 입력하는 PL/SQL 문장을 작성하세요.

```
HR>CREATE TABLE pl_test2
  2  ( no      NUMBER ,
  3    name    VARCHAR2(10),
  4    addr    VARCHAR2(10) );

Table created.

HR> SET VERIFY OFF
HR>DECLARE

  2  v_no NUMBER := '&no';
  3  v_name VARCHAR2(10) := '&name' ;
  4  v_addr VARCHAR2(10) := '&addr' ;
  5
  6  BEGIN
  7   INSERT INTO pl_test2
  8   VALUES(v_no, v_name, v_addr) ;
  9  END ;
 10  /
Enter value for no: 10
Enter value for name: AAA
Enter value for addr: 서울

PL/SQL procedure successfully completed.

HR>SELECT * FROM pl_test2;

     NO  NAME    ADDR
-------- ------- --------
     10  AAA     서울
```

위 예제에서 2, 3, 4번 행에 변수를 선언하면서 사용자에게 입력받은 값을 바로 변수에 할당했습니다. 그리고 7, 8번 행에서 변수에 있는 값을 테이블에 입력 작업을 수행했습니다.

• PL/SQL에서 UPDATE를 수행합니다

```
HR>BEGIN
  2    UPDATE pl_test
  3    SET name='BBB'
  4    WHERE no = 2 ;
  5  END ;
  6  /

PL/SQL procedure successfully completed.

HR>SELECT * FROM pl_test ;

      NO   NAME
-------- -------
       1   AAA
       2   BBB

HR>COMMIT ;

Commit complete.
```

• PL/SQL에서 DELETE를 수행합니다

```
HR>BEGIN
  2    DELETE FROM pl_test
  3    WHERE no=1 ;
  4  END ;
  5  /

PL/SQL procedure successfully completed.

HR>SELECT * FROM pl_test ;

     NO   NAME
---------- ----------
       2   BBB

HR>COMMIT ;
```

• **PL/SQL에서 MERGE 작업을 수행합니다**

이 작업을 수행하기 위해 아래와 같이 연습용 테이블 pl_merge1과 pl_merge2 테이블을 생성합니다.

```
HR>CREATE TABLE pl_merge1
  2  ( no    NUMBER ,
  3    name  VARCHAR2(10));

Table created.

HR>CREATE TABLE pl_merge2
  2  AS SELECT * FROM pl_merge1 ;

Table created.

HR>INSERT INTO pl_merge1 VALUES(1,'AAA');
1 row created.

HR>INSERT INTO pl_merge1 VALUES(2,'BBB');
1 row created.

HR>INSERT INTO pl_merge2 VALUES(1,'CCC');
1 row created.
HR>INSERT INTO pl_merge2 VALUES(3,'DDD');
1 row created.

HR>COMMIT ;
Commit complete.

HR>SELECT * FROM pl_merge1 ;

     NO   NAME
-------- -------
      1   AAA
      2   BBB

HR>SELECT * FROM pl_merge2;

     NO   NAME
-------- -------
      1   CCC
      3   DDD

HR> BEGIN
```

```
MERGE INTO pl_merge2 m2
USING pl_merge1 m1
ON(m1.no = m2.no)
WHEN MATCHED THEN
  UPDATE SET
   m2.name = m1.name
WHEN NOT MATCHED THEN
  INSERT VALUES(m1.no , m1.name);
END ;
/

PL/SQL procedure successfully completed.

HR>SELECT * FROM pl_merge1 ;

      NO  NAME
-------- -------
       1  AAA
       2  BBB

HR>SELECT * FROM pl_merge2 ;

      NO  NAME
-------- -------
       1  AAA
       3  DDD
       2  BBB    ←  이 줄이 추가되었음을 알 수 있습니다.
```

위 실습에서 살펴본 대로 PL/SQL에서 SELECT 문과 DML 문도 잘 사용할 수 있고 실제로도 많이 사용되고 있습니다.

7. PL/SQL에서의 렉시칼

렉시칼이란 일반적으로 특정 언어에 포함되는 문자 집합들을 의미합니다. PL/SQL 렉시칼이란 PL/SQL 안에 사용되는 문자 집합들을 의미하며 식별자, 구분자, 리터럴, 주석 등으로 구성됩니다.

7.1 식별자

식별자는 PL/SQL 객체에게 부여되는 이름입니다. 즉, 테이블 이름이나 변수명 등은 모두 식별자에 해당됩니다. 특별히 오라클 키워드는 식별자로 사용할 수 없다는 것을 이미 살펴보았습니다. 식별자 중에서 특별히 아래와 같은 경우 식별자를 따옴표로 묶어서 사용할 수 있습니다.

– 식별자의 대소문자 구분이 필요한 경우
– 공백과 같은 문자 포함할 경우
– 예약어를 사용해야 할 경우

이러한 변수를 연이어 사용할 때는 항상 " "(큰따옴표)로 묶어야 합니다. 그러나 따옴표로 묶인 식별자를 사용하는 것은 권장하지 않습니다.

7.2 구분자

구분자는 특별한 의미를 지닌 기호입니다. 예를 들어, SQL 문장을 끝낼 때는 끝내는 의미를 가진 ;(세미콜론)을 사용합니다. 자주 사용하는 구분자들은 아래와 같습니다.

기호	의미	기호	의미
+	더하기 연산자	<>	부등호 연산자
–	빼기 / 부정 연산자	!=	부등호 연산자
*	곱하기 연산자	||	연결 연산자
/	나누기 연산자	—	단일행 주석 표시자
=	등호 연산자	/*	주석 시작 구분자
@	원격 엑세스 표시자	*/	주석 종료 구분자
;	명령문 종료자	:=	할당 연산자

7.3 리터럴

엄밀히 말하면 변수에 할당되는 모든 값은 리터럴입니다. 이 말은 식별자가 아닌 모든 문자, 숫자, 부울 또는 날짜 값은 리터럴이라는 의미입니다. 리터럴은 여러 가지 종류가 있는데 주요 리터럴은 다음과 같이 분류됩니다.

– 문자 리터럴: 모든 문자열 리터럴은 데이터 유형이 CHAR 또는 VARCHAR2이므로 문자 리터럴이라고 합니다(예: abcd 및 12f 등).
– 숫자 리터럴: 숫자 리터럴은 정수 또는 실수 값을 나타냅니다(예: 123 및 1.234 등).
– 부울 리터럴: 부울 변수에 할당된 값은 부울 리터럴입니다. TRUE, FALSE 및 NULL은 부울 리터럴이거나 키워드입니다.

7.4 주석

프로그래밍을 하면서 해당 프로그램의 의도나 순서 등의 설명을 기록하는 것은 아주 좋은 습관입니다. 이렇게 직접 프로그래밍 코드의 성능에는 영향을 주지 않지만 나중을 위해서 설명이나 해설 등을 기록해 두는 것을 주석이라고 합니다. 이 주석은 한 줄 주석 기호인 --(하이픈 2개)를 사용할 수도 있고 /* 주석 */의 방식으로 여러 줄에 걸쳐서 기록할 수도 있습니다.

8. PL/SQL에서의 블록 구문 작성 지침

– 문자 리터럴이나 날짜 리터럴을 사용할 때에는 반드시 ' '(작은따옴표)로 묶어서 표시해야 합니다.
– 문장에서의 주석은 한 줄일 경우 --(하이픈 2개)를 써서 표시하고 여러 줄일 경우 /*와 */ 기호를 사용해서 표시합니다.
– 프로시저 내에서는 단일행 함수만을 사용해야 하며 DECODE 함수나 그룹 함수는 사용할 수 없습니다. 이 말의 의미는 PL/SQL 내부에 포함되어 있는 SQL 문장에서는 위 함수들을 쓸 수 있지만 그 외의 PL/SQL 문장에서는 사용할 수 없다는 의미입니다.
– 시퀀스를 사용할 때 11g 이전 버전에서는 SQL 문장을 이용하여 시퀀스를 변수에 할

```
DECLARE
      v_seq NUMBER;
   BEGIN
      SELECT s_seq.NEXTVAL INTO v_seq
      FROM Dual;
   END;
   /
```

[11g 이전 방법]

```
DECLARE
      v_seq NUMBER;
   BEGIN
      SELECT s_seq.NEXTVAL INTO v_seq
      FROM Dual;
   END;
   /
```

[11g 이후 방법]

당한 후 해당 변숫값을 사용했으나 11g 버전부터는 PL/SQL 문장에서 바로 시퀀스를 사용할 수 있게 되었습니다.

– 데이터의 형 변환에 주의해야 합니다.

데이터의 형 변환은 묵시적 형 변환(자동형 변환)과 명시적 형 변환(수동형 변환)으로 나눌 수 있습니다. 이 부분은 SQL에서의 규칙과 동일합니다. 묵시적 형 변환은 문자와 숫자, 문자와 날짜를 연산할 때 발생하며 이 부분 때문에 성능에 의도하지 않게 나쁜 영향을 줄 수 있으므로 데이터 형의 일치에 항상 주의해야 합니다.

9. 중첩된 PL/SQL 블록 작성하기

프로시저를 작성할 경우 블록 안에 또 다른 블록을 중첩으로 포함할 수 있습니다. 다음의 예를 보세요.

```
HR>DECLARE
  2    v_first VARCHAR2(5) := 'FIRST';
  3  BEGIN
  4    DECLARE
  5      v_second  VARCHAR2(5) := 'SECOND';
  6    BEGIN
  7      DBMS_OUTPUT.PUT_LINE(v_first);
  8      DBMS_OUTPUT.PUT_LINE(v_second);
  9    END ;
 10   DBMS_OUTPUT.PUT_LINE(v_first);
 11   DBMS_OUTPUT.PUT_LINE(v_second);
 12  END ;
 13  /
 DBMS_OUTPUT.PUT_LINE(v_second);
                      *
ERROR at line 11:
ORA-06550: line 11, column 23:
PLS-00201: identifier 'V_SECOND' must be declared
ORA-06550: line 11, column 2:
PL/SQL: Statement ignored
```

위의 예는 PL/SQL 블록 안에 또 다른 PL/SQL 블록을 사용하였습니다. 외부 블록에 v_first라는 변수를 사용하였고 내부 블록에 v_second라는 변수를 사용하여 값을 할당하였습니다. 그리고 내부 블록에서 두 개의 변숫값을 출력시키고(7, 8번 라인) 외부 블록에서도 두 개의 변숫값을 출력시켰습니다(10, 11번 라인).

그런데 11번 라인에서 에러 메시지가 발생하면 v_second 변수가 선언되지 않았다고 나옵니다. 여기서 우리가 알 수 있는 것은 외부 블록에서 선언한 v_first 변수는 내부 블록에서도 사용할 수 있지만 내부 블록에서 선언된 v_second 변수는 외부 블록으로 나올 수 없다는 것입니다. 문제가 되는 11번 라인을 삭제한 후 다시 위 문장을 실행하겠습니다.

```
HR> DECLARE
  2    v_first VARCHAR2(5) := 'FIRST';
  3  BEGIN
  4    DECLARE
  5      v_second  VARCHAR2(5) := 'SECOND';
  6    BEGIN
  7      DBMS_OUTPUT.PUT_LINE(v_first);
  8      DBMS_OUTPUT.PUT_LINE(v_second);
  9    END ;
 10   DBMS_OUTPUT.PUT_LINE(v_first);
 11  END ;
 12  /
FIRST    ←   7번 줄의 결괏값
SECOND   ←   8번 줄의 결괏값
FIRST    ←   10번 줄의 결괏값

PL/SQL procedure successfully completed.
```

위 예에서처럼 변수가 적용되는 범위는 아주 중요하니 꼭 기억하기 바랍니다.

10. PL/SQL에서의 연산자 사용하기

이 부분은 SQL에서 사용하는 연산자와 그 규칙들이 모두 동일합니다. 즉, SQL에서와 마찬가지로 산술 연산자, 비교 연산자, 논리 연산자 등의 사용이 모두 동일하고 연산자들의 우선 순위를 조절하기 위한 괄호의 사용도 모두 동일합니다. 즉, 연산자들의 우선 순위는 아래 표와 같습니다.

연산자	의미
**	제곱 연산자
+, −	일치, 부정
*, /	곱하기, 나누기
+, −, ||	더하기, 빼기, 연결하기
=, <, >, <=, >=, <>, !=, ~=, ^=, IS NULL, LIKE, BETWEEN, IN	비교 연산자
NOT	논리 부정 연산자

연산자	의미
AND	두 조건 모두 참일 경우 참을 반환
OR	두 조건 중 한 가지만 참일 경우 참을 반환

11. PL/SQL에서 변수의 의미와 사용법

11.1 변수란

PL/SQL에서 변수를 사용하는 이유는 아래와 같습니다.

- 변수는 데이터의 임시 저장 영역입니다.
- 저장된 값을 조작하기 위해 사용합니다.
- 저장된 값을 반복해서 재사용할 수 있습니다.

PL/SQL에서 사용될 변수는 아래와 같은 규칙을 지켜서 만들어야 합니다.

- 반드시 문자로 시작
- 문자나 숫자, 특수문자 포함 가능
- 변수명은 30bytes 이하
- 예약어를 포함할 수 없음

위 규칙으로 만들어진 변수는 아래와 같은 순서로 처리됩니다.

- 선언부에서 선언되고 원한다면 특정 값으로 초기화도 가능합니다.
  일반적으로 PL/SQL에서는 선언부에서 사용될 변수를 선언합니다. 변수를 선언한다는 의미는 해당 변수에 들어올 값에 대한 메모리 공간을 미리 확보하고, 해당 데이터 유형을 지정하며, 참조하도록 저장 공간 이름을 지정하는 의미가 있습니다. 선언 시에 원한다면 특정 값으로 초기화도 할 수 있고 NOT NULL 제약 조건도 지정할 수 있습니다. 변수는 반드시 참조되기 전에 선언되어야만 합니다.
- 실행부에서 실행되면서 값이 할당됩니다.

실행부에서 해당 변수에 적당한 값을 할당하게 되며 PL/SQL에서는 할당 연산자로 ':='를 사용합니다.

– 서브 프로그램의 파라미터로 전달되기도 하며 서브 프로그램의 출력 결과를 저장하기도 합니다.

일반적으로 변수의 주기는 해당 변수가 선언된 블록 내부입니다. 만약 중첩으로 블록을 포함하는 블록의 경우에 바깥쪽 블록에서 선언된 변수는 포함된 블록 내부에서도 참조될 수 있습니다. 그리고 만약 내부 블록에 바깥쪽 블록에서 선언된 변수와 동일명의 변수가 있었다면, 이때 변수의 참조는 해당 블록 내의 변수(Local)가 우선 참조됩니다. 그리고 중첩 블록일 경우 내부 블록의 변수(지역 변수)는 바깥쪽 블록에서 참조할 수 없습니다.

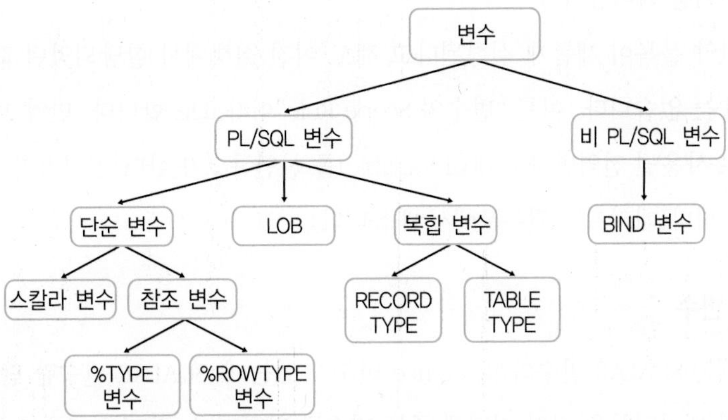

위 그림과 같이 PL/SQL에서 사용되는 주요 변수는 크게 PL/SQL 변수와 비PL/SQL 변수로 나누어집니다. PL/SQL 변수는 다시 세부적으로 스칼라 변수와 참조 변수, LOB, 조합(복합) 변수로 나누어지고 비PL/SQL 변수로는 바인드 변수가 있습니다. 이 분류는 책에 따라 다소 차이가 있으나 중요한 것은 분류가 아니라 사용법이니 잘 익히길 바랍니다.

먼저 PL/SQL 변수를 먼저 살펴본 후 비PL/SQL 변수를 살펴보겠습니다(이 장에서 모든 변수 형태를 살펴보는 것은 아니며 많이 사용되는 중요한 변수들만 보겠습니다).

앞에서 살펴본 바와 같이 변수는 데이터를 임시로 저장하기 위해 메모리에 생성되고 사용되는 임시 저장 장소입니다. 변수에 저장된 값은 블록 내에 할당되며 변경될 수 있습니다. 또한 선언부에서 변수를 선언하면서 초깃값을 부여할 수도 있으며, 상수로서 선언할 수도 있습니다(상수란 변하지 않고 고정된 값을 의미합니다).

다른 형태의 변수라 볼 수 있는 파라미터(parameter)는 서브 프로그램과 값을 (상호) 전달하는 역할을 담당합니다. 즉, 파라미터에 값을 담아서 서브 프로그램에 전달해 주고 반대로 서브 프로그램에서 수행한 결괏값을 파라미터에 담아 변수로 가져오기도 합니다. 일반적으로 파라미터를 매개변수(Argument)라고도 부릅니다. 여기서 말하는 서브 프로그램은 프로시저, 함수, 패키지, 트리거 등을 의미합니다.

PL/SQL 변수는 기억장소로서 메모리에 확보되는데, 이 변수의 동작 범위는 해당 블록의 시작에서부터 해당 블록이 종료되는 시점까지입니다. 즉, 블록의 실행이 시작되면 메모리 공간에 해당 변수의 값만큼 공간 확보가 되고 블록의 실행이 종료되면 변수는 메모리에서 제거됨을 의미합니다.

그리고 만약 블록이 새롭게 실행된다고 해도 이전 실행에서 할당되었던 값을 그대로 재사용할 수는 없습니다. 이를 "변수의 Scope Rule"이라고도 합니다. 만약 모든 블록에서 공통으로 사용될 전역변수(Global Variable)를 선언하고자 한다면 패키지를 만들어서 사용해야 합니다(패키지는 뒷부분에서 배웁니다).

11.1.1 단순 변수

단순 변수에는 SCALAR 변수와 Reference 변수가 있는데, SCALAR 변수란 단일 값을 가지는 변수의 데이터형을 직접 지정해 주는 변수를 말합니다. 반면, Reference 변수란 변수의 데이터형을 다른 컬럼에서 참조 후 지정하는 방식을 말합니다.

① SCALAR 변수

문법 [CONSTANT] [NOT NULL] [:= | DEFAULT];

• Indentifier

변수의 이름으로 다른 변수와 구별되는 식별자의 역할을 하며 블록 내에서는 유일해야 합니다. 또한 오라클 Naming Rule에 합당한 이름을 지정해야 합니다. 선언되는 변수의 유형을 직관적으로 이해할 수 있도록 의미 있는 접두어나 접미어를 사용하도록 권장하고 있습니다.

- CONSTANT

읽기 전용 변수, 즉 상수로 선언하기 위한 키워드로 기본적으로 초깃값이 반드시 지정되어야 합니다(값이 없을 경우에는 생략이 가능합니다).

(예: V_RATE CONSTANT NUMBER := 0.2;)

- Datatype

오라클에서 허용하는 데이터 타입을 모두 지원합니다. 위에서 살펴본 바와 같이 %TYPE을 사용하여 테이블 내의 컬럼과 동일한 데이터형을 선언할 수도 있고, %ROWTYPE을 사용하여 테이블의 레코드 구조와 동일 형태의 레코드를 선언할 수도 있습니다. 이곳에 올 수 있는 데이터 타입은 아래의 ** 참고-스칼라 변수의 데이터 타입 부분을 참고하세요.

- NOT NULL

이 변수는 항상 값을 가지도록 제약을 주는 키워드로 이 값을 줄 경우 초깃값이 반드시 지정되어야 하며 없을 경우 생략이 가능합니다.

(예: V_NAME VARCHAR2(14) NOT NULL := '이순신';)

- := 또는 DEFAULT

변수에 기본값을 부여하기 위한 키워드입니다.

(예: V_DATE DATE DEFAULT SYSDATE;;)

- expr

변수에 부여할 기본값을 의미하며 단순한 값에서부터 다른 변수, 수식, 함수가 올 수 있습니다.

• **기타 변수**

기타 변수는 PL/SQL 블록이 실행되는 환경(예를 들면, Precompiler, iSQLPlus, …)에서 선언한 변수로서 실행 환경과 블록 내부에서 참조됩니다.

> ★★★ **참고**
>
> **주요 스칼라 변수 선언의 예**
>
> Vno NUMBER(5,3) ← 숫자를 저장하는 변수로 총 5자리이며 소수점 이하 3자리를 의미합니다.
> Vname VARCHAR2(10) ← 문자를 저장하는 변수로 총 10바이트의 길이를 저장할 수 있습니다.
> Vday date ← 날짜를 저장하는 변수입니다.

주요 SCALAR 변수의 데이터 타입

• **CHAR [(최대 길이)]**

이 타입은 고정 길이의 문자를 저장하며 최대 32,767바이트 값을 저장합니다. 기본 최솟값은 1로 설정되어 있습니다.

• **VARCHAR2 (최대 길이)**

이 타입은 가변 길이의 문자를 저장하며 최대 32,767바이트 값을 저장합니다. 기본값은 없습니다.

• **NUMBER [(전체 자릿수, 소수점 이하 자릿수)]**

이 타입은 전체 자릿수와 소수점 이하의 자릿수를 가진 숫자입니다. 전체 자릿수의 범위는 1~38까지, 소수점 이하 자릿수의 범위는 −84~127까지입니다.

• **BINARY_INTEGER**

이 타입은 −2,147,483,647~2,147,483,647 사이의 정수를 저장하는 타입입니다.

• **PLS_INTEGER**

이 타입은 −2,147,483,647~2,147,483,647 사이의 부호 있는 정수에 대한 기본 유형입니다. PLS_INTEGER 값은 NUMBER 값보다 저장 공간이 적게 필요하고 연산 속도가 더 빠릅니다. Oracle Database 11g에서는 PLS_INTEGER 및 BINARY_INTEGER 데이터 유형은 동일합니다.

PLS_INTEGER 및 BINARY_INTEGER 값의 산술 연산은 NUMBER 값보다 빠릅니다.

- BOOLEAN

이 타입은 논리적 계산에 사용 가능한 세 가지 값(TRUE, FALSE, NULL) 중 하나를 저장하는 기본 유형입니다.

- BINARY_FLOAT

이 타입은 IEEE 754 형식의 부동 소수점 수를 나타냅니다. 값을 저장하기 위해 5바이트가 필요합니다.

- BINARY_DOUBLE

이 타입은 IEEE 754 형식의 부동 소수점 수를 나타냅니다. 값을 저장하기 위해 9바이트가 필요합니다.

- DATE

이 타입은 날짜 및 시간에 대한 기본 유형입니다. DATE 값은 자정 이후 경과한 시간을 초 단위로 포함합니다. 날짜의 범위는 4712 BC에서 9999 AD 사이입니다.

- TIMESTAMP

이 타입은 DATE 데이터 유형을 확장하고 연도, 월, 일, 시, 분, 초 및 소수로 표시되는 초 단위를 저장합니다. 구문은 TIMESTAMP[(precision)]이며 여기서 선택적 파라미터인 precision은 초 필드의 소수 부분 자릿수를 지정합니다. 자릿수를 지정하려면 0~9 범위의 정수를 사용해야 합니다. 기본값은 6입니다.

- TIMESTAMP WITH TIME ZONE

이 타입은 TIMESTAMP 데이터 유형을 확장하고 시간대 변위를 포함합니다.

시간대 변위는 로컬시간과 UTC(Coordinated Universal Time – 이전의 그리니치 표준시)의 차이(시간과 분)입니다. 구문은 TIMESTAMP[(precision)] WITH TIME ZONE이며

여기서 선택적 파라미터 precision은 초 필드의 소수 부분 자릿수를 지정합니다. 자릿수를 지정하려면 0~9 범위의 정수를 사용해야 합니다. 기본값은 6입니다.

- TIMESTAMP WITH LOCAL TIME ZONE

이 타입은 TIMESTAMP 데이터 유형을 확장하고 시간대 변위를 포함합니다.

시간대 변위는 로컬시간과 UTC(Coordinated Universal Time – 이전의 그리니치 표준시)의 차이(시간과 분)입니다. 구문은 TIMESTAMP[(precision)] WITH LOCAL TIME이며 여기서 선택적 파라미터 precision은 초 필드의 소수 부분 자릿수를 지정합니다. 자릿수를 지정할 때 기호 상수 또는 변수는 사용할 수 없으며 0~9 범위의 정수 리터럴을 사용해야 합니다. 기본값은 6입니다.

이 데이터 유형은 데이터베이스 열에 값을 삽입하면 해당 값이 데이터베이스 시간대로 정규화되고 시간대 변위가 열에 저장되지 않는다는 점에서 TIMESTAMP WITH TIME ZONE과 다릅니다. 값을 검색할 때 Oracle 서버는 로컬 세션 시간대의 값을 반환합니다.

- INTERVAL YEAR TO MONTH

이 타입의 INTERVAL YEAR TO MONTH 데이터 유형은 연도와 월의 간격을 저장하거나 조작하는 데 사용됩니다. 구문은 INTERVAL YEAR[(precision)] TO MONTH이며 여기서 precision은 연도 필드의 자릿수를 지정합니다. 자릿수를 지정할 때 기호 상수 또는 변수는 사용할 수 없으며 0~4 범위의 정수 리터럴을 사용해야 합니다. 기본값은 2입니다.

- INTERVAL DAY TO SECOND

이 타입은 일, 시, 분, 초의 간격을 저장하거나 조작하는 데 사용됩니다.

구문은 INTERVAL DAY[(precision1)] TO SECOND[(precision2)]이며 여기서 precision1 및 precision2는 각각 일 필드와 초 필드의 자릿수를 지정합니다. 두 경우 모두 자릿수를 지정할 때 기호 상수 또는 변수는 사용할 수 없으며 0~9 범위의 정수 리터럴을 사용해야 합니다. 기본값은 각각 2와 6입니다.

② Reference 변수(참조 변수)

SCALAR 변수는 데이터 타입이 정확이 지정됩니다. 그러나 Reference 타입의 변수는 저장되어야 할 정확한 데이터 형태를 모를 경우 해당 데이터가 들어 있는 컬럼의 정보를 참조하게끔 설정하는 선언 방법입니다. 아래의 예처럼 사용합니다.

▶▶▶ 사용 예

Vno emp.empno%TYPE ← emp 테이블의 empno와 동일한 데이터형으로 선언합니다.
Vname emp.ename%TYPE ← emp 테이블의 ename과 동일한 데이터형으로 선언합니다.
Vrow emp%ROWTYPE ← emp 테이블의 여러 컬럼을 한꺼번에 저장할 변수로 선언합니다.

위 Reference 변수에서 ROWTYPE 변수가 있는데, 이 변수는 하나의 테이블에 여러 컬럼의 값을 한꺼번에 저장할 수 있는 변수를 의미합니다. 예를 들어, tno NUMBER, tname VARCHAR2(10), tday date로 이루어진 test 테이블이 있을 경우 Test%ROWTYPE로 선언되면 하나의 변수에 위의 세 가지(NUMBER, VARCHAR2(10), date)를 모두 저장할 수 있는 변수로 선언이 된다는 뜻입니다.

이 변수는 SELECT *과 같이 모든 컬럼을 다 조회하는 경우에 사용하기 편리합니다. 잘 활용하면 데이터를 입력하거나 변경할 때도 아주 유용할 수 있습니다.

다음 예로 TYPE 변수와 ROWTYPE 변수의 활용 방법을 자세히 살펴보겠습니다.

연습문제 1

TYPE 변수를 사용하여 데이터 조회하기

다음 실습은 pl_employees3 테이블에서 employee_id가 180번인 사원의 employee_id, first_name, salary을 조회하여 화면에 출력하세요. 이 실습을 하기 위해 employees 테이블을 복사해서 pl_employee3 테이블을 아래와 같이 생성하세요.

```
HR>CREATE TABLE pl_employees3
  2  AS
  3   SELECT employee_id, first_name , salary
  4   FROM employees ;
```

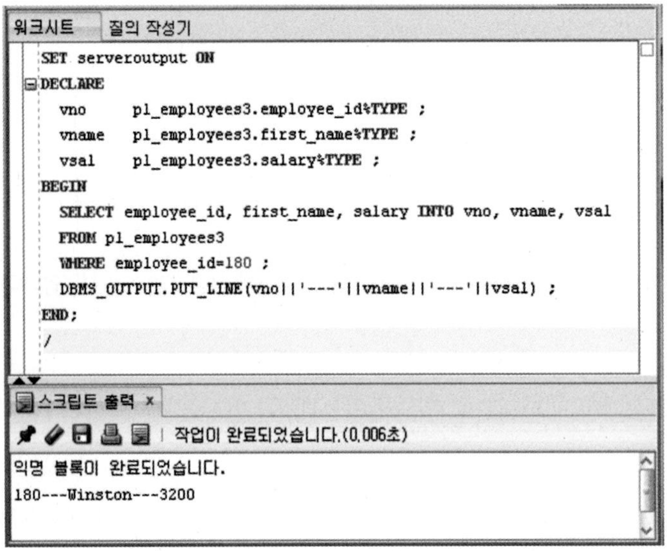

워크시트
질의 작성기
SET serveroutput ON
DECLARE
vno pl_employees3.employee_id%TYPE ;
vname pl_employees3.first_name%TYPE ;
vsal pl_employees3.salary%TYPE ;
BEGIN
SELECT employee_id, first_name, salary INTO vno, vname, vsal
FROM pl_employees3
WHERE employee_id=180 ;
DBMS_OUTPUT.PUT_LINE(vno||'---'||vname||'---'||vsal) ;
END;
/
스크립트 출력
작업이 완료되었습니다.(0.006초)
익명 블록이 완료되었습니다.
180---Winston---3200

연습문제 2

ROWTYPE 변수를 활용하여 데이터 출력하기

앞에서 출력했던 내용을 ROWTYPE 변수를 사용하여 출력해 보겠습니다.

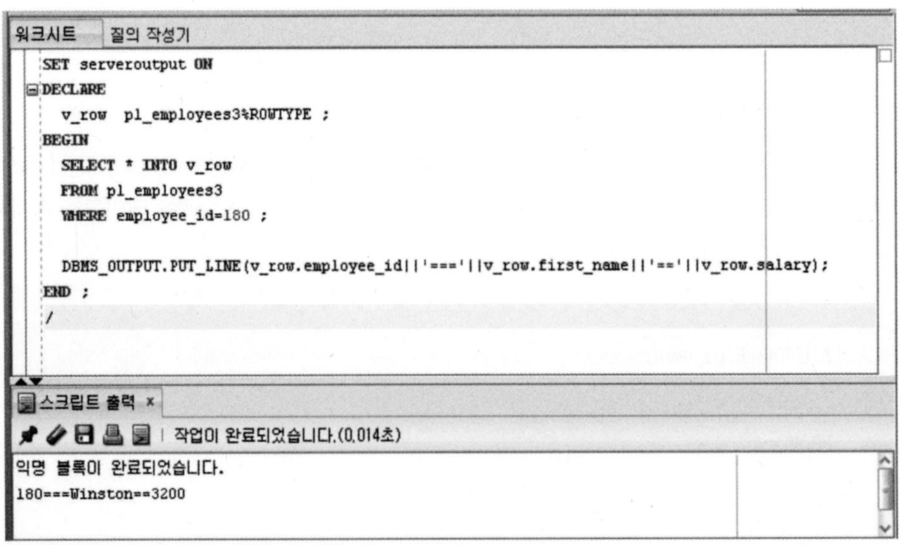

워크시트
질의 작성기
SET serveroutput ON
DECLARE
v_row pl_employees3%ROWTYPE ;
BEGIN
SELECT * INTO v_row
FROM pl_employees3
WHERE employee_id=180 ;
DBMS_OUTPUT.PUT_LINE(v_row.employee_id||'==='||v_row.first_name||'=='||v_row.salary);
END ;
/
스크립트 출력
작업이 완료되었습니다.(0.014초)
익명 블록이 완료되었습니다.
180===Winston==3200

연습문제 1 그림에서 TYPE 변수를 쓸 경우 3개의 변수를 사용해야 하지만 ROWTYPE 변수를 쓸 경우에는 연습문제 2 그림의 2번 라인처럼 1개의 변수만으로도 쉽게 처리가 가능합니다.

이 경우는 pl_employees3 테이블의 모든 컬럼의 데이터를 다 조회할 경우이며 만약 개별 컬럼을 각각 가져와야 한다면 ROWTYPE 변수를 사용할 수 없고 각 컬럼을 TYPE 변수로 선언한 후 데이터를 가져와야 합니다.

아래 예는 %TYPE 변수를 사용하여 employees, departments 테이블을 조인하여 employee_id=180인 사람의 정보를 조회하여 4개의 변수에 넣고 출력한 화면입니다.

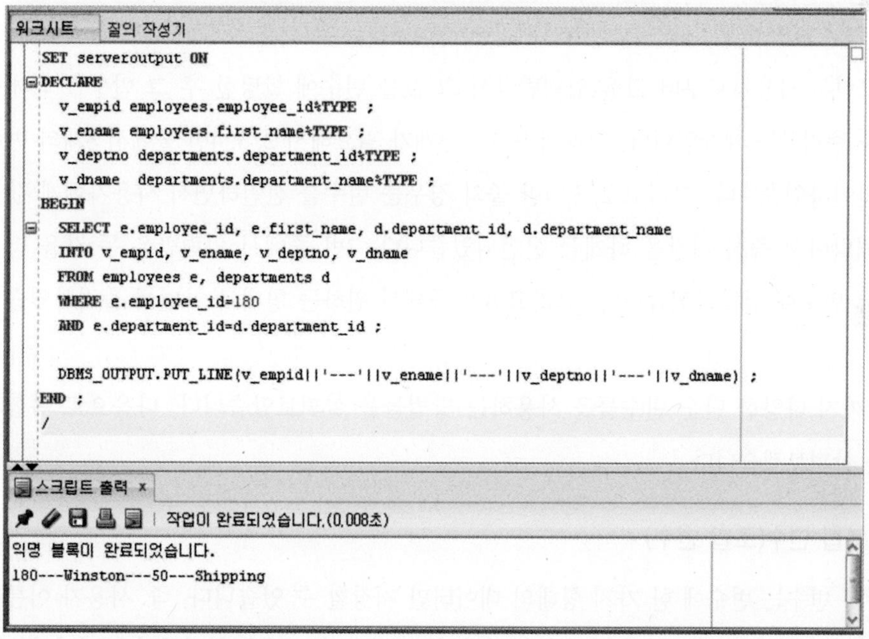

워크시트
질의 작성기
SET serveroutput ON
DECLARE
v_empid employees.employee_id%TYPE ;
v_ename employees.first_name%TYPE ;
v_deptno departments.department_id%TYPE ;
v_dname departments.department_name%TYPE ;
BEGIN
SELECT e.employee_id, e.first_name, d.department_id, d.department_name
INTO v_empid, v_ename, v_deptno, v_dname
FROM employees e, departments d
WHERE e.employee_id=180
AND e.department_id=d.department_id ;
DBMS_OUTPUT.PUT_LINE(v_empid||'---'||v_ename||'---'||v_deptno||'---'||v_dname) ;
END ;
/
스크립트 출력
작업이 완료되었습니다.(0.008초)
익명 블록이 완료되었습니다.
180---Winston---50---Shipping

위 유형은 4개의 값을 가져와서 화면에 출력하는 문제입니다. 즉, 4개의 변수가 필요하다는 의미이며 각 변수들은 2, 3, 4, 5행에서 %TYPE 형태로 선언되었습니다. 그리고 8행에서 원하는 컬럼의 값을 가져온 후 9행에서 각 변수에 저장하고 있습니다. 그 후 14행에서 각 변수들을 화면에 출력하고 있습니다.

다음은 사용자로부터 두 개의 숫자를 입력받아서 합을 구한 후 출력하는 예제입니다.

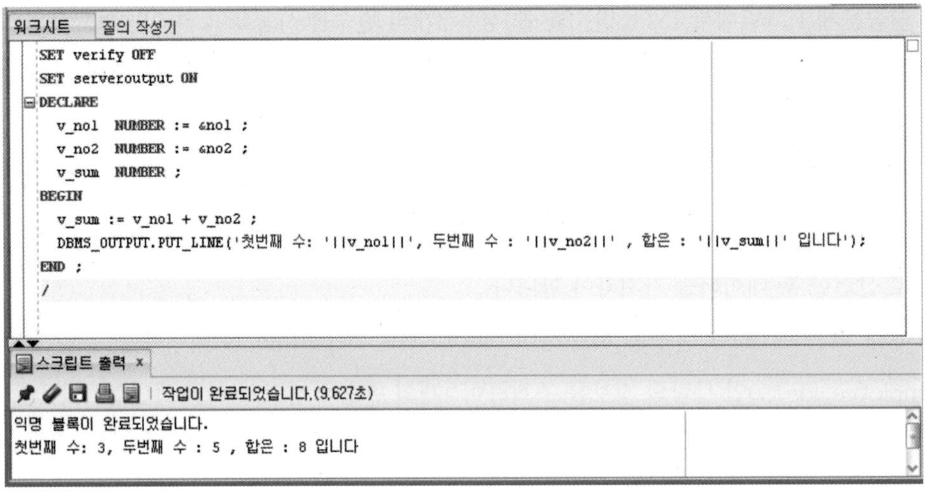

위 그림은 사용자로부터 값을 입력받아서 그 값을 변수에 할당한 후 그 변수를 더해서 값을 출력하는 예제입니다. 그래서 변수는 3개가 필요해서 2, 3, 4번 줄에서 3개의 변수를 선언하였습니다. 그리고 2, 3, 4번 줄의 경우는 변수를 선언하면서 사용자에게 값을 입력받아서 즉시 저장을 하게끔 선언되었습니다. 7번 줄에서 입력받은 두 값을 더하여 합 변수에 할당하였습니다. 그리고 8번 줄에서 원하는 형태로 화면에 출력하였습니다.

여기까지 다양한 단순 변수들을 사용하는 방법들을 살펴보았습니다. 다음으로 복합 변수를 살펴보겠습니다.

11.1.2 복합 변수(조합 변수)

스칼라 변수는 변수에 한 가지 형태의 데이터만 저장할 수 있습니다. 즉, 사용자 이름을 저장하기 위해 vname이란 변수를 지정하면 그 변수에는 사용자 이름만 저장한다는 뜻입니다. 그러나 현실에서는 여러 가지 연관 있는 데이터들을 한꺼번에 처리해야 할 경우가 많이 생깁니다. 예를 들어, 고객명과 주소, 전화번호를 함께 처리해야 하는 경우 등입니다. 이럴 경우 스칼라 변수를 사용할 경우 변수 3가지를 각각 선언해서 사용해야 하는데 복잡하고 문장도 길어지게 됩니다. 그래서 복합 변수가 등장하게 됩니다. 복합 변수는 변수 하나 안에 여러 가지 다른 유형의 데이터를 포함할 수 있습니다.

복합 변수는 Record Type 변수와 Table Type(컬렉션 타입) 변수로 나눌 수 있습니다. PL/SQL Record Type 변수 내부는 여러 가지 유형의 데이터 형태로 정의될 수 있으며 Table Type 변수는 한 가지 유형의 데이터 형태가 정의됩니다. 두 형의 차이를 아래 그림으로 살펴보겠습니다.

Record Type

profno	name	Birthday
number	varchar2(10)	date
....	....	....
....	....	....

Table Type

integer	name
0	varchar2(10)
1	
2	

주로 동일한 데이터 타입의 여러 건의 데이터를 저장하고 싶을 경우 컬렉션 타입(Table 타입)을 많이 사용하고 다른 유형의 데이터 타입을 사용할 경우 레코드 타입의 변수를 많이 사용합니다. 앞의 그림을 보면 레코드 유형과 컬렉션 유형의 차이를 알 수 있습니다. 컬렉션 유형의 integer 부분은 데이터를 구분해주는 역할로 사용되며 잠시 후 자세히 살펴보겠습니다.

① PL/SQL RECORD Type 변수

★★★ **참고**

PL/SQL Record 정의와 선언

```
• TYPE type_name IS RECORD
  (                    [, field_declaration]… ) ;
• Identifier type_name
```

• **정의 부분**

type_name은 RECORD 유형의 이름으로 일반적인 프로그래밍 언어에서 사용되는 구조체와 비슷한 유형입니다. 여러 가지 유형의 변수가 하나의 레코드(구조체) 단위로서 처리되며, 레코드 내의 변수(필드)를 참조할 경우에는 type_name.field_name과 같은 방식으로 사용됩니다(참고적으로 테이블 내의 행 구조와 동일하게 레코드 변수를 선언하고자 할 경우에는 %ROWTYPE 키워드를 사용합니다).

Field_declaration은 일반 변수의 선언과 동일한 문법 형태를 사용합니다.

- **선언 부분**

기본적으로 복합형의 데이터는 우선 정의를 하고 해당 정의를 통해 실제 복합 변수를 선언하는 단계로 구성됩니다. 즉, 정의 부분에서 원하는 형태의 새로운 데이터 형을 생성한 후 선언 부분에서 별도로 선언을 해야만 사용이 가능하며 이 선언 부분에서 실제 복합 변수에 대한 기억 공간이 확보되는 시점인 것입니다(정의 부분에서는 메모리에 공간이 확보되지는 않으며 단지 복합 데이터형에 대한 정의만이 이루어지는 부분입니다).

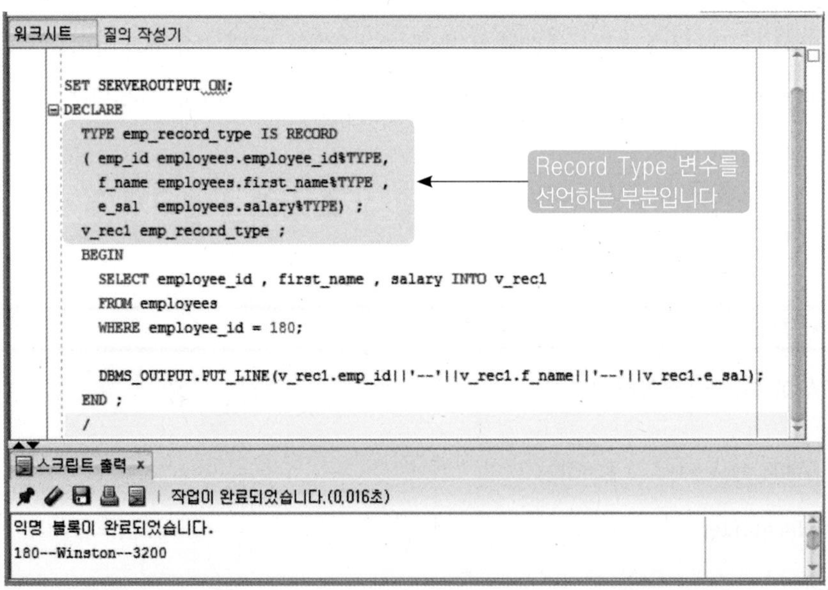
워크시트
질의 작성기
SET SERVEROUTPUT ON;
DECLARE
TYPE emp_record_type IS RECORD
(emp_id employees.employee_id%TYPE,
f_name employees.first_name%TYPE ,
e_sal employees.salary%TYPE) ;
v_rec1 emp_record_type ;
BEGIN
SELECT employee_id , first_name , salary INTO v_rec1
FROM employees
WHERE employee_id = 180;
DBMS_OUTPUT.PUT_LINE(v_rec1.emp_id||'--'||v_rec1.f_name||'--'||v_rec1.e_sal);
END ;
/
Record Type 변수를 선언하는 부분입니다
스크립트 출력
작업이 완료되었습니다.(0.016초)
익명 블록이 완료되었습니다.
180--Winston--3200

위 예제는 복합 변수 중에서 Record Type 변수의 선언 및 사용 예를 표시한 그림입니다. 위 예제의 앞 부분의 네모 박스 내부가 레코드 타입을 생성하는 부분입니다. 그리고 각 컬럼의 데이터를 참조하려면 아래쪽의 DBMS_OUTPUT 줄의 예처럼 변수명.필드명의 형식으로 사용해야 합니다. 여러 컬럼의 데이터를 한꺼번에 처리해야 하는 경우에 아주 많이 사용되는 형태이므로 꼭 이해하세요.

그런데 지금 살펴보는 Record Type 변수와 %ROWTYPE 변수가 아주 많이 비슷하게 보입니다. 그러나 두 변수 사이는 아래와 같은 주요 차이점이 있습니다.

- Record Type은 유저가 필요한 컬럼들을 마음대로 정의할 수 있지만, %ROWTYPE은 해당 테이블의 모든 레코드를 전부 포함합니다. 즉, 어떤 컬럼만 빼고 %ROWTYPE로 선언할 수 없다는 의미입니다.
- Record Type는 변수 선언 중에 필드와 데이터 유형을 지정할 수 있습니다. %ROWTYPE을 사용할 경우에는 필드를 지정할 수 없습니다.
- 유저가 정의한 레코드는 정적이지만, %ROWTYPE 레코드는 동적이며 테이블 구조를 기반으로 합니다. 테이블 구조가 변경되면 레코드 구조도 해당 변경사항을 적용합니다. 즉, PL/SQL Record Type 변수는 한번 선언되면 테이블 구조가 변경된다 하더라도 변수 구조는 변하지 않습니다. 그래서 정적이라고 표현합니다. 그러나 %ROWTYPE 변수는 선언 후 테이블 구조가 변경되면 자동으로(동적으로) 변수에 변경사항이 반영됩니다.

비슷하게 보이지만 중요한 여러 가지 차이점을 구분해서 적절하게 사용해야 합니다.

② PL/SQL Table Type 변수(컬렉션)

컬렉션 타입의 변수는 PL/SQL Table Type이라고도 많이 부릅니다. 이 변수는 Record Type과 같이 여러 가지 유형의 데이터 컬럼을 가질 수도 있습니다. Table Type은 연관배열과 중첩테이블, VARRAY의 3종류가 있는데, 주로 연관배열 형태를 가장 많이 사용합니다. 그래서 여기서도 연관 배열을 위주로 해서 살펴보겠습니다.

Key	Name
0	AAAA
1	BBBB
2	CCCC
3	DDDD

연관 배열은 위의 그림과 같이 두 개의 컬럼으로 이루어진 형태입니다.

앞의 그림에서 Key 부분이 Primary Key가 되어서 인덱스로 사용하게 되며 데이터를 구분하게 됩니다. Key 컬럼의 값은 사람이 임의로 조정을 할 수 없습니다. 그래서 오라클 8과 8i 버전에서는 연관 배열을 다른 말로 INDEX BY Table이라고도 합니다.

- (Unique) Key 열

  이 열에 들어가는 데이터 유형은 아래 두 가지입니다.

  – 숫자일 경우: BINARY_INTEGER 또는 PLS_INTEGER
    이 두 가지 숫자 데이터 유형은 NUMBER보다 적은 저장 영역이 필요하며 해당 데이터 유형에 대한 산술 연산은 NUMBER 산술보다 빠릅니다.

  – 문자일 경우: VARCHAR2 또는 하위 유형 중 하나

- 값(value) 열

  Value열은 실제 값이 들어가는 곳으로 입력되는 데이터의 종류에 따라 스칼라 데이터 유형 또는 레코드 데이터 유형일 수 있습니다. 스칼라 데이터 유형의 열은 행당 하나의 값만 보유할 수 있지만, 레코드 데이터 유형의 열은 행당 여러 값을 보유할 수 있습니다.

★★★ 참고

연관 배열의 주요 특성

- 연관 배열은 변수 선언 당시 채워지지 않으며 키나 값을 포함하지 않으므로 선언에서 연관 배열을 초기화할 수 없습니다.

- 연관 배열을 채우려면 명시적 실행문이 필요합니다.
- 데이터베이스 테이블의 크기와 마찬가지로 연관 배열의 크기에도 제약이 없습니다. 따라서 새 행이 추가됨에 따라 연관 배열이 증가하도록 행 수가 동적으로 늘어날 수 있습니다. 키는 순차적이 아닐 수 있으며 양수 및 음수일 수 있습니다.

PL/SQL Table(컬렉션 타입) 정의와 선언

문법

```
① TYPE type_name IS TABLE OF
{column_type|variable%type|table.column%type} [NOT NULL]| table%ROWTYPE
[INDEX BY BINARY_INTEGER] ;
② Identifier type_name
```

- **정의 부분**

type_name은 PL/SQL Table 유형의 이름으로 일반적인 프로그래밍 언어에서의 배열과 비슷한 의미입니다. 위 Record Type과 다른 부분은 Record Type은 다른 유형의 데이터 타입을 사용하지만 이 Table Type형은 동일한 유형의 데이터(또는 데이터 구조)들을 하나의 연속적인 메모리 공간에 확보하기 위해 사용한다는 점입니다.

INDEX BY절은 그 배열 내의 요소(element)에 접근하기 위한 첨자(위치) 값으로 사용되며, 범위는 BINARY_INTEGER의 범위(−2,147,483,647~2,147,483,647 사이의 정수)에 속합니다.

- **선언 부분**

기본적으로 복합형의 데이터는 우선 정의를 하고 해당 정의를 통해 실제 복합 변수를 선언하는 단계로 구성됩니다. 위의 Record Type 형태와 사용방법은 동일하며 이 선언부분에서 실제 복합 변수에 대한 기억 공간이 확보가 됩니다(정의 부분에서는 메모리에 공간이 확보되지는 않으며 단지 복합 데이터형에 대한 기술이 이루어지는 부분입니다).

▶▶▶ 사용 예 1: Table Type 변수

Table Type 변수를 사용하여 employee_id가 180인 사원의 first_name을 조회해서 해당 변수에 저장한 후 출력해보세요. 단, Table Type 변수 이름은 tbl_emp_name으로 하세요.

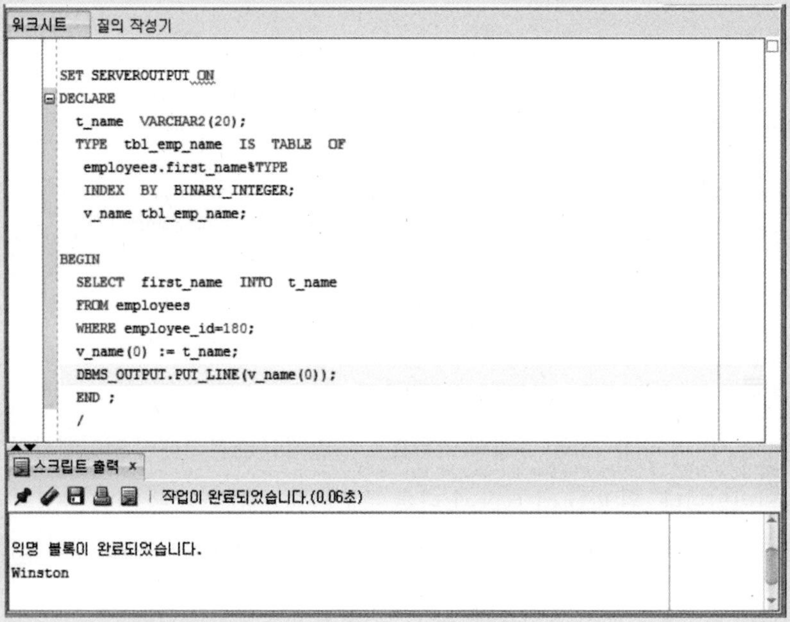

위의 예는 Table Type의 변수를 선언해서 데이터를 입력한 후 출력을 하는 예제입니다. 앞 부분에서 tbl_emp_name이라는 이름으로 Table Type의 변수를 생성한 후 v_name이라는 변수를 Table Type으로 선언하였습니다.

그 후에 employee_id가 180번인 사원의 first_name을 가져와서 t_name에 입력하고 t_name에 있던 사원의 first_name을 Table Type 변수인 v_name의 1번 째 칸에 할당했습니다(v_name(0)이라는 부분입니다. 만약 두 번째 칸에 할당하려면 v_name(1)로 지정하면 됩니다). 그리고 해당 변수에 있던 이름을 출력하였습니다.

참조 변수의 Record Type 변수와 Table Type 변수는 여러 건의 데이터를 저장하기 위해 사용합니다. 다소 복잡한 부분이 많이 있는데, 뒷부분에 나오는 CURSOR(커서)를 활용하면 훨씬 더 쉽고 간편하게 이 작업을 할 수 있습니다. 보다 자세한 내용은 CURSOR

부분에서 언급하겠습니다.

한 가지 예를 더 살펴볼까요??

아직 For 반복문을 배우지 않았지만 Table Type 변수가 실제 업무에서 어떻게 활용되는지 살펴보겠습니다. 아래 화면은 employees 테이블에서 사원들의 first_name을 모두 가져와서 변수에 담고 출력을 하는 예제입니다.

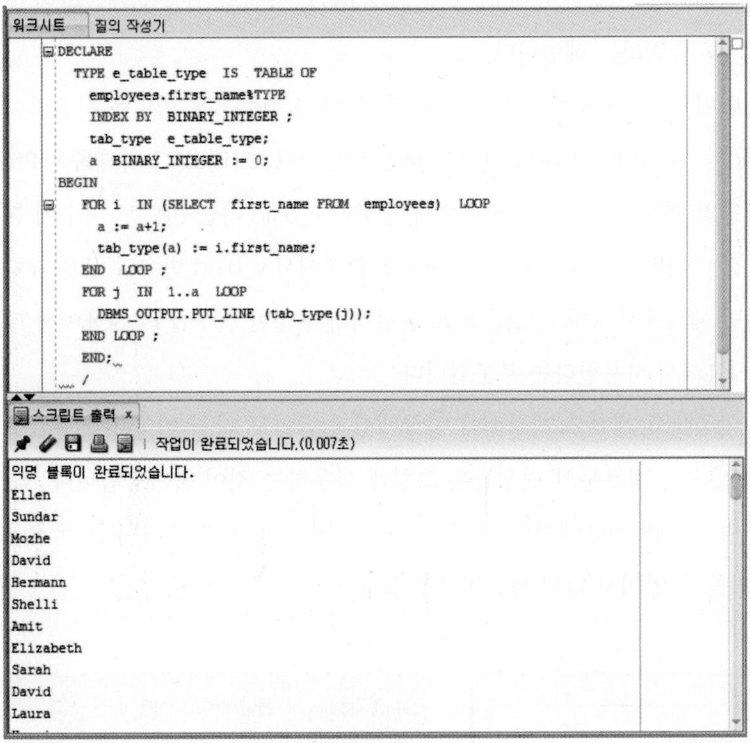

지면 관계상 이하 내용은 생략하겠습니다.

여기까지 많이 사용되는 PL/SQL의 주요 변수들을 살펴보았습니다.

11.2 비PL/SQL 변수 – 바인드 변수

- 바인드 변수는 호스트 환경에서 생성되어 데이터를 저장하므로 호스트 변수라고도 합니다.
- VARIABLE 키워드를 사용하여 생성되며 SQL문과 PL/SQL 블록에서 사용됩니다.

– 또한 PL/SQL 블록이 실행된 후에도 액세스할 수 있습니다.
– 앞에 :(콜론)을 사용하여 참조하며 PRINT 명령을 사용하여 값을 출력할 수 있습니다.
– 단, 치환변수와는 구분을 해야 합니다. 치환 변수는 사용자에게 어떤 값을 입력받아서 치환하며 접두 문자로 &(엠퍼센트)를 사용합니다.

다음의 예로 바인드 변수의 사용법을 살펴보겠습니다.

다음의 예는 employees 테이블에서 employee_id가 180인 사원의 연봉을 계산하여 바인드 변수에 할당한 후 출력하는 예입니다.

아래 예에서 첫 번째 줄은 PL/SQL이 아닌 SQL 환경에서 VARIABLE 명령을 사용하여 바인드 변수 v_bind를 NUMBER 형태로 선언을 하는 줄입니다. 그리고 그 아래쪽은 PL/SQL에서 180번 사원의 연봉을 계산해서 SQL에서 생성한 v_bind 라는 바인드 변수에 할당을 한 것이고 가장 마지막 줄의 PRINT 부분은 SQL 환경에서 v_bind 변수의 값을 출력하는 것입니다. 이번 예제에서 중요한 것은 SQL 환경에서 생성한 변수를 PL/SQL에서 데이터를 담고 다시 SQL에서 사용한다는 부분입니다.

이 말의 의미는 미국에서 계좌를 개설해서 한국에서 입금하고 다시 미국에서 출금을 할 수 있다는 의미입니다. 대부분의 변수들은 그렇게 사용하는 것이 불가능합니다. 즉, PL/SQL에서 만든 변수는 PL/SQL에서만 쓸 수 있다는 의미인데, 바인드 변수는 국경을 넘나들면서 편하게 쓸 수 있어서 많이 사용되고 있습니다.

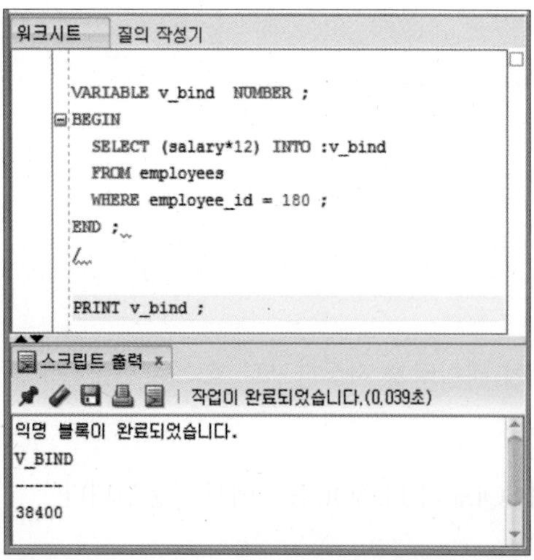

아주 편리한 바인드 변수이지만 바인드 변수 사용 시에 히스토그램을 사용할 수 없다는 단점과 다양한 문제점들이 있어서 사용할 때는 아주 주의해야 합니다. 이런 부분은 조금 더 고수가 되었을 때 튜닝 부분에서 다 배울 것입니다.

12. PL/SQL 제어문 사용법

모든 프로그래밍 언어들이 제어문을 가지고 있는 것처럼 오라클 PL/SQL에서도 일반 프로그래밍 언어가 가지는 여러 가지 기본적인 제어문을 제공합니다. 그리고 이 제어문들은 또 다른 제어문들을 중첩으로 포함할 수 있습니다.

오라클이 제공하는 제어문의 종류는 크게 조건문과 반복문으로 나눌 수 있습니다.

조건문은 IF 문과 CASE 문이 있으며 반복문은 반복 횟수를 알 수 없을 경우에 주로 사용하는 BASIC LOOP 문장과 WHILE 문, 그리고 반복 횟수를 지정할 수 있는 FOR 문으로 나눌 수 있습니다. 모든 프로그래밍 언어에서 제어문이 아주 중요한 부분인 것처럼 PL/SQL에서도 마찬가지이므로 이번 장의 내용을 많이 연습해서 꼭 익히길 바랍니다. 여기서는 조건을 따라 문장을 분기시키는 조건문을 먼저 살펴본 후 반복문을 살펴보겠습니다.

12.1 IF 조건문

IF 문은 조건의 개수에 따라 몇 가지 유형으로 나뉘게 됩니다.

아래의 유형 학습으로 문법과 조건에 따라 분기시키는 방법을 살펴보겠습니다.

Case 1 IF ~ END IF 문장

이 유형은 조건이 여러 개일 경우에 사용하는 가장 기본적인 IF 문장입니다.

가장 기본적인 문장이긴 하지만 조건이 여러 개일 경우 사용하기가 불편해서 별로 많이 사용되지는 않습니다. 아래의 예를 보세요.

문법

```
IF (조 건) THEN
   실행 문장;
END IF ;
```

▶▶▶ **사용 예**

EMPLOYEES 테이블에서 employee_id 가 203 번인 사원의 employee_id, first_name, department_id, dname을 출력하세요. 단 DNAME의 값은 아래와 같습니다.

department_id가 10이면 'Administration',
department_id가 20이면 'Marketing',
department_id가 30이면 'Purchasing',
department_id가 40이면 'Human Resources'로 출력하세요.

워크시트 질의 작성기

```
DECLARE
  vempid  employees.employee_id%TYPE;
  vfname  employees.first_name%TYPE;
  vdeptid  employees.department_id%TYPE;
  vdname  VARCHAR2(20) ;
BEGIN
  SELECT  employee_id , first_name , department_id
  INTO    vempid , vfname , vdeptid
  FROM    employees
  WHERE   employee_id=203 ;

  IF (vdeptid = 10) THEN   -- IF 문이 시작됩니다.
     vdname := ' Administration';
  END IF;
  IF (vdeptid = 20) THEN
     vdname := ' Marketing';
  END IF ;
  IF (vdeptid = 30) THEN
     vdname := ' Purchasing';
  END IF;
  IF (vdeptid = 40) THEN
     vdname := 'Human Resources';
  END IF ;
  DBMS_OUTPUT.PUT_LINE (vempid||'--'||vfname||'--'||vdeptid||'--'||vdname);
END;
```

스크립트 출력 ×

작업이 완료되었습니다.(0.03초)

```
익명 블록이 완료되었습니다.
203--Susan--40--Human Resources
```

위의 예처럼 조건이 여러 개일 경우 매번 조건을 새로 시작해야 하기 때문에 사용에 불편함이 많습니다. 그래서 조건이 2개 이상일 경우는 다음의 유형 2번을 더 많이 사용합니다.

Case 2 IF ~ THEN ~ ELSIF ~ END IF 문장(조건이 여러 개일 경우 사용)

문법

```
IF ( 조건 ) THEN
  실행 문장 ;
ELSIF ( 조건 ) THEN
  실행 문장 ;
ELSIF ( 조건 ) THEN
  실행 문장 ;
END IF ;
```

위 문법에서 조건이 여러 개일 경우 ELSIF 후에 조건과 실행문이 계속 반복되며 가장 마지막에 END IF 문으로 종료를 하면 됩니다. 여기서 ELSIF문의 철자에 주의하세요.

위 유형 1번에서 보았던 문제를 다시 풀어보겠습니다.

▶▶▶ 사용 예

EMPLOYEES 테이블에서 employee_id가 203번인 사원의 employee_id, first_name, department_id, dname을 출력하세요. 단 DNAME의 값은 아래와 같습니다.

department_id가 10이면 'Administration',
department_id가 20이면 'Marketing',
department_id가 30이면 'Purchasing',
department_id가 40이면 'Human Resources'로 출력하세요.

워크시트 질의 작성기

```
DECLARE
  vempid   employees.employee_id%TYPE;
  vfname   employees.first_name%TYPE;
  vdeptid   employees.department_id%TYPE;
  vdname   VARCHAR2(20) ;
BEGIN
  SELECT  employee_id , first_name , department_id
  INTO    vempid , vfname , vdeptid
  FROM    employees
  WHERE   employee_id=203 ;

  IF (vdeptid = 10) THEN   -- IF 문이 시작됩니다.
      vdname := ' Administration';
  ELSIF (vdeptid = 20) THEN
      vdname := ' Marketing';
  ELSIF (vdeptid = 30) THEN
      vdname := ' Purchasing';
  ELSIF (vdeptid = 40) THEN
      vdname := 'Human Resources';
  END IF ;
  DBMS_OUTPUT.PUT_LINE (vempid||'--'||vfname||'--'||vdeptid||'--'||vdname);
END;
```

ELSIF의 스펠링에 주의하세요.

스크립트 출력 ×

작업이 완료되었습니다.(0.005초)

```
익명 블록이 완료되었습니다.
203--Susan--40--Human Resources
```

위 유형 1번보다 이 방법이 훨씬 유형이 간단하고 명료합니다.

Case 3 IF ~ THEN ~ ELSE ~ END IF(조건이 2개일 경우 사용)

이번 유형은 비교 조건이 2개일 경우에 유용하게 사용되는 IF 문장입니다.

문법

```
IF ( 조건 ) THEN
  실행 문장 ;
ELSE
  실행 문장 ;
END IF ;
```

▶▶▶ **사용 예**

사용자에게 employee_id를 입력받은 후 EMPLOYEES 테이블에서 employee_id가 입력받은 번호인 사원의 employee_id, first_name, salary, salary*commission_pct 값을 출력하되 해당 사원의 commission_pct 값이 이 0보다 크면 salary*commission_pct의 금액을 출력하고, 0보다 작으면 'xx사원의 보너스는 없습니다'라는 문장을 출력하세요.

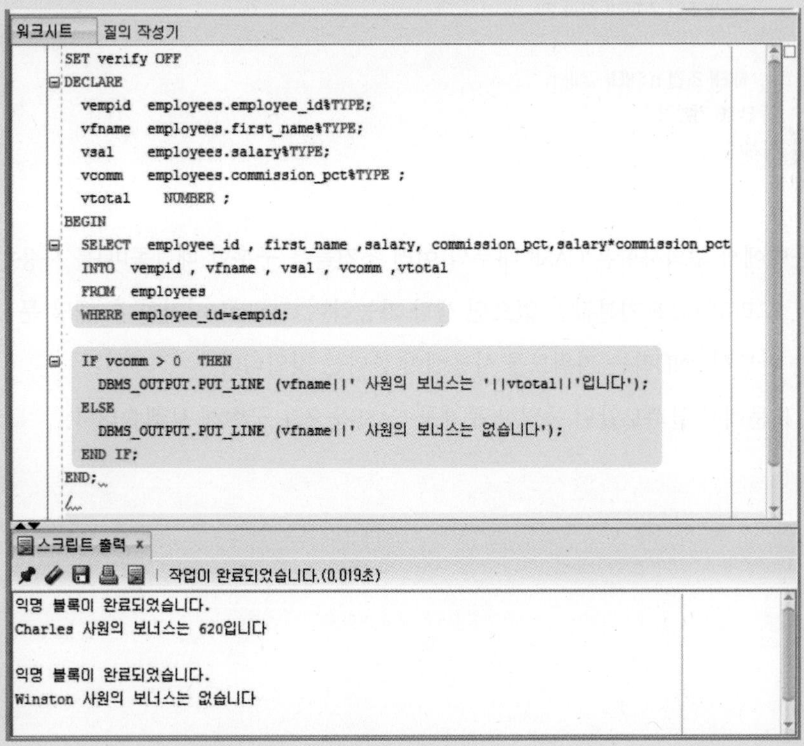

워크시트
질의 작성기
SET verify OFF
DECLARE
vempid employees.employee_id%TYPE;
vfname employees.first_name%TYPE;
vsal employees.salary%TYPE;
vcomm employees.commission_pct%TYPE ;
vtotal NUMBER ;
BEGIN
SELECT employee_id , first_name ,salary, commission_pct,salary*commission_pct
INTO vempid , vfname , vsal , vcomm ,vtotal
FROM employees
WHERE employee_id=&empid;
IF vcomm > 0 THEN
DBMS_OUTPUT.PUT_LINE (vfname||' 사원의 보너스는 '||vtotal||'입니다');
ELSE
DBMS_OUTPUT.PUT_LINE (vfname||' 사원의 보너스는 없습니다');
END IF;
END;
스크립트 출력
작업이 완료되었습니다.(0.019초)
익명 블록이 완료되었습니다.
Charles 사원의 보너스는 620입니다
익명 블록이 완료되었습니다.
Winston 사원의 보너스는 없습니다

위 예제를 실행해서 commission_pct 값이 있는 Charles 사원의 employee_id인 179를 먼저 입력하니까 첫 번째 실행 결과가 나왔습니다. 그리고 한 번 더 실행해서 commission_pct 값이 없는 Winston 사원의 employee_id인 180을 입력하니까 두 번째의 실행 결과가 나왔습니다. 이제 IF문 사용법이 이해되겠죠?

12.2 CASE 조건문

위에서 살펴보았던 IF 문장은 여러 가지 조건이 있을 경우 조건을 길게 나열해서 언급해야만 했습니다. 그로 인해서 문장도 길어지고 문법도 복잡했습니다. 이 장에서 살펴보는 CASE문은 IF 문장과 같이 비교 조건이 여러 가지일 경우 훨씬 더 간결하고 간단하게 조건을 파악해서 분기시킬 수 있는 제어문입니다.

문법

```
CASE [ 조건 ]
  WHEN 조건 1 THEN 결과 1
  WHEN 조건 2 THEN 결과 2
  ...
  WHEN 조건 n THEN 결과 n
[ ELSE 기본값 ]
END ;
```

위 문법에서 주의사항은 CASE 내부의 여러 조건들을 구분할 때 ,(콤마)를 사용하지 않습니다. 그리고 ELSE 기본값은 없으면 생략 가능하며 CASE로 시작한 후 해당 문장을 끝낼 때는 반드시 END라는 키워드를 사용해야 한다는 것입니다.

앞의 IF문에서 살펴보았던 동일한 문제를 CASE문으로 구현해 보겠습니다.

▶▶▶ **사용 예**

EMPLOYEES 테이블에서 employee_id가 203번인 사원의 employee_id, first_name, department_id, dname을 출력하세요. 단, DNAME의 값은 아래와 같습니다.

department_id가 10이면 'Administration',
department_id가 20이면 'Marketing',
department_id가 30이면 'Purchasing',
department_id가 40이면 'Human Resources'로 출력하세요.

워크시트 | 질의 작성기

```
SET verify OFF
SET serveroutput ON
DECLARE
   v_empid    employees.employee_id%TYPE ;
   v_fname    employees.first_name%TYPE ;
   v_deptid   employees.department_id%TYPE ;
   v_dname    VARCHAR2(20) ;
BEGIN
   SELECT employee_id , first_name , department_id
   INTO  v_empid , v_fname , v_deptid
   FROM  employees
   WHERE employee_id = &empid ;
   v_dname := CASE v_deptid
                 WHEN 10 THEN 'Administration'
                 WHEN 20 THEN 'Marketing'
                 WHEN 30 THEN 'Purchasing'
                 WHEN 40 THEN 'Human Resources'
              END;
    DBMS_OUTPUT.PUT_LINE(v_empid||'--'||v_fname||'--'||v_deptid||'--'||v_dname);
 END ;
 /
```

스크립트 출력 ×

작업이 완료되었습니다.(2.358초)

```
익명 블록이 완료되었습니다.
203--Susan--40--Human Resources
```

위 예에서 11번 줄부터 16번 줄의 CASE 부분을 아래와 같이 변형해도 결과는 동일하게 나옵니다.

```
   v_dname := CASE
                 WHEN v_deptno = 10 THEN 'ACCOUNT'
                 WHEN v_deptno = 20 THEN 'RESEARCH'
                 WHEN v_deptno = 30 THEN 'SALES'
                 WHEN v_deptno = 40 THEN 'OPERATIONS'
              END ;
```

즉, 조건을 CASE 뒷부분에 바로 써도 되고 WHEN 부분에 넣어도 된다는 뜻입니다. 어떤 방법이 편리할지는 코딩 스타일이므로 편한 방법으로 사용하면 됩니다. 만약 비교 조건이 여러 가지일 경우 WHEN절에 조건을 다양하게 표현할 수 있습니다. 즉, 여러 가지 연산자나 조건을 다양하게 사용할 수 있다는 뜻입니다.

12.3 반복문

반복문은 반복 횟수를 알 수 없는 경우에 사용하는 BASIC LOOP문과 WHILE문이 있고 반복 횟수를 지정하는 FOR문이 있습니다. 우선 BASIC LOOP문부터 살펴보겠습니다.

12.3.1 BASIC LOOP 반복문

문법

```
LOOP
  PL/SQL 문장 ;
  PL/SQL 문장 ;
  EXIT [ 조건 ] ;
END LOOP ;
```

위 문법을 보면 우선 PL/SQL 문장을 먼저 수행한 후 조건을 확인합니다. 그리고 조건을 만족하게 되면 LOOP 문장이 종료가 됩니다.

아래의 예로 살펴보겠습니다. 아래의 예는 Basic Loop문을 사용하여 화면에 0~5까지의 숫자를 아래와 같이 출력한 화면입니다.

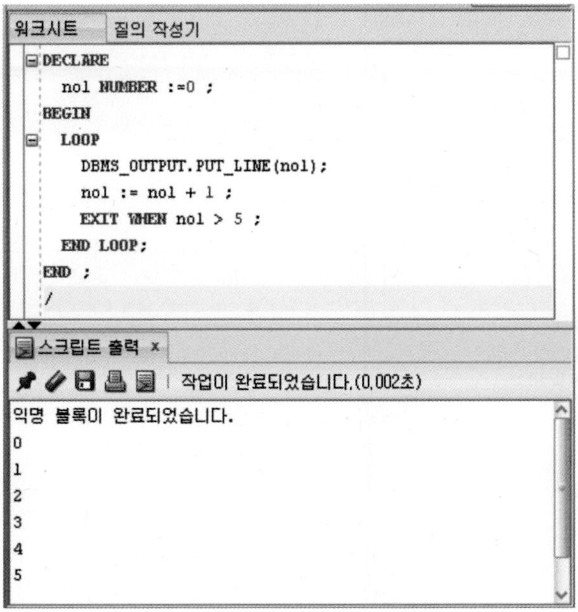
워크시트
질의 작성기
DECLARE
no1 NUMBER :=0 ;
BEGIN
LOOP
DBMS_OUTPUT.PUT_LINE(no1);
no1 := no1 + 1 ;
EXIT WHEN no1 > 5 ;
END LOOP;
END ;
/
스크립트 출력
작업이 완료되었습니다.(0.002초)
익명 블록이 완료되었습니다.
0
1
2
3
4
5

LOOP문이 시작이 되면 화면에 no1의 숫자를 출력한 후 no1에 1을 더하고 조건대로 no1이 5보다 큰지 확인을 합니다. 만약 5보다 작거나 같을 경우 계속 LOOP를 반복하고 no1이 5보다 크게 되는 시점에 LOOP문을 종료합니다.

12.3.2 WHILE 반복문

BASIC LOOP문과 WHILE문의 공통점은 반복 횟수를 지정하지 않고 반복 조건을 지정하는 것입니다. 즉, 조건이 맞을 동안에는 계속 반복을 수행한다는 뜻입니다. 그러나 차이점은 해당 조건을 검사하는 시점이 다르다는 것입니다. 즉, BASIC LOOP문은 나중에 조건을 검색하는 것이고 WHILE문은 시작부터 조건을 먼저 검사한 후 PL/SQL 문장을 수행하게 됩니다. 즉, BASIC LOOP문은 조건이 틀려도 PL/SQL 문장이 1회는 실행이 되지만 WHILE 문은 아예 실행이 되지 않습니다.

그리고 LOOP문은 조건이 참이 되면 LOOP문이 종료가 되는데, WHILE문은 조건이 참일 동안은 계속 LOOP가 실행된다는 것도 다릅니다. 위에서 BASIC LOOP문의 예를 WHILE문으로 변경해 보겠습니다.

문법

```
While 조건 LOOP
   PL/SQL 문장
   PL/SQL 문장
END LOOP ;
```

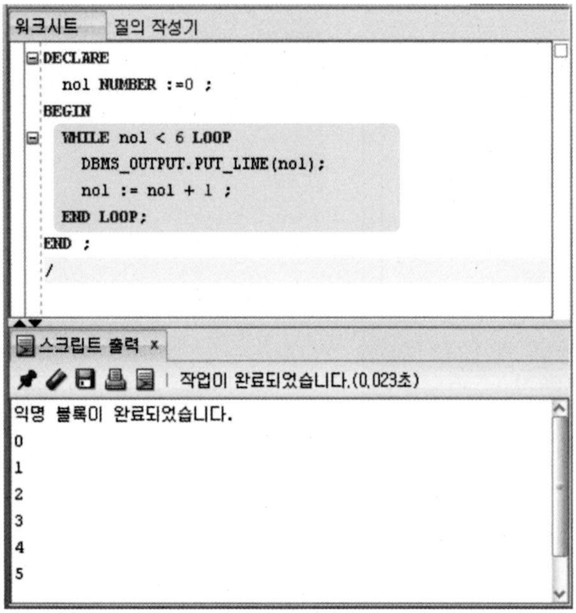
워크시트
질의 작성기
DECLARE
nol NUMBER :=0 ;
BEGIN
WHILE nol < 6 LOOP
DBMS_OUTPUT.PUT_LINE(nol);
nol := nol + 1 ;
END LOOP;
END ;
/
스크립트 출력
작업이 완료되었습니다.(0.023초)
익명 블록이 완료되었습니다.
0
1
2
3
4
5

LOOP문과 반복문 부분이 약간 달라진 것이 보이죠?
조건이 참일 동안은 계속 LOOP가 반복이 됩니다.

12.3.3 FOR 반복문

FOR 반복문은 반복 횟수를 지정할 수 있습니다. 그리고 변형된 형태가 아주 많은 반복문이므로 기본 문법과 사용법부터 철저히 연습하길 바랍니다.

문법

```
FOR counter IN [REVERSE] start .. end LOOP
   Statement1 ;
   Statement2 ;
        ...
END LOOP ;
```

위 문법에서 counter는 반복을 카운트할 변수입니다. 원래 PL/SQL에서는 사용할 변수를 사용하기 전에 미리 DECLARE 부분에서 선언해야 하지만 FOR 반복문 내에서 사용할 변수는 미리 선언을 하지 않아도 사용 가능합니다. 그리고 IN 다음에 start 부분에 시작 번호를 쓰고 ..(점 두 개) 뒤에 end 부분에 끝 숫자를 적으면 됩니다. 만약 역순으로 반복하려면 IN 다음에 REVERSE를 쓰고 반복할 횟수를 쓰면 되는데, 주의사항은 REVERSE를 쓰고 시작 번호와 끝 번호는 작은 숫자부터 써야 한다는 것입니다.

Start와 end 부분에 꼭 숫자 값이 들어가야 하는 것은 아닙니다. 컬럼이나 커서 등으로 대체할 수도 있으며 아래 그림의 예로 자세하게 살펴보겠습니다.

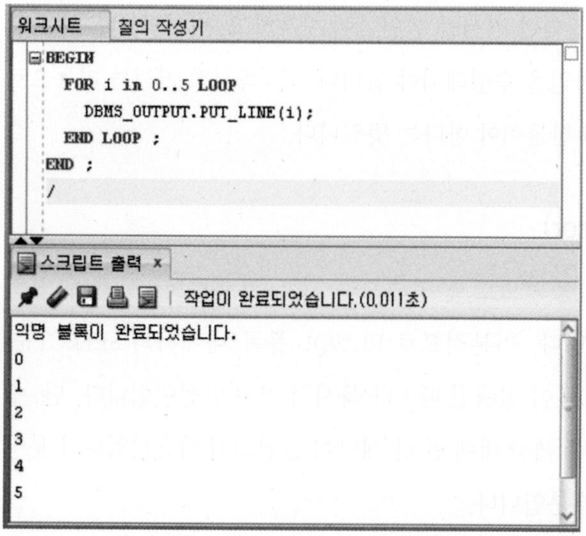
워크시트
질의 작성기
BEGIN
FOR i in 0..5 LOOP
DBMS_OUTPUT.PUT_LINE(i);
END LOOP ;
END ;
/
스크립트 출력
작업이 완료되었습니다.(0.011초)
익명 블록이 완료되었습니다.
0
1
2
3
4
5

위에서 살펴보았던 0~5까지 숫자를 화면에 출력하는 것을 FOR 반복문으로 구현해 보겠습니다.

13. PL/SQL Cursor(커서)

13.1 PL/SQL 커서란

오라클 서버에서는 SQL문을 실행할 때마다 처리(Parse, Execution)를 위한 메모리 공간(이 공간을 이후부터 SQL 커서라고 부르겠습니다)을 사용합니다. 즉, 사용자가 요청하는 데이터를 데이터베이스 버퍼 캐시에서 커서로 복사해 온 후 커서에서 원하는 데이터를 추출하여(Fetch) 후속 작업을 하게 된다는 뜻입니다. 이 메모리 공간을 Private SQL Area라고도 부르며, 오라클의 서버 프로세스 구성이 Dedicated Server 환경이냐 또는 MTS(Multi-Threaded Server) 환경이냐에 따라 서버 내에 위치되는 곳이 다릅니다.

SQL 커서는 크게 묵시적 커서(Implicit Cursor)와 명시적 커서(Explicit Cursor)로 나눌 수 있습니다. 묵시적 커서는 필요할 경우 오라클이 자동적으로 선언하여 사용한 후 자동적으로 정리(Clean-up)합니다. PL/SQL 블록이 실행될 때 내부에 포함된 SQL 문장에 대해 SQL 커서가 자동적으로 생성됩니다. 즉, 사용자가 생성을 하지 않아도 자동으로 생성된다는 의미입니다. 우리가 지금까지 사용했던 모든 PL/SQL 문장들은 이 묵시적 커서가 자동으로 생성되어 사용되고 정리되었던 것입니다.

반면, 명시적 커서는 사용자가 정의한 커서를 선언하여 사용하고, 커서의 사용이 끝난 후에는 별도의 정리(Clean-up) 작업을 수행해줘야 합니다. 즉, 묵시적 커서는 자동으로 생성되고 명시적 커서는 사용자가 만들어야 한다는 뜻입니다.

13.2 묵시적 커서(Implicit Cursor)

묵시적 커서는 오라클에서 자동적으로 선언해주는 SQL 커서로서, 사용자 입장에서는 생성 유무를 알 수 없습니다. 기본적으로 PL/SQL 블록 내에서의 SELECT문, DML(INSERT, UPDATE, DELETE)문이 실행될 때마다 묵시적 커서가 선언됩니다. 단, 주의해야 할 점은 묵시적 커서의 경우 세션 내에 단 한 개만이 선언되어 사용되었다가 문장이 종료됨과 동시에 정리된다는 부분입니다.

그리고 묵시적 커서에 저장되는 데이터는 1행만 가능합니다. 즉, 여러 행을 저장해서 작업해야 할 경우에는 묵시적 커서를 사용할 수 없다는 뜻이며 이때에는 명시적 커서를 사용해야 합니다. 사용자는 커서 내의 실행 결과를 커서 속성을 통해 확인할 수 있습니다. 묵시적 커서 속성은 총 4가지가 있는데, 묵시적 커서라는 뜻의 SQL%을 접두어(Prefix)로 사용하게 됩니다.

- **묵시적 커서 속성(Cursor Attribute)**

SQL%ROWCOUNT

해당 커서에서 실행한 총 행의 개수(가장 마지막 행이 몇 번째 행인지 카운트합니다)를 반환합니다.

SQL%FOUND

해당 커서 안에 아직 수행해야 할 데이터가 있을 경우 TRUE(참) 값을 반환하고 없을 경우 FALSE(거짓)의 값을 반환하는 속성입니다.

SQL%NOTFOUND

해당 커서 안에 수행해야 할 데이터가 없을 경우 TRUE(참) 값을 반환하고 있을 경우 FALSE(거짓)의 값을 반환하는 속성입니다.

SQL%ISOPEN

현재 묵시적 커서가 메모리에 Open되어 있을 경우에는 TRUE(참) 값을, 그렇지 않을 경우에는 FALSE(거짓) 값을 가지는 속성입니다.

13.3 명시적 커서(Explicit Cursor)

명시적 커서는 사용자가 선언하여 생성 후 사용하는 SQL 커서로, 주로 여러 개의 행을 처리하고자 할 경우 사용합니다.

만약 여러 건을 검색하는 SELECT 문장에서 묵시적 커서를 사용할 경우 오라클은 예외사항(TOO_MANY_ROWS)을 발생하게 됩니다.

명시적 커서는 묵시적 커서와는 다르게 동시에 여러 개가 선언되어 사용될 수 있습니다. 또한 묵시적 커서와 마찬가지로 커서 속성 변수로 커서의 내용을 파악하고 보다 쉽게 작업할 수 있게 해 줍니다. 하지만 각 속성의 의미는 묵시적 커서와는 조금 다른 부분이 있습니다.

명시적 커서는 여러 개가 선언될 수 있으므로, 커서 속성 변수는 '커서명(Cursor Name)%'을 커서 속성 변수의 접두어(Prefix)로 붙여서 사용합니다(묵시적 커서는 커서가 하나밖에 없었기 때문에 접두어로 SQL을 사용했습니다).

- **명시적 커서 속성(Cursor Attribute)**

커서이름%ROWCOUNT

FETCH문에 의해 읽혀진 데이터의 총 행 수를 가지는 속성입니다. 가장 마지막에 처리된 행이 몇 번째인지를 반환해줍니다.

커서이름%FOUND

FETCH문이 수행되었을 경우, 읽혀진(Fetch) 행이 있을 경우에는 TRUE(참) 값을, 그렇지 않을 경우에는 FALSE(거짓) 값을 가지는 속성입니다.

커서이름%NOTFOUND

FETCH문이 수행되었을 경우, 읽혀진(Fetch) 행이 없을 경우에는 TRUE(참) 값을, 그렇지 않을 경우에는 FALSE(거짓) 값을 가지는 속성입니다.

커서이름%ISOPEN

명시적 커서가 메모리에 확보(선언)되어 있을 경우에는 TRUE(참) 값을, 그렇지 않을 경우에는 FALSE(거짓) 값을 가지는 속성입니다.

13.4 명시적 커서(Explicit Cursor) 처리 단계

13.4.1 명시적 커서 선언(Declaration)

명시적 커서는 PL/SQL의 선언부(declare)에 다른 변수와 마찬가지로 선언되어야 하며, 형식은 아래와 같습니다. 이 단계에서는 해당 커서를 사용하겠다고 PL/SQL에 알려주는 역할만 하며 실제 메모리 할당이 이루어지는 것은 아닙니다.

문법

```
CURSOR  커서명
IS
  커서에 담고 싶은 내용을 가져오는 서브 쿼리
```

• **커서명**

명시적 커서의 이름으로 유일하게 명명되어야 합니다.

• **서브 쿼리**

기본적으로 명시적 커서는 여러 건을 검색하는 SELECT 문을 처리하기 위한 것이므로 처리하고자 하는 데이터를 검색하는 SELECT 문장을 이 부분에 기술합니다.

13.4.2 명시적 커서 열기(Open)

명시적 커서를 Open한다는 뜻은 커서 선언 시 기술했던 서브 쿼리를 수행해서 데이터를 커서로 가져온다는 뜻입니다. 이렇게 하면 메모리에 실제 커서가 사용할 메모리 공간이 할당이 됩니다. 즉, 커서를 선언할 때는 사용될 메모리 공간의 양을 모르기 때문에 메모리를 할당할 수 없지만 커서가 open이 되면 실제 메모리가 할당이 되는 것입니다. 이 때 명시적 커서 영역에 자리 잡은 데이터의 첫 번째 행에 커서 포인터(pointer)가 설정되고 바로 이 포인터 위치의 데이터 행을 다음 단계인 FETCH에서 읽게 되는 것입니다.

```
()문법()  OPEN 커서 이름 ;
```

• **커서 이름**

열고자 하는 명시적 커서의 이름입니다.

13.4.3 명시적 커서로부터 데이터 읽어서 변수로 할당하기(Fetch)

명시적 커서의 데이터들(Active Set)로부터 데이터를 한 건씩 읽어 변수로 할당하기 위해 FETCH문을 사용합니다. 이때 읽게 되는 데이터 행은 포인터(Pointer)에 의해서 지정되며 한 행이 Fetch되면 자동적으로 포인터는 다음 행으로 이동하게 됩니다. 일반적으로 명시적 커서에는 데이터가 여러 건 들어 있기 때문에 많은 데이터들을 읽어 처리하기 위해서 FETCH문은 반복문과 함께 사용하는 경우가 많습니다. 그리고 앞에서 살펴본 SELECT ~ INTO절과 마찬가지로 FETCH문도 FETCH 후에 변수에 값을 할당하기 위해 INTO절을 사용합니다.

```
()문법()  FETCH 커서_이름 INTO  변수들 ;
```

• **커서_이름**

읽어(Fetch)오고자 하는 명시적 커서의 이름으로 반드시 open되어 있어야 FETCH가 가능합니다.

• **변수들**

명시적 커서로부터 읽어온(Fetch) 데이터 행(레코드)을 PL/SQL 블록 내에서 처리하기 위해서는 변수에 저장해서 사용합니다. 이때 variable에는 앞에서 살펴본 단순 변수와 복합 변수가 올 수 있으며, 당연히 선언부에 선언된 변수만 올 수 있습니다. 만약 단순 변수를 사용한다면, 커서에서 정의된 SELECT 리스트의 개수만큼 선언하고 SELECT 리스트의 위치대로 FETCH의 INTO절에 차례대로 적어야 합니다. 또한 만약 복합 변수를 사용한다면, 커서 레코드 변수(커서명%ROWTYPE)를 선언하여 사용합니다.

13.4.4 명시적 커서 닫기(Close)

명시적 커서의 정리(Clean-up) 작업을 하는 명령으로, 명시적 커서가 다 사용된 후에는 반드시 '닫기'를 해야 합니다. 커서를 닫는다는 뜻은 작업이 끝난 메모리 공간을 반환하고 정리한다는 뜻이며 닫기를 하지 않게 되면 메모리 낭비도 많이 되고 만약 동일한 커서를 다른 PL/SQL BLOCK에서 동일한 이름의 커서를 사용할 경우 에러가 생기게 됩니다.

문법 CLOSE 커서_이름;

- **커서_이름**

닫고자 하는 명시적 커서의 이름으로 Close된 명시적 커서는 더 이상 사용하지 않습니다. 만약 PL/SQL 블록 내에서 Close된 커서를 접근하게 되면 오라클은 예외(INVALID_CURSOR)를 발생하게 됩니다.

다음 예로 명시적 커서를 선언하고 사용하는 방법을 살펴보겠습니다.

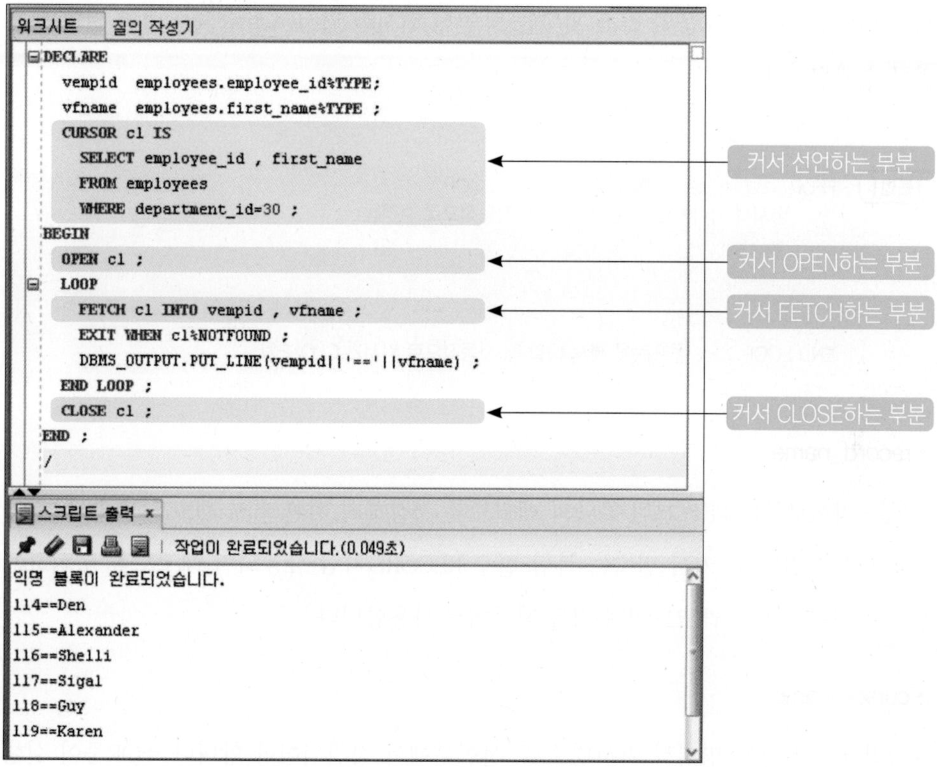
워크시트
질의 작성기
DECLARE
vempid employees.employee_id%TYPE;
vfname employees.first_name%TYPE ;
CURSOR c1 IS
SELECT employee_id , first_name
FROM employees
WHERE department_id=30 ;
BEGIN
OPEN c1 ;
LOOP
FETCH c1 INTO vempid , vfname ;
EXIT WHEN c1%NOTFOUND ;
DBMS_OUTPUT.PUT_LINE(vempid||'=='||vfname) ;
END LOOP ;
CLOSE c1 ;
END ;
/
커서 선언하는 부분
커서 OPEN하는 부분
커서 FETCH하는 부분
커서 CLOSE하는 부분
스크립트 출력
작업이 완료되었습니다.(0.049초)
익명 블록이 완료되었습니다.
114==Den
115==Alexander
116==Shelli
117==Sigal
118==Guy
119==Karen

위의 예와 같이 2건 이상의 데이터를 데이터베이스에서 PL/SQL로 가져올 때는 반드시 명시적 커서를 사용해야 합니다. 이렇게 하지 않으면 에러가 발생하니까 잘 기억해 두세요.

13.5 Cursor FOR Loop 문 활용하기

일반적으로 명시적 커서에는 여러 건의 데이터가 들어 있습니다. 그래서 여러 번 FETCH를 수행하게 되고 그렇게 하기 위해서 반복문을 사용하게 됩니다. 그중에서 가장 많이 사용되는 것이 FOR 문장인데, PL/SQL에서는 FOR 반복문과 커서를 결합하여 CURSOR FOR 반복 기능을 제공합니다. 이 방법을 사용할 경우 커서 변수의 선언, 커서 열기, 커서 내의 레코드를 자동적으로 읽기, 커서 닫기 작업을 오라클이 자동으로 수행하게 됩니다. 즉, 사용자가 별도의 변수 선언, OPEN, FETCH, CLOSE문을 수행하지 않아도

됨을 의미합니다. FOR문의 반복 횟수는 당연히 명시적 커서(Active Set) 내의 전체 행수 만큼 수행됩니다.

문법

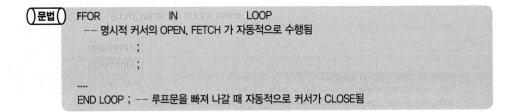

```
FFOR record_name IN cursor_name LOOP
  -- 명시적 커서의 OPEN, FETCH 가 자동적으로 수행됨
  statement1 ;
  statement2 ;
....
END LOOP ; -- 루프문을 빠져 나갈 때 자동적으로 커서가 CLOSE됨
```

• record_name

이는 커서로부터 FETCH된 하나의 레코드를 저장하기 위한 커서 레코드 변수로, 자동으로 만들어집니다. 커서 변수는 복합 변수 RECORD처럼 사용되며 레코드를 구성하는 필드를 접근할 때는 레코드 변수명을 접두어로 사용합니다.

• cursor_name

처리하고자 하는 명시적 커서명으로, 선언부에서 정의되어야 합니다. FOR문이 실행되면 IN 다음에 기술된 명시적 커서가 자동적으로 열리며, 한 건씩 FETCH가 되고, 커서 영역에 데이터가 모두 처리되면 루프를 종료하게 되며 이때 자동적으로 명시적 커서는 CLOSE 됩니다.

아래 예는 employees 테이블에서 department_id가 100번인 사원들의 employee_id와 first_name을 출력하되 CURSOR와 FOR 반복문을 사용한 화면입니다. FOR 반복문 안에 별도의 CURSOR를 OPEN, FETCH, CLOSE 명령이 없지만 정상적으로 잘 작동하지요? 아주 편리해서 많이 사용하는 방법이므로 꼭 기억하고 잘 활용하기 바랍니다.

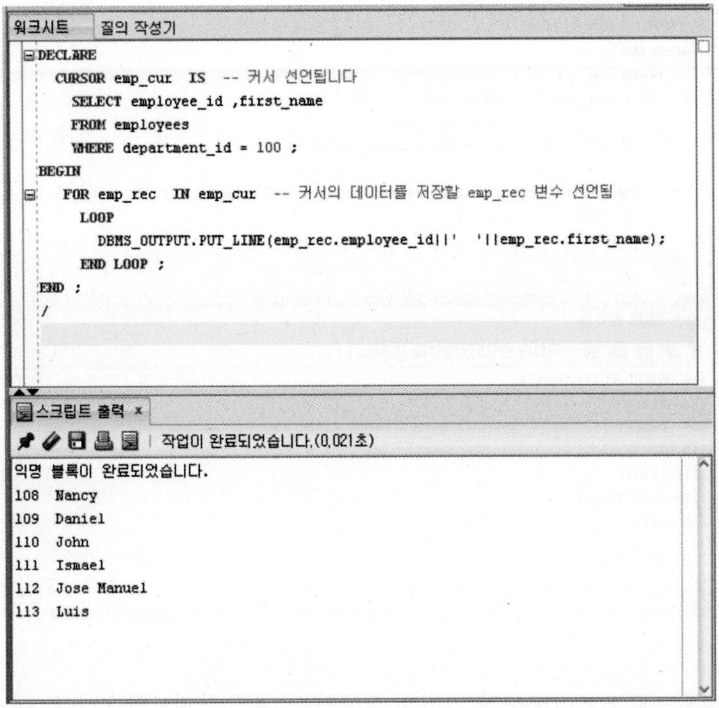

워크시트
질의 작성기
DECLARE
CURSOR emp_cur IS -- 커서 선언됩니다
SELECT employee_id ,first_name
FROM employees
WHERE department_id = 100 ;
BEGIN
FOR emp_rec IN emp_cur -- 커서의 데이터를 저장할 emp_rec 변수 선언됨
LOOP
DBMS_OUTPUT.PUT_LINE(emp_rec.employee_id||' '||emp_rec.first_name);
END LOOP ;
END ;
/
스크립트 출력
작업이 완료되었습니다.(0.021초)
익명 블록이 완료되었습니다.
108 Nancy
109 Daniel
110 John
111 Ismael
112 Jose Manuel
113 Luis

이번 예는 마치 INLINE View처럼 FROM절에 CURSOR를 생성할 때 사용할 Sub query를 사용하여 작업하는 예입니다. 이 방법은 DECLARE 부분에 커서를 선언할 필요가 없습니다. 대신 커서에 들어가는 서브 쿼리 부분을 IN 뒷부분에 바로 사용하는 방법입니다.

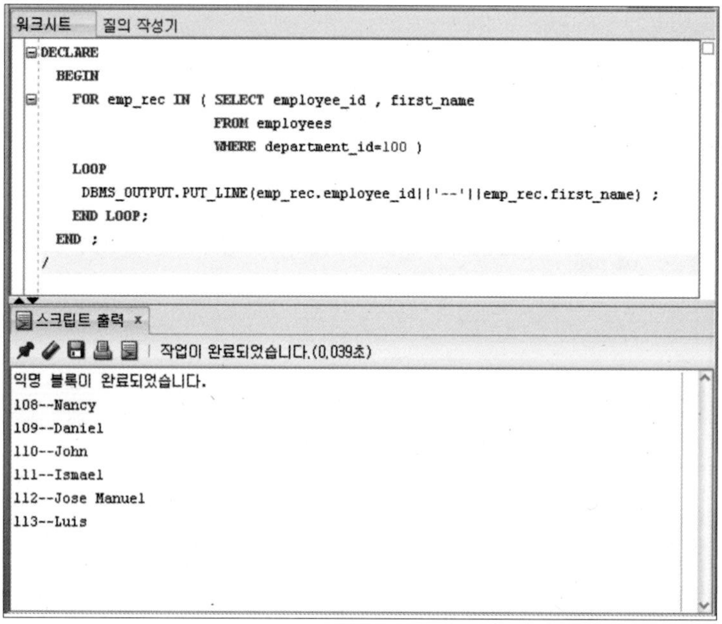
워크시트
질의 작성기
DECLARE
BEGIN
FOR emp_rec IN (SELECT employee_id , first_name
FROM employees
WHERE department_id=100)
LOOP
DBMS_OUTPUT.PUT_LINE(emp_rec.employee_id||'--'||emp_rec.first_name) ;
END LOOP;
END ;
/
스크립트 출력
작업이 완료되었습니다.(0.039초)
익명 블록이 완료되었습니다.
108--Nancy
109--Daniel
110--John
111--Ismael
112--Jose Manuel
113--Luis

다양한 방법으로 For 반복문과 커서를 활용하는 예를 살펴보았습니다. 여러 가지 더 변형된 모습이 많지만 이것들이 기초가 되어 응용되는 것이므로 꼭 많이 연습해서 익혀 두길 바랍니다.

13.6 Parameter Explicit Cursor

명시적 커서를 선언한 후 open할 때 값을 바꾸어서 수행해야 할 경우가 종종 있습니다. 이때 커서를 OPEN할 때 필요한 값만 파라미터로 전달해서 반복 수행할 수 있는 편리한 방법이 지금 살펴보는 파라미터 커서입니다.

문법

```
CURSOR cursor_name
[ (parameter_name datatype, …) ]
IS
  select-statement ;....
```

• parameter_name

파라미터 변수명으로 변수 선언과 동일하며 여러 개의 파라미터를 지정할 수 있습니다.

▶▶▶ **사용 예**

파라미터 Explicit Cursor

```
HR> DECLARE
  2   CURSOR emp_cur (p_dno employees.department_id%TYPE))
  3   IS
  4     SELECT employee_id, first_name, salary
  5     FROM employees
  6     WHERE department_id = p_dno;
  7      ....
  8     BEGIN
  9      ....
 10     OPEN emp_cur(20) ;
 11      ....
 12     CLOSE emp_cur ;
 13     OPEN emp_cur(30) ;
 14      ....
 15     CLOSE emp_cur ;
 16      ....
 17     END;
```

위 예에서 2번 라인에 커서가 수행될 때 입력받을 변수명과 데이터형을 적어줍니다. 그리고 10번 라인과 13번 라인처럼 커서를 OPEN할 때 괄호 안에 파라미터 값을 적어줍니다. 이렇게 하면 커서를 OPEN할 때 해당 파라미터 값을 대입해서 커서가 OPEN됩니다.

13.7 Explicit Cursor와 FOR UPDATE 문장

명시적 커서를 선언해서 데이터를 조회한 후 변경을 하려는 중에 다른 세션에서 현 세션이 작업하는 내용을 변경할 수 있습니다. 예를 들어, 조회를 할 시점엔 A라는 데이터였지만 그 후 다른 세션이 B로 바뀔 수 있다는 뜻입니다. 그래서 커서를 선언할 때 커서에 있는 행들에 대해 잠금(LOCK)을 수행할 수 있습니다. 이 방법은 커서를 정의할 때 SELECT ~ FOR UPDATE 문장을 사용하면 됩니다. 이 문장은 SELECT 문장의 가장 마지막 부분에 기술됩니다.

()문법()
```
SELECT ...
FROM ...
FOR UPDATE [OF column_reference][NOWAIT | WAIT n];
```

위 옵션 중에 NOWAIT 옵션은 다른 세션에서 행을 잠글 경우 즉시 오라클 에러를 발생시켜 주는 옵션입니다. 즉, 만약 어떤 행을 잠그고 작업을 해야 할 상황인데, 이미 다른 세션에서 해당 행에 LOCK을 설정했을 경우 NOWAIT 옵션을 사용하면 즉시 에러를 발생시킵니다. 그러나 만약 NOWAIT 옵션을 사용하지 않을 경우 LOCK이 확보될 때까지 무한 대기 상태가 됩니다.

WAIT n 옵션은 n 자리에 초를 설정할 수 있으며 해당 초가 지난 후에도 LOCK을 확보할 수 없으면 에러를 발생시킵니다.

커서를 선언할 때 FOR UPDATE절을 써서 행을 잠근 후에 UPDATE 문장 등에서 해당 커서에 접근을 할 때는 WHERE CURRENT OF 커서명을 사용합니다.

▶▶▶ **사용 예**

FOR UPDATE 구문

```
DECLARE
   CURSOR emp_cur IS
     SELECT EMPNO, ENAME, SAL
     FROM EMP
     WHERE DEPTNO = 20
     FOR UPDATE   ←  커서 선언 시에 FOR UPDATE로 행을 잠금
     NO WAIT ;
....
BEGIN
....
   OPEN emp_cur ;
....
     UPDATE emp
     SET sal = sal * 2
     WHERE CURRENT OF emp_cur   ←  커서 선언 시에 잠긴 행을 갱신함
....
   CLOSE emp_cur ;
....
END;
```

14. ORACLE EXCEPTION(예외 처리)

14.1 PL/SQL 예외란

PL/SQL 블록이 PARSE되는 동안에 오타 등으로 인하여 발생되는 에러를 컴파일 에러(Compilation Error)라고 부르며, PL/SQL 블록이 실행되는 동안에 발생되는 에러를 런타임 에러(Run-Time Error)라고 부르는데, 이 런타임 에러를 오라클에서는 예외(Exception)라고 부릅니다.

이런 오라클의 예외 종류는 두 가지이며 오라클에서 제공하는 오라클 예외(ORACLE Exception)와 다른 하나는 사용자에 의해 정의되는 사용자 정의 예외(User-defined Exception)가 그것입니다.

오라클 예외는 오라클이 정의한 상황에서 자동적으로 발생되는데, 이때 해당 오라클 예외에 이름이 정해진 예외를 'Predefined ORACLE Exception'이라고 하며, 오라클 예외이지만 예외명이 명명되지 않은 예외를 'Non-predefined ORACLE Exception'이라고 분류합니다.

이런 오라클 예외는 암시적으로 발생합니다. 즉, 특정 상황이 되면 자동으로 발생된다는 뜻입니다.

사용자 정의 예외는 오라클 예외와는 달리 선언부에서 exception형으로 예외를 선언한 후 실행부 또는 예외 처리부에서 RAISE문을 통해 명시적으로 예외를 발생시킵니다.

또 다른 방법으로 RAISE_APPLICATION_ERROR 프로시저를 사용하기도 합니다. 이 프로시저를 사용하면 예외를 정확히 호출 환경으로 전달할 수 있는 장점이 있습니다(호출 환경이란 해당 PL/SQL을 실행한 프로그램 등이 됩니다). 실행부에서 예외가 발생하면 예외가 발생된 SQL문은 처리가 중단되며, 그 후 예외 처리부가 있다면 예외 처리부로 넘어가서 예외 처리부에서 기술된 조건으로 진행되고 예외 처리부가 없다면 실패한 상태로 PL/SQL 블록을 종료하게 됩니다.

★★★ 참고

Predefined ORACLE Exception(미리 정의되어 있는 오라클 예외들)

예외명: ACCESS_INTO_NULL
예외번호: ORA-06530
설명: 정의되지 않은 오브젝트 속성에 값을 할당하고자 했을 때 발생되는 예외

예외명: CASE_NOT_FOUND
예외번호: ORA-06592
설명: CASE문의 WHEN 절에 해당되는 조건이 없고 ELSE절도 없을 경우에 발생되는 예외

예외명: COLLECTION_IS_NULL
예외번호: ORA-06531
설명: 선언되지 않은 컬렉션(nested table, varray)에 EXISTS 이외의 메소드를 사용했을 때 발생되는 예외

예외명: CURSOR_ALREADY_OPEN
예외번호: ORA-06511
설명: 이미 열려진 커서를 열려고 시도했을 때 발생되는 예외

예외명: DUP_VAL_ON_INDEX
예외번호: ORA-00001
설명: 유일 인덱스에 중복 값을 입력했을 경우 발생되는 예외

예외명: INVALID_CURSOR
예외번호: ORA-01001
설명: 잘못된 커서 조작이 실행될 때 발생되는 예외

예외명: INVALID_NUMBER
예외번호: ORA-01722
설명: 문자를 숫자로의 변환 시 실패가 될 때 발생되는 예외

예외명: LOGIN_DENIED
예외번호: ORA-01017
설명: 잘못된 사용자명이나 암호로 로그인을 시도했을 때 발생되는 예외

예외명: NO_DATA_FOUND
예외번호: ORA-01403
설명: PL/SQL SELECT문이 한 건도 리턴하지 못했을 경우 발생하는 예외

예외명: NOT_LOGGED_ON
예외번호: ORA-01012
설명: 접속되지 않은 상태에서 데이터베이스에 대한 요청이 PL/SQL 프로그램으로 실행된 경우 발생되는 예외

예외명: PROGRAM_ERROR
예외번호: ORA-06501
설명: PL/SQL이 내부적인 문제를 가지고 있는 경우 발생되는 예외

예외명: ROWTYPE_MISMATCH
예외번호: ORA-06504

설명: 할당문에서 호스트 커서 변수와 PL/SQL 커서 변수의 데이터형이 불일치할 때 발생되는 예외

예외명: STORAGE_ERROR
예외번호: ORA-06500
설명: PL/SQL이 실행될 때 메모리가 부족하거나 메모리상에 문제가 일어났을 때 발생하는 예외

예외명: SUBSCRIPT_BEYOND_COUNT
예외번호: ORA-06533
설명: 컬렉션의 요소 개수보다 더 큰 첨자 값으로 참조한 경우 발생되는 예외

예외명: SUBSCRIPT_OUTSIDE_LIMIT
예외번호: ORA-06532
설명: 컬렉션의 첨자의 한계를 벗어난 참조가 일어났을 때 발생되는 예외

예외명: SYS_INVALID_ROWID
예외번호: ORA-01410
설명: 문자열을 ROWID로 변환할 때 무효한 문자열의 표현일 경우 발생되는 예외

예외명: TIMEOUT_ON_RESOURCE
예외번호: ORA-00051
설명: 자원에 대한 대기 시간이 초과했을 때 발생하는 예외

예외명: TOO_MANY_ROWS
예외번호: ORA-01422
설명: PL/SQL SELECT문이 두 건 이상의 행을 리턴했을 때 발생되는 예외

예외명: VALUE_ERROR
예외번호: ORA-06502
설명: 산술, 변환, 절삭 또는 크기 제약에 에러가 생겼을 때 발생되는 예외

예외명: ZERO_DIVIDE
예외번호: ORA-01476
설명: 0으로 나누려 했을 때 발생하는 예외

14.2 PL/SQL 블록 내의 예외 처리부

앞에서 살펴본 여러 가지 경우의 예외를 처리하기 위해서 PL/SQL 블록에는 예외 처리부(EXCEPTION)라는 부분이 있습니다. 이 예외 처리부에 발생할 수 있는 여러 가지 예외와 각 예외의 경우 어떻게 처리하라는 문장을 적으면 됩니다. 여러 가지 예외가 많기에 각각의 WHEN절은 상호 배타적인 예외로 구분되어야 합니다. 즉, 예외가 중복되어서는 안 된다는 뜻입니다.

문법

```
EXCEPTION
WHEN exception1 [OR exception2 …] THEN
    statement1 ;
    statement2 ;
…
[ WHEN exception3 [OR exception4 …] THEN
    statement3 ;
    statement4 ;
… ]
[WHEN OTHERS THEN
    statementN ;
    statementN+1 ;
… ]
```

• exception N

실행부에서 발생한 예외의 이름들로 해당되는 WHEN절 안의 문장들을 수행하게 됩니다.

• OTHERS

위에 기술된 어느 예외에도 속하지 않는 기타 예외를 뜻하며 가장 마지막에 기술되는 WHEN에만 사용합니다. 이전의 WHEN에 해당되지 않는 예외들은 모두 이 OTHERS 예외에서 처리됩니다.

예외 처리 사용 예는 다음과 같습니다.

연습문제 1

오라클에서 사전 정의된 예외 처리하기

사원명이 'A'로 시작하는 사원을 조회하되 여러 건의 데이터가 나올 경우 에러를 발생시키는 예외 처리 부분을 포함하세요.

```
HR> SELECT first_name
  2  FROM employees
  3  WHERE first_name LIKE 'B%';

FIRST_NAME
--------------------
Bruce
Britney              →  B로 시작하는 사원이 2명 검색됩니다.
```

위에서 살펴본 대로 B로 시작하는 사원이 2명입니다. 이 사원들의 이름을 출력하는 PL/SQL을 작성하는 데 데이터가 2건이므로 명시적 커서를 사용해야 하지만 묵시적 커서를 사용하여 TOO_MANY_ROWS라는 예외를 발생시키는 예제입니다.

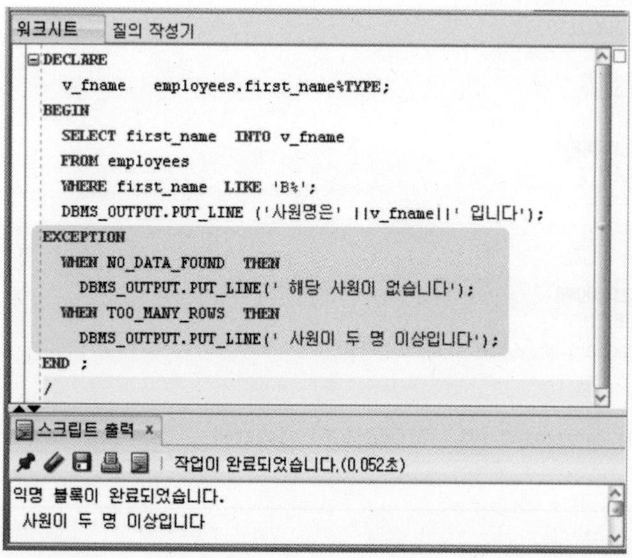
워크시트
질의 작성기
DECLARE
v_fname   employees.first_name%TYPE;
BEGIN
SELECT first_name INTO v_fname
FROM employees
WHERE first_name LIKE 'B%';
DBMS_OUTPUT.PUT_LINE ('사원명은' ||v_fname||' 입니다');
EXCEPTION
WHEN NO_DATA_FOUND THEN
DBMS_OUTPUT.PUT_LINE(' 해당 사원이 없습니다');
WHEN TOO_MANY_ROWS THEN
DBMS_OUTPUT.PUT_LINE(' 사원이 두 명 이상입니다');
END ;
/
스크립트 출력
작업이 완료되었습니다.(0.052초)
익명 블록이 완료되었습니다.
사원이 두 명 이상입니다

위 PL/SQL 블록에서 8번 줄부터 12번 줄까지가 예외 처리부이며 위와 같이 발생시킬 예외들을 지정해 주면 됩니다. 위 예는 9번 줄에 data가 발견 안 될 경우와 11번 줄에 데이터가 2건 이상이 발견될 경우 화면에 출력할 예외 메시지를 지정하고 있습니다.

연습문제 2

특정 에러 코드가 발생할 경우 발생할 예외를 사용자가 직접 정의하는 방법

이번에는 특정 에러 코드가 발생할 경우 발생할 예외를 사용자가 직접 정의하는 방법을 살펴보겠습니다. 이 작업에는 PRAGMA EXCEPTION_INIT 함수를 사용합니다. PL/SQL에서 PRAGMA EXCEPTION_INIT는 컴파일러에게 예외 이름을 Oracle 오류 번호와 연관시키도록 지시합니다. 이렇게 하면 모든 내부 예외를 이름으로 참조하고 이 예외에 대한 특정 처리기를 작성할 수 있습니다.

PRAGMA(의사 명령어라고도 함)는 명령문이 컴파일러 지시어임을 의미하는 키워드로서 PL/SQL 블록 실행 시 처리되지 않습니다. 이 키워드는 블록 내의 모든 예외 이름을 연관된 Oracle 서버 오류 번호로 해석하도록 PL/SQL 컴파일러에 지시하는 역할을 하게 됩니다. PRAGMA 기능을 이해하기 위해 간단히 테스트를 해 보겠습니다.

```
HR>CREATE TABLE t_pragma
  2  ( no    NUMBER PRIMARY KEY ,
  3    name  VARCHAR2(10));

Table created.

HR>INSERT INTO t_pragma
  2  VALUES(1,'AAA') ;

1 row created.

HR>INSERT INTO t_pragma
  2  VALUES(1,'BBB');
INSERT INTO t_pragma
*
ERROR at line 1:
ORA-00001: unique constraint (HR.SYS_C0013626) violated
```

위 실행 결과를 보면 NO 컬럼이 Primary key이므로 중복된 데이터가 들어갈 수 없기 때문에 위 ORA-00001번 에러가 발생했습니다. 에러가 발생하는 메시지를 PRAGMA 기능을 이용하여 변경하겠습니다. 아래 화면을 보세요.

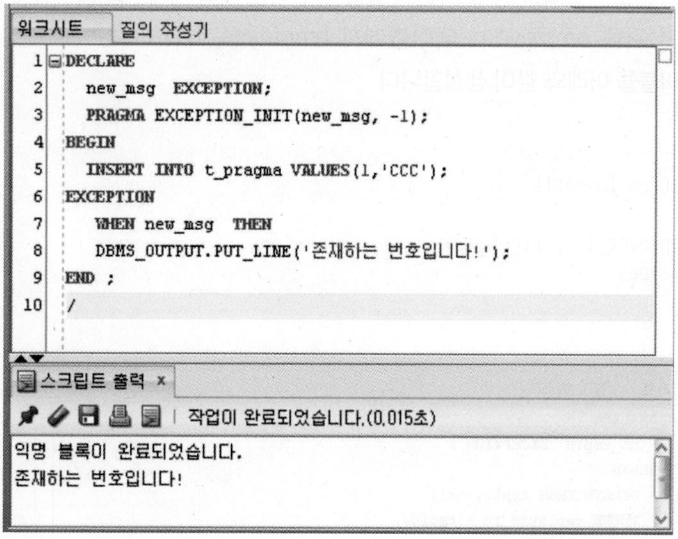
워크시트
질의 작성기
1 DECLARE
2 new_msg EXCEPTION;
3 PRAGMA EXCEPTION_INIT(new_msg, -1);
4 BEGIN
5 INSERT INTO t_pragma VALUES(1,'CCC');
6 EXCEPTION
7 WHEN new_msg THEN
8 DBMS_OUTPUT.PUT_LINE('존재하는 번호입니다!');
9 END ;
10 /
스크립트 출력
작업이 완료되었습니다.(0.015초)
익명 블록이 완료되었습니다.
존재하는 번호입니다!

위 문장을 실행하면 '존재하는 번호입니다!'라는 에러 메시지가 출력됩니다. 위 예처럼 우리가 원하는 에러 메시지로 화면에 표현할 수 있는 아주 유용한 기능입니다. 3번 줄 가장 마지막 부분에 적는 숫자는 오라클 에러 번호입니다.

연습문제 3

RAISE를 사용하여 예외 처리하기

이번 예는 employee_id를 입력받은 후 employees 테이블에서 해당 사원을 지우는 작업을 수행합니다. 단, 없는 사원 번호를 입력할 경우 '사원이 없습니다' 라는 예외 메시지를 출력하게 만듭니다. 이번 실습을 하기 위해 employees 테이블에서 employee_id와 first_name을 가져와서 employees11 테이블을 아래와 같이 생성합니다.

```
HR>CREATE TABLE employees11
 2  AS
 3   SELECT employee_id , first_name
 4   FROM employees ;
```

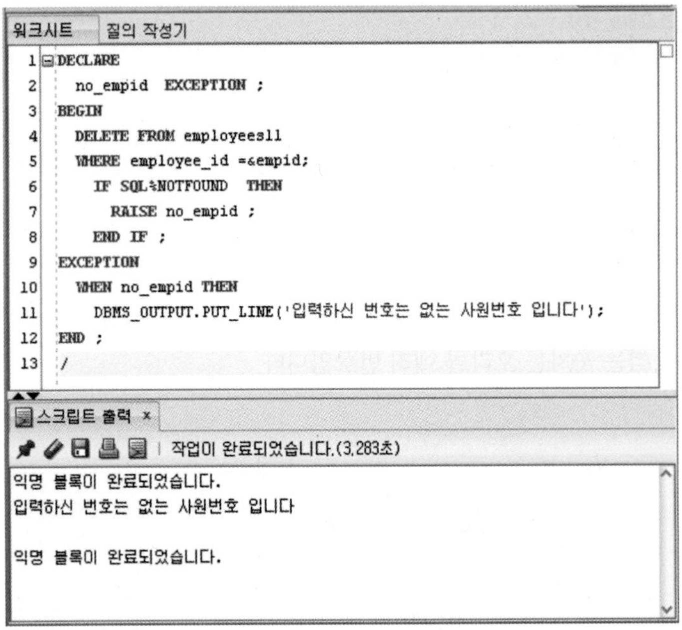

워크시트
질의 작성기
DECLARE
no_empid EXCEPTION ;
BEGIN
DELETE FROM employees11
WHERE employee_id =&empid;
IF SQL%NOTFOUND THEN
RAISE no_empid ;
END IF ;
EXCEPTION
WHEN no_empid THEN
DBMS_OUTPUT.PUT_LINE('입력하신 번호는 없는 사원번호 입니다');
END ;
/
스크립트 출력
작업이 완료되었습니다.(3.283초)
익명 블록이 완료되었습니다.
입력하신 번호는 없는 사원번호 입니다
익명 블록이 완료되었습니다.

위의 PL/SQL 블록을 실행하면 사원 번호를 입력하는 창이 열리는데, 첫 번째로 존재하지 않는 번호를 입력했습니다. 그래서 결과 화면에 보면 '입력하신 번호는 없는 사원 번

호입니다'라고 나왔습니다. 그 후에 동일한 쿼리를 한 번 더 실행해서 이번에는 존재하는 번호 (206)번을 입력했습니다. 그 후 결과 화면을 보니 에러 없이 정상적으로 수행되었습니다.

위와 같이 특정 상황이 되었을 때 특정 에러를 발생시킬 경우 아주 요긴하게 사용할 수 있는 방법입니다.

연습문제 4

RAISE_APPLICATION_ERROR 프로시저 사용하기

앞에서 살펴본 3가지 예는 모두 오라클에서 제공하는 에러를 사용하여 예외처리부에서 각각의 예외를 처리하는 방식이었습니다. 그와는 다르게 지금 살펴보는 예는 RAISE_APPLICATION_ERROR 프로시저를 사용하여 사용자가 에러를 정의하고 예외처리부 없이 실행부에서 즉시 예외를 처리하는 방식입니다. 이때 사용자가 지정 가능한 에러 번호는 20000번부터 20999번까지 입니다.

아래 예는 사원 번호를 입력받은 후 employees11 테이블에서 해당 사원을 삭제하는 예입니다. 이때 없는 사원 번호를 입력할 경우 실행부에서 즉시 예외를 처리하는 6번 줄을 잘 보세요.

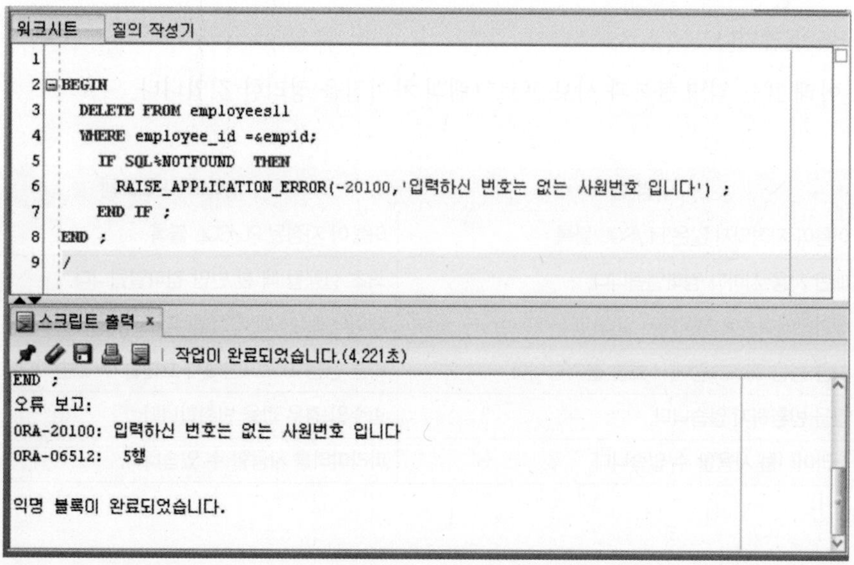
워크시트
질의 작성기
1
2 BEGIN
3 DELETE FROM employees11
4 WHERE employee_id =&empid;
5 IF SQL%NOTFOUND THEN
6 RAISE_APPLICATION_ERROR(-20100,'입력하신 번호는 없는 사원번호 입니다') ;
7 END IF ;
8 END ;
9 /
스크립트 출력
작업이 완료되었습니다.(4.221초)
END ;
오류 보고:
ORA-20100: 입력하신 번호는 없는 사원번호 입니다
ORA-06512: 5행
익명 블록이 완료되었습니다.

위의 방법은 별도의 예외처리부를 생성할 필요 없이 에러가 발생할 경우 즉시 예외처리를 하는 방법입니다. 편리해서 예외 처리 시에 아주 많이 사용하는 방법입니다.

이상으로 PL/SQL에서 예외가 발생할 경우 어떻게 처리하는지 다양한 방법으로 살펴보았습니다.

15. ORACLE SUBPROGRAM

지금까지 살펴본 PL/SQL 블록들은 전부 익명 블록입니다. 익명 블록이란 PL/SQL 블록에 이름이 정해져 있지 않다는 뜻입니다. 지금까지의 실습에서 살펴본 PL/SQL 블록들은 DECLARE로 선언해서 사용했지만 정해진 이름이 없어도 잘 실행이 되었으나 이름이 없기에 저장도 할 수 없었고 다시 재사용할 수도 없었습니다. 만약 그 PL/SQL 블록이 다시 필요하다면 다시 처음부터 입력해야 한다는 뜻입니다. 아주 많이 불편하겠지요?

그래서 오라클에서는 자주 사용되는 PL/SQL 블록에 이름을 지정하고 생성해서 저장해두었다가 필요할 경우에 호출해서 사용할 수 있도록 하는데, 이를 서브 프로그램 또는 프로그램 단위라 부릅니다. 대표적인 유형은 프로시저(Procedure), 함수(Function), 패키지(Package), 트리거(Trigger)가 있으며 아주 많이 사용되는 서브 프로그램들이니 잘 익혀두어야 합니다.

아래 표는 익명 블록과 서브 프로그램의 차이점을 정리한 것입니다.

익명 블록	서브 프로그램
이름이 지정되지 않은 PL/SQL 블록	이름이 지정된 PL/SQL 블록
매번 사용 시마다 컴파일됩니다.	최초 실행될 때 한 번만 컴파일됩니다.
데이터베이스에 저장되지 않습니다.	데이터베이스에 저장됩니다.
다른 응용 프로그램에서 호출 불가합니다.	다른 응용 프로그램에서 호출할 수 있습니다.
값을 반환하지 않습니다.	함수일 경우 값을 반환합니다.
파라미터를 사용할 수 없습니다.	파라미터를 사용할 수 있습니다.

15.1 PROCEDURE(프로시저) 생성하기

프로시저는 지정된 특정 처리를 실행하는 서브 프로그램의 한 유형으로 단독(standalone)으로 실행되거나 다른 프로시저나 다른 툴(Oracle Developer…) 또는 다른 환경(Pro*C…) 등에서 호출되어 실행됩니다. 처음 생성 후 컴파일할 때 오브젝트로서 데이터베이스 내에 저장되며 이후로 반복적으로 호출되어 실행될 때 별도의 컴파일 없이 생성된 p-code로 바로 실행할 수 있습니다. 즉, 일반 스크립트로 저장하는 것과는 다르게 작동됩니다(일반 스크립트로 저장해서 @ 기호로 불러서 실행하는 것은 실행할 때마다 컴파일을 해야 하므로 부하가 걸리지만 오브젝트로 저장되는 서브 프로그램은 최초에 컴파일되어서 저장되므로 이후 재실행 시에는 컴파일이 별도로 필요하지 않습니다).

프로시저를 생성할 때는 CREATE PROCEDURE, 삭제할 때는 DROP PROCEDURE문, 수정할 때는 ALTER PROCEDURE문을 사용합니다.

15.1.1 프로시저 생성하기

()문법()
```
CREATE [OR REPLACE] PROCEDURE procedure_name
 [( parameter1 [mode1] datatype1,
    parameter2 [mode2] datatype2,
  … )]
IS | AS
PL/SQL Block ;
```

- OR REPLACE

생성하고자 하는 프로시저가 기존에 동일 이름으로 존재할 경우, 기존의 내용을 현재의 내용으로 수정하는 옵션입니다. 이 옵션은 해당 이름의 프로시저를 삭제한 후 다시 생성합니다.

- procedure_name

생성하고자 하는 프로시저명으로 스키마 내에서는 유일하게 명명되어야 합니다.

• Parameter

프로시저를 실행할 때 호출 환경과 프로시저 간에 값을 주고받을 때 사용되는 파라미터(매개 변수)로 모드(IN, OUT, INOUT)에 따라 역할이 다르게 수행됩니다.

파라미터를 선언할 때는 데이터형을 적고 데이터의 크기는 기록하지 않습니다.

파라미터는 두 종류인데, 프로시저를 생성할 때 선언부에 선언된 파라미터를 형식 파라미터(Formal Parameter)라고 하며, 프로시저를 실행할 때 형식 파라미터에 실제 값이나 변수를 할당/대응하는 때 사용하는 파라미터를 실행 파라미터(Actual Parameter)라고 부릅니다. 그리고 파라미터를 선언할 때 DEFAULT 키워드를 사용하여 기본값을 부여할 수 있습니다.

• Mode

모드는 매개 변수의 역할을 결정짓는 것으로 3가지 종류가 있으며 아래와 같습니다.

– IN 모드: 사용자로부터 값을 입력받아 프로시저로 전달해 주는 역할을 하는 모드입니다. 기본값이므로 생략 가능합니다.
– OUT 모드: 프로시저에서 호출 환경(SQL PLUS 등)으로 값을 전달하는 역할을 하며 이 모드로 설정된 매개 변수는 프로시저 내에서는 읽을 수 없으며, 값을 저장하기만 하는 지역 변수처럼 사용됩니다. 또 호출 환경에서는 이 매개 변수로부터 값을 전달받기 위해 환경 변수가 선언되어 있어야 합니다.
– IN OUT 모드: 설정된 매개 변수는 호출 환경과 프로시저 간에 값을 주고받는 지역 변수로 사용되며 읽기 쓰기 모두 가능합니다.

생성된 프로시저의 내용을 확인할 때는 USER_SOURCE 딕셔너리를 활용하면 됩니다. 그리고 프로시저 생성 시 오타나 변수 미선언 등의 에러가 발생할 경우 SHOW ERROR 명령어로 확인하면 됩니다.

아래의 예로 자세히 살펴보겠습니다. 아래의 예는 사원 번호를 입력받아서 해당 사원의 급여를 5000으로 update하는 프로시저입니다.

```
HR> SELECT employee_id, salary
 2  FROM employees
 3  WHERE employee_id = 206 ;
```

변경 전 조회 내용

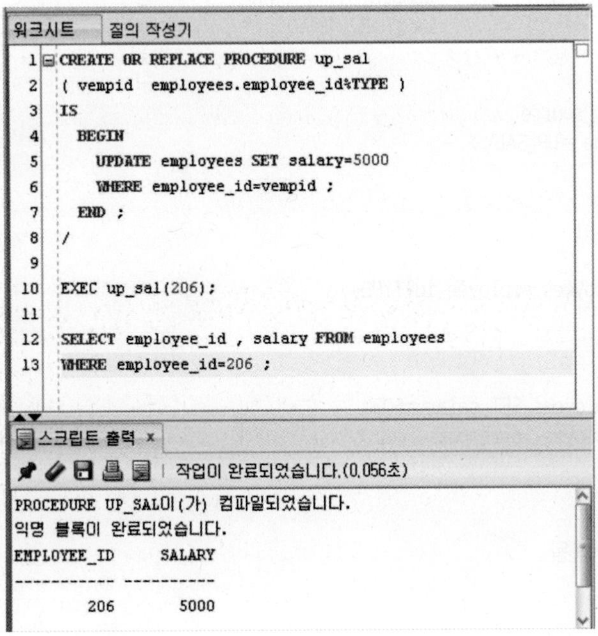

워크시트
질의 작성기
1 CREATE OR REPLACE PROCEDURE up_sal
2 (vempid employees.employee_id%TYPE)
3 IS
4 BEGIN
5 UPDATE employees SET salary=5000
6 WHERE employee_id=vempid ;
7 END ;
8 /
9
10 EXEC up_sal(206);
11
12 SELECT employee_id , salary FROM employees
13 WHERE employee_id=206 ;
스크립트 출력
작업이 완료되었습니다.(0.056초)
PROCEDURE UP_SAL이(가) 컴파일되었습니다.
익명 블록이 완료되었습니다.
EMPLOYEE_ID SALARY
----------- ----------
206 5000

위 화면에서 1~8번 줄까지 프로시저를 생성한 후 10번 줄에서 프로시저를 실행했습니다. 그리고 12~13번 줄에서 변경사항을 확인했습니다. 결괏값을 보니까 정상적으로 변경된 것이 확인됩니다.

15.1.2 생성된 프로시저의 내용 확인하기

앞에서 살펴본 바와 같이 USER_SOURCE 딕셔너리를 활용합니다.

```
HR>DESC USER_SOURCE ;
 Name                  Null?    Type
-------------------- ------- --------------
 NAME                           VARCHAR2(30)
 TYPE                           VARCHAR2(12)
 LINE                           NUMBER
 TEXT                           VARCHAR2(4000)

HR>SELECT text
  2  FROM user_source
  3  WHERE name ='UP_SAL' ;

TEXT
PROCEDURE up_sal

( vempid  employees.employee_id%TYPE)

IS
  BEGIN
    UPDATE employees SET salary=5000
     WHERE employee_id=vempid ;
  END
;

 7개의 행이 선택됨
```

앞에서 실습한 UP_SAL 프로시저의 내용이 전부 보입니다. 이상으로 프로시저 관련된 내용을 자세히 살펴보았습니다. 프로시저 연습문제가 있으니 답을 보지 말고 혼자의 힘으로 꼭 풀어보기 바랍니다.

15.2 FUNCTION(함수) 생성하기

내장 함수와 프로시저는 문법이나 특징이 거의 비슷합니다.

차이점은 프로시저는 정해진 작업을 수행한 후 결과를 반환할 수도 있고(OUT, IN OUT 모드 사용 시) 반환하지 않고 그냥 종료할 수도 있지만 함수는 정해진 작업을 수행한 후 결과를 돌려준다(RETURN)는 부분만 다릅니다.

결과를 돌려준다는 것은 결과를 수행시킨 사람이나 프로그램에게 돌려준다는 뜻입니다. 즉, MAX(SAL) 이렇게 하면 최대 급여를 구하는 작업을 수행한 후 쿼리를 수행한 화면에 그 결과를 보여 주는 것과 같은 의미입니다. 이 장에서 만드는 PL/SQL 함수들은 SQL의 함수와 사용법도 비슷합니다.

함수를 생성할 때는 CREATE FUNCTION, 삭제할 때는 DROP FUNCTION, 수정할 때는 ALTER FUNCTION문을 사용하면 되며 만약 에러가 발생한다면 show error 명령으로 확인 가능합니다.

15.2.1 Function 생성하기

문법

```
CREATE [OR REPLACE] FUNCTION function_name
[( parameter1 [mode1] datatype1,
   parameter2 [mode2] datatype2,
   … )]
RETURN datatype
IS | AS
PL/SQL Block ;
```

• OR REPLACE

생성하고자 하는 함수가 기존에 동일명으로 존재할 경우, 기존의 내용을 현재의 내용으로 수정하는 옵션입니다. 이 옵션은 해당 이름의 함수를 삭제 후 다시 생성합니다.

• function_name

생성하고자 하는 함수명으로 스키마 내에서는 유일해야 합니다.

• Parameter

함수를 실행할 때 호출 환경과 함수 간에 값을 주고받을 때 사용되는 파라미터(매개 변수)로 모드에 따라 역할이 다르게 수행됩니다(이 부분은 앞에서 살펴본 프로시저와 동일합니다).

매개 변수를 선언할 때 DEFAULT 키워드를 사용하여 기본값을 부여할 수도 있습니다.

• Mode

모드는 매개 변수의 역할을 결정짓는 것으로 3가지가 있으며 프로시저의 모드와 동일합니다.

- RETURN datatype

이 부분이 프로시저와 다른 부분입니다. 함수명으로 리턴할 데이터(값)의 형을 선언하는 절입니다. PL/SQL 함수 블록 내에서는 반드시 RETURN 문을 포함해야 하며, 그때 리턴되는 데이터는 이 부분에서 선언한 데이터 형과 일치되어야 합니다.

이렇게 생성된 함수는 아래와 같은 곳에서 사용 가능합니다.

- Query의 SELECT 리스트 또는 절
- WHERE 및 HAVING절의 조건식
- Query의 CONNECT BY, START WITH, ORDER BY 및 GROUP BY절
- INSERT 문의 VALUES절
- UPDATE 문의 SET절

생성되어 있는 함수를 확인하려면 프로시저를 확인했던 user_source를 조회하면 됩니다. 아래의 예는 부서 번호를 입력받아 해당 부서의 최고 급여액을 출력하는 함수입니다.

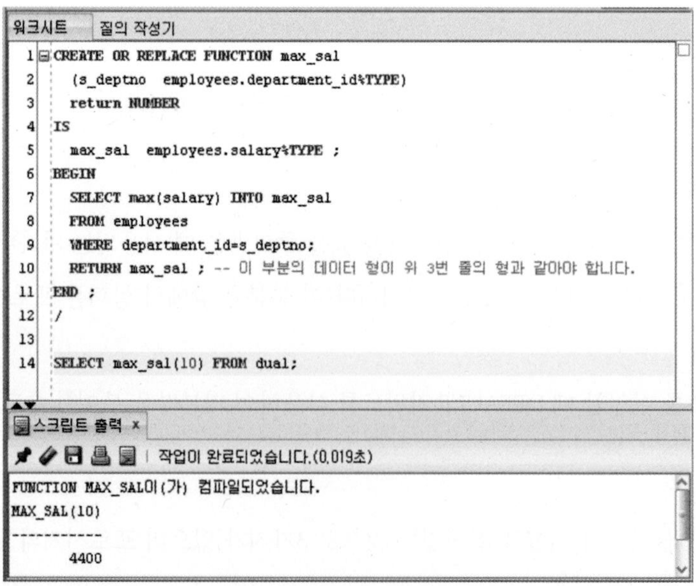

워크시트
질의 작성기
1 CREATE OR REPLACE FUNCTION max_sal
2 (s_deptno employees.department_id%TYPE)
3 return NUMBER
4 IS
5 max_sal employees.salary%TYPE ;
6 BEGIN
7 SELECT max(salary) INTO max_sal
8 FROM employees
9 WHERE department_id=s_deptno;
10 RETURN max_sal ; -- 이 부분의 데이터 형이 위 3번 줄의 형과 같아야 합니다.
11 END ;
12 /
13
14 SELECT max_sal(10) FROM dual;
스크립트 출력
작업이 완료되었습니다.(0.019초)
FUNCTION MAX_SAL이(가) 컴파일되었습니다.
MAX_SAL(10)

4400

15.2.2 생성된 함수 조회하기

```
HR>SELECT text
  2  FROM user_source
  3  WHERE type='FUNCTION'
  4  AND name='MAX_SAL' ;

FUNCTION max_sal
  (s_deptno  employees.department_id%TYPE)
return NUMBER
IS
  max_sal  employees.salary%TYPE ;
BEGIN
  SELECT max(salary) INTO max_sal
  FROM employees
  WHERE department_id=s_deptno;
  RETURN max_sal ;  ← 이 부분의 데이터형이 위 3번 줄의 형과 같아야 합니다.
END ;

11개의 행이 선택됨
```

위와 같이 원하는 기능을 하는 함수를 직접 생성해서 사용할 수 있는 아주 막강한 기능입니다. 그리고 현업에서도 아주 많이 사용하는 기능이므로 꼭 이해하고 연습도 많이 하세요.

15.3 ORACLE PACKAGE(패키지)

서브 프로그램 단위의 하나인 패키지는 특정 처리를 위해 관련된 PL/SQL 블록들이 논리적으로 하나의 그룹을 이루는 특수한 형태입니다. 이때 패키지를 구성하는 PL/SQL 블록들은 프로시저 또는 함수가 될 수 있으며, 그 외에도 오라클에서 제공하는 PL/SQL 데이터 유형, 복합 유형 등이 포함됩니다.

다시 말하면, 패키지는 연관성이 높은 함수나 프로시저를 하나의 그룹으로 묶어두는 개념입니다. 예를 들어, 사원 관리 업무 중에 입사 관리, 연봉 관리, 상여금 관리, 근태 관리, 퇴사자 관리 등의 업무가 많이 있을 경우 사원 관리라는 패키지를 생성하고 그 세부에 각 작업을 수행하는 함수나 프로시저를 생성해서 관리하면 훨씬 업무가 간결하고 편해지는 효과를 볼 수 있는 것입니다.

패키지는 패키지 선언부(Spec)와 패키지 몸체부(body)로 구성됩니다. 패키지 선언부의 역할은 해당 패키지에 사용될 함수나 프로시저, 변수 등에 대한 정의를 선언하는부분이며 패키지 몸체부에서는 선언부에서 선언된 함수나 프로시저 등이 실제 구현되는 부분입니다. 하지만 패키지 선언부에서 선언되지 않더라도 패키지 몸체부에서 사용될 수는 있지만 별로 권장사항은 아니니 가급적 선언부에서 선언한 후 몸체부에서 사용하길 바랍니다.

패키지를 개발할 때는 우선 패키지 선언부에 사용할 함수나 프로시저 등을 먼저 생성하고, 해당 패키지 몸체부를 생성하는 것을 권장합니다. 생성된 패키지의 구성요소(멤버)에 접근할 때에는 패키지명을 접두어로 사용하면 됩니다.

만약 생성된 패키지의 선언부가 변경되었다면 무조건 패키지 몸체부는 다시 재생성해야 하며 패키지를 참조(호출)하는 서브 프로그램들도 재번역(recompile)해야 합니다. 그러나 반대로 패키지 몸체부만 변경되는 경우라면 패키지 선언부와 다른 관련 서브 프로그램에 영향을 주지 않고 몸체부만 재생성하면 됩니다.

15.3.1 PACKAGE 구조

패키지는 두 부분으로 나누어지는데, 하나는 패키지 선언부(Specification)이고 또 다른 하나는 패키지 몸체부(Body)로 구성됩니다. 우선 패키지 선언부부터 살펴보겠습니다.

① 패키지 선언부 생성

문법
```
CREATE [OR REPLACE] PACKAGE package_name
IS | AS
  Public type and item declarations
  Subprogram specifications
END package_name ;
```

생성하고자 하는 패키지가 기존에 동일명으로 존재할 경우, 기존의 내용을 현재의 내용으로 수정하는 옵션입니다. 이 옵션은 해당 패키지를 삭제한 후 재생성합니다.

• Package_name

생성하고자 하는 패키지명으로 스키마 내에서는 유일한 이름이어야 합니다. 패키지 선언부와 패키지 몸체부의 패키지명은 동일해야 한다는 점도 꼭 기억해야 합니다.

• Public type and item declarations

변수, 상수, 명시적 커서, 사용자 정의 예외, PRAGMA 등을 선언합니다. 이들은 모두 PUBLIC이란 특징을 가집니다.

• Subprogram specifications

PL/SQL 서브 프로그램을 선언하는 부분입니다. 선언할 때에는 형식 매개 변수를 포함한 헤더만을 기술해 줍니다.

② 패키지 몸체부(Package Body) 생성

문법

```
CREATE [OR REPLACE] PACKAGE BODY package_name
  IS | AS
  Private type and item declarations
  Subprogram bodies
END package_name ;
```

• OR REPLACE

생성하고자 하는 패키지가 기존에 동일명으로 존재할 경우, 기존의 내용을 현재의 내용으로 수정하는 옵션. 이 옵션은 해당 패키지 보디를 삭제한 후 다시 생성합니다.

• Package_name

생성하고자 하는 패키지명으로 패키지 선언부와 패키지명이 동일해야 합니다.

• Private type and item declarations

변수, 상수, 명시적 커서, 사용자 정의 예외, PRAGMA 등을 선언합니다.

• Subprogram bodies

이 부분이 실제 작동할 서브 프로그램(프로시저, 함수 등)을 기록하는 부분입니다. 단, 주의해야 할 사항은 서브 프로그램의 순서입니다. 기본적으로 참조되는 변수든 서브 프로그램이든 참조하는 서브 프로그램보다는 먼저 정의되어야 합니다. 일반적으로 PUBLIC의 서브 프로그램은 마지막 부분에 정의합니다.

15.3.2 패키지 실행하기

패키지는 여러 환경에서 호출되어 실행될 수 있지만 생성된 패키지 오브젝트에 대한 실행 권한을 가진 사용자만이 패키지를 호출하여 실행할 수 있습니다.

15.3.3 패키지 삭제하기

패키지를 삭제할 때에는 패키지 선언부와 패키지 몸체부를 모두 삭제할 수도 있고 패키지 몸체부만 삭제할 수도 있습니다.

```
DROP PACKAGE package_name ;
DROP PACKAGE BODY package_name ;
```

15.3.4 Package 생성 예제

Emp table에서 총 급여 합계와 평균 급여를 구하는 package입니다.

① Package 선언부

```
HR> CREATE OR REPLACE PACKAGE emp_total
  2  AS
  3    PROCEDURE emp_sum;
  4    PROCEDURE emp_avg;
  5  END emp_total;
  6  /

Package created.
```

② Package 몸체부

```
HR> CREATE OR REPLACE PACKAGE BODY emp_total  AS
 PROCEDURE emp_sum
 IS
   CURSOR emp_total_sum  IS
     SELECT COUNT(*), SUM(NVL(salary,0))
     FROM employees;
   total_num  NUMBER ;
   total_sum  NUMBER;
 BEGIN
   OPEN emp_total_sum ;
   FETCH emp_total_sum  INTO  total_num , total_sum ;
   DBMS_OUTPUT.PUT_LINE('총인원수: '||total_num||' , 급여합계: '||total_sum);
   CLOSE emp_total_sum;
 END emp_sum ; --emp_sum 프로시저 끝
 PROCEDURE emp_avg -- emp_avg 프로시저 시작
 IS
   CURSOR emp_total_avg  IS
    SELECT  COUNT(*), AVG(NVL(salary,0))
    FROM employees ;
   total_num NUMBER ;
   total_avg  NUMBER ;
 BEGIN
   OPEN emp_total_avg ;
   FETCH emp_total_avg  INTO  total_num , total_avg;
     DBMS_OUTPUT.PUT_LINE('총인원수: '||total_num||' , 급여평균: '||total_avg);
   CLOSE emp_total_avg ;
  END emp_avg; -- 프로시저 끝
 END emp_total; -- 패키지 끝
 /

Package body created.

SQL> SET SERVEROUTPUT ON
SQL> EXEC emp_total.emp_sum;  ←  패키지 이름, 프로시저 이름으로 실행합니다.

총인원수: 107 , 급여합계: 688116

PL/SQL procedure successfully completed.

← 위 Package 실행 결과가 맞는지 SQL을 직접 수행해서 검증합니다.

HR> SELECT count(*) , sum(salary)
   FROM employees;
```

```
COUNT(*)   SUM(SALARY)
---------- ------------------
    107        688116


SQL> EXEC emp_total.emp_avg;

총인원수: 107 , 급여평균: 6430.990654

PL/SQL procedure successfully completed.

HR> SELECT count(*) , avg(salary)
2  FROM employees;

COUNT(*)   AVG(SALARY)
---------- ------------------
    107    6430.990654
```

내용이 다소 복잡한 것 같지만 차근차근 잘 살펴서 꼭 자신의 실력으로 소화해 내길 바랍니다.

15.3.5 생성된 패키지 조회하기

① 선언부 조회하기

```
HR>SELECT text
  2  FROM user_source
  3  WHERE type='PACKAGE';

TEXT
--------------------------------------------------------------------------------
package emp_total as
procedure emp_sum;
procedure emp_avg;
end emp_total;
```

② BODY부 조회하기

```
HR>SELECT text
  2   FROM user_source
  3  WHERE type like 'PACKAGE BODY';

TEXT
--------------------------------------------------------------------------------
package body emp_total as
procedure emp_sum
is
  cursor emp_total_sum is
    select count(*),sum(nvl(salary,0))
    from employees;
  total_num  NUMBER ;
  total_sum  NUMBER ;
begin
  open emp_total_sum ;
  fetch emp_total_sum into total_num ,total_sum ;
dbms_output.put_line('총인원수: '||total_num||' , 급여합계: '||total_sum);
  close emp_total_sum;
end emp_sum ;
procedure emp_avg
is
  cursor emp_total_avg is
   select count(*), avg(nvl(salary,0))
   from employees;
  total_num NUMBER ;
  total_avg  NUMBER ;
begin
open emp_total_avg ;
  fetch emp_total_avg into total_num , total_avg;
  dbms_output.put_line('총인원수: '||total_num||' , 급여평균: '||total_avg);
  close emp_total_avg ;
end emp_avg;
end emp_total;

28 rows selected.
```

여기까지 패키지에 대해서 살펴보았습니다. 프로시저나 함수만 생성할 수 있다면 패키지를 생성해서 사용하는 것은 크게 힘들지 않겠죠? 실무에서 아주 많이 사용되고 있으니 꼭 이해해서 많이 활용하기 바랍니다.

15.4 TRIGGER(트리거)

15.4.1 트리거란

서브 프로그램 단위의 하나인 TRIGGER는 테이블, 뷰, 스키마 또는 데이터베이스에 관련된 PL/SQL 블록(또는 프로시저)으로 관련된 특정 사건(Event)이 발생될 때마다 묵시적(자동)으로 해당 PL/SQL 블록이 실행됩니다.

사전적인 의미의 TRIGGER는 방아쇠라는 뜻이 있는데, 이는 방아쇠를 당기는 이벤트가 발생하면 총알이 발사된다는 의미처럼 오라클에서도 어떤 이벤트가 발생할 경우 연관된 다른 작업이 자동으로 수행된다는 뜻을 가지고 있습니다.

가장 간단한 예로 입고 테이블에 상품이 입고되면(EVENT 발생하면) 재고 테이블에 자동으로 재고가 증가하게 만드는 것 등이 TRIGGER의 대표적인 사용 예입니다.

TRIGGER는 데이터베이스 내에 오브젝트로서 저장되어 관리됩니다. 그리고 TRIGGER 자체는 사용자가 지정해서 실행을 할 수 없으며, 오직 TRIGGER 생성 시 정의한 특정 사건(Event)에 의해서만 묵시적인 자동실행(Fire)이 이루어집니다. TRIGGER는 잘 사용하면 아주 편리한 기능이지만 잘못 생성하거나 너무 많이 생성하게 되면 관련 오브젝트들끼리 복잡한 종속관계가 되어 성능 저하가 생길 수도 있으니 아주 주의해야 합니다.

TRIGGER를 생성하려면 CREATE TRIGGER, 수정하려면 ALTER TRIGGER, 삭제하려면 DROP TRIGGER의 권한이 필요합니다. 또한 DATABASE 전체의 TRIGGER 조작은 ADMINISTER DATABASE TRIGGER 시스템 권한이 필요합니다.

TRIGGER에 대한 정보는 USER_OBJECTS, USER_TRIGGERS, USER_ERRORS 딕셔너리들을 조회하면 알 수 있습니다.

TRIGGER를 이루는 TRIGGER 몸체(실행부)에 TCL 명령, 즉 COMMIT, ROLLBACK, SAVEPOINT 명령이 포함될 수 없다는 점도 꼭 기억해야 합니다.

15.4.2 주요 TRIGGER 유형

① 단순 DML TRIGGER

- **BEFORE TRIGGER**

테이블에서 DML 이벤트를 TRIGGER하기 전에 TRIGGER 본문을 실행합니다.

- **AFTER TRIGGER**

테이블에서 DML 이벤트를 TRIGGER한 후에 TRIGGER 본문을 실행합니다.

- **INSTEAD OF TRIGGER**

TRIGGER문 대신 TRIGGER 본문을 실행하며, 다른 방법으로는 수정이 불가능한 뷰에 사용됩니다. 뷰란 가상 테이블이므로 뷰를 통해 원본 테이블에 데이터를 변경하는 것을 권장하지 않습니다. 불가능한 것은 아니지만 뷰를 만든 것 자체가 원본 테이블에 직접 엑세스를 막기 위함이므로 뷰를 통한 데이터 변경은 권장사항이 아닌 것입니다. 그러나 INSTEAD OF TRIGGER를 사용하면 서버 프로세스가 TRIGGER 상에 기술된 쿼리를 직접 수행해서 원본 테이블의 데이터를 변경하게 해 줍니다.

DML TRIGGER는 다시 문장 TRIGGER와 행 TRIGGER로 나누어집니다.

문장 TRIGGER는 영향을 받는 행이 전혀 없더라도 TRIGGER가 한 번은 실행됩니다. 문장 TRIGGER는 TRIGGER 작업이 영향을 받는 행의 데이터 또는 TRIGGER 이벤트 자체에서 제공하는 데이터에 종속되지 않은 경우에 유용합니다.

행 TRIGGER는 테이블이 TRIGGER 이벤트의 영향을 받을 때마다 실행되고, TRIGGER 이벤트의 영향을 받는 행이 없을 경우에는 실행되지 않습니다. 행 TRIGGER는 영향을 받는 행의 데이터나 TRIGGER 이벤트 자체에서 제공하는 데이터에 TRIGGER 작업이 종속될 경우에 유용합니다.

행 TRIGGER로 생성하려면 FOR EACH ROW라는 구절을 사용하면 됩니다. 자세한 예제는 이 장의 뒷부분에 나오는 TRIGGER 예 1번과 2번을 참조하세요.

행 레벨 TRIGGER가 실행될 때 PL/SQL 런타임 엔진은 두 개의 데이터 구조를 생성하고 채웁니다.

– OLD: TRIGGER가 처리한 레코드의 원래 값을 저장합니다.

– NEW: 새 값을 포함합니다.

위 두 가지 값을 사용하여 변경 전과 변경 후의 데이터를 조작할 수 있습니다. 사용할 때는 반드시 위 값 앞에 :(콜론)을 붙여서 사용해야 합니다(예: OLD.VALUE, :NEW.NO 등). 위 두 값은 행 레벨 TRIGGER에서만 사용 가능합니다.

② 혼합 TRIGGER

위에서 살펴본 DML TRIGGER는 하나의 이벤트에 동작하는 TRIGGER입니다. 혼합 TRIGGER는 여러 가지 TRIGGER를 하나로 만든 것으로 마치 PL/SQL의 패키지와 비슷한 개념입니다.

주로 사용되는 시점은 아래와 같습니다.

– 실행되는 문장 앞에

– 실행되는 문장이 영향을 주는 각 행 앞에

– 실행되는 문장이 영향을 주는 각 행 뒤에

– 실행되는 문장 뒤에

앞에서 살펴본 4가지 경우에 혼합 TRIGGER를 사용할 수 있습니다.

혼합 TRIGGER는 마치 패키지처럼 선언 섹션과 각 타이밍 포인트에 대한 섹션으로 구성되어 있습니다. 선언 섹션에서는 변수들과 서브 프로그램에 대한 정의가 선언되며 타이밍 포인트 섹션에서 실제 일어날 작업들이 기술됩니다.

혼합 TRIGGER를 생성할 때는 아래와 같은 주의사항을 지켜야 합니다.

– 혼합 TRIGGER는 DML TRIGGER여야 하며 테이블이나 뷰에 정의해야 합니다.

– 혼합 TRIGGER의 본문은 PL/SQL에서 작성한 혼합 TRIGGER 블록이어야 합니다.

– 혼합 TRIGGER 본문에는 초기화 블록이 포함될 수 없으므로 예외 섹션이 있을 수

없습니다.
- 한 섹션에서 발생하는 예외는 해당 섹션에서 처리되어야 합니다. 다른 섹션에서 처리하도록 권한을 이전할 수 없습니다.
- :OLD 및 :NEW는 선언, BEFORE STATEMENT 또는 AFTER STATEMENT 섹션에 나타날 수 없습니다.
- BEFORE EACH ROW 섹션만 :NEW 값을 변경할 수 있습니다.
- FOLLOWS절을 사용하지 않으면 혼합 TRIGGER의 실행 순서가 일정하지 않습니다.

③ DML이 아닌 TRIGGER

• DDL 이벤트 TRIGGER

DML TRIGGER와 거의 동일하지만 TRIGGER를 활용하여 DDL 작업을 하는 것만 다릅니다.

• 데이터베이스 이벤트 TRIGGER

데이터베이스 이벤트 TRIGGER란 데이터베이스 내에서 생기는 일들을 관리하기 위해서 생성하는 TRIGGER입니다. 사용자 관련 이벤트가 있고 시스템 관련 이벤트가 있으며 아래와 같습니다.

유저 이벤트 TRIGGER
- 사용자가 발생시키는 작업에 TRIGGER를 생성합니다.
- CREATE, ALTER 또는 DROP
- 로그온 또는 로그오프

데이터베이스 또는 시스템 이벤트 TRIGGER
- 데이터베이스 전체에 영향을 주는 작업에 TRIGGER를 생성합니다.
- 데이터베이스 종료 또는 시작
- 발생한 특정 오류(또는 임의의 오류)

위 이벤트에 대한 TRIGGER 예제는 뒷장의 TRIGGER 예제 부분을 참고하기 바랍니다.

15.4.3 TRIGGER 구조

TRIGGER는 TRIGGER가 실행되는 시점(Timing), TRIGGER를 실행시키는 사건(Event), TRIGGER와 관련된 테이블/뷰/스키마/데이터베이스 그리고 TRIGGER 몸체부(Body)로 구성됩니다. TRIGGER는 TRIGGER를 실행시키는 사건(Event)에 따라 구분되는데, 하나는 특정 테이블/뷰에 대한 DML문과 관련된 TRIGGER이며 다른 하나는 데이터베이스 또는 스키마 레벨에서의 시스템 사건(System Event)과 관련된 TRIGGER입니다.

15.4.4 TRIGGER 생성 문법

문법

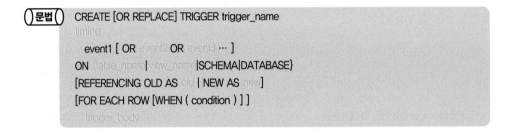

```
CREATE [OR REPLACE] TRIGGER trigger_name
timing
  event1 [ OR event2 OR event3 … ]
ON {table_name|view_name|SCHEMA|DATABASE}
[REFERENCING OLD AS old | NEW AS new]
[FOR EACH ROW [WHEN ( condition ) ] ]
  trigger_body
```

• OR REPLACE

생성하고자 하는 패키지가 기존에 동일명으로 존재할 경우, 기존의 내용을 현재의 내용으로 수정하는 옵션입니다.

• trigger_name

생성되는 TRIGGER의 이름으로 같은 도메인 내에서는 중복되어서는 안 됩니다.

• timing

TRIGGER가 실행되는 시점을 지정하는 것으로 event 발생 전과 후를 의미하는 BEFORE와 AFTER가 있으며, TRIGGER가 특정 뷰(View)에 대한 DML일 경우에는 이 timing 부분에 INSTEAD OF를 사용합니다.

• event

TRIGGER를 실행시키는 사건(Event)으로 테이블/뷰에 관련된 DML_Event와

SCHEMA/DATABASE에 관련된 DDL_Event와 DATABASE_Event로 나누어집니다.

• ON

TRIGGER가 발생되는 레벨 또는 대상을 지정하는 절로 TRIGGER의 대상인 테이블/뷰 이름을 기술하거나 TRIGGER의 레벨인 SCHEMA 또는 DATABASE를 지정하는 부분입니다.

• REFERENCING

테이블/ 뷰의 행 TRIGGER(Row Trigger)와 관련된 키워드로, 처리되는 각각의 행에 대해 변경 전의 값과 변경 후의 값을 참조할 수 있도록 참조할 수 있는 이름을 재 명명할 수 있는 절로 디폴트(기본값)는 OLD와 NEW입니다.

• FOR EACH ROW

테이블/뷰의 TRIGGER를 행 TRIGGER(Row Trigger)로 명시하는 절로, VIEW의 INSTEAD OF에 대해서는 기본적으로 행 TRIGGER로서 정의되므로 생략할 수 있습니다.

• WHEN(condition)

테이블/뷰의 행 TRIGGER(Row Trigger)의 각 행에 대해 제약을 주는 절입니다. 조건(Condition)은 반드시 괄호로 감싸줍니다.

• trigger_body

TRIGGER에 의해 실행될 부분을 정의하는 곳으로, Anonymous PL/SQL Block 구조가 올 수 있으며 또한 프로시저(PL/SQL, C, JAVA)를 호출할 수도 있습니다(이 경우는 CALL 문을 사용하며 ;(세미콜론)을 붙이지 않습니다).

15.4.5 TRIGGER 관리

① 활성화/비활성화하기

```
ALTER TRIGGER trigger_name DISABLE | ENABLE ;
```

② 특정 테이블에 속한 TRIGGER의 활성화/비활성화

```
ALTER TABLE table_name DISABLE | ENABLE ALL TRIGGERS ;
```

③ TRIGGER 수정 후 다시 컴파일하기

```
ALTER TRIGGER trigger_name COMPILE ;
```

④ TRIGGER 삭제

```
DROP TRIGGER trigger_name ;
```

⑤ TRIGGER 조회하기

USER_TRIGGERS 를 조회하면 됩니다.

⑥ TRIGGER 관련 권한들

- 스키마에서 TRIGGER를 생성, 변경 및 삭제할 수 있는 권한
  - GRANT CREATE TRIGGER TO HR ;
  - GRANT ALTER ANY TRIGGER TO HR;
  - GRANT DROP ANY TRIGGER TO HR ;
- 데이터베이스에서 TRIGGER를 생성할 수 있는 권한
  - GRANT ADMINISTER DATABASE TRIGGER TO HR ;
- EXECUTE 권한(TRIGGER가 실행하는 스키마에 포함되지 않은 객체를 참조하는 경우)

15.4.6 Trigger 예제

연습문제 1

테이블에 데이터를 입력할 수 있는 시간 지정하기

(문장 레벨 TRIGGER를 사용합니다) 테스트를 하기 위해 아래와 같이 연습용 테이블 t_order 테이블을 생성합니다.

```
HR>CREATE TABLE t_order
  2  ( no         NUMBER,
  3    ord_code VARCHAR2(10),
  4    ord_date DATE ) ;

Table created.
```

위에서 생성한 테이블에 데이터를 입력할 때 입력시간이 18:40분에서 18:50분일 경우만 입력을 허용하고 그 외 시간일 경우는 에러를 발생시키는 TRIGGER를 생성하겠습니다.

```
HR>CREATE OR REPLACE TRIGGER t_order
  2  BEFORE INSERT ON t_order
  3  BEGIN
  4     IF (TO_CHAR(SYSDATE, 'HH24:MI') NOT BETWEEN '18:40' AND '18:50') THEN
  5       RAISE_APPLICATION_ERROR(-20100, '허용시간 아닙니다');
  6     END IF ;
  7  END ;
8 /

HR>SELECT SYSDATE FROM DUAL;

SYSDATE
------------------------
2014-12-07:18:43:51 ← 입력 허용 시간입니다.

HR>INSERT INTO t_order
  2  VALUES(1,'C100',SYSDATE);

1 row created. ← 정상적으로 입력됩니다.
```

```
HR>SELECT SYSDATE FROM DUAL;

SYSDATE
------------------------
2014-12-07:18:53:06  ← 입력 허용 시간이 지났습니다.

HR>INSERT INTO t_order
  VALUES(2,'C200',SYSDATE);
INSERT INTO t_order
            *
ERROR at line 1:
ORA-20100: 허용시간 아닙니다  ← 의도하던 에러가 발생합니다.
ORA-06512: at "HR.T_ORDER", line 3
ORA-04088: error during execution of trigger 'HR.T_ORDER'
```

위 예처럼 데이터가 입력이 되기 전에 TRIGGER가 먼저 동작을 해서 조건을 확인하고 다음 작업이 결정이 됩니다. 앞에서 배웠던 예외 처리나 프로시저, 함수 등의 기술들을 다양하게 사용되는 것들이 보이죠?

연습문제 2

테이블에 입력될 데이터 값을 지정하고 그 값 이외에는 에러를 발생시키는 TRIGGER를 생성합니다(행 레벨 TRIGGER를 사용합니다).

위 문장 레벨 TRIGGER 실습에서 생성한 테이블로 계속 실습하겠습니다.
이번에는 제품코드가 'C100'번인 제품이 입력될 경우 입력을 허용하고 나머지 제품은 모두 에러를 발생시키는 TRIGGER를 작성하겠습니다.

```
HR>CREATE OR REPLACE TRIGGER t_order2
  BEFORE INSERT ON t_order
  FOR EACH ROW  ← 행 레벨 TRIGGER입니다.
  BEGIN
    IF (:NEW.ord_code) NOT IN ( ' C100 ' ) THEN
      RAISE_APPLICATION_ERROR(-20200, ' 제품코드가 틀립니다! ' ) ;
    END IF;
  END;
  /
```

```
Trigger created.
← 신규 내용을 입력하는데 앞에서 생성한 문장레벨 TRIGGER로 인해 입력이 안 됩니다.

HR>INSERT INTO T_ORDER
  2  VALUES(2,'C100',SYSDATE) ;
INSERT INTO T_ORDER
            *
ERROR at line 1:
ORA-20100: 허용시간 아닙니다
ORA-06512: at "HR.T_ORDER", line 3
ORA-04088: error during execution of trigger 'HR.T_ORDER'

← 문장 레벨 TRIGGER를 삭제합니다.

HR>DROP TRIGGER T_ORDER ;

Trigger dropped.

← 올바른 제품코드 데이터를 입력합니다.

HR>INSERT INTO T_ORDER
  2  VALUES(2,'C100',SYSDATE) ;

1 row created.  - 정상 입력 됩니다.

← 틀린 제품코드 (C200)를 입력합니다.

HR>INSERT INTO T_ORDER
  2  VALUES(3,'C200',SYSDATE) ;
INSERT INTO T_ORDER
            *
ERROR at line 1:
ORA-20200: 제품코드가 틀립니다!  ← 의도하던 오류가 발생합니다.
ORA-06512: at "HR.T_ORDER2", line 3
ORA-04088: error during execution of trigger 'HR.T_ORDER2'
```

연습문제 3

TRIGGER 의 작동 조건을 WHEN절로 더 자세히 정의합니다.

이번 예는 모든 제품에 TRIGGER가 작동하는 것이 아니라 ORD_CODE 가 'C500'인 제품에 대해서만 19:30분부터 19:35분까지만 입력을 허용하는 TRIGGER입니다. 'C500' 외의 다른 제품코드는 시간에 관계없이 정상적으로 입력이 됩니다.

```
HR>CREATE OR REPLACE TRIGGER t_order3
  2  BEFORE INSERT ON t_order
  3   FOR EACH ROW
  4   WHEN ( NEW.ord_code = ' C500 ' )
  5  BEGIN
  6    IF (TO_CHAR(SYSDATE, ' HH24:MI ' ) NOT BETWEEN ' 19:30 ' AND ' 19:35 ' ) THEN
  7      RAISE_APPLICATION_ERROR(-20300, ' C500 제품의 입력허용시간이 아닙니다! ' );
  8    END IF ;
  9  END;
 10  /

Trigger created.

HR>SELECT SYSDATE FROM DUAL;

SYSDATE
-----------------------
2014-12-07:19:31:42  ← 입력 허용되는 시간입니다.

HR>INSERT INTO T_ORDER
  2  VALUES (1,'C500',SYSDATE);

1 row created.  ← 정상적으로 입력됩니다.

HR>SELECT SYSDATE FROM DUAL;

SYSDATE

-----------------------
2014-12-07:19:36:04  ← 입력 허용 불가 시간입니다.

HR>INSERT INTO T_ORDER
  2  VALUES (2,'C500',SYSDATE) ;
INSERT INTO T_ORDER
            *
ERROR at line 1:
ORA-20300: C500 제품의 입력허용시간이 아닙니다!  -- 에러가 발생합니다.
```

```
ORA-06512: at "HR.T_ORDER3", line 3
ORA-04088: error during execution of trigger 'HR.T_ORDER3'

  ← 다른 제품 코드로 입력하니 정상적으로 입력됩니다.

HR>INSERT INTO T_ORDER
  2  VALUES (2,'C600',SYSDATE) ;

1 row created.
```

여기까지 TRIGGER에 대해서 살펴보았습니다.

현업에서는 이번 장에서 배운 Sub Program들을 아주 많이 사용하므로 꼭 많은 연습을 해서 자신의 실력으로 만들기를 당부드립니다.

이 책은 입문자용 책이라서 어렵고 복잡한 내용은 많이 넣지 못했지만, 이 책에 있는 내용이나 예제 외에도 아주 많은 활용법들과 예제들이 있으므로 더 공부를 해서 실력을 월등히 높이길 바랍니다.

잠시
쉬어 가는
페이지

미국의 한 여의사가 아프리카에서 구호 활동을 하고 있었습니다. 그리고 그녀의 남편인 링컨은 그녀에게 가기 위해 준비하고 있었습니다.

아내가 보낸 편지에는 "이곳 아프리카의 생활은 너무 적막해서 견디기 힘들어. 그래서 많은 사람들이 조기에 귀국해"라며, 그곳에는 원주민들과 황량한 들판과 나무 같은 것들 외에는 아무것도 없다고 적혀 있었습니다.

링컨이 아프리카에 도착해 보니 정말 그곳은 황량한 들판밖에 없었습니다. 링컨 부부는 아프리카 말도 못해서 통역이 오기 전까지는 아무하고도 대화도 나누지 못했고 통역은 환자가 있을 때만 찾아오기 때문에 평소에는 집안에서 꼼짝도 못하는 신세였습니다.

그러던 어느 날 링컨은 책을 보다가 사고를 전환하면 세상 모든 것을 얻을 수 있다는 문장을 발견했습니다. 이 말을 보면서 링컨은 '이런 곳에서도 이 말이 통할까? 웃기는군….' 이라고 생각하면서 주변을 돌아보다가 한 번 실천해 보기로 했습니다.

그때부터 링컨의 삶은 놀라움의 연속이었습니다.

늘 보던 원주민들이었지만 생각을 바꾸고 보니 원주민들이 사용하는 토속품들이 가치가 있게 보였습니다. 그리고 그곳에서 나는 풀들이 탁월한 치료 효과가 있다는 것도 발견했으며 그곳의 토양이 아주 특이해서 특별한 도자기를 만들 수 있다는 것도 발견했습니다.

그는 아프리카의 토속품과 신기한 물품들을 미국으로 가져와서 팔았고 그 제품들은 미국에 그치지 않고 전 세계로 팔리게 되었습니다. 그리고 몇 년 후 링컨은 미국에서 손꼽히는 부자가 되었습니다. 아프리카가 변한 것은 하나도 없습니다. 다만, 링컨의 생각이 변했을 뿐입니다.

오라클 공부가 힘들죠?

그러나 생각을 바꿔보세요. 힘들다, 힘들다가 아니라 이것을 꼭 배워서 어떻게 써야 한다로 생각을 바꿔보세요. 아무리 어려워도 꼭 해 낼 수 있을 것입니다.

오라클뿐만 아니라 모든 삶의 어려운 문제들이 생길 때마다 어렵다고 낙망하지 말고 왜 이 문제가 생겼는지, 어떻게 해결해야 하는지를 생각하기 바랍니다. 생각을 바꾸면 모든 것이 달라집니다.

꼭 성공해 내길 바랍니다.

찾아보기